首钢年鉴

2019

首钢集团有限公司史志年鉴编委会　编

首钢集团有限公司史志年鉴编委会

编 辑 说 明

《首钢年鉴 2019》全面、系统、翔实记载 2018 年首钢改革发展的新进展、新情况、新经验。国家领导人关于修史修志方面语重心长的话语，以及存史、育人、资治的功能定位和职责担当鼓舞首钢数百位史志年鉴工作者，本着对工作负责、对首钢负责、对历史负责、对未来负责的态度，兢兢业业，编纂完成《首钢年鉴 2019》。

《首钢年鉴》由首钢集团有限公司主办，首钢集团有限公司史志年鉴编委会组织编纂，首钢集团有限公司发展研究院负责组织协调编辑出版工作，史志年鉴办公室是首钢集团有限公司史志年鉴编委会日常工作机构。

《首钢年鉴》客观、及时记载首钢集团及其主要单位基本情况、重要信息、重大变化、重大事件、各自特点，是反映首钢年度情况的资料性文献。编写《首钢年鉴》是首钢集团的一项基础性工作；《首钢年鉴》有利于集存信息、有利于全面展示形象、有利于相互学习借鉴、有利于总结分析并观察自身变化、有利于查找努力方向。

《首钢年鉴》自 2003 年以来持续记载首钢集团的发展情况，具有资料权威、连续出版、功能齐全的特点。《首钢年鉴 2019》是连续出版的第 15 部年鉴，继续以书籍、光盘形式出版。

《首钢年鉴》按照分类编辑法编纂，设立栏目、分目、条目三个结构层次，以条目为基本单元。

《首钢年鉴 2019》共设置彩页、目录、十大新闻、特载、文选、专辑、组织机构、党群与战略管控、战略支撑、业务支持服务、钢铁业、股权投资管理、园区管理、直管单位、大事记、荣誉表彰、统计资料、制度目录、《首钢年鉴 2019》编纂人员、索引等 20 个栏目。

《首钢年鉴》的编纂，是一项浩瀚的系统工程。首钢集团领导一直高度关注；首钢所属各单位领导高度重视；年鉴编纂组织者以及编写者、摄影者，积极参与《首钢年鉴 2019》编纂工作；史志年鉴办公室承担全集团各单位材料收集、编审工作，全方位协调各项具体工作；近年来，人民出版社始终给予大力支持。众人拾柴，终修成本卷。

《首钢年鉴 2019》内容涉及面宽、文字处理量大，难免出现差错与纰漏，敬请各方人士不吝赐教。

首钢发展研究院史志年鉴办公室

2019 年 8 月 5 日

打造新时代首都城市复兴新地标

2018年，百年首钢发源地——首钢北京园区，打造新时代首都城市复兴新地标。6月5日，北京冬奥会和冬残奥会官方城市更新服务合作伙伴签约，这里成为冬奥组委办公区、冰上项目训练基地、滑雪大跳台项目竞赛场地。（摄影　袁德祥）

党建与贯彻党的十九大精神

图 01：1 月 4 日，技术研究院党委深入贯彻党的十九大精神，就加强党建与冶金学院党委开展深入交流。（技术研究院提供）

图 02：1 月 19 日，首钢召开“贯彻党的十九大精神，走好新的长征路，‘首钢之星’表彰大会”。（摄影　王京广）

图 03：3 月 9 日，首钢召开 2018 年党风廉政建设工作会议。（摄影　王京广）

图 04：4 月 4 日，首钢召开基层党委书记抓党建工作述职评议会。（摄影　孙　力）

图 05：4 月 27 日，首钢开展“不忘初心跟党走，圆梦首钢谱新篇”职工巡回宣讲活动。（摄影　袁德祥）

图 06：5 月 7 日，首钢青年干部特训班学员深入太行山，开启党性教育现场教学。（摄影　袁德祥）

图 07：5 月 19 日，京唐公司举办党支部书记学习贯彻党的十九大精神培训班。（摄影　杨立文）

图 08：6 月 19 日，央视新闻联播《在习近平新时代中国特色社会主义思想指引下——新时代新作为新篇章》系列报道中对首钢服务保障冬奥及园区建设等情况进行报道。（新闻中心提供）

图 09：6 月 26 日，首钢召开庆祝中国共产党成立 97 周年暨创先争优表彰大会。（摄影　王京广）

图 10：6 月 29 日，香港首控党总支举办换届选举党员大会。（摄影　杨凯峰）

图 11：6 月 29 日，首钢园区服务公司举办庆“七一”先进表彰暨党组织共建联谊会。（摄影　王京广）

图 12：9 月 17 日，特钢公司邀请中央党校（国家行政学院）法学部教授任进对党员干部解读修订后的《中国共产党纪律处分条例》。（特钢公司提供）

图 13：9 月 25 日，首钢“三创”会参会人员观看纪念改革开放 40 周年专题片《改革的力量》。（摄影　袁德祥）

图 14：9 月 27 日，首钢党委主要领导到首钢股权公司检查督导党建工作。（摄影　王京广）

图 15：11 月 2 日，财务公司组织党员到中国人民抗日战争纪念馆开展党日活动。（财务公司提供）

图 16：11 月 15 日，地产公司组织党员参观“伟大的变革——庆祝改革开放 40 周年大型展览”。（摄影　乔智玮）

图 17：12 月 19 日，首钢组织干部职工收看中共中央庆祝改革开放 40 周年大会实况。（摄影　王京广）

图 18：12 月 29 日，首钢党委理论学习中心组学习习近平总书记在庆祝改革开放 40 周年大会上的重要讲话。（摄影　乔智玮）

上级关心与开放合作

图 01：2 月 8 日，北京市委副书记、市长陈吉宁参加并指导首钢领导班子年度民主生活会。（摄影　乔智玮）

图 02：3 月 19 日，北京市国资委领导到首钢北京园区调研。（摄影　王京广）

图 03：4 月 23 日，北京市委组织部领导到首钢调研新首钢国际人才社区建设情况。（摄影　孙　力）

图 04：6 月 16 日，国务委员王勇等领导出席在首钢举行的全国安全宣传日活动。（摄影　王京广）

图 05：6 月 27 日，国家文化和旅游部副部长李群一行到首钢参观考察。（摄影　王京广）

图 06：7 月 11 日，全国企业民主管理工作调研检查组到首钢北京园区调研指导工作。（摄影　袁德祥）

图 07：8 月 21 日，北京市政协领导到首钢北京园区考察调研。（摄影　王京广）

图 08：8 月 25 日，北京市委书记蔡奇、市长陈吉宁到首钢北京园区调研，蔡奇就新首钢规划建设指出，要打造新时代首都城市复兴的新地标。（摄影　戴　冰）

图 09：9 月 5 日，北京市朝阳区、石景山区领导到首钢北京园区参观调研。（摄影　王京广）

图 10：10 月 25 日，北京市政府在首钢北京园区举行外国驻华使节招待会，来自 110 多个国家的驻华使节和国际组织驻华代表应邀出席。（摄影　孙　力）

图 11：10 月 29 日，北京市人大常委会领导到首钢北京园区调研指导工作。（摄影　乔智玮）

图 12：3 月 22 日，《首钢园—铁狮门冬奥广场产业项目合作备忘录》签约仪式在首钢北京园区举行。（摄影　王京广）

图 13：6 月 7 日，地产公司与首创置业股份有限公司举行合作签约仪式。（摄影　郑冬梅）

图 14：6 月 29 日，“首钢高层次人才教育培训基地”揭牌，首钢集团人才开发院与清华大学继续教育学院签订合作意向书。（摄影　袁德祥）

图 15：10 月 18 日，首钢北京园区自动驾驶服务示范区启动，成为打造城市型产业社区的一个新起点。（摄影　乔智玮）

图 16：10 月 26 日，首钢工会举办“掌声响起”系列鉴赏活动。图为中央歌剧院多位艺术家到首钢职工身边演出精彩节目。（摄影　王京广）

图 17：11 月 2 日，首钢集团与中国联通签署战略协议。（摄影　王京广）

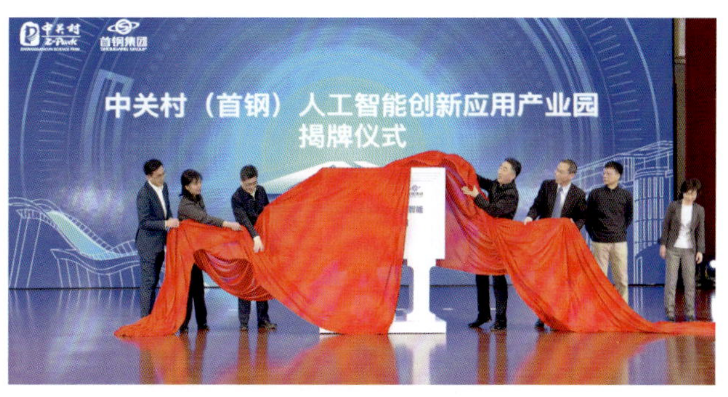

图 18：12 月 26 日，首钢北京园区与中关村科技园区合作共建的“中关村（首钢）人工智能创新应用产业园”启动并揭牌。（摄影　孙　力）

集团重要会议

图 01：1 月 5 日，首钢召开安全环保大会，总结 2017 年安全环保工作，部署 2018 年安全环保工作。（摄影　王京广）

图 02：1 月 19 日，中共首钢第十八届委员会第三次全体（扩大）会议召开，靳伟作《深入学习贯彻党的十九大精神，在新的历史起点上加快首钢转型发展》报告。（摄影　袁德祥）

图 03：1 月 19 日，靳伟在中共首钢第十八届委员会第三次全体（扩大）会议上作报告。（摄影　王京广）

图 04：1 月 20 日，首钢集团第十九届职工代表大会第三次会议召开，张功焰作《坚定不移推进改革创新，全面提升转型发展质量和效益》报告。（摄影　孙　力）

图 05：1 月 20 日，张功焰在首钢集团第十九届职工代表大会第三次会议上作报告。（摄影　孙　力）

图 06：3 月 9 日，首钢召开科技大会，首钢集团领导为特殊贡献奖获得者、科技创新先进集体和先进个人颁奖。（摄影　王京广）

图 07：3 月 28 日，首钢服务 2022 年北京冬奥会、冬残奥会筹办和项目建设誓师动员大会在首钢北京园区秀池现场举行。（摄影　乔智玮）

图 08：4 月 25 日，首钢召开 2017 年度先进集体、先进个人表彰大会。（摄影　王京广）

图 09：7 月 27 日，首钢集团党委扩大会暨上半年经济活动分析会召开，分析和总结上半年集团经济活动，研究部署下半年工作。（摄影　袁德祥）

图 10：8 月 9 日，首钢召开干部大会，宣布市委、市政府《关于张功焰同志任职的通知》，张功焰任首钢集团有限公司党委书记、董事长。（摄影　王京广）

图 11：9 月 26 日，2018 年首钢“创新创优创业”交流会召开，回顾总结首钢 40 年改革历程和启示，提出在新的历史起点上书写首钢百年传奇。（摄影　孙　力）

钢铁生产与工程建设

图 01：2 月 2 日，首钢股份公司被中华环保联合会授予“中华环保优秀企业”。高炉炉顶料罐煤气及粉尘实现全回收、零排放。（首钢股份公司提供）

图 03：6 月 29 日，首钢股份公司炼钢转炉全炉役碳氧积达到国际领先水平。（首钢股份公司提供）

图 05：11 月 12 日，首钢股份公司全面开展绿色行动计划，斥巨资实施 70 个环保项目。（首钢股份公司提供）

图 02：6 月 2 日，首钢股份公司研制的高磁感取向硅钢产品通过国家变压器质量监督检验中心检测，具备批量供应能力。（首钢股份公司提供）

图 04：9 月 17 日，“首钢杯”第九届全国钢铁行业职业技能竞赛在股份公司开幕。（摄影　乔智玮）

图 06：12 月 4 日，“全国炼钢厂厂长百人论坛”第一次全体会议在股份公司召开。（首钢股份公司提供）

图 07：1 月 29 日，首钢汽车板实现了从无到有、从低端到高端、从跟随到赶超，市场占有率跻身国内第二。（新闻中心提供）

图 08：2 月 6 日，首钢集团领导到首钢京唐二期项目施工现场调研。（摄影　孙　力）

图 09：3 月 15 日，京唐公司转炉低温出钢技术达到国际先进水平。（京唐公司提供）

图 10：4 月 26 日，京唐公司镀锡板实现国内高端客户全覆盖，迈入国内镀锡板生产企业“第一方阵”。（摄影　杨立文）

图 11：7 月 9 日，京唐公司首架拆捆带机器人在冷轧 2230 连退产线正式上线投用。（京唐公司提供）

图 12：7 月 19 日，京唐公司成品码头五号智能物流库实现自动化和操作无人化，钢卷入库、出库量分别达 120 余万吨。（摄影　杨立文）

图 13：2 月 2 日，首秦公司高端桥梁钢独家供货世界首座高低矮塔公铁两用斜拉桥芜湖长江公铁大桥。（新闻中心提供）

图 14：7 月 12 日，按照国家压缩钢铁产能要求，首秦公司全部停产。（首秦公司提供）

图 15：1 月 16 日，首钢冷轧公司与中清能公司合作建设的 8.3 兆瓦屋顶分布式光伏项目正式并网投运。（摄影 王京广）

图 16：4 月 8 日，长钢公司狠抓降本增效，盈利能力不断提高。图为 H 型钢生产线。（长钢公司提供）

图 17：10 月 18 日，长钢公司产品通过中冶“MC 认证”再认证现场审核。（长钢公司提供）

图 18：3 月 12 日，水钢公司开展职业健康安全管理体系转换及内审员取证培训。（水钢公司提供）

图 19：4 月 19 日，水钢公司以市场为导向组织生产提高效益。图为轧钢事业部生产现场。（摄影　杨德清）

图 20：5 月 14 日，通钢公司努力开拓市场，经营生产持续向好。图为轧钢事业部棒材生产。（通钢公司提供）

图 21：10 月 22 日，首钢集团钢铁板块经营活动分析会参会人员考察通钢公司生产现场。（摄影　乔智玮）

图 22：12 月 24 日，贵钢公司技术人员在生产现场研究轧钢连轧导卫系统的改进提升。（贵钢公司提供）

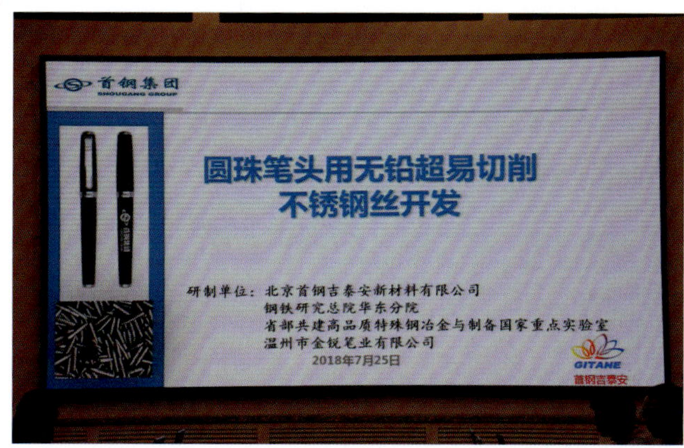

图 23：7 月 31 日，吉泰安新材料公司成功研发出无铅圆珠笔头用超易切削新一代不锈钢材料，填补了国内空白。（摄影　袁德祥）

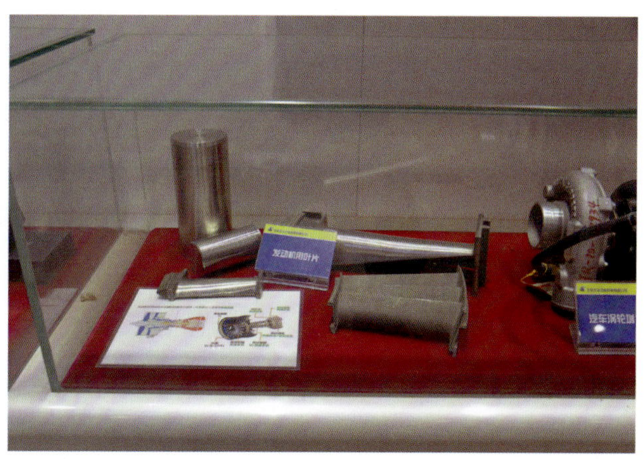

图 24：12 月 19 日，北冶公司助力航空发动机及重型燃气轮机两项大国重器制造取得突破。（摄影　孙　力）

图 25：4 月 2 日，国家发改委公布全国 1331 家企业技术中心评价结果，“首钢技术中心”以 92.2 分的成绩被评为优秀，在钢铁企业中排名第 2 位。（摄影　孙　力）

图 26：5 月 16 日，第十八届中国国际冶金工业展览会在中国国际展览中心新馆开幕，首钢展台受到参会客户广泛关注。（摄影　孙　力）

图 27：3 月 15 日，首钢集团荣获国家知识产权示范企业。（摄影　袁德祥）

图 28：2 月 9 日，作为“一带一路”落地拉美的第一个项目——首钢秘铁 1000 万吨精矿扩建项目加快建设。（中首公司提供）

图 29：7 月 31 日，首钢秘铁举行 1000 万吨精矿扩建项目竣工庆典，首钢集团领导、中国驻秘大使和商务参赞、秘鲁能矿部长等参加庆典。（中首公司提供）

图 30：3 月 14 日，首控资源公司三矿注重新工艺、新技术应用，薄煤层开采技术达到同行业先进水平。图为金家庄矿生产场面。（首控资源公司提供）

园区开发

图 01：2 月 2 日，海外院士专家北京工作站新首钢办公区在首钢北京园区启动。(摄影　王京广)

图 02：3 月 5 日，首钢自主研发的透明涂层用于三高炉改造项目。（摄影 袁德祥）

图 03：5 月 9 日，北京首钢园区秀池注水阶段九龙头迁移安装完成。(摄影　王京广)

图 04：5 月 18 日，在首钢北京园区开发建设中，原首钢办公大楼迎来新的角色定位，转型成为连接海外院士专家，汇聚侨心、侨智、侨力的服务平台。（摄影　袁德祥）

图 05：7 月 16 日，“一带一路”全球青年领袖荟萃——北京 · 2018 活动在首钢北京园区开幕。（摄影　孙　力）

图 06：8 月 27 日，首钢北京园区首钢工舍智选假日酒店进入筹备开业阶段。图为酒店外景全貌。（摄影　袁德祥）

图 07：9 月 3 日，S1 线一列磁悬浮列车驶过首钢北京园区北区，配套建设的交通等基础设施已经初具规模。（摄影　王京广）

图 08：9 月 30 日，长安街道路西延工程首钢北京园区段项目施工完成。（摄影　王京广）

图 09：10 月 30 日，首钢北京园区把过去的管道通廊改造成空中步道。（摄影　孙　力）

图 10：11 月 26 日，首钢北京园区三高炉改造后首秀精彩上演。（摄影　王京广）

图 11：11 月 26 日，北京首钢园区秀池夜景。（摄影　袁德祥）

图 12：12 月 1 日，首钢北京园区北区之夜光彩夺目，成为京西美景。（摄影　王京广）

图 13：4 月 5 日，曹建投公司产业先行启动区域内已完成基础设施建设，具备产业配套能力。（摄影　孙　力）

图 14：7 月 26 日，在京津冀协同发展论坛上，首钢曹妃甸园区获得 2018 京津冀协同发展创新案例奖。（摄影　王京广）

图 15：10 月 12 日，由首钢集团有限公司、中国海洋工程咨询协会、唐山市曹妃甸区政府共同主办的“第三届曹妃甸海洋发展大会”在曹妃甸举行。（摄影　乔智玮）

图 16：7 月 21 日，秦皇岛首钢赛车谷项目在首钢首秦园区正式启动。（摄影　孙　力）

图 17：10 月 13 日，2018 京津冀赛车节暨秦皇岛 GT 嘉年华在秦皇岛首钢赛车谷开启。（摄影　王京广）

图 18：8 月 2 日，首特园区绿能港科技中心主题结构封顶。（特钢公司提供）

城市服务与产融结合

图 01：1 月 29 日，北京首钢基金有限公司旗下的创业公社，针对不同阶段、不同行业的企业提供系列定制化服务内容。（新闻中心提供）

图 03：3 月 5 日，首钢医院青年志愿者为北京冬奥项目建设者服务。（摄影　王京广）

图 05：5 月 22 日，首钢参加在中国国际展览中心新馆举办的全国科技周展览。（摄影　袁德祥）

图 02：2 月 24 日，首自信公司承担的首钢云平台管理中心正式运营，构建多地多中心的一体化云基础设施及服务网络。图为云平台宣传走廊。（摄影　王京广）

图 04：3 月 14 日，北京首钢基金有限公司与成都市武侯区政府共同发起设立“成都首钢一带一路基金”，成为产融结合的引领者。（新闻中心提供）

图 06：7 月 10 日，北京首钢生物质能源项目，被国家发改委批复为鲁家山国家级循环经济（静脉产业）基地。（摄影　王京广）

图 07：7—8 月，机电公司承揽的长安街二环至三环，公交站亭、公交站牌、护栏完成现场安装。（机电公司提供）

图 08：8 月 16 日，城运公司承建的北京城运二通厂公交立体停车楼项目启动。（摄影　王京广）

图 09：9 月 23 日，首建公司完成国庆 69 周年天安门广场主题花篮的制作安装。（首建公司提供）

图 10：10 月 17 日，北京首钢基金有限公司承揽经营的北京大兴国际机场停车楼，引入机器人自动泊车、反向查车等智能化功能，实现了集约化、智能化、便捷化。（摄影　乔智玮）

图 11：10 月 31 日，城运公司提升停车产业智能化水平、服务水平和服务效率，满足城市停车需求。图为即将建成的立体车库。（摄影　王京广）

图 12：11 月 7 日，首钢地产公司承揽的多项住房项目荣获“北京市结构长城杯工程金质奖证书”“北京市结构长城杯工程银质奖证书”。（摄影　郑冬梅）

图 13：11 月 8 日，首钢环境公司服务北京副中心建设的百万吨建筑垃圾资源化项目投产。（摄影　孙　力）

图 14：11 月 11 日，首建公司开拓海外工程承建“一带一路”沿线国家基础设施、重点工程建设。图为承建的阿联酋海景大厦。（首建公司提供）

图 15：11 月 23 日，北京奔驰 A 级新款轿车在首钢北京园区发布。（摄影　王京广）

图 16：11 月 29 日，首钢环境公司餐厨垃圾处置项目运行顺稳实现达产目标。（摄影　乔智玮）

图 17：12 月 26 日，首钢城运公司承建的雄安新区智能车吧 2018 年底投入运行。（城运公司提供）

图 18：12 月，首钢集团财务管控一体化平台建设加快推进。（新闻中心提供）

北京冬奥与首钢体育

图 01：1 月 18 日，位于首钢北京园区的北京冬奥滑雪大跳台加快建设。图为滑雪大跳台效果图。（摄影　袁德祥）

图 02：1 月 30 日，北京首钢乒乓球俱乐部到地处河北迁安的首钢矿业公司慰问。（首钢矿业公司提供）

图 03：2 月 7 日，首钢体育新 LOGO · 新征程发布庆典在首钢体育大厦举行。（摄影　乔智玮）

图 04：3 月 16 日，北京首钢女篮成功卫冕 WCBA 总冠军。（摄影　王京广）

图 05：3 月 23 日，北京市全面推进 2022 年冬奥会和冬残奥会筹办工作动员部署大会在首钢召开。（摄影　王京广）

图 06：5 月 3 日，首钢团委联合石景山团区委共同举办“2022，我们在一起”主题活动，旨在积极营造全民参与北京冬奥会的浓厚氛围。（摄影　何志国）

图 07：6 月 5 日，北京 2022 年冬奥会和冬残奥会官方城市更新服务合作伙伴签约仪式举行。（摄影　袁德祥）

图 08：6 月 5 日，北京 2022 年冬奥会和冬残奥会官方城市更新服务合作伙伴签约仪式，受到新华社、人民日报、中央电视台等各大新闻媒体的广泛关注。（摄影　袁德祥）

图 09：6 月 7 日，首钢园服公司员工精益求精、一丝不苟为办好北京冬奥会提供优质服务。（摄影　王京广）

图 10：6 月 11 日，首钢北京园区建成的花滑、速滑冰球、冰壶训练馆冰面各项指标达国际标准。（摄影　袁德祥）

图 11：6 月 21 日，首钢北京园区新建成的速度滑冰训练馆。（摄影　王京广）

图 12：6 月 21 日，首钢北京园区新建成的冰球训练馆。（摄影　孙　力）

图 13：6 月 26 日，中国花样滑冰队在新建成的首钢花滑训练馆训练。（摄影　孙　力）

图 14：6 月 29 日，北京首钢篮球俱乐部与北京体育大学正式签约启动“国家篮球雏鹰计划”。（摄影　王京广）

图 15：7 月 25 日，中国冰壶队在新建成的首钢冰壶训练馆训练。（摄影　孙　力）

图 16：9 月 16 日，北京马拉松鸣枪开跑，来自“首钢北马跑团”的队伍格外引人注目。（摄影　黄克俭）

图 17：12 月 3 日，首钢成功承办首届市冬运会冰壶、短道速滑和花样滑冰三项赛事。图为花样滑冰决赛场面。（摄影　王京广）

图 18：12 月 28 日，在中国奥委会 2018 年全会上，首钢荣获 2018 年度国际奥委会“奥林匹克主义在行动”奖杯。（摄影　王京广）

企业社会责任

图 01：1 月 29 日，文化公司策划的反映首钢搬迁调整的话剧《实现使命》上演，剧情穿越时空，震撼人心，引发共鸣。（摄影　王京广）

图 02：2 月 14 日，首钢集团举行"献爱心"募捐活动。（摄影　袁德祥）

图 03：3 月 3 日，京唐公司青年志愿者开展为曹妃甸社区居民服务活动。（京唐公司提供）

图 04：4 月 9 日，首钢机电公司数控机床操作工卫建平荣获首届"北京大工匠"称号。（摄影　袁德祥）

图 05：4 月 27 日，首钢特钢公司举办"全民健身　春季环厂健步走"活动。（首钢特钢公司提供）

图 06：4 月 28 日，全国五一劳动奖章获得者首钢股份公司赵松山对产品表面质量进行查验。（摄影　孙　力）

图 07：5 月 9 日，首建投公司组织开展员工家属园区行活动。（摄影　王京广）

图 08：5 月 21 日，长钢公司第二期青干班学员在八路军太行纪念馆接受爱国主义教育。（长钢公司提供）

图 09：5 月 25 日，首钢工会举办职工合唱比赛。图为首秦公司合唱队参加比赛。（摄影　王京广）

图 10：6 月 10 日是“首都国企开放日”，北京市民 80 人到京唐公司和首曹建投公司参观。（摄影　孙　力）

图 11：6 月 27 日，2018 年首届“北京大工匠”获得者与“首钢工匠”创新能力研修班学员交流研讨。（摄影　孙　力）

图 12：7 月 27 日，北京市委宣传部和首钢党委宣传部共同组织主流媒体记者赴首钢北京园区采访。（摄影　乔智玮）

图 13：8 月 14 日，首钢青年干部特训班结业暨海外研修班开学。（摄影　袁德祥）

图 14：8 月 15 日，首秦公司首批职工奔赴京唐公司工作。（首秦公司提供）

图 15：9 月 15 日，第七届中国舞蹈节“9 · 15”系列活动在首钢北京园区内秀池周边及长安街西延线大桥举行。（摄影　王京广）

图 16：10 月 19 日，通钢公司举办“走进新时代、建设新通钢”职工运动会。（摄影　李尚伦）

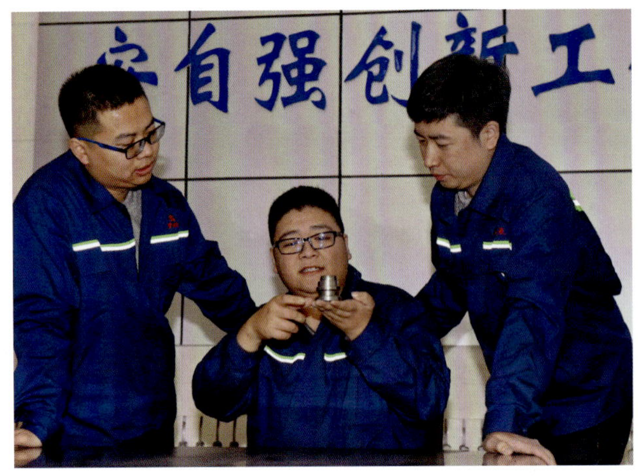

图 17：11 月 9 日，　首钢职工创新工作室亮点多。图为首建公司安自强创新工作室。（首建公司提供）

图 18：12 月 20 日，人才开发院组织召开首钢人才开发调研工作启动会。（摄影　关　冰）

目　　录

专　辑

组织机构

党群与战略管控

战略发展部

经营财务部

系统优化部

国际业务部

安全环保部

办公厅

法律事务部

审计部

监事会工作办公室

战略支撑

总工程师室

技术研究院

发展研究院

人才开发院

业务支持服务

财务共享中心

人事服务中心

资产管理中心

行政管理中心

财务有限公司

钢 铁 业

北京首钢股份有限公司

首钢股份炼铁作业部

首钢股份炼钢作业部

首钢股份热轧作业部

首钢智新迁安电磁材料有限公司

首钢股份质量检验部

首钢股份能源部

首钢股份营销中心

首钢股份采购中心

首钢股份职工创业开发中心

北京鼎盛成包装材料有限公司

北京首钢冷轧薄板有限公司

首钢京唐钢铁联合有限责任公司

股权投资管理

北京首钢股权投资管理有限公司

北京首钢国际工程技术有限公司

北京首钢建设集团有限公司

北京首钢自动化信息技术有限公司

北京首钢机电有限公司

北京首钢实业集团有限公司

北京首钢吉泰安新材料有限公司

北京首钢城运控股有限公司

园区管理

北京首钢建设投资有限公司

北京首钢园区综合服务有限公司

北京首钢特殊钢有限公司

园区管理部

直管单位

首钢环境产业有限公司

首钢控股有限责任公司

北京首钢矿业投资有限责任公司

北京首钢房地产开发有限公司

北京大学首钢医院

首钢控股(香港)有限公司

北京京西重工有限公司

统计资料

制度目录

《首钢年鉴 2019》编辑人员

CONTENTS

十大新闻

◎责任编辑：马　晓

2018年首钢十大新闻

在新起点上确立新坐标　加快首钢转型发展

1月19日、20日，首钢党委扩大会和集团职代会相继召开，深入学习贯彻习近平新时代中国特色社会主义思想和党的十九大精神，在新的历史起点上加快首钢转型发展。2018年是改革开放40周年，是首钢推进“十三五”规划、迎接建厂百年承上启下的关键一年。大会为新的一年加快首钢转型发展指明了方向。一年来，首钢党委团结带领广大干部职工承担新使命、确立新坐标、找准新矛盾、勇于新作为，坚定不移推进改革创新，各方面发生可喜变化，全面超额完成首钢“两会”确定的各项目标任务。

平昌冬奥总结会在首钢举行；首钢成为冬奥会和冬残奥会官方合作伙伴

6月4日至8日，备受关注的国际奥委会平昌冬奥会和冬残奥会总结会在首钢北京园区内冬奥组委首钢办公区成功举办，首钢圆满完成此次重大国际性大会的服务保障任务，受到各界的广泛认可和称赞。国际奥委会主席托马斯·巴赫说，首钢园区是践行2020议程的绝佳范例，是一个“让人惊艳”的城市规划和更新的范例。6月5日，首钢正式成为北京2022年冬奥会和冬残奥会官方合作伙伴，跻身北京冬奥组委最高级别赞助商，这是奥运会赞助史上首次出现城市更新服务商类别。国家体育总局局长苟仲文，北京市市长陈吉宁，国际奥委会主席托马斯·巴赫，国际残奥委会主席安德鲁·帕森斯，国际奥委会副主席、北京2022年冬奥会协调委员会主席胡安·安东尼奥·萨马兰奇等出席签约仪式并见证签约。

首钢秘铁新区建设项目竣工受到秘鲁总统称赞

7月31日，首钢“一带一路”落地拉美的第一个项目——秘铁1000万吨精矿扩建项目竣工。该项目加深了中秘友谊，促进了当地经济社会发展，而且有效拉动了“中国制造”出口，树立了中国品牌。秘鲁总统比斯卡拉对该项目竣工表示祝贺，并在国情咨文中称赞首钢项目在如此短的时间建成，创造了一个奇迹。中国驻秘鲁大使贾桂德称赞首钢项目是中秘产能合作的重要成果，也是“一带一路”落地拉美的第一个项目。新区项目建成后，首钢秘铁年产能可达2000万吨以上，达到国际一流水平，成为首钢海外发展战略的重要支撑点。

首钢入选国务院国企改革“双百企业”

8月16日，国务院国企改革领导小组办公室公布“双百企业”名单，首钢入选。“双百行动”旨在打造一批治理结构科学完善、经营机制灵活高效、党的领导坚强有力、创新能力和市场竞争力显著提升的国企改革尖兵，充分发挥典型引领示范带动作用。此前，首钢被北京市列为唯一一家国企深化改革综合试点单位，6月11日，首钢党委颁发《首钢集团有限公司深化改革综合试点工作方案》，进一步明确了首钢深化改革综合试点工作的九大方面任务，分解为20项重点工作，形成任务书、路线图和时间表，确保首钢深化改革持续推进、取得实效。

蔡奇等提出打造新时代首都城市复兴新地标；蔡奇称赞首钢基金办得好

8月25日，北京市委书记蔡奇，北京市委副书记、市长陈吉宁等市领导到首钢就新首钢地区规划建设情况进行调研。蔡奇强调，“新首钢地区具备独有的区位历史和资源优势，又有筹办2022年北京冬奥会的重大机遇，理应打造成为新时代引领首都城市复兴的新地标”。为此，首钢专门下发了“任务分工落实方案”，将各项任务分解为32个方面的重点工作，高质量抓好三年行动计划各项工作任务的落实。11月16日，北京市委书记蔡奇在《昨日市情》“首钢基金脱虚向实，推动国企改革取得新成效”上批示，首钢基金办得好。首钢基金公司坚持以服务实体经济为根本宗旨，积极实践产融结合之路，围绕“新经济”“新业态”“新生活”进行战略布局，深度参与区域经济开发，深入开展实体企业运营，以实际行动支持国家实体经济的发展，取得显著成绩。

首钢成功承办全国冶金行业两项技能大赛

9月中旬和10月中旬，首钢先后承办“首钢杯”第九届全国钢铁行业职业技能竞赛和“首钢矿业杯”第二届全国冶金矿山行业职业技能竞赛，首钢严谨的赛事组织，让参赛选手和企业感受到了公平公正的比赛氛围，得到中国钢铁工业协会、中国冶金矿山协会等主办单位和参赛企业的一致好评，充分展示了首钢的良好企业形象，实现了主办方满意、选手满意、自己满意的目标。首钢选手也在这两次竞赛中取得优异成绩，分获三项冠军四项亚军、三项冠军三项亚军。

首钢“三创”交流会谋划部署进一步深化改革

9月25日，2018年首钢“创新创优创业”交流会召开，首钢党委书记、董事长、总经理张功焰作题为《大力弘扬改革创新精神　在新的历史起点上加快首钢转型发展》的报告。会议深入总结改革开放40年首钢走过的辉煌历程和取得的巨大成就，聚焦“三个变革”，对首钢深化改革进行再谋划，回答了改革再出发“改什么、怎么改”的问题，围绕“五个坚持”提出主要思路，进一步厘清了战略层面发展路径，为首钢转型发展成为有世界影响力的综合性大型企业集团进一步明晰了路线图，充分体现了解放思想、实事求是的精神和一张蓝图绘到底的信念，是首钢新形势下进一步深化改革的行动纲领。

首钢获评竞争力极强“A+”最高评级

12月10日，在中国冶金工业规划研究院举办的“2019中国和全球钢铁需求预测研究成果、钢铁企业竞争力评级发布会”上，首钢获评竞争力极强“A+”最高评级。2018年，首钢钢铁板块坚持以市场化改革为中心，突出发挥机制作用，激发新活力、增强竞争力，销售收入、实现利润等指标创近年来历史最好水平。首钢汽车板、电工钢、镀锡板等战略产品市场占有率均达到全国前三；通钢、水钢、长钢多项经营指标均创下好水平。5月10日，首钢集团有限公司再度荣登“十大卓越钢铁企业”品牌榜。

首钢获2018年度国际奥委会“奥林匹克主义在行动”奖杯

12月28日，中国奥委会受国际奥委会委托，国家体育总局局长、中国奥委会主席苟仲文为首钢颁发2018年度国际奥委会“奥林匹克主义在行动”奖杯。首钢以北京举办2008年奥运会和2022年冬奥会为契机，全面推动首钢园区产业结构升级，不仅将举办北京冬奥会自由式滑雪、单板滑雪大跳台的比赛，为北京冬奥组委提供办公场地，还成为我国冬季项目国家队的训练基地。首钢的转型无论从可持续发展角度，还是促进体育运动的角度都有示范意义，经中国奥委会向国际奥委会申请，决定将2018年度的“奥林匹克主义在行动”奖杯颁发给首钢。国际奥委会自1985年起设立年度奖杯，每年设立不同的主题，以便各奥委会奖励有突出贡献的组织或个人。2018年度国际奥委会奖杯的主题是“奥林匹克主义在行动”，用于奖励在推广体育活动、通过体育促进发展和可持续发展等方面支持体育运动的组织、个人或项目。首钢是2018年中国奥委会向国际奥委会推荐的唯一单位。

长安街西延工程跨永定河大桥正式命名为“新首钢大桥”

12月底，北京市规划和国土资源管理委员会发布地名命名通知，根据地名管理有关法律、法规，将长安街西延工程跨永定河大桥命名为“新首钢大桥”。新首钢大桥是长安街西延道路工程的重要节点工程，大桥从首钢北京园区一路升高，到永定河上靠两座斜拉塔拉起。桥型为双塔斜拉钢构组合体系桥，是北京地区最大跨径桥梁。大桥预计2019年年底前具备全线通车条件，届时全线通车将成为贯通京西交通的主动脉，成为长安街在京西的标志性景观建筑。新首钢大桥钢箱梁、钢塔所用钢板全部由首钢制造供应，各类钢板用量合计约4.5万吨，是首钢高性能桥梁钢又一次在国内重点市政精品工程建设中实现整桥供货。

特　载

◎责任编辑：马　晓

为企业铸魂　为发展聚力
持续推动首钢改革迈出新步伐取得新成效

——北京日报“不忘初心　砥砺奋进　开创新时代国企党建新局面”专版

1978 年，党的十一届三中全会胜利召开吹响改革开放的号角。1979 年，我国开始国有企业改革的第一次重大试点，首钢作为八家试点之一，进入改革开放新时期。40 年的改革开放使首钢得到快速发展，综合实力明显增强，企业面貌发生巨大变化，七次跻身世界 500 强。首钢改革发展取得成功的一条基本经验就是坚持党的领导不动摇，始终围绕企业改革发展中心任务，发挥党的领导核心和政治核心作用，为企业铸魂，为发展聚力，把党的政治优势转化为企业的发展优势。

坚持把解放思想、转变观念作为首要任务，
在解放思想中统一思想，为深化改革打牢思想基础

改革开放初期，面对高度集中的计划经济体制束缚，首钢党委大胆解放思想，推动企业在实践中探索形成以“承包制”为核心的企业管理体制机制，带来了企业大发展，成为全国工业企业改革的一面旗帜。进入新世纪，首钢党委坚持以解放思想为先导，持续深入开展“创新创优创业”主题实践活动，把首钢人强企报国的光荣和梦想融入到建设 21 世纪新首钢的伟大实践中，推动率先实施我国乃至世界工业史上前所未有的战略性搬迁调整。

党的十八大以来，首钢进入全面深化改革、转型发展新阶段，首钢党委坚持把思想政治建设放在首位，组织党员干部职工深入学习贯彻习近平新时代中国特色社会主义思想和党的十八大、十九大精神，牢固树立“四个意识”、坚定“四个自信”，自觉以习近平总书记两次视察北京重要讲话精神为根本遵循，自觉从“建设一个什么样的首都，怎样建设首都”的大局上深入思考谋划首钢的发展，回答好百年首钢“树什么、怎么树”、转型发展“转什么、怎么转”、新时代首都城市复兴新地标“建什么、怎么建”、深化改革“改什么、怎么改”、基层党建“抓什么、怎么抓”等重大课题，探索实践首钢科学发展、高质量发展之路。

坚持把推进改革发展作为中心工作，
为企业健康发展把关定向，不断开辟出实现自身发展壮大的广阔空间

1979 年，首钢成为改革试点后，首钢党委从企业实际出发，先后在企业管理、领导体制等方面推进一系列改革，较早开展国际化经营，在中国香港收购四家上市公司，收购秘鲁铁矿，在全国第一家由工业企业开办银行，成立华夏银行。1995 年以后，首钢党委探索建立现代企业制度，把加强党的领导和完善公司治理结构统一起来，通过建立有效的治理机制确保党委在企业重大问题决策中发挥领导作用，推进社会保险、住房等一系列配套改革，实施投资主体多元化，积极发展非钢产业，实现改革发展稳定相互协调、相互促进。进入新世纪，首钢党委大力推进搬迁调整、战略转型，推动石景山钢铁主流程 2010 年年底全面停产，妥善安置 6 万余名职工；推动在河北地区建成工艺技术装备先进的京唐公司、迁钢公司等新钢厂，使钢铁业实现转型升级，首钢钢铁业竞争力和综合实力进入国内先进行列，在京津冀协同发展中发挥了示范引领作用。

党的十八大以来，首钢党委从首都北京“四个中心”城市战略定位出发，坚持做优做强实体经济和实现产融结

合相统一，研究确立首钢新的战略定位，即：通过打造资本运营平台，实现钢铁业和城市综合服务业两大主导产业并重和协同发展；研究制定《中共首钢总公司委员会关于首钢全面深化改革的指导意见》，推进集团总部管控体系建设等一系列改革；协同推进北京和曹妃甸两大园区开发建设，打造新时代首都城市复兴新地标，获得了转型发展的新机遇；提升钢铁业“制造+服务”的综合竞争力，培育发展新动能，首钢全面深化改革、转型发展迈出新步伐。

坚持把加强领导班子和人才队伍建设作为核心内容，培养能够担当改革发展重任的骨干力量

改革初期，首钢党委破除论资排辈思想，按“四化”方针，确定选拔任用干部的具体标准，推进干部管理体制改革，建立健全干部管理制度，严格选拔配备基层党委领导班子。进入新世纪，首钢党委围绕企业发展战略全面推进人才兴企战略，以经营管理人才、专业技术人才、高级技能人才三支人才队伍的整体开发和协调发展为目标，建立健全人才“引得进、留得住、用得好、长得大”的新制度、新机制；持续开展“精神状态好、团结协作好、民主作风好、廉洁自律好、保证监督好、改革发展好”“六好”班子创建活动，推动领导班子成员想干事、能干事、干成事、团结一致干大事。

近年来，首钢党委结合集团管控体系改革，按照国企领导人员“对党忠诚、勇于创新、治企有方、兴企有为、清正廉洁”的新要求，深化干部人事制度改革，加强干部考察、交流，优化领导班子和干部队伍结构；实施高端人才素质提升工程，举办青年干部培训班、海外研修班；推动领导人员职务职级改革、开展职业经理人试点，引进园区开发建设、发展城市综合服务商急需的各类人才，为加快转型发展提供有力的人才支撑；以政治能力为核心，全面提高领导人员的管理能力，推动干部队伍和各级领导班子成员敢担当、勇作为，迎难而上，不断开创改革发展新局面。

坚持以改革创新精神推进基层党建工作，确保各级党组织和广大党员在企业改革发展中的突出作用

长期以来，首钢党委遵循“功能健全、覆盖到位”原则，坚持改革事业发展到哪里，党的组织就建设到哪里，党组织和党员作用就发挥到哪里。针对企业“四跨”特点，积极探索党组织建在合资联营企业、建在项目部、建在作业区、建在境外公司的模式，同时下大力气充实生产一线的党员力量，坚持在岗位最关键、任务最繁重、工作最紧张的部位加强党组织建设，发挥党员作用，实现了党组织设置和党建工作的双覆盖，确保党的政治力量植根于基层。近年来，适应集团多业多地多元化的发展需求，制订印发《关于健全完善基层党建工作责任体系的实施意见》，修订完善17个首钢党的组织专业制度等，为开展党建工作提供了制度、机制保证。

首钢党委始终把基层党组织和党员队伍建设作为企业第一线的工作来抓，坚持开展“创先争优”主题实践活动，激发党组织和党员队伍活力。改革开放初期，首钢党委推进建设“钢班子”带出“铁队伍”，强调党员“无功就是过，平平淡淡就是错”，每个党员要有“单个战斗力”。近年来，在党的群众路线教育实践活动、“两学一做”学习教育等活动中，首钢党委不断赋予“创先争优”活动以新的内容，坚持每年围绕企业经营生产确立一个活动主题，组织基层党组织深入开展党员建言献策、立功竞赛、技术比武、课题攻关等活动，不断激发党建工作的内生动力，党组织战斗堡垒作用和党员先锋模范作用得到充分发挥。

当前，首钢改革发展站到一个新的历史起点上，首钢党委将深入学习贯彻习近平新时代中国特色社会主义思想和党的十九大精神，坚持党建统领，继承发扬首钢重视党建工作的优良传统，大胆创新实践，强根固魂开拓新境界，推动全面从严治党向纵深发展，为建设有世界影响力的综合性大型企业集团提供坚强保证。

（《北京日报》2018年11月14日，作者：首钢党委）

首钢记忆

——工人日报“纪念改革开放40年”专版

作为特大型国企，首钢的每一步发展都在某种程度上具有探路者、先导者的示范意义，为国企及工业企业的发展积累了宝贵的实践经验。他们“敢闯敢坚持敢于苦干硬干，敢担当敢创新敢为天下先”的精神，也鼓舞激励着一代又一代产业工人。首钢集团有限公司工会主席梁宗平将首钢改革开放以来的发展概括为“三步跨栏”：一是“承包制”，从哪怕是盖一个厕所也要申请国家计划专项使用资金，到获得经营管理自主权后，生产力大解放，实现了国家、企业、个人三者利益大增长，创造了工业企业改革的“首钢模式”；二是首钢大搬迁，钢铁主业从北京搬迁到河北省唐山市曹妃甸，建起了一座临海靠港、具有世界一流水平的千万吨级大型钢铁企业，成为疏解非首都功能、京津冀协同发展的先头部队；三是正在进行的，要在北京老厂区打造新时代首都城市复兴新地标。每一步改革中，至关重要的是实现越来越好的发展。

——题记

三四十年前，在北京一提起首钢，没有人不知道，没有人不羡慕；二十几年前，说到首钢，也是为人所熟悉的。而近年来，首钢似乎有些沉寂了。

“首钢不是停产了吗”“首钢不是搬走了吗”“首钢不是改成冬奥组委的办公室了吗”“我知道首钢男篮”……这些反应和印象，与实际情况相差很远。

从“工厂”到“企业”

2018年11月26日，记者与首钢宣传部的同志约好一起去位于河北省唐山市曹妃甸区的首钢京唐公司采访。和记者同车前往的是几位退休老同志，当年都是首钢的笔杆子。这次他们受邀回首钢，为纪念2019年首钢建厂100周年编书。

途中，大家说到不久前几家新媒体搞的“改革开放40年40企40人”网络投票，首钢老领导周冠五名列其中。

“那可是首钢改革的功臣，是当年中国工业企业改革的旗帜和先锋啊！”说起周冠五，几位老人非常激动，为自己经历了首钢的周冠五时代而自豪。

“当年最让首钢出彩的是，十一届三中全会后首钢在全国工业战线率先实行了‘承包制’。”

一路上，大家七嘴八舌回忆着当年首钢的改革故事。

首钢改革之前，国家下达多少任务就生产多少，企业的生产销售都是国家计划好的，企业能挣多少钱也是有数的，按部就班地做就可以了。哪怕是企业要盖一个厕所，也要国家计划中有专项的使用资金才行。

“周冠五是个有胆识的人！”1979年3月，首钢主动申请扩大企业权限试点，当年5月就被国家经委等6部委确定为第一批国家经济体制改革的8家试点企业之一。紧接着，扩大国营工业企业经营管理自主权、实行利润留成、开征固定资产税、提高折旧率和改进折旧费使用办法、实行流动资金全额信贷等5个改革的配套文件一并发布。

据老人们讲，首钢的“承包制”是企业获得自主权后，被“逼”出来的。

1981年，国家对钢铁限产，首钢的减产任务是36万吨，占上一年度总产钢量的9%。然而几乎同时，北京市政府下达了指令：作为北京市工业企业的“排头兵”，首钢当年的上缴利润要力保达到2.7亿元。而实际是，“把首钢的全部家底都抖出来，满打满算利润最多2.65亿元，都缴上去了，等于企业留成一分钱都没有，职工的福利更不可能了。”

无奈之下，周冠五提出“利润包干”，即在保证完成2.7亿元利润上缴的前提下，超额的利润由首钢按4∶3∶3的比例自主分配使用——40%用于生产发展，30%用于职工集体福利，30%用于工资奖励。

“这样的想法在当时是很大胆的。不能不说是当年改革开放、思想解放的结果。很了不起！”老人们说。

如此改革的结果是，1981年，首钢的利润达到3.16亿元。在上缴2.7亿元后，首钢第一次有了可以自主支配的4000多万元。

尝到甜头的首钢，随即在“利润包干”的基础上，提出“利润递增包干”的新承包方案：以1981年上缴利润2.7亿元为基数，每年递增7.2%上缴国家，超额的部分归首钢，按照60%用于生产发展、20%用于职工集体福利、20%用于工资奖励的方式分配使用。

资料显示，“承包制”给首钢带来的综合效益非常明显：到1988年，首钢铁矿石产量1975万吨、生铁产量336万吨、钢产量357万吨、成品钢材产量314万吨，分别是1978年的175.9%、137%、199.4%、268.4%。企业积累增加，生产规模不断扩大，职工收入翻番增长。

首钢“承包制”实行了15年。到1994年，首钢钢产量从1978年的179万吨扩大到824万吨，名列全国第一。

当时，首钢的改革尤其是“承包制”所取得的成就，引起了社会各界的广泛关注。1982年介绍首钢“承包制”的书籍发行量高达40万册，全国各地每年有上万人次来首钢参观学习。首钢成为全国工业改革发展的一面旗帜，周冠五也成为中国经济界的风云人物，在1985年登上了《中国企业家》创刊号的封面。老人们表示：“没有周冠五就没有当年首钢的‘承包制’，没有‘承包制’就没有首钢后来的腾飞。”

也就是在这个过程中，首钢由计划经济时代的“工厂”开始向市场经济时代的“企业”转变。

一场险情，一番讨论

同车的几位老人年龄都在60多岁，亲历了首钢改革的整个过程。他们告诉记者，20世纪80年代有这么一说：农村改革看小岗，工业改革看首钢。

“但首钢的‘承包制’绝不是‘一包了之’，与之配套的还有从严治厂的措施。”

当年周冠五推出的“三个百分之百”的“岗位责任制”，让老人们记忆犹新：规章制度必须百分之百地执行；违章违制百分之百地登记上报；违章违制者不论是否造成损失，都要百分之百地取消当月奖金。

当时推行的岗位责任制“非常严”。比如，迟到一分钟或者在车间不戴安全帽，都会被扣奖金。一般的违规最少扣罚一个月的奖金，严重的则要罚去三个月甚至更多的奖金。

当时还有一个故事上了《工人日报》，引起了一番讨论。

一天上午，炼铁厂修理车间起重班为二高炉更换热风阀。突然，12.5吨重的热风阀在空中打起了转，钢丝绳拧成了麻花，出现险情。

正在地面作业的张德勤师傅飞步跑上20多米高的热风炉平台，把身子探出栏杆外，排除了故障，保证了吊装工作的顺利进行。

张师傅危急时刻的忘我精神值得称颂，但情急之中他没有系上安全带，违反了安全规程。按厂里的规定，张师傅被扣除了当月奖金。

奋不顾身做好事，最后落了个罚，这事在职工中影响很大。

《工人日报》把这事刊登出来，还配了个小言论。随后，意想不到的事情发生了。编辑部、作者和张德勤本人收到了60多封来自全国各地的信件，大家众口一词为张师傅鸣不平——“人家急于排除故障才忘了系安全带，这也要扣奖金，情理不通。”“做好事还受罚，以后谁还去学雷锋？”

为此,《工人日报》记者专门采访了张德勤师傅,该报还发表了张师傅写的题为《严是爱,松是害》的文章,作为对全国关心他的读者的答复。他在文中写道:“我一个月虽少拿了十几块钱奖金,但对我的教育却是深刻的。假如我为了争分夺秒排除故障,一下子从高空掉下来,摔不死也得落个重残,那时恐怕同志们又该为我惋惜了!我们小组有一个同志,在 1979 年一次高空作业时,没有拴好安全带被摔成粉碎性骨折,至今卧床不起,全家人的美满生活被一条没拴好的安全带给破坏了。我一想他,就觉得领导这次扣除我全月的奖金是完全应该的。我们小组在我违规违制的那个地方,专门放好两条安全带。今后,更换热风阀再发生钢丝绳打麻花的事,就可以随手系上安全带,既能快速处理故障,又保证了安全……”老人们感叹:“这么一件事,现在来说已经不值得大惊小怪了,但是,当时却成了大家争议的问题。所以说,真正的改革是对人们旧有观念的改变。”

“承包制”带来激情燃烧的岁月

路上堵车,走走停停。这也让记者有更多时间听老人们长话当年。

“20 世纪 80 年代,改革给首钢带来了最辉煌的时光。”

“‘又要马儿跑,又要马儿不吃草’,这样的好事不可能有。”老人们说,“当年首钢的‘承包制’之所以获得巨大成功,就在于把国家、企业、职工三者的利益结合好了。”

实行“承包制”的同时,首钢在职工中开展工资升级活动,提高职工的技术和收入水平。企业实现利润每增长 1%,工资总额就增长 0.8%,由于实现利润平均每年增长 20%,工资总额每年就平均增长 16%。每年有 20%的职工被择优升级。

所以,首钢在“承包制”年代,上缴国家的利润年年递增,企业生产规模、经营领域不断扩大。更重要的是,职工个人腰包越来越鼓、福利越来越好。

“那时大伙儿都自愿加班加点、想方设法提高工作效率,而且时时处处注意节约每一滴油、每一把棉丝。因为,大伙儿知道,自己工作上的每一个细节都会和收入相关联。”

那些年,首钢子弟就业都想办法留在首钢,很多北京人都以进入首钢工作为荣。老人们骄傲地告诉记者:“那时候首钢待遇不是一般地好,工资高、福利好。吃的喝的用的几乎什么都发。企业还为此建了面包、香肠、饼干、麻花、冰激凌、汽水等副食以及洗衣机、电风扇、家具生产线。那时候还有一个惯例,每年都搞全员的年终会餐。”

“那时候地铁 1 号线上,如果满车厢是香肠味儿,准是首钢又发香肠了;如果满车厢是酒味儿,准是首钢又会餐了。”

“20 世纪 80 年代末,首钢还在辽宁绥中建了一座能接待 5000 人的疗养院,安排职工和家属轮流去疗养。还在海边搞起了水产养殖,低价出售给职工。”

“那时候企业每年盖 10 万平方米房子分给职工,职工结婚不出两年就能分到房子。”

“那时候年轻人找对象都愿意找首钢的!”

“北京市第一个购买私家车的工人就是首钢工人,《工人日报》还进行了报道。”

……

那时候,真是一段激情燃烧的岁月啊!

从石景山到曹妃甸

北京首钢老厂区距离天安门 18 公里,当初建厂时算北京城比较偏远的地方,随着城市建设发展,逐渐“中心”起来。无论从北京作为国际大都市的环保要求和城市发展空间布局需要,还是企业自身发展需要,首钢都要作出新的战略选择。

进入新世纪，首钢开始了战略性搬迁调整，完成了在河北迁安、秦皇岛、曹妃甸的三大钢铁基地建设。

曹妃甸的首钢京唐公司成为首钢新时代改革发展的标志。

曹妃甸地处渤海湾，是一处深水良港，常年不冻不淤，因传说岛上曾建有唐太宗李世民一曹姓妃子的庙宇而得名。

“首钢京唐钢铁厂是完全按照‘新一代可循环钢铁流程’的构想建设的，从设计、施工到运行都体现着我国冶金行业的综合实力水平，在国际上是一流的。”京唐公司工会副主席王雪青介绍道。

如果不听介绍，谁也想不到这个环境优美的现代化钢铁企业是建在人工“吹沙造地”的沙地上的。“这里的建筑地基要打到沙地下面的岩石上，这里的植被是人工移土栽活的。”

“刚来时，这里除了厂房就是黄沙，在室外说话沙子都能刮到嘴里，回到屋里第一件事是扑落头发里的沙子、抖落衣服里的沙子。”王雪青说。

而现在，这里有错落有致的现代化厂房、自动化的生产设备，以及花园式的厂区和海滨公园、簇新的宿舍楼、餐厅、食堂、健身房、游泳馆、候车大厅等生活设施，厂区规划齐整，双向四车道交通，如同进入一座新城。

而这些值得夸口的业绩背后，是首钢职工付出的努力和艰辛。从北京老厂区来这里工作的职工平常的生活节奏就是“车间——食堂——宿舍”，经常是衣服都不用换，上班和下班没有什么区别。而周末的节奏是：星期五中午下班后，先去食堂吃饭，然后回宿舍换下工作服，简单收拾完便匆匆赶往位于厂区的候车大厅，乘坐下午1点半的大巴回北京，300公里的路，4个小时左右到家，星期日下午再返回曹妃甸。

10多年来，4500多名首钢职工就这样像候鸟般每个月数次往返于北京的家和曹妃甸的厂子之间。

炼钢作业部炼钢区作业长王建斌是2008年9月第一批从北京首钢老厂区调到京唐公司的生产岗位工人。“这些年已经习惯了，自己能参与建设世界一流的钢铁企业，还是感到蛮骄傲的！”他说，“唯一觉得亏欠的就是，没有照顾好家里。家里有80多岁的父母，爱人身体也不好，儿子上高中时就成了家里的主劳力，每次大人生病都是由儿子送到医院……”

王建斌生长在钢铁工人家庭，从小对炼钢厂就有感情，是名副其实的“钢二代”。1986年，他从首钢技校炼钢专业毕业后进入首钢，正赶上首钢改革风生水起的时候。企业快速发展需要，加上个人勤奋，王建斌从炉前工做起，历经值班工长、炼钢高级技师，到如今成为公司内外小有名气的炼钢专家。首钢很多地方新炉投产都要王建斌来开炉，他成了首钢的“开炉专业户”。

然而，初到曹妃甸，他这个“技术大拿”也遇到了前所未有的困难——京唐公司建有5座国内最大的300吨转炉，集成了“全三脱”炼钢、“干法除尘”、“声纳化渣”等16项国内外先进工艺，冶炼过程全部电脑控制，操作界面全是英文。这对从技校毕业已经20多年，电脑、外语都不太灵光的王建斌而言显然是极大的障碍。

一切似乎“归零”了，但王建斌没有放弃。他把休息时间都用来学习英语和新知识、摸索新设备性能结构。不到半年时间，他就能“一键式”炼钢了。2013年，“王建斌首席技师工作室”成立；2015年，王建斌被评选为全国“百姓学习之星”。

“京唐公司5座转炉，每座炉的第一炉钢都是我炼的！”王建斌对此很自豪，同时充满感恩，“如果不是赶上好时候，我也没有机会成长为今天的我。”

在首钢京唐公司，记者参观了世界级大高炉、技术领先的轧机、京唐公司自有码头、操作无人化的智能物流库、海水淡化工程、微生物工程……被所见所闻深深地震撼。

与记者同行的退休老人们也看到了：从北京到曹妃甸，京唐公司不是简单地把首钢老厂从石景山搬到了大海边，而是经历了全面的升级改造。产品结构也进行了整体调整，从供应建筑行业为主的初级产品，发展至现阶段的高端板材，全面供应国内主流装备制造企业。以前首钢的板材只能压到四五毫米，现在能压到0.12毫米，比纸片还薄。从造船的宽厚板，到汽车用板、家电外壳用板，再到小饮料罐用的镀锡板，从油气管线到电子器件，共计31个钢种、280多个牌号。首钢研制的“高、精、尖”产品，成功应用于“长征五号”“长征七号”运载火箭发动机的研发和生产。

如今的首钢,已是世界一流的现代化钢铁企业。

从老厂区到新地标

老人们清楚地记得,2010 年 12 月 21 日,“一万多人前来参加首钢老厂区最后一炉钢的告别仪式,场面很是悲壮。因为这次炉火的熄灭,就意味着首钢由此结束了它在首都生产钢铁的历史。”

与此同时,从 2004 年开始,首钢陆续有 1.4 万人自谋职业,1.61 万人转岗,共有 6.47 万职工分流。

首钢搬迁调整,在老厂区留下了 8.63 平方公里的开发空间。如今,来到这里,依然是当年“十里钢城”的样子,阔大、壮观,只是没有了车水马龙、灯火辉煌、人声鼎沸、热火朝天,而多了一些宁静——过去人们往往被大工业的喧嚣所吸引,而忽略了这里紧邻永定河,背靠西山山脉,坐拥石景山、群明湖、秀池的自然美景。

几位老人中有的退休前还赶上了参与 2012 年制订《新首钢高端产业综合服务区控制性详细规划》。2013 年起,在控制性规划基础上,首钢开展了绿色生态、城市风貌、地下空间、交通、市政 5 个方面 10 余个专项规划研究。

2016 年 5 月 13 日,2022 年北京冬奥组委首批工作人员正式入驻首钢北京园区内的西十筒仓办公区,这里成了冬奥会筹办的中枢。这里的建筑物,就是利用炼铁筒仓、料仓改造而成,保留了标志性工业元素,在尊重原有工业遗存风貌的基础上进行了内部功能改造与空间更新,以新旧材料对比、新旧空间对比完美延续了老首钢“素颜值”的工业之美。

目前,国家花样滑冰、短道速滑和冰壶队相继入驻首钢园区并已开展上冰训练。精煤车间北侧,由运煤车站改造的冰球馆正在建设中。冰球馆地上建筑面积约 1.7 万平方米,以原精煤车间厂房屋顶为原型,构筑新的场馆空间,可举办容纳 3000 名观众的正式比赛。

在首钢北京园区北区建的滑雪大跳台,背靠原首钢电力厂冷却塔,是 2022 年北京冬奥会唯一一个位于市区内的雪上项目举办地。

“你们外人来这里是一种旅游,感受传统与现代的交织。我们来这里就是一种怀旧了,看到自己曾经朝夕相伴的‘老伙计’还在,或者以一种新的形式存在,心里也是一种安慰。”老人们的话透露出对首钢的深深留恋。

根据 2017 年 9 月北京市城市总体规划实施动员和部署大会的精神,“首钢地区应成为新时代首都城市复兴新地标”,即要实现“文化复兴、生态复兴、产业复兴、活力复兴”。同年年底,经北京市政府批准,首钢成为北京市唯一一家国有企业深化改革综合试点单位。

首钢已经踏上了新一轮的改革征程……

(《工人日报》2018 年 12 月 14 日,作者:郭 强、赵思远)

改革大潮中的首钢深度

2018 年是中国改革开放 40 周年,也是首钢推进“十三五”规划、迎接建厂百年承上启下的关键一年。

40 年革故鼎新,40 年锐意进取,40 年风雨兼程。改革开放之初,首钢率先实行承包制,成为当时我国工业企业改革的一面旗帜。从钢铁到金融,从石景山到渤海湾,从管控体系改革到深化改革综合试点,首钢始终站在改革前沿砥砺奋进。

改革，首钢永远的基因

我国改革开放的伟大事业，离不开国有企业和广大职工的探索实践。首钢率先实行企业承包制，突破计划经济体制，打破企业吃国家“大锅饭”、职工吃企业“大锅饭”的弊端，为国有企业体制机制改革提供了有益的经验。

作为具有百年历史的大型国有企业，首钢始终与国家和时代的发展紧密相连。1978 年 12 月，党的十一届三中全会召开，吹响了改革开放的号角。1979 年 3 月，首钢主动申请扩大企业权限试点，并于当年 5 月份成为国家确定的第一批企业改革 8 家试点单位之一，试行利润留成。1981 年 7 月，首钢在国务院和北京市的支持下，改变了国家与企业之间的分成办法，开始实行承包制，即全年上缴利润 2. 7 亿元定额包干。1982 年，首钢正式实行上缴利润递增包干，即以 1981 年上缴利润 2. 7 亿元为基数，每年上缴利润递增 6%。1983 年，首钢主动把递增率提高到每年 7. 2%。作为国有企业改革的大胆尝试，首钢实行承包制取得的成就，已深深烙印在中国改革开放的史册中。改革的基因，已融入首钢人的血脉中，时光荏苒，历久弥坚。

改革开放初期，首钢开展了跨行业、跨地区、跨所有制、跨国经营，实施了一些富有远见的战略举措，如收购秘鲁铁矿，使中国海外第一矿和海外最大独资企业问世；创办华夏银行，开创企业办银行的先河；进行技术改造，综合实力从钢铁行业第八位上升到前三位，成为国内外著名的大型钢铁企业，为后来的发展奠定了物质基础。

1979 年 12 月 15 日，首钢 2 号高炉改造工程竣工投产，成为我国第一座现代化高炉。在这期间，首钢引进国外二手设备建成的第二炼钢厂和依靠自身力量建设的第三炼钢厂相继投产，同时建成第三线材厂，也是当时全国最大的线材生产基地。

在大力发展钢铁主业的同时，首钢向跨行业、跨地区、跨所有制、跨国经营的“四跨”企业发展，企业综合实力不断增强。

1992 年 5 月 22 日，中国改革开放的总设计师邓小平亲临首钢视察时说：“路啊，历来是明摆在那里的，是走得快，还是走得慢；是走得好，还是走得坏，那就看你走的路第一是对不对，方向对不对；第二是走得好不好。你们这两条都走对了。”首钢以改革腾飞的奇迹，成为中国工业企业改革的窗口和样板。

1993 年，首钢 GDP 在北京市的占比为 23%，工业总产值在北京市的占比为 15%。1994 年，首钢实现利润占北京市规模以上工业企业的 54%，实现利税占北京市规模以上工业企业的 28%。

1995 年以后的几年中，首钢以推进两个根本性转变、建立现代企业制度为目标，进行了集团化改革、住房制度改革、劳动用工制度改革和建立社会保障制度等一系列改革，使企业的管理体制和经营机制发生了深刻变化。

首钢，在改革创新的道路上与时俱进、执着前行。

改革，首钢的自我革命

改革没有流血牺牲，却需要壮士断腕；改革没有生死对决，却需要刀刃向己。首钢改革的历史，从来都是由内而外的自我革命。进入新世纪，在新的发展阶段，首钢率先进行搬迁调整，成为我国第一个向沿海搬迁的大型钢铁企业，也成为京津冀协同发展的先锋队。

首钢搬迁调整为我国钢铁工业布局调整、推进产业结构优化升级提供新经验。

2014 年 2 月 26 日，习近平总书记在视察北京时的讲话中唯一提到的企业就是首钢。他指出：“首钢搬迁到曹妃甸就是具体行动。要继续坚定不移地做下去。”这既是对首钢全体干部职工最大的褒奖，也是巨大的鞭策和要求。

改革开放以来，首钢的综合实力发生了巨大变化，从 1979 年粗钢年产量由 146 万吨左右增加到现在的 3000 万吨以上，销售收入从 14. 43 亿元增加到 1850 亿元，资产总额从 16. 89 亿元增加到 5000 亿元。

2015年10月10日,《深化首钢集团总部管控体系改革思路框架》正式下发。首钢按照《首钢全面深化改革指导意见》确定的目标和方向,拉开了一场首钢历史上深层次管理变革的序幕——从率先组建5个业务支持服务部门,到成立13个战略管控部门、4个战略支撑部门;从非总部战略管控核心功能的有效承接,到持续推进部门流程优化、开展管理体系和人员能力建设;从召开改制企业工作会议,促进改制企业深化改革、转型升级,到启动风控体系项目建设,进一步深化集团管控体系改革;从不断健全完善钢铁板块管理平台,到成立股权投资管理公司,园区开发、金融服务平台的构建;从党代会、职代会深入谋划首钢"十三五"发展,到《首钢集团"十三五"发展规划》的出台……集团出现了内生驱动的积极变化,基层单位对进一步深化改革充满期望;党员干部对啃硬骨头、打持久战的反应更加从容;职工群众对首钢各项工作充分理解;攻坚克难的正能量在互相传递影响和不断发酵变化,极大地增强了做好工作的底气。

随着自上而下的改革与自下而上的改革相结合,以及一系列具有标志性、关键性、引领性的改革措施落地生根,一些重要领域和关键环节的坚冰正在被打破,一场深刻变革正在首钢孕育迸发。

——集团管控权力清单颁发实施。首钢处理好放权和管理的关系,防止出现"一管就死、一放就乱",做到"管住、管好、管活",强化基层单位主体意识。首钢从投资和领导人员任免两个权力清单破冰实施,明确传递放权搞活、激发活力的信号,在2017年试行一年的基础上,对权力清单重新进行了修订,将279个关键业务环节压减到144个,权力事项精简了48%。

——二级单位改革试点持续推进。在保证集团管控权力清单普遍适用的基础上,首钢集团党委决定对市场化程度较高、行业特点鲜明的部分单位进一步扩大授权,由企业结合实际探索实践市场化改革。2017年,集团公司审批项目37项,下属企业审批项目198项。各单位市场主体意识明显增强,从原来的"花大钱"到现在的"慎花钱",投资决策更加谨慎,工作的着力点更加明确,行权流程更加清晰,既激发了活力,又提升了效率。

——总部机构改革不断深化。首钢在成立战略管控部门、优化战略支撑部门、集团总部的基础上,对集团副职以上领导兼职工作进行清理规范,出台了《集团成员单位深化薪酬分配制度改革指导意见》,建立健全工效挂钩联动机制,开展部门和二级单位第一个3年任期目标任务督导和评价,提出第二任期经营考核指标导向性建议,推进发展研究院、技术研究院薪酬改革,在二级单位关键领导岗位引进职业经理人。

——集团总部基本管理制度体系基本完备。首钢建立权力清单、规章制度、风控手册"三位一体"的制度体系;制订公司章程管理办法,修订集团公司及各企业章程,将党建工作总体要求纳入章程;完善议事规则,修订党委会、董事会、经理层工作规则和"三重一大"管理制度,法人授权、投资管理、全面预算管理、资金管理、内部审计管理等27项重要制度正式颁发;推进二级公司董事会建设,强化董事会作为公司治理关键核心作用的规范运作,二级单位董事会逐步做实。首钢分层分级的制度体系日渐清晰,横向上清晰了党委会、董事会、经理层的职责界面,纵向上进一步厘清了集团管控的主要职责权限,清晰了总部与平台公司、平台公司与授权管理单位的权责界面。

——集团新的组织体系形成。2017年4月份,首钢北京园区开发运营管理平台正式组建,由首建投公司行使平台管理职能,实行管委会—首建投公司—授权管理单位三级组织体系。首钢形成了钢铁业务板块、股权投资平台、园区管理平台、金融党委4个业务板块,形成了股份公司、股权投资公司、首建投公司、曹建投公司4个平台公司和11个直管单位,结合产业板块的划分,进一步明确了优化目标和工作安排。

随着一个个壁垒被打破,一项项难题被解决,首钢改革再次树起了新的里程碑。

改革,首钢坚定的转型

首钢自搬迁调整后,也进入全面深化改革、加快转型发展的新阶段。面对市场的严峻形势,首钢通过打造全新的资本运营平台,实现钢铁和城市综合服务商两大主导产业并重和协同发展的战略定位,同时树立了发展新理念,形成了深化改革的"全面观"。

这个“全面观”体现在对矛盾问题的全面把握、战略引领的通盘谋划、抓纲举目的一体贯通、点面结合的整体“成势”上,也体现在上下互动的全员参与上。以这种“全面观”引领实践,首钢制订实施了《首钢全面深化改革的指导意见》,广大干部职工共同为改革想招、一起为改革发力,实现了转型发展“转得快、转得实、转得好”。

首钢钢铁业实现转型升级,产品结构快速向中高端转变,家电板、桥梁钢、车轮钢国内占有率位居第一,汽车板国内占有率位居第二,电工钢跻身世界第一梯队,镀锡板实现高端客户全覆盖,新产品不断实现全球和国内首发。

在京西石景山的新首钢高端产业综合服务区,首钢服务保障冬奥工作有序开展,生态与环境治理等重点工程项目加快建设,首钢园区规划获得实质性突破、北区和东南区详细控制性规划获批、南区规划启动。首钢园区凭借高标准规划频频问鼎国内外大奖,成功入选英国皇家规划学会“2017 国际卓越规划奖”,获得国际绿色建筑大会“2017 年绿色建筑先锋大奖”、国家住建部“2017 年中国人居环境奖”……

位于渤海之滨的首钢曹妃甸园区内,5.5 平方公里产业先行启动区基础设施建设稳步推进,4.6 平方公里产城融合先行启动区项目全力引进,国家级绿色建筑产业园雏形初具,曹建投公司荣登“CIHAF(中国国际房地产与建筑科技展览会)2017 年度绿色先锋企业”榜单,大力推进招商引资,已签约 45 个产业项目,总投资 500 多亿元。疏解北京非首都功能,曹妃甸协同发展示范区的作用日益凸显。

位于秦皇岛的首秦园区,以汽车运动为引擎,聚焦汽车后市场产业,打造秦皇岛首钢赛车谷,吸引更多的高端要素集聚,迅速形成品牌影响力,努力把首秦园打造成为东北亚汽车运动文化旅游中心,成为国内传统产业转型升级的标杆、京津冀协同创新驱动的典范、秦皇岛城市发展的新磁极。

首钢成为北京市、河北省政府落实国家战略的平台和载体,以“双园区”模式推动京津冀协同发展。

打造新时代首都城市复兴新地标,首钢老工业区加速崛起。冬奥会组委会,世界侨商创新中心,中国第 1 个、全球第 19 个 C40 正气候项目,以及国家体育产业示范区等相继落户首钢北京园区。国际奥委会平昌冬奥会和冬残奥会总结会在首钢北京园区成功举办。2018 年 6 月 5 日,首钢集团正式成为北京 2022 年冬奥会和冬残奥会官方合作伙伴,跻身北京冬奥组委最高级别赞助商,这是奥运会赞助史上首次出现城市更新服务商类别。

首钢着力打造城市综合服务商,不断培育新动能,形成新产业。首钢建设世界单体一次投运规模最大的垃圾焚烧发电厂、国内第一个静态交通研发示范基地,金融服务、城市基建、房地产、医疗康养、文化体育、国际化经营等方面加快发展。首钢基金公司管理基金数量达 16 只,签约规模达 506 亿元;创业公社成为国家级众创空间和孵化基地。

回望发展,改革是决定首钢命运的关键一招;凝视当下,改革只有进行时,没有完成时。2017 年首钢成为北京市唯一一家国有企业深化改革综合试点单位,2018 年入选国务院国企改革“双百企业”,全面深化改革任重道远。深入创新创优创业,推动质量变革、效率变革、动力变革,打造新时代首都城市复兴新地标,建设有世界影响力的综合性大型企业集团,目标在前、使命在肩,首钢誓将改革进行到底。

(《中国冶金报》2018 年 10 月 25 日,作者:王文婧)

首钢集团成为北京冬奥会和冬残奥会官方合作伙伴

6 月 5 日,2022 年北京冬奥会和冬残奥会官方城市更新服务合作伙伴签约仪式在首钢园区北京冬奥组委办公区举行。首钢集团正式成为北京冬奥会和冬残奥会官方合作伙伴。

国际奥委会主席巴赫、国际残奥委会主席帕森斯等出席签约仪式。北京冬奥组委执行副主席张建东与首钢集团总经理张功焰代表双方签署了合作协议。

据介绍，10余年前，首钢实施钢铁业整体搬迁，为北京2008年奥运会的成功举办作出贡献。2022年北京冬奥会申办成功后，北京冬奥组委办公区、国家队冰上项目训练基地、北京冬奥会单板大跳台项目竞赛场地等相继落户首钢园区。

（《人民日报》2018年6月6日，作者：季　芳）

“一带一路”落地拉美的第一个项目

——首钢秘铁1000万吨精矿扩建项目竣工

7月31日，首钢秘铁1000万吨精矿扩建项目竣工，这是“一带一路”倡议落地拉丁美洲的第一个项目。

中国驻秘鲁大使贾桂德、秘鲁能矿部长弗朗西斯科·阿蒂略·伊斯莫德斯、伊卡大区主席费尔南多·何塞·希约尼斯、首钢集团副总经理韩庆，以及参与首钢秘铁扩建项目的设计、施工、监理单位的代表参加项目竣工仪式。

该项目的建设，不仅加深了中秘友谊，促进了当地经济社会发展，而且有效拉动了“中国制造”出口，树立了中国品牌。秘鲁总统比斯卡拉在国情咨文中称赞首钢项目在如此短的时间内建成，创造了一个奇迹。

据了解，首钢秘铁1000万吨精矿扩建项目结合市场情况分两个阶段进行：第一阶段，供配电和原矿生产系统于2014年8月份开工建设，2016年12月份建成；第二阶段，新选厂和海水淡化厂于2016年6月动工，2018年7月份建成。新区项目建成后，首钢秘铁年产能可达2000万吨以上，达到国际一流水平，成为首钢海外发展战略的重要支撑点。

1992年，首钢走上海外并购之路，斥资1.2亿美元购买了秘鲁铁矿公司98.4%的股份及其所属670.7平方公里矿区的永久性开采权、勘探权和经营权，成为成功并购外国公司的第一家中国国有企业。秘铁公司拥有采矿、选矿、球团、转运装船四大主体生产工艺，最终产品有高炉球团、直还球团、细精粉、粗精粉和粗颗粒矿，2013年至2016年，铁矿粉年产量均超过1000万吨。

（《中国冶金报》2018年8月7日，作者：杜保岐、邵　伟）

海外院士专家北京工作站亮相 新首钢助力首都科技创新

2月2日上午，海外院士专家北京工作站（新首钢办公区）启动仪式暨创新发展座谈会在京举行，国务院侨务办公室主任裘援平出席并致辞。

海外院士专家北京工作站由国务院侨办和北京市人才工作领导小组共同成立，旨在吸引集聚海外高端人才，发挥侨务资源优势，助力国家创新驱动发展战略和北京国际创新中心建设。据了解，工作站目前分为京西商务中心办公区和新首钢办公区，前者已于去年8月启动。

国侨办主任裘援平指出，随着两个办公区的建成，海外院士专家北京工作站不仅有了物理空间，还有了人才落地承载平台，为海外高端人才来京创新创业提供了有利条件。

“工作站是精华版的‘侨梦苑’。”裘援平表示，希望把工作站打造成“海外院士的温馨之家、有影响力的高端智库、创新合作的示范高地”，助力北京国际创新中心建设和创新型国家建设。

北京市副市长殷勇感谢国侨办对北京创新发展给予的大力支持。他说，华侨华人参与祖（籍）国经济社会建设的热情和能力有目共睹，通过海外院士专家北京工作站，将为专业人士来京创新创业提供更好的途径与契合点。

首钢集团有限公司董事长靳伟介绍了首钢集团转型升级的诸多成果，以及工作站的建设情况。他表示，工作站将努力为海外院士提供专业细致的服务。

座谈会上，围绕北京创新发展、海外院士专家工作站建设等议题，多位已入驻工作站的海外院士各抒己见。

澳大利亚国家工程院院士张亚勤认为，除了硬件体系，软环境对引进创新人才也很重要，如针对外籍人才在华办理事务的便利措施等；美国乔治华盛顿大学金融学博士郑德理建议，应把工作站打造为辐射全国的平台，并建立各地站点联动机制，发挥更大的协同作用。

活动期间，与会嘉宾们还参观了全国17家“侨梦苑”、海外院士专家北京工作站及10家北京分站的建设成果展示。

（《中新社》2018年2月2日，作者：付 强）

北京以修复改造等方式保护利用工业遗存

——首钢老厂房 焕发新生机

在首钢园区北区，昔日储存矿料的西十筒仓，如今成了新地标——北京2022年冬奥会和冬残奥会组委会的所在地；利用精煤车间等工业遗存进行改建的国家冬奥训练中心也正在崛起……近年来，首钢老厂区通过修复、改造、加建等织补方式，让老工业遗存重焕生机。

说起老旧厂房的“华丽转身”，北京有着人们熟知的“798”等成功案例，不过，全市现有240余处、总占地面积超过2500万平方米的腾退老旧厂房中，还有七成处于待开发状态。“北京保护利用老旧厂房、拓展文化空间需要借鉴国内外经验，将保护利用与创新性改造结合起来。”北京市委相关负责人说。

“我们将抓住机遇，将首钢园区打造成为奥林匹克运动推动城市发展的典范，成为工业遗存再利用和工业区复兴的典范。”首钢集团副总经理王世忠表示。

早在2010年底，首钢石景山钢铁主流程全面停产，率先实施搬迁调整。历史性的停产也让人对这座有着百年积淀的老厂区画出了一串问号：园区内丰厚的工业资源怎么办，留存还是拆除？停产了的老厂区又如何展现出勃勃生机？

记者看到，冬奥组委使用的办公区利用原有封闭筒仓改造而成。在筒仓的南则，原一号高炉料仓，已被改造为空间灵动多样的LOFT创意办公场所。长300米、宽60米的精煤车间被“切分”为速滑、花滑及冰壶三座国家队训练馆，厂房内的柱子、天车梁和剪刀撑等都将原貌保留工业遗存，呈现出前所未有的“工业特色冰雪场馆”风貌。

据介绍，老工业厂房改造既要尊重原有工业架构机理和风貌，遵循绿色生态理念，也要考虑奥运会后再利用问题。未来，冬奥“四块冰”将向社会开放，为市民提供服务，同时成为能够承接综合赛事的永久性比赛场馆，延长使用寿命。

“首钢工业园区的保护性改造，将老厂房、高炉等工业建筑变成体育、休闲设施，同时也作为博物馆，让人们记住首钢、北京和中国的一段历史，这是激动人心的做法。”国际奥委会主席巴赫高度赞扬首钢园区工业改建项目。

（《人民日报》2018年4月10日，作者：贺 勇）

首钢北京园区:打造城市复兴新地标

从钢花四溅、钢水奔流的炼钢厂,到造冰制冷、寒气四溢的冬训中心,首钢园区的今与夕,不啻冰火两重天。这片经历了钢铁主流程搬迁,通过合理规划完成设计更新的土地,正成为城市复兴的“新地标”。

镜面一样的冰池中,一对对花样滑冰运动员轻盈地滑过。“这里是提供最好条件和服务的场馆!”中国花样滑冰队总教练赵宏博的这句评语,是对首钢冬训中心花滑馆的最高评价。

今年6月初,中国花样滑冰队搬进新家——位于首钢北京园区的冬训中心。不久之后,短道速滑和冰壶队也接踵而至。目前,三支队伍160余名教练和运动员,“驻扎”首钢园区内的“冬奥广场”,在利用工业遗存改造的短道速滑、花样滑冰、冰壶训练场馆中上冰训练。

首钢实施搬迁调整后,以全新的理念打造“新首钢高端产业综合服务区”,围绕首都功能定位,推动首钢园区绿色转型升级,打造京西高端产业创新基地,着力发展体育+产业,探索城市更新改造的新路子。继2016年冬奥组委入驻首钢园区后,2018年6月成为北京2022年冬奥会和冬残奥会官方合作伙伴。

以位于首钢北区的“冬奥广场”为例,就是利用工业遗存改造成为训练场馆,为国家队提供训练服务,既解决了国家队冰上项目因首都体育馆改造训练场地不足的问题,又带活了京西地区的人气。

按照规划,首钢园区将建设“四块冰”——短道速滑、花样滑冰、冰壶、冰球四个冬季运动训练场馆。目前,由原精煤车间厂房改造的短道、花滑、冰壶馆已经投入运营。利用精煤车间旁的场站和其他建筑改造的冰球馆也将于年底竣工。

所谓精煤车间,就是以前厂区储存煤的仓库,运煤列车可以轻松开进这座300米长的阔大厂房。“精煤车间长300米,最宽处67米,刚好一字排开冰壶馆、短道馆、花滑馆三个独立的场馆。”首建投公司工程建设部冬训中心项目负责人曹雷告诉记者,他们在保留工业元素的基础上,打造新空间、新风貌。“老建筑的结构部分体现新旧结合和传承的概念。”

记者日前在花滑馆内看到,老厂房斑驳的水泥墙支撑起高大屋顶。场馆按绿建三星和LEED绿色建筑标准设计建造,场馆内安装了LED扩声、影像回放等一流的体育专项设施,配套设计了运动员休息室、医疗室、体能训练区、舞蹈房等空间,达到专业级、赛事级、国际级水准。

曹雷说,“四块冰完全是按照国际比赛的标准要求来的,冰场均为30×60的标准场地。其中冰球馆请了北美专业设计公司按照国际标准做的冰球场馆。今年12月冰球馆落成上冰后,这将是国内数一数二的冰球场馆。”“四块冰”附近,为运动员提供住宿、餐饮的公寓等配套设施也逐步投入使用。

深刻转型的不只是园区,还有首钢的老员工。作为以钢铁业为主的老国有企业,从炼铁到制冰,经历了艰辛的转型。在冰场改造和运营中,首钢园的工作人员虚心学习体育场馆设计经验,聘请国际知名制冷公司护航,安排人员学习制冰、扫冰技术,首次制作的冰面完全满足国家队训练要求。

在冬训中心工作的刘博强,曾是钢铁主流程上的工人。轧钢5年,焊接15年,跟钢铁打交道20年的他,如今成为冰场上一名制冰扫冰工作人员。“去年,体育总局组织了一次全国制冰扫冰培训,我深入接触以后觉得挺有意思的。我很喜欢开着冰车上冰的感觉。”

“钢铁主流程搬迁后,我们对老厂区8.63平方公里进行系统的规划和开发。”北京首钢园运动中心运营管理中心执行副总郭晓民告诉记者,在长安街延长线北侧的北区,优先制定规划。“这一片冰场地区就是体育+产业的核心地带,立项叫冬奥广场。”

产业转型了，对员工的要求也随之改变。郭晓民说，“我们过去是产业工人，产业工人纪律性强，但上下班有点，服务业则要根据客户服务对象调整工作时间。我们后续还有很多工作要做。”

据了解，国家队入驻首钢园区后，首钢集团全力做好后勤保障工作。与国家体育总局反兴奋剂中心对接，维持原冬季运动管理中心的采购渠道，对每批次肉食进行兴奋剂检测，保证食品安全，并根据运动员训练强度调整食谱和花样。安排教练员、运动员在新建的酒店式公寓住宿。为各队办理了车辆、人员进出首钢园区的通行证，保证队员的安全。

未来，首钢将积极推动场馆的功能转换，利用国家队训练的空余时间，向体育、教育系统的俱乐部、学生开放，让更多的冰雪运动爱好者到国家队训练的专业场馆体验滑冰的乐趣。并逐步承接滑冰、花滑、冰壶协会的赛事活动及国际级、国家级重要比赛，推动北京西部城市复兴。

（《经济日报》2018 年 7 月 30 日，作者：杨学聪）

冰与火的变奏

——百年钢城铸梦新时代

北京，作为冬夏“双奥”第一城，世界在十数年间见证着这座古老都城的蜕变。从天安门沿长安街西行 18 公里，这种蜕变浓缩于迁出京城的首钢高炉的静默、湖面的封冻、厂房的新装，浓缩于钢铁工人的不舍与希望。

从北京奥运会前夕为“还首都一片蓝天”启动搬迁，到北京冬奥组委和冬奥会滑雪大跳台入驻老厂区，诞生于 1919 年的首都西郊十里钢城，走过了一段非凡历程。

在这个时空里，家、城、国，血脉交融，共情同运。

最后一炉火

“随着三号高炉熄火时爆发出的最后一股浓烟的升起，首钢在北京城区的所有涉钢系统全部停产，结束了它在首都的工业时代。压力表归零了，管道切断了，当所有的机械停止了运转，轰鸣声不再响起。”这是纪录片《首钢大搬迁》记录下的场景。

八年过去了，炉前工艾洪波依然记得最后一炉火熄灭时的景象。

“真是掉眼泪了。当班十几个人一半都掉眼泪了。”

2010 年 12 月 19 日，首钢石景山厂区的最后一座高炉三号炉停产，艾洪波是当天值守班组的一员。

“打开铁口，最后又堵上铁口，放上残铁。炉子停了。”

首钢在那一刻，突然静下来了，再没有机器轰鸣，铁水奔流，浓烟滚滚。群明湖水没有了钢铁冶炼的热量，开始结冰。

艾洪波守着高炉度过了意气风发的 20 年，回忆起那一天，他的眼眶又红了。“开始没注意，停了之后一回头，怎么这么多人，太多了，辅助岗位的同志们，看水的添煤的热风的……都来了。”

据统计，在世纪之交，有大约十万人在这里工作、生活。他们与首钢一起，创造了中国工业化进程中的一段辉煌历史。从建厂到停产，首钢炼铁厂累计产铁 19795 万吨，全国各地职工在高峰时达到 26 万人。1979 至 2009 年，首钢累计上缴国家利税费 608 亿元；在钢铁市场最鼎盛时期，首钢一家的利税额度占到北京市的四分之一。首钢人豪情万丈，他们工作的地方被誉为中国钢铁“梦工厂”。

然而，钢铁工业的飞速发展终究超出了城市的环境承载力。当年有这么一种说法：“北京市的上空有个黑盖，黑盖的中心就是石景山。到了晚上就往市里移,往下沉。”首钢集团党委常委、工会主席梁宗平回忆道,申办北京奥运会时,有考察团队就说,北京西部有一个工厂,产生的环境问题会影响奥运会。而首钢自身,事实上也已经感知到地域环境等种种条件的限制。

箭在弦上的奥运会,为首钢转换轨道扳下了道岔。

2005 年 2 月,国家发展和改革委员会正式批复首钢搬迁方案,同意首钢逐步关停石景山厂区钢铁产能。

“动根儿了。”梁宗平说,“一个是人,另外一个是人的感情。”

但首钢人知道,他们终将面对这一刻。

“首钢的搬迁和我们国家整体的发展其实是相一致的。随着我们生活品质的提高,大家对环境的要求都上来了。”梁宗平说,“所以我们还是选择从不舍到积极面对。”

截至 2011 年,6.47 万名首钢职工通过 11 条渠道分流完毕。艾洪波随大军去了曹妃甸京唐钢铁公司。渤海之滨的这座新钢厂规模宏大,一期工程于 2010 年 6 月竣工投产,在其采用的 220 项国内外先进技术中,自主创新和集成创新的占三分之二。

从陆地到海洋,首钢完成了产品结构从中低端建筑钢材向高端板材和精品长材的转变,实现了废弃物充分循环利用和污染零排放,为我国钢铁工业布局提供了新思路,更是成为京津冀协同发展的突出范例。曾经遍地黄沙的不毛之地曹妃甸越来越有生活气息。2014 年 9 月,65 对璧人面朝大海,用一场盛大的婚礼迎接新生活。

首都的老钢城,在工业光辉逐渐隐没之后,又将如何自处呢?

冰雪新地标

首钢搬迁,北京西部这块 8.63 平方公里的土地倏忽空了下来。它被赋予了新名字——“新首钢高端产业综合服务区”,加上位于石景山、丰台和门头沟三个行政区的协作发展区,“新首钢地区”总占地面积达 22.3 平方公里。

名字和区划是瓶子,装什么却叫人举棋不定。

梁宗平回忆说:“当时很多行业专家都给我们出主意,单独一看,觉得都不错。但我们也在思考,这片土地太珍贵了,到底能为北京城市的发展再做些什么贡献。”

艾洪波同班组的年轻同事李红继为了照顾老人选择了留守,负责看护设备和接待外界参观。2015 年,他转为安保人员服务于筒仓高端物业项目。

听上去“高端”,但李红继心里有些过不去。从“说出去很自豪”的钢铁工人一下子成为保安,他连辞职书都写好了。

从前,面前是几十吨重的机械,108 米的高炉,身旁一米多远就是 1500 多摄氏度的铁水,粉尘扑面,机器轰鸣,说话时要扯开嗓门。李红继觉得那种生活“大开大合,特别痛快”。

突然间,阻燃服换成西装,大锤变成对讲机,还得格外在意仪容仪表、轻言细语,浑身不自在。打领带,更是难坏了这帮大大咧咧的“粗人”。

“咱们作为炉前工,哪里打过领带,平时连白衬衫都不穿。真是把我急得满脑门的汗。说白了就是在结婚的时候打过一回。”大家只好去网上搜索,对照着练了足足一个礼拜。

2015 年 7 月 31 日,李红继走上新岗位不足一个月,2022 年冬奥会落户北京。这给了首钢人一个灵感。

“(冬奥会)申办成功以后,我们集团的班子就在思考,首钢因为奥运会搬迁,能不能借助冬奥会再把过去失去的东西联系起来。后来正式向市政府汇报这个事,希望能够把冬奥组委放在首钢。”梁宗平说。

2016 年春节前,安保队长李红继听说冬奥组委即将入驻,“忽然觉得比当炉前工更好了”。

老钢城在人们记忆中褪色之前,重新变得鲜活而热闹起来。

深入园区西北三公里处的西十筒仓区域,矗立着 16 个圆柱形筒仓和两个料仓,从前是存放铁矿石的地方。筒仓内部原本上下贯通的空间被分割成六层，依靠外壁上的大小圆孔采光通风，成为紧凑实用的办公楼。北京冬奥组委就搬到了这里。

一年后，国家队冰上运动训练基地落户。俗称“四块冰”的四个新场馆全部由旧厂房改建而来，精煤车间化整为零，改成短道速滑、花样滑冰和冰壶的三个训练馆，运煤车站则被改为冰球馆。

焊接工人刘博强以前常和工友在附近踢球，看到厂房的新面貌大呼不可思议。而更加不可思议的变化就发生在他身上。他成了一名制冰师。

“突然有一天我们领导跟我说，有这么一个学制冰和扫冰的机会。我就跟他们说是做冰块吧？”

2017 年夏天，刘博强去首都体育馆培训了三个月。他亲眼见到韩聪和隋文静美得惊人的双人滑，也喜欢上制冰扫冰这件“有趣”的事情。人生的转轨美好而意外。

“真的想不到。2008 年奥运会的时候只是观众，这次居然能以工作人员的身份深入其中。”41 岁的刘博强说，“我觉得就是重燃希望吧，这就是我后半生的事业了。”

在群明湖畔，刘博强和李红继将看到一个首钢新地标——从湖边升入半空、背靠三个巨大冷却塔的跳台。这个 2022 年冬奥会滑雪大跳台的场地将在这里永久保留和使用。2018 年 6 月 5 日，首钢集团正式成为北京 2022 年冬奥会和冬残奥会官方合作伙伴。

冷却塔、烟囱、高炉等 36 项工业遗存得到强制保护。更宏大更具创意的改造工程将渐次铺开，着力打造体育+、数字智能、文化创意三个主导产业。冬奥组委办公区旁七个 20 米高的筒仓将改造发展高端体育、商务金融等产业，五一剧场和制粉车间将改成冰雪运动国际赛事和群众普及基地，氧气厂主要供体育文化企业办公使用，三高炉拟建首钢博物馆，秀池地下部分将变身为车库和下沉式圆形展厅……

充满沧桑感的工业遗迹，与流行乃至前卫文化碰撞出新的火花。动漫游戏城开张，首钢灯光节、实景音乐会、奔驰个性发布会竞相举办，星巴克、精品酒店悄然落户……

在国际奥委会主席巴赫看来，首钢园区的工业遗产再利用“令人惊艳”。平昌冬奥会期间，他表示北京的节俭办奥理念是践行《奥林匹克 2020 议程》的绝佳范例，符合国际奥委会提出的“可承受、可收益、可持续”的办奥新模式。

在首钢成为冬奥组委合作伙伴的签约仪式上，巴赫即兴脱稿讲了一段话。他说奥林匹克运动和一个国家、一个城市的发展紧密相连，如果有人不相信，站在这个地方环顾四周，看到的就是答案。

恐高的巴赫还强撑着攀上三高炉。俯瞰首钢园区，他说：“谈到可持续发展，你只需要在这里看看。我们非常有信心北京将为《奥林匹克 2020 议程》树立新标杆。”

体育新版图

“我激动得直掉眼泪，跟三高炉停炉那会儿似的。”

艾洪波又哭了。2012 年 3 月 30 日，五棵松体育馆陷入狂欢，北京男篮捧起队史首座 CBA 冠军奖杯，到 2015 年，四年三冠。

艾洪波回忆道，“我太激动了！以至于楼上楼下都有人奇怪：你这干嘛呢？”

令他热血沸腾的这支队伍前身是 1956 年成立的北京队，1988 年北京市体育局与首钢合作共建球队后，正式更名为北京首钢篮球队，1997 年由首钢工会接管。

闵鹿蕾在 1978 年进入北京三队，作为运动员、教练员、官员亲历了北京篮球的每一步。“俱乐部建设一步步趋于职业化、国际化和市场化。这 40 年是不断发展、成长和成熟的过程。”

梁宗平直言，首钢的体育正在经历最深刻的变化，“从工会体育向职业体育发展”，而这种变化还要归因于冬奥会。“可能正是有冬奥会这个机缘，才使首钢意识到，体育要走在前面，不能再像工会体育了……首钢体育是这样应运而生的。"

2014年,北京市确立了"全国政治中心、文化中心、国际交往中心、科技创新中心"的新定位。首钢搬迁已为疏解非首都职能先行一步,而冬奥催生的园区转型让首钢决策者们在体育产业和体育文化方面产生了更多新的想法。

首钢体育版图显著扩张,并探及新的高度和深度。首钢女篮和乒乓球俱乐部战绩卓著;2017年5月,中国垒球协会与首钢体育共建女垒国家队,出战美国垒球职业联赛,"与狼共舞";同年,北京首钢男子冰球队和冰球国家队俱乐部先后成立;首钢篮球队还与北京体育大学、美国篮球学院合作开展"雏鹰计划",招募学员赴美训练和学习,为中国篮球培养高水平后备人才。

在首钢老厂区东边,首钢体育大厦平地而起,目标是成为聚合京西体育产业的地标性建筑,除了首钢体育的俱乐部之外,CBA公司也已进驻。未来,首钢体育还希望自己搭建平台,打造职业联赛。

首钢男篮夺冠的那一刻,艾洪波几乎要跺穿楼板。四年三冠时的主教练闵鹿蕾,对于整座城市的狂欢却有点"后知后觉"。"当时我全投入到比赛当中了,只是争取把每场拿下来,真没想到以后会有什么影响力。"他后来才听说,"在小酒馆里,大家载歌载舞,都非常快乐。"

快乐,正是体育超越竞技成绩的价值追求。"首钢体育在职业化打造中的一个宗旨就是,让老百姓有地儿来,有快乐。"梁宗平说,"可能一场球会激励一代人。"

身为首钢体育董事长,梁宗平坦言,老首钢人现在所做的一切与过去熟悉的行业完全不同,但他们有热爱,也有责任。"一个城市,特别是一个很有影响力的城市,它一定要有非常优秀的球队,这是它的一个文化符号。首钢体育承担了北京体育的脊梁,要助力北京打造'最好的体育城'。"

铸梦新时代

"首钢搬走了,真不错!"虽然全家有四名首钢职工,黄金芝还是觉得"特别高兴"。

她住的社区叫铸造村,这里的居民不是首钢职工就是他们的家属。站在黄金芝家13楼的阳台,老厂区在面前绵延展开。与2000年她刚到这里的时候相比,鳞次栉比的烟囱、仓库、厂房看上去没什么不同,但一切,又都不一样了。

"2002年我在家带孩子,(厂区)放气的时候味道特别大,我就跑到另一个屋去,连关窗户都来不及。很呛嗓子,一天擦三次地也是脏的。"

"环境不好,我也不喜欢在楼下遛弯,一般就用推车推着孩子去苹果园那边,单趟就得走一个小时。"黄金芝说,2003年,她在苹果园开了理发店,一家人索性住在店里,房子出租,一晃就是八年。

2011年,工厂前脚迁出石景山,黄金芝后脚把家搬了回来。她发现,刺鼻的气味没了,地可以两三天不擦;推开窗户,能看见太阳的日子越来越多。

北京市环保局的数据显示,在2011年,城市蓝天数已经从1998年的100天增加到286天。当年,北京万元GDP能耗下降6.95%,万元GDP电耗下降6.1%,各项空气污染物浓度指标全面下降。

108个烟囱依然高耸,但不再有浓烟喷出。黄金芝站在窗前,顺她的视线望过去,是正在建设中的新首钢园地北区。夜晚时分,那里灯光次第亮起。黄金芝记得,在搬迁改造之前,"晚上根本看不见对面,都是黑的"。

铸造村也变了。小区里的路灯更多更亮了,超市更近了,永定河畔的公园成了散步的好去处。人们出行也愈发便捷。在新首钢地区现有和正在规划的交通网络中,S1线石厂站至金安桥站已通车运营,地铁6号线西延开始试运行,地铁11号线进入规划论证阶段,"五横六纵"公路网正在加紧建设。

曾经,长安街西延长线终于距离天安门广场18公里的首钢东大门。待西延工程完工,这条北京乃至中国最著名的街道将从首钢主厂区横贯而过。一道1200多米长的桥梁"和力之门"将凌空而起,横跨永定河,从延展的长安街另一头,回望清盈盈的河水和人们日渐舒展的眉头。

梁宗平这样描绘他的期待——站在石景山山顶，东望一片灯海，照出沧桑工业与时尚潮流汇于一处的轮廓。闪烁的光亮就是这座历史古城在后工业时代的呼吸。

在西十筒仓展厅一角，青黑色背景上铺着类似铁矿石的粗砂颗粒，“逐梦　铸梦”四个金色大字光芒闪烁。

“一个地方希望获得什么样的国际评价？是不断新建设施，给人以巨富的印象，还是以合理负责的方式行事，让外界看到这里的人们充满智慧？我认为北京是后者。”在9月举行的冬奥会协调委员会第三次会议上，国际奥委会副主席、北京冬奥会协调委员会主席小萨马兰奇这样评价北京的筹备。

“距离冬奥会开幕还有数年，而北京已经展示了首钢园区。它从工业园区向未来的转变，就是一项很好的遗产。”他说。

2018年10月，四位来北京参会的世界文化遗产专家特意抽空来到首钢园区。他们来自联合国教科文组织、国际古遗址理事会和伦敦大学。他们赞赏这片工业遗址的重生，要把中国人、首钢人的创新和探索作为样本推向更多地方。

山容海纳，冰火相融。这个刘博强“重燃希望”的地方，艾洪波、李红继寄托理想的地方，闵鹿蕾、黄金芝实现梦想的地方，正在成为“新时代首都城市复兴的新地标”！这里的人们，正在新的时代不断逐梦，铸梦！

（《新华社》2018年12月28日，作者：周　杰、丁文娴、沈　楠、姬　烨、肖世尧、汪　涌、张　寒、李博闻）

首钢将建成条件一流的中国冬季运动训练中心

首钢以工业资源保留再利用为核心，充分利用部分老工业厂房，在保留原有建筑主要特征的基础上，建成符合国际比赛场地规格的冰上训练场馆群，这里也将成为条件一流的中国冬季运动训练中心。

6月21日下午，北京酷暑难当，但走进由精煤车间改造的短道、花滑、冰壶训练馆时，却感到了凉意十足。

首钢建设投资有限公司工程部副部长胥延介绍，首钢冬训中心项目涵盖短道速滑、花样滑冰、冰壶、冰球等冬奥训练场馆及相关配套服务设施。由精煤车间改造的短道、花滑、冰壶训练馆目前已完成外幕墙玻璃安装和室内精装修工作，6月11日已完成花滑训练馆冰面制作；现阶段正在进行速滑训练馆制冰；冰壶馆已具备制冰条件，近期将开始制冰。这几个项目的运动员将于近期陆续进场训练。冰球馆目前已完成制冰机房施工，正在开展外幕墙施工，预计2019年6月完工，具备交付使用条件。

据悉，首钢冬训中心项目坚持保留、织补、创新的理念，以工业资源保留再利用为核心，充分利用老工业厂房，在保留原有建筑主要特征的基础上，通过修复、改造、加建等织补方式，建设符合国际比赛场地规格的冰上训练场馆和相关公寓配套。精煤车间改造项目保留原有的体量尺度，通过化整为零的手法将巨大的体量分成短道、花滑及冰壶三个场馆空间，并对原有的结构特征进行了保留和再利用。此次改造在满足冬季运动项目训练要求的同时，还原了原精煤车间的尺度，在功能更新的前提下做到节地、节能、减排的目标，符合节俭办奥主题。

据悉，这里后续计划将向公众开放。冰球馆将以原精煤车间厂房屋顶为原型，构筑新的场馆空间，可举办容纳5000名观众的正式比赛。在场馆设计上，既要保障近期国家队训练，还要考虑远期场馆的功能转换，破解“奥运场馆寿命短”的世界性难题。

（《新华社》2018年6月21日，作者：汪　涌、姬　烨）

首钢老工业区成城市复兴“新地标”

——从老钢厂到冰雪乐园

首钢实施搬迁调整后,原厂区以全新的理念打造“新首钢高端产业综合服务区”,围绕首都功能定位,以北京2022年冬奥会为契机,探索城市更新改造的新路子。

从钢花四溅、钢水奔流的炼钢厂,到造冰制冷、寒气四溢的冬训中心——首钢园区的今与夕,不啻“冰火两重天”。在长安街的西延长线上,首钢老厂区这片经历了钢铁主流程搬迁,又通过合理规划完成城市更新的土地,已成为北京城市复兴“新地标”。

老厂房挑起大梁

镜面一样的冰池中,花样滑冰运动员轻盈地掠过。“这里是提供最好条件和服务的场馆!”中国花样滑冰队总教练赵宏博的这句评语,是对首钢冬训中心花滑馆的最高评价。

“钢铁主流程搬迁后,我们对老厂区8.63平方公里面积进行了系统规划和开发。”北京首钢园运动中心运营管理中心执行副总经理郭晓民告诉记者,“这一片冰场地区就是体育+产业的核心地带,立项叫冬奥广场”。

2018年6月初,中国花样滑冰队搬进新家——位于首钢园区的冬训中心。不久后,短道速滑和冰壶队接踵而至。目前,3支队伍160余名教练和运动员驻扎在这个“望得见山,看得见水,记得住首钢情结”的冬训中心,在工业遗存改造的短道速滑、花样滑冰、冰壶训练场馆中上冰训练。

作为工业遗产的精煤车间原是储存煤的仓库,是运煤列车可以轻松开进的一座300米长的阔大厂房。首建投公司工程建设部冬训中心项目负责人曹雷告诉记者,“车间最宽处有67米,刚好一字排开冰壶馆、短道、花滑3个独立场馆”。连体建筑内部,满是岁月痕迹的柱子、天车梁和剪刀撑呈现出“工业特色冰雪场馆”风貌。

冬训中心在原工业厂房的空间结构基础上,针对冰雪运动特点和比赛训练要求进行“私人定制”,精煤车间被改造“切分”为3座国家队训练馆;不远处正在建设中的冰球馆预计今年年底竣工,将成为国内顶尖乃至世界一流的冰球专业场馆。

按照规划,首钢园区将建设“四块冰”,即短道速滑、花样滑冰、冰壶、冰球4个冬季运动训练场馆,冰场均为30米×60米的标准场地。场馆内安装了LED扩声、影像回放等一流的体育专项设施,配套设计了运动员休息室、医疗室、体能训练区等空间,达到专业级、赛事级、国际级水准。“四块冰”周边,则配套建设运动员公寓等设施。

冬奥广场为国家队提供训练服务,既解决了国家队冰上项目因首都体育馆改造训练场地不足的问题,又带动了园区的“体育+”产业,带活了京西地区的人气。未来,这里还计划向社会开放,为市民提供服务。

城市更新的生动范例

首钢园区内的冬奥建筑,远不止冬训中心一处。首钢实施搬迁调整后,原厂区以全新的理念打造“新首钢高端产业综合服务区”,围绕首都功能定位,推动首钢园区绿色转型升级,打造京西高端产业创新基地,探索城市更新改造的新路子。

城市更新是一种将城市中不适应现代化城市社会生活的地区作必要的、有计划的改建活动。搬迁腾退后的首钢老厂区,正是一块难得的“试验田”。

2016年，北京冬奥会和冬残奥会组委会搬进西十冬奥广场。这里曾是用来存放炼铁原料的西十筒仓，由16个圆柱形筒仓和2个料仓，以及若干空中输送通廊、转运站、空压机房组成。2013年，西十筒仓改造被国家发展改革委列为全国老工业区搬迁改造第一批试点，也是首钢北京园区第一个改造项目。

改造时，高30多米、直径20多米的钢筋混凝土圆筒被镂空雕刻出直径1至3米的圆孔，形成建筑外墙，内部空间被分割成六层，成为紧凑实用的办公楼。架设在空中的皮带通廊在空中勾勒出硬朗的线条，周围转运站、料仓等建筑物外墙保留了原始风貌，内部却已变身为现代化办公场所……

沿冬奥组委首钢办公区向南，原用于工业循环用水的晾水池畔，4个高高矗立的晾水塔映入眼帘。这个区域即将开工建设滑雪大跳台中心，这是世界首例永久性保留和使用的单板大跳台场馆，也是北京冬奥会唯一位于市区内的雪上项目举办地。赛后将作为北京2022年冬奥会的重要遗产之一，继续用于单板大跳台的比赛和训练。

"如果您对城市更新感兴趣，请看看这个堪称典范的首钢园区。"在国际奥委会主席巴赫眼中，首钢园区是一个"让人惊艳"的城市规划和更新范例。国际残奥委主席安德鲁·帕森斯说，"首钢工业园区的复兴，称得上是遗产和场馆可持续性的优秀范例"。

2018年6月5日，首钢集团跻身北京冬奥组委最高级别赞助商，也成为奥运会赞助史上第一家城市更新服务商。工业遗存与奥运元素结合的首钢园区，正生动书写着奥运会推动城市发展、工业遗存保护利用，以及老工业基地可持续发展的答卷。

打造城市复兴新地标

更新的目标是复兴。如今，由首钢老工业区转型而成的首钢园区正加速崛起。

经北京市新首钢领导小组审议同意的首钢北京园区北区详细规划方案，为园区建设明确了功能定位、发展思路、路线图和时间表。获得了英国皇家城市规划学会"2017国际卓越规划奖"，国际绿色建筑大会"2017年绿色建筑先锋大奖"，国家住建部"2017年中国人居环境范例奖"。

首钢北京园区被纳入国家首批城区老工业区改造试点、国家服务业综合改革试点区、国家可持续发展实验区、中关村国家自主创新示范区、国家级智慧城市试点、北京市绿色生态示范区。未来的首钢将建设西十冬奥广场、首钢工业遗址公园、石景山景观公园、城市织补创新工场和公共服务配套五大功能区。

曾用于存放炼铁循环用水的秀湖下建起停车场，昔日红火的高炉上搭起玻璃栈道；由主厂房及冷却塔改造成的特色酒店即将开门迎客；新首钢国际人才社区建设实施方案出台；国内首例静态交通研发示范基地建成；亚洲单体规模最大的生物质能源发电厂投运……首钢人正用实实在在的城市更新服务成果，打造北京城市复兴新地标。

未来，首钢园区将打造世界级跨界融合都市型产业社区，形成包括体育+、数字智能、文化创意三个主导产业，消费升级、智慧场景、绿色金融服务3种产业生态和首钢国际人才社区在内的"三产三态一社区"产业体系，推动高精尖产业集聚发展，不断提升城市更新服务核心能力。

从钢铁厂到产业园，首钢园区经历了艰辛的转型，老员工们亦是如此。在冬训中心工作的刘博强，曾是钢铁主流程上的工人。与钢铁打了20年交道的他，如今成为一名制冰扫冰工作人员。他说"我很喜欢开着冰车上冰的感觉，也期待着作为工作人员参与2022年冬奥会"。

"过去我们是产业工人，现在做起了服务业。"郭晓民说，产业工人纪律性强，上下班有时有点；服务业则要根据服务对象调整工作时间，"我们的员工正在适应新的工作状态，后续还有很多工作要做"。

在不久的将来，首钢将积极推动场馆的功能转换，利用国家队训练的空余时间，向体育、教育系统的俱乐部、学生开放，让更多的冰雪运动爱好者到国家队训练的专业场馆体验滑冰乐趣，并将逐步承接滑冰、花滑、冰壶协会的赛事活动及国际级、国家级重要比赛，推动京西的城市复兴。

（《经济日报》2018年8月22日，作者：杨学聪）

首钢园自动驾驶服务示范区启动示范运行探索服务保障北京冬奥会

“招手即停、挥手即走”的百度 Apollo 无人客车，美团无人配送车，“招手即买”的新石器无人零售车，头顶摄像头的优必选安全巡检车……在位于北京石景山的首钢园区内，首钢园自动驾驶服务示范区为期 3 个月的示范运行日前正式启动，为未来服务园区和保障北京 2022 年冬奥会进行探索。

记者从首钢集团了解到，此次示范运行涵盖无人乘用车、无人物流车、无人巡检车等多种类型无人驾驶车辆，将测试冬季条件下的园区内部道路、场馆周边以及楼宇内部的相关技术和场景。

据介绍，首钢园此前已与清华大学汽车工程系、京东、美团点评、智行者、新石器等多家合作伙伴签署了战略合作协议，共同打造首钢园自动驾驶服务示范区。

首钢园除了作为北京冬奥组委办公区外，还成为国家队的冬季训练中心。短道、花滑及冰壶三个训练场馆已经投入使用，冰球馆预计今年年底可以建成并投入使用。在北京冬奥会期间，首钢园将成为单板滑雪大跳台项目比赛场地。

北京首钢建设投资有限公司副总经理付晓明表示，首钢园将与更多合作伙伴携手探索安全可靠的自动驾驶商业落地前景，加速智能出行时代的到来，并将共同构建智能公共交通、零售车、物流车等多车型有机结合的全新智慧出行方式，为未来服务园区和保障北京 2022 年冬奥会进行探索。

（《新华社》2018 年 11 月 14 日，作者：孔祥鑫、李　犇）

首钢老厂房变身精品酒店

住在“钢景房”里是什么样的体验？在首钢园区，一座“首钢工舍精品酒店”最新亮相。曾经的钢铁工业建筑历经改造，变身本市首个主打工业特色的新型酒店，将先期为冬奥会服务，成为冬奥组委员工倒班公寓，计划于 11 月迎来首批入住客人。

记者来到西十冬奥广场冬奥组委办公区东侧，这座酒店就矗立于此。酒店外墙墙体颜色通红，轻轻抚摸有些斑驳，建筑上又新接了阁楼亭台，乍看上去，这座 7 层楼高的建筑颇为神秘。

“酒店由首钢三高炉空压站、返焦返矿仓、低压配电室、N3-18 转运站 4 个工业建筑组成。”酒店总经理阎江虽然来自运营方洲际酒店集团，但介绍起来一点儿不外行。外墙“修旧如旧”，这是因为首建投公司首次将以往仅用于故宫博物院古建彩画修复的粒子喷射技术应用于外墙清洗，在清除污垢的同时，还能成功保留数十年形成的历史痕迹。

迈进大门便是位于酒店北区的大堂，这里曾是首钢三高炉空压站。原先厂房的 4 组 16 根老旧柱子全部保留，环绕四周，随处可见吊车梁、抗风柱、空压机基础等具有钢铁工业特色的老物件。大堂纵深感很强，采光中庭高耸，漫步其中，搭配室内亮黄色的灯光，浓郁的工业风气息扑面而来。

移步酒店南区，3 个硕大的半圆形大型料斗横亘眼前，曾经的返焦返矿仓经过处理，现如今成为最具特色的空间:餐厅里,北面的料斗口没有被废置弃用,而是全部安装上了灯和排风扇,东西一字排开,向下凸出的方形料斗口泛着黄色灯光;拾阶而上来到二层,酒吧廊正好位于30米料斗的“肚子”里,灯光映衬下颇有神秘气息,仓壁上一层层隔板原本承接焦炭碎末,现在成了摆放红酒的最佳位置。

“酒店设计主打‘仓阁’理念,大跨度厂房是‘仓’,客房层是‘阁’。”在二楼中庭的公共空间,阎江手指着楼上比划着,记者这才留意这座建筑的奥妙。头三层是作为公共活动空间、被作为工业遗迹保存的“仓”,四层是设备夹层,五层以上就是叠加在厂房上的“阁”(也就是客房)了。

抬头望去,高悬在头顶上的巨型花灯如满天星一样点缀,从任何一个角度看去,都会给人一种钢花般的视觉效果。

工业风的痕迹也烙印在客房内。打开酒店客房窗户,西面就是冬奥组委的办公区,南面可以看到碧波荡漾的秀池。就连洗手台配色都是水泥灰的本色,镜子旁点亮着一盏钢铁罩保护的工业灯。

据介绍,这座酒店共有129间房,由洲际酒店集团旗下智选品牌负责运营,目前正在进行物料采集、人员培训、规章制定等最后的筹备阶段,预计11月对外试运营,将是一座极具特色的精品酒店。

(《北京日报》2018年10月18日,作者:潘福达)

世遗专家点赞首钢遗址保护利用

来北京参加“2018北京中轴线申遗保护国际学术研讨会”的4位世界文化遗产方面的国外专家,特意抽空实地考察首钢遗址保护和利用情况。联合国教科文组织城市设计与保护研究教席迈克尔·特纳认为,从老厂房到未来的冬奥场馆,首钢这条探索更新改造的新思路值得推广。

秋风送爽,蓝天白云映衬下的首钢早已不是钢花四溅、钢水奔流的模样。这座位于长安街西延长线上的老厂,是我国冶金工业发展的缩影,也是改革开放的一面旗帜,为北京作出了许多历史性贡献。如今,百年老厂华丽转型。国家体育总局与首钢总公司签署《关于备战2022年冬季奥运会和建设国家体育产业示范区合作框架协议》,双方将利用首钢工业遗存和区位优势,通过老工业基地保护性开发利用,建立国家体育产业示范区。

专家们在首钢陶楼一层,观看了2022年冬奥广场和滑雪大跳台的宣传片,详细了解首钢建设冬奥训练馆的细节,以及统筹利用工业遗址,推动园区整体转型发展等情况。一路参观,一路惊叹不断。一座座蕴藏着乡愁和北京记忆的老建筑没有被简单地拆除重建,而是最大限度地合理利用。在工厂遗存改造成的特色酒店,国际古遗址理事会国际极地遗产委员会主席迈克尔·皮尔森显得很兴奋,对于这种工业遗址的“重生”点头称赞。

首钢园区里,冬奥广场、工舍酒店,每一处都令专家惊奇不已。国际古遗址理事会IFLA国际文化景观科学委员会主席帕特里夏·奥唐纳一路参观,一路问题不断,每一个细节都令她惊喜。她说:“首钢很好地进行了建筑本身的升级再利用。”

作为首都西大门,首钢老工业区正在成为这座城市复兴新地标。英国伦敦大学副教授爱德华·丹尼森几乎用相机将园区里的一点一滴都记录下来。他说:“首钢的保护与利用经验值得更多地方去学习,北京中轴线的保护也可以借鉴。”

(《北京日报》2018年10月11日,作者:刘　冕)

艺术家走进首钢园区用画笔“为奥运喝彩”

“为奥运喝彩”艺术写生团13日走进北京首钢园区，用画笔描绘老首钢的新面貌。

为了支持北京奥运会的成功举办，以及出于城市环境保护的需求，首钢于十年前从石景山开始搬离。首钢搬迁后，北京冬奥组委入驻首钢园区，使得旧式工厂迸发出新的活力，充满年代感的建筑与奥林匹克精神的碰撞，在园区内形成了独特的艺术氛围。

中国国家画院创研部主任何加林当日带领田萌、欧阳波等十余位写生团成员参观了首钢园区，随后对园区内造型各异的建筑艺术进行了写生和艺术创作。

“为奥运喝彩”艺术写生团深化体育与艺术的融合，将中国书画艺术与奥林匹克精神相结合，用艺术的手法表现奥运。何加林表示：“现代奥运会已经不仅仅是竞技平台，还有更多的是社会和文化的呈现，我们艺术家也要通过冬奥会的平台，将体育和艺术更好地融合在一起。”

据悉，该艺术写生团还将走进延庆、张家口、洛桑等地进行创作，画作将在“为奥运喝彩”城市系列展中展出，其中一部分还将被北京冬奥组委和国际奥委会收藏。

（《新华社》2018年11月14日，作者：王　梦）

首钢园区及三高炉博物馆城市复兴成就展意大利揭幕

整个10月，途经意大利威尼斯圣凯特琳那教堂的人们，都可欣赏到一场特殊的展览——“铸忆”（Steel Home Still）首钢城市复兴成就展。

该展览成功启幕，来自中国、意大利、德国、西班牙、以色列等全球专家学者近百人出席开幕论坛，回顾了百年首钢记录的中国工业近代化进程，并以此为线索，共同讨论了对工业遗产的改造与保护、城市更新及复兴。

提起城市更新与复兴，不能不提及德国鲁尔区、意大利军械库。20世纪，它们缔造了繁荣又经历了沉寂。现如今，这些久负盛名的工业区已经转变成为其所在城市的重要地标。同样是见证历史的重要工业园区，首钢的就地改造以及本次成就展是一次尝试和创新，希望能够以双城的隔空对话激发更多的灵感，共同推动区域和城市的复兴。

首钢园区内每一个钢筋水泥组件之下，也隐藏着艺术的基因。此次展览由来自建筑、电影及舞台置景、平面设计、文学、多媒体、纪录片、摄影等不同领域的专家和艺术家共同完成，演绎了一场重工业的“浪漫情怀”。

据了解，本次复兴成就展选择在首钢百年诞辰之时举办，是希望能以每一个具体家庭、每一个生活个体的视角窥探过去百年的中国近代化转型之路。从建立到使用，从辉煌到重建，首钢园区循环往复的生命周期，代表了城市复兴的生命脉络，“住房”“文艺活动室”“制图间”“准备间”，这些具有代表性的生产生活片段与一个个鲜活的参观参与者的重叠，正是历史与当下的重叠。这种重叠是对首钢发展历史进程的回顾，是对当下的审视，亦是对未来的思考，更从宏观上勾勒出以首钢园区为代表的首都城市复兴新地标的建构历程。

展览以侵入式戏剧的方式在教堂中置入一系列蒙太奇空间装置，再现了不同的主题性空间。改造中的过程图纸和研究模型、三高炉的历史图档及绘图工具、大比例电影级三高炉剖面模型，呈现了巨大的实景震撼效果；而空间、物与文字的关联，则为空间赋予叙事性和阅读深度；多媒体装置将单一的空间叙事转变为多线叙事，又使参观者在有限的空间内获得丰富的信息和多重的观展体验。

作为百年企业，首钢对工业遗产的良好保留及改造工作不遗余力。而此次“铸忆”城市复兴成就展，便发掘了现代化进程中的吉光片羽，并以多元化的艺术手段呈现了工业建筑蕴藏的故事与温度，让参观者感受时代精神，向每一位劳动者致敬！

（《经济日报》2018 年 10 月 10 日，作者：杨学聪）

秦皇岛首钢赛车谷启动

秦皇岛首钢赛车谷启动仪式 7 月 21 日举行，这标志着首秦公司钢铁生产华丽转身，迈入转型发展的新阶段。

秦皇岛首钢赛车谷总体规划面积为 8.13 平方公里，以国际汽车运动为引擎，聚焦高性能汽车的创新研发，打造高端汽车后市场产业体系，规划布置汽车运动、创新研发、汽车后市场、娱乐度假营地、产业配套、工业遗址公园等 6 大功能板块。其中秦皇岛首钢国际赛车场赛道全长 3.8 公里，以厂区道路为主体，将工业遗迹与艺术、古老与现代相融合。

首钢集团总经理张功焰表示，首钢抓住作为北京 2022 年冬奥会和冬残奥会官方城市更新服务合作伙伴的机遇，启动“秦皇岛首钢赛车谷”，努力把首秦园区打造成为东北亚汽车运动文化旅游中心，成为国内传统产业园转型升级的标杆。

启动仪式当天，第 33 届港京拉力赛在秦皇岛首钢赛车场正式收官。6 辆赛车、1 辆摩托车进行了人车互动表演，约 100 辆摩托车、约 40 辆港京拉力赛老爷车和大约 40 辆超级跑车在赛道上巡游，让观众充分感受到汽摩运动的速度与激情。

（《新华社》2018 年 7 月 21 日，作者：刘　拓）

首钢超高强钢打入国际高端车企

首钢超高强 DP 钢打入国际知名高端车企，被广泛应用于门槛、防撞梁、横纵梁、加强板等各种车身结构安全件。

据悉，首钢“高强 DP 钢（双相钢）生产关键工艺技术攻关”项目前不久取得重要突破，实现了首钢超高强 DP 钢的高效、稳定生产，为首钢超高强钢在冶炼技术、轧制技术、表面技术等方面实现新的突破、达到国际先进水平提供了保障。

随着汽车制造业在轻量化、节能、环保等方面的需求越来越迫切，超高强钢的应用已成为主流趋势。但长期以来，其带钢性能均匀性、尺寸精度、表面质量等问题一直是困扰各钢厂的技术难题，制约了超高强钢的大量生产。

首钢技术研究院薄板研究所首席工程师于洋和冶金工程所青年骨干林海海共同领衔的首钢攻关团队，围绕板坯裂纹、板形突变、厚度波动、表面山峰纹等重点问题，针对生产线的设备特点，从热轧温度控制、板形控制策略等方面开展工作，解决了微合金化 DP780 钢种板形突变和热卷性能均匀性等共性问题。他们还联合首钢京唐 2230 酸轧 AGC(自动厚度控制)改造项目团队,对各技术难点进行各个击破。最终,首钢超高强 DP 钢的板形合格率、表面山峰纹发生率、板坯裂纹发生率等核心指标均得到大幅度优化。

截至目前,首钢已通过多家知名车企和零部件供应商的认证,具备了稳定的批量供货及保证产品质量的能力。

(《中国冶金报》2018 年 9 月 7 日,作者:宋鹏心)

“雄安第一标”用上首钢板

有“雄安第一标”之称的雄安市民服务中心项目主体建筑全部完工。首钢近千吨优质镀锌板应用于这一标志性建筑的轻钢龙骨、金属隔断及新型防火安全门的制造。

雄安市民服务中心项目于 2017 年 12 月 7 日开工,是雄安新区设立后首个大型建设工程,是面向全国乃至世界的窗口,将承担政务服务、规划展示、会议举办、企业办公等多项功能。2018 年 2 月,首钢京唐公司了解到客户北新建材公司中标雄安市民服务中心项目主体建筑全部轻钢龙骨供应业务后主动与客户接洽,对方提出供货有花镀锌板 563.76 吨的需求,京唐公司加强产销配合,组织协调原料,根据客户提报的龙骨尺寸,制定套裁方案,落实加工和配送时间节点,严格保障交货期任务。通过特殊调整退火温度和光整延伸率,增加板形卸张检查频次,确保性能和板形质量。从订单提报到开始交货仅用了 10 天。

另据了解,雄安市民服务中心项目使用的金属卫生间隔断,是由首钢京唐公司向中标该项目的专业厂家海德林纳公司独家供料。首钢销售公司天津分公司祝长青说,首钢每月供应海德林纳镀锌板 500 吨左右,雄安市民服务中心项目 200 余套卫生间隔断面积约 2000 平方米,全部使用首钢优质镀锌板。

此外,该项目装配式房屋使用的新型防火安全门,由首钢京唐公司客户东邦门业公司中标。东邦门业物资部门负责采购高经理介绍,他们正在制作的 2000 多套防火门,使用首钢板近百吨。他说:“首钢产品和服务是一流的,在雄安新区后续重点项目建设中,我们将继续与首钢深入合作。”

围绕提高镀锌板等产品的质量和市场竞争力,首钢京唐公司和首钢销售公司密切配合,从合同评审、生产组织、过程工艺控制、用户跟踪等环节形成全流程闭环管理,做好“制造+服务”。京唐公司强化生产管控、质量保证、精细管理,在生产过程中,岗位人员严格按照操作要点进行控制;技术人员现场跟踪,对重要指标重点监控,对工艺参数实时调整。强化技术攻关,不断提高产线工艺控制水平,提高产品表面质量和性能的稳定性。

据了解,雄安市民服务中心项目总建筑面积 10 万平方米、总投资额约 8 亿元。在这个项目建设基础上,新的一大批城建工程项目将陆续展开。首钢京唐公司和首钢销售公司表示,将继续为雄安新区建设提供优质钢材产品和服务,为京津冀协同发展贡献“首钢力量”。

(《首都建设报》2018 年 4 月 13 日,作者:岳建华　杨立文)

首钢“双百万”特高压大容量变压器用高磁感取向硅钢产品通过专家鉴定

首钢“双百万”特高压大容量变压器用高磁感取向硅钢产品,日前顺利通过中国机械工业联合会组织的专家委员会鉴定。

据介绍，特高压交直流输电是满足我国超大容量、超远距离输电，实施西电东送战略的重大技术，能有效解决清洁能源并网，减少大气污染。特高压用取向硅钢作为关系国家能源安全的核心磁性材料，前期一直依赖进口。

“双百万”特高压大容量变压器指的是容量100万千伏安、电压等级100万伏的变压器，为目前交流输变电电压等级最高、容量最大的电力变压器，被称为变压器行业中的“明珠”，其对取向硅钢材料要求非常严格，全球只有几家企业可以供应。

为促进国家重大装备高端材料国产化和保障国家能源安全，满足行业需求，首钢坚持自主创新、掌握关键技术，自主研发了特高压、节能变用高等级取向硅钢，并已批量应用，在国家电网“双百万”项目中的应用效果达到国际先进水平。

（《新华社》2018年6月13日，作者：孔祥鑫）

首钢京唐公司投入20多亿元创建“绿色钢厂”

记者日前从首钢集团公司了解到，近年来，首钢京唐公司累计投入20多亿元推进“绿色钢厂”创建工作，全面实施烟（粉）尘治理、烧结烟气脱硫、焦化废水深度处理回用等环保工程，进一步提升了企业环境治理、清洁生产效果。

据介绍，首钢京唐公司一直严格污染防治，一期工程环保总投资74亿元，占工程总投资的11.21%。当前，京唐公司自备电厂达到电厂超净排放要求，焦炉烟气颗粒物、二氧化硫、氮氧化物等污染物排放达到焦化特别排放限值要求，各主工序也通过了特别排放限值验收。

“首钢要严控污染，以一流的环境装备保障高水平运行。”在日前举办的第三届曹妃甸海洋发展大会上，首钢集团公司副总经理韩庆表示，2017年，首钢京唐公司吨钢烟粉尘、吨钢二氧化硫指标分别为0.42千克/吨、0.40千克/吨。“首钢京唐公司是围绕新一代钢铁流程三大功能‘产品制造、能源转换、消纳社会废弃物’构建的多目标整体优化的钢铁厂，是按照循环经济理念建设的大型沿海钢铁联合企业。”

据了解，为了发展循环经济，推动多产业协同发展，首钢京唐公司初步形成了钢铁—电力、化工、海水利用、建材、污水五条综合利用产业链，实现了资源节约、环境友好等功能。

（《新华社》2018年10月20日，作者：李　犇）

坚持陆海统筹　推动高质量发展

“坚持陆海统筹，是首钢实现转型发展的优势所在、潜力所在、未来所在。”10月12日，在由中国海洋工程咨询协会、首钢集团和曹妃甸区人民政府在河北曹妃甸渤海会议中心共同举办的第三届曹妃甸海洋发展大会上，首钢集团总公司副总经理韩庆介绍说，“在钢铁主业搬迁后，首钢一直在积极探索产业转型发展的方向和路径，确立了新的发展战略定位。”

据了解，中国海洋发展基金会理事长、中国海洋工程咨询协会名誉会长孙志辉，唐山市委常委、副市长于学强，唐山市委常委、曹妃甸区委书记孙贵石出席会议，中国工程院院士蒋兴伟，曹妃甸区委副书记、区长张贵宝等领导和国内外知名专家，围绕“坚持陆海统筹，加强海洋资源保护利用，推动海洋经济高质量发展”主题进行了研讨、交流。来自全国及当地关注和从事海洋保护与开发的科研院校、企事业单位，精品钢铁、海工装备研发制造等行业的技术单位、生产单位代表共计300余人参加会议。

以海强企，拓展首钢跨越式发展空间

韩庆介绍，改革开放后，首钢以“敢为天下先”的精神，自觉开启了面向海洋的发展历程。20世纪80年代，首钢曾经组建船队，开展远洋运输业务；20世纪90年代收购的秘鲁铁矿，至今仍然是首钢国际业务中的重要支撑。进入21世纪，首钢率先实施钢铁业搬迁调整，由中心城市向环渤海经济圈进行战略转移，实现了从“山”到“海”的跨越，实现了钢铁产业全面升级。“今天，首钢不仅拥有自己的港口，还开发了海洋用钢系列产品，在海工钢、管线钢、桥梁钢领域具备了较强的研发制造能力，为我国海洋开发提供了有力支撑。”他说。

“首钢因海而兴、因海而强，同时也会与海为伴、与海为善。”韩庆表示，首钢京唐公司是首钢按照循环经济理念建设的一个具有国际先进水平的大型沿海钢铁联合企业。

首先，严格防治污染，以一流的环保装备保障清洁生产。首钢京唐公司一期工程环保总投资74亿元，占工程总投资的11.21%，近几年该公司又累计投入超过20亿元推进绿色钢厂创建工作，全面实施烟(粉)尘治理、烧结烟气脱硫、焦化废水深度处理回用等环保工程，进一步提升了企业环境治理、清洁生产效果。当前，该公司自备电厂达到电厂超净排放要求，焦炉烟气颗粒物、二氧化硫、氮氧化物等污染物排放达到焦化特别排放限值要求，各主工序也通过了特别排放限值验收。2017年，该公司吨钢烟粉尘、吨钢二氧化硫排放量分别为0.42千克、0.40千克，是目前国内钢铁行业污染物排放的最优水平，首钢京唐因此荣获原环保部第九届企业类中华宝钢环境优秀奖(企业环保类)，被誉为钢铁企业绿色转型发展的典范。

其次，大力发展循环经济，推动多产业协同发展。首钢初步形成了钢铁—电力、化工、海水利用、建材、污水5条综合利用产业链，实现了资源节约、环境友好等功能；以废水为例，该公司，在国内首次采用“电催化+超滤+反渗透”水处理工艺，实现了焦化废水零排放；在全厂废水循环利用上，依托海水淡化，实现废水耦合式零排放，年减少废水排放1415万吨。

最后，实施海水综合利用，在行业内率先实现了海水直流冷却发电、海水脱硫、海水淡化、海水化学资源综合利用、海水淡化生活饮水5个专项的全部利用。目前在京唐公司运行的海水淡化项目，采用的是国际首创、首钢自主开发的热膜耦合海水综合利用技术，日产水量达5万吨，该项目将浓盐水的高浓度和高温度转化为化工企业制碱的成本优势，每吨浓盐水可获得0.21元的附加价值。2017年，首钢京唐荣获工信部“重点用水企业水效领跑者”称号。

陆海统筹，拓展首钢转型发展空间

韩庆进一步介绍，坚持陆海统筹，是首钢实现转型发展的优势所在、潜力所在、未来所在。在钢铁主业搬迁后，首钢确立了新的发展战略定位，即通过打造全新的资本运营平台，实现钢铁和城市综合服务商两大主导产业并重和协同发展；以北京、曹妃甸和秦皇岛三大园区为载体，以“园区+新产业”为途径，打造首钢发展城市服务业的新模式和新优势。

一是以打造新时代首都城市复兴新地标为指引，加快首钢北京园区建设。首钢北京园区作为冬奥组委会办公地、滑雪大跳台赛事选址地和国家冬训中心所在地，冬奥资源密集，是新地标建设的重要引擎。首钢将围绕打造新时代首都城市复兴新地标，统筹实施文化复兴、生态复兴、产业复兴、活力复兴，紧抓冬奥机遇，促进可持续发展，力争用3年左右的时间高质量完成北区建设；紧盯城市科技这个城市服务中最活跃的部分，重点引进“体育+”、数字智能、科技创新服务、高端商务金融、文化创意等产业，构建以消费升级、智慧场景、绿色金融服务为特色的新型产业生态，着力打造带动北京西部高质量发展的新增长极。

二是落实京津冀协同发展战略，推进曹妃甸园区开发建设。近年来，首钢与曹发展组建投资公司，设立曹妃甸发展基金，聚焦"5.5+4.6"产业先行启动区和曹妃甸新城建设，着力打造京津冀协同发展示范区绿色建筑特色小镇——中国绿谷，促进绿建产业转移落地和转型升级，实现以城促产、以产兴城、产城融合的示范引领，推进区域高质量发展。目前，5.5平方公里产业先行启动区已形成中欧新型建材产业园及北京东邦绿建基地两大核心产业，4.6平方公里产城融合先行启动区已形成超低能耗被动式建筑、零能耗被动式幼儿园、装配式绿色科技建筑等示范项目，正在全力推进。

三是坚持高端、特色、集成，打造独具特色的秦皇岛园区。位于秦皇岛的首钢首秦公司停产后，首钢紧紧围绕秦皇岛建设国际旅游城市的总体定位，坚持高端、特色、集成，打造高端汽车后市场产业体系，建设秦皇岛首钢赛车谷。首钢赛车谷规划面积为8.13平方公里，规划布置汽车运动、汽车教科研、汽车后市场、工业遗址公园、娱乐度假营地、产业配套等六大功能板块，其中汽车运动板块已建成3.8公里的国际标准F2赛道，是目前世界上唯一的一条钢铁赛道。

（《中国冶金报》2018年10月25日，作者：何惠平）

首钢股份实现高炉炉顶零排放

首钢股份高炉实现了炉顶料罐煤气及粉尘全回收，真正达到了零排放，填补了我国冶金史上的一项空白。

在高炉生产过程中，炉顶料罐不断向炉内加料会产生大量的煤气和粉尘。此前，由于缺少相应的技术和设备，这些煤气和粉尘通过料罐放散阀直接被排放到大气中，且外排煤气和粉尘时，放散阀的尖啸声也会对厂区甚至周边的居民区形成噪声污染。由于煤气和粉尘回收难度非常大，目前国内最先进的水平尚停留在半回收状态。

为彻底根治这一顽疾，首钢股份从环保治理和节能双重角度出发，联合首钢国际工程公司，拓展思路、大胆创新，为高炉炉顶均压放散系统和干法除尘系统，以及相应的配套系统制订了周密的改造方案。近日，改造已经完成，并成功投入使用。该方案具有总图布置紧凑、占地面积小、工程投资少、建设周期短和对生产影响小等诸多优点。据测算，一座2650立方米高炉，在全部回收粉尘的同时，还可回收高炉煤气1997万立方米/年，可实现经济效益约160万元/年。

（《中国冶金报》2018年11月29日，作者：邵　伟、丁瑞鑫）

首钢自主研发的公交立体停车楼机械车库吊装开工

8月16日上午10时，随着工程吊车将第一根钢结构立柱与预埋的基础螺栓准确对接，顺利完成安装，标志着首钢参建的首个公交立体停车楼机械车库项目建设进入实质性阶段，也标志着各参建单位全面进入公交车库设备安装攻坚阶段。车库设备安装、调试工作将在今年年底完成。

二通厂公交立体停车楼机械车库是首钢集团与北京公交集团进行战略合作，首钢自主研发、拥有28项国家专利的公交立体停车楼机械车库项目，也是北京市重点工程项目。此项目位于丰台区梅市口路与张仪村东三路交叉口东北角，将建设4层公交立体停车楼机械车库，提供125个机械停车位，比传统平面停车方式节约了大量土地资源，将有效改善场站及周边交通环境，为缓解城市公交系统停车空间不足状况提供了样本。

（《中国冶金报》2018年8月21日，作者：张　雨）

“首钢杯”钢铁行业职业技能赛落幕

经过5天的激烈角逐，“首钢杯”第九届全国钢铁行业职业技能竞赛今天落幕，代表我国钢铁行业最高水平的高炉炼铁工、金属轧制、天车工和电焊工等4个工种的冠亚军产生。

据了解，全国钢铁行业职业技能竞赛自2002年以来已举办8届，被称作全国钢铁行业的竞技盛会。此次竞赛由中国钢铁工业协会、中国机械冶金建材工会、中国就业培训技术指导中心和共青团中央青年发展部联合主办，首钢集团公司承办，共有74家钢铁企业的244名高手、行业精英参加。比赛工种分别为高炉炼铁工、金属轧制、天车工和电焊工。

有关人士表示，中国钢铁工业转型升级正在爬坡关键阶段，必须走高质量发展的道路，注重质量效益的统一。目前，行业内存在着科技创新重复、分散、成果转化率低等问题，核心技术有待突破，亟须建设一支精干的高素质、高技能职业技能队伍。

本届大赛在参赛规模等方面有新突破，参赛选手学历和技能等级都有很大的提升，技师以上占比达到68%，大专以上学历超过70%，还有6名博士参赛，创造大赛历史新高。据统计，大赛还带动了全行业各参赛企业，从集团到各子公司层层开展预选赛，近20万名职工投身岗位练兵和技能比武。

（《工人日报》2018年9月20日，作者：李昱霖）

卫建平：毫厘之间的较量

在位于首钢技师学院的北京市职业技能公共实训基地内，拿着技师学院学生们在数控机床上加工出来的零部件，刚刚获得首届“北京大工匠”称号的首钢机电公司数控车工高级技师卫建平，回忆起30年前自己第一次接触数控机床时的情形，“那是1988年，也是首钢公司的第一台数控机床。”卫建平回忆道。

机床是制造机器的机器，在工业发展中有至关重要的作用。与传统机床较为依赖手工不同，数控机床使用程序控制，不仅生产效率和加工精度高，产品质量稳定，而且对操作者的素质要求非常高，工人需要编制加工程序，将过去手工完成的加工变成程序代码。对于卫建平来说，每天和庞大的机器打交道，除了有硬功夫，更要有精益求精的匠心。“我们每做一个工件，都是在和0.01毫米的误差较劲。”卫建平认真地说。

从“摇摇把”到编程序

1984年，卫建平从首钢技校毕业，进厂当钳工。那年，他18岁，和所有那个年代进工厂的技校毕业生一样，从学徒工做起，每天跟着师傅。“那时候正是首钢大规模建设的时期，我们的口号是‘三天不卸甲，一天打八仗’。”卫建平说，不管工作多累，每天下班后他都要学习。两年后，他考取了首钢公司机械制造工艺大专班，毕业后进入公司机械厂，当上了车工和铣工。

别人不理解，“大家都是按部就班从学徒工干起，到时间就提级加工资，学不学又有什么区别?”区别就在几年后，机会来临的那一刻。

1989 年，首钢机械厂要加工一件形状比较复杂的工件，设计图纸出来了，但没人能把这个工件加工出来。厂里找来当时技术等级最高的八级老车工，用传统机床干了 6 天，最终工件还是废品。老师傅摸着紫铜工件，一言未发，默默地离开了。看着老工匠黯然离去的背影，卫建平的心被刺痛了。

当时，首钢机械厂已经有了数控机床。卫建平琢磨着，老工匠做不出来的活儿，并不是手艺不及，而是因为工件形状复杂，超过了人力所能及，但是，在未来，这样的工件需求会越来越多。人工做不出来的，机器能不能干？他决定用数控机床试一试。操作数控机床要先编程，20 世纪 80 年代，计算机还是个新鲜事物，更别说编程了。没人教，也没人懂，卫建平对照着使用手册自学，一个字符一个字符地学习编程序。三天三夜后，程序编出来了，工件也做出来了。于是，厂里的第一代数控机床操作工，非卫建平莫属。

“过去做工件，要靠摇摇把，现在用编程。”卫建平说，“改变的东西太多了，过去功效低，劳动强度大，工件质量也因人不同而千差万别。数控机床就不一样了，做多少个工件都是一个标准，分毫不差。”但是，这也意味着，对机床操作工的专业知识要求越来越高，要学的东西也越来越多。

念大学的机床操作工

当上数控机床操作工的第二年，卫建平就多了一个身份——大学生。他考上了北京科技大学机械设计与制造专业，半工半读的 4 年中，不管工作多紧张，他从没缺过一次课，最终以全优的成绩拿到了本科毕业证书和学士学位证书。“多亏企业为我提供了这么多学习机会。”卫建平感激地说。

有了专业知识，又肯钻研，厂里一有难活儿就会想到卫建平。1999 年，原国家冶金局计划将重大科技项目薄板坯连铸设备的核心部件加工国产化，组织全国各单位集体攻关，其中有个部件叫结晶器铜板，部件的图纸，最终到了卫建平手上。

“见过难干的活儿，但没见过这么复杂的活儿！深孔直径 9 毫米，深是 640 毫米。”卫建平接受这个结晶器铜板的加工编程任务后，厂里派他到国外学习，过去，这项技术一直依赖进口。

然而，外国人并不让他靠近精密加工车间，反而给他看了门外摆放的结晶器铜板。“那是我们加工的第一件产品，是不合格的废品，摆在这里就是告诉大家，这件产品的加工是有难度的。”言外之意很明显，这种活儿，还是得让外国人做。

“我不信中国工人做不出高精尖的加工件！”卫建平憋着这口气，花了 1 年时间准备，先用蜡做个模型，然后反复测量、计算，上电脑模拟试验，做出深孔。要完成任务，不仅需要计算机技术，还需要数学、力学、金属学、车工等各方面知识，稍有不慎，钻头就会折掉。

最终，全部的编程用了 600 页，密密麻麻都是数字符号和编码。实际操作时，3 台数控机床协同作业，一次成功，通过外方验收。薄板坯连铸结晶器铜板的加工，如今已经实现国产化，产品被国内多家钢铁企业采用。

知识和技能都要有

薄板坯连铸结晶器铜板的加工项目，在 2002 年获得国家“九五”重大装备科技成果一等奖，也让卫建平从工人变成了专家，在次年由我国主办的首届奥林匹克数控机床大赛上，他被聘请为专家评委。此后，他曾 3 次担任全国数控大赛北京队的技术总教练，带领北京队拿下两次团体冠军、9个单项冠军。

与别的工匠不同，卫建平不仅有技能人才序列的高级技师职称，还有专业技术人才序列的高级工程师职称。既念过技校，也读过大学，还编过十几本数控类教材，这样的技能、技术“两栖”经历，让卫建平对于新一代工人的培养有着自己的独到看法。

“卫建平工作室”是北京市首批职工创新工作室，也是当时机械制造行业里的唯一一家。徒弟李建春大学毕业就加入工作室，结果被卫建平派到了加工车间。李建春一脸不解，“大学生还要到车间当工人?”

到了车间，李建春和工人师傅从最简单的装卡、校正学起。两个月后，他终于接到卫建平的电话，“从车间回来吧。”工作室接到任务，完成400毫米板坯连铸机的加工。有了现场工作的基础，李建春跟着卫建平顺利完成了任务，也明白了师傅的良苦用心，“不熟悉现场，怎么能完成工艺编制?”

“技校毕业生操作熟练，但知识方面有欠缺；大学毕业生虽然知识丰富，学东西快，但是操作技能有待提高，我们需要的是既有知识储备，又有操作技能的工人。”对于工作室里的两类新人，卫建平都鼓励他们继续学习。如今，工作室已经培养出上百名技能人才。为了促进产学结合，发挥工作室的技术创新孵化器作用，实验室开展了校企合作，通过组织现场课堂、导师带徒、技术难题会诊、技术研发等多种活动，开展技术攻关改造和技能培训。

“如今，工作室与学校合作，不仅能为企业提前发现和储备高技能人才，也借助学校的资源，让企业的生产任务事半功倍。”卫建平说。

（《工人日报》2018年6月26日，作者：赵　昂）

从炼钢工人转型为制冰师

——刘博强：要能服务北京冬奥会，那可太棒了！

12月12日中午，记者见到刘博强时，他刚刚完成首钢冰壶馆的扫冰工作，裹着厚厚的羽绒服，额头已微微见汗。作为曾经的一名首钢工人，刘博强现在的工作是协助世界冰壶联合会首席制冰师吉米完成首钢冰壶馆的制冰、扫冰，为国家冰壶集训队的训练做好保障。

“能有这样好的机会，得好好珍惜”

1996年从技校毕业后，刘博强便扎根首钢，从首钢初轧厂、第二炼钢厂再到维检中心，干过很多工种。他不曾想过有一天会和冰雪打交道，“也算是跨项了吧，能有这样好的机会，得好好珍惜”。2013年在北京首钢园区综合服务有限公司工作时，刘博强负责安装、维修中央空调和家用空调，现在回想起来，他常笑着说：“以前的工作和制冰也有几分缘分。”

2017年，首钢贴出通知，要推荐几名员工到首都体育馆去学习制冰、扫冰，刘博强第一个报了名。“这些年干过的工作多，也一直在学习，所以我对新鲜事物很有兴趣。”由于制冰和空调制冷循环的原理相似，他理解起来特别快，进步迅速，不过第一次开上扫冰车，也还是有点犯难。“坐到座位上以后可是一阵手忙脚乱。”刘博强说，“除了要把握好方向和速度，还有一系列的操作，要慢慢形成新的操作习惯。”

“在冰场待的时间长，得常备点药预防感冒”

2018年3月，首钢要将老厂房改造成冰上训练馆的消息传来，刘博强率先被选入冰场筹备组，最初在短道速滑和花样滑冰训练馆参与制冰、扫冰。从曾经火热的炼钢环境，到如今每天都要待在温度不足10摄氏度的冰场，刘博强也适应了好一阵子，“冬天时还好，室内外的温差不大，夏天时从外面30多摄氏度的环境进到冰场，真像是进了冰箱的感觉。”为了适应冰场的低温环境，羽绒服和藿香正气水是他工作时的“标配”，“在冰场待的时间长，得常备点药预防感冒。”

7月，刘博强被调到了首钢冰壶馆，成了吉米的助理制冰师，他努力学习新技术。“冰壶赛道的维护，难度要大得多。”刘博强说，冰壶馆对冰面的要求最高，首先要扫冰，就是先将之前打的“冰点”去掉，让冰场恢复平整，清理完毕后再重新“打点”，以备下一次训练时使用。“扫过的冰面，平整度要求正负差在2毫米之内，这样才能在平整的冰面上进行‘打点’。”由于扫冰的经验性和技术性很强，这项工作通常由吉米完成，而刘博强会协助他把冰霜清扫干净，然后便背上工具箱，开始冰面“打点”。

对于“打点”的步骤，刘博强在经历了反复的学习和实践后已经烂熟于心。“一条道要打点两次，第一遍用凉水打，用时45秒，第二遍则用热水打，用时30—35秒。”打点时，他会倒着走在赛道上，手握壶嘴，左右摆动，确保能让水滴均匀地洒在赛道的每个角落。“走路时要保持匀速，才能符合标准密度，否则打点就会失败。”

首钢的冰壶馆共有6条冰道，从起点到终点，刘博强每天都要走上好几遍，每完成一次冰面维护都需要耗费1—2个小时。“刚到冰壶馆的时候，对这样的工作强度有点不适应，扫了两天冰下来，手指都是肿的。”刘博强说。

“为国家队服务，对自己也要有高要求”

每天早晨7点一过，刘博强便会出现在冰壶馆，为国家队上冰训练做准备，而当国家队一天的训练结束后，他和整个冰面维护团队又是最后离开冰场的人。“为国家队服务，对自己也要有高要求。”刘博强说。自从转行做了助理制冰师，他几乎就没有了节假日，只要队伍有训练，他都要准时出现在冰场，“以前家里都是我做饭，现在也只能推给家人了，因为没有时间。”

虽然辛苦，刘博强却很珍惜这样难得的经历，“前几天吉米问我，你有梦想吗？我说还真有，近期就希望能当个合格的制冰师，保障国家队训练。再往后，要是2022年能跟团队一起去服务北京冬奥会，那可太棒了！退休后咱都能说道说道。”

每天和国家队队员在一起，看着他们刻苦训练，刘博强自己也深受感染。“每天一进冰场，感觉是完全不同的。队员们的这股拼劲儿，让我觉得自己的工作很有意义。”首钢园区的蜕变改变了许多人的生活轨迹，刘博强也有很多同事像他一样转了行，在为国家队训练或北京冬奥组委做一些服务性工作。冬奥会的印记刻在了每个人的生活里，也因这些普普通通的身影而闪光。

（《人民日报》2018年12月14日，作者：季　芳）

文　选

◎ 责任编辑：车宏卿

深入学习贯彻党的十九大精神
在新的历史起点上加快首钢转型发展

——在中共首钢第十八届委员会第三次全体(扩大)会议上的报告

首钢党委书记、董事长　靳　伟

(2018年1月19日)

同志们:

这次会议的主要任务是:深入学习贯彻党的十九大精神,以习近平新时代中国特色社会主义思想为指导,在新的历史起点上,确立首钢转型发展新坐标,提出2018年工作思路和主要任务。下面,我受党委常委会委托,向党委全委(扩大)会报告工作,请予审议。

一　2017年工作回顾

2017年是首钢在转型发展新的长征路上攻坚克难、砥砺奋进的一年。面对我国经济发展新常态等一系列深刻变化,面对艰巨繁重的改革发展任务,集团党委牢固树立"四个意识",贯彻新发展理念,保持战略定力,深化改革创新,带领广大党员和干部职工,打好健全管控体系、提升管理能力攻坚战,各方面发生了深刻变化。集团全年营业收入1850亿元,搬迁调整以来首次实现当期土地成本不再累积,同时解决部分历史遗留问题后盈利20亿元,交出了一份提气的成绩单。

(一)坚持党建统领,强根固魂开拓新境界

我们把学习宣传贯彻党的十九大精神作为政治任务,将功夫下在不断增强对习近平新时代中国特色社会主义思想的思想自觉和行动自觉上,将功夫下在两个"一以贯之"的有机统一上,把方向、管大局、保落实的工作更深入、体系更健全、作用更有力。

提高政治站位贯穿始终。以"看北京首先要从政治上看"的要求检验思想行动,思考问题、谋划工作,首先以习近平总书记两次视察北京重要讲话精神为根本遵循;党性锻炼、能力建设,首先在讲政治上有更高标准、在"四个意识"上有更严要求;落实供给侧结构性改革、北京城市新总规、京津冀协同发展、筹办冬奥会等重大决策部署,首先从国企政治功能找准首钢担当。全集团党员干部自觉把讲政治贯穿于改革发展全过程,把自己摆进去,把责任担起来,不断在正确方向上行稳致远。

加强理论武装贯穿始终。喜迎党的十九大胜利召开,组织万名职工收看开幕会,请中央宣讲团成员做辅导,党的十九大代表刘宏、王勇、丁宁进机关、到厂矿、入班组,带着责任和使命,积极当好宣传员。举办学习贯彻党的十九大精神领导人员研修班,集中精力深入学,领导干部深入基层带头讲,基层党员带动群众认真学,努力做到学懂弄通做实。党委中心组全年集中学习22次,坚持举办青干班和海外研修班等深入人心,长钢、实业等单位自觉开展了多种形式的干部培训。坚持"热行动"与"冷思考"相结合,强大理论武装成为转型发展的精神力量、攻坚克难的锐利武器。

落实党建责任贯穿始终。制定党委常委会带头落实全面从严治党主体责任的实施意见,将党建工作总体要求

纳入公司章程，修订议事规则、“三重一大”决策制度，重大决策前置党委会审议，全年召开常委会16次审议110项议题，其中党建议题60项，占54.5%。坚持问题导向，梳理党建工作重点纳入专项计划，健全基层党建工作责任体系，修订17个党的组织专业制度，确定党群系统领导人员配备原则，层层压实管党治党责任。加强对意识形态工作的领导，制定职工思想动态工作管理办法等制度，改进媒体传播方式，强化舆论引导。深入推进“两学一做”学习教育常态化制度化，开展党支部规范化建设试点，京唐炼铁作业区党支部“党员领跑计划”、首秦炼钢连铸党支部“我的设备我做主”等活动各具特色，建设坚强有力的战斗堡垒变成了更鲜活的实践。

推动监督落实贯穿始终。监督工作联席会形成“9+1”工作模式，服务型、预防型监督机制逐步完善。严管与厚爱相结合，加强谈话函询，综合运用“四种形态”，强化党内监督执纪，给予党纪处分32人，对4家单位10名领导人员进行了严肃问责。加大力度推进市委巡视反馈问题整改，7个方面20个问题中18个已完成整改，2个持续整改。市审计局审计问题整改完成率100%，首钢内审问题整改完成率96.8%，首钢内部监督检查发现问题整改完成率99.4%。首钢落实党风廉洁建设责任制情况在市委和市国资委检查考评中连续三年名列前茅。首钢集团获“全国内部审计先进集体”。

（二）坚持保生存求发展，久久为功开创新局面

我们把稳中求进的总基调坚决落实到各项工作中，稳就是保生存、进就是求发展。没有因市场好转、经营向好而放松战略定力，始终保持发展思路的稳定性、改革措施的持续性、工作内容的延续性，一锤接着一锤敲，实现量变积累。

钢铁业在保生存中“稳”更有耐力。坚持“三个跑赢”，“双百工程”等13项专题攻关进步明显，与先进企业对标，生铁成本缩差47元，钢材单利缩差98元；与市场趋势对表，原燃料采购、钢材销售跑赢同行；与自身短板对照，吨钢挖潜增效93元。高端领先产品首次突破600万吨，两项电工钢产品全球首发，七项新产品国内首发，京唐形成成套铁素体轧制技术，股份3号转炉全炉役碳氧积行业领先，最高等级1000千伏特高压变压器用钢批量供货，千兆级超高强汽车板成功下线。成为宝马、吉利、北汽、长城等第一供应商，家电板、桥梁钢、车轮钢国内占有率第一，汽车板、电工钢占有率第二，镀锡板实现高端客户全覆盖。钢铁产品正以“超凡的强度、海洋的深度、现代的速度、服务的热度、安全的力度”遍布各个领域，“蓝鲸1号”钻井平台、高铁制造、世界第一高桥等一批重大工程牢牢打上了首钢印记。股份公司强化板块管理协同，总结推广首秦基层改革创新、长钢铁前一体化管理等典型经验，取得较好成效。坚持把认准的事做到位，水钢、长钢持续深化内部改革力度最大、红利最大、变化最大，创出了近年来的最好效益，打了一场漂亮的翻身仗，在当地为首钢赢得了满满正能量。今天首钢钢铁业发生了明显变化，我们承认市场帮忙，但更认同“自助者天助之，自弃者天弃之”。

园区开发在求发展中“进”更有作为。市委市政府高度重视，召开市新首钢领导小组第四次会议，明确功能定位、发展思路、路线图和时间表，实现了质的突破。园区开发厚积薄发，北京园区规划获英国皇家城市规划学会颁发的“国际卓越规划奖”，获国际绿色建筑大会“绿色建筑先锋大奖”，获住建部“中国人居环境范例奖”。北区和东南区控规调整获得批复。完成西十筒仓区域10万平方米工业遗存改造，启动冬运中心训练基地建设，争取了单板大跳台项目落户，贴心的服务满足了冬奥组委需求。国际奥委会主席巴赫称赞“北京首钢园区工厂改建是奇迹，将让人们记住首钢、北京和中国的一段历史，希望如果大家有时间，一定要去北京看看”。一张熠熠闪光的“金名片”吸引了世界目光，首钢园区成为世界的亮点和热点。曹妃甸园区协同地方政府加大招商力度，签约23个产业项目，总投资247亿元。先行启动区基础建设、配套生活设施等方面取得了重大进展，曹妃甸新城被动式住宅被住建部评为“十大绿色科技示范项目”。

城市服务业在求发展中“进”更有亮点。鲁家山二期工程按照欧洲超净工厂标准设计，打造国内环保产业新标杆，可复制、可推广取得积极进展。静态交通产业第二代公交车立体车库研发成功，三种自行车停车库正在技术定型和市场推广，探索收购国外顶级停车管理公司。首自信成功中标北京城市副中心行政办公区综合管理服务平台

项目。首建获住建部“国家装配式建筑产业基地”第一批示范。海外院士专家北京工作站正式落户，国家体育产业示范区建设正在积极推进。创业公社服务企业超过一万家，成为了国家“双创”优质平台。“老年福”养老模式得到民政部高度认可，一耐养老项目获得世行支持。城市服务业瞄准满足人民日益增长的美好生活需要，增品种、提品质、创品牌，首钢转型发展在努力探索中不断前行。

战略执行在求发展中“进”更有突破。保持战略定力，围绕“十三五”规划，一步一个脚印抓落实。以战略规划为导向的经营计划管理体系初步形成，由经营计划、财务预算、专项工作三方面组成的“1+1+N”工作条块清楚、互相支撑、紧密衔接。52家单位执行第一个三年任期目标，措施不松劲，敢啃硬骨头，交出了一份满意的答卷。评分在良好以上的单位占94%，评分在良好以上的指标占89%。中长期激励机制引导各单位目标追求注重战略性和长期性，软硬实力注重指标约束性和挑战性。目标追求与激励机制不再是“两层皮”，“言必行、行必果”不再是说多做少，大家的付出不断厚积为解决企业发展难题的实效。

（三）坚持改革创新，干事创业迸发新活力

我们把向改革要活力、向创新要动力进一步做实，全面发力、多点突破、压茬拓展，为转型发展注入源源不竭的动力，同时基层的积极参与和生动实践更坚定了集团的信心。

健全现代企业制度不断深入。常委会、董事会和经理层自觉把自己摆进去，一级带着一级干，一级做给一级看。抓住公司制改革最后的窗口期机遇，统筹解决资产评估、账务处理、税收筹划等一系列重大问题，为轻装上阵奠定基础。舍得花时间和精力在基础管理工作上下笨功夫、干苦活，权力清单、规章制度、风控手册协调统一，分层授权治理体系日渐清晰，多做不显眼的工作、多做领导看不到的工作、多做短期内不易出成绩的工作，逐渐形成氛围。“三创”交流会使“九个管理能力”建设形成共识，《绝境求生》引发强烈共鸣。首钢集团第一次实行无会周，得到基层干部充分认可。北京市通过《首钢深化改革综合试点方案》，首钢改革再次迎来了新的里程碑，大家对下一步深化改革充满期盼。

释放市场主体活力不断深入。敢于打破原有利益藩篱，敢于在更深层次上破题，在“变”上发力，在“快”上见功，改革创新成为首钢实现转型发展的治企之方、兴企之举。完善集团薪酬分配激励机制方案，初步建立职工收入与企业效益效率、领导人员收入与在岗职工收入双挂钩机制，充分下放考核分配权。坚持分类指导，股份和京唐打通“三支人才队伍”通道、技研院强化科研人员价值导向、人才院鼓励社会创收、水钢和长钢销售激励政策等起到了明显效果。房地产公司内生求变，建成四个管控中心，改革干部任用机制，建立项目全周期绩效考核激励机制，激发了团队干事创业的活力，贵钢老厂区开发实现良好开局。首建投公司在选人用人上实行全体“起立”、择优“坐下”，实现了人员“能进能出”，职务“能上能下”，收入“能增能减”。集团上下对政策最能产生红利的认识不断深化。

激发基层创新活力不断深入。注重上下互动的全员参与，共同为改革想招、一起为改革发力，基层创新不断落地生根开花结果。首秦基层改革等鲜活经验不断涌现，各单位在学习中不断创造，创新创业氛围不断形成。股份创业中心打造转型增效“孵化器”，转岗职工用“四进霸州”“网络竞拍师”等创新故事，诠释了“闯过去前面又是一片天”。矿业职工创新工作室“一群人、一件事、一起拼、一定赢”，创新力量不断迸发。中宣部“砥砺奋进的五年大型成就展”、央视《将改革进行到底》《还看今朝》等，精彩展现了首钢基层创新的成果。一年来基层职工把创新答卷扛在时代担当里，写在工作坐标中，刻在新长征路上，大家对进一步激发基层创新活力更加自觉。

（四）坚持更全面更协调更可持续，治企兴企迈上新台阶

我们坚持实事求是，一切从实际出发，把更全面更协调更可持续的工作思路转变为实践的积极探索，视野更宽、办法更多、工作更实，进一步提升了对治企兴企的规律性认识。

在谋划工作上更全面。全面预算管理体系进一步完善，从业财一体化入手，构建“1+14”会计制度体系，初步实现了全集团一本账；在三张表上下功夫，强调把一切经营活动的结果体现在财务账上，提升了财务驱动力。初步建

起了全口径全要素人工费用预算管理体系。坚持领导负责、业务驱动和流程优化，8个重点流程信息化项目全面推进。坚持正确的用人导向，牢牢把握"着眼未来、搭好梯队；业绩突出、群众认可；知人善任、用人之长"。9月份，多角度大范围交流调整干部涉及23家单位57人，一并解决了新老交替、领导缺岗、优秀人才培养等问题。对领导人员兼职进行规范清理。年度集团领导班子民主测评结果是近几年最好的，要感谢干部职工对领导班子的充分信任，激励我们要更加团结、攻坚克难，带领大家走好首钢的新长征路。

在治企有方上更协调。创业公社、垃圾发电、立体车库、钢结构等互相拉动更进一步，成为抢占市场的组合拳。唐山地区钢铁检修力量、物流运输、计量数据、原料串换等协同更进一步。以北京园区建设为平台，规划、设计、建设及运营等管理融合更进一步。敢于直面境内外资本市场，成功发行60亿元非公开可交换债、境外4亿欧元和4亿美元低成本债券，香港上市公司完成供股融资并启动资产重组，产融结合更进一步。基金公司夯实基础，积极布局停车、医疗、体育及供应链金融等领域；财务公司日均存款、贷款能力、财票推广和金融资质等明显提升，服务转型发展更进一步。

在兴企有为上更可持续。三年来共转型分流6.8万人，钢铁实物劳产率提高60%，呈现出职工人数和人工费双双下降、职工收入和劳产率双双上升的良好势头。通过"一拉一推"同时发力，完成企业退出27家，闭合"失血点"23项，"瘦身健体"成效显著。鼓励各单位利用经营成果18.1亿元处理历史遗留问题，减轻了包袱、积攒了底气。上下一心，敢于担当，"疏解整治促提升"成效显著，解决了一大批矛盾突出的历史遗留问题。主动运用法律手段处理合同纠纷，为集团挽回重大损失。平稳有序推进"三供一业"分离移交和退休人员社会化管理。主动落实"2+26"环保政策，持续实施绿色行动计划，首钢环保品牌形象在京津冀区域发挥了榜样效应。

（五）坚持以人为中心，凝心聚力展现新面貌

我们深入践行以人民为中心的发展思想，在培养人、关心人、爱护人上下功夫，在凝心聚力上下功夫，画好同心圆，砥砺共奋进。

厚植人才优势。聚集一流人才，持续实施高端人才素质提升工程，选派优秀科技人员赴国内外知名院校进修深造。扩大职业经理人试点范围，紧缺人才引进取得突破。加强干部交流和梯队建设，26名"70后"担任主要领导职务。落实新时期产业工人队伍建设改革方案，全年培训两万人次；加强专家技术带头人队伍建设，评选表彰第八批"首钢技术专家"39人、"首钢技术带头人"52人；举办首钢工匠创新能力提升班、技能操作专家创新能力研修班和技能大师工作室研修培训班；支持产业工人参加国际技能交流，首秦刘少鹏、果志伟、京唐王海龙在中德"北京·南图林根"焊接对抗赛中喜获佳绩。领导干部主动当好"后勤部长"，为人才成长营造了良好环境。

弘扬首钢精神。企业文化建设不断深化，首钢集团获中国企业"品牌文化建设十大典范组织奖"，京唐公司获"全国文明单位"。各项主题活动不断出新出彩，把话筒交给职工，组建职工宣讲团深入基层，各单位深入开展"首钢人的故事"宣讲活动，436名职工走上讲台，536场活动直接受众达4.3万人；把舞台交给职工，由职工自导自演的《长征组歌》巡回演出17场，两万余名职工、家属及当地群众观看，组织"砥砺奋进心向党、颂歌喜迎十九大"职工文艺汇演；把创作交给职工，大型产业工人题材原创话剧《实现·突围》不断打磨，演出得到全国总工会充分肯定；把荣誉授给职工，全国五一劳动奖章获得者刘李斌、全国百姓学习之星马著、首都市民学习之星王文超、"国企楷模·北京榜样"吴礼云等一大批先进人物，成为践行首钢精神的优秀代表。基层的精彩更鲜活，基层的声音更响亮，基层的典型更光荣。

加强群团工作。发挥群团组织桥梁纽带作用不断深化，推进集团型职代会改革试点工作，获"全国厂务公开民主管理示范单位"。推选刘宏、马志伟等一线职工在群团组织兼职。加强基层团组织建设，20家基层团组织完成换届改选，召开首钢十六次团代会，选举产生新一届首钢团委。开展"走好首钢新长征、绽放青春勇担当"主题实践活动，评选出100名首钢最美青工。首钢集团获"全国群众体育先进单位"。修订完善制度，提高帮困标准，走访慰问1.7万余人次，筹集拨付送温暖资金1026万元。各单位坚持为职工服务，进一步改善了工作和生活环境。集团在

岗职工收入随效益增长，增强了改革的获得感，进一步激发了攻坚克难的劳动热情。

在首钢的历史坐标上，2017 年是极不平凡的一年，是转型发展卓有成效的一年。成绩的取得，是党中央、国务院和市委市政府亲切关怀、大力支持的结果，是集团党委坚强领导的结果，更是全体党员和干部职工共同奋斗的结果。我代表集团党委，向各级党委、政府和社会各界，向首钢全体党员、干部职工及家属，向始终关心首钢的离退休老同志，表示衷心的感谢！

在总结成绩的同时，必须清醒看到，首钢集团经济运行中还面临不少困难和挑战，负债高、利息重、风险大的基本面还没有改变。同时，我们的工作也存在着许多不足，主要表现在：一是稳中求进"稳不住"，有的单位效益转好就有了花钱和投资的冲动，过紧日子、保生存的定力不够，表现在不合理库存升高、应收增加、应付减少，讲投资多、讲投资能力和回报少等。二是学以致用"用不好"，有的领导学起来醍醐灌顶，实际工作却抛之脑后，表现在不看财务三张表，不分析表中数据当年的变化，不挖掘表中不合理数据的背后原因，不查找自身粗放管理的差距等。三是改革创新"真招少"，不触及深层次利益的资源配置和要素流动只能雨过地皮湿，表现在如何把身边的机遇变成实实在在的竞争力，如何把企业的利益和职工的获得感紧密捆绑，如何把坚持市场化方向和防范企业风险协调统一，如何把"能上能下、能进能出、能增能减"变成自觉行动等方面思考不深、办法不多。四是攻坚克难"要松劲"，首钢新的长征路开局不错，有的领导干部有了松口气、歇歇脚的苗头，担当精神不够，缺乏时刻用"走好首钢新的长征路"这把尺子来衡量自身的工作，表现在铁成本进入行业领先信心不足，钢铁业转型提效缺乏滚石上山的韧劲，非钢转型提效缺少主动作为的决心，有些部门高效协同仍然存在"最后一公里"、压力传导在有的领导身上存在较大衰减等。五是党建基础"不够强"，一些基层党组织发挥作用不强，把方向、管大局、保落实不强，表现在党建与经营生产融合不够，党建基础工作薄弱，党内生活质量不高，党支部规范化不到位，考评标准作用发挥不够，外协工党员管理不实，境外和京外企业党组织管理有待提升。这些问题必须着力加以解决。

二　2018 年首钢面临的形势和工作思路

2018 年是深入贯彻党的十九大精神开局之年、改革开放 40 周年，是首钢推进"十三五"规划、迎接建厂百年承上启下的关键一年。党的十九大作出了"中国特色社会主义进入新时代"的重大政治判断。进入新时代，我们必须坚持与时俱进的思想品格，牢牢把握新时代的本质特征，与时代同步伐，与改革共奋进；必须推动习近平新时代中国特色社会主义思想不断在首钢落地生根、形成生动实践；必须坚持大历史观大时代观，从更大的尺度更长远地思考和谋划首钢未来的发展，承担新使命、确立新坐标、找准新矛盾、勇于新作为。

第一，要承担新使命。实现中华民族伟大复兴是新时代中国共产党的历史使命，也是近代以来中华民族最伟大的梦想。首钢自诞生之日起就与国家和民族的命运紧密相连，从实业救国、产业兴国到钢铁强国，敢为天下先的首钢人从未止步；从站起来、富起来到强起来，勇于担当奉献的首钢人从未缺席。特别是新中国成立后，首钢人始终秉承强企报国使命，一路创新前行，奇迹般的快速恢复发展、承包制时期的工业企业改革旗帜、史无前例的搬迁调整，首钢人的贡献彪炳史册。今天，我们行进在转型发展新的长征路上，努力建设有世界影响力的综合性大型企业集团，这与新时代党对国有企业"培育具有全球竞争力的世界一流企业"的要求是一致的。不忘初心、牢记使命，就是要把首钢人强企报国的担当，融入到"为中华民族谋复兴，为中国人民谋幸福"的伟大使命当中、融入到建设有中国特色社会主义的伟大事业当中，加快实现转型发展，再创首钢辉煌。

第二，要确立新坐标。习近平总书记强调，重要的时间节点是我们工作的坐标。今后几年首钢将迎来一系列重要的时间节点，这些时间节点就是我们的工作坐标，是新长征路上的"行军路线图"。

站在改革开放 40 周年的时间节点上，要以落实北京市深化改革综合试点为工作坐标。首钢成为全市国有企业唯一的综合试点单位，充分体现了市委市政府对首钢的高度重视和巨大支持。改革是流淌在首钢人血液里的基因，我们要抓住机遇、珍惜机遇，紧紧围绕深化改革"改什么、怎么改"深入思考和付诸实践，以更大的勇气探索出一条具有示范意义的国企改革发展之路。

站在首钢建厂100周年的时间节点上，要以树立百年首钢新形象为工作坐标。在新中国成立70周年之际，也恰逢首钢建厂百年之时，全社会必将高度关注百年首钢的方方面面。百年首钢史，实际上就是我们党和国家、区域和首都北京的发展史；展示百年首钢新形象，实际上就是展示我们党和国家、京津冀协同发展、首都建设的伟大成就和巨大变化。独有的工作坐标，要求我们以时不我待的紧迫感，在努力建设“自强首钢、创新首钢、绿色首钢、文化首钢”上下功夫，更好地诠释“百年恰是风华正茂”。

站在收官“十三五”迎接冬奥会等时间节点上，要以加快首钢转型发展为工作坐标。面对全面建成小康社会、建党100周年、举办冬奥会等盛世盛举，我们一切工作要往前赶。要深入思考北京城市复兴新地标“建什么、怎么建”、转型发展“转什么、怎么转”、基层党建“抓什么、怎么抓”等重大课题，用丰硕成果交出不负伟大时代的答卷。

第三，要找准新矛盾。党的十九大指出“我国社会主要矛盾已经转化为人民日益增长的美好生活需要和不平衡不充分的发展之间的矛盾”。我们要深刻认识这一历史性变化所产生的深远影响、所带来的机遇挑战；深刻认识稳中求进成为治国理政的重要原则，不仅是经济工作的总基调，也是各项工作的总基调，主动在思想方法和工作方法上求新求变。

从宏观形势看，世界经济短期企稳向好，中期挑战较多。中国经济由高速增长阶段转向高质量发展阶段，必须跨越非常规的发展现阶段特有的关口，要大力转变发展方式、优化经济结构、转换增长动力。这意味着必须坚持质量第一、效益优先，坚定不移推进供给侧结构性改革，坚决推动质量变革、效率变革、动力变革，坚定信心打赢三大攻坚战等倒逼高质量发展。特别是打好防范化解重大风险攻坚战，在“管住货币供给总闸门”及全球加息潮等影响下，流动性将更加趋紧。我们要深刻认识新的长征路上仍有险关重重，仍有硝烟弥漫，仍要攻坚克难。

从钢铁行业看，钢铁去产能、清理“地条钢”改善了市场供求关系，提高了优质产能利用效率，也为产业发展腾出了新的空间。我国钢铁业进入深度调整期，比以往任何时候更加需要满足国家和社会对供给质量、服务质量、生态环境质量日益增长的新需求，比以往任何时候更加需要技术蕴含的巨大潜能和通过创新来孕育新动力。我们要深刻认识首钢钢铁业“稳”的基础远未牢固，绝不可以歇歇脚、松口气。

从京津冀协同发展看，疏解北京非首都功能是重中之重，北京城市副中心、雄安新区、以曹妃甸示范区为首的四个功能区建设充满了机遇和挑战。绿色发展对钢铁厂的环保要求越来越严格；北京城市发展要求园区建设越来越宜居宜业；职工美好生活向往对企业转型成功越来越期盼。我们要深刻认识首钢转型发展“进”的能力还不强，还没有把市场机遇转变为自身的竞争能力。

从自身看，把首钢建设成为有世界影响力的综合性大型企业集团与当前转型发展质量不高之间的矛盾，就是我们面临的新矛盾。表现在多种不平衡不充分上：钢铁业与非钢产业发展不平衡，不同行业不同区域不同阶段的企业发展不平衡，钢铁产品研发和工艺研究不平衡等；企业活力释放不充分，区域协同不充分，适应供给侧结构性改革对市场需求变化的把握不充分等。我们要深刻认识到解决新矛盾的关键是提高发展质量，根本出路在于改革创新。

第四，要勇于新作为。新时代要有新气象，更要有新作为。我们要进一步催生思想新解放，进一步积蓄转型新动能，进一步赋予时间新意义，进一步开创发展新局面，到2020年全面实现“十三五”规划，集团管控体系更加科学规范，管理能力更加高效协同，创新体系更加充满活力，园区建设初见形象，产业发展质量和效益显著提升；到2035年，把北京园区建设成为具有全球示范意义的传统工业绿色转型升级示范区、京西高端产业创新高地、后工业文化体育创意基地，钢铁业综合竞争力跻身国际前列，城市服务业做强做大，首钢集团综合实力行业领先，首钢成为有世界影响力的综合性大型企业集团。

2018年首钢总体工作思路是：深入学习贯彻党的十九大精神，以习近平新时代中国特色社会主义思想为指导，落实市委市政府各项工作要求，坚持党建统领，保持战略定力，坚持保生存求发展总基调，坚持改革创新工作主线，着力推动质量变革、效率变革、动力变革，全面提高质量效益，在新的历史起点上加快转型发展。

（一）聚焦百年首钢“树什么、怎么树”，着力展示新时代首钢新形象

面对新使命、新坐标，百年首钢将以什么样的姿态展示在世人面前，是集团党委近一时期反复思考的问题。党委提出要展示“自强首钢、创新首钢、绿色首钢、文化首钢”的新形象，既是高度的文化自信和强烈的责任担当，更是对新时代必须作出的回答。

展示“自强首钢”。首钢人骨子里就不服输，首钢百年史就是一部不服输的教科书。它是一种不怨天尤人，一切靠自己的主体意识；是一种不甘于落后、永不懈怠、奋发有为的精神状态；是一种不干则已、干就干好、说到做到的优秀品格；是一种为有牺牲多壮志、敢教日月换新天的豪情壮志。

展示“创新首钢”。首钢人血液里就不守旧，首钢百年史就是一部不守旧的创新史。它是一次次与时俱进、不断探索的思想解放；是一次次把握时代脉搏，在时代浪潮中激发创新活力的自觉实践；是一次次打破常规、勇于先行、敢走新路的示范引领；是一次次包容失败，为企业和职工的利益敢于坚持好的、敢于改正错的无私胸怀。

展示“绿色首钢”。首钢人一生里与环保结缘，首钢百年史就是一部绿色发展的大长卷。它坚持以人、技术、环境和谐一致为目标，努力实现企业与社会的协调可持续发展；坚持大力推行绿色生产方式，推动钢铁业全面实施绿色升级改造，关键环保技术示范引领，环保水平走在全国前列；坚持按照绿色低碳的理念进行园区规划建设，注重提升区域生态环境品质，建成人与自然和谐共处的美丽家园；坚持构建科技含量高、资源消耗低、环境污染少的城市服务领域新产业结构，加快推动节能环保等绿色产业发展。

展示“文化首钢”。首钢人身上积淀的百年企业文化，是职工的精神家园，是企业发展进步的灵魂。要挖掘首钢历史的精髓，让档案馆的文字资料鲜活起来，让博物馆的沉睡文物焕发青春，让职工珍存的影像图片欢声笑语，让新老首钢人的精彩故事栩栩如生，让社会发展的城市记忆重现眼前，让百年首钢文化成为打造北京城市复兴新地标的新时代首钢品牌，成为一代代首钢人的心灵坚守。

（二）聚焦北京城市复兴新地标“建什么、怎么建”，加快推进首钢老工业区崛起

市委市政府明确提出“首钢地区是北京城市复兴新地标”，这是新时代新首钢高端产业综合服务区发展总目标，既是重大的政治任务和光荣的历史使命，又是千载难逢的转型发展机遇。我们一定要深刻认识，系统谋划，加快落实。

新地标要展现北京最新城市规划与新治理理念。跳出首钢看首钢对未来城市功能的支撑，遵循新总规对城市西部地区定位要求，依托“长安金轴”，集区位优势、空间资源、创新要素于一身，塑造特色城市风貌，体现最新规划理念，实现城市功能更新与飞跃，提升园区生活幸福感。

新地标要展现新经济、新动能与新发展模式。以多元要素资源“跨界融合创新”为鲜明特色，植入、培育最具创新活力的新业态，优化科技创新服务环境，提升单位空间经济质量和贡献效率，率先实现减量提质发展，成为北京新一轮经济发展新引擎，成为具有全球示范意义的老工业区转型升级中国样板。

新地标要展现新时代中国大国崛起与文化自信。汇集西山永定河历史文化、近现代工业遗存文化和当代“双奥”城市文化价值，打造科技文化融合典范，成为既传承历史面向未来，又服务国际交往、开放包容的文化传播高地，展现新时代中国文化软实力，为党领导的新时代复兴之路提供“首都版”典范案例。

新地标建设要系统谋划统筹推进。考虑到冬奥会时间节点，到2021年，力争完成北区全部空间载体建设，区域基础设施承载力和环境品质显著提升，高端要素加速积蓄，创新活力初步释放，城市复兴新地标建设取得阶段性成果。到2035年，有力形成对首都西部地区城市功能和经济可持续发展支撑作用，全面建成具有全球影响力的城市复兴新地标。今年将进入园区实质性开发阶段，要重点完成生态环境、基础设施和冬奥场馆设施建设运营服务，优先打造大绿轴提升环境品质；全面启动冬奥广场及金安桥交通一体化工业遗存改造项目，同步开始社会招商导入高端要素；开始建设单板大跳台赛事设施，完成南区控规优化、城市织补创新区方案设计等；东南区上半年确保土地上

市，全年确保50万平方米力争70万平方米，确保打通土地收益返还政策。今年园区将多点开花、多线同步展开、多面挑战重重，我们必须勇渡“大渡河”、飞夺“泸定桥”。

要以“双园区”模式融入京津冀协同发展。曹妃甸园区要理性把握开发节奏，突出招商引资工作重心，争取京冀两地政府协调支持，发挥自身优势，加快推进北京市制造业疏解转移项目落地，加快吸引社会各类优质项目落地，加快聚集钢铁上下游项目落地，加快优质公共服务项目落地。北京园区与曹妃甸园区要联动招商、协同发展、优势互补。

（三）聚焦首钢转型“转什么、怎么转”，提升发展质量和效益

首钢钢铁业与世界一流企业相比仍有很大差距，新产业尚未形成相当体量的支柱产业，要增强紧迫感，进一步解放思想、开阔视野，破瓶颈、补短板、强弱项，加快转型步伐。

做优做强钢铁业。股份和京唐要与新日铁、宝钢比高低，外埠企业要不断增强区域内竞争力。坚持“制造+服务”战略，持续提升质量品牌。研发投入占比要从目前2.3%提高到“十三五”末3%，持续提高高端产品比例，推出一批首发产品，培育一批首创工艺、首开设备。要打造智能制造企业，争取一批工厂、工序智能化达到国际先进水平，节能减排和循环经济做到国际示范引领。要持续推进降本增效，尤其铁前要稳定顺行、工序成本要进入行业前列，夯实比较竞争优势。抓紧建设京唐二期，确保首秦顺稳停产分流，加快建设秘铁二期，推进马城铁矿和水曹铁路工程。

培育发展城市服务业。打造城市老工业区更新改造服务商，我们要在园区改造建设中利用原有钢铁生产服务的设计、建设、材料、信息化资源，带入静态交通、装配式建筑、创业公社等转型发展先导产业，加快形成全产业链协同和整体解决方案的商业模式，集设计、材料、建设、投资和运营服务于一体，打造品牌优势，在全国其他城市复制推广。房地产业要苦练内功，发挥四个中心作用，建立项目全生命周期管理体系，补上质量管理短板，积极做好首钢自有土地控规调整工作，在政策房、贵钢老厂区和社会项目建设上不断取得新突破。环境产业要发挥鲁家山基地作为国家级循环经济示范园区的品牌优势，突破成套产业化技术瓶颈，形成具有自主知识产权的关键核心技术，充分借助首钢在外埠拥有的土地等资源优势，积极承揽社会化环保项目。静态交通产业要充分借助北京静态交通投资运营公司平台，积极开展资本运作，引进世界先进的技术和管理，快速提升研发、产品制造、运营服务能力。体育产业要引入社会资本，打造一流体育俱乐部，加大商业开发力度，文化产业要打造精品力作等。

加快推进产融结合。我们不能满足于这几年在产融结合方面的实践和成绩，要时刻保持清醒，坚持深耕细作，实现创新发展。财务公司要不断扩大信贷能力，不断争取金融资质，不断提供增值业务，不断提升服务水平。基金公司要走好夯实基础、转型升级和价值释放三个阶段，不断提高投资、产业运营、资本运作和公司治理能力。充分利用好境内外上市平台，加大资本运作力度，提振市场信心。

（四）聚焦深化改革“改什么、怎么改”，全面激发企业新活力

推动质量变革、效率变革、动力变革，是首钢深化改革创新的重要内容，必须深化思想认识，找准基本路径，聚焦重点问题，抓住关键环节，加快攻坚突破。

着力推动质量变革。一是提升产品质量。充分发挥标准提升对质量变革的引领作用，对标新日铁、宝钢等先进企业，开展质量提升行动和对标达标专项行动。力争在老工业区改造、钢结构、立体车库等新产业实现首钢标准领航。充分发挥科技创新对质量变革的支撑作用，坚持用质量优势对冲成本上升劣势，在全体系、全流程、全要素上下功夫，健全产品质量一贯制管理体系。充分发挥市场需求对质量变革的倒逼作用，增强服务客户的粘性，扩大高端有效供给。二是提升资产质量。坚持优质高效、产权清晰、保值增值原则，增强内生动力，实现提升资产价值的良性循环。推进瘦身健体，2018年，首钢集团要完成70家企业退出，“十三五”期间达到227家，产权层级实现境内不超5级，境外不超7级，持续优化尽量压缩，严控新企业设立。推进管理优化，在满足层级要求下，尽量做到产权和管

理关系一致。坚持企业退出对当期损益的影响单列分析不纳入考核，鼓励股权平台等退出产生的收益用于自身发展。建立资产管控过程监测和管理评价机制，修订集团土地房屋出租管理办法，出台业态出租的负面清单。加快剥离国企办社会职能，争取年底完成“三供一业”移交，搭建北京地区企业社保平台，对退休人员实行集中统一管理。坚持“新官理旧账”，鼓励各单位利用经营成果解决历史遗留问题，推动解决宝业、首黔等重大项目的资产及股权处置。三是提升运行质量。坚持效益优先，紧紧盯住依法治企、管控体系、风控制度、安全环保等重点工作，确保高质量运行。瞄准行业和区域先进，全面推广“跑赢”评价体系，完善内部工作评价机制，探索建立一企一策的经营指标，深入开展“五比”评价。面对复杂多变的铁矿石、钢材、房地产和金融等市场，提升准确把握市场的能力，建立容错机制，鼓励研判市场主动作为。根据最新权力清单，修订完善总部职责，做实钢铁、股权和园区平台，适时组建金融和矿产资源平台。系统评价各项战略重点任务完成情况，完成“十三五”规划中期评估。加强重点风险领域、风险业务的专项管理，全年计划修订制度42项，指导帮助二级单位建立健全制度体系。要坚持安全环保底线，坚决“把隐患当事故处理”，推广本质化安全管理经验，提高能源精细化管理水平，提升企业绿色发展保障能力。

着力推动效率变革。一是提高劳动效率。坚持“十三五”劳产率目标不动摇，推广钢铁板块经验，构建全口径全要素人工费管理体系，形成职工人数和人工费、效益和效率挂钩机制，坚持“不增效益就提效率”，效益效率没有提高的单位，职工人数和人工费原则上不能增加，全面推进转型提效工作。二是提高资金效率。要增强流动性风险防范意识，做好最困难的准备，强化集团资金管控，把提升现金流管理能力作为今后的重中之重。聚焦现金流量表分析管理工作，盯住经营现金流、投资现金流、筹资现金流和净现金流。围绕经营，盯住存货、应收、应付、管理费，清理内部债权债务；围绕投资，坚持除集团重大战略投资和涉及企业生存的安全环保项目外，严格控制项目立项和资金支出，杜绝实质性举债投资，开展存量项目清理工作；围绕融资，今后只允许置换高成本融资，不允许增加外部融资；围绕净现金流，要加快境外资金归集，实现归集资金与报表余额相对应，加大财票和商票使用，控制现金承兑收支比例，最大限度减少外部贴现。各单位要学习长钢主要领导抓管理费的工作经验，亲力亲为，主动转变。三是提高协同效率。集团要发挥综合优势，为二级单位提供法律、审计、评估等社会公共服务资源，建立集团供应商联动管理机制，搭建大宗物资联合招采平台。技术服务团逐步建立钢铁各工序的标准化诊断流程，切实提高服务能力。股权公司围绕新产业发展，搭建产业链协同平台，确立同一目标、固化同一团队、建立同一机制，抢抓市场机遇。信息化建设是首钢新的长征路上的关键一仗，要把全面预算管理作为“火车头”，牵引带动年底实现预算、核算、资金等信息化系统同步上线；倒逼组织优化与流程变革，全力推进唐山地区钢铁业产销一体化项目；加强组织领导，建立集团信息化月度协调会机制，配置优质资源，促进信息化项目人员与业务骨干之间的双向交流，用信息化建设倒逼协同效率提高。围绕国家即将出台的金融、税收等政策，要加强学习研究，吃透精神，主动争取各类支持。

着力推动动力变革。一是搞活体制机制。坚持“集中不集权，分权不分散”，强化各法人单位“五自”市场主体意识，设立外部董事库，指导帮助二级单位健全法人治理结构。探索混合所有制改革，完成实业公司试点和首钢医院改制，推动其他改制企业深化改革。探索实施跟投机制，鼓励有条件的企业发展成为上市公司，不断提高集团资产证券化率。二是推动科技创新。构建协同开放的集团技术创新体系，加快创新要素集聚，激发创新潜力。探索建立“一院多中心”的钢铁板块研发体系，强化重大工艺技术研究，加快非钢产业研发体系建设。拓展集团高新技术企业数量，充分利用好研发费用加计扣除政策。突出科研人员价值导向，适时开展科研骨干股权激励和分红等试点。三是激发基层活力。搭建市场平台向内外开放，形成项目池和资金池，营造浓厚“双创”文化环境。制定推进市场化体制机制改革实施方案，鼓励新产业逐步建立人员“能进能出”、职务“能上能下”、收入“能增能减”的市场化机制。

（五）聚焦基层党建“抓什么、怎么抓”，融入中心促发展

把贯彻党的十九大精神和深入落实全国国企党建会部署要求结合起来，牢牢把握新时代党的建设总要求，着力

在抓重点、补短板、提质量、强效果上下功夫，推动全面从严治党向纵深发展，为首钢转型发展提供坚强保证。

突出政治建设首要地位。讲政治是首钢的一贯传统，也是我们的优势所在。党的十九大指出“把党的政治建设摆在首位”，抓好首钢基层党建工作必须把党的政治建设摆在首位。突出首要地位，就是要深刻认识当前最大的政治是坚决维护以习近平同志为核心的党中央权威和集中统一领导，牢固树立“四个意识”，牢牢站稳政治立场；突出首要地位，就是各级领导班子要认清自己的首要职责是政治责任，自觉从落实政治责任的高度来认识首钢的转型发展，践行“五个过硬”，在各项工作中始终提高政治站位；突出首要地位，就是要把广大党员、干部和职工组织起来，统一意志，凝聚力量，画出最大同心圆，不断把首钢转型发展的丰硕成果汇聚到党领导的伟大实践之中。

抓好思想建设重点任务。思想建设是党的基础性建设，理想信念是最大的正能量。要把坚定理想信念作为思想建设的首要任务，最根本的是要用习近平新时代中国特色社会主义思想武装头脑、指导实践。结合“两学一做”学习教育，按照市委提出的“六学”要求，充分利用党委中心组、“三会一课”、主题党日活动等多种方式，进一步深入开展党的十九大精神的学习。按照中央和市委部署，深入开展“不忘初心、牢记使命”主题教育。奋斗的人生最幸福最有价值，要大力弘扬首钢精神，以首钢建厂100周年纪念活动为载体，深入开展各类主题活动，坚定转型发展的必胜信心。加强意识形态和舆论引导工作是思想建设的重要内容，舆论关大局、舆情不论理，处理不当极易出现“塔西佗陷阱”。要处理好改革发展稳定的关系，凡事要正面宣传、正面理解、正面引导，对于涉及职工利益的热点问题，特别是今年北京地区“三供一业”移交、铸造村房子等，更要周密谋划、用心操作、好事办好，创造良好舆论环境。要充分发挥工会、共青团等群众组织作用，通过关心人、爱护人、温暖人、成就人，进一步聚集起强大正能量。

提升基层组织战斗力。党的基层组织是确保党的路线方针政策和决策部署贯彻落实的基础。推进党建责任体系建设，认真贯彻集团党委新修订的组织专业制度，开展基层党建综合考评。打造坚强有力的党支部战斗堡垒，打造先进纯洁有战斗力的党员队伍，打造堪担重任的党务干部队伍，从责任、规范和能力入手种好责任田。坚强有力的战斗堡垒是鲜活的、有温度的和有生动实践的，要扎实推进党支部规范化建设和特色党支部建设，选树“首钢品牌党支部”。党员队伍是决定堡垒战斗力的活的因素，要层层落实联系点制度等各项要求，通过多种方式与一线打成一片，主动与一线党员交朋友，敢于压担子交课题，激励一线党员在攻坚克难中展示先进性战斗力。堪担重任的党务干部队伍是在锤炼中成长起来的。要调整培养机制，有意识地把素质好的年轻同志放在支部书记岗位上进行锻炼，要把是否从事过党务工作、担任过支部书记作为今后领导人员选拔任用的必要台阶和基本条件。

破解人才建设难题。人才兴则事业兴，要进一步提高聚集一流人才干成事的能力。深入推进学习型企业建设，集团领导要带头制订计划、带头深入学习、带头交流体会。继续举办主要领导人员研修班，举办副职领导人员轮训班，坚持办好青干特训、海外研修班，开展培训首钢新产业领域的急需人才。系统研究首钢转型发展人才建设开发体系，深化干部人事制度改革。加强干部交流和梯队建设，强化行政干部与党务干部交流，落实好外派人员管理办法。持续关注青年干部成长，把最优秀的青年干部尽快推出来、选出来、用起来，加大女干部选拔培养力度。把科技创新人才培养与课题攻关、培训深造等结合起来，加快培养专业领军人才和技术带头人。扩大试点范围，完善职业经理人选拔、使用和评价机制。建立基层职工参加国际比赛、出国培训机制，开展首钢工匠评选工作，承办好钢铁行业“首钢杯”职业技能大赛。

加强党风廉洁建设。持之以恒纠正“四风”，加强廉洁风险防控体系建设，着力解决党风廉洁建设薄弱环节。完善党风廉洁建设责任制检查考评体系，将考评结果纳入经营目标责任书，与领导人员特别是党政主要负责人年度考核紧密挂钩，进一步压实主体责任。深入开展全面从严治党突出问题专项整治，层层查纠问题，推动问题整改。组织实施21项联合监督计划，突出抓好企业层级、投资收购、出借资金、违规挂靠、招投标管理的“五合一”监督检查，确保各项决策部署落实到位。每一名党员干部都要时刻用“走好首钢新的长征路”这把尺子衡量工作作风，深入基层，深入实际，大兴调查研究之风，求真务实，攻坚克难。

同志们，习近平总书记在纪念红军长征胜利80周年大会上讲道："艰难困苦，玉汝于成。长征历时之长、规模之大、行程之远、环境之险恶、战斗之惨烈，在中国历史上是绝无仅有的，在世界战争史乃至人类文明史上也是极为罕见的"。今天，首钢正走在转型发展新的长征路上，我们都是钢铁汉，千锤百炼不怕难。行百里者半九十。我们要以时不我待的精神，把握时间节点，奋力开创首钢改革发展新局面，以崭新姿态迎接改革开放40周年，以优异成绩迎接建厂百年！

名词解释：

1. 四个意识：指政治意识、大局意识、核心意识、看齐意识。

2. 两个"一以贯之"：习近平总书记在全国国有企业党的建设工作会议上强调，坚持党对国有企业的领导是重大政治原则，必须一以贯之；建立现代企业制度是国有企业改革的方向，也必须一以贯之。

3. "9+1"联合监督模式：由党委组织部、纪委(监察部)、办公厅、监事会工作办公室、审计部、经营财务部、系统优化部、法律事务部、工会9个部门和职工代表构成的联合监督工作模式。

4. 四种形态：指监督执纪的"四种形态"：经常开展批评和自我批评、约谈函询，让"红红脸、出出汗"成为常态；党纪轻处分、组织调整成为违纪处理的大多数；党纪重处分、重大职务调整的成为少数；严重违纪涉嫌违法立案审查的成为极少数。

5. 三供一业：国企家属区供水、供电、供暖和物业管理。

6. 单板大跳台项目：2022年北京冬奥会比赛项目之一，已落户首钢园区。项目位于园区北区，北看石景山，东临群明湖，西傍冷却塔，南倚制氧厂。

7. 本质化安全：源于20世纪50年代世界宇航技术发展，是指利用科学技术等手段，保证作业者在作业全过程实现安全生产，即使出现人为失误也能有效阻止事故发生，使作业者的安全健康得到有效保障。

8. 长安金轴：以长安街沿线现代金融产业基地、新首钢高端产业综合服务区等为依托，引入创新型金融机构，围绕长安街西延长线这条交通优势主轴，打造高端金融产业集聚区。

9. "五比"评价：指经营效益"比上年、比计划、比规划、比行业、比同类企业"的评价方法。

10. 五个过硬：2018年1月5日，在学习贯彻党的十九大精神研讨班开班式上，习近平总书记发表重要讲话，深入阐述推进党的建设新的伟大工程要一以贯之的极端重要性，对中央委员会成员和省部级主要领导干部提出了"信念过硬、政治过硬、责任过硬、能力过硬、作风过硬"的5点要求。

11. 六学：一是原原本本学，二是全面系统学，三是融会贯通学，四是带着感情学，五是联系实际学，六是带着问题学。这是市委书记蔡奇在2017年11月13日北京市领导干部学习贯彻党的十九大精神专题研讨班开班式上的讲话中提出的要求。

12. 塔西佗陷阱：得名于古罗马时代的历史学家塔西佗。这一概念最初来自塔西佗所著的《塔西佗历史》，是塔西佗在评价一位罗马皇帝时所说的话："一旦皇帝成了人们憎恨的对象，他做的好事和坏事就同样会引起人们对他的厌恶。"之后被中国学者引申为一种社会现象，指当政府部门或某一组织失去公信力时，无论说真话还是假话，做好事还是坏事，都会被认为是说假话、做坏事。

13. "五合一"监督检查：对企业层级过多，国企重大投资、收购行为，国企出借资金行为，民企以国企名义承揽工程项目以及工程招投标工作自查自纠工作进行的监督检查。

坚定不移推进改革创新
全面提升转型发展质量和效益

——在首钢集团第十九届职工代表大会第三次会议上的报告

首钢党委副书记、总经理　张功焰

（2018 年 1 月 20 日）

各位代表，同志们：

现在我向大会报告工作，请予审议。

一　2017 年任务完成情况

2017 年是首钢在转型发展新的长征路上攻坚克难、砥砺奋进的一年。广大干部职工在集团党委和董事会领导下，坚定信心，开拓进取，真抓实干，保生存求发展，全力打好健全管控体系、提升管理能力攻坚战，集团营业收入 1850 亿元，搬迁调整以来首次实现当期土地成本不再累积，同时解决部分历史遗留问题后盈利 20 亿元，全面完成了年初“两会”确定的各项目标任务，交出了一份提气的成绩单。一年来主要做了以下工作。

（一）集团改革持续深化

抓住公司制改革契机，坚持全局性、全维度、全口径、全要素，以上率下，试点引领，全面推进，改革带来了新变化、激发了新活力、进入了新阶段。

综合改革正式启动。《首钢集团有限公司深化改革综合试点工作方案》获市政府批准，成为北京市唯一一家综合试点单位。首钢总公司完成公司制改革，更名为“首钢集团有限公司”，通过资产评估、账务处理和税收筹划等工作，为企业轻装上阵奠定了基础。推进二级单位市场化方向体制机制改革，房地产、京西重工内生求变，出现了积极变化，发挥了改革试点作用，首建投全体“起立”，择优“坐下”，实现了人员“能进能出”、职务“能上能下”、收入“能增能减”。集团上下对下一步深化改革充满期盼。

治理结构更加规范。坚持两个“一以贯之”，使加强党的领导和完善公司治理实现有机统一；坚持依法治企，修订集团公司章程、制定章程管理办法。修订党委会、董事会、经理层工作规则和“三重一大”制度，重大决策前置党委会审议，公司治理进一步规范。指导二级单位完成公司章程、相关规则的修订工作，强化董事会建设，增强内部董事配备，加强外部董事选聘。集团常委会、董事会和经理层目标同向、权责清晰、协同高效，发挥了带头作用。

管控体系日趋完善。强化全面预算管理体系，以战略规划为导向，实现经营计划、财务预算、专项工作（1+1+N）的紧密衔接和相互支撑。组建园区平台，初步构建了北京园区开发、招商与产业发展、运营服务三大体系。大家对“退出也是生产力、竞争力”越来越有共识，坚持瘦身健体，压缩管理层级，优化产权与管理关系，加大企业退出和闭合“失血点”工作力度，全年退出企业 27 家、闭合“失血点”23 项，被评为北京市企业退出工作成绩突出单位。

转型提效持续推进。初步构建全口径全要素人工费预算管理体系，在钢铁板块单位试点基础上在集团推广，强化机制引导，鼓励早提效、早受益，多提效、多受益。股份创业中心、首秦基层改革的鲜活经验不断涌现，基层单位在学习中不断创造，创新创业氛围不断形成。推进新闻中心等 4 家单位完成转型提效工作。集团年末在册职工 8.9

万人，三年来共转型分流6.8万人，钢铁实物劳产率提高60%，呈现出职工人数和人工费双双下降、职工收入和劳产率双双上升的良好势头。钢铁板块攻坚克难，积累了经验，作出了表率，为集团增添了信心。

绩效激励更具活力。完善集团薪酬分配激励机制方案，初步建立职工收入与企业效益效率、领导人员收入与在岗职工收入双挂钩机制，充分下放考核分配权，激发多创多收活力。坚持分类指导，技研院强化科研人员价值导向，对技术领军人物的突出贡献在薪酬上体现激励，打通成长通道；首建投建立四年刚性工作任务与薪酬总额包干的激励约束机制；人才开发院除完成集团培训任务外，还可以通过社会创收使职工收入增长；水钢和长钢销售激励政策等起到明显效果。扩大职业经理人试点范围，高端人才引进取得突破。开展领导人员第一任期经营业绩考核评价，组织48家单位第二任期目标打分评议，更加注重导向性、长期性和挑战性，对满意度排后的两家单位暂缓审议。

（二）钢铁板块效益提升

钢铁板块各单位紧抓市场机遇、持续苦练内功，在工作目标上更有定力、在保生存中更有耐力，在内部挖潜上更有韧劲，不断向产品、向技术、向服务、向管理要效益。

运行质量持续向好。一是盈利能力大幅提升，板块利润实际完成63.8亿元，股份33.4亿元（其中京唐18.3亿元），外埠企业中水钢11.8亿元，长钢7.7亿元。水钢、长钢持续深化内部改革力度最大、红利最大、变化最大，创出了近年来的最好效益，打了一场漂亮的翻身仗，在当地为首钢赢得了满满的正能量。中首主动研判市场，加大经营力度，全年实际完成11.6亿元。二是持续“三个跑赢”，钢材销售跑赢1.8%，国内原燃料跑赢8.4%，进口矿跑赢5.4美元/吨；生铁成本比行业缩差47元/吨；钢材单利比行业缩差98元；吨钢挖潜增效93元。矿业公司自产精矿粉制造成本排名进入行业前五，实物劳产率进入行业前三。三是加强“两金”管理，“两金”周转率6.9次比上年提高2.3次；存货周转率9.6次比上年提高3.3次；应收账款周转率25.1次，比2017年提高6.9次。

产品结构持续优化。高端领先产品、战略产品、EVI产品全面完成任务。全年完成高端领先产品627万吨，战略产品中汽车板304万吨、电工钢150万吨、镀锡板42万吨，EVI产品115万吨。开发新产品93项32万吨，两项电工钢产品全球首发，七项新产品国内首发，最高等级1000千伏特高压变压器用钢批量供货，千兆级超高强汽车板成功下线。家电板、桥梁钢、车轮钢国内占有率第一，汽车板、电工钢国内占有率第二，镀锡板实现高端客户全覆盖。初步建立汽车板三级客户服务体系，成为宝马、吉利、北汽、长城等第一供应商，获海信、中粮等优秀供应商。汽车板应用于朱日和阅兵检阅车，取向硅钢应用于高铁首套智能化变电站，管线钢中标中俄东线，桥梁板独家供货世界第一高桥北盘江大桥，海工钢用于“蓝鲸1号”钻井平台等，国家重大工程中展现出首钢人奋斗的身影。

技术创新取得突破。京唐形成成套铁素体轧制技术，股份3号转炉全炉役碳氧积行业领先，突破汽车板新工艺、大比例球团等一批关键工艺技术。获省部级以上科学技术奖励12项次，新承担“钢铁流程绿色化关键技术”等国家及北京市科技计划项目14项，与下游重点用户共建联合实验室7个；制修订各类标准58项，其中国际标准1项，在“国家标准研制贡献指数”分析报告中，首钢名列冶金行业第一位；获专利授权522件，获“国家知识产权示范企业”称号。京唐二期一步工程主动作为，积极争取政府支持，发挥集成创新优势，工程稳步推进，3500毫米中板利旧改造按期投产，为首秦停产搬迁奠定基础。

板块协同日益深入。强化统筹协调，编制《钢铁板块权力清单》，促进工作闭环管理。围绕“改善经营、深化改革、转型发展”三条主线开展工作，制定“双百工程”、产品推进等13项专题攻关方案。加强管理协同，推广长钢铁前一体化管理等典型经验，取得较好效果；加强产销协同，协调四地进口矿资源互换货50万吨；加强物流协同，股份钢材产品通过京唐自有码头集港量超过142万吨；加强检修协同，设备维护人员快速反应，奔波在四地检修现场；加强技术协同，多地完成天车遥控改造94台，多地推广无人值守计量系统，硅钢智能工厂、京唐烧结机智能化项目顺利推进。技术服务团扎根一线系统摸排，围绕能源有效利用、球团攻关和炼钢工序优化等提供支持，助力外埠企业夯实基础管理，得到充分认可。

（三）园区开发主动作为

以习近平总书记两次视察北京重要讲话精神为根本遵循，贯彻落实北京城市新总规、京津冀协同发展、筹办北京冬奥会等重大决策部署，推动北京园区与曹妃甸园区加快开发和招商步伐。

北京园区取得重大进展。市委市政府高度重视，召开市新首钢领导小组第四次会议，明确功能定位、发展思路、路线图和时间表，实现了质的突破。蔡奇书记多次来到北京园区，明确指出"首钢地区是北京城市复兴新地标"。园区开发厚积薄发，北京园区规划获英国皇家城市规划学会颁发的"国际卓越规划奖"，获国际绿色建筑大会"绿色建筑先锋大奖"，获住建部"中国人居环境范例奖"。北区和东南区控规调整获得批复。完成西十筒仓区域10万平方米工业遗存改造，启动了冬运中心训练基地建设，争取了单板大跳台项目落户。三高炉、群明湖、绿轴景观及一批基础设施等重点项目有序推进，其中群明湖景观修复后迎来了久违的绿头鸭，唤醒了记忆、重现了历史，展示了首钢的文化底蕴。海外院士专家北京工作站落户园区。特钢15号地顺利开工，16号地具备开工条件。园区管理部408名职工实现转型，园服公司不甘落后、积极对接、提升自身能力，为冬奥组委提供了贴心的服务。国际奥委会主席巴赫高度称赞"北京首钢园区工厂改建是奇迹，将让人们记住首钢、北京和中国的一段历史，希望如果大家有时间，一定要去北京看看"。一张熠熠闪光的"金名片"吸引了世界目光，首钢园区成为世界的亮点和热点。

曹妃甸园区稳步推进。协同配合地方政府签约23个产业项目，总投资247亿元，中欧新型建材产业园、城建重工等项目相继开工、投产。理性把握开发节奏，先行启动区完成路网一期、河道治理、环境绿化等基础设施建设，满足企业落地需求。生态城打造15万平方米被动式住宅项目，获住建部"十大绿色科技示范项目"称号，纳入北京示范工程补贴范围。合作开发装配式建筑生态小镇示范项目，建设零能耗被动式幼儿园，与曹妃甸景山学校合作，为承接非首都功能疏解企业落户，积极打造高品质城市配套生活设施。

（四）新产业加快拓展

发挥集团资源优势，加快开放合作，巩固已有基础，提质量、优服务、创品牌，探索新路径，开拓新市场，形成新亮点。

产业培育持续推进。环境产业：环境公司生物质垃圾焚烧112万吨，发电3.8亿度，鲁家山园区规划环评获批，启动二期前期工作，中标长治生物质能源等项目；建筑垃圾处理线成为稀缺资源，再生产品受到市场青睐；特钢和贵钢老厂区污染土完成处置。静态交通：与三家市属国企共同发起设立"北京静态交通投资运营有限公司"；首中投资拓展中日友好医院、上海虹桥机场等重点项目，签约车位近万个；城运公司联合研发第二代公交智能立体车库，三种自行车停车库正在技术定型和市场推广，承揽北京首个机械式公交立体停车楼。房地产业：内生求变，通过建成四个管控中心提升整体能力，贵钢老厂区开发开局良好赢得市场认同。抢抓机遇千方百计争取政府保障房项目建设，一线材项目顺利启动，二通和铸南项目按期封顶，积极回笼资金全年完成100亿元。加大合作开发力度，秦皇岛和重庆等区域快速推进。体育文化：与国家体育总局共同打造国内首家"国家体育产业示范区"，组建棒垒球、冰球国家队俱乐部，启动"雏鹰计划"。蔡奇书记第一时间作出批示"期待北京首钢冰球国家队这只雏鹰展翅高飞"。篮球世界杯组委会、中篮联等一批机构入驻首钢体育大厦。工业题材话剧《实现・突围》成功演出，在社会上和职工中引起强烈反响。

市场开发多点突破。首建获住建部"国家装配式建筑产业基地"第一批示范，签约阿联酋等项目拓展海外合同14亿元，机电公司栏杆、管片模具和水处理设备等城市服务类系列产品市场应用较好，国际工程公司承揽秘铁和日照海水淡化工程，首自信中标北京城市副中心行政办公区综合管理服务平台项目，实业公司开拓中东欧旅游市场。京西重工捷克工厂通过客户审核验收实现量产，北美新工厂开工建设，上海工厂获工信部工业强基项目补贴。吉泰安圆珠笔头用钢开始量产。创业公社完成全国首个双创ISO服务认证，围绕国际人才社区建设，开展多层次人才服务模式创新，联合实业公司打造首钢古城单身宿舍新品牌。医疗健康公司一耐养老项目取得控规调整批复，获国家部委和世行支持,“老年福”养老模式得到国家民政部高度认可。

(五)产融结合更加深入

树立共生共赢理念,不断提升金融服务能力、基金投资能力、资本运作能力,支持产业发展和重点项目建设,初步形成实体和金融协调发展的局面。

金融服务能力增强。财务公司增资至100亿元,信贷投放余额264亿元,有力支持了京唐二期工程建设,置换各单位高息贷款27亿元,外部贴现费用降低3.5亿元。全年结算业务总额1.3万亿元,增幅74%,成为主要结算通道,取得跨境外汇资金归集和同业拆借资格。初步搭建票据池,一业四地票据实现集中管理。各单位牢固树立“一盘棋”意识,多措并举推广财票应用,千方百计联系银行落实保贴服务,全年累计开立财票154亿元,年末财票余额83.4亿元,提高了首钢财票的市场信誉度。财务公司信贷和票据能力的增强,有效地缓解了集团资金的紧张。

基金实力显著增长。基金公司不断夯实基础,资产管理规模和利润持续增加,产业投资初见成效,投融资能力进一步提升。获得惠誉A-和大公AAA评级,管理基金数量达15只。完成改制企业发展、园区二期、新能源汽车、京西—硅谷、成都“一带一路”等多只基金的设立,参与设立京津冀产业协同发展投资基金、首都食品安全和城市生活保障产业基金。积极布局停车、医疗、体育及供应链金融等产业领域,完成水钢医院改制,推进首钢医院重组。投资找钢网与欧冶云商,优化供应链产品结构,深度切入钢铁产业供应链。基金公司既服务了集团的转型发展、抓住了政府的政策机遇,又坚持市场化方向,扩大了影响,提升了实力。

资本运作初见成效。集团成功发行市场规模最大的非公开可交换债60亿元、城市停车场建设专项债券11.8亿元。筹措境外低成本资金,成功发行4亿欧元和4亿美元债券,落实秘铁二期融资5亿美元。完成建行、农行和中行等银行增信,落实古城东南区一级开发银团融资,发行中期票据100亿元。首长国际完成首秦资产置出、停车运营业务置入,实现融资20亿港元。京西重工完成北美股权划转至京西香港。我们敢于直面境内外两个资本市场,迈出了扎实的一步,收获了信心。

(六)基础管理不断加强

以提升执行力为核心,坚持在抓常、抓细、抓长上下功夫,在健全体系上重点发力,在提升能力上攻坚克难,促进管理水平不断提高。

制度基础不断夯实。完成集团权力清单制定,实现了权力清单、规章制度和风控手册的协调统一,形成了基本管理制度、业务基础制度和具体操作规范的分层分级,保证了制度体系的科学有效。推进中首、基金公司等6家单位风控体系建设,提高风险防控能力。舍得花时间和精力在制度修订上下笨功夫、干苦活,完成全面预算管理、会计制度等50项重要制度修订。全年召开党委常委会16次,审议通过110项议题;董事会4次,审议通过63项议题;经理办公会16次,审议通过149项议题。集团第一次实行无会周,得到基层干部的充分认可。

信息化建设加速实施。制定下发信息化重点项目工作计划和项目管理规范,坚持领导负责、业务驱动和流程优化,8个重点信息化项目全面推进。集团协同工作平台、全面预算管理、投资管理系统和部分财务共享业务上线,预算和投资计划初步实现线上编制。钢铁产销一体化经营管理平台项目完成业务流程梳理、管理咨询设计、对标差异分析等工作,为系统上线奠定基础。在国资委信息化水平测评中,集团总部达到A级,集团达到B级。

遗留问题逐步解决。一是落实北京市“疏解整治促提升”专项行动,全年拆除各类违建124处13.6万平方米,腾退东南区44个院落17.8万平方米,为土地上市创造了条件。二是围绕信访维稳突出问题,积极排查化解矛盾,完善机制落实责任,技师学院教职工关注的物业费、取暖费补贴等问题得到妥善解决。三是摸清底数,形成了“三供一业”移交和退休人员社会化管理实施方案,开展“三供一业”试点工作。四是微电子停产完成大部分人员分流,燕郊实现退出,首矿大昌和马来西亚东钢项目进入挂牌交易阶段,首黔与合作方达成转让协议,宝业通过法律程序推动清算,并持续推动安徽博文、首控河南等项目解决。五是外埠企业主动利用经营好转的有利时机,加快处理了一批遗留问题。

监督合力明显增强。将职工民主监督引入监督工作联席会，形成“9+1”工作模式，完善“大监督”格局，强化事前、事中和联合监督检查。实施分类监管，推广专职监事常驻制，进一步规范外派监事常驻企业监督工作，提高监督效能。加大力度推进市委巡视反馈问题整改，7个方面20个问题中18个已完成整改、2个持续整改。市审计局审计问题整改完成率100%，首钢内审问题整改完成率96.8%，首钢内部监督检查发现问题整改完成率99.4%。获“2014—2016年度全国内部审计先进集体”称号。

安全环保抓细抓实。深入开展安全生产大检查和安全隐患大排查大清理大整治专项行动。坚持“把隐患当事故处理”，强化隐患排查治理体系建设，开展特种设备、危险化学品等专项整治，不断提升安全管理水平。持续推动绿色行动计划，全年共完成环保治理项目42项，积极完善相关环保手续。形成北京园区C40项目路径图。精心抓好碳排放工作，集团获“优秀碳资产管理单位”称号。认真落实国家“2+26”环保政策，发挥国有大企业表率作用，制定周密行动方案，多基地多部门协同配合，积极为区域环境质量改善作出贡献。

（七）关爱职工凝心聚力

提高政治站位，用先进文化凝聚人心，强化担当精神和交账意识，激发学习热情和创新活力，首钢精神薪火相传，先进模范不断涌现。

加强思想文化建设。深入开展“两学一做”实现常态化制度化，突出“一岗双责”，全面落实从严治党要求。全集团认真学习宣传贯彻党的十九大精神，推动进产线、进园区、进班组、进岗位，在各单位落地生根，形成生动实践。举办学习贯彻党的十九大精神领导人员研修班、青年干部特训班、青年干部海外研修班等，提升集团各级人员的政治理论水平和业务能力，全年培训2万人次。加强干部交流和梯队建设，26名“70后”担任主要领导职务。召开“三创”交流会聚焦“九个能力”，为首钢转型发展新的长征路加油助力。启动建厂100周年纪念活动，颁发《首钢品牌形象手册》。深入开展“践行首钢精神，助推转型发展”主题活动，多单位自觉开展“首钢人的故事”宣讲活动，台上精彩故事多，台下职工共鸣强，共筑多彩首钢梦。

培育选树先进典型。大力弘扬劳动精神、劳模精神、工匠精神，发挥先进典型的带动、感染和影响作用，形成强大正能量。举办首钢工匠创新能力提升班、技能操作专家创新能力研修班和技能大师工作室研修培训班。评选表彰第八批“首钢技术专家”39名、“首钢技术带头人”52名。矿业公司马著获“全国百姓学习之星”称号，技研院刘李斌获“全国五一劳动奖章”，京唐公司吴礼云获北京市“国企楷模·北京榜样”十大人物。总工室张福明、矿业公司齐宝军、机电公司卫建平、技研院邝霜、股份公司安冬洋、首秦公司刘少鹏，出席党的十九大代表刘宏、丁宁、王勇等先进典型在各个领域为首钢争得了荣誉，成为职工学习的榜样。

维护保障职工权益。召开第十九届职工代表大会第二次会议，选举了职工董事、职工监事，签订了《首钢集团有限公司集体合同》。建立健全劳动关系协调机制，注重公开过程的规范性和实效性，厂务公开、民主管理得到进一步强化，获“全国厂务公开民主管理示范单位”称号。推动政府在曹妃甸成立“京冀社会保障事务服务中心”，京唐职工子女入托等一批涉及职工切身利益的问题得到解决，通钢坚持“四个一”活动深入基层服务职工。深入开展送温暖和困难职工帮扶工作，提高帮困标准，筹集拨付送温暖资金1026万元，走访慰问职工1.7万余人次。深入开展精神文明创建活动，职工自导自演《长征组歌》在集团演出17场，组织“砥砺奋进心向党、颂歌喜迎十九大”职工文艺汇演，引起强烈反响。京唐获“全国文明单位”，集团获“全国群众体育先进单位”称号。集团在岗职工收入随效益增长，增强了改革的获得感，进一步激发了攻坚克难的劳动热情。

在首钢的历史坐标上，2017年是极不平凡的一年，是转型发展卓有成效的一年。这一年，我们积累了经验、鼓舞了士气、收获了信心。成绩的取得，体现了党中央、国务院及市委、市政府的亲切关怀和大力支持，凝聚着全体干部职工的心血和汗水，我代表首钢集团向各级党委、政府和社会各界，向首钢全体干部职工及家属，向始终关心首钢的离退休老同志，表示衷心的感谢和崇高的敬意！

在总结成绩的同时,必须清醒看到,首钢集团经济运行中还面临不少困难和挑战,负债高、利息重、风险大的基本面还没有改变。同时,我们的工作也存在着许多不足,主要有:一是稳中求进"稳不住",有的单位效益转好就有了花钱和投资的冲动,过紧日子、保生存的定力不够,表现在不合理库存升高、应收增加、应付减少,讲投资多、讲投资能力和回报少等。二是学以致用"用不好",有的领导学起来醍醐灌顶,实际工作却抛之脑后,表现在不看财务三张表,不分析表中数据当年的变化,不挖掘表中不合理数据的背后原因,不查找自身粗放管理的差距等。三是改革创新"真招少",不触及深层次利益的资源配置和要素流动只能雨过地皮湿,表现在如何把身边的机遇变成实实在在的竞争力,如何把企业的利益和职工的获得感紧密捆绑,如何把坚持市场化方向和防范企业风险协调统一,如何把"能上能下、能进能出、能增能减"变成自觉行动等方面思考不深、办法不多。四是攻坚克难"要松劲",首钢新的长征路开局不错,有的领导干部有了松口气、歇歇脚的苗头,担当精神不够,缺乏时刻用"走好首钢新的长征路"这把尺子来衡量自身的工作,表现在铁成本进入行业领先信心不足,钢铁业转型提效缺乏滚石上山的韧劲,非钢转型提效缺少主动作为的决心,有些部门高效协同仍然存在"最后一公里"、压力传导在有的领导身上存在较大衰减等。这些问题必须着力加以解决。

二 2018年工作思路

2018年是深入贯彻党的十九大精神开局之年、改革开放40周年,是首钢推进"十三五"规划、迎接建厂百年承上启下的关键一年。我们要按照首钢集团党委确定的目标思路,坚定不移推进改革创新,全力以赴做好各项工作。

总体工作思路是:深入学习贯彻党的十九大精神,以习近平新时代中国特色社会主义思想为指导,落实市委、市政府各项工作要求,坚持党建统领,保持战略定力,坚持保生存求发展总基调,坚持改革创新工作主线,着力推动质量变革、效率变革、动力变革,全面提高质量效益,在新的历史起点上加快转型发展。

根据总体工作思路,全年主要计划指标安排如下:

集团主要指标:营业收入2150亿元,消化历史遗留问题后利润总额25亿元,资产负债率70%。烟(粉)尘排放总量18683吨,二氧化硫排放总量18874吨。

钢铁板块营业收入1655亿元,利润总额30.4亿元,资产负债率81.2%。生铁产量2661万吨,钢2759万吨,钢材2585万吨。高端领先产品585万吨,战略产品507万吨。汽车板315万吨、电工钢150万吨、镀锡板42万吨。股权平台营业收入185亿元,利润总额3.8亿元,资产负债率80.5%。北京园区营业收入131.3亿元,利润总额4.5亿元。曹妃甸园区营业收入3.5亿元,利润总额0.25亿元。直管单位营业收入144亿元,利润总额27.4亿元,资产负债率58%。集团总部营业收入547亿元,利润总额-15.9亿元,资产负债率62.2%。

三 2018年重点工作任务

(一)站在新起点,开启转型发展新征途

进入新时代,站在新起点,最根本的是要以习近平新时代中国特色社会主义思想为指导,深入贯彻落实党的十九大精神,承担新使命、确立新坐标、找准新矛盾、勇于新作为。

党的十九大指出"我国社会主要矛盾已经转化为人民日益增长的美好生活需要和不平衡不充分的发展之间的矛盾"。我们要深刻认识这一历史性变化所产生的深远影响、所带来的机遇挑战;深刻认识稳中求进成为治国理政的重要原则,不仅是经济工作的总基调,也是各项工作的总基调,主动在思想方法和工作方法上求新求变。

从宏观形势看,世界经济短期企稳向好,中期挑战较多。中国经济由高速增长阶段转向高质量发展阶段,必须跨越非常规的发展现阶段特有的关口,要大力转变发展方式、优化经济结构、转换增长动力。这意味着必须坚持质

量第一、效益优先，坚定不移推进供给侧结构性改革，坚决推动质量变革、效率变革、动力变革，坚定信心打赢三大攻坚战等倒逼高质量发展。特别是打好防范化解重大风险攻坚战，在“管住货币供给总闸门”及全球加息潮等影响下，流动性将更加趋紧。我们要深刻认识新的长征路上仍有险关重重、仍有硝烟弥漫、仍要攻坚克难。

从钢铁行业看，钢铁去产能、清理“地条钢”改善了市场供求关系，提高了优质产能利用效率，也为产业发展腾出了新的空间。我国钢铁业进入深度调整期，比以往任何时候都更加需要满足国家和社会对供给质量、服务质量、生态环境质量日益增长的新需求，比以往任何时候都更加需要技术蕴含的巨大潜能和通过创新来孕育新动力。我们要深刻认识首钢钢铁业“稳”的基础远未牢固，绝不可以歇歇脚、松口气。

从京津冀协同发展看，疏解北京非首都功能是重中之重，北京城市副中心、雄安新区、以曹妃甸示范区为首的四个功能区建设充满了机遇和挑战。绿色发展对钢铁厂的环保要求越来越严格；北京城市发展要求园区建设越来越宜居宜业；职工美好生活向往对企业转型成功越来越期盼。我们要深刻认识首钢转型发展“进”的能力还不强，还没有把市场机遇转变为自身的竞争能力。

从自身看，把首钢建设成为有世界影响力的综合性大型企业集团与当前转型发展质量不高之间的矛盾，就是我们面临的新矛盾。表现在多种不平衡不充分上：钢铁业与非钢产业发展不平衡，不同行业不同区域不同阶段的企业发展不平衡，钢铁产品研发和工艺研究不平衡等；企业活力释放不充分，区域协同不充分，适应供给侧结构性改革对市场需求变化的把握不充分等。我们要深刻认识到解决新矛盾的关键是提高发展质量，根本出路在于改革创新。

新起点开启新征程。在新的长征路上我们夯基垒台、立柱架梁、攻坚克难，承受了转型发展道路上不可避免的“成长痛”，换来的是不断孕育的新能力、不断积蓄的新动力、不断激发的新活力，为首钢转型发展进入新阶段提供了强大支撑。既然是新的长征，我们就必须应对更为艰巨的挑战、经历更为艰辛的过程、付出更为艰苦的努力，紧盯重要的时间节点和工作坐标，一步一个脚印地做实做好各项工作。

（二）抓住新矛盾，释放集团改革新活力

面对新矛盾，我们必须破除思想观念束缚和体制机制障碍，聚焦深化改革综合试点“改什么、怎么改”，推动质量变革、效率变革和动力变革，找准工作基本路径，解决发展不平衡不充分问题，实现发展质量更好、效率更高、动力更足。

推动质量变革。一是提升产品质量。充分发挥标准提升对质量变革的引领作用，对标新日铁、宝钢等先进企业，开展质量提升行动和对标达标专项行动。力争在老工业区改造、钢结构、立体车库等新产业实现首钢标准领航。充分发挥科技创新对质量变革的支撑作用，坚持用质量优势对冲成本上升劣势，在全体系、全流程、全要素上下功夫，健全产品质量一贯制管理体系。充分发挥市场需求对质量变革的倒逼作用，增强服务客户的粘性，扩大高端有效供给。二是提升资产质量。坚持优质高效、产权清晰、保值增值原则，增强内生动力，实现提升资产价值的良性循环。推进瘦身健体，2018 年集团要完成 70 家企业退出，“十三五”期间达到 227 家，产权层级实现境内不超 5 级、境外不超 7 级，持续优化尽量压缩，严控新企业设立。推进管理优化，在满足层级要求下，尽量做到产权和管理关系一致。坚持企业退出对当期损益的影响单列分析不纳入考核，鼓励股权平台等退出产生的收益用于自身发展。建立资产管控过程监测和管理评价机制，修订集团土地房屋出租管理办法，出台业态出租的负面清单。加快剥离国企办社会职能，争取年底完成“三供一业”移交，搭建北京地区企业社保平台，对退休人员实行集中统一管理。坚持“新官理旧账”，鼓励各单位利用经营成果解决历史遗留问题，推动解决宝业、首黔等重大项目的资产及股权处置。三是提升运行质量。坚持效益优先，紧紧盯住依法治企、管控体系、风控制度、安全环保等重点工作，确保高质量运行。瞄准行业和区域先进，全面推广“跑赢”评价体系，完善内部工作评价机制，探索建立一企一策的经营指标，深入开展“五比”评价。面对复杂多变的铁矿石、钢材、房地产和金融等市场，提升准确把握市场的能力，建立容错机制，鼓励研判市场主动作为。根据最新权力清单，修订完善总部职责，做实钢铁、股权和园区平台，适时组建金融和矿产资源平台。系统评价各项战略重点任务完成情况，完成“十三五”规划中期评估。加强重点风险领域、风险业务的专

项管理,全年计划修订制度 42 项,指导帮助二级单位建立健全制度体系。

推动效率变革。一是提高劳动效率。坚持“十三五”劳产率目标不动摇,推广钢铁板块经验,构建全口径全要素人工费管理体系,形成职工人数和人工费、效益和效率挂钩机制,坚持效益效率双提升,效益效率没有提高的单位,职工人数和人工费原则上不能增加,全面推进转型提效工作。二是提高资金效率。增强流动性风险防范意识,做好最困难的准备,强化集团资金管控,把提升现金流管理能力作为今后工作的重中之重。聚焦现金流量表分析管理工作,盯住经营现金流、投资现金流、筹资现金流和净现金流。围绕经营,盯住存货、应收、应付、管理费,清理内部债权债务;围绕投资,坚持除集团重大战略投资和涉及企业生存的安全环保项目外,严格控制项目立项和资金支出,杜绝实质性举债投资,开展存量项目清理工作;围绕融资,今后只允许置换高成本融资,不允许增加外部融资;围绕净现金流,要加快境外资金归集,实现归集资金与报表余额相对应,加大财票和商票使用,控制现金承兑收支比例,最大限度减少外部贴现。各单位要学习长钢主要领导抓管理费的工作经验,亲力亲为,主动转变。三是提高协同效率。集团要发挥综合优势,为二级单位提供法律、审计、评估等社会公共服务资源,建立集团供应商联动管理机制,搭建大宗物资联合招采平台。技术服务团逐步建立钢铁各工序的标准化诊断流程,切实提高服务能力。股权公司围绕新产业发展,搭建产业链协同平台,确立同一目标、固化同一团队、建立同一机制,抢抓市场机遇。信息化建设是首钢新的长征路上的关键一仗,要把全面预算管理作为“火车头”,牵引带动年底实现预算、核算、资金等信息化系统同步上线;倒逼组织优化与流程变革,全力推进唐山地区钢铁业产销一体化项目;加强组织领导,建立集团信息化月度协调会机制,配置优质资源,促进信息化项目人员与业务骨干之间的双向交流,用信息化建设倒逼协同效率提高。发挥“9+1”联合监督模式优势,突出抓好“5 合 1”监督检查,进一步提高效率、加强协同、增强效果。围绕国家即将出台的金融、税收等政策,要加强学习研究,吃透精神,主动争取各类支持。

推动动力变革。一是搞活体制机制。坚持“集中不集权、分权不分散”,强化各法人单位“五自”市场主体意识,设立外部董事库,指导帮助二级单位健全法人治理结构。探索混合所有制改革,完成实业公司试点和首钢医院改制,推动其他改制企业深化改革。探索实施跟投机制,鼓励有条件的企业上市,不断提高集团资产证券化率。二是推动科技创新。构建协同开放的集团技术创新体系,加快创新要素集聚,激发创新潜力。探索建立“一院多中心”的钢铁板块研发体系,强化重大工艺技术研究,加快非钢产业研发体系建设。拓展集团高新技术企业数量,充分利用好研发费用加计扣除政策。突出科研人员价值导向,适时开展科研骨干股权激励和分红等试点。三是激发基层活力。搭建市场平台向内外开放,形成项目池和资金池,营造浓厚“双创”文化环境。制定推进市场化体制机制改革实施方案,鼓励新产业逐步建立人员“能进能出”、职务“能上能下”、收入“能增能减”的市场化机制。

(三)构筑新优势,实现钢铁业新突破

钢铁业要增强战略定力,瞄准一流企业,持续推进“制造+服务”战略,持续对标找差补齐短板,持续强化板块协同,做强制造,做精产品,做大市场,做优服务,实现质量、效率和效益的全面提升。

坚持持续改进。一是对标先进缩差。建立四地与宝钢、外埠与区域先进、板块与行业的全方位对标体系,制定全方位缩差赶超路线图、时间表,以“功成不必在我”的境界持续攻关、不断改进。二是持续成本改善。实施精益成本管理,突出专项成本管理和费用降低,推进全流程工序降本。以铁前“降百”工程为抓手,特别是提高大型高炉科学管理水平,保持高炉顺稳局面,稳住整体经营大局。继续推广铁前一体化管理经验,提高市场意识和成本意识。三是提高盈利能力。以产品单利行业缩差百元为抓手,建立供销激励政策,全面提高供销跑赢市场水平。四是强化板块协同。以板块 12 个专项管控方案为抓手,深化产线协同、检修协同、物流协同、区域协同、供销协同、库存经营协同,切实把板块一体化经营优势体现在财务账上。

加强精品制造。坚持“以市场为导向、以产线为中心、以效益为标尺”,持续优化产品结构,形成高效、优质、定制的产品体系。大批量产品核心是高效,必须聚焦高端镀锌汽车外板关键缺陷、冷轧高强汽车板生产稳定性、薄规格酸洗板表面质量及板形等共性技术攻关,改善产品质量一致性,提高合同一次通过率,实现标准化生产。高端化

产品核心是优质,必须聚焦材料的多相组织调控、超高强钢残余应力控制、GA 镀层结构优化等关键技术攻关,培育原创能力,推进 6 项新产品国内首发,实现市场高端引领。小批量产品核心是定制,必须聚焦优化排程、敏捷制造、高精度柔性轧制等专有技术攻关,提高产品交期水平,不断满足客户需求变化,实现低成本生产。制定智能制造三年规划,继续开展智能工厂建设,完善股份冷轧智能工厂,加强工业大数据开发与利用。

践行首钢服务。加强产销协同,提高交货能力,着力合同节点兑现率、合同整单兑现率等关键指标管控,提高产品综合竞争力;加快构建钢铁产品“一站式”信息化服务平台,提升“一揽子”服务能力;完善以客户代表为中心的“产销研一体化”服务协作模式,拓展服务领域;实施客户服务“分类、分区、分级”管理,提高服务效率;优化钢材配送加工中心布局,强化贴身服务;完善 EVI 服务体系,强化服务前置,打造客户信赖的首钢品牌。

建好重点工程。推进秘铁二期、马城铁矿和水曹铁路建设。以争创“冶金优质工程奖”“鲁班奖”为目标,科学组织统筹推进京唐二期工程建设,充分利用首秦产线资源,做好人员培训和生产准备,确保年底前完成焦化、炼铁和炼钢等主体工程建设,具备热试条件。各项工程都要确保高质量高水平高效率投产。首秦停产搬迁要精心组织,最大程度转移人员,妥善安置每一名职工,快速盘活土地资源,做到比北京本部停产更安全、更经济、更平稳,做到比北京区域转型发展更好、更快、更优。

抓好安全环保。集团各单位要坚持以人民为中心,坚持安全发展、绿色发展,把安全环保工作作为政治要求去遵循,作为政治纪律去坚守。牢固树立责任不落实也是事故隐患的理念,强化主体责任落实,提升安全环保工作的标准和水平。要严格管理、严格考核,不讲客观、不讲情面。深入开展安全消防专项整治,抓苗头抓倾向,从事后处理向事前预防转变,真正做到“把隐患当事故处理”。要全员动员,辨识危险、降低风险,推广本质化安全管理经验。滚动实施绿色行动计划,确保减排效果。要总结去年秋冬季限产经验,发挥带头作用,主动作为,统筹化解对钢铁生产、运输物流、工程建设的影响,确保全面完成环境质量保障任务,确保安全稳定的生产大局。

(四)打造新名片,建设城市复兴新地标

聚焦北京城市复兴新地标“建什么、怎么建”,坚持“双园区”协同联动,面对多线布局、多点展开、多面挑战,盯住时间节点攻坚克难打造精品,向社会展示首钢园区新形象。

加快北京园区开发步伐。高质量、高水平完成冬运中心训练基地建设,组织专业团队、做好专业培训、搞好专业运营、提供专业服务,满足国家队训练要求。启动石景山景观公园和首钢工业遗址公园项目,完成北区路网建设,打好绿色环境基础,快速提升园区品质。全面启动冬奥广场及金安桥交通一体化工业遗存改造项目,同步做好招商工作,吸引高端产业要素集聚。做好单板大跳台项目详细设计并开工建设。利用 3 号高炉建成首钢博物馆和北京工业展览馆,做好秀池展览区运营管理。创业公社要把海外院士工作站和新首钢国际人才社区建成品牌,实现园区社会招商良好开局。做好城市织补创新工场功能区和公共服务配套区的方案设计。完成南区控规优化,为召开市新首钢领导小组第五次会议做好准备。加强统筹协调,争取政府支持,东南区上半年确保土地上市,全年确保 50 万平方米力争 70 万平方米,确保打通土地收益返还政策。今年北京园区将进入实质性开发阶段,规划、设计、建设、招商、运营、服务等将多点多线同步展开,我们要精心准备、统筹谋划、扎实工作,闯过这个关口。

加大曹妃甸园区招商力度。贯彻落实京津冀三地《关于加强京津冀产业转移承接重点平台建设的意见》,紧密协同京冀两地政府部门建立有效对接渠道,争取产业转移政策支持。把工作重点放在招商环节,盯住北京产业疏解转移,引进社会优质产业资源,加快促成企业落户。在已有落地项目的基础上,培育一批绿色节能建筑高新技术企业。加强与上下游企业对接联系,争取引入更多钢铁产业链企业。与京冀教育、医疗、体育规划布局对接,引导一批北京市医疗、教育及体育资源向曹妃甸转移。

(五)培育新产业,形成转型发展新亮点

聚焦首钢转型“转什么、怎么转”,新产业各单位要增强紧迫感,进一步解放思想、开阔视野,破瓶颈、补短板、强

弱项,抢抓发展机遇。

股权平台:整合内外部资源,重点搭实城市老工业区更新改造服务、静态交通、装配式建筑、能源环保等产业链协同平台。充分发挥首钢在转型发展实践中已形成的综合优势,关键是打好组合拳,形成模块化解决方案和标准化推介宣传,尽快打开市场开发新局面。房地产业:进一步加大市场化改革力度,建立项目全生命周期管理体系,补上质量管理短板。争取市区规划部门支持,积极做好首钢自有土地控规调整工作,为下一步开发利用打好基础。加快推进北京政策房、贵钢老厂区等项目建设,快速回笼资金。理性开拓社会市场,打造房地产品牌。环境产业:继续做好鲁家山园区规划,推进生物质二期各项工作,做好北京市餐厨垃圾收运处一体化项目;加快葫芦岛、贵阳等外部市场开拓,长治项目开工建设。精心做好北京园区土壤治理工作,拓展建筑垃圾市场应用。引进行业领军人才,掌握核心技术,积极推进上市工作。静态交通:加大研发投入力度,不断开发市场认同的产品;提升设备制作精度,不断打造性能可靠的产品;提高运营维护水平,不断提供百姓信赖的产品,确保建一个成一个,成一个好一个。加快整合国内外停车产业资源,补上停车管理的短板。体育文化:完成体育公司内部组织机构改革工作,培育专业管理团队,快速提升自身能力,打造一流俱乐部。立足已有资源加快商业开发,引入社会资源完成市场融资。抓好"雏鹰计划"实施,引导国内外知名机构入驻体育大厦。文化公司要将话剧《实现·使命》打造成精品力作。

(六)拓展新思路,实现产融结合新作为

我们不能满足于这几年在产融结合方面的实践和成绩,要时刻保持清醒,坚持深耕细作,实现创新发展,以提高服务能力、运作能力、运营能力为抓手,充分利用境内外资本市场,推动产业发展和金融创新深度融合。

提升金融服务能力。财务公司按"一企一策"制定金融服务方案,发挥融资租赁、保理公司辅助作用。统筹提高现金池、票据池和外汇资金池的服务能力,实现年末提供金融服务 400 亿元,为各单位降低成本不低于 5 亿元。对全部票据实现集中管理,推进押票开票,集团实现财票余额日均 100 亿元,股份、京唐推进商票开立与支付不低于 40 亿元。加强境内外外汇账户和资金归集管理,在香港设立境外资金管理机构,实现境内外资金的双向融通。做好市场研判,主动研究外债汇率利率风险,低成本完成到期债券接续。

增强基金运作能力。基金公司要积极适应新形势新变化,不断创新机制,不断提升投资、产业运营、资本运作和公司治理能力,全力助推首钢转型,全方位助力园区开发建设,走好转型升级新阶段。利用品牌影响力,推进国家社保基金入资,规范高效管理现有政府基金,持续扩大基金的管理规模。实现停车、医疗、体育及供应链服务等产业领域的突破性发展,完成首钢医院改制工作。开阔视野,在聚集高端人才、专业人才上要有新突破,建设一个有追求、有责任、能创新的强有力团队,为集团转型发展作出创新性贡献。

统筹做好资本运营。争取多方支持,推进符合条件的钢铁企业债转股工作。创新筹融资模式,通过绿色债、专项债和 REITs 等资产证券化产品,筹划安排中长期资金置换短期负债,改善融资结构。做好股份公司、香港上市公司的市值管理,加大资本运营力度,两个市场都要有新亮点、新动作、新形象,提振市场信心,集团资本运营水平进一步提升。

(七)牢记新使命,展现职工队伍新面貌

实现转型发展,再创首钢辉煌,使命在前,重任在肩,检验着全体干部职工的素质能力、工作作风和精神状态。我们要在新的长征路上建功立业。

要提高政治站位,进一步深入学习贯彻党的十九大精神,把推动习近平新时代中国特色社会主义思想在首钢落地生根、形成生动实践、检验思想行动放在第一位,推动"自强首钢、创新首钢、绿色首钢、文化首钢"建设,为百年首钢献礼,展现时代"答卷人"的新面貌。

要坚持永远做学习型企业,系统研究首钢转型发展人才建设和开发体系,引进社会专业机构,综合分析评估,提出切实可行的实施方案;继续办好青年干部特训班、海外研修班,特别要做好学员的跟踪考察和岗位安排;结合新产

业新领域的需求，组织创新型人才培训班，分类培训业务骨干，培养创新理论水平高、创新实战能力强、具有较强团队引领能力的创新型人才，展现人与企业共成长的新面貌。

要弘扬工匠精神，以培养造就技艺精湛的高技能人才队伍为目标，推进百名技能操作专家、千名高级技师工程，开展首钢工匠评选工作；选拔优秀技能操作人才赴海外培训，加速高技能领军人才培养；组织好“首钢杯”第九届全国钢铁行业职业技能竞赛，展现新时期产业工人的新面貌。

要不断凝心聚力，组织慰问几代人在首钢工作的家庭和为首钢发展作出突出贡献的劳模先进；持续深入开展帮扶送温暖活动；组织举办职工运动会、文化节；利用好政府保障房各项政策，多方式多途径解决职工住房问题；通过一系列厂庆活动凝聚、激励、鼓舞广大干部职工，通过效率效益提升不断满足职工对美好生活的向往，展现更有尊严、更有获得感的新面貌。

同志们，回顾过去，我们辛勤耕耘、硕果累累，展望未来，我们矢志复兴、任重道远。千淘万漉虽辛苦，吹尽狂沙始到金。让我们在集团党委的带领下，不忘初心、牢记使命、开拓进取、奋力前行，在新的历史起点上再创首钢新的辉煌！

名词解释：

1. 单板大跳台项目：2022 年北京冬奥会比赛项目之一，已落户首钢园区。项目位于园区北区，北看石景山，东临群明湖，西傍冷却塔，南倚制氧厂。

2. 通钢“四个一”活动：每名领导干部每个月深入基层一小时，解决一件事。

3. “五自”市场主体：指自主经营、自负盈亏、自担风险、自我约束、自我发展的独立市场主体。

4. REITs：英文“Real Estate Investment Trusts”（房地产投资信托基金）的简写。是一种以发行收益凭证的方式汇集特定多数投资者的信托基金，由专门投资机构进行房地产投资经营管理，并将投资综合收益按比例分配给投资者。

专　辑

◎责任编辑：马　晓、郭　峰

创新创优创业

大力弘扬改革创新精神 在新的历史起点上加快首钢转型发展

——在2018年首钢"创新创优创业"交流会上的讲话

首钢党委书记、董事长、总经理　张功焰

（2018年9月25日）

这次会议的主要任务是，以习近平新时代中国特色社会主义思想为指导，深入贯彻党的十九大精神，认真落实市领导到首钢调研讲话要求，纪念改革开放40周年，学习先进经验，深化思想认识，凝聚智慧力量，聚焦"三个变革"，在新的历史起点上加快首钢转型发展。

一　首钢40年改革历程回顾

今年是我国改革开放40周年。1978年12月18日，党的十一届三中全会隆重召开。这次会议，实现了新中国成立以来我们党历史上具有深远意义的伟大转折，开启了我国改革开放历史新时期。从此，党领导全国各族人民在新的历史条件下开始了新的伟大革命。

40年众志成城，40年砥砺奋进，40年春风化雨，中国人民在党的领导下，用自己的双手书写了国家和民族发展的壮丽史诗，中国人民的面貌、社会主义中国的面貌、中国共产党的面貌发生了历史性变化。正如习近平总书记指出的："今天，中国人民完全可以自豪地说，改革开放这场中国的第二次革命，不仅深刻改变了中国，也深刻影响了世界！"

在40年波澜壮阔的改革开放进程中，首钢始终与国家同呼吸、共命运，勇立潮头，以"敢闯、敢坚持、敢于苦干硬干""敢担当、敢创新、敢为天下先"的精神，谱写了跨越发展的华彩乐章。

改革开放初期，首钢率先实行承包制，成为工业企业改革的先行者、探路者。"包、保、核""三个百分之百""干部能上能下"，严格的管理使首钢闻名全国；第一家采用无料钟炉顶装置、顶燃式热风炉等新技术建成国内首座现代化高炉，第一家通过引进国外二手设备建成现代化炼钢厂，第一家被国家赋予投资立项权、资金融通权和外贸自主权，第一家由企业创办银行，第一家走出国门收购海外矿产，奏出了"做天下主人、创世界第一"的时代交响乐。首钢承包制打破了计划经济体制束缚，充分调动了广大职工的积极性、创造性，激发了企业活力，也使首钢得到了迅猛发展。

转换国有企业经营机制，积极探索建立现代企业制度。推进集团化改革，把单一法人企业高度集中的管理体制，转变为多法人的以资本为纽带的母子公司管理体制，成立首钢集团，推动首钢股份上市，实行主辅分离、辅业改制，为适应市场经济要求奠定了基础。

进入21世纪，首钢自觉服从国家奥运战略和首都城市发展功能定位，率先实施钢铁业搬迁调整。广大职工顾全大局，舍小家为大家，以"创新创优创业"的豪情，毅然奔赴新的钢铁基地，战天斗地、风餐露宿、艰苦创业、拼搏奉献，建成了中国钢铁人的"梦工厂"，形成了"一业四地"的产业布局。石景山钢铁主流程于2010年底全面停产，向社会兑现了首钢人的庄严承诺。为落实国家《钢铁产业调整和振兴规划》,实施跨地区联合重组,产业布局拓展到沿海和资源富集地区。搬迁调整,使首钢钢铁业实现了转型升级,产品结构实现了根本性改变,为北京成功举办2008年奥运会作出重大贡献,为我国钢铁工业布局调整、提高自主创新能力和发展循环经济提供了经验借鉴,更为京津冀协同发展发挥了示范引领作用。市委、市政府授予"功勋首钢"光荣称号。2014年2月,习近平总书记在视察北京重要讲话中指出"首钢搬迁到曹妃甸就是具体行动。要继续坚定不移地做下去"。

在胜利完成史无前例的钢铁业搬迁后,首钢党委着眼于新的形势和任务,坚持世界眼光、战略思维,以开放的视野,确定了"一根扁担挑两头"的发展战略,开启了全面深化改革、加快转型发展的新篇章。坚持做优做强钢铁业,加快培育新产业,推进产融结合,不断拓展海外业务;以新时代首都城市复兴新地标为指引,加快推进北京园区发展建设,努力成为首都减量发展、创新发展、高质量发展的新典范;落实京津冀协同发展战略,大力推进曹妃甸园区开发建设,按照先进制造业转移基地的定位,积极承接非首都功能疏解。今天的首钢,正在朝着有世界影响力的综合性大型企业集团的目标阔步前进。

40年的历程昭示我们,改革开放是决定中国命运的关键抉择,也是推动首钢发展的强大动力。没有改革开放,就没有中国的今天;没有改革开放,也同样没有首钢的今天。在40年的创造性实践中,我们经过艰辛探索,积累了宝贵经验,得出以下启示:

坚持解放思想是破解发展难题的锐利武器。40年改革开放的历程,就是不断解放思想的过程。40年来,首钢坚持不断解放思想,才有了今天的累累硕果。面对深化改革、转型发展的新形势新任务,我们必须牢牢把握解放思想这个"总开关",进一步转变观念,用开放的视野和创新的思维解决前进路上的新情况、新问题,不断超越自我、勇于开拓、敢为人先,把机遇变为现实。

坚持改革创新是企业发展的制胜法宝。40年改革开放的历程,就是不断革故鼎新的过程。40年来,首钢改革创新的步伐从未停歇。面对深化改革、转型发展的新形势新任务,我们必须持续深化改革创新,把解放和发展生产力、解放和增强企业活力作为根本目的,博采互鉴、创新创造,为首钢的发展注入不竭动力。

坚持以人为本是企业攻坚克难的力量源泉。40年改革开放的历程,就是践行以人为本的过程。40年来,首钢始终坚持企业发展为了职工,企业发展依靠职工。面对深化改革、转型发展的新形势新任务,我们必须始终尊重职工的主体地位和首创精神,自觉地把推动企业发展和维护职工根本利益相统一,充分调动广大职工的积极性、主动性、创造性,实现职工与企业的共同发展。

坚持真抓实干是强企兴企的有力支撑。40年改革开放的历程,就是坚持真抓实干的过程。40年来,首钢取得的成就是靠一代一代首钢人拼搏奋斗出来的。面对深化改革、转型发展的新形势新任务,我们必须坚定信心,以踏石留印、抓铁有痕的劲头,攻坚克难,咬定目标苦干实干。

坚持党的领导是改革发展成功的根本保证。40年改革开放的历程,就是党的建设不断加强和改进的过程。40年来,首钢取得的成就是各级党组织团结带领广大职工创造出来的。面对深化改革、转型发展的新形势新任务,我们必须始终坚持党的领导,强"根"固"魂",把方向、管大局、保落实,自觉地肩负起推动企业改革发展的重任。

二 首钢面临的新形势和新任务

明年是新中国成立70周年和首钢建厂百年,2020年是"十三五"收官之年,2021年是建党百年,2022年是北京举办冬奥之年,我们将在转型发展新的历史起点上,迎来一系列重要时间节点,面临着新的形势和任务。

一是北京市对首钢打造城市复兴新地标提出了更高要求。8月25日,蔡奇书记、陈吉宁市长等市领导专程到首钢调研,对于企业来讲,这次调研的级别和规模是近年来少有的,充分体现了市委、市政府对首钢职工的关心关爱和对首钢转型发展、园区建设的高度关注和极大支持。蔡奇书记调研时强调,"新首钢地区具备独有的区位历史和资源优势,又有筹办2022年北京冬奥会的重大机遇,理应打造成为新时代引领首都城市复兴的新地标"。还指出,

“新地标城市复兴的背后是靠首钢的转型发展来实现的”,要求进一步提高站位,立足于城市复兴,实现“文化复兴、生态复兴、产业复兴、活力复兴”。在市领导调研之后,市委、市政府把将新首钢地区打造成新时代首都城市复兴新地标的情况,以《北京信息》的形式报送中央,韩正副总理作了重要批示,充分体现了中央对新首钢地区的高度重视。(韩正同志8月28日在“北京市扎实推进新首钢地区规划建设,打造新时代首都城市复兴新地标”上的批示:北京市紧紧抓住2022年冬奥会契机,推进新首钢地区规划建设,保护风貌,传承文化,修复生态。是城市更新的标杆工程,请自然资源部、住建部、生态环境部予以支持。)我们要深刻认识首钢在打造城市复兴新地标中肩负的历史责任,深刻认识“四个复兴”的丰富内涵,深刻认识城市复兴新地标的建设是首钢转型发展的关键所在。要以高度的政治责任感,抓住冬奥会筹办给我们带来的历史性机遇,按照首都城市战略定位,打造城市更新的标杆工程,完成好冬奥会服务保障任务,传承好百年首钢的历史文脉,展示出百年首钢的新形象。按照冬奥会的时间节点,到2021年全面完成“三年行动计划”,高质量完成北区的更新改造,城市复兴新地标建设取得阶段性成果;到2035年具有全球影响力的城市复兴新地标全面建成。

二是首钢在全面深化国有企业改革中承担着更艰巨的任务。党的十九大面向“两个一百年”奋斗目标,围绕党和国家事业发展的新要求,对全面深化改革作出战略部署。去年,首钢被北京市列为唯一一家国企深化改革综合试点单位。今年8月,国务院国企改革领导小组办公室选取部分具有代表性的央企和地方国企,在2018—2020年期间实施“国企改革双百行动”,全面落实国有企业改革“1+N”政策要求,全面提升国有企业运行效率和市场化、现代化经营水平。首钢成功入选“双百企业”,再一次成为国有企业改革的试点单位。改革再出发,实干开新局,我们一定要抓住机遇,坚持问题导向,着眼于解决首钢产业发展不平衡的主要矛盾,进一步明确发展举措,推动企业健康可持续发展;着眼于解决工厂化管理的惯性思维,建立内部市场化运营机制,落实企业的市场主体地位;着眼于解决薪酬分配制度不适应企业发展的问题,建立有效的激励机制,进一步激发企业活力;着眼于解决制约转型发展的人才瓶颈,建立市场化选人用人机制,用好人才、留住人才。充分利用试点把改革落到实处,把首钢打造成为党的领导坚强有力、治理结构更趋完善、经营机制更加高效、创新能力和市场竞争力显著提升的国企改革示范企业。

三是实现首钢集团“十三五”发展规划目标面临更大的挑战。自2016年首钢集团“十三五”发展规划出台以来,各单位以规划为根本遵循,狠抓落实,取得了明显成效。最近首钢集团对“十三五”规划进行了中期评估,总体看基本符合预期。同时,随着我国经济稳中有变、新旧动能转换加快、中美贸易摩擦加剧、钢铁产业整合加速、国企去杠杆压力加大,给规划目标的完成带来了更大的挑战。“十三五”的时间已经过半,我们一定要认清形势,增强紧迫感,把困难估计足,把问题分析透,不要因为经营形势向好,就有了松口气、歇歇脚的思想,要坚定发展战略,咬定目标不放松,下苦功夫、笨功夫,持之以恒抓好规划执行。

更高的要求、更艰巨的任务和更大的挑战,对首钢来讲同样也是重大的机遇。打造新时代首都城市复兴新地标,为首钢战略落地指明了方向;成为国家国企改革“双百企业”和北京市国企改革综合试点,为首钢转型发展增添了动力;“十三五”规划中期评估,为首钢做强做优做大明确了思路,这些都是我们加快转型发展的有利条件。

蔡奇书记在调研时讲,首钢是我国冶金工业发展的缩影,是改革开放的一面旗帜,是共和国工业的标杆,今天也应该成为城市复兴的标杆。我们今天来,跟市长来,这么多领导一起过来就是来看望首钢、支持首钢,推动新首钢地区的发展。市委、市政府的高度重视和极大支持更加坚定了我们的信心,在打造城市复兴新地标的引领下,通过深化改革加快创新,首钢转型发展的步伐会迈得更大更快。首钢百年历史积淀了丰厚的文化底蕴,40年改革开放创造了宝贵的精神财富。我们要不忘初心,牢记使命,继承首钢优良传统,扛起今天的责任,强化改革担当,思想同心、目标同向、行动同步,共同开创新时代首钢改革发展的新局面。

三　首钢进一步深化改革的主要思路

新时代新机遇,新形势新任务,我们更要有新作为。改革永远在路上,首钢因改革而兴,也必然靠改革而强。我们要大力弘扬改革创新精神，奔着问题去，坚定不移深化改革、加快转型发展。下面，重点围绕5个方面，把首钢集团党委这一段时间进行的一些思考、形成的一些思路和大家交流，进一步启发思考、凝聚共识。

（一）坚持发展战略不动摇，推进产业聚焦

通过这次"十三五"规划中期评估，首钢集团明确：结合外部环境的新变化和首钢自身发展现状，我们既要坚持发展战略不动摇，又要对现有产业进行聚焦分类，制定差异化发展思路，使战略规划更加执行有效。为什么要坚持发展战略？为什么要进行产业聚焦？如何把产业做实？在这些问题上必须深化认识。

1. 要保持战略定力

2014年，首钢确定了新的发展战略，即通过打造全新的资本运营平台，实现钢铁和城市综合服务商两大主导产业并重和协同发展。并将这一战略作为制定"十三五"规划的指导方针。几年来的实践证明，我们确定的战略方向是正确的，符合国家战略导向，符合首都城市战略定位要求，符合首钢发展实际。几年来的实践也使我们对实现战略的业务组合、发展模式、保障措施等有了更加清晰的认识。当前，面对外部环境的新变化和首钢自身发展现状，我们既要保持战略定力，又要结合实际对"十三五"规划部分内容进行适当调整，进一步聚焦主业、形成合力，使战略规划更加执行有效。

由于长期历史原因，首钢投资企业数量多、涉及产业面广。首钢集团投资企业多达600多家，国家统计局国民经济分类20个门类中首钢就涉及了14个，大部分投资没有回报，并处于微利或亏损状态。2014年首钢开始全面深化改革时，首钢集团党委在研究分析国内外先进企业发展经验的基础上，从遵循企业发展规律的高度明确提出，要围绕新的发展战略构建业务板块，实际上就是要解决业务分散、竞争力不强的问题。在制定首钢集团"十三五"发展规划时，首钢集团党委也明确提出了优化产业结构的任务。从这次中期评估的结果看，多年存在的投资业务过于分散，一些企业竞争力弱、效益差的问题仍然十分突出。只有加快产业聚焦才能有效保证首钢发展战略的实现。

2. 要把产业做实

钢铁业要坚持做优做强。首钢从钢铁业起家，现在和未来钢铁业都是首钢发展的基础和主业。当前，我国钢铁行业进入深度调整期、正由钢铁大国向钢铁强国转变，从首钢实际出发，应当谨慎应对行业的兼并重组，对我们来讲最紧迫的任务就是做优做强。做优就是要不断推进技术创新，实现产品优化升级；做强就是要瞄准一流企业，持续推进"制造+服务"战略，提高全要素生产率，不断增强综合竞争力。要把做优做强落实到具体的行动上，加快建立"一院多中心"的钢铁板块研发体系，强化重大工艺技术研究；加快首钢京唐二期工程建设，确保高质量投产；加快智能化工厂建设，做强制造，提高效率，实现质量、效率和效益的全面提升。

城市服务业要加快发展。北京园区、曹妃甸园区、首秦园区是首钢发展城市服务业的重要载体，首钢集团明确了城市服务业是"园区+新产业"，这是首钢发展城市服务业的新模式和新优势。北京园区要围绕打造新时代首都城市复兴新地标，统筹实施文化、生态、产业、活力复兴，紧抓冬奥机遇促进可持续发展。要力争用三年左右时间高质量完成北区建设。要紧盯城市科技这个城市服务中最活跃的部分，重点引进"体育+"、数字智能、科技创新服务、高端商务金融、文化创意等产业，构建以消费升级、智慧场景、绿色金融服务为特色的新型产业生态。曹妃甸园区要理性把握开发节奏，突出招商引资工作重心。首秦园区要坚持轻资产、可持续、前瞻性，先行启动秦皇岛首钢赛车谷项目。环境产业、静态交通、房地产业一直是近几年来培育的重点，现在核心是加快做强做大。要积极探索发展模式，加大内外部资源协同整合，加强资本运作，加快提升市场竞争力。园区和新产业要互相促进、协同发展。北区三年后将形成180万平方米的自持物业，园区的运营管理必须要过"大物业"这一关。发展高端物业既是服务冬奥和高精尖企业落户的迫切需要，也为我们服务升级提供了难得机遇。首钢的产业要积极参与园区的开发建设和运营管理，实现"园区+新产业"协同效应。

产融结合是做实产业的"发动机""助推器"。一方面要深化产业与金融结合，助推园区和新产业做强做大。基金公司要发挥好产业投控平台作用，撬动引进高精尖企业入驻园区，投资高成长性的科技企业，助推园区产业的发

展和投资的价值增值。另一方面要实现首钢境内与境外资本运作平台的互动,促进转型发展。

3. 要优化资源配置

我们聚焦的产业是综合考虑首钢集团发展战略和相关产业经营现状、发展潜力等因素而确定的。产业发展要靠企业自身努力,首钢集团将阶段性地对产业聚焦进行评估和调整。现在纳入重点发展的产业如果发展的不好,也会退出主业地位;现在未纳入的产业,如果发展的好也有机会成为首钢集团主业。

没有资源配置的优化就没有产业的聚焦。下一步要以产业聚焦为导向,推进首钢集团资源优化配置。对重点发展的产业,首钢集团将加大支持力度,投入技术研发、高端人才、发展资金等核心资源。

企业退出工作直接关系到产业的聚焦和企业的健康可持续发展。对与首钢集团主业关联度不高、长期亏损扭亏无望的业务,要坚决退出。要根据不同业务成熟度和市场吸引力情况,采用战略重组、整体出售、资产剥离、清退等不同方式加快剥离。为了进一步加大企业退出力度,首钢集团提出了 2018—2020 年退出 181 家的目标,首钢集团上下一定要提高认识、统一思想、攻坚克难、扎实推进。

在资源配置优化过程中,肯定会出现一系列矛盾和问题,首钢集团要统筹推进,各单位特别是领导干部要牢固树立全局观念,站在实现首钢集团整体战略目标的角度去认识产业聚焦和有进有退。

(二)坚持市场化原则,深化集团管控体系改革

通过完善管控体系、提升管理能力,我们搭建了首钢集团管控的"四梁八柱",实现了战略规划、经营计划、年度预算的结合,实现了权力清单、制度建设、风控体系的贯通。当前,我们要抓住机遇,坚持市场化方向,推动首钢集团管控体系深化改革。

1. 完善法人治理结构

近几年,我们坚持两个"一以贯之",在首钢集团层面加强法人治理结构规范化建设,基本形成了目标同向、各负其责、功能互补的治理体系。下一步按照综合改革试点方案的要求,还要深化首钢集团董事会改革,同时重点要把法人治理结构的规范化建设向二级单位纵深推进,做到"三个到位"。

一是治理结构设置的合理性要到位。要在深入调研、认真分析的基础上,科学合理设置"三会",解决治理结构与企业规模、业务发展等不匹配的问题。二是治理主体的市场化决策要到位。要转变习惯于靠行政命令管理企业、推动工作的方式,首钢集团要尊重基层单位的法人主体地位,基层单位要切实承担独立市场主体的经营管理责任,摒弃"等靠要"的思维方式,面向内外部市场,自主决策、自担风险。三是董事会的规范运行要到位。要健全完善二级单位董事会结构,引进外部董事,对具备条件的单位推进外部董事占多数,提高董事会决策能力,切实发挥二级单位董事会的职能作用。同时,首钢集团要加强派出董事的队伍建设和管理。

2. 提高集团管控能力

提升管控能力是一个持续深入的过程。"四梁八柱"建立起来了,关键是功能要更清晰、运转要更顺畅、衔接要更紧密、监督要更有力。

进一步理顺产权关系和管理关系。产权关系是首钢集团管控和板块做实的基础,目前在首钢集团成员单位中,仍有 70 多家产权关系与管理关系不一致,而且管理层级过长。压缩管理层级、理顺产权关系和管理关系既是市国资委的明确要求,也是我们规范管理的需要。必须积极主动、创造条件,按年度计划进行推进,力争用 3—5 年时间,基本实现压缩层级、优化产权关系与管理关系的目标。今后新增投资企业,要严控产权层级,优先考虑并解决好产权关系与管理关系的问题。

进一步优化首钢集团总部管理职能。要按照国有资本投资公司的方向,加快强弱项、补短板。资本运营目前关键是缺乏专业人才,要加快充实专业队伍,强化集团总部资本运作的统筹能力,盘活存量资产,推进债转股工作,开展产权流转试点,提高集团资产证券化水平。法律、审计工作这几年取得了较大的进步,下一步要强化专业体系、队伍和能力建设,强化重大决策、重大改革事项、重大工程的合法性审查和内部审计,联合监督要向基层延伸,监督工

作要做到全层级、全覆盖。

进一步增强权力清单的执行力。权力清单的核心是建立分层授权治理体系。在去年试行一年的基础上，首钢集团对权力清单重新进行了修订，将279个关键业务环节压减到144个，权力事项精简了48%。新版权力清单进一步落实了平台公司和二级单位的主体责任，赋予了更大的经营管理权、人事任免权、绩效考核权。权责是对等的，关键是要接得住、用得好。各平台公司要按新版权力清单，完善自身的权力清单，进一步厘清管控界面、规范业务流程、把权力清单做实，增强执行力，通过责权的统一，调动各级企业市场主体的积极性和创造性。

3. 构建内部市场化经营机制

市场化经营的核心是推动各单位成为自主经营、自负盈亏、自担风险、自我约束、自我发展的独立市场主体。我们大力推进首钢内部市场化体系建设，就是要把外部市场残酷竞争压力传导到企业内部，就是要按市场规律、行业规律办事。

要建立投资回报机制。投资要有效益，投资要讲回报。要破除当前一些单位存在的重投资轻收益、花钱大于挣钱、上项目不考虑资金来源的"工厂式"管理思维。各单位投资要考虑资金来源和承受能力，要严控投资，原则上谁上项目谁筹资。同时，要加强项目论证、过程控制，确保投资收益。首钢集团将建立投资回报制度，明年预算要选择部分单位作为试点。

要建立内部债务清偿机制。首钢集团内部债务拖欠问题影响了正常的经营秩序，部分单位通过欠账转嫁了自己的亏损，带来了很大的风险。各单位都是市场主体，在经营往来上一定要按市场化规则办事。我们要下决心解决好首钢集团内部相互拖欠的问题。严控新增内部债务，加大清理历史欠账力度，首钢集团财务部门每半年要集中组织进行一次清理核对。当年债务当年解决，绝不允许拖到下一年，形成良性循环，进一步建立起内部市场化经营机制。在明年的预算中，各单位要作出偿还集团公司欠款的计划安排。

要建立内部高效协同机制。我们强调市场化原则，更要注重内部的高效协同，这两者并不矛盾。高效协同就是发挥首钢集团整体优势，使资源配置更高效，就是要像首钢秘铁新区改造那样，通过组织上的高效、协同上的高效，创造了首钢海外工程项目建设新的模式。协同就不能各自为战，下一步我们在园区开发、产业聚焦、产融结合等方面，都要坚持高效协同。各单位要跳出自己的"一亩三分地"，自觉地在市场化原则前提下走好全局"一盘棋"。

（三）建立工效挂钩的联动机制，进一步激发企业活力

薪酬分配制度是企业最基本的一项制度，分配机制改革也是综合改革试点方案的重要内容，事关企业的发展活力，事关职工的切身利益。近年来，首钢集团在规范薪酬管理方面进行了一系列改革，对于调动广大职工积极性，促进企业效益效率的提高发挥了重要作用。最近，首钢集团审议批准了《首钢集团完善工资总额决定机制方案》，目的就是进一步下放权力、注入动力、激发活力。接下来人力资源部会具体解读有关政策，我先重点强调以下几方面内容。

1. 坚持效益优先

企业一定要讲效益，这是企业发展的基础，是职工收入增长的保障。党的十九大报告指出："坚持按劳分配原则，完善按要素分配的体制机制……坚持在经济增长的同时实现居民收入同步增长、在劳动生产率提高的同时实现劳动报酬同步提高。"我们这次改革，进一步突出了以效益为中心的分配激励导向，建立了分级分类管理模式，完善了工资与效益挂钩联动的长效机制，加大了效益型企业的激励力度，明确了亏损企业工资总额不能增长。总的原则就是收入增长靠效益，激励各单位多创多超多得。需要强调的是任务型企业可以向效益型企业转换，核心是着力提高企业运行质量和效益，各单位不要把注意力放在分类和挂钩比例上，要把精力聚焦到提高效益、提高效率、提升价值，推进企业高质量发展上来。

2. 坚持收入能增能减

多年来，在干部职工中自觉不自觉地存在一种模糊认识，工资改革就是涨工资。这次改革就是要贯彻落实国务

院《关于改革国有企业工资决定机制的意见》，建立健全与劳动力市场基本适应、与企业效益效率挂钩联动、能增能减的工资总额管理长效机制。工资是挣出来的，效益增工资升，效益降工资减。这是刚性要求，不讲客观。比如，对于资本密集型企业，利润每增长1%，工资总额的挂钩基准比例增长0.5%，对于2018年超额利润的单位效益每超10%，挂钩比例再增加0.1%，最高不超0.8%；当企业利润下降时也要按照上述比例相应降低。

3. 坚持激发活力

激发活力既要激发全员创新的积极性，更要解决科研、技术、供销、一线高技术、高技能人才等薪酬激励问题，吸引和留住企业关键岗位的核心人才是这次改革的重点。希望各单位用好权力、用好政策、用好工资总额，转变收入增长方式、优化收入分配结构、完善绩效考核办法，让能力、业绩和贡献与收入水平相匹配。这次改革我们考虑到首先要把基层的问题解决好，把基层的活力激发出来，对于总部机关的薪酬改革还要进一步深入研究，抓紧出台。

随着薪酬分配自主权的下放，要强化监督机制，建立问责机制，将薪酬考核分配纳入审计、监事会、纪检监察等监督检查范围。特别要强调财务、工资总额等数据的真实，凡是弄虚作假的要严肃处理，给予经济处罚或纪律处分。

（四）加强人才队伍建设，为转型发展提供有力支撑

蔡奇书记在首钢调研时指出，活力复兴的根本在于人才。这几年围绕破解人才难题，我们积极探索实践，取得了一定成效，但人才瓶颈问题仍然十分突出。新产业、新业态所需要的专业化人才严重不足，钢铁业所需要的高端技术人才留不住，“三支人才”队伍通道、职业经理人管理体系还不够完善。我们要从破除思想障碍入手，在建立市场化选人用人机制上大胆突破，在培养人才体系上健全完善，在营造干事创业环境上下更大功夫。

1. 在建立市场化选人用人机制上更进一步

市场化选人用人机制关键是尊重人才发展规律，进一步完善市场化引进人才、用好人才、留住人才的机制。

要进一步解放思想。传统的选人用人方式已不能完全适应首钢转型发展的紧迫需要，要树立起人才是第一资源、靠市场化配置人才资源的观念。围绕市场化选人用人，我们要破除认为只有自己培养的人最可靠、干事先从内部选人的惯性；破除用“官本位”的思维评价人才价值，专业人员薪酬不能高于领导人员的观念；破除对高薪引进市场化人才心里不平衡、盲目攀比的思想；破除重引进轻管理、能上不能下、有“进口”没“出口”的状况。要不断在市场化选人用人上形成共识，增强思想自觉和行动自觉。

要加大市场化选人用人力度。完善人才引进机制，多渠道、多形式地引进和使用人才，广泛吸引国内外优秀人才来首钢创业发展。要突破传统用人制度的束缚，推进劳动用工市场化进程。健全劳动合同管理和岗位聘用制度，充分发挥合同契约在人力资源管理中的规范作用。探索建立以岗位职责规范和能力素质指标为核心的评价机制，配套建立完善竞聘上岗、双向选择等制度。引导不适应现岗位的职工有序转岗或退出，创造条件促进职工内部流动。

要规范职业经理人队伍建设。在总结近几年职业经理人试点经验的基础上，建立全方位的职业经理人管理制度。坚持党管干部原则与市场化选人用人相结合，完善职业经理人选聘方式、程序和以聘用协议为核心的岗位管理制度，规范职业经理人岗位职责、任期目标，强化以经营效益为关键要素的考核导向，建立绩效考核、薪酬分配及任职综合评价等配套制度，激发职业经理人创造价值的活力，鼓励为企业长远发展做贡献的职业行为。探索现有经营管理者与职业经理人的身份转换通道，在有条件的单位试行领导人员全员市场化选聘。

2. 在系统化人才培养上更进一步

近年来，我们在领导干部培养、技能人才培训等方面取得了一定成绩，但仍然存在人才开发的系统性不够、人才的创新活力没有得到充分发挥等问题。要建立科学系统高效的人才开发体系。发挥人才开发院的作用，加强培训开发的总体规划、贯彻实施和评估改进，提高培训开发的针对性、系统性、规范性和实效性。创建职工能力素质模型，从职业发展通道和能力素质要求两个维度设计培训开发体系，规范人才的培养和选拔，提高职工岗位胜任能力。围绕新产业、财务等人才短缺的重点问题，通过定向招录、定向培养、工学交替、自主培养等多种方式，加快补齐队伍

结构短板。启动技术创新人才、高端财务金融人才等培训项目，继续办好特训班、海外研修班。制定首钢工匠评选表彰方案，加大激励，尽快培养一批在技术、管理等各个领域的首钢工匠。要统筹好人员精简和补充新鲜血液的关系，各单位要把录用高校毕业生名额作为调整人才结构的宝贵资源，加以珍惜，要招录一流院校的优秀毕业生，为企业基业长青积蓄后劲。

3. 在建立容错机制强化担当作为上更进一步

最近，我们根据国务院国资委文件精神，制定了《首钢集团有限公司违规经营投资责任追究实施办法》。这个办法要求非常严、非常细，大家可能有担心、有顾虑，在工作中不易放开手脚。在这个问题上，我们要有正确认识。习近平总书记明确指出，要把干部在推进改革中因缺乏经验、先行先试出现的失误和错误，同明知故犯的违纪违法行为区分开来；把上级尚无明确限制的探索性试验中的失误和错误，同上级明令禁止后依然我行我素的违纪违法行为区分开来；把为推动发展的无意过失，同为谋取私利的违纪违法行为区分开来。我们制定这个办法的目的就是坚持严管与厚爱相结合，既要求大家依法依规经营，又鼓励干事创业。这里面的关键是要处理好两个关系：一是处理好失误错误与违纪违法的关系。我们面对的经营环境复杂多变，不能保证每项经营决策都正确，每个投资都成功。需要建立容错机制，来宽容大家在依法依规经营中出现的失误和错误，为敢于担当、敢于负责、敢于干事创业的干部撑腰。二是处理好活力与规范的关系。规范管理是依法治企的要求，现在我们在投资经营等方面存在一些问题，迫切需要加强管理，建立责任体系，但也不是为了规范而规范，而是希望在依法依规、履行程序、守住底线的基础上，放下包袱，主动作为。

（五）坚持党的领导，为改革发展提供坚强保证

首钢有高度重视党建工作的优良传统，在改革发展过程中始终坚持党的领导，加强党的建设，发挥国有企业的独特优势。面对新形势新任务，各级党组织要认真贯彻落实新时代党的建设总要求，坚持发挥党组织领导作用，把方向、管大局、保落实，为企业改革发展提供坚强保证，以企业改革发展成果检验党组织的工作成效和战斗力。

1. 牢牢把握改革方向

面对首钢进一步深化改革面临的新问题和新任务，把握改革的正确方向至关重要。要坚持深入学习习近平新时代中国特色社会主义思想，认真贯彻党中央、国务院和北京市委、市政府关于深化国有企业改革的方针政策。要坚持遵循市场经济规律和企业发展规律，以推动企业高质量发展和维护职工根本利益为出发点和落脚点，进一步解放思想、解放和发展生产力、解放和增强企业活力。要坚持党组织对深化改革的统一领导，注重改革的系统性、整体性、协同性，使各方面改革协调推进、形成合力，使改革精准对接发展所需、基层所盼、人心所向。

2. 深入做好宣传引导

首钢进一步深化改革触及企业长期积累的深层次矛盾，直接涉及职工的切身利益，迫切需要统一思想、凝聚力量。要坚持思想先行，通过多种方式宣讲各项改革的目的意义、主要内容和实施安排，增强广大干部职工对各项改革的理解支持，提高对改革的心理承受力。要坚持把做好面上的宣讲和有针对性的疏导结合起来，及时了解职工思想动态，有针对性地做好一人一事的思想工作。要坚持各级党委对意识形态和舆论引导工作的领导，发挥好基层党支部和党员在宣传疏导中的战斗堡垒作用和先锋模范作用，发挥好工会和共青团的桥梁纽带作用，共同做好宣传思想工作，形成有利于改革创新的良好氛围。

3. 积极稳妥确保落实

改革重在落实，也难在落实。加强党对改革工作的领导，不仅要体现在议事决策上，也要体现在抓落实、见实效上。各单位党委要增强大局意识，提高工作站位，认真贯彻首钢集团党委关于进一步深化改革的重大决策部署，结合自身实际精心研究制定具体的实施方案，细化目标任务，明确责任分工，建立工作机制，确保任务落实到位、取得实效。首钢进一步深化改革是要在破解难题、寻找路径上探索创新，没有现成的经验和办法可以照搬照抄，要充分认识深化改革的复杂性、艰巨性，积极稳妥推进各项改革。要坚持统筹谋划与试点先行相结合，坚持整体推进与重

点突破相结合，胆子要大、步子要稳。要坚持正确处理改革、发展和稳定的关系，把握好改革的次序、力度、节奏。要坚持尊重基层创造精神，鼓励创新、鼓励探索、鼓励实践，及时总结试点经验，研究解决实施过程中出现的问题，推动改革不断深入。

同志们，回顾首钢40年的改革历程，我们心潮澎湃；面对当前的形势任务，我们深感责任重大；展望首钢的未来，我们充满信心。我们要大力弘扬改革创新精神，团结一致、攻坚克难，在新的历史起点上，加快首钢转型发展，书写首钢百年传奇！

名词解释：

1. 四个复兴：2018年8月25日，北京市委书记蔡奇到首钢调研时指出，打造新时代首都城市复兴新地标，要立足于城市复兴，实现文化复兴、生态复兴、产业复兴、活力复兴。

2. 三年行动计划：2018年9月21日，北京市新首钢高端产业综合服务区发展建设领导小组第五次会议审议并原则同意市发展改革委关于《加快新首钢高端产业综合服务区发展建设打造新时代首都城市复兴新地标行动计划（2019—2021年）》，旨在通过全面落实三年行动的各项任务，创新城市更新规划管理，高质量完成首钢北区的更新改造，城市复兴新地标建设取得阶段性成果。

3. "国企改革双百行动"：国务院国有企业改革领导小组办公室选取百家中央企业子企业和百家地方国有骨干企业（简称"双百企业"），在2018—2020年期间实施"国企改革双百行动"，深入推进综合改革，在改革重点领域和关键环节率先取得突破，打造一批党的领导坚强有力、治理结构科学完善、经营机制灵活高效、创新能力和市场竞争力显著提升的国企改革尖兵，充分发挥典型引领示范带动作用。

4. 国有企业改革"1+N"政策：自2015年8月国企改革的纲领性文件《关于深化国有企业改革的指导意见》（以下简称《指导意见》）发布以来，国企改革全面深化，此后相继发布多份与《指导意见》相关的文件，形成了以《指导意见》为引领、以若干文件为配套的国企改革顶层设计方案，构建了"1+N"的政策体系。"1"就是《指导意见》，"N"就是相关的一系列配套文件。

科技创新

持续推进科技创新
为提升转型发展质量和效益提供动力

——在首钢集团科技大会上的报告

首钢副总经理　赵民革

（2018年3月9日）

本次大会主要任务是：全面落实首钢集团“两会”精神，着力推动质量变革、效率变革、动力变革，在新的历史起点上，确立首钢转型发展新的坐标。以科技创新带动全面创新，为首钢转型发展的质量和效益提升提供动力，全面完成2018年科技创新工作任务。下面我向大会报告工作。

一　2017年科技创新工作回顾

2017年首钢在转型发展的长征路上攻坚克难、砥砺奋进，交出了一份提气的成绩单。首钢人开拓进取、真抓实干，坚持依靠科技创新推进集团转型发展。钢铁业紧抓市场机遇、苦练内功，盈利能力大幅提升；园区开发厚积薄发、主动作为，实现质的突破；新产业加快拓展、创立品牌，形成新亮点。集团科技创新工作取得新进展。

（一）钢铁业效益提升

以“三个跑赢”“双百工程”为抓手，持续推进产品结构优化、工艺技术创新，提升精益制造能力。2017年钢铁业在保生存中“稳”更有耐力。

1. 产品结构持续优化

高端领先产品、战略产品、EVI产量全面完成任务。全年完成高端领先产品631万吨，战略产品汽车板305万吨，其中镀锌板116万吨、高强钢96万吨、外板73万吨、合资品牌63万吨；电工钢150万吨；其中无取向高牌号电工钢31万吨、取向电工钢15万吨；镀锡板42万吨；EVI产品116万吨。四地开发新产品93项32万吨，2项新能源汽车用无取向电工钢产品全球首发，电力塔架用耐候钢等7项新产品国内首发，最高等级1000千伏特高压变压器用钢批量供货，千兆级超高强汽车板成功下线。家电板、桥梁钢、车轮钢国内占有率第一，汽车板、电工钢国内占有率第二，镀锡板实现高端客户全覆盖。

首钢产品助力国家重大工程和重点项目。汽车板应用于朱日和阅兵检阅车，薄规格取向电工钢应用于高铁首套智能化变电站，管线钢中标中俄东线，桥梁板独家供货世界第一高桥北盘江大桥，海工钢用于“蓝鲸1号”钻井平台，船板独家供应世界最大散货船“新一代超大型40万吨矿砂船”。贵钢动车组车轴钢取得动车组车轴国产材料的首件认证通过书。初步建立汽车板三级客户服务体系，成为宝马、吉利、北汽、长城等第一供应商，获海信、中粮等优秀供应商。

高端客户认证取得突破。汽车板在奔驰、上汽大众、一汽大众等高端客户认证取得新进展，获零件认证机会1820个，认证备料一次合格率99.5%，备料准时率96.5%，股份公司、京唐公司认证产品转化率分别达86.5%、

92.3%。在日产、本田、丰田等日系车企认证取得全面突破,争取到16种材料和58个零件认证机会,全年供货1万吨。其他产品累计开展认证175项。

2. 工艺技术创新取得突破

突破一批关键工艺技术。碱性球团研发取得进展,球团碱度达到1.25,质量满足首钢京唐二期球团生产的要求;长钢公司全面实施铁前一体化管理,铁水成本位居行业第八,高炉实现970余天无事故稳定运行,在首钢集团内推广经验;股份公司3号转炉全炉役碳氧积0.00188,行业领先;京唐公司、股份公司降低以IF钢为代表的冷轧品种转炉出钢温度约20℃,为汽车板大幅增量提供保障;股份公司IF钢热轧≤1220℃低温出炉比例达到90%以上,≤810℃低温退火比例达到80%以上;京唐公司形成成套铁素体轧制技术,含钛IF钢成材率提高约0.34%;首钢京唐二期进一步主动作为,发挥集成创新优势,3500毫米中板利旧改造按期投产,为首秦停产搬迁奠定基础。

提升EVI技术服务能力。持续推进42项EVI项目,涵盖范围由汽车板、电工钢拓展到所有重点产品;EVI实践类型由"技术专项"向"整车多项"拓展,车型从燃油乘用车向新能源汽车拓展,成形、焊接、腐蚀与涂装等EVI技术能力明显提升;在国内已设立12家钢材加工配送中心,具备165万吨高端冷轧板材加工配送能力和激光拼焊等生产加工能力;与中集公司、中国电科院等下游战略用户和知名院所新增共建联合实验室7个,联合实验室累计达到15个;加强客户交流,强化战略、重点客户的高层走访,举办产品与技术展示会、客户技术研讨会等,在日本东京日产汽车技术中心开展首届"首钢日"活动,与东风日产、吉利等车企联合举办技术展览和技术论坛,增强了客户粘性。

提高智能制造水平。股份公司完成了硅钢—冷轧智能工厂建设;完成72台天车地操改造;原燃料检验全自动系统投入使用,实现43个点位原燃料样品送样及检测自动化,检验效率提高30%,为国内首创。京唐公司烧结、混匀料场智能控制项目投用,实现远程操控;球团智能过程控制系统上线运行,填补了国内技术空白;工程信息管理平台全面上线,实现对工程进度的实时监控和分析;标准成本预测系统完成搭建,为经营决策提供了数据支撑。

3. 精益制造能力持续提升

强化过程管控,稳定产品质量。股份公司着力质量工作一次性干好、干到位,深化"天天读、周周碰",将32个工艺指标和29个质量指标列入展板,每周点评,持续改善,获评全国钢铁企业链汽车板优秀制造商3A级企业;京唐公司围绕产品制造、产品交付、客户服务、工序重点、质量成本五方面共设立32个评价指标,健全一贯制过程管理体系,热轧关键过程参数达标率较上年提升10%。四地质量异议同比减少17.2%;重点客户整单兑现率达91.8%,同比进步4.9个百分点;到货准时率达88.1%,同比提高5.8个百分点。

(二)园区开发主动作为

贯彻落实北京城市新总规、京津冀协同发展、筹办冬奥会等重大决策部署,双园区开发在求发展中"进"更有作为。

北京园区结合首钢城市风貌、城市设计、绿色生态等专项规划研究成果及北区实施情况编制了"多规合一"的设计导则,《新首钢高端产业综合服务区北区详细规划》获市政府肯定。初步搭建智慧建筑管控平台、大数据平台和综合运营管理平台、GIS&BIM规划建设管理平台。完成西十筒仓区域10万平方米工业遗存改造,启动了冬运中心训练基地建设,争取了单板大跳台项目落户。厚积薄发,先后获英国皇家城市规划学会颁发的"2017国际卓越规划奖",获国际绿色建筑大会"2017年绿色建筑先锋大奖","北京市新首钢城市更新改造项目"获全国人居环境建设领域的最高荣誉奖项住房城乡建设部"2017年中国人居环境示范奖"。

曹妃甸园区聚焦推进产城融合先行启动区开发建设,借鉴欧洲低碳环保及中鹰黑森林绿色科技住宅理念,打造15万平方米超低能耗被动式示范住宅项目,纳入住建部"十大绿色科技示范项目"。大力引进和推广智能住宅产品,建立整合安防系统、视频监控系统、门禁系统、消防报警系统、智能照明于一体的办公楼宇智能系统。合作开发装配式建筑生态小镇示范项目，建设零能耗被动式幼儿园，与曹妃甸景山学校合作，积极承接非首都功能疏解企业落户，打造高品质城市配套生活设施。

（三）新产业加快拓展

发挥首钢集团资源优势，加强对外开放合作，巩固已有基础，提质量、创品牌，探索新路径，开拓新市场，新产业在求发展中“进”更有亮点。

创新能力持续提升。环境产业：环境公司鲁家山餐厨垃圾收运处一体化项目开始运营，二期工程按照欧洲超净工厂的标准设计，打造国内环保产业新标杆。静态交通：城运公司开发的第二代公交车立体停车库平面移动类机械式停车设备取得特种设备型式试验合格证，并设计研发树状、云街型及圆塔型等类型自行车停车库。首自信公司自主研发的交流充电桩通过认证，同时开发了具备光纤到杆、供电到杆、智能应用搭载平台等多功能智能路灯杆。装配式建筑：首建公司获批住建部第一批“国家装配式建筑产业基地”，研发了业内首创的“工具式安全防护、定位系统”“自密实砼工法”用于4号、7号装配式住宅建设。体育文化：与体育总局共同打造国内首家“国家体育产业示范区”。

市场开发取得突破。国际工程公司承建的埃塞俄比亚阿瓦萨工业园项目荣获“全球建筑峰会”工业类“全球最佳工程奖”，开发的世界首例超能电池重载运输车在山钢日照精品钢基地投入工业化应用，承揽秘铁和日照海水淡化工程。首自信公司中标城市副中心行政办公区综合管理服务平台项目。京西重工开发的车辆前盘高度调节系统正在通用公司进行验证，捷克工厂产品供货沃尔沃。北冶公司开发的超超临界燃煤电站用BYH1焊丝等新产品，填补国内空白、替代进口。吉泰安公司“圆珠笔头用超易切钢材料”产线开始量产。老年福养老模式得到国家民政部高度认可，一耐厂养老项目获得世行支持。

（四）科技创新取得新成效

1. 科技创新能力稳步提升

全年完成科技成果验收评价136项，其中“基于商用车正向设计轻量化用钢的开发与应用技术”等20项成果达到国际先进水平。获上级科学技术奖励12项次，其中集团公司参与完成的“热轧板带钢新一代控轧控冷技术及应用”获国家科学技术进步二等奖；集团公司牵头完成的“大型水电站用高强度易焊接厚板与配套焊材焊接技术开发应用”获得冶金科学技术一等奖和北京市科学技术一等奖，是集团公司板带类产品近十年以来首次获行业一等奖。12项产品上榜2017年“冶金行业品质卓越产品”名单。

全年完成专利申请849件，其中发明专利503件；获专利授权522件，其中发明专利262件；形成企业技术秘密296项。集团公司被国家知识产权局授予“国家知识产权示范企业”称号。制修订各类标准58项，其中主持修订国际标准1项，在“国家标准研制贡献指数”大数据分析报告中，首钢名列冶金行业第一位。新承担“钢铁流程绿色化关键技术”等14项国家及北京市等科技计划项目，获财政资金支持2833万元。

初步建立起钢铁业研发投入预算管理体系，实现预算管理由“事后管控”向“过程管控”转变，提高科研资金利用效率；鼓励科技创新，加大新产品的开发力度及工艺技术研究的投入。全年首钢钢铁业研发投入22.2亿元，占销售收入比例2.3%。其中，四地钢铁业研发投入18.0亿元，占销售收入比例2.8%；外埠钢铁业研发投入4.3亿元，占销售收入比例1.2%。

2. 基层群众性创新活动充满活力

不断发挥创新工作室的示范、引领和辐射作用。股份公司注重发挥各类创新团队的攻关生力军作用，形成了全员学习创新的浓厚氛围，培养技术领军人才，打造转炉复吹攻关“金牌团队”。京唐公司统筹推进“蓝精灵”、职工创新工作室、合理化建议等创新活动，资源共享、优势互补的全员创新平台初步建立，按“六有标准”和“六个特色活动”要求扎实推进。首秦公司备件和工装设备自主修复，高炉炉况量化评价，众创空间名副其实。矿业公司进一步探索实践了“四个结合、两个延伸”的全员创新模式，形成“人人是创新主体、处处有创新课题”的氛围。创业公社入驻和服务企业已超过一万家，出孵企业估值超过200亿元，真正成为国家“双创”优质平台。

3. 科技人才队伍建设稳步推进

拓展科技人才晋升空间，技研院建立了以知识价值为导向的薪酬激励政策，对技术领军人物的突出贡献在薪酬上体现激励，打通成长通道。聚集一流人才干成事不断深化，持续实施高端人才素质提升工程，选派优秀科技人员赴国内外知名院校进修深造。培育选树先进典型，矿业马著获“全国百姓学习之星”称号，技研院刘李斌获“全国五一劳动奖章”，京唐吴礼云获北京市“国企楷模·北京榜样”十大人物，总工室张福明获“魏寿昆科技教育奖”。矿业齐宝军入选国家级“百千万人才”工程、与机电公司卫建平同时获批国务院政府特殊津贴、技研院邝霜入选“北京市2017年科技新星培养计划”、股份公司安冬洋等3人获得北京市优秀人才培养资助，成为科技工作者学习的榜样。“海外院士专家北京工作站”正式授牌落户首钢。

2017年科技创新工作取得了一定成绩，这是集团公司各级领导、广大职工和科技工作者付出艰辛劳动的结果，是大家智慧的结晶，我代表集团公司向大家表示衷心的感谢！

在总结成绩的同时，必须清醒看到，在推动集团公司科技进步的过程中还面临不少困难和挑战，创新体系、能力和新的历史起点上加快首钢转型发展的要求还存在较大差距。同时，我们的工作也存在着许多不足。一是产品结构调整“不到位”。无论是产品的综合价格、单利，还是产品的用户结构、“粘性”，都与标杆企业存在全方位的差距。“把产品开发出来、在下游用得上去、在经营中拿得到订单、在财务账上看得见效益”还没有成为广泛的共识。二是工艺技术攻关“不深入”。主要表现在钢铁产品开发和工艺研究不平衡。一些影响产品质量的瓶颈工艺问题久攻不克，如汽车外板的针尖、脱锌、夹杂，热轧高强钢残余应力和冷轧双相钢的边裂和山峰纹缺陷等。多数研究工作虽然解决了问题，但是却不能回答“为什么”和“什么是平衡态”等科学问题。三是科技创新体制机制建设方面还“不高效”。部门之间、部门与企业之间、企业之间协同效率不高；非钢产业研发体系发展不充分，研发投入预算管理体系还不能覆盖到集团公司。税收筹划意识不强，在国家税收优惠政策的利用方面差距较大；信息化建设对科技创新的支撑作用亟待提高。

二　2018年科技创新工作思路和目标

2018年首钢科技创新重点做好以下工作：

总体思路：深入学习贯彻党的十九大精神，落实首钢集团“两会”要求，以科技创新带动全面创新，着力推动质量变革、效率变革、动力变革，全面提高质量和效益；进一步优化集团科技创新体系，强化创新资源配置，提高协同效率，在新的历史起点上加快转型发展。

科技进步主要目标任务：

研发投入预算目标：钢铁业研发投入25.3亿元，占销售收入比例2.5%，其中四地钢铁业研发投入20.0亿元，占销售收入比例2.9%；外埠钢铁业研发投入5.3亿元，占销售收入比例1.5%。城市综合服务业要确定研发投入统计范围，制定出符合实际的研发投入的统计及管理体系，力争2018年下半年纳入集团研发投入预算管理范畴。

科技项目计划目标：2018年计划开展科技项目648项，安排资金6.13亿元。钢铁业科技项目469项，安排资金2.62亿元，其中四地钢铁业科技项目393项，安排资金2.06亿元；外埠钢铁业科技项目76项，安排资金0.56亿元。

产品结构优化目标：高端领先产品安排585万吨，三大战略产品中汽车板安排315万吨，电工钢安排150万吨，镀锡板安排42万吨；新产品产量34万吨，力争实现6项新产品国内首发；完成4款新车型技术支持，EVI供货量计划130万吨。

园区与新产业科技进步目标：两大园区要统筹谋划规划、设计、建设、招商、运营、服务等多项工作，北京园区要做好首钢工业遗址公园、冬奥广场等项目建设和南区控规优化，曹妃甸园区要做好社会优质产业资源引进工作；新产业要整合内外部资源，重点搭建静态交通、装配式建筑、能源环保等产业链系统平台。

三　2018年首钢科技创新重点工作

（一）认清形势，开创科技创新新局面

党的十九大指出“我国社会主要矛盾已经转化为人民日益增长的美好生活需要和不平衡不充分的发展之间的矛盾。”我们要深刻认识这一历史性变化所产生的深远影响、所带来的机遇挑战；深刻认识稳中求进成为治国理政的重要原则，不仅是经济工作总基调，也是各项工作总基调，主动在思想方法上求新求变。

从宏观形势看，世界经济短期企稳向好，中期挑战较多。中国经济由高速增长阶段转向高质量发展阶段，必须跨越非常规的发展现阶段特有的关口，要大力转变发展方式、优化经济结构、转换增长动力。这意味着必须坚持质量第一、效益优先，坚定不移推进供给侧结构性改革，坚决推动质量变革、效率变革、动力变革，坚定信心打赢三大攻坚战等倒逼高质量发展。

从钢铁行业看，我国钢铁行业进入了深度调整期，比以往任何时候都更加需要满足国家和社会对供给质量、服务质量、生态环境质量日益增长的新需求，比以往任何时候都更加需要技术蕴含的巨大潜能和通过创新来孕育新动力。我们要深刻认识首钢钢铁业“稳”的基础远未牢固，绝不可以歇歇脚、松口气。

从京津冀协同发展看，疏解北京非首都功能是重中之重，北京副中心、雄安新区、以曹妃甸示范区为首的四个功能区建设充满了机遇和挑战。北京城市发展要求园区建设越来越宜居宜业；职工美好生活向往对企业转型成功越来越期盼。我们要深刻认识首钢转型发展“进”的能力还不强，还没有把市场机遇转变为自身的竞争能力。

从首钢自身看，我们面临的新矛盾是把首钢建设成为有世界影响力的综合性大型企业集团与当前转型发展质量不高之间的矛盾。面对新矛盾，必须坚持科技创新是引领发展的第一动力，为全面提升转型发展质量和效益提供强大支撑。然而我们自身还存在多种不平衡不充分的问题，面临艰巨的挑战，我们要深刻认识到解决新矛盾的关键是提高发展质量，根本出路在改革创新。

新起点开启新征程。在新的长征路上我们要应对更为艰巨的挑战、经历更为艰辛的过程、付出更为艰苦的努力，紧盯重要的时间节点和工作坐标，一步一个脚印地做实做好各项工作，开创科技创新新局面。

（二）抓住新矛盾，释放科技创新活力

面对新矛盾，我们必须破除思想观念束缚和体制机制障碍，聚焦科技创新，推动质量变革、效率变革和动力变革，解决发展不平衡不充分的问题，实现产品质量更好、创新效率更高、创新动力更足。

推动质量变革。一是提升产品质量。充分发挥标准提升对质量变革的引领作用，强化与先进企业对标，致力于提升产品质量的一致性，开展质量提升行动。充分发挥科技创新对质量变革的支撑作用，坚持用质量优势对冲成本上升的劣势，在全体系、全流程、全要素上下功夫，健全产品质量一贯制管理体系。二是提升工作质量。产品开发要以形成订单和利润为目标，工艺研究要以解决质量瓶颈问题为重点，全部科研工作要注重回答好“为什么”“什么是平衡态”等科学问题。通过科学、工艺、技术、设备和控制的完美结合，提升科技成果档次，在逐步彰显原创能力的同时，获得更高档次的科技奖、形成更有影响力的国际标准和专利、在更高影响因子的期刊上发表论文。三是提升人才质量。注重人才的培养和使用，以“首席技术专家、首席研究员”团队建设为抓手，构建同一技术领域有共同梦想、共同利益、高效协同的“四同”团队，培养出能漫步国际舞台的领军人才和有行业影响力的科研骨干。拓展人才培养渠道，通过赴外学习、参加学术会议、挂职锻炼等多种形式，确保人才持续提素。

推动效率变革。一是提高科技创新效率。重点是加强顶层设计和系统安排，整合科技创新资源配置；提高研发资金的使用效率，加快钢铁新产品研发，缩短研发周期，加大科技成果的推广应用；试点科研项目招投标模式，直接

引进社会成熟优势技术,提高新产业研发效率。二是提高协同效率。强化不同专业之间、不同单位部门之间、不同板块之间科技资源的高效协同;设立重大项目,确立同一目标、固化同一团队、建立同一机制;配置优质资源,加快要素集聚,激发创新潜力,抢攀科技高峰。三是提高流程效率。以产品制造和应用流程为研究对象,聚焦全流程高效运行的薄弱环节,找准突破点精准发力,实现全流程"动态有序、协同连续"。聚焦业务流程的重点问题,充分借助信息化手段,推动工作效率大幅提高。

推动动力变革。一是改革体制机制。探索建立"一院多中心"的钢铁板块研发体系,以研发投入预算为抓手完善非钢产业研发体系建设。探索建立科技成果转化、股权和分红等以增加知识价值为导向的激励机制;完善科技创新制度体系,通过对科技项目、专利、标准、科技奖励等管理办法的修订完善,形成更加系统、更有活力、更为高效的创新制度体系。加快高新技术企业申请、研发费用加计扣除等税收优惠政策的利用。二是推动原始创新。聚焦新技术、新材料发展,把握形势机遇,提前构思谋划,探索互联网、大数据、人工智能和首钢钢铁业的深度融合。以"首发产品、首创工艺、首开设备"为抓手,提升原始创新能力,突出重大工艺技术、关键共性技术创新。三是寻找新动能。进一步解放思想,拓展对外开放合作,充分借助内外部两个智力资源,寻找科技发展新动能,开创集团技术进步新局面,为钢铁业做优做强、园区开发和新产业发展提供科技支撑。

(三)构筑新优势,实现钢铁业新突破

钢铁业要坚持以市场化改革为中心,突出发挥机制作用;坚持以提高管理能力为中心,突出全要素生产力提高;坚持以加强管控体系为中心,突出运行质量提升;坚持对标找差,突出持续改进。

强化精品制造。坚持"以市场为导向、以产线为中心、以效益为标尺",强化销售技术部的组织协调,持续优化产品结构,形成高效、优质、定制化的产品体系。大批量产品核心是高效,必须聚焦高端镀锌汽车外板关键缺陷、冷轧高强汽车板生产稳定性、薄规格酸洗板表面质量及板形等共性技术攻关,改善产品质量一致性,提高合同一次通过率,实现标准化生产。股份公司、京唐公司汽车板全流程合同一次通过率要分别达到60.5%和62.0%。高端化产品核心是优质,必须聚焦材料的多相组织调控、超高强钢残余应力控制、GA镀层结构优化等关键技术攻关,培育原创能力,实现980兆帕级增强塑性双相钢等6项以上新产品国内首发,实现市场高端引领。小批量产品核心是定制,必须聚焦优化排程、敏捷制造、高精度柔性轧制等专有技术攻关,不断满足客户需求变化,实现低成本生产,提高产品交期水平,四地到货准时率要达到89.1%以上。围绕首钢京唐二期工程进展,深化在工艺技术和产品市场等方面的转移和无缝对接。聚焦原始创新,加强转炉炉底快换、RH加铝吹氧高效升温技术等首创工艺、冷轧带钢翘曲在线检测等首开设备的培育。

推进智能制造。股份公司要完善总结硅钢—冷轧智能工厂建设经验,具备推广条件;高标准建设热轧板卷全自动智能检测实验室,争创国际先进。组织推进新数据中心、硅钢酸轧智能原料库等信息化、智能化项目,提高"互联网+制造"现实保证能力。京唐公司要完成运输部5号库智能仓储建设,推进MCCR板坯及成品卷库、冷轧和镀锡原料库库区的智能化建设;实施2230连退产线智能拆捆带项目;推进铁水智能调度系统建设,改造升级铁包跟踪系统并启动二期扩展工作;改造一期MES系统,同步完成二期铁前PES等信息化系统配套建设。

开展流程再造。以产销一体化经营管理系统建设为推手,整合产供销研及财务、成本、设备等组织机构与核心业务流程,统一各基地规则体系与代码体系,重构制度管控体系与绩效考核体系,提升首钢"制造+服务"的核心竞争力,实现产销一体化、管控一体化、业财一体化。2018年4月要完成业务详细设计,10月要完成工程项目管理系统上线,年底要实现采购、设备、能源管理系统上线。2019年上半年完成销售、生产、质量、成本、物流管理系统上线。

加强持续改进。一是对标先进缩差。建立首钢四地钢铁企业与宝钢、外埠与区域先进、板块与行业的全方位对标体系,制定全方位缩差赶超路线图、时间表,以"功成不必在我"的定力,持续攻关、不断改进,实现经济效益"比去年、比计划、比规划、比行业、比同类企业"稳步提升,钢铁板块销售价格要跑赢市场指标达到2%以上。二是持续成

本改善。实施精益成本管理,依靠科技进步降低专项成本和费用,推进全流程工序降本。以铁前"降百"工程为抓手,特别是提高大型高炉科学管理水平,保持高炉顺稳局面;继续推广铁前一体化管控经验,实现铁成本对标行业先进企业,铁成本要比行业平均缩差 100 元/吨。三是强化精益制造。聚焦流程优化、质量改善、现场提升,深化六西格玛、TPM 等精益管理工具运用;开展精益制造探索,导入准时化生产、标准化作业、设备综合效率评价等新理念、新方法。钢铁板块质量成本要比 2017 年降低 15%。四是确保生产顺稳。要树立更高的有挑战性的产量目标,消化环保限产等不利因素,确保完成挑战性的生产效率指标。股份公司、京唐公司劳产率力争达到 1000 吨/人年和 1278 吨/人年的目标。推广设备实时监测预警 APP 做法,点巡检与精密点检相结合,设备劣化趋势分析与快速隐患排查治理相结合,实现产线故障有效掌控;以 TPM 为抓手,持续优化功能精度等管理,保持设备良好运行状态。

践行首钢服务。着力管控合同节点兑现率、合同整单兑现率等关键指标,四地整体合同兑现率达到 96.0%,重点客户整单兑现率达到 90.9%;加快构建钢铁产品"一站式"信息化服务平台,提升"一揽子"服务能力;完善以客户代表为中心的"产销研一体化"服务协作模式,拓展服务领域;实施客户服务"分类、分区、分级"管理,提高服务效率;优化钢材配送加工中心布局与建设,加快宁波、株洲等项目的实施,强化贴身服务;提高服务质量,使 EVI 成为粘结高端客户、深化战略合作、提高产品盈利能力的最重要途径,推进与一汽、吉利等客户应用技术实验室联合共建力度,持续提升用户服务能力;加强认证能力建设,推进实验室国际化、专业化进程,再启动 1 家合资品牌焊接实验室认证授权。

(四)打造新名片,建设城市复兴新地标

园区建设要坚持"双园区"协同联动,面对多线布局、多点开花、多面挑战,盯住时间节点,顺势而为,向社会展示首钢园区新形象。

北京园区要加快开发步伐,高质量、高水平完成冬运中心训练基地建设。启动石景山景观公园和首钢工业遗址公园项目,完成北区路网建设,打好绿色环境基础,快速提升园区品质。全面启动冬奥广场及金安桥交通一体化工业遗存改造项目,同步做好招商工作,吸引高端产业要素集聚。做好城市织补创新工场功能区和公共服务配套区方案设计,完成南区控规优化。推进 C40 正气候项目第二阶段认证和美国社区规划与发展评估认证,推进园区 BIM 标准研究和园区大数据平台建设。

曹妃甸园区要继续落实北京制造业疏解地的功能定位,在节能环保、绿色低能耗、智能办公、智能销售等方面开展科技创新,培育一批绿色节能建筑高新技术企业。加强与上下游企业对接联系,争取引入更多钢铁产业链企业。与京冀教育、医疗、体育规划布局对接,引导一批北京市医疗、教育及体育资源向曹妃甸转移,推进零能耗被动式幼儿园申报国家级示范项目。

(五)培育新产业,形成转型发展新亮点

新产业要充分发挥首钢在转型发展实践中已形成的综合优势,破瓶颈、补短板,抢抓发展机遇,打好组合拳,形成模块化解决方案和标准化推介宣传,尽快打开市场开发新局面。

环境产业:环境公司要继续做好鲁家山园区规划,推进生物质二期各项工作,做好北京市餐厨垃圾收运处一体化项目;精心做好北京园区土壤治理工作,拓展建筑垃圾市场应用。

静态交通:城运公司要以"智能库"的研发为着力点,进一步拓展自行车库的研发;首自信公司重点开展智慧建筑技术研发,将物联网技术应用于智能家居。

装配式建筑:首建公司要构建装配式钢框架支撑结构住宅技术体系,在铸造村一区开工建设箱板装配式钢结构住宅示范楼;国际工程公司要形成一整套绿色装配式钢结构住宅建筑及结构设计体系及施工技术集成。

特种材料方面:北冶公司要推进丝材生产线升级改造、战斗机和燃气轮机用高温合金纯净化冶炼技术研究;吉

泰安公司要完成机动车排气管焊接用特殊焊丝的开发。

健康医疗产业方面:首钢医院要稳步推动中心实验室发展;医疗产业公司要进一步完善智慧养老信息化系统,将系统全面落地。

同志们,2018 年是首钢推进"十三五"规划、迎接建厂百年承上启下的关键一年。我们要深刻领会党的十九大精神和首钢集团"两会"要求,站在新起点,开启新征程,把科技创新作为引领发展的第一动力,敢于攀登、勇于担当、凝心聚力、只争朝夕,开创首钢转型发展新局面,为完成今年各项任务而奋勇前进!

2018 年度首钢科学技术特殊贡献奖获奖名单

姓　　名	工作单位
杨庆彬	首钢京唐钢铁联合有限责任公司
赵志星	首钢集团有限公司技术研究院

2018 年度首钢获得上级奖励项目明细

序号	项目名称	主要完成单位	获奖等级
1	超大型水电站用金属结构关键材料成套技术开发应用	首钢集团有限公司 秦皇岛首秦金属材料有限公司 北京科技大学 中国水利水电第七工程局有限公司 中国电建集团华东勘测设计研究院有限公司 中国葛洲坝集团机械船舶有限公司 天津大桥焊材集团有限公司	国家科技进步二等奖
2	高炉喷煤评价体系研发及应用	北京科技大学 首钢京唐钢铁联合有限责任公司 山西太钢不锈钢股份有限公司 中冶京诚工程技术有限公司 唐山钢铁集团有限责任公司 江苏沙钢集团有限公司 方大特钢科技股份有限公司 柳州钢铁股份有限公司 甘肃酒钢集团宏兴钢铁股份有限公司 青岛特殊钢铁有限公司 湖南华菱湘潭钢铁有限公司 唐山国丰钢铁有限公司 抚顺新钢铁有限责任公司 唐山新宝泰钢铁有限公司	冶金科学技术一等奖

续表

序号	项目名称	主要完成单位	获奖等级
3	烧结料面喷吹蒸汽机理研究及应用	首钢集团有限公司 首钢京唐钢铁联合有限责任公司 北京科技大学	冶金科学技术一等奖
4	基于商用车正向设计轻量化用钢的开发与应用技术	首钢集团有限公司 首钢京唐钢铁联合有限责任公司 北京首钢股份有限公司 北京科技大学 北京福田戴姆勒汽车有限公司 正兴车轮集团有限公司 中国第一汽车股份有限公司技术中心 辽宁金天马专用车制造有限公司	冶金科学技术二等奖
5	特大型钢桥用低屈强比易焊接高性能桥梁钢的开发与应用	首钢集团有限公司 秦皇岛首秦金属材料有限公司 中铁山桥集团有限公司 中铁宝桥集团有限公司	冶金科学技术二等奖
6	首钢水厂铁矿尾矿一体化处置全流程技术与装备研究	首钢集团有限公司矿业公司	冶金科学技术三等奖
7	7.63米焦炉四大机车无人驾驶技术研究与应用	唐山首钢京唐西山焦化有限责任公司 首钢京唐钢铁联合有限责任公司 首钢集团有限公司	冶金科学技术三等奖
8	高品质钢洁净化智能控制的多维多尺度数值模拟仿真技术及应用	北京科技大学 青岛特殊钢铁有限公司 首钢股份公司迁安钢铁公司 新疆八一钢铁股份有限公司 攀钢集团攀枝花钢钒有限公司	冶金科学技术三等奖
9	高碳钢关键质量指标评价技术的开发与工业化应用	江苏沙钢集团有限公司 冶金工业信息标准研究院 武汉钢铁有限公司 首钢集团有限公司技术研究院	冶金科学技术三等奖
10	高强韧厚规格海洋工程用钢高效制备技术及应用	首钢集团有限公司 秦皇岛首秦金属材料有限公司 东北大学 中国船舶重工集团公司第七二五研究所(洛阳船舶材料研究所) 中国石油渤海装备辽河重工有限公司 中国国际海运集装箱(集团)股份有限公司	北京科学技术一等奖
11	基于商用车正向设计轻量化用钢的开发与应用技术	首钢集团有限公司 首钢京唐钢铁联合有限责任公司 北京首钢股份有限公司 北京科技大学 北京福田戴姆勒汽车有限公司 辽宁金天马专用车制造有限公司	北京科学技术三等奖
12	机械式立体停车设备研发设计与应用	北京首钢城运控股有限公司 北京首嘉钢结构有限公司	北京科学技术三等奖

2018年度首钢科学技术奖获奖项目

序号	项目名称	完成单位	获奖等级
1	京唐大型干熄焦稳定运行技术优化与应用	首钢京唐钢铁联合有限责任公司 唐山首钢京唐西山焦化有限责任公司 首钢集团有限公司技术研究院	一等奖
2	首钢RH真空精炼技术的研发、创新与集成	首钢集团有限公司技术研究院 北京首钢股份有限公司 首钢京唐钢铁联合有限责任公司	一等奖
3	高纯净铸造高温合金母合金关键技术及产业化研究	北京北冶功能材料有限公司	一等奖
4	高牌号无取向硅钢超低同板差控制技术研究与应用	北京首钢股份有限公司 首钢智新迁安电磁材料有限公司	一等奖
5	汽车用特殊服役性能钢板稳定生产及应用关键技术开发	首钢集团有限公司技术研究院 北京首钢股份有限公司 首钢京唐钢铁联合有限责任公司 北京首钢冷轧薄板有限公司	一等奖
6	1000KV特高压用取向硅钢研发及产业化	首钢智新迁安电磁材料有限公司 北京首钢股份有限公司	一等奖
7	高鲜映性环保型汽车板及前处理工艺开发	首钢集团有限公司技术研究院 北京首钢股份有限公司 首钢京唐钢铁联合有限责任公司	一等奖
8	西十冬奥广场工业遗存绿色、智能化改造开发与利用	北京首钢建设投资有限公司 北京首钢建设集团有限公司 北京首钢国际工程技术有限公司 北京首钢自动化信息技术有限公司	一等奖
9	冬奥广场工业遗存改造涂装新技术的开发与应用	首钢集团有限公司技术研究院 北京首钢建设集团有限公司	一等奖
10	伊钢熔剂性球团矿及全球团冶炼技术研究	首钢集团有限公司技术研究院 首钢伊犁钢铁有限公司	二等奖
11	球团智能控制无人操作研发与应用	首钢京唐钢铁联合有限责任公司 北京首钢自动化信息技术有限公司 首钢集团有限公司技术研究院	二等奖
12	环保限产形势下保高炉顺稳达产技术研究	北京首钢股份有限公司 首钢集团有限公司技术研究院	二等奖
13	基于结构安全耐久的乘用车用铁素体贝氏体高强度扩孔钢研制与应用	首钢集团有限公司技术研究院 北京首钢股份有限公司	二等奖
14	大型非煤地下矿山无人开采技术探索与实践	首钢集团有限公司矿业公司	二等奖
15	股份公司炼钢厂层流化生产技术	北京首钢股份有限公司 首钢集团有限公司技术研究院	二等奖

续表

序号	项目名称	完成单位	获奖等级
16	首钢长钢异型坯连铸关键工艺开发	首钢集团有限公司技术研究院 首钢长治钢铁有限公司	二等奖
17	镀锡板高效低成本 CAS 工艺开发及应用	首钢京唐钢铁联合有限责任公司 首钢集团有限公司技术研究院	二等奖
18	硅钢常化酸洗线焊接材料及焊接工艺开发应用	首钢集团有限公司技术研究院 北京首钢股份有限公司 首钢智新迁安电磁材料有限公司	二等奖
19	首钢京唐热轧精轧机换辊最优模型研究及关键环节技术创新	首钢京唐钢铁联合有限责任公司	二等奖
20	高屈服强度冷轧高强集装箱钢 S800NQ 的研制与开发	首钢集团有限公司技术研究院 首钢京唐钢铁联合有限责任公司	二等奖
21	基于知识推理的中厚板质量设计研究及应用	北京首钢自动化信息技术有限公司 首钢京唐钢铁联合有限责任公司	二等奖
22	低合金氮强化镀锡板强化机理及配套生产技术研究	首钢集团有限公司技术研究院 首钢京唐钢铁联合有限责任公司	二等奖
23	被动式超低能耗绿色建筑示范工程	京冀曹妃甸协同发展示范区建设投资有限公司 北京首钢国际工程技术有限责任公司 北京首钢建设集团有限公司	二等奖
24	无镀层高抗弯性能热冲压汽车钢开发与应用技术研究	首钢集团有限公司技术研究院 首钢京唐钢铁联合有限责任公司	二等奖
25	高炉原燃料全自动取制样及检测系统研发与应用	北京首钢股份有限公司	二等奖
26	《高炉热风炉热平衡测定与计算方法》国家标准制定	首钢集团有限公司技术研究院 北京首钢国际工程技术有限公司 北京首钢股份有限公司	二等奖
27	再生骨料在混凝土及透水材料的高值规模化应用技术	首钢环境产业有限公司 北京首钢资源综合利用科技开发有限公司	二等奖
28	高层装配式住宅内嵌式外墙施工技术	北京首钢建设集团有限公司	二等奖
29	汽车板高端用户认证关键技术研究	首钢集团有限公司技术研究院	二等奖
30	青岛钢铁有限公司城市钢厂环保搬迁 2 号高炉工程	北京首钢国际工程技术有限公司	三等奖
31	新型高效干式预选设备的应用研究	首钢集团有限公司矿业公司	三等奖
32	延长迁安中化公司干熄焦装置检修间隔的研究及应用	首钢集团有限公司技术研究院 迁安中化煤化工有限责任公司	三等奖
33	京唐备煤智能管控系统关键技术研究与应用	首钢京唐钢铁联合有限责任公司 唐山首钢京唐西山焦化有限责任公司 首钢集团有限公司技术研究院	三等奖
34	矿用钢绞线均质化盘条的制备技术与应用	首钢集团有限公司技术研究院 首钢水城钢铁(集团)有限责任公司	三等奖
35	大型冶金地下矿山高效精准爆破关键技术工艺的研究与实践	首钢集团有限公司矿业公司	三等奖

续表

序号	项目名称	完成单位	获奖等级
36	焦炉烟气脱硫脱硝工艺技术的研究与实践	北京首钢国际工程技术有限公司 迁安中化煤化工有限责任公司 唐山首钢京唐西山焦化有限责任公司	三等奖
37	钢中夹杂物自动统计分析技术研究	首钢集团有限公司技术研究院	三等奖
38	露天胶带运输系统破碎站拆除爆破新方法研究	首钢集团有限公司矿业公司	三等奖
39	含钛铁水转炉保碳出钢工艺技术的开发	首钢水城钢铁(集团)有限责任公司	三等奖
40	基于"低温脱磷+抑制回磷"的转炉超低磷钢冶炼技术研究	首钢集团有限公司技术研究院 秦皇岛首秦金属材料有限公司 首钢长治钢铁有限公司	三等奖
41	特殊热处理要求的高性能容器板开发	首钢集团有限公司技术研究院 秦皇岛首秦金属材料有限公司	三等奖
42	首钢股份脱硫渣铁转炉资源化利用技术开发	北京首钢股份有限公司 首钢集团有限公司技术研究院	三等奖
43	煤矿输送托辊用高精度直缝焊管的研制与开发	通钢集团吉林市焊管有限责任公司 首钢集团有限公司技术研究院 北京首钢股份有限公司	三等奖
44	特殊服役环境用热处理系列管线钢制造技术创新	首钢集团有限公司技术研究院 秦皇岛首秦金属材料有限公司 北京首钢股份有限公司	三等奖
45	热轧薄规格高强钢关键生产技术研究及应用	北京首钢股份有限公司 首钢集团有限公司技术研究院	三等奖
46	低合金热轧抗震钢筋相变及表面控制技术与关键设备的研制与应用	首钢集团有限公司技术研究院 首钢水城钢铁(集团)有限责任公司 北京首钢华夏工程技术有限公司	三等奖
47	铌微合金化抗震钢筋工艺技术开发	通化钢铁集团股份有限公司 首钢集团有限公司技术研究院	三等奖
48	钢的脱碳层分析技术研究	首钢集团有限公司技术研究院	三等奖
49	三缩颈蛋白饮料罐用镀锡板开发及关键技术研究	首钢京唐钢铁联合有限责任公司 首钢集团有限公司技术研究院	三等奖
50	首钢低碳烘烤硬化钢产品开发	首钢集团有限公司技术研究院 北京首钢股份有限公司 首钢京唐钢铁联合有限责任公司	三等奖
51	首钢新型不常化高效系列无取向硅钢产品开发及应用	首钢智新迁安电磁材料有限公司 北京首钢股份有限公司	三等奖
52	汽车板高速变形及高周疲劳特性研究	首钢集团有限公司技术研究院 北京首钢股份有限公司 首钢京唐钢铁联合有限责任公司 北京首钢冷轧薄板有限公司	三等奖
53	首钢汽车板 EVI 集成技术创新与应用	首钢集团有限公司技术研究院 北京首钢股份有限公司营销中心	三等奖
54	贵钢中空钢生产线 50t/h 步进梁式加热炉设计研究与应用	北京首钢国际工程技术有限公司 首钢贵阳特殊钢有限责任公司	三等奖

续表

序号	项目名称	完成单位	获奖等级
55	大型热法海水淡化装置高效阻垢集成技术	首钢京唐钢铁联合有限责任公司 首钢集团有限公司技术研究院	三等奖
56	首钢京唐高性能彩涂基板开发及关键技术研究	首钢集团有限公司技术研究院 首钢京唐钢铁联合有限责任公司	三等奖
57	低品质转炉煤气增收集成技术	首钢京唐钢铁联合有限责任公司	三等奖
58	冷轧板带连续退火炉烟气氮氧化物净化研究及应用	北京首钢冷轧薄板有限公司	三等奖
59	基于双重预防机制的安全管理综合平台	北京首钢自动化信息技术有限公司 北京首钢股份有限公司 首钢集团有限公司安全环保部	三等奖
60	二热轧轧线关键质量设备精度的提升开发	北京首钢股份有限公司	三等奖
61	提高迁钢一热轧宽度直通率控制技术研究	首钢集团有限公司技术研究院 北京首钢股份有限公司	三等奖
62	镀锌机组光整机运行稳定性提升及优化改造	北京首钢冷轧薄板有限公司	三等奖
63	首钢污染场地热脱附工程用回转窑再生耐磨浇筑料制备技术的研究与应用	首钢集团有限公司技术研究院 北京首华科技发展有限公司	三等奖
64	无人操作全自动计量的研究与应用	首钢京唐钢铁联合有限责任公司 北京首钢自动化信息技术有限公司	三等奖
65	幼儿园自主研发课程《妙趣数学》	北京首钢实业集团有限公司 北京首实教育科技有限公司	三等奖
66	结构钢系列(GB/T 34560.1-.6)国家标准研制及国际化研究	首钢集团有限公司技术研究院	三等奖

管理创新

2018年首钢第十九届管理创新成果获奖项目

序号	主创单位	成果名称	评审结果
1	北大首钢医院	国有企业医院构建紧密型医联体健康管理模式的实践与创新	一等
2	党委宣传部	大型国有企业品牌文化建设的创新与实践	一等
3	党委组织部	大型国有企业加强和改进党建工作的创新与实践	一等
4	京西重工	大型汽车零部件企业价值流瓶颈管理体系的构建与实施	一等
5	人力资源部	大型国有企业全口径全要素人工费预算管理体系的构建与实施	一等
6	审计部	特大型国有企业境外资产审计监督体系的构建与实践	一等
7	审计部	香港首控财务及经营状况审计项目	一等

续表

序号	主创单位	成果名称	评审结果
8	审计部	2018 年度工程结(决)算审计项目	一等
9	首钢股份	特大国有冶金企业物资计量集中管控系统构建与实施	一等
10	首钢股份	大型钢铁企业安全本质化模块管理的构建与实施	一等
11	首钢纪委	大型国有企业党风廉政建设责任制考评体系创新与实施	一等
12	首钢京唐	大型企业体现多重岗位价值的技能型员工评价体系构建与实施	一等
13	首钢京唐	大型钢铁企业“众创·共享”管理模式的构建与实施	一等
14	首钢京唐	大型钢铁企业质量管理体系运行定量评价的实践	一等
15	首钢京唐	大力开展文明单位创建　促进企业不断超越发展	一等
16	首钢矿业	冶金地下矿山企业本质安全管理体系的构建与实施	一等
17	首钢矿业	“铁源文化”的构建与实施	一等
18	首钢矿业	弘扬工匠精神为企业改革转型发展注入创新活力	一等
19	系统优化部	大型钢铁企业基于战略转型的集团治理体系构建与实施	一等
20	系统优化部	多元化企业集团目标引领型组织绩效管理体系的构建与实施	一等
21	战略发展部	城区老工业企业打造城市综合服务商的创新与实践	一等
22	战略发展部	大型国有企业综合改革的创新实践	一等
23	首钢长钢	大型国有企业管理费用管理模式的创新与实践	一等
24	安全环保部	钢铁企业集团余能发电管理体系的创新实践	二等
25	办公厅	大型国有企业深化法人治理结构改革的创新与实践	二等
26	北大首钢医院	新型医护一体化合作模式在结直肠癌患者管理中的应用	二等
27	法律事务部	特大型国有企业法治建设的创新与实践	二等
28	国际业务部	大型国有钢铁企业“1+3+N”海外工程协同管理模式构建与实施	二等
29	监事会办公室	大型国有企业“价值创造型”监督管理体系的构建与实施	二等
30	京西重工	国有控股公司加强海外并购企业内控管理的探索与实施	二等
31	经营财务部	新时期国有企业集团税务管理体系构建与实施	二等
32	首钢工会	精心组织《长征组歌》演出活动　激励职工走好首钢新的长征路	二等
33	首钢股份	大型制造企业安全生产预警体系的构建与应用	二等
34	首钢股份	钢铁企业精品制造管理体系的构建与实施	二等
35	首钢股份	大型钢铁企业设备零故障管理体系的构建与实施	二等
36	首钢股份	大型钢铁企业服务增值的创新与实践	二等
37	首钢股份	顺势而为,因势利导,强化思想政治工作,推动企业改革创新	二等
38	首钢环境	以“家”文化为核心,创建特色企业文化,打造“首钢环境”品牌	二等
39	首钢京唐	大型危化品生产企业安全管理体系的创立与实践	二等
40	首钢京唐	大型钢铁企业基于绿色发展的新型环境管理体系的构建与实施	二等
41	首钢京唐	钢铁企业基层党支部规范化建设实践与探索	二等
42	首钢矿业	大型矿山企业绿色选矿模式的构建与实践	二等
43	首钢矿业	以案例揭摆自我教育为抓手促进思想政治工作落地	二等
44	首钢水钢	精神文明“三项建设”助力水钢改革发展	二等
45	首钢长钢	适应国有企业转型发展的岗位责任体系创新实践	二等

续表

序号	主创单位	成果名称	评审结果
46	首钢长钢	“夺旗”竞赛促党建与经营生产深度融合	二等
47	通钢公司	构建主题教育活动管理平台	二等
48	资产管理中心	大型国有企业疏解腾退空间的创新与实践	二等
49	安全环保部	综合性大型企业集团实施绿色行动计划的探索与实践	三等
50	财务共享中心	特大型国有企业公司制改革资产评估的实践	三等
51	党委宣传部	把话筒交给职工　让基层的声音更响亮	三等
52	党委组织部	以“两学一做”学习教育为引领　积极开展基层党建创新与实践	三等
53	发展研究院	发挥党建合力作用，培育有特色的科研文化	三等
54	京冀曹建投	推动产城融合发展的创新与实践	三等
55	人才开发院	攻坚克难勇担当　培育人才创一流	三等
56	首钢财务公司	特大型钢铁企业集团票据集中管理体系的构建与实施	三等
57	首钢地产	房地产企业管理创新体系的构建与实施	三等
58	首钢股份	大型国有钢铁企业定制化交付的管理实践	三等
59	首钢股份	钢铁企业可再利用钢材信息化销售模式的构建与实施	三等
60	首钢股份	运用两金周转率指标，提高资金管控水平	三等
61	首钢股权投资	党建工作与公司法人治理结构有机融合的探索与实践	三等
62	首钢国际	钢材出口信息化贸易系统的开发与创新	三等
63	首钢国际	秘鲁大粒度矿销售的创新与实践	三等
64	首钢国际工程	改制企业工会民主管理工作的创新与实践	三等
65	首钢环境	大型垃圾发电厂管控一体化信息平台的构建与实施	三等
66	首钢纪委	国有企业纪检监察系统谈话函询工作的规范应用	三等
67	首钢建设	审计监督长效机制的创新与实践	三等
68	首钢建设	认真落实国有企业党建工作会议精神　为企业转型发展提供有力保证	三等
69	首钢建投	国家体育总局冬季训练中心项目管理与实践	三等
70	首钢京唐	供给侧结构性改革背景下新型劳动组织的构建与实践	三等
71	首钢矿业	国有大型矿山企业精细化设备管理体系建设与实施	三等
72	首钢矿业	冶金矿山企业采选一体化经营管控模式的创建与实施	三等
73	首钢矿业	企业经济用能管理体系的构建与实施	三等
74	首钢矿业	冶金矿山企业以效益核心的库存管理模式的构建与实施	三等
75	首钢矿业	运用新媒体做好新时期宣传思想工作　不断激活和传播企业正能量	三等
76	首钢水钢	钢铁企业多元化管理模式的构建与实践	三等
77	首钢销售公司	创建特色营销文化　凝聚转型发展力量	三等
78	首钢新闻中心	首钢新闻手机客户端升级项目	三等
79	首钢园服	党建领航　让转型党员在冬奥服务中发挥先锋作用	三等
80	首钢长钢	钢铁企业销售电子商务平台的创新与应用	三等
81	首钢长钢	无人值守一卡通计量质量管理系统在企业的管理创新与实践	三等
82	首钢长钢	探索建立“两个一体化”管控体系	三等

续表

序号	主创单位	成果名称	评审结果
83	首钢长钢	铁前一体化协同工作机制的建立与实践	三等
84	首秦公司	基于工艺标准化的成本测算模型构建与应用	三等
85	首自信公司	打造变革创新文化　加快推进公司转型发展	三等
86	通钢公司	企业管理人员“四个一”工程的创建与实施	三等

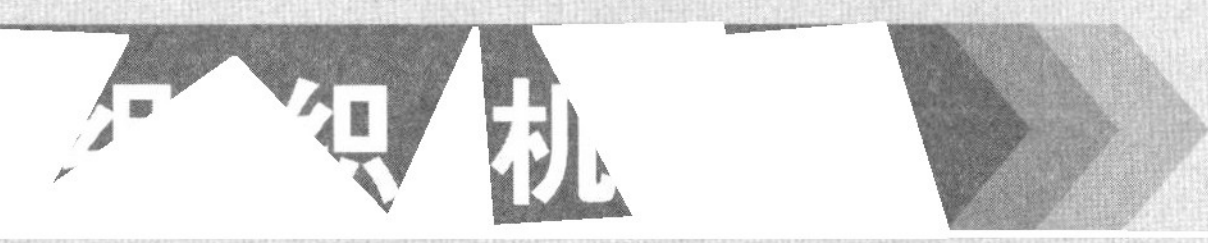

◎责任编辑：车宏卿、郭　锋

集团成员单位管理关系图（1）

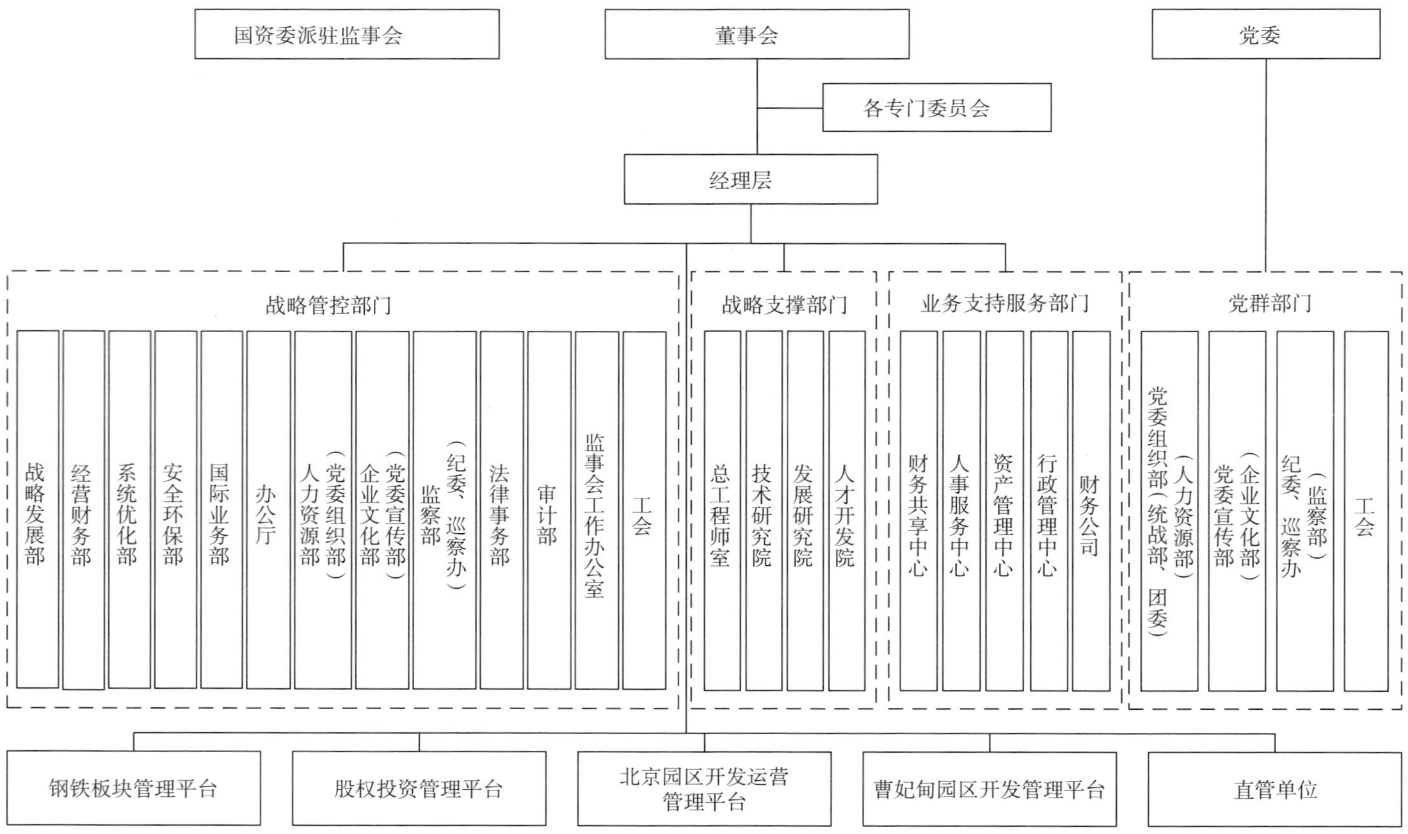

- 国资委派驻监事会
- 董事会
  - 各专门委员会
  - 经理层
    - 战略管控部门
      - 战略发展部
      - 经营财务部
      - 系统优化部
      - 安全环保部
      - 国际业务部
      - 办公厅
      - 人力资源部（党委组织部）
      - 企业文化部（党委宣传部）
      - 监察部（纪委、巡察办）
      - 法律事务部
      - 审计部
      - 监事会工作办公室
      - 工会
    - 战略支撑部门
      - 总工程师室
      - 技术研究院
      - 发展研究院
      - 人才开发院
    - 业务支持服务部门
      - 财务共享中心
      - 人事服务中心
      - 资产管理中心
      - 行政管理中心
      - 财务公司
    - 钢铁板块管理平台
    - 股权投资管理平台
    - 北京园区开发运营管理平台
    - 曹妃甸园区开发管理平台
    - 直管单位
- 党委
  - 党群部门
    - 党委组织部（统战部、团委）（人力资源部）
    - 党委宣传部（企业文化部）
    - 纪委、巡察办（监察部）
    - 工会

集团成员单位管理关系图（2）

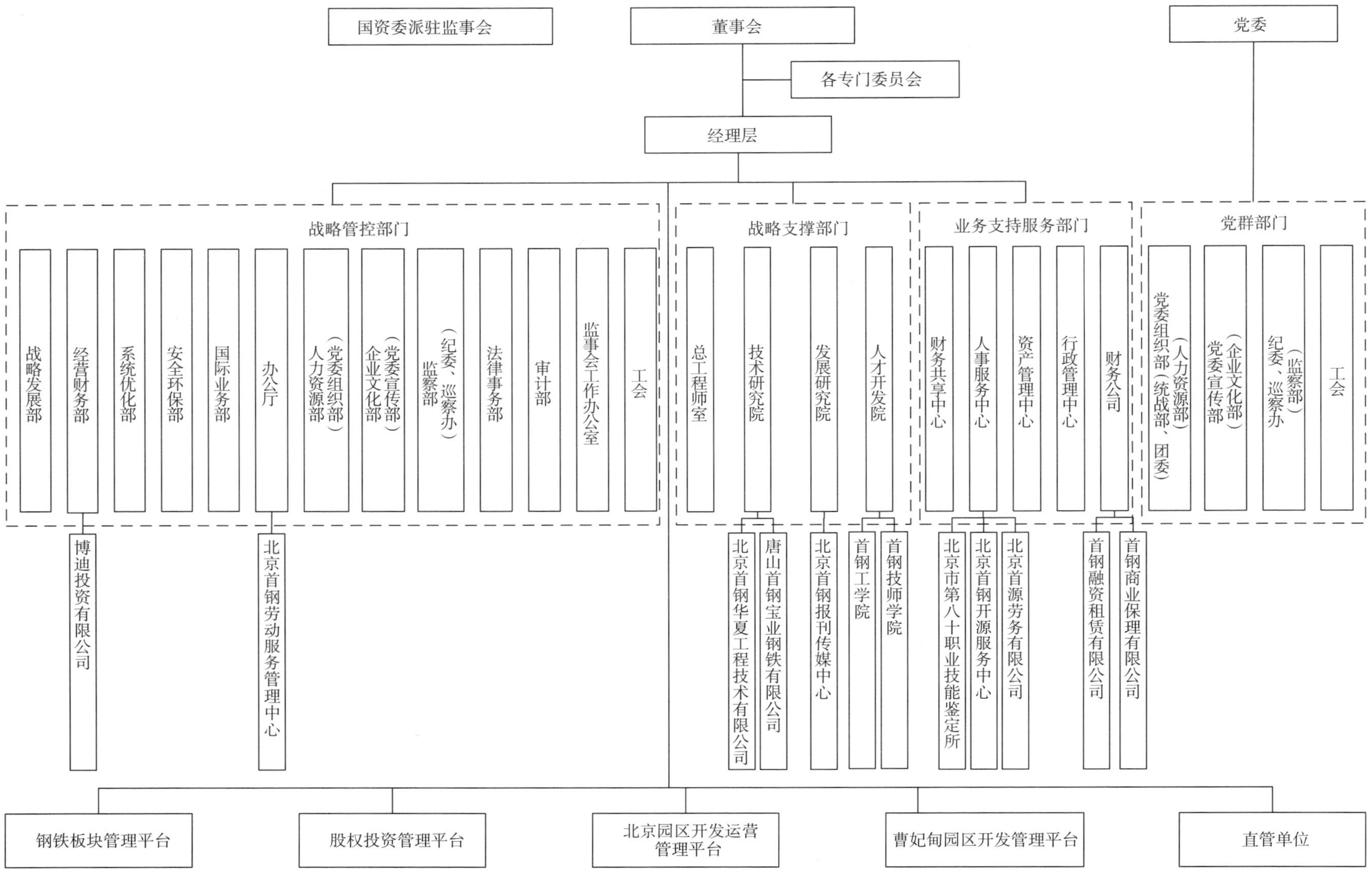

- 国资委派驻监事会
- 董事会
  - 各专门委员会
  - 经理层
    - 战略管控部门
      - 战略发展部
      - 经营财务部 — 博迪投资有限公司
      - 系统优化部
      - 安全环保部
      - 国际业务部
      - 办公厅 — 北京首钢劳动服务管理中心
      - 人力资源部（党委组织部）
      - 企业文化部（党委宣传部）
      - 监察部（纪委、巡察办）
      - 法律事务部
      - 审计部
      - 监事会工作办公室
      - 工会
    - 战略支撑部门
      - 总工程师室
      - 技术研究院 — 北京首钢华夏工程技术有限公司、唐山首钢宝业钢铁有限公司
      - 发展研究院 — 北京首钢报刊传媒中心
      - 人才开发院 — 首钢工学院、首钢技师学院
    - 业务支持服务部门
      - 财务共享中心
      - 人事服务中心 — 北京市第八十职业技能鉴定所、北京首钢开源服务中心、北京首源劳务有限公司
      - 资产管理中心
      - 行政管理中心
      - 财务公司 — 首钢融资租赁有限公司、首钢商业保理有限公司
    - 钢铁板块管理平台
    - 股权投资管理平台
    - 北京园区开发运营管理平台
    - 曹妃甸园区开发管理平台
    - 直管单位
- 党委
  - 党群部门
    - 党委组织部（人力资源部）（统战部、团委）
    - 党委宣传部（企业文化部）
    - 纪委、巡察办（监察部）
    - 工会

集团成员单位管理关系图（3）

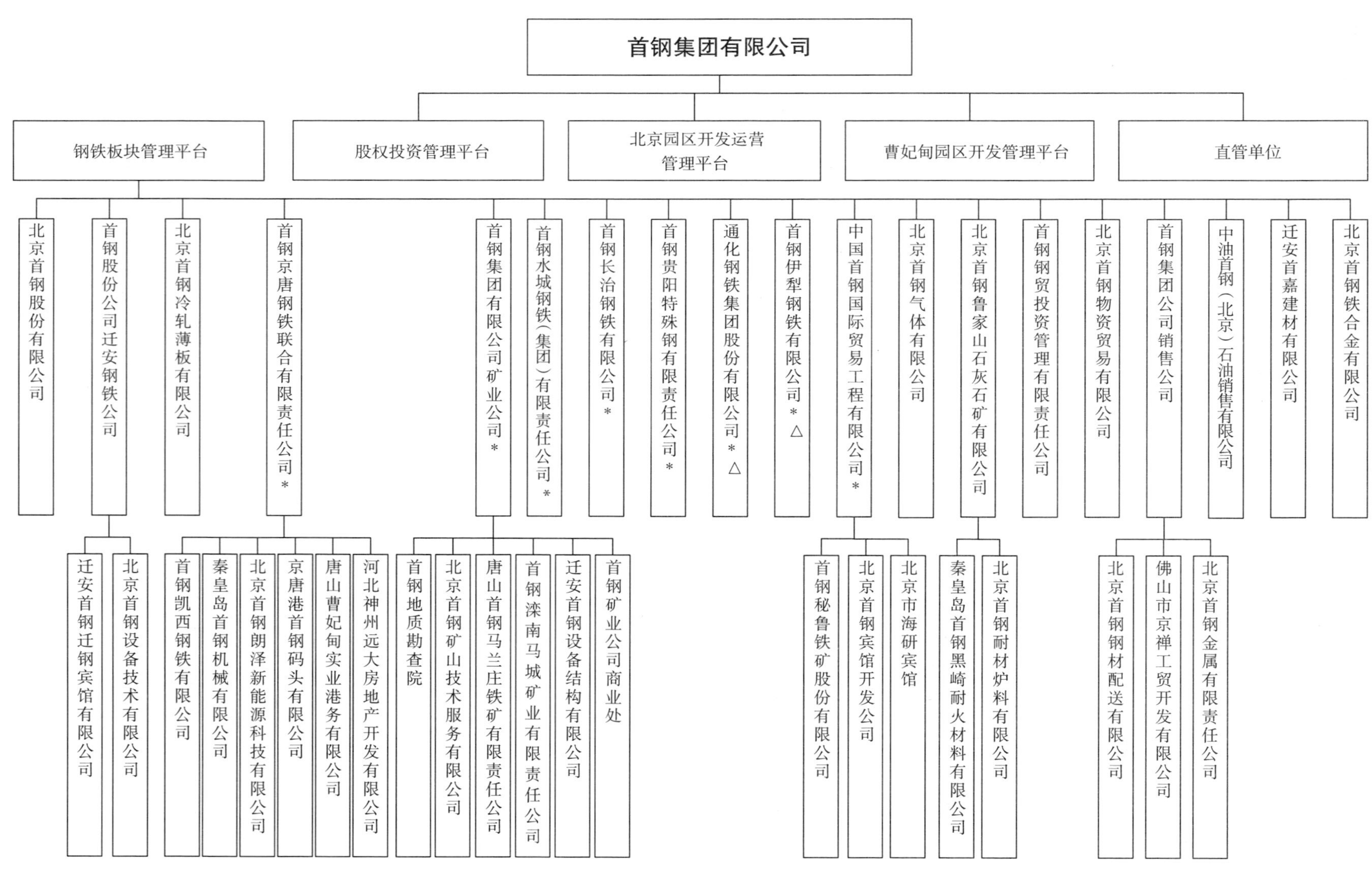

注1：标*企业为集团公司实行关键要素管理的企业

注2：标△企业为非集团公司直接投资企业，考虑其生产经营范围划入钢铁板块管理平台范畴

集团成员单位管理关系图（4）

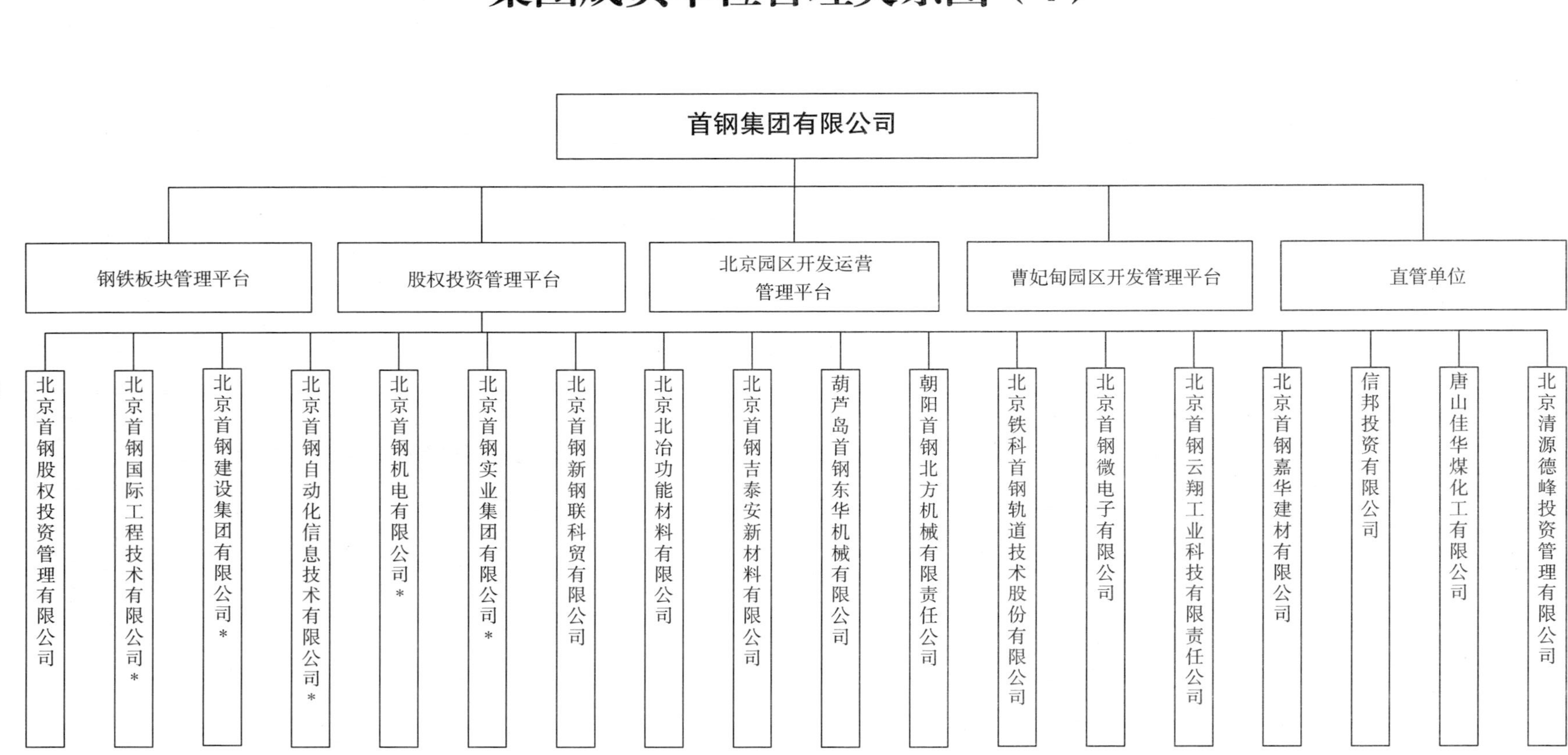

注：标*企业为集团公司实行关键要素管理的企业

集团成员单位管理关系图（5）

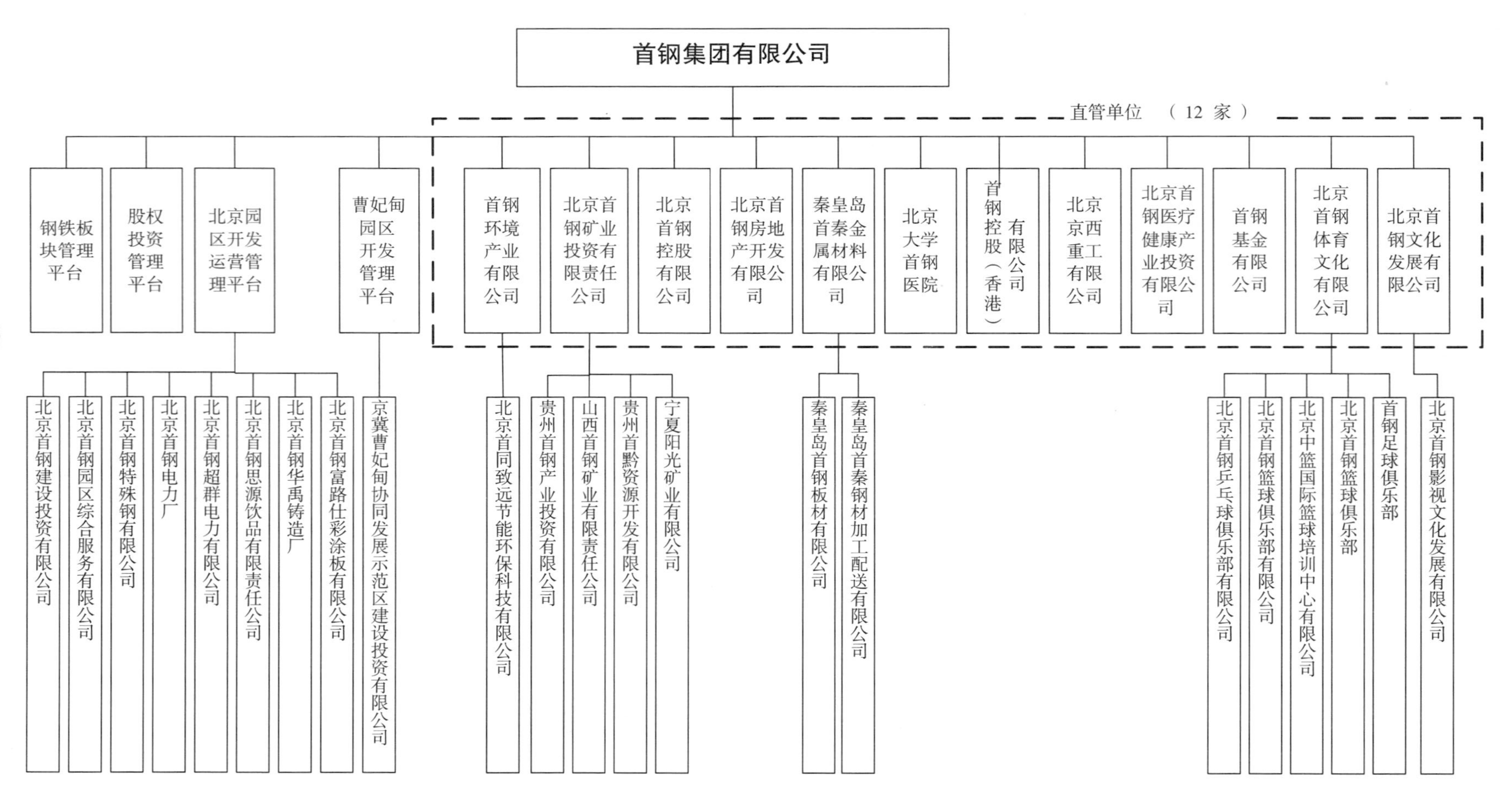

2018年首钢集团有限公司领导

中共首钢集团有限公司委员会

党 委 书 记：靳　伟（2月离任）　张功焰（7月任职）

党委副书记：张功焰（7月离任）　何　巍

纪 委 书 记：许建国

党 委 常 委：张功焰　许建国　何　巍　梁宗平　赵民革　白　新　吴　平

首钢集团有限公司董事会

董事长：张功焰

董　事：张功焰　许建国　何　巍　梁宗平　赵民革

时玉宝（外部董事）　刘景伟（外部董事）　范勇宏（外部董事）

首钢集团有限公司

总 经 理：张功焰

副总经理：赵民革　白　新　王世忠　胡雄光　韩　庆　梁　捷

工会主席：梁宗平

财务总监：王洪军

总法律顾问：梁　捷

总经理助理：刘　桦　王　涛　刘建辉　赵天旸　卢正春

党群与战略管控

◎责任编辑：马　晓

人力资源部
（党委组织部、党委统战部）

【人力资源部领导名录】

部　长：吴　平

副部长：王相禹（12月任职）

孙　炜　刘洪祥

（刘祥鹏）

【综述】 首钢集团有限公司人力资源部（党委组织部）是首钢集团党委的组织职能部门、统战职能部门，是首钢集团人力资源职能部门。人力资源部（党委组织部）负责领导人员队伍建设和领导班子、直管领导人员、后备领导人员管理；负责党组织、党员队伍建设和基层党委、党总支、党支部、党员及党费管理；负责人力资源规划、关键人才队伍建设，人才引进、招聘、调配、培训专业管理；负责薪酬绩效制度体系建设，直管领导人员、集团总部人员薪酬管理；负责统战工作和党外代表人士队伍建设，负责民主党派、民族团结、党外知识分子有关工作及人大代表、政协委员参政议政的服务工作。下设领导人员管理、党建管理、薪酬与员工绩效、人才发展4个业务模块，与首钢团委、机关党委合署办公。在岗职工21人，其中研究生14人，本科7人；高级职称8人，中级职称11人。

2018年，人力资源部（党委组织部、党委统战部）以习近平新时代中国特色社会主义思想为指导，深入学习贯彻党的十九大、十九届二中、三中全会精神和北京市第十二届七次党代会精神，围绕首钢深化改革创新战略定位和首钢“两会”确定的目标任务，全面落实首钢集团党委各项指示要求，开创组织工作新局面，为推进首钢改革创新，打好健全管控体系、提升管理能力攻坚战提供组织保证。

（刘祥鹏）

【党员学习教育】 2018年，党委组织部按照中央、北京市委和市国资委党委要求，扎实推进“两学一做”学习教育常态化制度化，促进各级党组织在学习教育过程中，学在日常，学在经常，真抓实干，知行合一，坚持问题导向，边学边做边改。年内，首钢基层党委开展集体学习2389次，开展交流研讨1573次，基层党委书记讲党课340次，1328个党支部进行集体学习10876次，开展主题党日活动8209次，党支部书记讲党课2639次。

（刘祥鹏）

【干部队伍建设】 2018年，党委组织部进一步修订完善领导人员任免权力清单，系统修订《首钢领导人员选拔任用工作制度》等制度，进一步构建符合首钢管理实际、具有首钢管理特色的领导人员选任工作系统化管理方法和机制。首钢集团党委共讨论决定领导人员任免165人次，共调整配备16个基层单位领导班子。为充实集团公司部门领导人员力量，结合总部部门职责和岗位编制调整，年内对首钢集团部门领导人员进行系统的补充调整配备。

（刘祥鹏）

【干部培训】 人力资源部会同人才开发院开办2018年首钢青年干部特训班和海外研修班，择优选拔73人参加全脱产培训，平均年龄34岁。特训班结业后，择优选拔外语基础好、综合素质高的学员27人开展英语强化培训分成两个班次分别赴美国、欧洲研修，进一步拓宽国际化视野，学习先进管理理念和财务管理知识。组织首钢集团学习贯彻党的十九大精神领导人员轮训班。首钢集团相关单位副职、战略管控部门总监及相应层级领导人员169人参加脱产轮训。

（刘祥鹏）

【年度测评】 2018年初，党委组织部下发领导班子和领导人员年度测评工作通知，会同平台公司党委派专人参加基层单位年度述职测评会议，提高工作规范性和严肃性。有35家单位、349人列入年度述职测评工作范围。对领导班子和领导人员测评情况进行汇总分析，提出调整、谈话、整改、考察等系列建议意见，并将测评结果按单位逐一反馈。强化对测评结果的运用，依据《首钢领导人员年度考核末位淘汰办法》，对测评排名靠后的领导人员进行考察，根据考察结果提出工作建议。

（刘祥鹏）

【党建责任体系建设】 2018年4月4日，党委组织部召开基层党委书记抓党建工作述职评议会，首钢集团党委听取长钢公司、通钢公司、环境公司、京西重工、金融公司、发展研究院、香港首控等7家单位党委（总支）书记抓党建工作述职，并点评，与会人员进行测评。在此基础上，将述职党建工作向基层延伸，基层党委书记、支部书记分别向上级党委述职抓党建工作情况，做到全覆盖。

（刘祥鹏）

【党支部规范化建设】 2018年，党委组织部制定下发了《关于加强党支部规范化建设的安排》，由首钢集团党委党建工作领导小组办公室召开专题会议部署安排，全面推进党支部规范化建设工作。一年中，首钢939个党支部积极运用“B+T+X”体系和“一规一表一册一网”工作载体，每季度对党支部工作进行评定，及时发现问题、解决问题，推动“两学一做”学习教育常态化制度化工作有效开展，夯实基层党建工作基础，提升了党建工作质量。

（刘祥鹏）

【党组织党员“双报到”】 2018年，党委组织部制定下发《关于进一步做好基层党组织和在职党员“双报到”工作的通知》，精心组织，落实责任，组织做好首钢基层党组织和在职党员“双报到”工作。首钢在职党员报到率100%，参与社区党组织的“社区吹哨我报到，文明创建我先行”等系列主题活动，发挥共产党员的模范带头作用，履行党员义务，营造全社会共建共治共享美丽家园的良好氛围。

（刘祥鹏）

【创先争优主题活动】 2018年，党委组织部在首钢全集团组织开展“不忘初心挑重担，牢记使命我争先”创先争优主题实践活动，共建立党员责任区5251个，创建党员示范岗2568个，兑现承诺93605项，提出并实施合理化建议14329个，开展课题攻关2462项，完成急难险重任务1502项，为完成全年任务奠定基础。首钢集团党委评选表彰“六好”班子9个、模范基层党委21个、模范党支部52个、模范共产党员133人。

（刘祥鹏）

【基层党组织建设】 2018年，党委组织部健全基层党组织，逐级理顺党组织关系，组建体育公司党委、纪委，推进基层党组织按照规定届期应换尽换，实行常态化管理。开展党支部规范化建设，下发工作安排，组织专题培训，开展等级评定，对党支部规范化建设进行阶段性检验，906个参评的党支部一级474个，二级430个，三级2个，未达一级党支部所在基层党委制定针对性措施，落实整改，推进晋位升级。开展民主评议党员，推进党员承诺践诺，党员24479人参加评议，优秀6275人、合格17453人。

（刘祥鹏）

【党建项目创新】 2018年，党委组织部围绕经营生产建设的重点难点开展党建项目创新，组织各单位坚持问题导向，针对基层党建工作责任体系建设、创建品牌党支部、“创先争优”主题实践活动等重点工作，向北京市国企党建研究会申报13个党建创新项目，获得一等奖2个、二等奖1个、三等奖3个、优秀奖4个，首钢集团有限公司荣获优秀组织奖。

（刘祥鹏）

【构建人工费管理体系】 2018年，人力资源部按照《首钢集团人工费预算管理办法》规定，组织二级单位第一次完成集团人工费预算编制，填补人工费专项预算管理的空白。完善人工费指标评价体系，在钢铁板块开展人工费年度综合评价分析制度试点。总结矿业公司人工费管理经验，推进以企业为主体的人工费管理工作。建立人工费预算编制的信息化系统，初步实现人工费预算线上编制。

（马昌云）

【工资总额决定机制】 2018年，人力资源部按照国务院《关于改革国有企业工资决定机制的意见》和北京市《关于改革国有企业工资决定机制的实施意见》的有关精神，结合首钢实际，制定颁发《首钢集团完善工资总额决定机制实施方案》，建立健全与劳动力市场基本适应、与企业效益效率挂钩联动、能增能减的工资总额管理长效机制。

（马昌云）

【薪酬分配制度改革】 2018年，人力资源部按照《首钢集团成员单位深化薪酬分配制度改革指导意见》规定，按照“成熟一个、实施一个”的方式，推进矿业公司、长钢公司、股权公司、首控公司、环境公司、首自信公司和人才开发院等7家单位实施薪酬分配制度改革，建立适应行业规律、体现企业特点的薪酬激励机制。

（马昌云）

【关键人才队伍建设】 2018年，人力资源部实施高端人才培养工程。利用好上级政府部门的政策和平台优势，为1名“北京学者”争取到第三笔100万元培养资金，安排1名国家级百千万人才工程入选参加人社部在中国浦东干部学院举办的国情研修班。经基层单位推荐、专业部门审核、首钢集团研究审定，遴选推荐专业技术和高技能领军人才参加各级各类人才评选工作，2人获批享受国务院政府特殊津贴，1人被评为“北京市有突出贡献科学、技术、管理人才”，1人被评为“全国技术能手”,1人获批创建国家级技能大师工作室,1人被评为“国家技能人才培育突出贡献个人”,3人获批享受“北京市技师特殊津贴”。探索首钢关键紧缺人才开发工作。会同人才开发院和社会专业人才机构,聚焦领导人才、技术创新人才、财务金融人才、首钢工匠人才等首钢战略发展需要、现实紧缺、对企业有重大影响的关键人才开发,启动“选培用评”全链条调研工作。

(姜典鑫)

【专业人才培训】 2018年,人力资源部加强科技创新人才培训培养工作。开办第一期科技创新培训班,培训各单位技术骨干46人,通过“科技创新驱动发展战略政策解读与现状介绍、科技创新前沿的企业优秀案例教学、创新思维与创新工具的学习、创新前沿技术学习”四个教学环节的设计,帮助青年人才完善知识结构、掌握创新方法、激发创新灵感、尝试创新实践。继续加强专业技术人才海外培训工作。争取上级政府部门对专业技术骨干人才出国(境)培训工作的大力支持,申报10个项目计划全部获得国家外专局批准,获批数量为近年最多。10个项目中,技术研究院项目7个,均获得国家“境外100%”资助,资助级别为近年最高。

(姜典鑫)

企业文化部
(党委宣传部)

【企业文化部领导名录】

部　长:郭　庆

副部长:贺蓬勃

(郑　昕)

【综述】 首钢集团有限公司企业文化部(党委宣传部)是首钢集团宣传思想教育、企业文化建设、品牌与公共关系的专业管理部门,兼有首钢思想政治工作研究会、首钢企业文化建设协会办公室职能,授权管理首钢新闻中心。企业文化部(党委宣传部)岗位编制7人,其中:部长1人、副部长兼新闻中心主任1人、品牌与公关管理总监1人、宣传教育处长1人、企业文化建设处长1人、宣传教育主任1人、企业文化建设主任1人。授权管理的首钢新闻中心下设:总编室、电视新闻室、记者室、新媒体工作室、专题新闻室、网络媒体及舆情监控室等6个科室共49人。

2018年,企业文化部(党委宣传部)认真贯彻落实习近平关于宣传思想工作的系列重要讲话和重要论述,紧紧围绕首钢“两会”确定的总体工作思路,以推动习近平新时代中国特色社会主义思想和党的十九大精神在首钢落地生根、形成生动实践为主线,努力在“三个贯通”上下功夫,即:把宣传思想工作与企业文化建设贯通起来,把传承践行首钢精神与弘扬社会主义核心价值观和精神文明建设贯通起来,把网上网下与对内对外宣传贯通起来,唱响主旋律,传播正能量,推动首钢全面深化改革、转型发展各项工作不断取得新成效。首钢新闻中心坚持媒体融合发展,在媒体阵地、技术支持、业务体系、舆情管理上实现“新”发展,努力呈现出《首钢日报》新特色、首钢电视新活力、“今日首钢”新风采、首钢官网新亮点、对外报道新突破。

(郑　昕)

【宣传贯彻十九大精神】 2018年,首钢党委理论学习中心组按照市委“六学”要求,深入学习《习近平谈治国理政》《习近平新时代中国特色社会主义思想三十讲》等内容。党委宣传部抓好领导干部和党代表宣讲、领导人员轮训、“两学一做”学习教育和宣传活动有机结合。各级领导深入联系点宣讲党的十九大精神,党代表刘宏累计宣讲近40场受众万余人。先后举办四期学习贯彻党的十九大精神领导人员研修班,轮训300余人。把党的十九大报告、新《党章》以及党的基本知识等应知应会纳入统一编印的《党员学习笔记本》,印发党员人手一册作为案头卷、工具书。《首钢日报》等媒体开辟专栏,组织征文等,及时宣传报道首钢集团学习贯彻的动态和各单位学习宣传贯彻的典型做法、新鲜经验,刊登干部党员的学习体会文章。各单位贯彻落实首钢集团党委的部署要求,采取多种方式,利用各种载体深入做好学习宣传贯彻,组织职工观看电影《青年马克思》,参观“真理的力量——纪念马克思诞辰200周年主题展览”“伟大的变革——庆祝改革开放40周年大型展览”,突出思想教育内涵,弘扬主流价值观,在新的历史起点上谋划推动首钢深化改革、转型发展。

(郑　昕)

【组织党委中心组学习】 2018年,党委宣传部组织修订适用于首钢全集团各级党委中心组的《首钢集团党委理论学习中心组学习管理办法》,坚持融入日常、抓在经常,把党委中心组学习作为贯穿全年的一项重要工作,落实

好首钢集团党委中心组学习计划，制定落实每一次学习方案，把学习贯彻习近平新时代中国特色社会主义思想作为首要任务，坚持集体学习研讨、个人自学和专题研讨相结合，重点围绕深化国有企业改革、推动供给侧结构性改革、实现高质量发展、推进现代化经济体系、园区开发建设等进行专题深入学习，不断加深认识和理解，年内服务首钢集团党委中心组集中学习20余次；加强对党委中心组理论学习报道，强化基层党委中心组学习计划报备工作。开展基层党委中心组学习巡听旁听，加强指导和督查，推动基层单位党委中心组理论学习。

（郑　昕）

【召开“三创”交流会】 2018年9月25—26日，2018年首钢“创新创优创业”交流会召开，结合落实市领导到首钢调研讲话要求，纪念改革开放40周年，落实《首钢集团有限公司深化改革综合试点工作方案》，聚焦“全面深化改革，推动‘三大变革’提高首钢转型发展的质量和效益”主题，精细做实会议方案，精心做好辅导专家邀请、大会交流内容准备、书面材料汇编、电视专题片制作等。首钢集团党委书记、董事长、总经理张功焰作《大力弘扬改革创新精神　在新的历史起点上加快首钢转型发展》报告，回顾首钢40年改革历程，分析面临的新形势和新任务，提出进一步深化改革的主要思路、工作重点和具体要求。会议学习先进经验，开展交流研讨，深化思想认识，凝聚智慧力量，为推进首钢全面深化改革提供新动力。

（郑　昕）

【改革宣传载体】 2018年1月1日，《首钢日报》调整新出版模式，以新报头、新版面、新期数正式运行。期数从每周五期改为每周三期，版面重点对一、二版内容重新策划，对三、四版栏目整合优化。调整出版模式后，坚持内容为王、媒体融合，年内出版《首钢日报》正刊151期，刊登文章4000余篇，图片1200余幅，文字330万字。首钢电视结合高清化改造，配套改进栏目包装；做好索贝、AE、PS等工作平台的培训应用，实现视频直播的突破。首钢集团门户网站月均访问量10.2万人次，年内播发中文新闻760条，英文新闻167条。首钢新闻中心微信公众号全年发布微信350条，总关注人数达21000多人，总阅读量128万人次，好看数18392次，在“北京国企新媒体影响力排行榜”评比中位居前列。

（郑　昕）

【“首钢人的故事”宣传活动】 2018年，党委宣传部组织“不忘初心跟党走　圆梦首钢谱新篇”巡回宣讲14场，受众1500人，有效推动广大干部职工对首钢精神的自觉认同和实践养成。为深入讲好“首钢人的故事”，《首钢日报》开设“首钢人的故事”专栏，刊发《攻关团队的领军人》《夺冠路上无捷径》等通讯122篇。结合“七一”表彰活动，《首钢日报》开设“首钢人的故事——党旗飘飘”栏目，深入宣传报道在首钢深化改革、转型发展各项任务中涌现出的先进基层党组织和模范共产党员的先进事迹。加大首钢先进人物和“首钢人的故事”对外宣传力度，李红继获市国资委“十佳宣讲员”称号，入选市国资委系统职工宣讲团和北京市冬奥宣讲团。连续6年荣获国资系统职工宣讲优秀组织单位。陈香、张维中、沈虎庄当选“首都市民学习之星”。卫建平荣获“首都精神文明建设奖”和首届“北京大工匠”。

（郑　昕）

【形势任务宣传】 2018年，企业文化部（党委宣传部）以习近平新时代中国特色社会主义思想和党的十九大精神为指导，把宣传贯彻首钢十八届三次党委扩大会和首钢十九届三次职代会精神作为中心任务，运用报纸、电视、微信公众号、网络等多种媒体，围绕承担新使命、确立新坐标、找准新矛盾、勇于新作为，大力宣传在新的历史起点上加快推进首钢转型发展的新思路、新做法、新成效。落实意识形态工作责任制，使首钢党委的声音更加集中清晰和响亮，并通过在稿件转载上严肃纪律、规范管理、统一口径，使之能够一贯到底，舆论引导和管控上升到新水平。年内刊发评论员文章35篇，统一思想、凝聚力量。开设《贯彻首钢“两会”精神》《五个聚焦·每月关注》《百年首钢新形象》专版和《纪念改革开放40周年》等专栏，《首钢日报》自主采写的重大报道、深度报道占比头条达70%以上。

（岳建华）

【品牌宣传】 2018年1月21日，由北京市委宣传部、北京市国有文化资产监督管理办公室指导，北京市文化创意产业促进中心、北京卫视、大业传媒集团联合出品的《创意中国》，重磅推出首钢工业园区改造项目。在节目现场，来自首钢的团队通过项目推介、创意展示、互动问答等形式，展示首钢对工业遗存进行保护性改造，着力打造城市复兴新地标的生动实践，得到嘉宾及投资团认可，成为获得投资意愿最多的项目，晋级《创意中国》年度盛典，首钢工业园区改造项目荣获创意引领奖。

5月10日，2018年中国钢铁企业品牌榜发布，首钢集团再度荣登“十大卓越钢铁企业”品牌榜。这是首钢集团连续第二年获此称号。

5月16日，第十八届中国国际冶金工业展览会在中国国际展览中心新馆开幕，首钢展台代表高技术和高制造水平的汽车用钢、电工钢、镀锡板、家电用钢等产品及城市综合服务业受到参会客户广泛关注。

5月21日，首钢新闻中心编辑制作的高清版企业宣传片——《首钢集团》在“首钢新闻中心”微信公众号发布后，引起热烈反响，仅1天时间，5万多人通过微信点击观看，1万多人通过“腾讯视频”在线观看。

6月10日，是第三届“首都国企开放日”，首钢集团以“走进京津冀，感受新首钢”为主题，向市民开放位于河北曹妃甸的京唐公司和曹建投公司，来自北大软件与微电子学院的师生和石景山区、房山区的市民近百人，走进中国钢铁“梦工厂”——京唐公司和首钢曹妃甸园区参观。

6月17日，中央电视台新闻联播《在习近平新时代中国特色社会主义思想指引下——新时代新作为新篇章》系列报道中播出《北京追求精彩、非凡、卓越，全力推进冬奥筹办》，对首钢服务保障冬奥及首钢北京园区建设等情况进行报道。央视《朝闻天下》《新闻直播间》栏目连续4次对首钢北京园区开发建设取得的成果进行专题报道。

6月20日，北京电视台财经频道《京津冀大格局》栏目播出《国企担当看首钢：搬迁与新生》大型访谈节目，首钢集团总经理张功焰与北京市发展和改革委员会副主任洪继元、石景山区委副书记田利跃共话首钢转型发展。访谈中，三位嘉宾围绕首钢大搬迁、京唐钢铁厂建设、老工业区改造、服务保障冬奥、产业转型、打造城市综合服务商等方面进行深入交流，节目通过短片引导和嘉宾座谈充分展示了首钢的国企担当。

7月19日，财富中文网全球同步发布最新的《财富》世界500强排行榜，首钢集团以27488.7百万美元(约1858亿元人民币)的营业收入列第431位。这是首钢集团自2011年首次进入世界500强榜单以来第七次上榜。

7月26日，在人民日报社组织召开的京津冀协同发展论坛上，首钢获得2018京津冀协同发展创新案例奖。首钢集团领导张功焰及相关部门负责人参加论坛开幕式。

7月27日，北京市委宣传部与首钢集团党委宣传部共同组织中央和市属媒体记者到首钢北京园区采访。新华社、《光明日报》《经济日报》《科技日报》、中国交通广播电台、《中国青年报》《北京日报》、北京电视台、北京广播电台等20家新闻媒体的记者走进冬训中心，围绕场馆建设、硬件设施、未来规划、后勤保障、职工转型等进行集中采访，并进行广泛深入的报道。

9月，《财富》中文网发布2018年“最受赞赏的中国公司”排行榜，首钢在“最受赞赏的中国公司”全明星榜上，位居第19位。

12月，在冶金工业规划研究院举办的“2019中国和全球钢铁需求预测研究成果、钢铁企业竞争力评级发布会”上，首钢获2018年钢铁企业综合竞争力最高评级极强“A+”。

12月，由北京市国资委联合北京电视台制作的展现北京国企改革发展成就的电视系列片《使命》，第二集《突围》展现了改革开放40年首钢改革发展历程，通过采访首钢改革发展的亲历者，以及生动的历史画面，精彩展示首钢人敢为人先、把握大势、砥砺奋进的使命担当和良好形象。

(郑　昕)

【社会媒体报道首钢】

2018年1月，新华社刊发《京最大单体分布式光伏发电项目首钢8.3兆瓦正式并网投运》《首钢老厂房打造“四块冰”》，《北京日报》刊发《冬训中心选址新首钢》《首钢老厂房打造“四块冰”》，千龙网刊登《首钢老厂房打造“四块冰”将助力冬奥服务社会》，《中国冶金报》刊发《首钢两款无取向电工钢全球首发(头版)》《首钢支撑冬奥会重点配套项目建设(头版)》《“首钢股份”形象专版》等18篇文章，《首都建设报》刊发《首钢综合试点国企深化改革》等4篇文章，《北京青年报》刊发《冬奥配套设施道开建新首钢服务区将建单板大跳台》，《北京晚报》刊发《新首钢高端产业综合服务区北区优化方案获批》等文章受到社会各界关注。

2月，中新社刊发《海外院士专家北京工作站亮相新首钢助力首都科技创新》，人民网报道《首钢体育掀开崭新一页　秦晓雯：让北京成为最好的体育城》，《北京日报》刊发《海外院士专家北京工作站新首钢办公区启动》《陈吉宁:新首钢要规划好打造城市复兴新地标》《首钢京唐尾气变身高蛋白饲料》,《中国冶金报》刊发《首钢矿业一工作室成“国家级技能大师工作室”》《首钢基金荣获 2017 度大健康领域 PE 机构 TOP10》等 11 篇报道,《首都建设报》刊发《首钢基金京冀协同发展新突破(头版)》《首钢老厂房改建冬奥训练馆》等新闻报道。

3 月,《北京日报》刊发《新首钢打造“城市新地标”》《首钢将建单板滑雪大跳台!一批“城市复兴新地标”将崛起》等 4 篇报道,《中国冶金报》刊发《首钢股份“团购”备件省了 3600 万元》《首钢两万余吨垃圾再生品应用于长安街西延工程》等 13 篇报道,《首都建设报》刊发《张贵林在首钢集团调研时要求:把首钢深化改革综合试点抓紧抓实(头版头条)》《首钢园区水质指标优于国标》等 3 篇报道,《北京青年报》刊发《短道速滑花滑冰壶馆 6 月运营》,《北京晨报》刊发《首钢老厂房变身冬奥训练场馆》,《北京晚报》刊发《首钢北区老工业厂房加紧变身冬奥训练中心》等报道。

4 月,《人民日报》刊发《首钢老厂房焕发新生机》,《北京日报》刊发《首钢基金获三大机构高评级》《王者要归来,首钢刚上路》等 4 篇报道,《工人日报》刊发《冬奥训练场馆留住老工业元素》,《中国冶金报》刊发《首钢京唐公司实现球团智能控制无人操作》《首钢园区内“四块冰”年底前将全部竣工》等 18 篇文章,《首都建设报》刊发《“雄安第一标”用上首钢板》《长安街西延明年底贯通》《炉顶搭建景观平台》,《北京晚报》刊发《北京石景山全面进入“冬奥时间”单板滑雪大跳台明年底亮相老首钢》《卫建平从“零起点”到数控达人》等报道。

5 月,中国新闻网报道《百年首钢举行企业文化理念发布会》,《中国冶金报》刊发《做好冬奥“考卷”答题的首钢人》《首钢京唐拟投 13 亿元建高强度汽车板专用生产线》等 15 篇报道,《首都建设报》刊发《首钢原创话剧基层巡演》《首钢京唐公司工业尾气变燃料》《卫建平操作误差不超 0.02 毫米》,《北京晚报》刊发《上合媒体记者参观首钢园区冬奥场馆建设赞“北京又多新地标”》等新闻报道。

6 月,首钢集团成为北京 2022 年冬奥会和冬残奥会官方合作伙伴受到新闻媒体和社会各界广泛关注,《人民日报》、人民网、新华社、《北京日报》、《中国冶金报》、《工人日报》、《首都建设报》、《北京青年报》、《北京晚报》等媒体相继刊发文章。《人民日报》刊发《北京冬奥运场馆建设注重赛后利用》,新华网刊发《首钢“四块冰”冬训中心正式启用》,凤凰网刊发《助力冬奥钢老厂房变身“四块冰”》,搜狐网、中新社刊发《首钢工业遗存变身“冰上大本营”冬训中心“四块冰”将于 2019 年完工》、《北京日报》刊发《冬奥新场馆扮靓首钢老园区》《首钢老厂房变身冬训中心今起接待运动员入驻训练》、《中国冶金报》刊发《首钢智能停车库首次应用老旧小区改造示范试点项目发布》等 14 篇报道,《首都建设报》刊发《3000 盏灯点亮百年工业遗存》等 9 篇报道,《北京青年报》刊发《首钢“四块冰”冬训中心正式启用》、《北京晨报》刊发《首钢“四块冰”今起陆续投用》、《新京报》刊发《首钢冬训中心启用国家花滑队入驻》等新闻报道。

7 月,新华社刊发《秦皇岛首钢赛车谷启动》,《经济日报》刊发《首钢北京园区:打造城市复兴新地标》、《北京日报》刊发《首钢体育助力中国冰球发展》《“‘一带一路’全球青年领袖荟萃——北京·2018”活动开幕》,《首都建设报》刊发《首钢医院专家赴京唐公司送健康》等 8 篇报道,《北京青年报》刊发《中国冰协与首钢体育达成战略合作协议》《“秦皇岛首钢赛车谷”赛车道 9 月竣工》,《中国体育报》刊发《“国家篮球雏鹰计划”启动》《中国冰球协会与首钢体育启动战略合作》《短道速滑队入驻首钢韩天宇归队恢复训练》及《北京晨报》刊发《篮球雏鹰计划启动》等新闻报道。

8 月,《经济日报》刊发《从老钢厂到冰雪乐园》、《工人日报》刊发《从老厂房到奥运村——首钢冬训中心迎来国家队员》、《北京日报》刊发《从火到冰钢铁工转型制冰人》《蔡奇在新首钢地区调研时强调打造新时代首都城市复兴新地标》等 5 篇报道,《中国冶金报》刊发《钢铁板块成首钢利润最大支撑》《首钢秘铁 1000 万吨精矿扩建项目竣工》等 6 篇报道,《首都建设报》刊发《首钢秘鲁铁矿扩建项目竣工》《首钢冰球馆 11 月竣工》等报道。

9 月,《工人日报》刊发《“首钢杯”钢铁行业职业技能赛落幕》,《北京日报》刊发《市政协协商恳谈会聚焦新首钢地区发展》《新首钢高端产业综合服务区发展建设领导小组会议召开》,《中国冶金报》刊发《钢铁已具备高质量发展的基础和条件——专访首钢总经理助理、首钢股份总经理刘建辉》《首钢超高强钢打入国际高端车企》,《首都建设报》刊发《首钢助力中国女垒获亚运第三》《首钢老厂房变身精品酒店》《244名钢铁职工赛技能》《首钢北京园区展演舞蹈之美》4篇报道。

10月,新华社刊发《首钢京唐公司投入20多亿元创建"绿色钢厂"》,《经济日报》刊发《首钢园区及三高炉博物馆城市复兴成就展意大利揭幕》,《北京日报》头版刊发《世遗专家点赞首钢遗址保护利用》及《"百年首钢快跑中国"活动启动》等5篇文章,《中国冶金报》刊发《首钢赛车谷华丽首秀》《坚持陆海统筹推动高质量发展》《改革大潮中的首钢深度》,《首都建设报》刊发《海上钢城见证最美婚纱照》《京津冀首个区块链产业园落户曹妃甸》,《北京晨报》刊发《首钢园自动驾驶服务示范区启动》等报道。

11月,新华社刊发《首钢园自动驾驶服务示范区启动示范运行探索服务保障北京冬奥会》《艺术家走进首钢园区用画笔"为奥运喝彩"》,中新社刊发《首钢工业遗存成"冰上大本营"冬训中心"四块冰"明年完工》《国内首个5G智慧园将在首钢园建设明年1月应用》,《北京日报》刊发《首钢秦皇岛建起800公顷赛车谷》《本月首钢三高炉改造后"首秀"》《为企业铸魂为发展聚力持续推动首钢改革迈出新步伐取得新成效》4篇报道,《中国冶金报》刊发《首钢牵手联通打造国内首个5G智慧园区》《首钢园自动驾驶服务示范区启动》《首钢股份实现高炉炉顶零排放》等4篇报道,《首都建设报》刊发《首钢投资科创成果亮相高交会》《首钢与街道合办养老服务驿站》《首钢三高炉改造后"首秀"》,《北京青年报》刊发《6款无人驾驶车进驻首钢园》等报道。

12月,《人民日报》刊发《要能服务北京冬奥会,那可太棒了!》《企校双师培养学徒本事大长》,新华社刊发《冰与火的变奏——百年钢城铸梦新时代》,《工人日报》刊发《"纪念改革开放40年"专版:首钢记忆》,《北京日报》刊发《"光影叙事"整版:"冰与火"之歌》,《首都建设报》刊发《冬奥首钢冰球馆首次制冰》等新闻报道。

(刘　娜)

【企业文化建设】 2018年1月,"贯彻党的十九大精神,走好新的长征路,2017年度'首钢之星'表彰大会"在首钢古城影剧院召开,首钢集团全体领导、"两会"代表等参加会议。表彰大会前,与会人员观看了由首钢文化公司出品的大型产业工人题材原创话剧《实现·使命》。在热烈的气氛中,会场屏幕播放了展现15名"首钢之星"风采的视频短片,评选出的"担当之星"京唐公司徐芳、通钢公司王勇、首建投公司罗刚、园区管理部李红继、集团公司审计部马爱红;"创新之星"矿业公司王文超、水钢公司杨龙飞、国际工程公司袁霓绯、首自信公司崔凤玲、创业公社夏艳红;"争先之星"股份公司郭玉明、首秦公司杨春卫、长钢公司王晓东、首建公司钱江、体育文化公司孙晓雨先后登台领奖。全国"百姓学习之星"矿业公司马著,"国企楷模·北京榜样"京唐公司吴礼云,党的十九大代表、技术研究院刘宏分别为"首钢之星"颁奖。

1月27日,由中国科协调宣部主办,中国科协创新战略研究院、中国城市规划学会承办的"中国工业遗产保护名录"发布会在中国科技会堂举行。发布会上,公布了中国工业遗产保护名录(第一批)名单,首钢榜上有名。在名录中公布的首钢主要遗存包括:高炉、转炉、冷却塔、煤气罐、焦炉、料仓,运输廊道、管线,铁路专用线,机车、专用运输车以及龙烟别墅。入选理由为:华北地区最早的近现代钢铁企业之一;1919年从美国进口高炉设备;顶燃式热风炉和无料钟炉顶技术为首钢自主发明的世界尖端技术;中国第一座氧气顶吹转炉,中国第一个氧气顶吹转炉炼钢厂、国内最大的小方坯连铸炼钢厂、国内规模最大的现代化线材生产厂;当时先进水平的30万吨轧钢生产线;20世纪70年代全国十大钢铁企业之一;曾占北京市利税四分之一,首推企业承包制;国内目前保存最完整、面积最大的钢铁工业生产厂区。

3月,为落实首钢集团党委颁发的《首钢建厂100周年纪念活动方案》,面向全集团广大职工开展"首钢集团主题歌曲"歌词征集活动。

5月,为落实首钢企业文化建设"十三五"规划,党委宣传部组织有关单位和专业部门对专项文化理念进行总结提炼和完善,进一步加强和完善首钢集团专项文化理念体系建设,对规范专业理念行为、提升专业管理素养、实现专业工作价值、推进首钢转型发展具有重要的文化引领作用。

5月,在纪念马克思诞辰200周年之际,组织集团各单位职工观看《青年马克思》60余场次,缅怀马克思伟大光辉的一生,重温马克思的崇高精神和光辉思想,进一步坚定理想信念,推动首钢深化改革转型发展。

6月,组织集团20余家单位400余名职工到国家博物馆,参观“真理的力量——纪念马克思诞辰200周年主题展览”。

11月,在第十九届记者节到来之际,首钢新闻中心、首钢企业文化建设协会组织开展“走近高端用户,服务销售一线”联合采访暨第十九届记者节座谈会活动。座谈会后,联合采访分为三组,赴一汽、宝马、长城等重点客户的生产基地进行采访,面对面了解客户的先进经验以及对首钢产品、销售、服务的评价。同时,围绕销售公司华北分公司营销体制机制的改革创新、提高服务高端用户质量的具体做法进行深入采访。

12月,“伟大的变革——庆祝改革开放40周年”大型展览开幕后,首钢集团各单位积极组织职工到现场进行参观或通过浏览“伟大的变革”网上展馆,进行互动留言,谈认识、谈感想、谈未来、谈打算,把对美好生活的向往转化为真抓实干,攻坚克难,推动首钢深化改革和转型发展的具体行动,以优异成绩迎接新中国成立70周年和首钢建厂100周年。

(郑　昕)

【网络宣传管理】　首钢集团新版门户网站上线后,严格执行《首钢集团网站运行管理办法》,由首钢新闻中心负责网站所有栏目内容更新,内容上传方式由各单位分别审查、分散上传转变为由新闻中心统一审查、集中上传;日常更新与定期更新相结合。首钢集团网站有简体中文版、繁体中文版、英文版三个语言版本,及时准确发出首钢集团权威声音,成为权威发布平台、符合通行规则的对外信息交流平台、企业形象的展示平台。按照“优化监测软件、加强舆情管理、相应减员提效”的思路,变革网络舆情管理实现功能增强。从2018年9月1日采用新的“舆情大数据系统”,实现对论坛、博客、微信公众号、APP客户端等社交媒体的监测,对舆情信息进行智能统计分析,定时提交舆情日报、周报、半年报、年报。加强网络正面宣传和对外宣传交流,及时利用互联网平台发布首钢改革发展成果、首钢人的故事等,保持每月发帖40条以上,通过积极发声和传播正能量,提升了首钢集团整体形象。

(雷　伟)

【获奖与荣誉】　在中国企业文化研究会主办的“中外企业文化2018年深圳峰会”上,首钢集团获得“改革开放40年中国企业文化四十典范组织”奖,矿业公司获得“改革开放40年中国企业文化四十标杆单位”奖,股份公司、京唐公司、水钢公司、长钢公司、贵钢公司、销售公司、中首公司、国际工程公司获得“改革开放40年中国企业文化优秀单位”奖。首钢选送、北京市国资委推荐的《首钢一家人》荣获中国企业文化促进会等单位举办的首届企业文化故事征文大赛一等奖。在“2016年—2018年中国企业报”先进评选中,《首钢日报》获“中国企业报二十佳报纸”称号;首钢日报社总编辑梁树彬获“中国企业报十佳总编辑”称号;首钢日报社记者室主任王文婧获“中国企业报二十佳新闻工作者”称号。首钢电视台获“全国先进企业电视台”称号。首钢新闻中心策划创作的专题片《改革的力量》获全国企业电视2018年度好新闻“纪念改革开放40周年特别奖”第一名。首钢新闻中心策划创作的《大工匠卫建平》党课教育课件,获得北京市国资委组织系统党课课件评比三等奖。

(郑　昕)

监察部(纪委、巡察办)

【监察部(纪委、巡察办)领导名录】

纪委书记:许建国

纪委副书记、监察部部长:王传雪

监察部副部长:姜　宏

巡察办主任:王传雪(兼)(12月任职)

巡察办副主任:高党红(12月任职)

巡察组组长:熊万平(12月任职)

(陈东兴)

【综述】　首钢集团有限公司纪委与监察部合署办公(以下简称“监察部(纪委)”),承担首钢集团党组织和党员干部遵守党章党规党纪、贯彻执行党的路线方针政策情况的监督检查任务,协助党委推进全面从严治党、加强党风建设和组织协调反腐败工作,履行监督执纪问责职责,负责党风监督、纪律审查、案件审理与管理、监察监督等工作,承担首钢集团反腐倡廉建设领导小组办公室、首钢集团监督工作联席会办公室职责。监察部(纪委)定员编制11人,设岗位10个:纪委副书记、监察部部长,监察部副部长,党风检查处长,纪律审查处长(监察部副部长兼任),案件审理处长,监察处长,党风检查干事,纪律审查干事,案件审理干事,监察干事。

根据中央和北京市关于开展巡视巡察工作的有关要求和首钢集团党委建立巡察工作制度,对首钢集团党组织领导班子及其成员开展巡察监督。组建首钢集团党委巡察工作机构,成立党委巡察工作领导小组(简称"领导小组")、党委巡察工作领导小组办公室(简称"巡察办")、党委巡察组。巡察办为领导小组日常办事机构,作为党委工作部门,设在首钢集团纪委。巡察办定员编制6人,设岗位3个:巡察办主任(集团纪委副书记兼任)、专职副主任、巡察专员。巡察组定员编制2人(暂),设岗位2个:组长、巡察专员。

2018年,监察部(纪委、巡察办)以习近平新时代中国特色社会主义思想为指导,深入学习贯彻党的十九大、十九届中央纪委二次全会和市纪委十二届三次全会精神,履行党章赋予的职责,强化监督执纪问责,推动全面从严治党、党风廉政建设和反腐败工作不断取得新成效。

(陈东兴)

【纪律监督】 2018年,纪委发挥党内监督专责机关作用,强化监督执纪问责,压实管党治党政治责任。协助首钢集团党委召开党风廉政建设工作会议,总结部署全面从严治党重点任务。督促各级党组织制定反腐倡廉主要任务分工方案,逐级签订党风廉政建设目标责任书,实行清单化明责;领导人员对落实主体责任情况全程记实,实行痕迹化履责;运用述责述廉、检查考评机制,对管党治党不力的进行约谈问责。协助首钢集团党委开展全面从严治党工作考核,首钢集团领导带队调研,党委主要负责人亲自约谈存有差距单位,层层传导压力。聚焦党的基层组织建设,开展党建"公共题"联合监督检查,夯实全面从严治党基础。贯彻全市领导干部警示教育大会精神,深入开展全面从严治党突出问题专项整治,解决管党治党突出问题。

(王国安)

【联合监督】 2018年,监察部聚焦中央和北京市重大决策部署,围绕落实北京城市新总体规划、京津冀协同发展、冬奥筹办以及首钢"两会"重点任务,强化监督检查,确保政令畅通。实施21项联合监督计划,揭示问题和风险169项,提出整改建议177条。突出抓好以企业层级、投资收购、出借资金、违规挂靠、招投标管理为主要内容的"5合1"监督检查,发现问题65个,年内已全部整改。落实"廉洁办奥"要求,对冬训中心及滑雪大跳台项目建设开展专项监察。纪检监察系统实施立项监察62项,增加经济效益5116.73万元,避免和挽回经济损失5150.99万元。

(董光宇)

【巡察监督】 2018年,巡察办认真落实中央、市委巡视巡察工作方针和首钢集团党委巡察监督决策部署,深化政治巡察,强化政治监督,着力发现和纠正基层党组织和党员干部存在的政治偏差。加强巡察工作制度、整改责任体系建设,与市委、市国资委党委巡视巡察体系实现贯通对接,形成巡视巡察上下联动的监督网。首轮对首钢地产公司党组织进行巡察,发现6个方面38个问题。完善巡视巡察反馈问题整改责任体系,市委巡视反馈的7个方面20个问题,完成整改18个,持续整改2个。市国资委党委巡察首钢国际工程公司党委反馈的6大类43个问题,年内整改36个;组织各单位党委举一反三对照检查,自查问题109个,年内整改92个。

(高党红)

【纠正"四风"】 2018年,纪委协助党委制定贯彻落实中央八项规定精神实施细则的26条措施,推进党的作风建设。强化廉政教育,开展专项检查,严格执行重要时间节点逐级书面报告制度,进一步压实作风建设监督责任。坚持越往后执纪越严,对违规占用公车、操办婚丧喜庆事宜违规收受礼金等4起违反中央八项规定精神问题进行立案审查,给予党纪处分4人。开展财务"公共题"检查,发现问题15个,给予党纪处分1人,追责问责20人。对公务用车管理进行专项整治,加装车载信息化终端设备,大幅度核减公务用车。开展违规乘坐飞机头等舱等交通工具专项整治。对党的十八大以来业务招待情况进行自查自纠。对表对标中央要求,调研排查形式主义、官僚主义问题18个,制订整改措施22条。

(王国安)

【执纪审查】 2018年,纪委坚持挺纪在前、抓早抓小,保持正风肃纪高压态势。制定《首钢集团谈话函询工作规定》《首钢集团纪委实施诫勉的规定》,进一步规范谈话函询和诫勉工作。坚持严管厚爱,强化问题线索管理和执纪审查。运用"四种形态"处理196人,运用第一种、第二种形态占比超过90%。其中,第一种形态151人,占77%;第二种形态27人,占13.8%;第三种形态10人,占5.1%;第四种形态8人,占4.1%。召开纪检监察信访工作会议,开展信访举报工作专项检查,对7个方面82个问题点名通报、限期整改。按照四类方式处置问题线索206件,其中谈话函询31件、初步核实156件、暂存待查1件、予以了结18件。对涉嫌违纪的31名党员立案审查,给予党纪处分31人。严把结办审理关,12件问题线索调查结果退回补充调查,对1名承办单位纪委书记进行约谈。制定案件质量检查评价实施细则,以查促改,提高案件质量。重视执纪审查安全,排查安全隐患,牢牢守住"双安全"工作底线。

(王爱武)

【防控廉政风险】 2018年,纪委多措并举防控廉政风险,紧盯领导班子成员和有业务处置权岗位人员"两个重点群体",围绕采购、投资、财务及工程项目管理等19项重要业务,梳理廉政风险点327个,制定防控措施426条,堵塞管理漏洞,扎牢制度笼子。持续开展党风廉政建设薄弱环节专题调研,解决重点难点问题。股份公司实施可利用材"网上竞拍",屏蔽廉政风险,北京纪检监察网、《是与非》杂志进行报道,北京电视台《清风北京》栏目摄制专题片播发。通过多种形式灌输引导,培育"干公事别违规,干私事别用权"的廉洁理念。从正反两个方面强化纪律教育,组织学习贯彻宪法、监察法和党纪处分条例,编写《警示教育案例选编》,开展党章党纪党规知识测试、预防职务犯罪法制讲座,组织参观警示教育基地,使广大党员干部明底线、知敬畏、存戒惧、守纪律,推动廉政风险防控步步深入。制定回复党风廉洁意见实施细则,开发应用廉洁档案管理系统,严把党风廉洁意见回复关。强化对选人用人和评优评先的监督,对111个单位和344人廉洁审核,提出4人不宜评先意见。探索纪检监察机关协同推进监督工作机制,首钢集团纪委与石景山区纪委区监委进行工作对接,并推动9个京外单位与驻在地纪委监委对接工作,构筑新的预防职务犯罪网络。

(史玉君)

【队伍建设】 2018年,纪委聚焦主责主业,持续转职能、转方式、转作风,建立对照检查和定期报告机制,组织整改影响制约"三转"的具体问题15个。严格执行监督执纪工作规则、纪检监察干部公务回避规定及行为规范"十不准",积极推进纪检监察干部监督工作。纪检监察系统对照市纪委前两轮督导发现的问题,从政治站位、履职尽责、自身建设三个方面自查问题202个,年内已整改194个。加强监督执纪能力建设,组织20人参加上级机关写作班、学系列规定培训班。举办两期纪检监察干部脱产培训班,培训干部383人,实现人员、业务全覆盖。组织开展调查研究,表彰优秀调研成果23个。参与上级纪委反"四风"、破"潜规则"等专项调研课题8个,3篇调研论文在全国钢铁企业纪检监察工作研究会第14次年会上获奖,并作大会交流发言。加强纪检监察宣传工作,10篇稿件在市纪委相关媒体上刊载,并在市纪委交流宣传工作经验。

(陈东兴)

工　会

【首钢工会领导名录】

工会主席:梁宗平

副主席:陈克欣　刘宏(兼)

工会常委:梁宗平　陈克欣　刘　宏(兼)

聂桂馥　秦　勇　邱银富(兼)

刘　燕(兼)

(谭　颖)

【综述】 首钢集团有限公司工会是依法维护职工合法权益的群众组织。负责首钢集团工会专业管理制度和专业工作标准、规范的制定、修订与指导、监督、检查。负责首钢集团工会系统组织建设;首钢集团职代会的筹备、会务的组织工作和集团范围内职代会的指导、监督、检查和落实工作。首钢集团民主管理、厂务公开工作;依法维护职工的合法权益,策划集团困难职工的救助和职工困难的帮扶管理工作,指导监督职工生活服务保障方案的组织实施;开展劳动争议调解管理、劳动法律监督、普法与职工法律援助工作;首钢集团劳动竞赛方案的制定及劳模评选和劳模服务管理工作;策划组织集团范围内职工素质教育的开展;策划集团职工文化体育活动,协调开展全民健身活动。首钢集团有基层工会302个、工会分会930个,会员83892人,工会专兼职干部627人。

2018年,首钢工会在首钢集团党委和市总工会的领导下,深入贯彻党的十九大和工会十七大会议精神,以推进首钢全面深化改革、加快转型发展为中心,以为职工群众服务为宗旨,以构建和谐劳动关系、维护职工合法权益为主线,以创建学习型、创新型、服务型工会组织为抓手，紧紧围绕首钢发展战略，把握大局，找准位置，创出特色。在促进首钢转型提效、构建和谐劳动关系、推进民主化进程、维护职工合法权益、丰富职工文化生活、推进工会自身建设等方面取得可喜成绩。

（谭　颖）

【民主管理】 2018年1月20—21日，284名职工代表参加首钢第十九届职工代表大会第三次会议。会议审议张功焰的工作报告和《首钢集团2018年预算安排》《首钢集团有限公司领导班子廉洁自律情况的报告》。依据《首钢集团职工代表大会提案工作委员会工作细则》和提案工作委员会审议，整理汇总职代会代表提案36份。

（聂桂馥）

【厂务公开】 2018年，按照民主管理工作会议精神和首钢党的群团工作会议精神，首钢第十九届三次职代会审议通过了《首钢集团有限公司厂务公开制度》，同时为充实民主管理工作内涵，制定颁发《首钢集团有限公司职工代表大会职代会决议执行委员会工作细则》和《首钢集团有限公司职工代表大会职工生活管理委员会工作细则》。

（聂桂馥）

【弘扬劳模精神】 2018年4月25日，首钢集团在文馆隆重召开表彰大会，对评选出的先进集体和先进个人进行表彰。表彰先进单位9个，先进集体118个，首钢劳模148名。首钢荣获全国五一劳动奖章1人，获首都劳动奖状单位1个，获首都劳动奖章3人，获工人先锋号集体2个。首钢工会还组织推荐全国钢铁工业先进集体和劳动模范。

（于远东）

【技能竞赛】 2018年11月2日，首钢集团在陶楼组织召开"首钢高技能人才工作推进会暨全国冶金行业职业技能竞赛总结表彰会"，首钢集团党委常委和全体行政领导、各单位党政领导、"首钢杯"和"首矿杯"竞赛获奖选手、教练、领队、裁判、志愿者代表120人主会场参加会议，外埠单位领导和相关人员参加视频会议。首钢集团组织承办"首钢杯"第九届全国钢铁行业职业技能竞赛活动，首钢工会为竞赛活动提供资金支持300余万元。

（于远东）

【劳动竞赛】 2018年，首钢工会根据《关于开展"践行新理念、建功'十三五'"主题劳动竞赛和职工技术创新活动的指导意见》，组织开展多种形式的劳动竞赛活动。在"全国重点大型耗能钢铁生产设备节能降耗对标竞赛"活动中，首钢参赛设备全部获奖。其中，全国冠军炉3座，首钢夺得2座；全国优胜炉12座，首钢夺得2座；全国创先炉24座，首钢夺得2座。首钢工会组织开展"职工网上练兵"活动，首钢集团各单位参加"网上练兵"职工6401人，开展攻关职工448993人次。

（于远东）

【选树大工匠】 2018年，首钢工会精心组织，做好首届"北京大工匠"选树的各项工作，最终首钢机电公司卫建平荣获首届"北京大工匠"称号。为弘扬工匠精神，首钢工会制作《北京大工匠——卫建平》视频宣传片，在首钢"五一"先进表彰大会上进行播放，配合市总工会完成《北京大工匠》纪录片的摄制。

（于远东）

【创新工作室】 2018年，首钢3家职工创新工作室荣获市级职工创新工作室称号；2项创新成果荣获首都职工自主创新成果二等奖，1项创新成果获得首都职工自主创新成果三等奖；89项职工创新发明专利获得北京市职工创新发明专利助推，占全市助推项目的34%；卫建平、秦涛获得北京市名师带徒称号。首钢工会在市总职工创新工作交流大会上作《发挥才智搭平台，个人企业共发展》经验交流，受到好评。

（于远东）

【中德职工焊接对抗赛】 2018年，首钢工会选派焊工选手3人赴德国参加中德"北京·南图林根"职工焊接对抗赛全部获奖，首秦公司刘少鹏获得钨极氩弧焊组第二名，果志伟获得焊条电弧焊组第二名，京唐公司王海龙获得熔化极气体保护焊组第二名，都取得了德国焊接协会颁发的DVS焊接证书，为首钢争得了荣誉。

（于远东）

【"送温暖"工程】 2018年，根据《首钢2018年元旦春节期间送温暖工作实施方案》，首钢工会加大送温暖工作实施力度，拓宽送温暖服务范围，重点向首钢多业多地、首钢园区工程建设的困难企业及困难职工倾斜，筹集发放送温暖资金1004.87万元，比上年增加48.88万元。

（秦　勇）

【夏季"送清凉"】 2018年，首钢工会下发《关于开展好夏季"送清凉"活动的通知》，以多业多地和园区工程

建设一线生产操作岗位职工为重点，暑季，市总工会领导和首钢集团领导深入到首建投公司、首建公司、首自信公司、首钢园区管理部等单位开展慰问活动，首钢集团各单位也开展“送清凉”活动。

（秦　勇）

【募捐及帮困助学】　2018 年，首钢集团开展募捐及帮困助学、帮困基金帮扶活动，各单位领导干部、共产党员、共青团员及职工捐款 325.9987 万元，其中为 142 名困难职工的子女 162 人发放助学金 67.49 万元。

（秦　勇）

【互助保险】　2018 年，首钢工会完成在职职工重大疾病保险、意外伤害保险、住院医疗保险和女职工特殊疾病保险的续保工作，职工参保率 96%以上，保费达 817.36 万元，首钢职工互助保险 2401 人次，理赔 362.61 万元。其中，职工住院保险 2137 人次，理赔 242.84 万元；职工意外保险 181 人，理赔 37.5 万元；重大疾病保险 74 人，理赔 75.07 万元；女工保险 9 人，理赔 7.2 万元。加强帮困基金的规范化管理，切实提高职工抗风险能力，为 57 名因意外事件、重大疾病等情况造成特殊生活困难的职工，发放帮困基金 71.45 万元。

（秦　勇）

【丰富职工文化生活】　2018 年，首钢工会以“职工健身”和“文化提升”为目的，开展丰富多彩、切合职工需求的文体活动，不断丰富活跃首钢职工精神文化生活。开展“首钢职工“步入新时代　迈向新征程健步走”“首钢电子竞技大赛”“讴歌改革成就、唱响时代新曲——庆祝改革开放 40 周年首钢职工五月鲜花合唱比赛”“为建设冬奥职工现场体质测试”“迎接首钢建厂 100 周年文化活动”等系列活动。5 月，首钢工会承办第五届全国冶金职工运动会“首钢杯”男子篮球赛及第五届全国冶金职工运动会闭幕式活动。来自宝武集团、鞍钢集团等 10 家钢铁企业、200 余名职工参加。组织参加冶金体协主办的职工篮球赛、代表冶金体协参加“中国职工乒乓球联赛”；参加冶金文协组织的“纪念改革开放 40 周年太钢杯全国冶金行业职工美术、书法展览”、“柳钢杯”冶金系统羽毛球邀请赛；组织参加北京市总工会组织的《中国梦·劳动美·点赞大工匠》北京市工业国防系统职工摄影比赛、《北京市职工第 35 届“五月鲜花”合唱比赛》等多项文体活动。

（席　宁）

【首钢建厂 100 周年纪念活动】　2018 年，首钢工会根据《首钢建厂 100 周年纪念活动方案》，组织开展“几代人在首钢工作的职工家庭”调查摸底活动。制订《关于开展“几代人在首钢工作的职工家庭”调查摸底活动的通知》，组织各单位按照要求，开展各种形式的调查摸底工作。通过入户调研等形式，详尽了解职工家庭几代人在首钢工作年代、参加工作时间、工作岗位、离岗时间、身体状况、家庭代际传承关系、家庭住址以及所获荣誉等情况。

（秦　勇）

【“互联网+工会”服务平台】　2018 年，首钢工会“首钢挚友 APP”服务平台在前期试点的基础上重磅推出，通过“首钢挚友 APP”服务平台，组织各级工会开展活动 43 项次，参加活动的职工 9533 人次；组织开展各类福利优惠活动 128 项次，参加会员专享服务优惠职工 33575 人次，收到职工好评 8633 余条。“首钢挚友 APP”已经覆盖全集团，注册职工 71000 多人，注册率 80%以上。

（金志先）

【职工之家——暖心驿站】　2018 年，首钢工会落实《北京市总工会关于深入推进职工之家建设工作的意见》，上报示范职工之家 1 家、职工暖心驿站 40 家。

（金志先）

【工会深化改革】　2018 年，首钢工会根据《北京市总工会改革方案》和《北京市总工会 2017 年改革任务清单》的试点任务要求，承担“试点开展本单位工会代表建议案办理工作”的改革试点任务，从制度建设入手，制订《首钢集团有限公司工会代表建议案管理办法》。6 月 21 日，中共首钢集团有限公司委员会颁发《首钢集团工会改革工作方案》。

（金志先）

【关爱女职工——选树巾帼标兵】　2018 年，首钢集团 11 个家庭荣获“石景山区最美家庭”称号，其中一个家庭荣获“首都最美家庭标兵户”称号。组织女工干部及先进女职工代表 50 余人参加“走进健康课堂　帮你助力减压”活动。组织参加 2017 年石景山区“最美家庭”活动。组织开展职工子女暑期托管服务。分别在苹果园、古城、老山家属区及长钢公司、京唐公司、迁安公司所在地区共开设子女托管班 13 个，招收职工子女 230 人。

（谭　颖）

【重要会议活动】

1月20日,首钢集团第十九届职工代表大会第三次会议召开,审议张功焰的工作报告和《首钢集团2018年预算安排》《首钢总公司领导班子廉洁自律情况的报告》。

5月20日,2018年首钢职工“讴歌改革成就,唱响时代新曲”合唱比赛。13个单位、500多名职工参与。

7月30日,首钢工会与团委共同组织的“首钢职工电子竞技大赛”圆满结束。

8月1日,北汽集团党委常委、工会主席张辉及北汽集团工会全委会40余人到访首钢,首钢集团党委常委、工会主席梁宗平接待并陪同参观首钢园区。

9月21日,首钢工会与中央歌剧院多位著名艺术家在首钢古城俱乐部剧场共同举办《中国歌剧经典赏析演出》活动。

10月31日,作为迎接首钢建厂100周年系列文化活动之一,首钢工会携手中央歌剧院多位著名艺术家,举办《掌声响起——西洋歌剧艺术的台前幕后》鉴赏活动。

11月2日,首钢在陶楼组织召开“首钢高技能人才工作推进会暨全国冶金行业职业技能竞赛总结表彰会”。

11月30日,首钢工会第十七届委员会第三次(扩大)会议召开。会议传达学习习近平总书记同中华全国总工会新一届领导班子成员集体谈话的重要讲话和中国工会十七大精神。

(金志先)

战略发展部

【战略发展部领导名录】

部　长:朱启建

副部长:张国春

(陈　宏)

【综述】　首钢集团有限公司战略发展部职责包括战略规划、经营计划、投资管理、资本运营、改革发展和战略合作领域业务。战略规划管理主要负责组织编制集团中长期战略发展规划,对执行情况进行定期检查、评估、调整等动态管理;围绕集团发展的全局性、战略性和前瞻性重大课题开展产业政策研究;开展企业改革改制分析研究,提出集团改革战略和方向建议。经营计划管理主要负责集团所处行业与市场竞争地位分析,经营现状分析;提出年度经营目标和年度经营重点,分析、评估年度经营计划执行情况;配合系统优化部开展组织绩效监控分析工作。投资管理主要负责集团投资分类分级和全生命周期专业管理;确定投资方向和原则,明确投资重点;组织编制中长期投资规划和年度投资计划,具体编制境内非金融类中长期投资规划和年度投资计划,跟踪执行情况并做好评估调整。资本运营主要负责组织编制集团中长期资本运营规划,分解落实组织实施;负责推动相关产业资源在资本市场上市和上市后资本运作,审查集团各成员单位上市方案。改革发展主要负责收集国家有关国企改革政策、法规,开展企业改革发展研究,提出集团改革战略和方向建议;协调推进重大改革事项,跟踪推进实施过程关键点;分析研究产业政策,根据业务组合战略提出新业务发展方向。战略合作主要负责与上级政府部门对接,争取政府专项资金支持的专业管理,争取产业振兴、重大项目专项资金支持;对外战略合作协议专业管理,协调和推进对外战略合作。战略发展部现有职工21人,其中高级职称7人,中级职称12人。

(陈　宏)

【“十三五”规划中期评估与宣贯】　2018年,战略发展部全面回顾规划执行情况,坚持发展战略不动摇,提出产业聚焦目标和方向,根据内外部环境变化修正部分目标指标,明确转型发展主要举措,推动战略目标任务的实现。9月13日,首钢集团2018年第3次董事会审批通过集团“十三五”规划中期评估调整报告。9月20日,在首钢“三创”交流会上宣传贯彻,统一思想,凝聚共识,保持战略定力,坚定不移推动规划落地实施。

(马力深)

【编制2019年度经营计划】　战略发展部分析研判经营环境,提出首钢集团2019年经营计划安排建议,于2018年12月27日经首钢集团董事会审议通过,下发至各单位。完善经营计划外向型评价体系,从过去单纯关注利润优化为关注盈利能力、运营质量、成长性等方面指标,围绕“三个能力、六个指标”开展“五比”分析。从过去的简单“摆结果”提升为“研究结果+分析问题”。在过去评价企业个体基础上增加整体经营情况分析。评价体系日臻科学、全面,年度计划指标博弈大幅减少。全面梳理首钢集团历史遗留问题,将历史问题处理纳入计划管理,2018年处理历史遗留问题16.5亿元。除通

钢公司和伊钢公司外，到2019年，其他单位全部处理完成所有历史遗留问题，为首钢集团良性发展奠定坚实基础。

（江华南）

【投资管理制度体系建设】 2018年，战略发展部完善投资权力清单，适应性调整投资管理决策权限。组织各单位制定本层级投资管理制度，形成集团—平台—要素单位投资管理制度体系。首钢集团投资信息化系统正式运行，在151家企业正式应用，覆盖股权、固定资产、无形资产投资全生命周期关键节点管理。2019年投资计划全面在线编制。

（张连生、胡欣怡）

【“十三五”产业投资规划中期评估】 2018年，战略发展部按照“方向不变、规模不变、结构调整”策略，调整“十三五”后期产业投资安排，重大产业项目规划期总投资由538.9亿元调整为525.4亿元。

（张连生、胡欣怡）

【固定资产存量投资项目清理】 2018年，39个超概算项目概算调整通过首钢集团经理办公会审批，6个长期未开工与19个停缓建项目按现行权力清单与制度规定分层级履行决策程序，陈欠项目纳入首钢集团投资信息化系统作为尾款项目管理。

（张连生、胡欣怡）

【承接资本运营管理职能】 2018年，战略发展部形成首钢集团资本运营初步思路方案，面对部门新增职能，快速响应，立即行动。开展内外部学习加深认识，走访多家机构，调研发展模式，研究行业上市公司情况，梳理首钢集团上市产业资源，结合首钢资源禀赋和资本市场形势，形成初步思路，向首钢集团领导汇报后明确职责界面和工作方向。

（陈松林）

【完成企业退出年度目标任务】 2018年，战略发展部完成企业退出72家，收回资金11.5亿元。组织编制《企业退出实用手册》，聘请专业机构开展难点项目攻关，坚持计划引领，加强日常协调，效果良好。全面完成去产能三年目标任务。2018年通过首秦公司整体搬迁，化解生铁产能250万吨、粗钢产能260万吨，完成三年化解生铁产能787万吨、粗钢产能500万吨任务。

（王瑞祥）

【首钢深改综合试点和“双百行动”】 2018年，首钢集团成功入选国务院国企改革“双百行动”企业。战略发展部以首钢集团名义下发《首钢集团有限公司深化改革综合试点工作方案》《首钢集团有限公司“双百行动”重点工作计划》，确定8类15项重点任务，形成2018—2020年期间首钢深化改革任务书、路线图和时间表。

（郝　芳）

【获批国企深化改革综合试点】 2018年，战略发展部围绕首钢“两会”提出的积极争取成为北京市深化国有企业改革综合性试点单位、最大限度争取政府相关政策支持的要求，在上年上报市国资委《首钢深化国有企业改革综合性试点实施方案》后，主动与市国资委多次对接，反复完善试点方案。《首钢集团有限公司深化改革综合试点方案》经市国资委第十三次主任办公会审议通过，并报经市政府同意，于2017年12月19日正式下发执行，对推动首钢改革创新和转型发展意义重大。

（王瑞祥）

【推动首钢剥离企业办社会职能】 2018年，战略发展部按照国家、北京市相关政策要求，牵头组织首钢剥离企业办社会职能工作。组织制定首钢剥离企业办社会职能的组织机构及工作安排，明确分工、职责，研究任务、目标。督促各专项小组完成“三供一业”、退休人员、医疗、教育等的摸底调查等工作，组织各专项小组研究和完善工作安排。各项剥离工作正按要求有序推进。

（王瑞祥）

【新签七项战略合作协议】 2018年，首钢集团与石景山区人民政府、门头沟区人民政府、中关村科技园区管委会、山西省吕梁市人民政府等政府机构以及欧力士公司、中国联通、北京农商银行等企业，签订战略合作协议7项，通过战略合作促进首钢转型发展。

（王瑞祥）

【举办第三届曹妃甸海洋发展大会】 2018年10月12日，首钢集团有限公司与中国海洋工程咨询协会、曹妃甸区政府成功主办第三届曹妃甸海洋发展大会，340余家涉海单位的570余人参会，23家媒体围绕首钢转型发展成果进行80余条报道。会上，京唐公司海水淡化项目当选2018年度国家“优秀海洋工程”。

（严　慧）

【政府资金争取工作】 2018年，战略发展部组织申报争取各类政府资金支持，首钢集团全年获批资金项目108项，新增获批各类政府专项资金10.3亿元。持续完善项目储备库，年内新甄选69个项目重点储备培育。

（严 慧）

经营财务部

【经营财务部领导名录】

部 长：邹立宾

副部长：白 超

（王兴武）

【综述】 首钢集团有限公司经营财务部负责财务与会计专业管理制度和专业工作标准、规范的制定、修订与指导、监督、检查，建立集团统一规范的会计政策和财务管理制度；组织建立健全专业管理体系和专业评价指标，开展指标评价，推进持续运营改善；策划专业管理能力体系建设，组织推进能力培育与提升。专业业务流程的统一管理；专业业务需求分析与确认，平台公司和直管单位涉及集团管控的业务需求评审；专业集团级主数据建设与管理，专业业务数据规范管理，专业业务数据挖掘与应用；专业应用系统运行规范制定和执行，专业应用系统的推广和持续优化。全面预算管理：中长期财务规划、年度目标设定、预算编制、预算执行与控制、预算调整、经济运行评价。资金管理：资金预算管理、资金动态管理、筹融资管理、担保及内部借款管理、外汇及专项资金管理、资金风险管理、金融业务管理。财务管理：财务报告管理、财务状况分析、利润收益收缴管理、委派财务总监管理、会计内控与财务监督管理。产权管理：产权登记管理、资产评估备案管理、产权交易管理、国有资本经营预算管理、金融类投资项目管理。税务管理：负责税务政策研究、税务筹划、税务风险管理、关联交易管理。岗位设置：预算管理总监、资金管理总监、财务管理总监、产权管理总监、税务管理总监。定员编制24人，部长1人，副部长1人，总监5人。

（王兴武）

【制度建设】 2018年，经营财务部制订完善《首钢集团有限公司会计制度》和钢铁业、建筑施工业等14个分行业成本核算办法，形成“1+14+N”的会计规范体系，为财务管理标准化和规范化打下制度基础。颁发《首钢集团有限公司预算编制管理办法》（首发〔2018〕192号），对制度的进一步细化和延伸，更好地指导各单位编制预算。完成《首钢集团有限公司票据管理办法（试行）》（首发〔2018〕59号），进一步完善资金管理制度体系，强化管控能力。

（王兴武）

【完善风控体系权力清单】 2018年，经营财务部进一步完善财务风险管控体系。强化预算执行过程监控，加强财务专业检查监督。加强资金管控，保障集团资金安全顺行。搭建税收管控体系，防范税务风险。加强产权管理，推动产权流转试点。进一步优化权力清单内容，把首钢集团改革对各板块和直管单位“放、管、服”的管理理念，通过权力清单得到进一步体现。

（俞义华）

【信息化建设】 2018年，经营财务部全面开展预算系统、核算系统、资金系统、税务系统信息化建设。预算系统功能持续优化，大幅提升外埠钢铁单位生产经营预算功能，加强专项预算、业务预算和财务预算之间的数据关联度，实现编制进度动态监控、编制质量结果监控。核算系统按照集团财务核算标准体系“六统一”设计，完成相关科目设置、梳理端到端业务流程、分解业务场景、正在加快试点单位系统实施。资金系统完成资金运行分析驾驶舱模块开发建设，在首钢集团和钢铁板块范围内实现集团领导和业务关键用户Web端线上查询，系统完成试点单位历史数据收集、系统数据初始化和试点单位关键用户测试。税务系统完成业务调研、流程优化和蓝图设计，确定税务管理系统的基本蓝图和开发里程碑，明确系统定位和功能要求，明确业务与税务的对接，进入一期实施阶段。

（王兴武）

【财务管理】 2018年，经营财务部组织首钢集团预算决算工作，完成首钢集团2017年度年财务决算和财务预决算分析报告。以年度财务决算数据为基础，按市国资委财务绩效定量评价指标体系及评价结果，编写完成《首钢集团2017年度企业财务绩效定量评价报告》。加强财务专业人才培养，提升财务队伍素质能力。办好首钢青年干部财务管理方向培训班，组织好会计人员继续教育工作。做好集团重点项目财务管理工作。组织制定首钢服务冬奥财务核算方案。梳理园区开发、运营项目财务核算情况。

（王兴武）

【资金管理】 2018年，经营财务部强化资金管控，提升分析能力。完成年度及月度资金预算安排，提升分析能

力，完成季度分析。全力组织资金，保证集团资金安全运行。组织完成到期银行融资接续676亿元。落实债券募集资金400亿元人民币及5亿美元境外债。完成债券到期刚性兑付335亿元。落实银行授信到期续作，维护银企合作关系。合理控制外部融资规模，借助财政支持资金，实现有息负债压降47.2亿元，对外利息支付降低1.6亿元。多渠道综合统筹资金，确保重点项目融资需求。加强宏观政策把握和市场研究，控制市场风险。组织完成集团降杠杆工作方案编制。开展资金专项检查。在集团范围内开展“出借资金”检查工作。启动资金归集及结算等专项检查。组织集团公司境内外信用评级，集团公司继续保持境内AAA信用等级和境外A-信用等级。组织完成集团降杠杆方案和股权多元化方案。协同做好首钢股份公司和通钢公司债转股工作。

（刘同合）

【预算管理】 2018年，经营财务部进一步完善全面预算管理体系，牵头完成2019年度预算编制工作。以预算信息化为抓手，优化预算编制和审批流程。重点强化专项预算的协调与管理，通过信息化设计优化专项预算的编制流程，使专项预算与总预算的关系更加清晰，有利于预算编制效率和质量的提升。做好经营分析工作，为集团决策提供支撑。持续完善预算执行分析，做好预算执行过程监控；协调、解决生产经营中的问题；学习行业先进企业，提出经营管理建议。做好监督检查工作。组织在集团范围内开展全级次的财经纪律和财务制度执行情况专项大检查活动，促进了集团财务专业管理工作的提升；组织落实北京市监事会检查问题整改方案。做好对外材料的提报工作。按北京市国资委要求，组织按月、季提报首钢集团经营运行监测报告和经营活动分析材料；完成对国家和北京市、石景山区等政府部门以及钢协要求材料的提报工作。

（俞义华）

【产权管理】 2018年，经营财务部推进首钢集团总部改革工作，完成对产权管理室职责的重新划分，完成对权力清单、工作流程修改完善。为保证国有产权流转试点工作有序开展，提出了首钢集团开展促进国有企业产权流转试点工作方案。产权管理工作：对首钢集团产权登记情况进行全面审核，产权申报登记比例由83.5%提高到92%。资产价值管理：落实首钢集团投资决策，对直管企业和平台公司企业股权价值进行专业审核。积极推动松河公司、首黔公司划转贵州省国资委工作，办理完成划转报市国资委审批手续。资本运营：推动集团捋顺产权与管理关系，完成诚信监理公司、安川首钢公司等企业划转工作；完成华夏银行60亿元定向增发工作。改制工作：加快集团公司转让烟台东星公司股权工作，组织审计评估机构对烟台东星公司整体资产进行评估，并全力推动市国资委核准工作。挂牌等工作：组织或配合申报冬奥场馆配套设施建设等10个项目，争取市国资委资金支持，年内获批资金总额5.97亿元。

（何　俊）

【税务管理】 2018年，经营财务部指导解决股份公司重组、成员单位清撤、首秦公司转型等纳税事宜，做好税务宣传和税务实操，组织税收培训15期。参与联合监督检查的方式，将税务检查首次专项列入监督视野，完成股权公司、环境公司、贵钢公司、设计院的监督检查工作。协调首钢集团各单位减免退税、稽查检查、申报障碍、走逃失联、处理发票虚开、千户集团数据提取工作。加强税务筹划工作。筹划股份公司重组、退出企业清算、房地产14号楼重建、养老产业主体安排、医疗产业规划、首秦公司转型等税务方案。通过落实税务筹划管理，为首钢北京园区取得2566万元的退税，为园区发展提供有力支持。《新时期首钢集团税务管理体系构建与实施》管理创新成果，获得中国钢铁工业协会认可。

（田　原）

【党风廉政建设】 2018年，经营财务部深入学习贯彻党的十九大精神，把学习习近平新时代中国特色社会主义思想与本职工作结合，落实一岗双责，立足做好本专业、本岗位工作，传扬首钢精神，为百年首钢献礼。按照全面从严治党要求，经营财务部党支部组织开展“三会一课”，共召开支部大会8次、支委会8次，讲党课1次。发挥党支部的战斗堡垒作用和党员的先锋模范作用，把党支部建设成坚强战斗堡垒，开展12次主题党日活动。会同金融公司党委、财务共享中心党支部参观北京圆明园廉政文化基地，进行廉政教育；联合石景山区地税局、大兴地税局联合开展“走进首钢、了解首钢——营造优质营商环境”主题党日活动。

（张宝龙）

系统优化部

【系统优化部领导名录】

部　长:杨木林

副部长:高福文

（宫顺军）

【综述】 首钢集团有限公司系统优化部是战略管控部门,负责首钢全集团运营治理管理、组织绩效管理、流程风控管理、业务与系统管理、信息技术管理。运营治理管理主要负责治理体系管理、权力清单管理、组织功能定位与管控模式管理、组织机构与定岗定编管理、劳动效率管理;组织绩效管理主要负责绩效指标体系建设、绩效考核实施、企业领导人员任期绩效目标考核;流程风控管理主要负责运营改善与管理创新、流程管理、风险与内控管理、制度管理;业务与系统管理主要负责业务需求管理、数据管理、系统建设管理、系统应用评价与优化;信息技术管理主要负责IT治理与信息化规划管理、信息安全管理、技术架构管理、运维服务管理。系统优化部定员编制19人,在册职工18人,硕士以上学历12人,本科学历5人,大专学历1人,高级职称11人,中级职称7人。

（宫顺军）

【规范治理体系】 2018年,系统优化部健全管控体系,规范治理体系。持续完善组织架构,成立首钢迁安矿区职工待遇管理审核办公室,建立健全首钢冬奥合作组织体系并成立"冬奥合作部",成立首钢党委巡察工作机构;按持续改进原则,修订形成首钢集团总部部门职责与岗位编制(V1.0),制定首钢集团"一院多中心"研发体系改革试点方案。规范公司治理结构,坚持依法治企,制定首钢集团改制企业职工内部流动有关规定;根据运行实际,规范集团成员管理关系并将141家单位调整为133家,优化产权与管理关系,规范公司治理结构。

（魏云胜）

【制定权力清单】 2018年4—7月,系统优化部按照持续改进原则,组织对首钢集团管控权力清单(V1.0版)全面优化,并编制管控权力清单(V2.0版),新版权力清单进一步聚焦权利事项,将关键环节由279项优化减至148项,体现"放管服"政策导向。跟进权力清单颁发落实情况,各平台公司组织管控权力清单的修订,经战管部门多轮审核研讨后颁发,标志着首钢集团管控分层授权治理体系形成。

（黄海峰）

【深入推进转型提效】 2018年,系统优化部组织推进转型提效,强化目标导向。分解2018—2020年指标,强化机制引导,全口径全要素推进转型提效。部分外埠企业协商解合资金由借款调整为奖补。推进首秦公司停产转型分流安置人员3550人,助力伊钢公司减员提效走出困境。按照北京市疏解非首都功能产业要求,持续推进微电子产线停产人员分流安置,首钢气体老稀有气体生产线停产人员安置工作,随"三供一业"移交职工144名,首钢集团总部编制定员压缩13%。2018年末,首钢集团在册职工8.4万人,四年内转型分流8.2万人,钢实物劳产率比行业上年平均水平提高13%。通钢公司钢实物劳产率率先达到"十三五"规划目标。

（宫顺军）

【制定年度绩效考核及目标】 2018年,系统优化部组织首钢集团年度经营目标责任书制定、督导和考核。为强化各单位资金管理和风险防控工作的针对性,4月会同经营财务部对资金风控指标提出了考核评价细则。在各单位自检、管控部门评价意见基础上,形成二级单位2018年绩效考核评价结果材料,首钢集团党委常委会进行审议,根据会议精神,对二级单位评价结果进行了公示,在两会上进行发布,并由人力资源部完成兑现工作。开展2019年二级单位经营目标责任书编制。总结分析2015—2018年组织绩效管理工作的主要特点,提出2019年绩效考核的思路建议。根据2019年首钢集团预算、经营计划及投资计划等,分行业、分单位提出2019年经营目标责任书指标导向意见,形成关于制定2019年经营目标责任书情况的汇报材料,提交首钢集团党委常委会审议。在首钢"两会"上,组织6家代表单位签订经营目标责任书。

（冯先槐）

【加强领导人考核管理】 2018年,系统优化部汇编首钢集团领导2015—2017年任期及2017年度经营业绩考核主要指标完成情况,向市国资委提报任期和年度两个清算报告;按照市国资委统一安排,组织首钢集团各部门完成领导人员2015—2017年任期管理绩效综合评价工作,首钢集团管理绩效得到市国资委专家组好评。

（冯先槐）

【构建集团管控制度体系】 2018年，系统优化部颁发首钢集团制度49项、废止65项，现行制度共计294项。各战略管控、业务支持和业务服务部门高度重视制度建设，将制度建设作为提升专业能力的重要抓手。随着财务一体化项目实施，经营财务部在上年制定完成会计制度和9项核算办法的基础上，又制定5项行业核算办法，财务共享中心陆续出台职工薪酬核算与人工费列报等多项会计核算规范，"1+14+N"会计制度体系基本形成。系统优化部按市国资委要求以及首钢管理需要，制定《首钢集团有限公司违规经营投资责任追究实施办法》，修订《首钢集团有限公司建设工程招投标管理办法》，规范重点业务运行，有效防控风险；与首自信联合开发制度管理模块，上线运行制度颁发流程，实现制度和权力清单网上查询，并在移动终端同步具备查询功能，方便用户使用，提高管理效率。

（张焕友、牛通庸、孙旭伟）

【提升管理制度质量】 2018年，系统优化部坚持"制度的灵魂在质量"，严把制度质量关，专业部门从制度的规范性、体系化、协调性上严格审查，年内共审核制度136项次，提出审核意见412条；坚持"制度的生命力在执行"，加大重要制度宣传贯彻力度，《首钢集团有限公司违规经营投资责任追究实施办法》在首钢"三创"交流会上宣贯，对管控权力清单在3次专业会上解读；关注重点领域和薄弱环节的管控，对投资、工程建设招投标、土地房屋租赁、合同等15项制度进行专项检查；借鉴市国资委内控检查方法，对环境公司、曹建投公司进行内控专项检查；组织经营财务部、财务共享中心开展财经纪律和财务制度检查。

（牛通庸）

【风控体系建设】 2018年，系统优化部分两批完成18个单位风控体系建设，从2016年开始，历经试点建设、典型企业推广、全面建设三个阶段，到2018年底风控体系建设基本实现要素以上单位全覆盖。18个单位在体系建设阶段，共诊断出人力资源、信息化、采购、工程项目等管理问题302项，诊断涉及需要制（修）订及废止的制度1029项，形成整改计划，并按计划积极组织落实整改。内控体系建设采取"咨询+辅导"的方式，组建联合项目组，53名脱产人员全程参与项目组织辅导，曹建投公司、矿投公司、首钢环境公司等8家单位风控管理人员能力综合评价优良，基金公司接受市国资委内控检查，检查结果评价优秀。

（黄海峰）

【开展风控与制度管理培训】 2018年2月，首钢集团分管领导组织召开风控体系建设经验交流，为推进风控体系建设提供示范。3月，组织要素以上单位94人进行风控体系建设及制度管理培训。延伸培训进现场，组织专业人员到长钢公司、矿投公司、首钢环境公司、技术研究院等单位进行风控及制度培训，受到基层单位欢迎。12月19日，组织2018年风控体系建设工作经验交流总结会，为2019年风控工作推进奠定基础。

（孙旭伟）

【管理创新成果】 2018年，系统优化部与发展研究院联合组织首钢第十九届管理创新成果评审，经预评、专家初评及答辩等工作，最终荣获北京市管理创新成果奖19项，中国钢协管理创新成果奖17项；系统优化部申报的管理创新成果分别获得北京市和中国钢协管理创新成果一等奖。

（张焕友）

【提升信息化能力和水平】 2018年，系统优化部按照市国资委《关于加快推进市属企业信息化发展的意见》的通知要求，组织制定首钢集团2018—2020年信息化展e计划，按照2020年信息化水平目标，分解制定2018年、2019年和2020年分值任务，并落实首钢集团、股份公司、京唐公司、矿业公司、通钢公司信息化提升任务和目标，2018年集团信息化展e计划目标顺利完成。

（哈铁柱）

【集团管控信息化项目建设】 2018年，系统优化部推进"332集团财务管控体系"建设，实现首钢全集团预算在线编制，全业务模块上线，统一会计科目体系、通用业务流程、报表与指标体系，实现财务共享。全类型、全生命周期投资项目管理初步建成，覆盖首钢集团151家企业股权、固定资产、无形资产三类项目全生命周期关键节点。全生命周期资产管理体系设计完成，统一资产台账和6大类资产管理流程，完成资产报表和指标体系设计。"统一标准、集中管控、分级授权、专业管理"的主数据管理体系初步建成，完成辅助核算等6项集团级主数据建设。按照组织机构、员工管理"一张网"要求，首钢集团合并报表范围内组织机构和在册员工数据全部上线。整合统一门户、统一用户管理与身份认证、公文、工作流程、移动办公和即时通讯的协同工作平台搭建完成，在长钢公司等13家成员单位推广。

（汪国栋、郭素云、刘　京）

【信息系统运维管理】　2018年，系统优化部建立运维组织、制度、流程，确定运维服务的标准，持续监督运维响应中心整体服务质量的提高。组织制定项目转运维操作规范，监督建立运维事件响应记录台账并定期检查，加大对运维工作的考核力度。组织运维单位通过ITSS运维体系认证，运用运维管理工具平台，提升IT运维服务效率和质量。

（哈铁柱）

【信息安全管理】　2018年，系统优化部按照上级要求组织各单位做好重大会议、活动期间网络安全防护工作，制定集团网站群建设方案，有效利用首钢集团总部的安全防护设备和技术支持能力，将下属9家单位的网站纳入集团网站群管理，提升首钢集团总体网站安全水平；组织首钢集团所属68家单位开展软件正版化工作，推进软件正版化工作规范化、常态化、信息化；实施首钢集团终端管理系统升级，加强无线接入、存储介质安全管理，强化信息安全防护体系；定期组织开展各单位网站及Web应用安全漏洞扫描加固工作，防范安全风险；落实网络安全法和等级保护规定，组织制定网站安全标准、项目安全管理规范、信息安全评估标准等，提升信息安全管理能力；组织修订网络与信息安全事件应急预案，开展信息系统应急演练，提升突发事件应急处置能力，保证业务连续性。

（刘玉坤）

【推进基础设施协同】　2018年，系统优化部推进首钢集团基础设施协同工作。组织制定集团邮箱绑定集团协同平台共同推广的策略，年内新增邮箱用户1707个；利用VPN系统支撑首钢集团管控系统的用户应急访问需求，新增用户927人，保障管控系统顺利上线；共享总部现有WIFI的集中管控平台，新纳入3家单位约700用户使用集团统一无线网络；制定数据中心迁移方案，形成云平台运营服务模式和标准初步方案；推进首钢集团广域网建设，完成曹建投公司、水钢公司、长钢公司等30家单位SD-WAN网络接入工作。

（方红华）

【视频会议系统优化】　2018年，系统优化部组织完成首钢集团视频会议管理系统流程优化，实现95%以上的视频会议无需人工干预协调，降低视频会议管理人力投入80%以上，提升视频会议审核效率。年内组织2094场次视频会议，比上年增加70%以上，视频会议系统使用效率进一步提升。

（方红华）

【国资预算资金项目申报】　2018年，系统优化部组织完成2018年度国有资本经营预算资金支持企业信息化项目申报工作，获得资金支持770万元，其中首自信公司智慧建筑管控平台项目420万元，首钢钢贸公司智慧营销平台项目350万元。

（哈铁柱）

国际业务部

【国际业务部领导名录】

副部长：孙亚杰

（方瑜仁）

【综述】　首钢集团有限公司国际业务部是首钢境外资产管理部门，负责海外战略规划与评估、境外投资管理、境外融资管理、境外企业管理、外汇风险管理和海外业务协同与服务。海外战略规划与评估：组织编制集团海外战略规划；组织对海外战略规划执行情况进行定期检查、评估和指导。境外投资管理：组织编制集团境外投资规划及年度投资计划，指导和审核涉外业务单位编制其境外投资规划和计划。境外融资管理：境外金融市场研究包括相关经济发展状况、货币政策、财政政策、资金与资本市场，配合制定集团境外融资计划、境外融资方案并组织实施。境外企业管理：平台公司、直管单位境外企业资产管理、重大事项管理和股东事务管理。外汇风险管理：负责制定集团外汇风险管理办法，制订权限内外汇保值策略和方案，外汇业务敞口收集和计量、风险评估和分析、交易的询价和确认；组织外汇风险管理月度例会。海外业务协同与服务：境内外公司之间战略、业务、要素协同管理，海外工程承揽及实施业务协同，海外业务服务与支持。部门设置：海外战略、境外投资、境外融资和外汇风险管理四个业务模块，定编10人。在岗7人，副部长1人、总监1人、高级经理1人、专业员4人。

2018年，国际业务部按照首钢集团保生存求发展总基调和改革创新工作主线，推动集团国际业务质量变革、效率变革、动力变革，制定集团外汇风控制度，搭建

集团外汇风控体系，有序推进14家境外企业退出和6家层级压缩，完成境外企业优化产权和管理关系专项计划，提前2个月完成境外融资30亿元人民币的年度计划。

（李　帆）

【企业退出与层级压缩】　2018年，国际业务部按照国资委压缩管理层级减少法人户数的要求，年内计划完成14家境外企业退出和6家层级压缩。除中首公司下属奥克兰公司外（该公司已于2018年4月23日经营期满，正在办理国内商务部注销手续），香港首控公司13家企业的退出任务全部完成，京西重工公司、香港首控公司均已全部完成压缩层级工作。

（李　帆）

【境外企业管理】　国际业务部完成2018年度境外资产、机构和人员情况梳理分析并提出优化建议。配合市审计局对集团境外企业和境外投资项目进行全面审计，并以此为契机，到山东滕州、浙江嘉兴和香港进行实地调研，对香港首控及旗下上市公司战略发展规划、管控体系搭建、资本运作和风险防控能力等方面进行全面摸底，从战略定位和集团管控角度全面梳理集团境外企业管理思路，提出修订《首钢集团有限公司境外企业监督管理办法》计划。

（冯　昭）

【外汇风险管理】　2018年11月19日，首钢集团下发《首钢集团有限公司关于颁发集团总部部门职责与岗位编制的通知》（首发〔2018〕277号），明确国际业务部新增外汇管理职能，主要负责外汇风险管理工作。国际业务部对集团11家涉外业务单位进行调研，统计和回测成员单位外汇敞口规模和风险管控能力，对所涉12个货币币种进行不同情境的压力测试，结合业务实际规范外汇敞口识别规则和保值操作标准，设计三级外汇管理架构，保证首钢集团外汇风控业务快速有效开展和实施落地。

（李　帆）

【外汇业务培训】　2018年，国际业务部对首钢集团11家单位（部门）21位相关岗位人员开展“线上+线下”外汇业务培训。开通外汇金融衍生品课程，并提供远程辅导，同步开展2场次41人次的现场+视频培训课程，根据前期调研情况对集团外汇风险进行现场交流和讲解，另开通22个线上培训账号，上线900分钟外汇衍生品课程，为首钢集团培养一支熟悉掌握外汇业务的风险管理团队。

（李　帆）

【境外融资】　2018年，国际业务部计划境外融资30亿元人民币。1—10月共完成31亿元人民币，完成全年融资任务的103%，提前两个月完成年度任务。其中，开展出口钢材贸易融资18亿元人民币，节约融资成本766万元人民币；采用控股贸易公司为融资主体，法巴银行融资2亿美元（约合13亿元人民币）。同时与法兴业、法巴等境外银行就进出口贸易融资进行商讨，拓宽境外低成本融资渠道，2018年法兴业银行对香港国贸公司新增授信3亿美元。

（李　帆）

【资本运作】　2018年，国际业务部参与完成京西重工公司旗下的京西上海公司置出上市公司、引入战略投资方案。按照首钢集团要求，参与香港首控重组旗下上市公司股权机构。由香港首控收购首长国际持有的全部首长宝佳股权以及首长四方持有的环球数码全部股权，进一步加强对上市公司直接管控力度。

（李　帆）

【秘铁项目督导】　2018年，国际业务部在首钢集团领导带领下，组织督导各参战单位严格落实“质量、安全、进度、资金”四大控制要求，系统推进秘铁选矿厂及海水淡化项目施工工作。各参战单位克服了诸多不确定性因素影响，高效协同，该项目于2018年7月31日成功连锁试车。

（李　帆）

【海外工程协同】　2018年，国际业务部结合秘铁选矿厂和海水淡化项目的协同管理经验，初步形成首钢集团海外工程协同模式。做好政府部门协同工作，积极组织集团海外工程项目单位参与市国资委、市发展改革委“一带一路”项目库建设，推广首钢海外工程品牌。以此为经验完成的《大型国有钢铁企业海外工程协同管理模式构建与实施》获第三十三届北京市企业管理现代化创新成果二等奖。

（李　帆）

【党建工作】　2018年，国际业务部紧密围绕《党支部工作规范》和首钢集团新修订17项组织专业制度的要求，明确党建工作责任人，并认真分析支部党员队伍情况。加强党支部规范化建设，用好“一规一表一册一网”工作载体，不断推进“B+T+X”工作体系在支部不断落实完善，严肃党的组织生活，落实“三会一课”等制度，明确党员责任区，开展支部主题党日活动和主题实践活动，在“达晋创”活动中晋升为一级党支部，在“创先争优”活动中获评机关优秀党支部。

（李　帆）

安全环保部

【安全环保部领导名录】

部　长：刘丙臣

副部长：吴光蜀

（刘军利、吴　刚）

【综述】 首钢集团有限公司安全环保部（简称“安环部”）是安全、环保、能源专业管理部门。2018 年，首钢安环部认真贯彻国家、北京市关于安全环保能源的方针政策，深入落实首钢“两会”精神和首钢安全环保大会的工作要求，推行安全风险分级管控和隐患排查治理双重预防机制建设试点，推进本质化安全管理，持续开展安全专项治理和标准化建设，推进绿色行动计划并取得重大突破，完成首钢钢铁业各单位排污许可证申领工作，完成环境质量保障任务，重点污染物排放总量全面完成计划。持续推进能源精细化管理，能源系统运行质量不断提升，完成碳排放履约任务。安环部定员编制 11 人，实有职工 13 人（矿山安全管理 1 人，兼矿业公司安全处长，不占安环部职数及定员；调研员 1 人，不占职数及定员），其中研究生 5 人，大学本科 8 人；高级职称 8 人，中级职称 5 人。

（刘军利、吴　刚）

【落实安全生产主体责任】 2018 年 1 月 5 日，首钢集团召开安全生产大会，对全年安全工作全面部署。各单位按照集团安全生产大会和《关于切实加强 2018 年安全生产工作的通知》精神，修订安全生产责任制并对照《首钢安全生产综合考核细则》开展自评考核工作，首钢集团重点督查。落实北京市工作要求，下发《关于设置安全总监和完善安全生产管理机构试点工作的通知》，在涉及“五高危”行业的 11 个试点单位设置了安全总监。深入开展“安全生产月”活动。全国安全宣传咨询日活动在首钢工学院成功举办首钢集团荣获北京市“安全生产月”活动优秀组织奖。生物质能源公司和京西重工被评为“北京市安全文化建设示范企业”。作为安全生产培训试点单位，制定实施《安全生产培训试点工作方案》，开展了 2 期北京地区实体单位主要负责人和安全生产管理人员、6 期班组长和特种（设备）作业人员安全培训，培训 1740 人。举办国家注册安全工程师考前培训班。推进专业制度和应急体系建设，修订下发《生产安全事故应急预案》《火灾事故应急预案》。

（叶　凯、宋永胜）

【推进隐患排查治理】 2018 年，安环部进一步完善首钢集团生产安全事故隐患排查治理体系，修订完善隐患排查标准，对隐患排查治理信息系统，新开发包括“历史上的今天”事故案例警示、安全法律法规知识库、个人安全档案等多个模块并对信息系统优化升级。

（叶　凯、宋永胜）

【开展双重预防机制建设试点】 2018 年，安环部按照国务院安委办《关于实施遏制重特大事故工作指南构建双重预防机制的意见》精神及属地政府工作要求，组织股份公司、矿业公司、水钢公司、贵钢公司开展以安全风险分级管控为核心的双重预防机制建设。股份公司应用风险管控与隐患排查治理双重预防信息系统，初步实现全员既查隐患也查风险，并通过综合运用安全风险四色图等工具，真正将双控机制落实到安全管理全过程。强化房屋、土地出租安全管理，下发《土地房屋管理办法》，明确禁入条款，从源头上严把安全、消防关。持续开展安全隐患大排查大清理大整治。深刻吸取北京市海淀区“4·1”火灾事故教训，开展大整治专项行动“回头看”，首钢集团安委办组织 23 个单位对出租房屋隐患点位整改情况再次逐项验收。为保障北京园区特别是冬奥组委驻地消防安全，北京园区建立小型消防站并开展 119 消防宣传及演练活动。

（叶　凯、宋永胜）

【本质化安全生产及标准化建设】 2018 年，安环部发挥股份公司示范引领作用，在完成迁钢公司全流程推行本质化安全管理的同时，组织京唐公司、长钢公司等 9 个单位完成 21 个试点区域的推广工作。持续推进安全生产标准化建设，京唐公司炼铁等 6 个单元及股份冷轧公司被国家应急管理部评为安全生产标准化一级企业；首钢集团新增安全生产标准化二级企业（单元）5 个、三级企业（单元）8 个，新增安全生产达标班组 382 个。

（叶　凯、宋永胜）

【强化重点工程现场安全管理】 2018年，安环部组织首秦公司严格执行《全流程停产实施方案》，完成1945人次停产操作人员专项培训考试；严格落实停产操作节点方案，对高风险作业实施“旁站监护”156次，实现安全停产。京唐公司加强二期工程安全管理，健全公司、作业部、施工单位三级检查体系，组建检查突击队，实施全方位、全覆盖、成体系的现场安全管控，并提前编制投产前安全准备工作清单285项。首建投公司针对园区建设项目工期紧、标准高、拆除难度大、各类风险交织、危险因素多样的复杂形势，始终坚持安全先行，不断健全完善管理制度，健全经理办公会定期研究、专业管理部门定期检查并发布的工作机制，成立监督检查小组，每天对园区所有施工项目加强巡查，每周召开例会对有关情况进行发布。严格审查项目承包单位资质、制度规程及施工方案、措施。

（叶 凯、宋永胜）

【重点污染物排放总量控制】 2018年，首钢集团烟（粉）尘排放总量计划18683吨，完成17095吨，比计划降低1588吨。二氧化硫排放总量计划18874吨，完成17563吨，比计划降低1311吨。氮氧化物排放总量计划31737吨，完成30187吨，比计划降低1550吨。化学需氧量排放总量计划845吨，完成770.95吨，比计划降低74.05吨。氨氮排放总量计划106.5吨，完成95.62吨，比计划降低10.88吨。

（刘玉忠、耿培君）

【绿色行动计划取得进展】 2018年，安环部组织各单位落实各级政府对环保工作的更高标准和要求。绿色行动计划取得进展，首钢集团完成环保项目107项。股份公司快速响应唐山地区钢铁行业超低排放新要求，强化方案设计、施工组织等过程管控，完成环保项目50项，率先实现超低排放。长钢公司克服资金紧张和老厂区空间制约难题，分类分步实施提标改造，加快补齐硬件短板，完成环保项目13项，年内取得环评批复（备案）15项、通过环保验收6项。通钢公司创造性解决烧结机头烟气二噁英治理难题，清除影响2680立方米高炉配套项目环保验收障碍，完成1号焦炉、3号转炉、5号烧结机和烧结烟气脱硫4个项目环保验收，解决历史遗留问题，为企业健康发展奠定坚实基础。

（刘玉忠、耿培君）

【排污许可制执行】 2018年，安环部组织排污许可制工作取得新进展。在2017年开展取证的基础上，组织水钢公司、贵钢公司、凯西公司三个单位完成取证工作，至此首钢集团钢铁行业各单位全部取证。

（刘玉忠、耿培君）

【环境责任报告体系建设】 2018年4月，安环部组织股份公司（含京唐公司、冷轧公司）、通钢公司、水钢公司、长钢公司、贵钢公司及环境公司发布《2017年度环境责任报告》，进一步提升首钢集团整体绿色发展形象。

（刘玉忠、耿培君）

【环境质量保障落实】 2018年，首钢集团重点单位接受中央环保督察组、国家环保部等各级检查758次（其中省级及以上264次、钢铁板块426次）。2018年唐山市启动86次应急响应（橙色及以上预警18次）、累计限产6082小时，北京市启动黄色及以上预警8次、冷轧公司累计限产535小时，股份公司、京唐公司、矿业公司等单位坚持高标准严要求，主动对接国家及地方大气污染综合治理方案，全面落实全国“两会”、中非合作论坛北京峰会等重要活动及重污染天气期间减排措施。

（刘玉忠、耿培君、宋振北）

【环境保护制度和应急体系建设】 2018年，首钢集团颁发《首钢集团有限公司环境保护管理办法》《首钢集团有限公司大气污染防治管理规范》《首钢集团有限公司水污染防治管理规范》，逐步建立并完善环保专业管理“1+N”的制度体系。颁发《首钢集团有限公司环境污染事件应急预案》，提升首钢集团环保应急管理能力。

（刘玉忠、耿培君、宋振北）

【降低主要能源指标】 2018年，首钢集团吨钢综合能耗（不含贵钢）计划628千克标准煤，完成617千克标准煤，比计划降低11千克标准煤。吨钢耗新水（不含贵钢、伊钢）计划3.12立方米，完成3.13立方米，比计划升高0.01立方米。

（刘军利、吴 刚）

【推进能源精细化管理】 2018年，安环部扎实推进能源精细化管理，重点围绕二次能源发电水平提升和工序节能降耗下功夫，按照首钢集团公司要求将吨钢能源成本管控指标纳入钢铁板块预算体系，进一步强化成本管控，助力企业降本增效。年内首钢集团吨钢综合能耗同比降低10千克标准煤。完成14项重点节能技改项目，年实现节能约5.7万吨标准煤，年经济效益约13230万元。首钢钢铁业相关单位继续开展能源产品市场化营销,实现创收31828万元。

(刘军利、吴　刚)

【开展电力直接交易】 2018年,安环部组织首钢集团10家单位参与电力直接交易共减少电费支出5260万元。针对北京市9月份首次组织开展的电力直接交易工作,组织相关单位及早谋划、扎实推进,确保首钢集团、冷轧公司、京西重工公司、北冶公司、吉泰安公司5家法人单位纳入第一批交易名单,四季度参与交易获得收益864万元。指导京外钢铁业相关单位研究地方电力交易政策、规则及流程变化情况,最大限度争取政策红利,减少电费支出4396万元。

(刘军利、吴　刚)

【减少碳排放】 2018年,安环部按照北京市碳排放工作要求,组织北京地区13家涉碳单位全面完成碳排放自查报告、核查报告报送及履约等工作任务。组织重点排放单位完成碳排放制度的制(修)订工作。组织首钢集团以及京西重工公司、北冶公司、吉泰安公司、冷轧公司、实业公司、机电公司7家单位开展内部碳配额调剂4.4万吨,调剂金额110万元;利用北京市碳排放权抵消机制,协调股份迁钢公司与冷轧公司完成国家核证自愿减排量(CCER)调剂1万吨,降低履约成本27.4万元。落实国家碳排放工作要求,夯实碳排放工作基础,股份公司、京唐公司、通钢公司等7家单位完成碳排放自查报告及第三方核查工作。

(刘军利、吴　刚)

【能源基础管理】 2018年,安环部推进能源管理体系建设,长钢公司、贵钢公司首次通过能源管理体系标准化认证,股份公司、京唐公司、水钢公司、气体公司等单位优化体系运行,不断提高体系运行绩效。开展专业制度制(修)订,下发《首钢集团有限公司节能减碳管理办法》,相关单位制(修)订能源及碳排放专业管理制度36项。能源系统开展交流、培训1786人次。

(刘军利、吴　刚)

办　公　厅

【办公厅领导名录】

主　任:梁宗平(兼)

董事会秘书、常务副主任:杨　鹏(12月任职)

副主任兼发展研究院院长:徐建华(12月任职)

副主任兼维稳办主任:陈　波(2018年12月任职)

(韩　乐)

【综述】 首钢集团有限公司办公厅是首钢集团党委和首钢集团行政日常办公的综合协调部门。负责首钢集团公司党委、董事会、经理层重要文件的起草、印发和会议组织工作;决定事项的催办反馈、综合调研、党政系统信息收集、编报和大事记管理;首钢集团领导公务活动、商务活动、大型会议和重要活动的安排协调和组织落实,日常公文处理,党委、董事会、集团公司印鉴管理,首钢集团机要管理工作;首钢集团对外联络接待及冬奥合作;首钢集团信访维稳及保卫武装。办公厅下设党委办公室、董事会办公室、经理办公室、秘书处、联络接待处(冬奥合作部)、值班室、信访维稳处、保卫武装部,定员45人。

(桑娟喜)

【文稿起草】 2018年,办公厅完成各类文稿的起草工作,主要包括:围绕开展"两学一做"学习教育,起草首钢集团领导班子对照检查材料、民主生活会整改方案等;围绕首钢集团重大会议,起草工作报告或领导讲话;根据上级有关部门要求,完成首钢年度工作总结及工作计划、首钢董事会年度工作报告、外部董事工作动态供稿、外部董事履职评价等材料的起草报送;围绕集团公司领导对外交往、调研等活动,起草领导致辞、讲话等;围绕完善法人治理结构,完成二级单位公司章程及董事会工作规则修订;围绕应急管理,制定《首钢集团有限公司突发事件应急管理办法》,并推进集团各单位修订相关分预案;围绕公文及印章管理,制定颁发《首钢集团有限公司印章管理办法》《首钢集团公文管理办法》。

(桑娟喜)

【会议管理】 2018年,首钢集团召开党委书记办公会45次、党委常委会16次、董事会4次,经理办公会17次、专题会175次,编发会议纪要140期。完成首钢集团党委扩大会、职工代表大会、经营活动分析会和"三创"交流会、党风廉政建设工作会等重大会议的组织工作。加强会议管理,按照会议管理办法规定,落实会议计划、审批、组织等工作。

(桑娟喜)

【决策事项督办】 2018年,围绕首钢集团各类会议决定事项、集团领导批示,办公厅强化首钢集团决策事项

的监督检查，做好首钢集团部署的各项工作任务执行情况的跟踪、检查、反馈等工作，向首钢集团领导报送《催办与反馈》41 期。

（李家鼎）

【信息报送编发】 2018 年，办公厅向市委市政府办公厅、市国资委、中国钢铁协会报送《首钢集团有限公司信息》43 期；两办信息（《北京信息》《昨日市情》）刊采数量在市属企业中排名前列，其中“国内首个 5G 智慧园区将落地首钢地区”获市领导批示；向市国资委报送《首钢年鉴》。编发《首办通报》20 期；编发《首钢大事记》4 期。全面、准确、及时地报送信息，年内信息数量和质量达到北京市、行业协会和首钢集团的要求。

（李家鼎）

【文秘与保密管理】 2018 年，办公厅处理上级来文 1883 余件；移交档案处文书档案 6265 件（不含值班室），办理首钢集团有限公司发文 321 件、首钢党委发文件 122 件、首钢董事会发文件 16 件、首钢集团有限公司函文件 104 件、办公厅发文 9 件、办公厅请示报告 13 件，发文清样、原稿归档率达到 100%；年内刻制并启用印章 7 枚，办理首钢集团印章使用 2072 项 33893 件、首钢党委印章使用 322 项 3715 件、董事会及法人印章使用 305 项 1980 件、首钢办公厅印章使用 140 项 392 件、二级单位旧印章使用 8 项 74 件。首钢集团公文处理及时准确率 100%。

（路　明）

【对外交往接待】 2018 年，办公厅接待内宾 83 起 995 人次，外宾 28 起 244 人次，会议会务、签字仪式 50 起 2649 人次，总计接待活动 161 起 3888 人次。接待的重要领导及来宾有：中央领导贾庆林、刘琪，国侨办主任裘援平，国家住建部副部长黄艳，国家文化和旅游部副部长李群，国家体育总局副局长高志丹，北京市委书记蔡奇、市长陈吉宁、市人大主任李伟、市纪委书记陈雍、市委组织部部长魏小东、卫戍区政委姜勇、副市长殷勇，全国社保基金理事会理事长楼继伟，国家电网公司副总工程师李同智，中国联通董事长王晓初，国际展览局前主席、2020 年迪拜世博会顾问、2025 年日本大阪世博会顾问欧雷·菲利普森（Ole Philipson）先生、西马克集团董事长大门先生等。

（孙健瑀）

法律事务部

【法律事务部领导名录】

部　长：腾亦农

副部长：张　清

（李　晋）

【综述】 首钢集团有限公司法律事务部是法律事务管理部门。负责首钢集团法律事务专业管理，参与重要规章制度制定，参与提出普法方案，策划方案实施，指导平台公司和直管单位开展普法建设。负责参与组织首钢集团法制宣传，指导平台公司和直管单位开展法制宣传。提供首钢集团与生产经营有关的法律咨询，协助、指导平台公司和直管单位法律咨询。建立总法律顾问制度，组织企业法律顾问职业资格评审。首钢集团诉讼、非诉讼业务律师的选聘和律师管理工作，并对其工作监督和评价，协助、指导平台公司和直管单位开展律师管理工作。参与首钢集团重大经营决策，保证决策的合法性，对相关法律风险提出防范意见。参与首钢集团的公司分立、合并、破产、解散、投融资、担保、租赁、产权转让、招投标及改制、重组、兼并、公司上市等重大经济活动，处理有关法律事务。对平台公司、直管单位重大经济活动进行法律专业指导，首钢集团经济合同的管理和审核，参加重大合同的谈判和起草工作，协助、指导平台公司和直管单位经济合同的管理。首钢集团重大项目法律事项尽职调查，撰写调查报告，指导平台公司和直管单位开展法律事项尽职调查管理。组织处理首钢集团诉讼法律事务，指导平台公司和直管单位重大诉讼案件的处理。组织处理首钢集团的仲裁、行政复议、听证等非诉讼法律事务，指导平台公司和直管单位重大非诉讼法律事务的处理。协调、处理涉及首钢集团的商标、专利、商业秘密等知识产权保护，指导平台公司、直管单位开展知识产权保护工作。参与协调首钢集团内部成员间经济纠纷的处理，负责集团公司、平台公司和直管单位诉讼、仲裁案件的统计，组织平台公司、直管单位进行重大诉讼、仲裁案件的备案工作，办理其他法律事务。法律事务部在岗职工 10 人，其中部长 1 人、副部长 1 人、总监 2 人、法律顾问（高级经理）2 人、高级法律顾问 1 人、法律顾问 3 人。

（李　晋）

【法治建设】 2018年,法律事务部为促进《首钢全面推进法治首钢建设实施方案》的落实,在市国资委认定的首钢集团五家重要子企业、平台公司、直管单位内,从法律体系建设、风控体系建设、法律队伍建设等方面,开展落实情况调研,形成阶段性工作报告。起草《首钢集团有限公司2018年度法治工作计划》,经集团经理办公会审议通过,颁发至全集团。根据《市属国有企业法治建设考核评价办法(试行)》要求,对市国资委的企业法治建设考核评价指标体系提出7条修改建议,采纳5条,并对照市国资委正式颁布的指标体系,对首钢集团法治建设工作开展自评,对30个扣分项中,提出8条需要加强和完善的措施,同时提出4项需要关注的指标,印发《首钢集团2018年法治建设考核评价指标分解》。

(李　晋)

【合同管理】 2018年,法律事务部参与首钢集团的重大经营决策进行法律审核,提供合法性依据。审核首钢集团及下属企业对外投资、产权转让、资产处置、企业退出等方面论证83项,其中疏解整治促提升、北国信公司从首耐公司退出、一耐厂养老项目用地、开源公司清撤、东星公司股权退出、云翔公司增资、石景山铸造村14号楼改建等项目多次参与研究,协助起草协议、论证项目方案等,审查各类合同、协议、授权、制度等法律文件485项。设计制作相关表单、组织汇总首钢集团长期授权使用情况,提升长期授权管理水平,持有首钢集团长期授权的18家单位在长期授权权限内,签署合同、协议、法律文件及办理事项14174项。

(李　晋)

【案件管理】 2018年,法律事务部组织办理首钢集团法律纠纷案件结案89件(其中重大案件9件,总金额64000万元),避免和挽回损失31000万元。其中,代理白文龙案、白建明案、兆鑫城案、续新丽案、中冶公司案、庆华厂案件等54个,白文龙案、白建明案、兆鑫城案和庆华厂案已结案并取得理想结果。参与供应公司与三冶公司、山西潞宝公司就5000万元欠款案件谈判,实现庭前和解,有效遏制一起重大诉讼案件发生。

(李　晋)

【案件督导】 2018年,法律事务部督导首钢集团二级单位重大案件管理。下发关于遏制重大案件高发态势的通知,定期对重大案件统计分析。组织办理疏解整治促提升有关案件36件,其中主动起诉28件,保障疏解整治促提升行动依法推进。指导特钢公司诉京西乾成公司案件二审,取得终审胜诉,实现解除合同、腾退房屋诉讼目的,避免损失9118.64万元。指导京唐公司、通钢公司等单位做好工程款纠纷等重大法律纠纷案件的应对工作。

(李　晋)

【法律咨询】 2018年,法律事务部为首钢集团二级单位提供法律咨询。为资产管理中心、矿投公司、首建投公司、首钢医院、文化公司、销售公司、股权投资公司、技术研究院、城运公司、金属公司、机电公司等相关单位日常生产经营中涉及的法律事项提供法律咨询,协助修改相关法律文件,促进企业依法合规经营。还为首钢集团二级单位提供法律社会公共服务资源。

(李　晋)

【总法顾问建设】 2018年,法律事务部在市国资委认定的首钢集团五家重要子企业设立总法律顾问基础上,推进平台公司总法律顾问及法律事务机构设立。根据市国资委印发的《市属国有企业总法律顾问述职评议办法(试行)》(京国资发〔2018〕6号),组织首钢集团五家重要子企业以及股权投资公司、首建投公司等两家平台公司总法律顾问以书面形式开展述职。

(李　晋)

【制度建设】 2018年,法律事务部制定颁发《首钢集团有限公司董事会关于修订颁发〈首钢集团有限公司法人授权管理制度(试行)〉的通知》(首董发〔2018〕1号)和《首钢集团有限公司关于颁发〈首钢集团有限公司法律事务管理办法(试行)〉的通知》(首发〔2018〕15号)。同时,推进首钢集团二级公司法律专业制度修订完善,并针对新修订制度开展宣传贯彻培训。

(李　晋)

【资格评审】 2018年,法律事务部按照市国资委《关于开展法律顾问职业岗位等级资格评审工作的通知》精神,完成企业法律顾问职业岗位等级资格评审工作,经首钢集团评审小组审核,最终通过评审、评议19人,其中取得企业三级法律顾问职业岗位等级资格14人,取得企业法律顾问助理等级资格5人。

(李　晋)

【普法宣传】 2018年,法律事务部按照市国资委下发《关于印发〈2018年市国资委法治宣传教育工作要点〉的通知》(京国资办发〔2018〕11号)要求,会同企业文

化部(党委宣传部)共同制定颁发《2018 年首钢法治宣传教育工作要点》,完成首钢法治理念"经营合规、管理规范、守法诚信"起草上报;会同首钢工会共同筹备北京市法治文艺大赛,报送参赛节目获大赛三等奖。法律事务部不定期发布法律风险提示 4 期、法律法规 25 篇、典型案例及专业文章 34 篇,在《首都建设报》上发表 1 篇。

(李　晋)

【法治培训】 2018 年,法律事务部组织首钢集团相关单位参加国务院国资委组织的法律讲堂 4 期、市国资委组织的"京企云帆"法律讲堂 8 期。邀请北京鑫诺律师事务所资深律师进行法律风险及合规管理专题讲座,会同系统优化部组织开展风控专题培训。参加市国资委、中钢协等单位组织的法律专业培训,参加企业法律顾问协会组织的法律顾问人员继续教育培训,对首钢办公厅相关人员进行新修订授权管理制度培训。

(李　晋)

审　计　部

【审计部领导名录】

部　长:郭丽燕

(宁伟明)

【综述】 首钢集团有限公司审计部是提高企业经营效率、实现既定目标、预防错误和舞弊的专业部门。主要职责:专业管理制度、工作标准、工作规范的制定、修订与指导、监督、检查;组织建立健全专业管理体系和专业评价体系,开展指标评价,并推进持续运营改善;策划专业管理能力体系建设,推进能力培育与提升;完成上级部门和上级领导交办工作。审计体系管理包括:统筹制订首钢集团审计工作计划,推荐平台公司和直管单位审计负责人,统筹调动平台公司和直管单位审计资源,组织首钢集团审计专业培训。审计部定员编制 18 人,其中部长 1 人,经济责任审计总监、财务审计总监、工程投资审计总监、审计复核总监、内控评价及管理审计总监各 1 人,审计经理 12 人。

2018 年,审计部落实首钢"两会"精神,紧紧围绕中心工作,认真履行内部审计职责,夯实基础工作,提升管控能力,全面提高审计工作的质量和水平,在加强企业运营质量,防范企业经营风险等方面起到积极作用。开展经营目标责任审计、领导人员离任和任期经济责任审计、工程项目审计、专项审计 77 项,审计资产总额 1788.63 亿元。

(宁伟明)

【经济责任审计】 2018 年,根据首钢集团党委组织部委托,审计部组织实施 9 名领导人员任职期间的经济责任审计。分别是北冶公司董事长董哲、首钢吉泰安董事长王彦杰、首钢水钢原董事长卢正春、首钢建投原总经理马东波、香港首控原总经理李绍锋、通钢公司原董事长王自亭、首钢特钢总经理焦亚伏、首钢股权投资原董事长顾章飞、首钢股权公司原总经理刘宗乾。

(宁伟明)

【工程项目审计】 2018 年,审计部组织实施工程审计 44 项。分别是:矿业公司水厂尾矿高效浓缩工艺升级改造项目、矿业公司南区供暖改造项目、首秦公司新增 35 兆瓦汽轮发电机组项目、迁钢公司 1 高炉增设干法除尘系统改造项目、迁钢公司一热轧 3 号加热炉燃烧系统改造项目、迁钢公司 2×50 兆瓦 CCPP 工程项目、曹建投公司环保基站 1 号楼项目、迁钢公司二冷轧项目、水钢公司新建 6 号及 7 号烧结机脱硫系统项目、京唐公司一期信息化系统项目、京唐公司一期计量远程值守管理系统项目、京唐公司一期道路工程项目、京唐公司一期 4 号翻车机改造项目、京唐公司一期 1580 毫米热轧项目、京唐公司一期高炉鼓风机项目、京唐公司一期空压机站项目、贵钢公司检化验设施项目、贵钢公司办公及生活配套设施项目、贵钢公司外部水源项目、贵钢公司外部铁路项目、京唐公司一期 1580 毫米平整分卷项目等 23 个项目及园区管理部北京园区过渡期供暖项目。审计工程报审额 164.97 亿元,审减额 3607 万元。

(宁伟明)

【重点工程全过程跟踪审计】 2018 年,审计部选取首钢北京园区西十筒仓、京唐公司二期原料和马城铁矿地采项目等开展全过程跟踪审计。通过事前介入和事中监督,将"水分"挤干,把问题解决在前端,从源头上加强风险控制,规范工程项目管理。

(宁伟明)

【专项审计】 2018 年,审计部组织开展专项审计 5 项,包括 2017 年首钢国有资本经营预算资金使用情况审计、首钢技师学院 2017 年预算执行和决算草案审计、审计整改跟踪检查和业务招待费专项检查等。

(宁伟明)

【内部控制审计】 2018年,审计部结合首钢集团风控体系建设,对首钢集团本部及股份公司、京唐公司、财务公司、基金公司、京西重工公司、首钢国际公司、首钢地产公司、首钢股权投资公司等8家二级单位开展内部控制审计。通过对集团内控制度的审查、分析测试、评价,对内部控制是否有效作出鉴定,形成内部控制审计报告,经首钢集团主要领导审批后报北京市国资委。

(宁伟明)

【强化审计整改】 2018年,审计部将审计问题整改情况通过首钢集团监督工作联席会公开通报、表扬批评,并与考核挂钩,督促审计问题的整改,逐步使整改单位从“要我改”转变成“我要改”的自觉行动。截至2018年末,内审问题整改完成率97.9%。

(宁伟明)

【实施联合监督检查】 2018年,审计部牵头和参与的联合监督检查项目包括京唐公司、首建公司、环境公司、股权投资公司、京唐公司二期部分工程项目、首建投公司首钢北京园区西十筒仓项目、首钢马城矿业项目等。

(宁伟明)

【健全审计管控体系】 2018年,首钢集团审计管控体系不断完善,基层审计队伍不断强化,审计监督力量得到保障,审计价值得到提升,上下互动、协同发展的格局已经形成。各级领导的高度重视推动了审计管控体系作用的发挥,从下属审计机构统筹审计人员41人次参与集团审计工作。

(宁伟明)

【内部审计质量获得“AAA”评级】 2018年,经中国内审协会核准,首钢集团有限公司2016年1月至2017年12月内部审计质量评级为“AAA”,是钢铁行业首家、国内第8家获此评级的企业。

(宁伟明)

【学习型审计团队创建】 2018年,审计部把学习贯彻习近平新时代中国特色社会主义思想和党的十九大精神与加强审计队伍建设结合起来,注重人才培养,强化审计队伍建设,赴外审计项目成立临时党组织,集中学习与外出业务培训相结合,始终把党风廉政贯穿到审计工作中。加强与上级审计机关、优秀企业沟通交流,选派审计骨干参加市委巡视工作,审计署京津冀特派办工作人员受到书面表扬。

(宁伟明)

监事会工作办公室

【监事会工作办公室领导名录】

常务副主任:邵文策

(王素玲、初德和)

【综述】 首钢集团有限公司监事会工作办公室由首钢集团董事会领导,负责对首钢集团所辖平台公司、关键要素管理单位、直管单位等37家企业的监管工作,负责集团公司派驻各监管企业监事会、委派监事等日常管理工作,履行集团对监管企业的监督管理职责。监督检查重点监管企业执行国家法律法规、首钢规章制度情况,掌握企业重大决策、改革方案落实情况,监督检查企业中长期规划、年度计划完成情况和“三重一大”决策及执行情况、企业生产经营重大问题及财务活动,定期向首钢集团董事会提出监督检查报告;监督检查董事会经营决策和领导班子、主要负责人的履职行为,向首钢集团董事会提出业绩考评、任免、奖惩意见及建议。监事会工作办公室设有4个检查组、1个管理组,职工25人,研究生以上学历15人,大学本科学历10人;高级职称14人,中级职称11人。

(王素玲、初德和)

【体系建设】 2018年,监事会工作办公室按照首钢集团关于“下管一级、逐级监管、系统受控”原则及“放管结合、优化管控”的总体要求,结合修订完善权力清单,在具备承接管控职责条件的平台公司建立逐级监管工作体系,推进做实平台公司。将原重点监管的冷轧公司、物贸公司、钢贸公司、首钢鲁矿4家企业下放至首钢股份公司监管;将原重点监管的首钢国际工程公司、首建公司、机电公司、实业公司、首自信公司5家单位放权由首钢股权投资监管,首黔公司、安徽首矿大昌公司2家企业退出,首钢集团重点监管企业由37家减少至26家。在建立逐级监管工作体系的同时,进一步明晰监管边界,突出监管重点,激发板块平台公司的活力。按钢铁、园区、股权、直管企业业务板块调整分组分工,划分监管范围,明确监管职责。

(王素玲、初德和)

【能力建设】 2018年,监事会工作办公室贯彻党的十九大精神,落实首钢“两会”“三创”会议精神,聚焦业务能力和学习型组织建设,结合监督检查报告评比,先后

组织召开内部交流会、研讨会2次，通过微信平台编发国资监管有关政策知识培训33期；在首钢集团协同工作平台门户发布信息157条，营造相互学习交流、共同进步提高的良好氛围。

（王素玲、初德和）

【监督检查】 2018年，监事会工作办公室牵头组织对首钢控股公司、首钢秘铁公司、首钢冷轧公司、首钢贵钢公司（贵阳首钢地产）、首钢国际工程公司、首钢物贸公司6家企业开展系统集中监督检查，其间谈话600余人次，阅研资料5560余份，围绕生产经营、财务管理、重大决策及领导班子履职等情况开展检查，涉及资产总额395.13亿元，总结42个方面135项成绩，揭示36个方面95个问题，提建议92条；披露需首钢集团重点关注事项8个，提建议8条，分别形成监督检查报告。

（王素玲、初德和）

【专题调研】 2018年，监事会工作办公室组织对首钢文化公司、首钢体育公司2家企业落实首钢集团发展战略、产业培育与发展、财务与经营状况、管控体系建设、党组织建设、执行董事会决议等方面开展全面系统调研，涉及资产总额7.22亿元，谈话50余人次，召开座谈会18个（次），发放收回调查问卷120余份，查阅资料710余份，总结归纳11个方面36个成绩，揭示10个方面33个问题，提建议33条；提出需首钢集团关注事项3个，提建议5条，分别形成调研报告。

（王素玲、初德和）

【境外企业监督检查延伸】 2018年，监事会工作办公室成立联合监督检查组，对首钢秘铁公司2014年以来经营管理、党建及党风廉政建设情况开展延伸监督检查，对首钢秘铁公司新区建设项目开展效能监察，形成《关于对首钢秘鲁铁矿股份有限公司开展延伸监督检查情况的报告》，总结3个方面主要经营管理工作及成绩，提出需首钢集团重点关注事项4个，提建议3条，初步尝试国有资产监督由境内向境外的延伸，为有效实施境外资产监管提供了有益经验。

（王素玲、初德和）

【财务专项检查】 2018年，按照首钢集团统一部署，监事会工作办公室在牵头组织监督检查、专题调研期间，还同步组织对首钢控股公司等7家企业及所属28个单位开展财务专项检查，下发《关于规范财务专项检查有关问题的通知》，制定《财务专项检查工作内容与步骤方案》，编制《财务专项检查报告（模板）》，下发《落实"违规公款购买消费高档白酒问题专项整治部署会"精神的通知》，检查银行账户99个，抽查备用金借款361笔、会议费支出35笔、劳务费支出158笔、业务招待费703笔、履职业务支出170笔、科研开发费29笔；突击盘点保险柜29个，涉及金额500820.61元。对受检企业首钢秘铁公司项下首钢黑崎耐材公司存在出国无计划无预算、业务招待费无事前审批单等37个问题，提建议29条，分别形成财务专项检查报告。

（王素玲、初德和）

【党建专项检查】 2018年，按照首钢集团统一部署，监事会工作办公室在联合检查贵钢公司等4家企业中开展基层党建专项检查，梳理基层党组织关系树枝图，把监督检查延伸到党支部、党小组，聚焦党支部建设，做到查考结合，通过《党支部工作手册》检查"三会一课"执行情况，通过《党员学习笔记》检查党员日常学习情况，通过现场笔试检查党员对全面从严治党相关知识的掌握程度。检查中，由首钢集团主管领导许建国亲自抽选检查对象，抽查含各单位党政一把手所在党支部13个、19名党员的《党员学习笔记》，抽考19名党员现场参加闭卷考试，揭示个别党支部学习计划未落实、记录不全面、专职党支部书记占比低等29个问题，分别形成党建专项检查情况反馈报首钢集团党委组织部，并按规定向受检企业通报，促进基层党建规范管理。

（王素玲、初德和）

【强化动态反馈】 2018年，监事会工作办公室通过对全过程、重要事项监管企业相关事项事前、事中的监管介入，强化事中监督责任意识，围绕监督大事、管住大事、管好大事不断强化过程管控，先后向首钢集团领导呈报《关于首钢控股有限责任公司历史遗留问题的专题反馈》《首钢耐材炉料有限公司存在的主要问题及建议反馈》等均引起高度重视，为首钢集团决策提供依据和支撑。

（王素玲、初德和）

【实行过程监管】 2018年，监事会工作办公室探索对重点监管企业规范化、常态化监管，注重对重点监管企业加强事前、事中、事后相结合的全过程监管，及时了解掌握跟踪企业财务、重大决策、运营过程中涉及国有资产流失的重大事项和关键环节及党委会、董事会和经理层依法依规履职情况，着力强化对重点监管企业的当期监督和事中监督，时时把握经营管理、改革发展动态，主动服务企业，做到不缺位、不越位、监管到位。目前，列席常驻、全过程、重要事项监管企业董事会等重要会议270余次；在监管过程中践行“监督+服务”理念，对京唐公司70余名外派高管开展业务培训，解读如何在行权履职过程中实现价值创造，起到指导与帮促作用，得到充分认可；完成股份公司等23家首钢集团直管单位党委领导班子2017年度民主生活会督导工作。

（王素玲、初德和）

【实施常驻制】 2018年，监事会工作办公室继续在长钢公司、水钢公司、贵钢公司3家外埠钢铁企业实施专职监事常驻制。按照“监督+服务”工作思路，强化对企业资产运营的过程管控，常驻人员先后列席参加党委会、董事会、经理办公会等重要会议210余次，参与60余项建议预案审核讨论，实施监督与服务，促进企业规范治理。常驻长钢公司人员对公司本部及下属职工医院、瑞昌水泥公司、锻造公司等单位开展财务专项检查，形成《关于财务专项检查的情况汇报》；常驻水钢公司监事会主席针对事业部改革提出实质性建议及意见，帮助企业高效推进事业部改制；常驻贵钢公司监事针对部分退休人员提出的“发放住房增量补贴、企业统筹外补贴、分享老区土地开发红利”等要求情况，持续跟踪关注并及时反馈，协助做好维稳工作。常驻人员完成《关于首钢长钢公司监督检查报告》《关于首钢水钢公司监督检查报告》。

（王素玲、初德和）

【落实整改帮促】 2018年，监事会工作办公室将整改帮促纳入重点工作，实现监督检查、整改帮促“两手抓，两手硬”，努力提高监管效能。规范整改帮促工作流程，下发《关于监督检查整改帮促工作指导意见》，明确整改分板块责任人与联系人、整改方案审核、认定完成整改标准，固化整改工作流程，将首钢集团整改计划作为整改帮促的责任清单严格落实。按《首钢落实市委巡视反馈和首钢内部检查问题整改工作计划》（首党发〔2017〕33号）精神，推进涉及监事会工作办公室帮促的21家企业174个问题整改，完成整改问题155个，整改完成率89.08%。按《首钢2017年内部检查发现问题整改工作计划》（首党发〔2018〕19号）精神，涉及监事会工作办公室整改帮促的89个问题，完成整改问题73个，整改完成率82.02%。及时与受检单位沟通交流监督检查情况，针对具备条件可立即整改的问题，帮促立行立改或限时整改。召开监督检查整改工作通报会8次，通报检查情况，下发整改通知，提出整改要求。

（王素玲、初德和）

【推进管理创新】 2018年，监事会工作办公室的《大型国有企业“价值创造型”监督管理体系的构建与实施》管理创新课题，获得首钢第十九届管理创新成果二等奖。

（王素玲、初德和）

【开展主题党日活动】 2018年4月21日，监事会工作办公室党支部组织全体党员和入党积极分子赴雄安新区、白洋淀雁翎队纪念馆，开展“新时代新征程，牢记使命我争先”和“走进雄安新区，传承红色精神”的主题党日活动。全体党员重温入党誓词，深刻理解建设雄安新区是千年大计、国家大事的重要意义。11月24日，组织党员、入党积极分子赴西柏坡开展“践行‘西柏坡’精神，团结创新我争先”主题党日活动，重温党的光辉历程，接受革命教育洗礼，推动重点工作任务和年内任务目标的完成。监事会工作办公室党支部2018年被评为“模范党支部”。

（王素玲、初德和）

战略支撑

◎责任编辑：马　晓

总工程师室

【总工程师室领导名录】

副总工程师兼总工程师室主任:张福明

副总工程师兼总工程师室副主任:刘英杰

副总工程师:许晓东(12 月退休)　王　庆

陈汉宇　王全礼　刘英杰　张福明

胡　军(兼职,4 月退休)

杨春政(兼职)　王新华(外聘)

返聘专家(12 月底返聘到期后,全部不再返聘):

苏显华　李永东　滑铁钢　杨安时

付建国　李　岩　陶仲毅　董　钢

(魏松民)

【综述】　首钢集团有限公司总工程师室(简称"总工室")1995 年 5 月成立,是首钢重大技术决策参谋部门。负责组织首钢集团重大项目技术方案审查,对重大项目方案实施进行技术指导;首钢集团科技发展规划、科技工作计划、科技项目方案审查,组织、指导、协调重点科技项目研究攻关和技术开发;开展工艺技术运转情况、技术改造情况调研,针对关键、疑难重大技术问题组织专题研究,推进工艺技术进步和节能、降成本、增效;组织或参与重大生产技术问题的处理和攻关。2018 年底,总工室全职副总工程师 5 人,返聘专家 8 人,兼职及外聘副总工程师 2 人;总工室下设技术室配备技术专家 2 人,办公室配备调研员 4 人(其中主任 1 人),协助副总工程师和返聘专家开展工作;全职副总工程师、返聘专家及技术室和办公室人员正高级职称 8 人、高级职称 10 人、中级职称 1 人。

2018 年,总工室围绕首钢集团钢铁业发展、首钢北京园区开发、新产业开发,组织重大工程项目技术方案研究审查;围绕集团科技进步组织科技项目方案审查和重大科技项目组织协调;围绕工艺技术进步、品种开发、重大生产技术问题处理进行专题调研和指导;为首钢经营生产建设及发展作出努力。

(魏松民)

【钢铁工程项目方案研究及审查】　2018 年,总工室围绕首钢集团钢铁业项目建设及技术改造组织和参与技术方案研究、审查涉及项目 30 余项,在调研、交流、研讨的基础上,针对项目技术方案提出大量修改完善意见和建议,促进项目方案的完善和优化,协助项目实施。具体情况如下:

环境治理改造相关项目。总工室组织股份公司 99 平方米烧结机技术改造方案研究,围绕拆除原有 6×99 平方米烧结机、新建 360 平方米烧结机或 400 万吨球团带式焙烧机多次研讨,提出具体实施意见建议供首钢集团决策;组织对股份公司新建 360 平方米烧结机项目可行性研究报告专题研究审查。牵头组织京唐公司新增转底炉项目技术方案研究、研讨和技术方案审查,结合京唐公司燃气等能源情况基本条件提出具体意见建议。参加股份公司烧结、球团烟气脱硫脱硝技术方案讨论,牵头组织股份公司烧结球团烟气脱硫脱硝技术方案审查,提出技术方案修改完善建议。提出首钢建设活性焦生产基地建议,组织活性焦生产技术考察、交流、研讨;针对通钢公司、鲁家山矿两套活性焦生产基地建设方案组织分析对比讨论,提出推进通钢公司建设活性焦生产基地方案建议;对通钢公司 3 万吨煤基活性焦项目立项方案进行审查。组织迁安中化煤化工公司煤场封闭改造项目可行性研究审查,在前期项目建议书审查提出建议的基础上,提出结合配煤煤种、比例调整筒仓容积降低投资等建议。

首钢京唐二期工程。总工室组织、参与干熄焦环境除尘烟气脱硫、球团烟气脱硫脱硝、钢轧智能坯卷库项目、中厚板工程复合板设备及设施、中厚板工程温矫直机、中厚板工程预处理线、转底炉项目、多模式全连续铸轧生产线工程平整分卷机组项目、高强度钢连续酸洗生产线、高强度钢热基镀锌生产线、热轧薄规格高强度钢深加工生产线十八辊单机架项目等 11 个首钢京唐二期一步工程新增项目技术方案论证,组织相关项目方案审查,提出系列意见建议。参加首钢集团关于首钢京唐二期工程推进协调会对工程进展情况及存在问题的专题研究、产能置换有关情况专题研究,提出相关意见建议;跟踪首钢京唐二期工程进展,就热风炉设计、炉缸内衬结构设计、大板坯连铸机、大压下设备功能参数 VD 炉设备采购及应用进行探讨和交流,就炼铁、炼钢等整体项目进展情况及相关技术问题进行交流和讨论。

轧钢产品生产线项目。总工室组织、参与股份公司新能源汽车电工钢项目技术方案研究和技术方案审查;按照首钢集团专题会议要求组织项目方案专题讨论分析提出具体意见供集团决策。组织、参与股份公司新建连续式酸洗线项目技术方案研究，组织项目可行性研究报告审查并提出具体审查意见；按照首钢集团专题会议要求组织项目方案专题讨论分析提出具体意见供集团决策。参加京唐公司新建镀锌汽车外板方案及有关问题讨论、研讨，提出意见建议，组织对该项目可行性研究报告进行专题研究审查。

矿产资源项目。总工室开展马城铁矿选矿方案优化工作，赴现场进行优化工作推进；参加首钢集团关于马城铁矿项目专题研究，按照会议要求组织项目设备招标综合评价工作；开展马城铁矿地下矿山充填工作研究，跟踪项目进展情况并协助相关工作。组织矿业公司杏山铁矿地下开采扩建工程项目立项方案专题研究审查。跟踪首钢秘铁项目进展情况，对照首钢京唐二期矿粉质量要求测算首钢秘铁产品的有关元素含量；参加首钢集团关于首钢秘铁新区降锌及老区降碱金属相关工作专题会议并提出具体系统建议；研究京唐公司选矿厂改造方案。组织首建公司承建哈萨克斯坦铁矿项目选矿实验，就项目烧结工艺与酒钢技术交流。

其他项目。总工室研究京唐公司 1 号高炉炉缸大修方案；协助股份公司 3 号高炉 AV100-18 风机节能改造工作，经分析节能改造取得预期成效。参加股份公司组织的通钢公司 360 平方米烧结机余热发电项目技术方案审查，提出指导意见建议。与首钢国际工程公司就贵钢公司拟新上 60 吨中频炉方案进行研究和讨论，提出意见建议。组织销售公司报送的宁波首钢钢材加工中心项目初步设计审查，提出具体审查意见和建议。参加首钢集团关于水曹铁路项目专题研究；与相关部门结合水曹铁路项目施工方案、生产组织、安全协议、物流优化、同步建设输水管道、京唐公司物流园建设、南部微循环项目实施主体及资金来源研讨；组织水曹铁路南部微循环方案优化、水曹铁路南部微循环矿石疏港装车相关问题研讨，就有关问题向首钢集团汇报，落实相关工作。

（魏松民）

【园区开发项目方案研究及审查】 2018 年，总工室围绕首钢北京园区基础设施建设、北京冬奥项目实施、新产业开发组织、参与方案研究和审查，从优化方案、降低投资、维护首钢集团利益等角度提出意见建议，促进项目工作开展。具体如下：

园区基础设施及冬奥项目。总工室审查首钢北京园区九总降退运可行性研究方案，参加首钢集团关于九总降退运方案研讨和专题研究，结合九总降负荷等具体情况，提出合理规划关停接续方案等建议，以避免采取临时性措施浪费投资。参加关于炼钢 110 千伏变电站站址拆迁改移工程专题研究及首建投公司召开的项目方案审查，提出意见建议。组织《首钢北京园区群明站、炼钢站外电源相关道路及管线项目可行性研究报告》审查并对完善后方案二次审查确认。组织对群明湖仿古修缮项目立项工作专题讨论审查。组织对群明湖景观改造项目可行性研究报告进行审查，提出具体审查意见建议。参加首钢集团及首建投公司组织的冬奥训练中心拆改移立项工作研究、园区东南区地块管线迁改移方案专题研究、园区东南地块地上建筑拆迁方案研讨，提出建议。在前期可行性研究报告审查及按照审查意见完善方案的基础上，对首建投公司《关于首钢园区焦化厂（绿轴）地块污染治理项目可研审查的请示》技术方案进行审查确认；参加项目专家咨询、评标。审查首建投公司关于申请首钢北京园区北区及南区部分地块污染治理项目可行性研究方案。参加首钢集团关于首特钢园区综合管廊工程专题研究、经理办公会对园区污水干线工程立项及可研情况汇报的审议；参加首建投公司组织的首钢北京园区北区道路、炼钢站外路由及长安街西延隧道完善可研汇报专题会，提出建议。对动力厂重新启动新打 5 眼深井请示进行研究审查。

新产业开发项目。总工室组织首钢新能源发电项目（生活垃圾二期）可行性研究报告审查并提出具体审查意见；参加首钢集团关于首钢新能源发电项目专题研究，提出建设性意见和建议。参加首钢集团关于首钢环境公司产业发展情况专题会议，提出意见建议。参加首钢环境公司组织的电磁波修复有机类污染土壤新技术项目可行性研究报告专家论证。对首钢气体公司关于稀有气体精制装置搬迁转移至河北地区化工园区建设高端气体产业基地的立项报告进行审查。组织原一耐厂养老设施项目技术方案审查。

其他项目。总工室组织北京大学首钢医院新建门急诊医技大楼项目初步设计审查并提出具体审查意见建议，多次沟通和指导审查意见落实。参加首钢集团关于铸造村 14 号楼有关工作专题研究，组织首钢铸造村 14 号楼原拆原建项目初步设计方案审查，提出具体审查意见建议。参加首钢集团关于一线材厂家属区清洁能源项目方案实施及相关费用情况汇报专题研究，组织一线材厂家属区锅炉清洁能源改造设计方案审查。参加“三供一业”家属区移交工作专题研究，对“三供一业”首钢改造工程项目建议书、国有企业“三供一业”供电分离移交实施协议提出具体意见建议。组织首钢文馆食堂消防系统完善及修缮工程可行性研究报告审查，提出完善方案建议。对园区管理部关于张仪村小站区域铁路资产报废处置的请示进行审查。

（魏松民）

【科技项目论证】 2018年，总工室围绕首钢集团科技进步重点工作年度计划，组织对科技项目方案进行审查论证，对重点科技项目进行方案研究、方案制定和实施组织，完成科技成果验收评价工作。具体情况如下：

总工室主持对80余项新立科技项目进行前期论证，根据具体项目提出项目调整、方案修改完善等意见建议，对相关项目方案进行多次研讨、交流和沟通。在充分论证的基础上对技术研究院、股份公司60余项科技项目立项请示进行审查会签。

总工室与首钢技术研究院、首钢国际工程公司等分别对京唐公司薄板坯连铸连轧攻关、股份公司中间包电磁搅拌技术攻关、钢铁流程智能制造炼铁到炼钢的界面技术等重大攻关课题进行研讨，提出指导意见建议。

总工室协助首钢集团领导推进国家“十三五”重点研发计划项目——“钢铁流程绿色化关键技术”研发攻关等，组织项目进度检查和促进工作。参加利用钢铁厂余热回收进行海水淡化项目的中期检查工作。

总工室对技术研究院、股份公司、京唐公司等提出的100余项科技成果验收评估材料进行审查，提出会签意见，参加相关科技成果评价。

总工室对首钢集团四地钢铁业2019年拟新立项目进行筛查，其中铁前初步提出项目14项、炼钢17项、热轧及电工钢47项、冷轧29项、能源环保4项，提出具体筛查意见建议。

总工室参加年度首钢科学技术奖专业组评审工作，提出各专业奖励项目建议。协助技术研究院对首钢建厂100周年百项科技创新成果的筛选工作。

（魏松民）

【专题研究及调研指导】 2018年，总工室围绕首钢集团工艺技术进步、品种开发、重大生产技术问题处理、信息化管控项目建设等进行大量专题调研和指导，促进生产运营顺稳和技术水平提升。主要工作如下：

总工室对迁钢公司、京唐公司、水钢公司、通钢公司、伊钢公司高炉炉况治理、高炉停复风及检修、高炉炉缸维护等进行现场指导，牵头组织国内知名专家参与的京唐公司、迁钢公司高炉炉缸问题专家座谈会，提出系列指导意见建议，促进高炉炉况恢复及安全生产。

总工室组织京唐公司高炉专家系统优化完善及应用维护专题研讨，提出完善具体工作安排，推进京唐公司高炉智能化工作，以发挥高炉专家系统作用促进高炉生产顺稳；组织首钢集团大型高炉热风炉课题研究。

总工室组织、参与首秦公司停产方案研讨和审查，提出停产程序、停产安全等相关意见建议；现场协助和指导炼铁、能源等系统停产工作，促进安全顺利停产。

总工室会同首钢国际工程公司、技术研究院、伊钢公司，研究伊钢公司产能平衡技改项目有关工作，提出建议。参加首钢集团关于伊钢公司2018年冬季系列检修方案专题研究。

总工室赴首钢京唐二期现场组织VD炉项目及投产应用专题技术交流，总结国内外VD炉应用经验，为京唐公司VD炉技术应用做准备。赴河南借鉴汉冶特钢考察炉外精炼技术。

总工室对贵钢公司提高电炉炼钢冶炼效率现场调研并就有关问题进行研讨，与技术研究院等就贵钢公司品种开发质量保障体系及技术支持工作进行沟通，就贵钢公司炼钢存在的主要问题、车轮用钢偏析问题、废钢原料剪切处理设备选型进行交流，提出指导意见建议及相关工作安排。

总工室与技术研究院开展首钢集团长材生产及产品开发技术服务工作研究，制定具体工作方案；关注新钢筋标准实施有关情况，会同技术研究院研究钢筋新标准下降低生产成本措施，针对钢筋用钒铁成本不断上涨情况研究元素替代方案；与技术研究院研究推进冷轧耐火钢技术及产品开发工作。

总工室赴通钢公司开展钢筋新标准实施后的有关技术服务工作，就长材生产及品种质量工作、钢筋轧后冷却方案改进进行现场研讨和交流，对CSP、汽车用钢等有关问题进行交流和指导。

总工室参加股份公司组织的首钢无取向电工钢用户技术研讨会；参加技术研究院首发产品及新产品转产评审会；组织召开长材产品技术服务总结会。

总工室定期赴迁钢公司开展钢铁材料专家工作室

工作，就品种开发、轧制工艺、产品质量等有关问题进行交流和探讨，提出指导意见建议。对股份公司《关于首钢股份产品结构调整及未来规划实施方案》提出指导意见。参加迁钢公司汽车板推进会、参加技术研究院转产产品评审、参加首钢国际工程公司组织的热基镀锌工艺研讨。

总工室开展产品推进工作。组织产品推进计划及方案落实、产品推进问题协调、各基地产品研发及质量问题整改等；协调国家电网实验段材料保供及质量保证等工作，跟踪推进氧化物冶金技术实验、0.25毫米薄规格镀锌板生产试制等；组织市场及客户走访调研；组织产品推进阶段性分析总结。

总工室对股份公司环保及节能降耗工作进行交流和指导，对烧结发电系统漏风率问题攻关、转炉低热值煤气回收利用提出指导意见和建议；赴迁钢公司现场调研并进一步从工艺、设备、设施等角度进行交流研讨，提出迁钢公司能源系统平衡及优化工作指导意见和建议。参加首钢安全环保部组织的煤气管道煤气阻隔装置有关专业会议研讨并提出参考意见建议。

总工室参加首钢集团关于首钢矿山固体废弃物资源综合利用及公转铁有关事宜推进会议。与股份公司交流首钢矿产资源远期产能规划问题，参加矿业资源品种方案论证并提出指导意见和建议。

总工室推进首钢钢铁业产销一体化项目，组织参与产销一体化业务设计方案专题研究、财务共享系统与产销一体化系统对接问题研讨、产销一体化及智能制造创新发展工作研讨、钢铁板块主数据建设方案研究、首钢集团主数据与股份公司产销一体化对接专题研究、二级模型升级及与产销一体化衔接研究、二级系统技术方案研讨等，组织与宝信公司进行对接交流等。

总工室参加首钢集团流程信息化、核心人力资源系统、资产管理信息化、财务管控系统、财务一体化项目、广域网建设方案等管控信息化项目专题研究及技术方案工作；会同首钢集团有关部门与信永中和、汉得公司、浪潮国际公司进行首钢集团管控信息化技术研讨交流。

总工室参加首钢集团技术服务工作，参加关于技术服务团工作安排专题研究，对通钢公司、水钢公司、长钢公司等进行现场技术服务。

（魏松民）

【基础工作及技术研讨】 2018年，总工程师室组织、参与了首钢集团重大专业技术工作会议、行业学术交流、集团技能竞赛组织等相关工作。具体如下：

总工室参加首钢集团钢铁板块经营活动分析会、首钢集团经济活动分析会等专业会议。参加首钢集团与中国钢研科技集团技术合作对接交流，参加中冶南方工程技术有限公司领导、西马克集团客人、CMI公司客人、普锐特冶金技术有限公司客人、SAP冶金行业专家、通用电气电能转换集团客人等接待交流。

总工室对中国钢铁协会针对去产能、去杠杆，维护行业稳定及污染防治等方面征求意见组织研究和回复，对征求意见通知进行回复意见讨论和回复工作。按照北京市国资委《关于报送技术需求信息的通知》要求，与技术研究院研究并提出上报技术需求信息建议。

总工室参与《首钢集团有限公司科技项目管理办法》《首钢集团有限公司科学技术奖励办法》《关于开展“首钢工匠”选树工作的实施方案》等制度的制（修）订研讨等工作。

总工室参与“首钢杯”行业技能竞赛筹备工作，协助首钢参赛选手培训；参加第十八届北京市工业和信息化职业技能竞赛首钢赛区决赛监审；参加首钢职工技能竞赛试卷评判工作。

总工室参加中国工程院《工程知识论》课题研究、工程院《工程方法论》课题讨论、中国金属学会“2018年可持续发展炼钢技术国际研讨会”策划、国际工程公司北京市三维仿真中心冶金板块工作等；撰写中国金属学会专家委员会调研报告。

总工室参加中钢公司—首钢集团第八次技术交流、第八届世界炼铁科技大会、第四届冶金工程会议、全国炼铁技术年会、全国炼铁厂高峰论坛、金属学会炼钢年会、转炉炼钢学术交流会、钢铁智能化研讨会、钢铁工业智能制造发展论坛、钢铁行业人工智能应用探索研讨会、中国机械协会取向硅钢研讨会、钒技术委员会年会、绿色产品标准研讨会、2018年钢标年会、中兴微合金技术年会、美国钢铁年会、美国TMS委员会矿物冶金材料会议等学术会议。

总工室参加2018年度中国钢铁工业清洁生产环境友好企业初评、冶金科技奖评审、冶金企业管理现代化创新成果评审、科技部企业重点实验室评审、金属学会科技项目评价、钢铁协会市场产品开发奖评审等工作。

总工室参加首钢管理创新成果评审、政府特殊津贴首钢推荐人选专家评审、北京市有突出贡献科学技术管理人才推荐人选专家评审、北京市职称评审等工作。

（魏松民）

技术研究院

【技术研究院领导名录】

院　长：赵民革

第一副院长：朱国森

副院长：张卫东　章军

院长助理：李飞　田志红

副总工程师：朱志远（11月任职）　罗家明

邱冬英（5月任职）

党委书记、工会主席：王立峰

党委副书记：朱国森

纪委书记：周全宏（12月任职）

（张树根）

【综述】 首钢集团有限公司技术研究院是1995年国家认定的国家级企业技术中心，是首钢科技创新的组织管理中心、研发推广中心和高素质人才培养输送基地。技术研究院负责全面推进集团公司科技进步和技术创新，负责新技术、新产品、新工艺、新材料和新装备的研究开发与成果转化；技术研究院下设科研管理处、产品推进处、科研条件处、知识产权处等职能处室，设有钢铁技术研究所、薄板研究所、宽厚板研究所、特殊钢研究所、用户技术研究所、冶金过程研究所、信息研究所、检测中心。技术研究院在岗518人，拥有首钢技术专家共63人，首钢技术带头人共66人，博士116人，硕士252人，本科83人，高级职称186人。

2018年，技术研究院形成"一院多中心"研发体系改革试点方案，按照"研究院管建、基地管战"的原则，建设高效协同的研究开发体系和持续改进体系，技术研究院的科研工作以"创新、引领"为核心，多中心的科研工作以"及时、高效"为核心，通过搭建人才成长平台，实现人才的柔性流动，促进科技人才的培养。

（付百林）

【新产品开发】 2018年，技术研究院持续优化产品结构，四大刚性指标全面完成。高端领先产品完成601万吨，三大战略产品523万吨，汽车板316万吨，电工钢160万吨，镀锡板47万吨，均创历史最好水平。新产品产量49万吨，同比增长40%；EVI产品供货量151万吨，同比增长30%。高端用户认证成效显著，汽车板新增零件认证1850个，上汽集团大众汽车板推进实现"零"的突破，日系汽车板供货量同比增加80%，制造全球最轻的商用车钢制车轮，车轴钢EA4T制作的车轴通过国内首个国产化动车轴CRCC认证。福特汽车外板表面脱锌、双层焊管钢表面粘铜，供神龙1180MPa高强钢粗糙度控制、上汽大众零件认证三坐标不合等技术难题取得突破。重大工程烙上首钢印记，耐候塔架用钢继国家电网试验段项目后，批量应用于工信部环保型耐候输电塔架项目，耐候桥梁钢应用于八纵八横铁路网重点工程——郑济铁路黄河特大桥和延崇铁路桥，取向硅钢制造的变压器用于全球在建规模最大的白鹤滩水电站，采用首钢大功率机车车轴钢的高原型电力机车驰骋在世界屋脊——青藏高原上。

（付百林）

【科技成果获奖】 2018年，技术研究院完成科技成果验收评价108项，其中21项达到国际先进水平。获上级科学技术奖励14项。"超大型水电站用金属结构关键材料成套技术开发应用"项目获国家科学技术进步二等奖，"烧结料面喷吹蒸汽机理研究及应用"项目获冶金科学技术一等奖，"高强韧、厚规格海洋工程用钢高效制备技术及应用"项目获北京市科学技术一等奖，"机械式立体停车设备研发设计与应用"项目获北京市科学技术三等奖。首钢技术中心在2018年全国1331家国家级企业技术中心评价中评为优秀，排名22位，冶金行业第2位。

（付百林）

【技术工艺攻关】 2018年，技术研究院首创工艺、首开设备培育取得重要进展，科技创新对产线技术进步和产品质量改进的支撑作用不断凸显。在炼铁技术领域，首创高碱度球团矿制备工艺，在京唐公司504平方米带式焙烧机上成功生产出碱度1.25、SiO_2含量2.4%以下的碱性球团矿。在炼钢技术领域，开发转炉高效吹炼技术，股份公司、京唐公司转炉吹炼周期分别降低7分钟、3分钟。SEBC技术在京唐公司推广，2号脱碳炉全炉役终点碳氧积平均控制在0.0018以下。首创工艺SCHR取得重要进展，股份公司、京唐公司真空处理周期均缩短至25分钟以内，京唐公司出钢温度达到国际先进水平。开发镀锡板低成本CAS精炼工艺技术，成

本降低 23 元/吨。在轧钢技术领域,协同攻克典型钢种质量瓶颈问题,股份公司≤2 毫米薄规格酸洗板合格率提高到 86.5%,月产量达到 8000 吨。自主开发了三段冷却控制模型,高扩孔钢的 MT 命中率提升到 93%以上。镀锡板突破了 0.12 毫米超薄规格生产技术,680 米/分钟高速连退技术和 0.5 克/平方米镀层生产技术。基于图像识别的首开“翘曲在线检测设备”完成实验室开发集成,已在京唐公司镀锡产线进行调试,实现带钢翘曲的实时在线连续检测功能。

(付百林)

【用户技术领域研发】 2018 年,技术研究院完成 8 款乘用车新车型 EVI 实践,2 款车型实现 1/3 以上车身零部件由首钢供货,乘用车 EVI 转换量 66 万吨,能力持续提升。实现从选材优化、工艺设计、结构优化到安全性能评估等整车 EVI 相关 12 种技术的集成创新和应用。在东风日产启辰品牌 532 新车型技术降本项目招标中,首钢成为降本方案唯一被采纳的材料供应商,获得单车 170 千克供货份额;免中涂外板电泳漆膜 Ra<0.3 微米,钢铝连接新工艺形成 8 项专利;首钢 33 个牌号的成形仿真数据卡嵌入国际知名成形仿真软件 Autoform 中,汽车板使用性能数据库实现在线运行;研发首钢京唐二期海水淡化主体装备和股份公司硅钢产线用焊材及配套焊接工艺,替代进口,硅钢常化生产焊缝故障率由 0.35%降至 0.05%,大幅提高硅钢生产效率和成材率。

(付百林)

【国家科技计划项目攻关】 2018 年,技术研究院牵头与一汽集团等 11 家企业联合中标工信部“新能源汽车新材料生产应用示范平台”。“镀锌高强汽车板专用生产线”获国家技改专项中央预算内投资补助。“面向冬奥全天候多车型自动驾驶技术开发及首钢园区功能示范”获北京市科技计划支持。“5 万吨/日水电联产与热膜耦合海水淡化研发及示范”等 3 个国家科技计划项目顺利完成结题验收。国家重点研发计划项目“基于钢铁流程余热利用的海水淡化技术研发及示范”顺利通过中期审查。“钢铁流程绿色化关键技术”“绿色装配式高层钢结构住宅产业化设计与建造”等项目按期推进。

(付百林)

【对外开放合作】 2018 年,技术研究院继续拓展开放合作。与英国帝国理工、香港理工等合作新建 9 个联合实验室,新增合作课题 19 项,联合研发平台总数 23 个。合作平台效应显现,高强桥壳钢等产品应用于一汽集团解放 J6 车型,共同完成的“基于商用车正向设计轻量化用钢的开发与应用技术”项目荣获冶金科学技术二等奖。与“小原机电”合作研发的高效焊接技术得到沃尔沃公司认可,与“正兴车轮”合作开发的 600 兆帕高强车轮钢实现月供货 2000 吨以上,提升首钢在车轮结构设计方面的技术水平。围绕新一代钢板物理气相沉积(PVD)镀层制备工艺等前沿技术,新增横向合作项目 9 项。

(付百林)

【科技信息编发】 2018 年,技术研究院完成调研报告 13 项,《日本钢铁技术百年回顾》受到首钢集团领导的肯定。《钢铁产品情报》《钢铁技术情报》《环境舆情》《炼铁技术专刊》等出版 43 期。“钢铁情报”微信公众号发布信息 472 条,转发量达 3120 次,浏览数达 12 万次,关注数量同比增长 70%。“科技信息资源平台”发布信息 5900 余条,用户访问量达 9700 余人次。组织并实施施普林格外文数据库上线工作,实现中外文期刊全文数据资源服务。《首钢科技》发表稿件 72 篇,与核心期刊合作,完成《中国冶金》首钢专刊出版工作。

(代云红)

【国内外学术交流】 2018 年,技术研究院组办学术讲座 66 场,“大师进首钢”“首席大讲堂”“海外访学讲座”等系列学术活动的品牌正在形成。组织赴外学术交流 210 场次,其中国际会议主旨报告 4 篇,4 篇论文获可持续炼钢国际会议优秀论文。组织参加世界钢协活动 19 人次。完成赴外交流总结报告 197 份,总结报告的质量进步明显。组织参加“第八届首钢——中钢技术交流会”,围绕炼铁、炼钢领域关键技术与台湾中钢展开深入交流。组织参加中国金属学会“冶金青年创意大赛”,首钢集团获得优秀组织奖,展示了首钢青年的风采。

(代云红)

【改善科研条件与科研基地建设】 2018 年,技术研究院科研条件支撑和检测实力日趋完善,在锌铝镁和铝硅镀层重量和镀液成分的仪器测量、钢中痕量元素的测量、钢中脱碳层深度的电子探针和辉光测定、固溶氮的内耗测量、疲劳裂纹的原位观察、复合夹杂物自动统计分析等检测方法取得较大进展,实现锌铝镁和铝硅镀层膜重和镀液成分的仪器化快速检测,2ppm 以上碳、硫、氧、氮和有害元素的准确测量,复合夹杂物的自动统计分析等。新增真空热处理炉等设备4台(套)。完成快速EBSD等5台(套)设备的购置。针对80台(套)大型设备建立定期维护保养制度。持续推进实验室开放工作,组织开放设备培训80余人次。

(付百林)

【人才队伍建设】 2018年,技术研究院不断加强领导队伍建设,提升综合领导能力,交流调整领导人员12人。在薄板所、检测中心党支部配备专职党支部书记。丰富培养机制,选派5名科研骨干赴国家发展改革委、京唐公司、贵钢公司、销售公司等单位锻炼,7人输送到营销中心、中首公司等单位任职。选派3名骨干参加首钢青年干部特训班、3名青年科研人员参加首钢集团第一届科技创新班学习,均获得优秀学员称号;3名科研骨干赴国外大学进行为期一年的客座研究。为第十八届北京市工业和信息化职业技能竞赛(首钢赛区)以及"首钢杯"第九届钢铁行业职业技能竞赛输送教练员、监审、裁判员9人。刘锟获得首都劳动奖章,赵英建获得全国钢铁行业"优秀共青团员"荣誉称号。

(付百林)

【凝聚力工程建设】 2018年,技术研究院邀请首钢集团"首钢之星"宣讲团8人进行宣讲,成功举办"不忘初心甘于寂寞,潜心研究奉献首钢"职工宣讲会,6名科研人员的故事深深感染了听众。组织长期派驻在基地的科研人员及家属进行疗养36人次,增强员工归属感。基层党支部自发创建"爱心送站"车队,解决派驻站人员乘车"最后一公里"问题。组织女工读书活动,购置图书85册。开展健步走、拔河、球类等健康文体活动12次,自编自导自演春节联欢会。改进体检方式,通过自选体检套餐的形式实现职工个性化体检。启动职工心理健康服务活动,邀请专家开展心理健康知识讲座。开发手机APP点菜系统,为提高职工用餐服务质量创造条件。

(付百林)

发展研究院

【发展研究院领导名录】

发展研究院院长:徐建华(兼办公厅副主任;12月任职)

副院长:徐建华(12月离任)

副院长:费　凡

调研员:张明臣(10月退休)

党委书记:徐建华(12月离任)

纪委书记:徐建华(12月离任)

工会主席:徐建华(12月离任)

(郭　锋)

【综述】 首钢集团有限公司发展研究院(以下简称"发展研究院")为首钢集团发展战略研究咨询机构,承担首钢集团战略性、全局性、超前性发展问题的研究,为首钢集团领导决策提供智力支持。设综合调研室、钢铁产业研究所、城市服务研究所、改革创新研究所、政策情报研究所和《企业改革与管理》杂志社及史志年鉴办公室。截至2018年底,在册员工33人,其中博士(后)2人,硕士18人,高级职称9人,中级职称12人。

(郭　锋)

【重要决策支撑】 2018年,发展研究院组织骨干力量,完成首钢集团重要材料起草。参与完成向北京市委书记蔡奇、市长陈吉宁以及市国资委领导汇报材料,新首钢高端产业综合服务区发展建设领导小组第五次会议相关材料。参与完成首钢"两会"报告、"三创"交流会报告、首钢集团主要领导讲话等重要材料起草工作。

(郭　锋)

【课题合作研究】 2018年,发展研究院开展合作研究,与德勤公司合作开展《首钢集团"管控体系改革项目"诊断与优化建议》课题研究和《首钢集团进一步深化改革》研究;与清华大学课题组合作完成《首钢改组为国有资本投资公司模式及路径研究》相关工作;与冶金经研中心合作完成《首钢钢铁板块提升全要素生产率管理水平研究》项目等。围绕首钢钢铁业务做优做强,组织完成《股份公司"十三五"规划中期评估》相关支撑材料等;围绕首钢打造新时代北京城市复兴新地标,完成《北京冬奥会促进区域可持续发展研究——以首钢园区为例》《首钢建设国家体育产业示范区的关键要素分析》等;聚焦防范金融风险、降低融资成本,开展月度《金融政策和利率汇率动态分析》研究工作,并在首钢集团内部组织有关部门和单位建立金融形势分析会商机制。按季度向首钢集团报送《钢铁产业分析及预测》《房地产行业运行分析与预测》研究报告。

(郭　锋)

【信息采集编发】 2018年，发展研究院出刊《每日信息》251期，编发《国内外主要钢铁企业信息》12期，完成《国内主要大型钢铁集团2017年经营情况及2018年目标跟踪分析》《2018年政府工作报告要点梳理分析》等信息情报分析，通过OA报送新华社专供信息资料60份。自主开展国家宏观经济发展形势的研究，按季度编写《宏观经济环境分析报告》。

（郭　锋）

【管理创新评审】 2018年，发展研究院组织开展第十九届首钢管理创新成果评审和外评推荐工作。开展第二十届首钢管理创新成果推进计划工作，提出管理创新重点工作内容30项。主持完成第二十五届全国企业管理现代化创新成果申报工作，推荐《城区老工业企业打造城市综合服务商的创新与实践》项目参加申报。参与首钢集团管理创新活动相关制度的修订工作。

（郭　锋）

【党组织建设】 2018年，发展研究院坚持政治引领、思想先行，组织开展学习12次，班子成员、支部书记带头讲党课，坚持学用结合，围绕承担的首钢深化改革课题和提高首钢钢铁板块全要素生产率课题，深入学习理解习近平总书记关于深化改革的论述和党的十九大报告关于提高全要素生产率的深刻内涵。组织下属法人单位《企业改革与管理》杂志社和海研宾馆修改企业章程，把党建工作要求纳入其中。开展党支部规范化建设，组织党支部书记、委员集中脱产培训3天，搞好“一规一表一册一网”、党支部“达晋创”、党员责任区活动，党员社区报到做到了100%。

（郭　锋）

【人才开发建设】 2018年，发展研究院制定《2018年发展研究院教育培训计划》，在派员参加人才开发院组织的有关培训基础上，组织内部“学术沙龙”交流活动4期，组织招聘3名硕士研究生入职。组织新入职员工进行为期两周的现场实习，参观矿业公司露天采矿区和杏山地下铁矿、京唐公司海水淡化及矿石码头、迁钢公司工艺流程等内容。

（郭　锋）

【职工队伍建设】 2018年，发展研究院组织职工观看电影《青年马克思》和参观“真理的力量——纪念马克思诞辰200周年主题展览”，组织职工参观首钢精品工舍、秀池、冬奥训练场馆等场所。为职工购买意外伤害保险、公园年票以及生日蛋糕，为困难员工发放补助金1万元。

（郭　锋）

【党风廉政建设】 2018年，发展研究院加强党风廉政建设，组织制定2018年反腐倡廉主要任务分工方案，签订党风廉政建设责任书9份。开展全面从严治党突出问题自查自纠及党风廉政专项检查、整改，开展头等舱专项治理、“五合一”检查等，以“为官不为”“为官乱为”和职工群众身边不正之风和腐败问题为专项治理的工作主线，加强日常教育监督。

（郭　锋）

【规章制度建设】 2018年，发展研究院制定印发《首钢集团有限公司发展研究院员工职业发展及职务聘任管理办法》《首钢集团有限公司发展研究院员工绩效考核管理办法》；修订印发《首钢集团有限公司发展研究院科研管理办法》《首钢集团有限公司发展研究院科研项目管理细则》；制定印发《首钢集团有限公司发展研究院印章管理细则（试行）》等管理制度文件。

（郭　锋）

【机构转型提效】 2018年，按照首钢集团党委要求，取消发展研究院党委、纪委及党委办公室，党员组织关系转入首钢机关党委，同时完成发展研究院党支部选举、组建。优化各部门职能，取消综合管理室，组建综合调研室；剥离辅助，将海研宾馆成建制划归中首公司管理，人员从2018年初的44人降到年末的33人。

（郭　锋）

【杂志与内刊编辑】 2018年，发展研究院编发的《企业改革与管理》（外刊）出刊24期，编辑文字量1200多万字；《首钢发展研究》（双月内刊）出刊6期，近100万字。其中，刊发管理创新成果13篇、17万余字。

（郭　锋）

【史志年鉴编纂】 2018年，发展研究院组织开展《首钢年鉴2018》编纂工作并完成向《石景山年鉴》《北京工业年鉴》《中国改革年鉴》《中国钢铁年鉴》供稿任务。组织完成首钢集团钢铁板块18个单位及其他13个单位组织史的编纂工作。为庆祝首钢建厂100周年，完成《百年首钢百件大事》（初稿）编写。按中钢协要求开展《中国工业史·钢铁卷》（首钢篇）编写工作。完成国家发展改革委中国改革年鉴、市委党史研究室、北京工业年鉴、北京市地方志、中钢协钢铁工业年鉴等部门要求的首钢改革40年资料的编写报送工作。

（郭　锋）

人才开发院

【人才开发院领导名录】

院　长：何　巍（兼）

党委书记：黄昊兵

常务副院长：黄昊兵（4月离任）

段宏韬（4月任职）

副院长：段宏韬（4月离任）　郭　伟（4月任职）

胡立柱（4月任职）　王洪骥（4月任职）

张百岐（4月任职）　尹雪梅（4月任职）

院长助理：周伯久（4月任职）

（赵司尧）

【首钢工学院领导名录】

党委书记：黄昊兵

院　长：段宏韬

副院长：郭　伟（4月任职）　王　林（4月离任）

胡立柱　王洪骥（4月任职）

张百岐（4月任职）　尹雪梅（4月任职）

院长助理：周伯久　张　毅

（徐　励）

【首钢技师学院领导名录】

党委书记：黄昊兵

院　　长：段宏韬

副院长：郭　伟（4月任职）　王　林（4月离任）

胡立柱　王洪骥（4月任职）　张百岐

尹雪梅（4月任职）

院长助理：周伯久　张　毅

（徐　励）

【综述】　首钢集团有限公司人才开发院（简称“人才开发院”）成立于2016年3月，是以人才培养为目标、以能力提升为重点的企业内部培训教育机构，与首钢党校、首钢工学院、首钢技师学院为一套机构、四块牌子，实行一体化管理，并保持工学院、技师学院社会办学职能相对独立。位于北京市石景山区晋元庄路6号和11号，占地面积17.57万平方米，建筑面积13.89万平方米。主要职责包括：通用职能、培训体系建设、培训计划管理、培训实施、能力管理体系建设、知识共享体系建设、学习系统平台搭建和中高等职业教育管理。设党群工作部和纪（监）委2个党群机构和运营管理部、计财部、总务部、保卫部等4个职能管理部门；项下分为内训板块和学校板块，其中，内训板块6个部门，即内训管理部、党建文化培训中心、领导人员培训中心、专业人才培训中心、技能人才培训中心、人才测评中心；学校板块14个部门，即综合管理办公室、教务与招生就业处、学生处（团委）、职业教育培训处、实习实训中心、计算机与媒体艺术学院、机电工程学院、冶金安全环保学院、护理与学前教育学院、基础学院、管理学院、继续教育学院等12个社会办学实体和网管中心、图书馆2个教学辅助实体。截至2018年底，在职教职工总数467人，其中硕士研究生以上学历160人，本科学历256人；高级职称123人，中级职称174人。

人才开发院按照“服务首钢、面向高端、能力为本、辐射全员”的指导原则，职工培训和学历教育并重，努力为首钢一流人才队伍建设提供强有力的支撑，成为首钢关键人才能力提升培训基地、新产业高技能人才培养基地、人才开发的研究与实践中心、企业党建文化研究与培训中心和职工终身技能培训与指导中心。同时，充分发挥工学院、技师学院的社会服务功能，坚持“立足首钢、面向京西、服务首都”的办学定位，通过中高职学历教育、技能培训、技能大赛、技术创新和技术服务等多种方式，为首都建设培养高素质的紧缺技能人才，成为首都紧缺人才培养基地、职业技能公共实训基地和安全生产培训基地、技能大赛集训基地、职业教育改革示范中心和技术创新与服务平台。

2018年，人才开发院通过机构整合，实现人财物的统一管理，在提升管理能力、服务水平、协同发展方面迈出历史性一步。“四个转型”稳步推进，完成全年各项指标任务。高质量承办“6·16”全国安全生产宣传咨询日、“首钢杯”全国钢铁行业职业技能竞赛等一系列重大活动。薪酬分配制度改革完成，提高了教职工积极性。首钢企业新型学徒制试点工作成绩突出，并获《人民日报》专题报道。

（赵司尧）

【主要指标】　2018年，人才开发院重点培训项目兑现率计划指标90%，实际完成92.7%；为首钢集团培训职工23003人次，超计划15%；开发精品课程6门；师资库专兼职教师345人。工学院和技师学院办学收入1.53

亿元，超计划13.1%；完成中高职和成人学历教育在校注册学生7745人（其中技师学院在校生2793人，工学院全日制在校生2408人、成人专科在册生1339人、合作办学网络教育本专科在册生1205人）的教学任务。工学院录取全日制新生746人，技师学院录取新生871人；两校毕业生就业率在99.7%以上；成人学历教育录取1190人，超计划32.2%；安全生产培训13588人次；建立技术服务创新中心2个，聘任引进高端人才3名。

（赵司尧）

【第二步机构整合】 2018年，人才开发院按照首钢集团《关于调整人才开发院组织机构暨取消培训中心名称的通知》要求，推动落实第二步机构整合。4月25日，颁发《工学院、技师学院机构改革工作方案》。5月4日，颁发《人才开发院部门职责及机构编制》。此次改革调整优化人员，充实一线教师队伍，完善职责范围和业务流程，并制定各部门《工作目标责任书》和两院部门工作绩效考核办法。5月10日，人才开发院党委召开干部大会，推动第二步机构整合工作方案顺稳落地。6月1日，新机构正式运行。此次整合，建立企业内部培训与社会学历教育管理统一、优势互补、运行高效的组织体系。根据第二步机构整合后的定位及职责，制定《人才开发院三年规划（2018—2020年）》，以及8个专业分规划、7个二级学院子规划、5个中心子规划和首钢工学院、首钢技师学院职业教育改革发展行动计划，提出了4个基地、4个中心和1个平台的建设任务和打造一流企业大学、一流职业院校的路径和措施。

（赵司尧）

【薪酬制度改革】 2018年，人才开发院为建立适应市场经济和首钢转型发展要求、符合教育行业规律、体现教育培训特点的薪酬激励机制，在反复调研和集团党委会审批后，12月14日，颁发《首钢人才开发院薪酬分配制度改革实施方案》，成立由院领导、各部门负责人和教职工共同参与的改革工作小组和绩效考评委员会。12月底，改革工作基本完成。此次薪酬分配制度改革改进绩效考核办法，建立工资增长长效机制，设立质量效益建设奖，提高教职工收入，建立以能力业绩贡献为导向、体现知识价值创造的薪酬激励机制，进一步激发建设一流人才开发院的动力和活力。

（赵司尧）

【“首钢杯”钢铁行业技能竞赛】 2018年9月，“首钢杯”全国钢铁行业职业技能竞赛在首钢股份公司、矿业公司成功举办，人才开发院发挥重要作用，取得赛事承办和竞赛成绩双丰收。组织牵头首钢集团各部门，组建筹备办公室，确立按照承办比赛、选手集训两条主线，分阶段交叉推进的工作思路，召开领导小组会5次，专题会51次，编发计划安排、工作动态等文件80余份。按照“节俭办赛、远近结合、多方筹措”原则，协调股份公司、矿业公司于5月底全面完成赛事场地的改造和布置，并编写竞赛大纲和实施细则，开展高质量的赛事组织服务工作。制定《竞赛选手选拔培训考核方案》，选拔组成集训队，积极承担焊接项目集训和炼铁、轧钢项目理论培训，为3个工种取得2个冠军、3个亚军的优异成绩作出了贡献。“首钢杯”大赛组织工作获得各钢铁企业点赞，中钢协刘振江书记称赞“首钢杯”是一届“开放、创新、出类拔萃”的钢铁奥运会。

（赵司尧）

【党建文化培训】 2018年，人才开发院组织举办首钢领导人员学习贯彻党的十九大精神轮训班、首钢纪检监察干部培训班、首钢党支部书记培训班、首钢集团团干部培训班、基层单位党组织书记培训班等培训11大类30期，培训2038人。创新党性教育方式方法，在山西长治抗大一分校旧址屯留管理中心设立“首钢党校党性教育基地”，使抗大历史和抗大精神走进教学课堂；开发延安红色现场教学点，构建“穿一套八路军服，走一段八路军路，唱一首红色革命歌曲，上一堂延安革命斗争课，重温一次入党誓词，开展一次八路军体验教育”的六个一培训课程。6月11—29日，举办为期3周的首钢集团领导人员学习贯彻党的十九大精神轮训班，精心安排专题辅导、集体研读、小组讨论、知识测试等教学模块；邀请知名专家教授做高端专题授课，对习近平新时代中国特色社会主义思想和党的十九大精神进行深刻诠释；精选《不忘初心 继续前进》政论片和《巡视利剑》警示教育片。学员普遍反映，通过系统学习，提高了政治站位，提升了能力水平，增强了工作的信心。

（赵司尧）

【领导人员培训】 2018年，人才开发院组织举办青年干部特训班、青年干部海外研修班、首自信公司青年人才培训班、首钢园区管理部领导人员能力提升培训班、首建公司后备领导人员培训班、首钢医院领导人员培训班等培训共13项，培训595人。为期4个半月的第四期青年干部特训班，实行驻营军训，加强意志训练和作风锻炼；分企业管理和财务管理方向开展针对性培训，优化分班教学设计和教学组织，组织学员到房地产公司等单位开展管理实践诊断，形成一批高质量的实践研究成果。完善“青年干部特训+海外研修”贯通培养模式，从青年干部培训班中选派28名学员参加为期90天的海外研修班。经过外语和专业培训后，财务金融和企业管理两个方向的学员于10月底分别赴美、欧研修，通过实地走访、高层交流、微课制作等学习方式，开拓视野，提高技能，为首钢转型发展注入新鲜活力。

（赵司尧）

【专业人才培训】 2018年，人才开发院组织举办审计人员培训班、风控体系建设及制度管理培训班、职业技能竞赛赛务人员能力提升培训班、新媒体制作培训班、科技创新培训班等培训27项，培训13901人。坚持“聚焦战略、聚焦开发、聚焦职能、聚焦关键”的指导思想，教学设计注重坚持问题导向，课程安排注重培养创新能力，参观考察注重更新理念，成绩考核注重学习成果转化，初步实现培训与战略发展对接、与企业创新发展对接，培训工作不断取得新突破。9月25日—11月2日，面向首钢集团一线青年科技创新骨干，首次举办首钢科技创新培训班，秉持“完善知识结构、掌握创新方法、激发创新灵感、实践科技创新”的原则，聘请知名教师授课，安排学员赴北京奔驰、山东浪潮等企业考察。在培训方式上，要求学员将实际工作问题带入培训，通过学习交流、分析研究与创新探索，完成针对性解决方案，最后组织权威专家进行严格评审。新颖的培训方式促进理论学习与实际工作的结合，显著提高培训效果，增强一线青年技术骨干科技创新能力，受到学员及技术研究院专家好评。

（赵司尧）

【技能人才培训】 2018年，人才开发院举办“首钢工匠”创新能力研修班、首钢技能操作专家研修培训班、首钢创新工作室成员研修班、“首钢杯”选手集训、北京市维修电工、焊工、炼钢、轧钢技师研修班等高技能人才培训共9期，培训6469人。8—9月，在京唐公司、长钢公司组织开展高技能人才继续教育试点，依托“首钢职工在线学习网”，为每个工种安排20学时的通用知识课程和20学时的专业知识课程，采取学分制和线上考试的方式，有效提高培训覆盖面和灵活性。10月13—29日，举办北京市维修电工、焊工、炼钢、轧钢4个技师研修班，共256学时，培训142人。研修班在充分调研培训需求的基础上，为学员“量身定制”课程和教材。培训课程包含创新能力培训、技能人才成长成才、安全生产与职业防护能力提升等通用类课程，并根据各工种实际特点定制有针对性的课程。结合学员工作实际，配备高校教授专家、企业技术工程师、企业技能操作大师（大工匠）等多领域师资结构。在培训过程中，坚持统筹协调、学练结合、多元考核，采取日常考勤、技术交流、撰写论文等多样化、立体化的综合考评方式，并设立优秀学员奖励机制，有效提高学习积极性和培训质量。

（赵司尧）

【人才素质测评】 2018年，人才开发院初步建立起首钢统一的人才测评平台，形成人才招聘、配置、培训等50多个测评模块，为测评工作提供有力的工具支持。为首钢青年干部特训班、科技创新培训班等多个培训项目共576人次提供测评技术服务，出具测评报告1499份。其中，青年干部特训班的测评项目全部由内部测评师自主设计实施，可信度达0.85以上。形成人才测评师培养方案，组织开展首钢集团第一期人才测评师培训，开发《人才测评解读》《人才素质测评报告阅读与分析》等课程，得到学员的充分肯定，为人才测评中心专业队伍建设奠定基础。

（赵司尧）

【社会培训】 2018年，人才开发院安全生产培训形成品牌，共培训13588人次，数量再创新高。培训范围扩大到江苏、山东、西藏等地和国内29家企业。为江苏省张家港市、无锡市、宜兴市、盐城市、江阴市开展安全培训804人次；为西藏拉萨市培训安全生产监管干部36人次；为山东省日照市培训安全生产人员50人次；为北京市安监局培训7505人次；为首钢培训1918人次；为石景山区及市属国企等培训3275人次。技师学院建成占地230平方米、北京市唯一一家防爆电气特种作业安全生产考试中心，并成功为社会完成第一期防爆电气从业人员培训。举办专业技术人员高级研修培训，先后完成北京市特色旅游、城市公共安全风险管控、生活垃圾处理等3个专业共94人的研修和培训任务。

（徐　励）

【培训体系建设】 2018年，人才开发院优化培训管理业务流程，在首钢集团协同办公平台上增加首钢培训管

理功能，实现培训项目的申请、审批、查询、监控分析等业务在线管理。借助首钢集团核心人力资源管理信息化项目，梳理优化10个集团级培训管理业务流程，计划2019年上线培训管理核心功能模块。建立校企融合的人才培养体制，与清华大学继续教育学院签订战略合作协议，在清华大学设立“首钢高层次人才教育培训基地”。推进培训班次和课程体系建设，党建文化和技能人才培训班次和课程体系搭建取得初步成果。党建文化培训将培训对象分为党建、党务、青年干部三类，将培训分为促进战略共识、牵引战略执行、挖掘战略潜能三个层面，并构建以理论教育和党性教育为主业主课的党员干部培训课程立体框架。技能人才培训初步搭建了首钢技能人才分级分类培训体系模型架构和建设方案。加强内训师队伍建设与管理，建立首钢专兼职讲师资源库，借助集团协同办公系统，实现师资库资源共享、统一管理、动态运营。师资库现有师资合计345名，内、外部师资比例7∶3。

（赵司尧）

【职业教育改革】 2018年，人才开发院完成技师学院11个专业“3+3”贯通培养方案，构建中高等职业教育衔接的课程体系，人力资源管理、建筑工程管理等5个专业成功申报新的专业层次。技师学院6个专业成功申报与工学院“3+2”中高职衔接项目，电气自动化设备安装与维修专业（群）入选第一批北京市特色高水平骨干专业（群）建设项目。在市教委、人社局支持下，以电气自动化设备安装与维修等7个专业为引领，开展“胡格教育模式”改革。在德国专家团队指导下，组织开展3个试点专业企业访谈、课程转换培训，完成行业影响力分析、人才需求与规格确定、职业行动领域分析、学习领域描述等工作。完成9门核心课程项目（载体）化建设、5个专业15门课程信息化应用、360个微课件与20个专业宣传片制作。推广创新创业公共选修课，实现跨专业、跨学科开展“双创”教育，开展大学生创新创业训练营、路演、挑战赛等活动。开展“引企入校”“大师入校”工程，成立李中秋大师工作室，建立机电类技术创新中心、导游学基础理论与教学实践研究中心，卫建平智能装配工作室入选第一批北京市职业院校技术技能大师工作室建设项目。

（徐　励）

【学生教育】 2018年，人才开发院学生教育与管理坚持“育人为本，立德树人”的理念，坚持全面育人方向。5月25日，召开共青团人才开发院第一次（工学院第五次、技师学院第一次）代表大会，成立各二级学院团总支。开展迎新年联欢会、歌咏汇演、毕业典礼、运动会等校级活动80余项。对两校新生进行心理素质测评，对200余名重点关注学生给予指导。组织学生首次参加首都高校军训特训营活动，组建学生军旅社。修订《外聘助理班主任管理办法》，制定《班主任与助理班主任管理办法》《进一步强化学风教风实施意见》，开展强化养成教育，细化一日常规标准，固化晨读、晨检制度。秉承“严格管理，亲情服务”的理念，实施公寓“7S”管理，年度表彰优秀宿舍200余间次。首次承办2018年北京市技工院校主题班会比赛，获得优秀组织奖。两校共发展学生党员58名，1944人次获得学期和单项奖学金，784名学生获年度表彰，130余名学生获得市级以上荣誉。工学院推选出北京市级优秀班集体1个、优秀团支部5个、三好生4名、优秀团学干部5名，2人获国家奖学金、127人获国家励志奖学金。技师学院推选出北京市级三好学生5名，获政府奖学金66名。

（徐　励）

【社会活动】 2018年6月16日，工学院承办2018年“6·16”全国安全宣传咨询日活动。国务委员王勇、北京市市长陈吉宁等领导出席活动。活动以“生命至上、安全发展”为主题，以电力安全宣传、安全应急展示为主要内容，通过发放宣传品、游戏互动、体验式活动等丰富多彩的形式，向广大群众传播安全理念和行为规范。工学院成立专项工作组，制定学生组织工作方案，发动700名学生参与配合现场的宣传、展示与咨询活动，既完成承办任务，也让广大市民和学生增强安全意识，学习安全知识。7月15日，首钢技师学院举办“中国技工教育图片展暨7·15世界青年技能日主题活动”。人社部副部长汤涛、北京市政府副秘书长陈蓓出席活动并致辞。活动通过回顾技工教育发展历程，总结技工教育发展的成就和办学经验，引导广大青年走技能成长之路。7月25—28日，首钢技师学院承办2018年中国焊接国际邀请赛，来自韩国、美国、澳大利亚、俄罗斯、蒙古国、中国6个国家的参赛选手参赛，世界技能大赛焊接项目技能竞赛经理保罗·康德兰、首席专家雷·康诺利等莅临比赛现场。实习实训中心接待来自政府部门、北京市相关部门、行业协会、兄弟院校及社会各界团体参观，年内承接、承办各项活动103次，接待20450人次。

（徐　励）

【各类评选与竞赛成绩】　2018年，人才开发院获评第四届“钢铁行业教育培训先进单位最具影响力的教育培训机构”。王文华成为享受国务院政府特殊津贴人员；副院长张百岐获评“国家技能人才培育突出贡献个人奖”；副院长郭伟、老师胡先获评第四届“钢铁行业教育培训工作先进个人”；老师李浩获评第二届“北京市高等学校青年教学名师”。两院教师获得各类教学成果119项，其中一等奖4项，两院学生参加各类比赛获奖60项。工学院荣获“2018年全国安全宣传活动日特别贡献奖”“北京教育系统关工委工作先进单位”称号。首钢技师学院《焊接加工专业国家高技能人才培训基地建设研究与实践》在北京市职业教育教学成果奖评选中获一等奖。教师吕翠红参加人社部技工院校教师职业能力大赛获得二等奖；教师邓德敏参加教育部职业院校教学能力比赛获得三等奖。工学院学生参加全国职业院校技能比赛，大气环境监测与治理技术获二等奖，会计技能获三等奖；参加全国大学生数学建模竞赛获北京市一等奖；参加第四届中国“互联网+”大学生创新创业大赛获北京市三等奖；参加“创青春”全国大学生创业大赛获北京市三等奖。首钢技师学院学生参加北京市技工院校技能比赛获一等奖5项，并代表北京市参加第45届世赛焊接、综合机械与自动化项目全国选拔赛；组队代表石景山区参加北京市第一届冬运会冰壶比赛获得女子(甲组)亚军。技师学院综合机械与自动化、焊接、网络系统管理3个项目被认定为北京市世界技能大赛集训基地，焊接项目被认定为第45届世界技能大赛国家集训基地。

（赵司尧、徐　励）

【校园硬件建设】　2018年，首钢技师学院完成“深化国家级高技能人才培训基地建设”项目。该项目于2016年11月28日获批，中央和北京市财政投入750万元，主要用于焊接加工、电气自动化设备安装与维修、钢材轧制与表面处理3个专业建设。截至2018年底，总任务计划251项，实际完成284项，完成率达113%，形成项目经验总结报告、基地建设宣传片、宣传册、培训班汇总等资料212盒。12月10日，北京市深化国家级高技能人才培训基地建设项目验收专家组，对该项目进行结项评审。技师学院的项目建设工作得到专家组高度评价，顺利通过结项验收。技师学院利用中央和北京市财政专项资金近500万元完成“人工智能创新工作室”项目建设。工作室占地面积315平方米，建有包括工业4.0智能管理库、双臂机器人、智能设计与组装实验操作区、现场多媒体教学区等，可用于工业机器人综合智能制造、机电一体化系统项目设计等教学实训，提高学生专业综合职业能力。

（徐　励）

【重要会议】

1月26日，人才开发院召开领导人员创新工作成果汇报会。各部门领导人员围绕2017年重点任务，汇报创新工作目标的完成情况和亮点。

3月1日，人才开发院召开第一届(首钢工学院、首钢技师学院第八届)教职工代表大会第二次会议。大会听取审议副院长段宏韬题为《凝心聚力　深化改革　在新起点上实现教育培训新突破》的工作报告，完成各项议程。

3月16日，人才开发院召开干部大会。为贯彻落实首钢集团党委关于压缩会议数量，提高会议质量和会议效率的要求，此次会议采用党风廉政建设工作会议、信访维稳工作会议和2017年度领导班子民主生活会通报会“三会合一”的形式召开。

5月4日，人才开发院召开2017年度先进表彰大会。会议表彰19个先进集体和24名先进个人。

9月7日，人才开发院召开庆祝教师节暨表彰先进大会。会议表彰在首钢教育培训发展中作出突出贡献的代表，激励全体教职工弘扬劳模精神和工匠精神，用实际行动践行教育工作者使命。

9月26日，人才开发院召开党委理论中心组学习扩大会暨干部大会。会议传达首钢“三创”交流会主要内容和精神，并结合实际部署相应工作。

12月20日，人才开发院召开首钢人才开发调研启动会，提出“摸清家底，找准问题，提出对策，形成方案”工作目标，宣讲人才开发调研工作方案和具体安排。人力资源部和人才开发院领导、FESCO公司咨询顾问及人才开发调研工作组成员参会。

（赵司尧）

业务支持服务

◎责任编辑：马　晓

财务共享中心

【财务共享中心领导名录】

主　任:王　健

副主任:高　静

（王　俊）

【综述】　财务共享中心是首钢集团财务核算、会计处理中心,是为首钢集团和各级子公司战略决策提供财务数据的支持服务部门和共享平台,于2015年10月成立。负责完善首钢集团报表体系,编制合并报表,出具年度财务决算报告;建立首钢集团财务共享信息化项目,配合信息化建设工作,完成共享信息化平台管理与维护。负责核算首钢集团对外股权投资、政府补贴及权益项目;在建工程核算;组织园区开发项目的拆迁补偿费核算及开发前期费用核算;研发项目核算;专项资金核算。负责收入、成本等账务处理,负责税务核算及纳税申报管理,进出口业务核算及结算、存货核算等。负责编制集团公司总部部门费用预算,根据年度费用预算指标组织分解落实;预算执行过程控制;员工借款、相关费用核算及报销(核销)等。负责集团公司银行账户管理,收付款结算,票据业务,银行日记账的记账和对账,承兑汇票结算,财务费用、内部借款本金及利息。负责集团公司成员单位的债权债务清理工作,建立对账、抵账机制。负责集团公司统计专业的归口管理,组织统计核算,实施各项统计调查,编制及对外披露统计年报和定期统计报表;编制集团公司生产经营指标快报和月度统计公报;按集团公司要求提供相关管理口径的数据或报表,统计资料管理等。负责纳入财务共享中心范围单位财务档案管理及成员单位财务报告归档;集团公司产权信息登记、变更、注销等工作;集团公司工商变更登记的备案业务等。负责首钢集团工会、党团费用、技协等业务托管核算。财务共享中心共设置总账报表室、会计核算室、费用核算室、资金结算室、资产核算室和数据信息室6个业务室。

2018年11月,根据首钢集团下发《关于集团总部部门职责调整优化及岗位编制核定的通知》(首发〔2018〕276号),财务共享中心按照共享和非共享业务两个板块调整内部机构设置。共享板块设应收应付、费用报销、资金结算、资产总账、共享推广与服务支持5个室;非共享板块设总部财务和数据统计2个室。

（袁　琳、王　俊）

【制度建设】　2018年,财务共享中心推进集团公司级制度的修订工作,完成《集团公司统计管理办法》修订及颁发;持续完善基础财务规范制度,完成《职工薪酬核算与人工费列报规范》《政府补助会计处理规范》《集团公司环境保护税业务流程规范》《集团公司水资源税业务流程规范》《集团公司印花税业务流程规范》《集团公司员工借款管理办法》《现金收支管理细则》《货币资金结算管理细则》《账户及预留印鉴管理细则》9项财务规范的下发;完成《集团公司聘用中介机构备选库管理办法》及《集团公司内部债权债务管理办法》制定;补充完善其他管理规范,重点对集团公司业务活动费用管理办法进一步修订和完善。

（张永卫、李圆博、苏　红、袁　琳、杨　巍）

【信息化建设】　2018年,财务共享中心围绕集团公司财务共享信息化项目总体工作部署,完成技研院、园区管理部共享业务培训和上线运行;完成集团公司电子会计档案系统上线试运行。对上线单位运维支持服务,年内开展现场指导解决问题400余次,远程指导1800余次,优化系统功能57处。组织股份公司共享业务推广工作,组织业务调研和讨论,完成业务蓝图与技术蓝图设计,整理股份公司财务全业务清单400余条,对13条重点流程、21个业务场景开展沙盘模拟,完成共享平台开发、测试等工作。精简发票入账审批节点,实现发票验真、预认证自动化处理,实现业务数据自动转化为财务数据。组织首建公司、实业公司等共享业务推广,按照“标准化+α”的推广。完善集团公司财务报表直报系统,按优化后报表体系维护系统,同步银行存款和票据全口径现金流编制,实现产权关系到管理关系自动转换。启动中心共享组织架构调整,围绕财务共享运营模式,形成分阶段组织机构设计方案,正式启动中心组织架构调整。

（李圆博）

【财经纪律自查】　2018年,财务共享中心为贯彻首钢集团财经纪律工作部署,杜绝违反财经纪律和财务制度问题发生,防范财务管理风险,年内财务共享中心内部组织开展内部财务基础工作自查、“五合一”(对企业层级过多、国企重大投资、收购行为、国企出借资金行为、民企以国企名义承揽工程项目以及工程招投标)专项工作检查。纵向层面对2017—2018年间,分业务板块开展全面自查,内容包括业务责任人、逐笔业务内容、审批流程、附件完备情况等项目,横向层面围绕会计岗位设置、货币资金、应收、存货、资产等会计基础工作九大类80条,对25条会计公共性问题逐项检查,对存在的印章保管、长期借款核销、现金管理、账户名称变更、共享平台系统权限等各类问题逐一制定详细整改方案,并进行整改。

(张永卫、李圆博、苏　红、袁　琳、杨　巍、张　鹏)

【总账报表】 2018年,财务共享中心按照市国资委、财政局财务决算工作要求,完成集团公司二级单位及所属成员单位73家的现场审核,提高了集团公司年终决算工作整体效率;积极协助、配合中介机构开展审计工作,密切追踪审计进度,及时发现和协调审计过程中出现的问题;完成向党委会、审计委员会和董事会年度决算汇报;中介机构对集团及集团公司出具了无保留的审计报告,并通过国资委、财政局决算会审;针对国资委复核提出的72条问题,组织成员单位补充资料、核实业务,完成国资委决算复核沟通;按照钢铁行业协会年度决算工作的要求,完成钢铁行业协会的决算会审工作。

(李圆博)

【完善财务报表体系】 2018年,财务共享中心围绕2018年"1+1+N"的工作重点,以"2个维度、4个频次、6个子类"为原则,优化2018年的报表体系,增加转型提效、研发费用等重点内容,满足管理需要。完善后,2018年度集团常规会计类报表58张,包括月度28张、季度10张、半年度20张,其中月度报表优化减少了30余张;细化、强化货币资金、票据管理,试点银行存款和票据的全口径现金流量编制工作,做好有息负债、利息等分析支持工作,增加资金融资类月报表15张。按照财政部《关于修订印发2018年度一般企业财务报表格式的通知》要求,调整集团公司半年报告格式,做好发布后的支持指导工作。完成首钢房地产、钢材贸易、建筑业等非钢行业年度对标数据模块的上线使用,发布2013—2017年度重点财务数据和指标。

(李圆博)

【资产核算】 2018年,财务共享中心全面落实首钢集团工作部署,参与非经营性资产及"三供一业"资产分离移交工作。制定集团公司非经营性资产分离移交会计核算规范,规范核算流程,统一业务标准,支撑业务高效开展;推进专项资产移交工作,多次组织集团公司北京地区房改房、集资房相关资产移交清理以及厂史博物馆资产移交工作。首钢集团北京地区完成移交面积118万平方米,收到财政补助资金29661万元,支付北京地区供电、供水移交改造费及过渡期费用合计19954万元。推进集团公司营业执照的变更登记,完成工商管理要求补充完善董监高信息等材料的备案,完成法定代表人的变更,为首钢园区开发及投资经营的畅通、高效推进创造有利条件。规范园区项目核算流程,完成工业遗址公园3号高炉项目、冬奥广场功能区北七筒仓园区项目等重点项目在建工程入账规范要求的督办;研究园区未立项、无合同项目的核算、税务问题,分析评估财务风险;配合首建投公司完成东南区土地收储补偿申请。

(张　鹏)

【会计核算】 2018年,财务共享中心强化税务管理,做好税收及汇算清缴工作。完成集团公司及子公司所得税汇算清缴、关联交易申报。梳理房产、土地税缴税数据资料,完成减免申请等手续,经市地税批复后办理并收到2017年房产税退税2410万元。完成集团公司境外发债支付利息及评级费的完税手续和备案、缴纳工作,办理境外付汇备案5次、税务备案9次,办理境外付汇并代扣代缴境外企业所得税2249万元、增值税及附加费1512万元。制定内部债权债务清理方案,下发《关于开展2018年度内部债权债务清理工作的通知》,提出对账差异切入点、倒抵账和清偿处理方法,建立信息反馈和问题会商机制,统一债权债务清理内容,梳理倒抵账资源,促进、协调具备条件的单位开展抵账工作。年内组织协调会14次、专题会8次、发布简报2次,完成倒抵账103亿元。协助推进宝业公司清算,开源修理厂退出,首源公司、设备公司清撤,富路仕彩涂生产设备利旧结算,特宇公司锌锭利旧结算等工作。

(杨　巍)

【资金结算】 2018年,财务共享中心强化资金业务管理,提升使用效率。严格执行资金预算,优先安排薪酬、保险、税款、水、电、燃气等刚性资金支出,确保融资性资金平稳过渡,保障集团公司资金正常运转。加强账户管理,办理账户相关业务,完成中首公司改制涉及在12家金融机构48个银行账户的印章和户名变更工作;加强银行账户动态管理,对不再发生业务的账户及时组织销户，组织销户14个。推进银企直联账户授权工作，完成光大、兴业、建行等6家银行所属支行9个账户授权工作。配合外债的结售汇工作，在价格不理想，资金阶段性平衡的前提下，与各银行沟通，争取最优利益，分批办理结构性存款，取得收益162.77万美元。加强财务基础工作管理，参加集团公司组织的风控体系建设及制度管理培训，并从实际业务出发，以收付办理作为着手点，完善收支手续，加强风险防范。

（苏　红）

【费用管理】　2018年，财务共享中心按照首钢集团费用预算专业化、全面化、精细化管控要求，贯彻费用从严、从细的管控原则，依托共享平台技术支持，超额系统限制；学习北京市公用经费方式，试点建立定额费用标准；严格执行项目清单，结合集团资金状况，加强专项费用审核，严控预算外事项；学习长钢费用管控经验，一切费用皆可控，不断提升费用预算管控水平。组织首钢集团总部部门及园区单位依照需求，按季分月逐项分解安排年度计划，将行政费用、单项费用嵌入共享平台系统，逐级控制，通过信息化手段保证预算执行；强化预算执行管控，实际执行严格落实项目清单制度，强化对专项费用的专业管理，必须由职责部门确认业务并发起核销流程，不断增强业务处理的规范性；严格预算外项目管理，预算外费用、超预算费用系统不予通过，必须履行审批程序；年度预算与月度计划结合，问题及时沟通反馈，实现管控。年内首钢集团各部门费用完成12.44亿元，比上年降低0.79亿元。

（张永卫）

【统计管理】　2018年，财务共享中心优化统计工作，对统计制度梳理，进一步规范统计管理工作，明确各专业部门管理职责对统计核算流程进一步梳理，组织相关部门就统计核算纳入共享中心操作的可行性、上报范围、指标等进行研究，并将能源、信息化、环保等专业统计核算纳入中心，按集团公司、钢铁业等口径，在直报系统开发六类报表，归集统计业务，减轻战略管控部门基础统计核算负担。为满足管控部门需求，开放直报系统现有133项统计指标的查询权限，简化统计流程，提高工作效率。组织开展投入产出调查工作，下发专项工作方案，有序推进各项阶段工作。通过合理策划及有序组织，集团公司及其他参加调查的首钢单位统计数据上报一次性合格率100%。启动经济普查，成立专项工作领导组及工作组，组织对首钢集团320余家法人单位的行业、注册地、经营地、营业状态、经营规模、隶属关系、统计人员情况等进行清查，配合石景山区统计局完成首钢内径园区22家单位普查登记及经营地定位。

（袁　琳）

人事服务中心

【人事服务中心领导名录】

中心主任：吴　涛

（张英明）

【综述】　首钢集团有限公司人事服务中心（以下简称“人事服务中心”）2015年10月成立，是人力资源领域行政事务类工作集中处理和为职工提供人事服务单位，既是首钢集团总部的业务支持服务类部门，又是人力资源信息集中管理单位，具有管理与服务双重职能。

2018年，人事服务中心按照首钢“两会”“三创会”等会议精神要求，持续推进核心人力资源信息化、风控和满意度体系“三驾马车”，有序推进退休人员社会化集中管理平台建设，落实集团总部部门职责调整优化及岗位编制核定要求，完成职责调整优化和定岗定编工作，为持续提高服务水平和服务效率奠定了基础。

（张英明）

【核心人力资源信息化】　2018年，人事服务中心稳步推进首钢集团核心人力资源信息化，项目部分功能上线。按照首钢集团要求，抽出专门力量，协调并集结人员、落实办公场地，保障项目按期启动及后期运行。完成专项调研和研讨，梳理业务流程图152个，优化业务流程图105个，规范人事管理信息集46个。与用友公司深度对接会商，提出创新性解决方案。8月22日，首钢集团专题会审议通过《核心人力资源管理项目业务蓝图设计方案》。在项目实施中，做好与股份公司（迁钢）、京唐公司、水钢公司等单位对接调研，与宝钢等同行业先进单位对标，开展系统管理员和专业用户培训。年内采集数据738万个，涉及8.6万人，实现人事调配等业务按期上线运行。

（韩立功）

【人事档案数字化】　2018年，人事服务中心完成人事档案数字化，实现总部管控、支持、服务各部门，组织首建投公司等12个单位的人事档案的数字化工作。建立

和完善人事电子档案信息安全体系。

（韩立功）

【风控及制度修订】 2018 年，人事服务中心推进风控和制度建设，按照首钢集团“放管服”原则，对有关制度进行重新分析定位。为做好精准服务，对首钢集团各单位社保管理、劳动合同管理等情况开展调研，摸清底数，处理好“放管服”的关系。对 11 项关键管控事项逐一进行梳理分析，提出权力清单调整修改建议。

（张凤光）

【满意度评价】 2018 年，人事服务中心持续推进中心满意度评价工作。调研收集服务对象的需求，吸取服务单位、服务对象的意见建议，持续改进，重点完善内部满意度评价工作，制订《内部满意度评价办法》，将日常工作、重点工作、党建工作等的评价打分纳入满意度评价体系，按月小结，季度积累，年度考核兑现，使满意度评价体系成为绩效考评的重要指标。

（郭　伟）

【解决职工利益问题】 2018 年，人事服务中心围绕职工诉求，在合法合规的前提下，发挥三方社保平台优势，密切沟通协调，努力促成问题早日解决，积极做好政策宣讲，努力维护好职工企业和谐稳定。稳妥做好首秦公司停产职工的分流安置工作。配合做好人员分流安置方案及配套政策的审核完善工作，开展政策宣讲和专业指导帮助。围绕人员转移安置中的社会保险问题，发挥三方社保平台优势，协同首秦公司、京唐公司与唐山市人社局主要领导进行座谈，反映职工诉求，寻求合理解决途径，为首秦公司顺稳分流安置停产职工提供专业支持。促成农合工群体工龄问题的解决。经过与市人社局反复沟通，市人社局正式批复《首钢集团有限公司京籍农转制职工养老保险的请示》。针对部分特殊问题，与石景山区、丰台区人社局对接达成一致意见。组织召开专业会，向有关单位和农合工群体传达文件精神，提出工作要求并解答了大家关注的问题，把好事办好。

（郭　伟）

【解决历史遗留问题】 2018 年，人事服务中心做好首钢迁安矿区河北户口职工子女高校毕业生在京就业落户工作。协同矿业公司、人力资源部、维稳办等分析商讨解决方案，提出应对措施，宣讲政策，争取市专业部门支持。针对电控公司在招聘接收迁安矿区部分高校应届毕业生中出现的问题和困难，与市、区人社部门沟通情况，协同集团公司维稳办、矿业公司与电控公司专门商讨。在首钢集团领导的支持帮助下，解决了 2018 年迁安矿区职工子女就业落户相关政策待遇有关问题。矿业公司失业保险问题基本解决。针对这一历史遗留问题，组织专业人员多次奔走京冀社保部门，征求基层意见，并充分利用三方两地社保平台和年底政策窗口期，经过不懈努力，市区两级人社部门同意首钢驻矿单位失业保险以新参统方式进入北京市社保系统。

（郭　伟）

【退休人员社会化管理】 2018 年，人事服务中心按照市国资委部署和要求，推进退休人员社会化管理平台分站搭建。石景山古城分站场地装修基本完成，组织矿业公司、特钢公司、首建公司和实业公司深入研讨，做好退休人员信息集中管理。制定首钢各平台公司章程、注册名称、注册地址、注册资本金和企业法人等工作意见，为公司注册奠定基础。

（张连永）

【财政资金支持】 2018 年，人事服务中心争取北京市财政政策支持 2399.42 万元。在市财政局、市国资委和市人社局申领老干部医疗统筹基金 1881 万元、采暖补贴和住房物业服务补贴 95.92 万元；申领残疾人就业岗位补贴 42.15 万元、免缴残疾人就业保障金；申领稳岗补贴 198 万元；申领停产搬迁安置富余职工“两家抬” 182.35 万元。

（张英明）

【外事管理】 2018 年，人事服务中心加强外事管理工作，组织开展因公出国管理情况自查自纠，加强部门联动，强化因公出国管理，坚持外事审批小组联审机制，严格会审把关。在迎接联合专项检查工作中，得到市外办、市财政局、市国家安全局等部门“贯彻中央八项规定，治理公款出国旅游”专项检查组的好评。发挥服务协调作用，圆满完成北京市人民政府使节招待会、承办“一带一路”全球青年领袖荟萃——北京 · 2018 国际论坛会议的服务保障任务。年内完成办理出国（赴港澳）团组 177 批、721 人次，比上年增长 21%。年计划执行率 91%，因公护照上缴率达到 100%，出访报告制度执行率 100%。

（郝　玉）

【全要素人工成本预算】 2018 年，人事服务中心及时做好数据分析，为首钢总部机关做好支持服务工作。完成首钢集团全口径、全要素人工成本预算管理体系建设有关工作,建立统计口径、收集北京市和钢铁行业数据,完成人工成本各项数据的统计分析,提出工资总额分析模版,审核年度人工费预算等,组织首钢集团65家单位完成国资委职工薪酬调查工作,完成北京市有关部门和中钢协劳动工资专业统计报表及专项统计调查任务。

(朱 军)

【人员招聘】 2018年,人事服务中心根据首钢集团确定的高校毕业生招聘计划,组织技术研究院、国际工程公司、股份公司、京唐公司、长钢公司等22家单位,参加全国36所重点高校毕业生“双向选择”招聘会及北京地区高校毕业生“就业服务”招聘等活动、举办“首钢专场招聘会”。首钢钢铁业四地招收高校毕业生894人。

(蔡 玲)

【工伤保险管理】 2018年,人事服务中心根据《关于北京市2018年调整工伤人员和工亡人员供养亲属工伤保险定期待遇的通知》(京人社工发〔2018〕第134号)要求,对所属的1—4级享受伤残津贴待遇的工伤职工34人、享受生活护理费待遇的工伤人员50人、享受供养亲属抚恤金待遇的工亡人员的供养亲属26人,进行工伤保险定期待遇调整,7月底全部完成发放补发费用。首钢集团各单位发生各类工伤事故31起,全部按规定时限完成工伤认定,确保及时享受到各项工伤待遇。组织首钢集团各单位工伤职工伤残等级鉴定21人,并依据鉴定结论标准按规定时限要求完成工伤待遇申请工作。年内首钢集团工伤保险缴费100.03万元,向社保中心申请各项工伤保险待遇费用1120.57余万元(含伤残津贴、护理费、供养亲属抚恤金、一次性伤残补助金、辅助器具费、工伤医疗费、住院伙食费等),保障因工作遭受事故伤害的工伤职工及时获得医疗救治及经济补偿。

(李海明)

【工会会员管理】 2018年,人事服务中心负责管理和维护首钢集团52家单位工会会员5万多人的数据库系统管理。根据首钢集团机构调整变化情况,及时对会员系统进行相应的调整和会员会籍的划转。指导并协助首控公司、铁合金厂和一线材厂等多家基层工会办理数字证书和解决数字证书更新以及权限开通。为矿业公司、首钢医院等多家单位会员办理京卡550人。

(杨英旗)

【职业资格管理】 2018年,人事服务中心围绕提升职工队伍素质建设,根据国家、北京市职业资格改革,开展政策和措施对接。组织职评专家开展冶炼、轧制专业《职称考试大纲》修订,补充、完善冶金职评量化考核细则,应用于2018年冶金高、中级职评。完成北京市工程技术系列冶金高、中级职称评审,参加高级职评129人,参加中级职评110人,通过率分别为43.41%和49.09%。组织参加政工职称申报43人,审定政工师1人,推荐高级政工师人选8人。完成首钢医院、矿山医院、矿业中小学、幼教中心、技师学院、工学院6家单位教师、卫生系列职称外委评审81人。组织首钢专家参加冶金行业14个职业《国家职业技能标准》修订。修订《首钢集团有限公司职业技能鉴定管理办法(试行)》《首钢职业技能鉴定政策指导手册》,公开鉴定范围、收费标准和申报流程。完成技能鉴定1104人,其中初级工380人、中级工272人、高级工234人、技师116人、高级技师102人。组织特种作业考试10期、5283人;组织特种设备作业取证增项考试2421人。

(刘经耀)

【补充医疗保险报销】 2018年,人事服务中心承担首钢集团60个单位近2.3万人的补充医疗报销工作。年内为11606人支付2017年企业补充医疗保险报销费用1472.33万元,其中在职职工1870人,报销金额226.33万元;退休人员9111人,报销金额1225.98万元;家属及独生子女625人,报销金额20.02万元。完成2018年上半年企业补充医疗保险报销工作,为10057人支付报销费用689.46万元,其中在职职工1486人,报销金额107.12万元;退休人员8571人,报销金额582.34万元。

(张连永)

【职工互助保险】 2018年,人事服务中心立足维护职工权益,提升互助保障服务水平。秉持“普惠制,广覆盖”原则,做好职工互助保险的参保和理赔,组织职工参加“职工住院医疗、职工意外伤害、职工重大疾病、女职工特殊疾病”等四个险种的保险43967人,参保金额817万元,办理职工赔付2219人次、352万元。非工伤意外赔付57人、62100元,火灾赔付5人、2.2万元,水灾赔付6人、1.6万元。在中国职工保险互助会北京办事处基层职工互助保障工作考核中被评为“优秀”。

(付 强)

【老干部服务】 2018年,人事服务中心老干部服务中心管理服务首钢集团离休干部237人,平均年龄89岁;

服务集团退休助理级以上领导 24 人,服务处级以上领导 1000 余人,服务去世离休干部无工作配偶 52 人。

把离退休干部工作纳入党建、领导班子和领导干部考核评价内容,定期专题听取研究老干部工作情况;落实首钢集团领导班子成员联系离退休干部制度,定期到老干部家中慰问;落实老干部服务经费保障。对活动场地进行修缮改造,新增活动面积 400 平方米,修缮老旧活动场地 300 平方米,重新调整完善活动室功能,新增部分书画、摄影、体育、健身设备设施。

组织离退休支部开展“不忘初心　余热生辉”主题党日活动,认真落实阅读文件、情况通报、参加重要会议和重大活动、参观学习制度。对年老行动不便的老干部采取送学上门、服务进家的形式落实“三会一课”制度,做好离退休党支部的换届选举准备工作。

想老干部之所想、急老干部之所急、办老干部之所需。以孝敬父母的真心真情为老干部办实事做好事,全面落实各项待遇,做好服务保障,为老干部编发《老干部工作服务手册》,根据居住地实施专人分片区管理,设立学习活动室;落实北京市委、市政府为抗日时期参加工作的 41 位离休干部送牛奶、送健康工作;为离休干部更换急救呼叫器电池;建立为老干部祝寿走访制度,为离休干部发放生日贺卡。建立特殊困难离退休干部帮扶的长效机制,针对身患重病、生活困难的老干部,建立困难台账,实施离休干部无工作配偶困难帮扶,定期发放困难补贴,解决实际困难,年内发放困难补贴 56.81 万元。

开展有特色活动,丰富老干部文化生活。开展“畅谈新首钢、感受新变化、共话改革开放新成就”参观首钢园区主题活动、组织离退休女干部座谈参观健步走等活动庆祝“三八节”、组织退休干部开展徒步健身活动、开展“重阳节”到敬老院为老人们演出、健康咨询等慰问参观系列敬老爱老活动,让离退休干部共享晚年幸福生活。首钢老干部合唱团在北京市第二届合唱大赛暨 2018 年“唱响新时代”合唱节上,荣获第 13 名;在石景山区“古城之春”艺术节比赛中,取得合唱第一名、老年时装表演第一名;在奥林匹克公园西山合唱节上取得第二名;还与石景山区老干部局、老干部大学八大处军营分校共同举办《军企民老干部摄影作品》联展,参加北京市国资委老干部书画摄影展。

(程金花)

【退休人员管理服务】　2018 年,人事服务中心负责首钢集团及单位 47 家、退休人员 11003 人及首钢园区范围内各单位及股份公司北京地区内退人员 363 人的集中管理工作。

在日常管理中,坚持培养各专业管理人员做到“四性”,即例行工作超前准备,培育预料性;职工上门接待热情,体现主动性;解决前期遗留问题,强调积极性;答疑解惑疑难问题,坚持政策性。在服务接待上,全过程推行“接待首问负责制,解决专业负责制”,以确保职工诉求的各类问题能够得到及时彻底的圆满解决。坚持经常与“特殊人员”及家属电话沟通联系、定期进行家访慰问,勤沟通、勤了解他们的健康情况、生活情况、心理动态,发现问题及时予以妥善解决,耐心做好解释工作。对特殊困难、高龄、劳模及少数民族、就医超大额的退休人员和退休的老干部在重大节日或不定期进行慰问近 700 人,发放慰问金 36.6 万元,发放慰问品 668 份。年内组织 350 人参加北京市退休人员疗养;开展“退休人员游园踏春”“夕阳美、企业情趣味运动会”“乒乓球比赛”等,受到退休人员的欢迎。

落实首钢集团要求,为不在岗职工调整基本退养费,涉及 329 人次,补发 36.46 万元;组织开展内退职工健康体检、开展节日慰问等,把企业关怀送到职工。创新不在岗党员管理模式,针对“离岗、分散、居家、休养”的实际情况,不断完善不在岗党员的管理工作。通过与党员居住地的街道保持联系,多角度了解党员思想生活状态;成立党小组,完善党员组织管理;建立党员微信群,加强日常联系,组织不在岗党员通过网络信息化进行政治学习,做到不在岗党员管理不失控。按照上级党组织要求,做到不在岗党员“双报到”。

(张连永)

【人事服务中心大事记】

1 月 15 日,首钢集团核心人力资源管理信息化项目启动。

1 月,首钢集团原参保单位范围的补充医疗保险缴费比例,从 2018 年 1 月 1 日起由 1.2%调整为 3%。

2 月 13 日,首钢集团领导与离退休老领导就首钢转型发展座谈,靳伟、张功焰、许建国、何巍、梁宗平,老领导罗冰生、赵长白、高伯聪、卢本善、张燕林、李文秀、谢有润、陈廷璋、苏显华、方建一、姜兴宏、王毅、孙伟伟参加。

3月26日，退休人员社会化管理社保平台项目立项，战略发展部颁发《关于成立首钢集团退休人员社会化管理社保平台（独立法人公司）项目立项及可行性研究报告的批复》，为首钢集团全资子公司。

4月24日，石景山区政协副主席刘建国带领社会福利和社会保障界别组委员一行到首钢参观调研，受到集团公司副总经理胡雄光的热情接待。

5月15日，组织首钢集团离休干部开展“畅谈新首钢、感受新变化、共话改革开放新成就”参观首钢园区主题活动，90名离休干部及家属参加活动。

5月16日，在石景山区第28次“全国助残日”活动中，首钢集团因安置残疾人就业工作突出受到表彰。

6月27日，职工保险互助会首钢代办处被北京办事处评为优秀代办处，同时荣获“中国职工保险互助总会先进单位”称号。

7月4日，由中宣部（国新办）委托中国外文局教育培训中心组织实施的援外培训项目，巴勒斯坦公共媒体从业人员研修班学员20余人到首钢参观。

7月23日，经市人社局正式批复“关于首钢集团有限公司京籍农转制职工养老保险的请示”，明确了问题处理意见。

7月25—26日，在2018年全国冶金行业第二期技能鉴定高级考评员培训班上，首钢作为典型代表介绍了在高技能人才队伍建设和技师社会化考评方面的经验和做法。

8月22日，首钢集团党委书记、董事长、总经理张功焰主持召开专题会议，审议通过了核心人力资源管理项目业务蓝图设计方案。

8月23日，市国资委企业改组处调研员余红、人社局劳服中心社会化管理处处长张烈一行到首钢，就退休人员社会化管理工作进行调研和督导检查。

9月28日，人事服务中心与园区管理部签署《离休干部移交管理服务协议书》，园区管理部移交离休干部的生活待遇、政治待遇以及医疗等全部管理和服务工作。

9月28日，人事服务中心完成首钢内退人员基本退养费调整审批和发放工作，涉及北京地区、四地钢铁业21家单位、1348人。

9月28日，人事服务中心按照市国资委安排，组织首钢集团11家相关单位做好职教、幼教退休教师待遇的落实，补贴发放到位。

10月17日，首钢集团领导与离退休老领导进行座谈，共庆重阳佳节，共话首钢发展。首钢集团领导张功焰、何巍、梁宗平参加。

10月24—25日，人事服务中心组织技研院和京唐公司3人，参加国家人社部、中钢协召开的《国家职业技能标准》初审会，对设备点检员、高炉原料工、炼铁工、运转工等四个职业的国家技能标准修订稿进行研商。

11月1日，在人事服务中心协调下，市人社局就业促进处、市社保中心、石景山区人社局同意首钢驻矿单位失业保险以新参统方式进入北京市社保系统，实现五险合一目标。

11月2日，由市委市政府外办、市财政局、市国家安全局等部门组成的“贯彻中央八项规定，治理公款出国旅游专项检查组”一行6人，到首钢调研并对外事审批权进行年检。

12月20日，首钢劳动统计工作会议召开，总结2018年劳动统计工作，布置2018年劳动统计年报、2019年劳动统计定期报表及劳动合同履行情况报表等工作。

（张英明）

资产管理中心

【资产管理中心领导名录】

资产中心主任：卢贵军

（杨明娟）

【综述】 首钢集团有限公司资产管理中心（以下简称“资产管理中心”）是首钢集团有形资产和无形资产的专业管理部门，通过掌握首钢集团资产信息，以资产价值管理为核心，加强资产使用效率分析，深入挖掘资产潜在价值，实现分散式管理到高效集约的转变、事务性管理到价值管理的转变和资产保值增值目标。负责不动产价值管理，首钢集团土地房屋权属处置的专业审核，组织、指导产权登记及权属资料归档管理工作；监督、检查评价首钢集团土地房屋使用、租赁等管理工作；组织首钢集团新增建设用地手续的办理、占地拆迁补偿等工作；组织首钢集团占地拆迁补偿评估结果的审核工作；组织首钢集团总图资料备案管理。资产管理体系建设；提出存量资产管理优化建议或方案、配合提出资产证券化和固定资产投资规划建议或方案；首钢集团资产

信息化系统建设、维护及持续更新;组织首钢集团资产年度盘点;办理首钢集团相关实物资产的验收、转固等工作;首钢集团运营资产实物资产异动、调配调拨、投资租赁等实物核实和审批工作,配合财务共享中心进行资产核算。首钢商标、字号等无形资产管理,收集首钢商标、字号等无形资产数据信息。首钢集团固定资产处置(内部转让、对外转让、报废等)专业管理,包括审核资产处置申请与备案,组织开展资产处置统计与分析,制定资产处置计划方案,配合建立、更新资产评估机构备选库及资产评估评审工作,办理在北京产权交易所上市交易手续;组织首钢集团权属闲置资产处置工作。资产管理中心设不动产管理室、资产运营管理室和资产处置管理室,职工 24 人,其中高级职称 8 人,中级职称 7 人。

(杨明娟)

【管控体系建设】 2018 年,资产管理中心构建首钢集团固定资产过程监测与管理评价分析体系,在固定资产全寿命周期管理体系构建初期四个管理评价指标的基础上,借鉴吸收国内外先进企业资产管理评价经验,参照国有资产管理"一利四率",经过反复研究设置固定资产管控过程监测指标 29 个,制定固定资产全寿命周期管理体系评价标准 107 项,最终形成《首钢集团固定资产管控过程监测与管理评价分析体系构建方案》。

(傅建忠)

【首钢商标保护】 2018 年,资产管理中心推动"首钢"商标国际化,结合首钢北京园区建设,围绕"首钢"主商标,确定 5 大类 134 件全新注册图标并向商标局提出注册申请,全部审核通过。加强首钢商标的双重保护功能,完成"首钢""SG""SHOU GANG"版权证申领工作,实现首钢商标的版权保护。组织"首钢"字号和商标使用协议签订及有偿使用费用收缴。

(傅建忠)

【资产清查】 2018 年,资产管理中心按照"家底常清"原则,组织首钢集团 430 家单位盘点统计年度资产,截至 2018 年底,固定资产账面原值 2936.74 亿元,净值 1969.52 亿元;无形资产账面原值 719.56 亿元,净值 658.69 亿元;土地总面积 14652 万平方米,房屋建筑面积 1530.43 万平方米。此次清查对首钢集团资产使用效能、地域分布、资产类别进行分析,进一步摸清了首钢家底,形成《2018 年首钢集团固定资产及无形资产年度报告》。

(傅建忠)

【疏解整治拆迁腾退】 2018 年,资产管理中心贯彻落实北京市专项行动工作要求,稳妥组织推进"疏解整治促提升"专项工作。9 月完成市国资委挂账治理任务 5 项并完成销账,6 月完成石景山区级挂账违法建设点位治理任务 3 处。完成石景山铸造一区、白庙村外等首钢内部挂账违法建设点位治理 12 处。年内拆除违建面积 1.99 万平方米,收回土地 9.9 万平方米。完成古城东南区一级开发建设项目用地腾退。完成印刷厂长庚医院区域腾退,收回土地 4047 平方米,地上建筑物 5128.35 平方米。东南一级开发建设项目区域内院落腾退完毕。为确保土地开发时序及上市交易,与石景山规划国土分局沟通,会同区不动产登记中心现场查勘,完成第一批 3 个土地证和 19 个房产证注销,为东南区一级开发项目土地上市交易创造条件。推进北京地区占地拆迁补偿,收取北辛安棚户区改造项目土地补偿尾款 7984.55 万元;古城二号路道路工程占地拆迁补偿协议签订,协议补偿费 2178.91 万元。

(王　磊)

【资产处置】 2018 年,资产管理中心围绕首钢"两会"提出的"提升资产质量"要求,以首钢北京园区开发建设、首秦公司搬迁转型资产处置等为重点,提供多种模式的支持服务。服务首秦公司搬迁转型及调结构去产能,推进资产处置,实现停产资产综合价值最大化,提前谋划、提早对接,多次到首秦公司开展业务支持服务,制定《秦皇岛首秦金属材料有限公司资产处置方案》,提升处置过程的整体效率。紧密结合北京园区冬奥开发建设项目,组织对北区高炉、古城东南区域开发等项目报废资产现场核实确认,与有关单位沟通首钢京唐二期利旧、北京园区施工进度情况,协调督促尽快完善资产处置相关手续的办理。夯实资产处置基础管理,推进资产处置规范化、标准化,确保国有资产保值增值,避免国有资产流失,规范首钢集团各单位固定资产处置,编制《首钢集团固定资产处置工作管理规范(试行)》,按照首钢集团资产主要处置方式提供工作流程示意图和参考范本 38 个。完成低效无效资产处置原值 25.47 亿元,净值 5.69 亿元。

(李明霞)

【土地房屋租赁管理】 2018 年,资产管理中心组织修订《首钢集团有限公司土地房屋管理办法》《首钢集团有限公司北京地区土地房屋管理实施细则》。明确各层级的职责,规范业务流程、审批事项及权限,重点规定北京地区出租业态、出租价格及北京园区特殊事项审批流程。制定《首钢集团关于规范北京地区土地房屋出租管理的通知》,严控北京地区土地房屋出租业态,加强安全消防、环保、出租价格管控,实施负面清单、区域指导价格管理,实行动态过程抽查和备案检查。加强规范不动产出租管理,促进不动产综合价值提升。北京地区土地出租单价从 0.17 元/平方米/天提高到 0.19 元/平方米/天,房屋出租单价从 3.25 元/平方米/天提高到 3.75 元/平方米/天,首钢集团土地房屋出租经营年租金收入 5.16 亿元。完成改制企业有偿使用首钢集团土地房屋收费,收取有偿使用费 2675.48 万元,对北京地区重点土地房屋出租项目动态监督核查,督促相关单位加强房屋出租管理,规范工作程序,逐步走向制度化、程序化、规范化。

(王　磊)

【信息化建设】 2018 年,资产管理中心稳步推进资产信息化系统试点上线准备工作,按照统一进度,组织开展资产信息化系统建设与开发工作。完成业务技术蓝图设计,设计系统功能 168 项,外围系统集成 6 个,组织试运行单位共清理数据 29041 项,培训专业人员 96 人,发现并解决相关业务问题,开展系统集成测试,为项目推广阶段数据清理积累经验。

(傅建忠)

行政管理中心

【行政管理中心领导名录】

主　任:韩瑞峰

副主任:陈　波　薛　伟

(董晓明)

【综述】 首钢集团有限公司行政管理中心是集团总部业务支持服务类部门,具有管理与服务双重职能。作为集团总部行政与后勤等专业的职能管理部门,主要承担政府赋予企业的社会管理职能,是行政办公和后勤保障的服务实体,为员工提供生活服务管理。设置三室一部,即行政管理室、档案管理室(档案馆)、生活管理室和保卫武装部(人民武装部、信访处、维稳办,610 办公室)。授权管理北京首钢劳动服务管理中心。在册职工 94 人,其中管理岗位 46 人,操作岗位 48 人。

2018 年,行政管理中心贯彻首钢"两会"精神,牢固树立进取意识、责任意识、机遇意识、危机意识和交账意识,持续推进转型提效,健全管控体系,提升管理能力,提升行政管理服务水平和综合办事效率。加快职工家属区"三供一业"分离移交,推进行政后勤社会化服务;不断完善信访、维稳、武装保卫工作机制,创造安全稳定环境,做好职工后勤生活服务保障,发挥好首钢集团党委关心职工家属生活服务的桥梁纽带作用,不断提升服务满意度,实现服务创造价值。各项工作均有效实施并取得成效。

(董晓明)

【公务用车改革】 2018 年,行政管理中心深入贯彻中央八项规定和中央公务用车改革精神,按照北京市公务用车制度改革领导小组关于公务用车制度改革实施工作有关精神,按市车改办和市国资委的统一部署,进一步强化公务用车的规范化管理,对首钢集团 1098 辆公务用车加装车载信息化终端设备,实现车辆信息化管理。组织各单位对超标车辆逐一分析提出处置意向并对留用的车辆使用制定管理措施,对合标车辆结合业务实际和用车情况整体评估提出核减意见。各单位在 1098 辆公务用车基础上再次取消 245 辆。处置后首钢集团保留公务用车 853 辆,公务用车使用规范化水平和公务用车使用效率得到提升。强化公务用车日常使用的监督管理,组织首钢集团各单位每逢节假日按要求统一封存车辆,并通过首钢集团办公协同平台、微信群上报封存情况,形成节假日公务用车封存的常态化管理。

(陈丹伟、董晓明)

【差旅管理平台构建】 2018 年,行政管理中心巩固扩大首钢集团范围的差旅管理服务体系,打造差旅出行集成管理示范样板。在上年首钢集团 13 个管控部门和 4 个中心差旅平台上线的基础上,不断扩大服务范围,4 月份人才开发院、发展研究院、技术研究院、园区管理部、动力厂上线,实现首钢集团范围内 24 个部门全部上线。在重点做好线上推广的前提下,对暂不具备全流程上线条件的单位通过线上订票、线下结算方式推广,以此方式为 24 家单位提供服务。年内为职工出行服务 13450 人次,差旅金额 1782.5 万元。

(董晓明)

【职工家属区分离移交】 2018 年,行政管理中心按照国务院颁布《关于印发加快剥离国有企业办社会职能

和解决历史遗留问题工作方案的通知》,根据市国资委总体部署,在首钢集团领导高度重视、周密组织下,按照"应交尽交,完整移交"的原则,落实首钢深化改革综合试点工作方案,依据"双百行动"重点工作计划安排,全力推进职工家属区分离移交。在市国资委《市管企业非经营性资产分离移交工作完成情况通报》中予以通报表扬。

首钢北京地区非经营性资产移交。北京地区非经营性资产移交涉及74个小区、750栋、53298户,移交面积394.23万平方米,体量大、范围广、情况复杂,在28家市管一级企业分离移交任务中居首,行政管理中心与房地集团密切配合,协同相关单位实施试点先行,稳步推广,8月底提前实现全部移交市级接收平台(房地集团)。同时结合北京地区非经营性资产分步移交,同步控制相关的生活服务费(有偿服务费)、闭路电视检修维护专项费用支出,对比预算9000.53万元,实际支出6777.72万元,减少相关费用支出2222.81万元。围绕历史遗留的北京地区直管家属区有线电视网络运行维护、用户服务业务及人员问题,与房地集团、歌华有线公司深入沟通协调,2018年11月1日,完成了首钢家属区5万户有线电视网络维护及用户服务业务和16名员工整建制划转房地集团。2018年12月26日,首钢集团协调房地集团与歌华有线公司完成有线电视用户服务及维护协议签订,在维修范围、标准、费用等方面均保持不变。

反复磋商最大限度降低费用推进供水供电移交。根据市国资委部署,首钢北京地区供电、供水业务分别移交国网北京市电力公司和北京市自来水集团专业公司。行政管理中心从企业利益出发,紧抓"三供一业"政策红利,结合家属区实际情况,在市国资委的支持下,与北京市电力公司多次沟通协商,最终与电力公司和房地集团三方签订了《国有企业"三供一业"供电分离移交实施协议》,移交改造费用由最初17.29亿元逐步压减,最终确定为3.7亿元,其中首钢实际承担20%,房地集团承担80%。按照协议要求,行政管理中心组织实业公司、房地集团配合电力公司全面开展家属区4万余户居民电表的更换工作。同步配合经营财务部开展供电资产评估,组织财务共享中心、实业公司等单位开展供电资产清点移交。供水移交中,多次与市自来水集团对首钢家属区供水系统移交召开对接会,就供水移交协议条款及移交的房屋、土地和设备设施等资产及有关办公用房等情况进行沟通、协调,经多次与市国资委请示,首钢集团与自来水集团和北京市房地集团反复沟通协商三方共同认定移交改造费用37266万元(8356元/户),全部由自来水集团承担。11月26日,首钢与市自来水集团最终签订《首钢集团石景山职工家属区供水分离移交协议》,同步开展供水泵站、水源井及管网等自供水设备设施、房屋、土地的现场交接,签订交接清单和人员划转移交接收工作。

妥善安置从业人员。按照北京市移交政策规定,从业人员原则上由移交单位妥善安置,也可由接收单位根据需求,按照"双向选择"的原则接收安置。为保障职工原用工性质不变、收入不降低,与接收单位沟通对接,对原从业人员进行接收,同时各移交相关单位采取多种方式,对移交前全部相关从业人员共计299人妥善安置,确保移交工作的稳定。其中,房地集团、自来水集团接收88人,首钢集团相关单位内部安置94人,退休13人,内退41人,解除合同63人。涉及劳务人员266人,房地集团接收108人。

争取北京市财政支持申领移交综合补助资金。按照北京市财政局对市属国有企业非经营性资产分离移交给予财政补助资金的文件要求,2017年9月8日首钢集团上报市国资委移交测算费用北京地区综合补助费16.5亿元,首钢承担8.25亿元,市财政补助8.25亿元。2018年首钢集团按照家属区非经营性资产移交进度情况,分五批向市国资委申请补助资金6.9亿元,其中2.97亿元已到首钢集团账户。

推进矿业公司家属区移交。首钢矿业公司位于河北省迁安市境内,归北京管辖。其职工家属区分布在滨河村、龙山及水厂三个生活区,共有8个住宅小区,楼房151栋总户数9千多户,总建筑面积59万平方米。家属区物业、供水、供电、供热均由企业承担。为推进矿业公司家属区移交工作,首钢集团五次组织房地集团至矿业公司共同研究制定移交方案。房地集团下属物业公司驻矿两周深入调研后形成接收方案上报市国资委。由于相关政策未出台,市国资委表示待下一步研究后确定接收方式。

推进外埠地区"三供一业"分离移交。协调股权公司、股份公司等单位组织首钢集团12家外埠单位与属地政府对接,按照国务院和属地"三供一业"政策争取政策和资金支持，与“三供一业”接收单位签订移交实施协议，全面开展“三供一业”分离移交。截至2018年底，除迁钢公司正在报首钢集团审批移交协议外，其他单位均已签订“三供一业”移交协议并组织实施移交改造。贵钢公司、通钢公司、秦皇岛板材公司、秦皇岛机械厂、中勘公司、燕郊公司共6家单位全部完成移交；长钢公司、东华公司、长白公司、东星公司共4家单位完成部分实质移交；水钢公司、迁钢公司2家单位尚未移交，正在组织推进。

（毛　波、董晓明）

【行政管理室】 2018年，行政管理室围绕首钢集团化改革和管控体系改革，做好各项行政管理与服务保障，为首钢集团总部和基层单位做好服务，降低各项费用、支出，取得明显成效。提升首钢集团总部大型会议、行政办公、办公用品、办公设备采购、劳保用品等服务能力，保障优化首钢集团总部重大会议、行政办公服务，利用现有行政办公资源，全力支撑首钢集团总部办公服务。

（陈丹伟、董晓明）

【办公用房超标清理】 2018年，行政管理室按照市国资委党委《关于开展企业负责人办公用房面积超标问题专项排查清理工作的通知》要求，组织开展全首钢集团领导人员办公用房面积超标问题专项排查清理，对34家二级企业党委和直管党总支，按照分级管理的原则，严格对照《首钢总公司领导班子成员履职待遇、业务支出管理暂行办法》（首党发〔2015〕182号）、《首钢总公司二级单位负责人履职待遇、业务支出管理暂行办法》（首党发〔2015〕215号）及各单位制定的实施细则中规定的办公用房标准，对首钢集团本部及各级企业L7及以上1636名领导人员办公用房面积超标问题进行专项排查清理，企业党委书记、纪委书记签字确认，做到查有所依。

（陈丹伟、董晓明）

【办公用品印首钢标识】 2018年，行政管理室落实首钢集团公司颁发的《首钢集团品牌形象手册》和要求，定制配备首钢标识的办公用品，阐释企业品牌文化新内涵，体现首钢发展战略新定位，落实集团管控新要求，展示文化首钢新形象，按照首钢LOGO标识制作大型活动用厂旗25面，在首钢集团范围内组织统一定制三种规格信封3万个、信纸0.16万本和四种规格笔记本1.41万本。

（陈丹伟、董晓明）

【总部办公服务】 2018年，行政管理室协调系统优化部、首钢集团信息化项目组，为首钢集团党委成立巡察办机构提供办公用房6间，调配办公家具7套。配合经营财务部项目组配备办公用房、配置办公桌和办公家具50套、办公椅80把、条桌24套。及时修复月季园办公楼一层接待大厅音响和二层大会议室投影仪的修理及更换。完成机关办公区域办公室空调的更新工作，更新空调63台，月季园办公楼空调清洗44台。为人事服务中心、新闻中心办公楼一层制作安装空调罩33个。采购办公家具158件，金额99932元。

（陈丹伟、董晓明）

【机关资产数据清理】 2018年，行政管理室为配合做好资产流程信息化项目建设，组织对首钢集团18个部门（不含三院和财务公司）及9个使用集团公司资产单位进行全面的资产清理。行政管理中心共管理固定资产2380项，资产原值24751.2万元，资产净值13278.9万元。其中，运输工具94项，原值3125万元，净值986.6万元；房屋资产35项，原值7770.5万元，净值6011万元；无形资产17项，原值5340.5万元，净值4966.8万元；办公设备类资产2234项，原值8515.2万元，净值1314.5万元。组织各部门对1499项3269件，原值5462.9222万元，已无使用价值的一般性固定资产经过核查、技术鉴定提出了处置意见。对保留的资产逐一核查填报，为首钢集团资产信息化系统上线作准备。

（陈丹伟、董晓明）

【行政服务保障】 2018年，行政管理室联合北京移动和北京电信为首钢集团领导和机关工作人员办理优惠的集团套餐，下一步计划拓展到北京及河北地区的首钢下属单位。针对首钢北京园区开发后部分办公场所手机信号差的问题与移动公司和电信公司联系加强基站建设，完成首钢陶楼、月季园、办公厅等地区的基站建设。组织完成无线电管理缴费，办理办公厅10台对讲机退运及首欣物业公司200兆赫频率供水数传系统的退运相关手续。完成首钢集团机要文件交换758件。

（陈丹伟、董晓明）

【社会职能工作】 2018年，行政管理室理顺分析承接政府职能的各项业务，对献血、计划生育、爱国卫生、红十字等专业工作采取整合专业管理、突出协调管控职责。部署完成献血工作,行政管理中心被评为"2016—2017年度首都无偿献血工作先进集体",首钢国际工程公司陈振华被评为"2016—2017年度首都无偿献血工作先进个人"。年内组织各单位献血10次,完成献血700单位即14万毫升,为首钢集团5名职工家属协调解决临床用血:红细胞2200毫升、血小板800毫升。为基层单位办理独生子女父母年老时一次性奖励审核等手续271人。组织完成区计划生育专业年度报表,下发计生文件汇编和年度计生药具。完成北京市、石景山区、中钢协绿化委下达各项绿化工作任务,开展绿化先进单位和"全国绿化奖章"评选推荐,推荐京唐公司参加"全国绿化模范单位"评选,绿化公司王建忠参加全国绿化奖章评选,推荐矿业公司为首都全民义务植树先进单位。组织开展2018年首都义务植树日首钢植树活动,审核、审批首钢厂区各项目绿化移植手续。

(陈丹伟、董晓明)

【客车队服务】 2018年,行政管理室强化车队管理,确保集团总部用车服务和行车车辆安全。开展百日"安全无事故,服务无差错"劳动竞赛,坚持以"安全第一,服务至上"为原则,以"遵章守制、落实责任、从严管理、明确标准"为重点,以"全面提升管理水平,提高全员安全意识、服务意识,消除事故隐患,杜绝不文明行为,实现安全行车无事故、服务无差错"为目标,营造更加安全、畅通、和谐、稳定的工作环境。组织"讲安全促服务"交流会3次,职工进行交流15人。针对车队行车任务大幅增加的实际,修订完善《车队考核管理办法》加强对长途行车安全教育,加大考核力度,拉大奖励差距,充分调动职工工作热情。年内客车队行驶总里程达到176.8万公里,未出现任何安全事故,其中执行长途行车任务308次,长途天数688天,长途行驶总里程26.8万公里,服务满意率100%。

(陈丹伟、董晓明)

【档案管理室】 2018年,行政管理中心档案管理室(原首钢档案馆)完善档案管理规章制度、推进档案信息化建设、开发利用档案信息资源,全面为企业发展做好服务。

(武志辉)

【档案制度管理】 2018年,档案管理室按照首钢集团总体要求,组织专业人员学习研读国家、北京市有关规定标准,了解、学习先进大型企业档案管理办法,掌握集团相关文件,修订完善《首钢集团有限公司档案管理办法》,并向首钢集团总部部门及成员单位征求意见。2018年11月,《首钢集团有限公司档案管理办法》经首钢集团经理办公会议审议通过并下发执行。

(武志辉)

【档案收集保管】 2018年,档案管理室全面完成首钢集团总部文件的收集归档。工作人员加强与首钢集团总部机关的沟通、指导,深入现场宣传档案归档范围,做好文件的收集、归档,完成机关文件归档8959件。加强档案安全防护工作,做好档案安全设备设施检查工作,确保档案安全设备设施安全有效运行。完成档案馆内部消防应急设置、楼顶避雷设施的安装工作和档案馆监控设备更新升级施工工作。

(武志辉)

【档案利用与编研】 2018年,档案管理室开展档案提供利用,为首钢集团各部门做好服务,完成290个单位,3885件/卷/张文书、报纸、专利、照片档案等查询利用工作,重点为"首钢系列丛书"编写查询档案、首钢博物馆筹备做好服务,满意率100%。2018年3月,在国家档案局举行的档案利用优秀案例表彰会上,《首钢档案今昔》宣传刊物获得国家档案局开展的全国企业档案资源开发利用优秀案例评选三等奖。为迎接首钢建厂100周年庆典,完成首钢宣传部组织的"百年首钢系列丛书"《首钢档案馆:守护历史传承文化》文章编写上报。通过查阅、走访、座谈等形式,深度挖掘档案信息,开展档案信息开发,编辑《百年首钢代代工匠》宣传册,共计1.2万字,宣传工匠精神,弘扬首钢文化。

(武志辉)

【档案信息化管理】 2018年5月,档案管理室加快推进档案信息化建设,组织完成《首钢集团历史档案数字化》项目招投标工作,按计划分别对"石钢报"、"专题档案"和"文书档案(2000—2017年)"进行数字化扫描加工,截至2018年底,完成扫描140万页。推进首钢实业公司、首建投公司档案信息化建设,完成首钢集团电子档案系统试点推广,促进档案信息共享工作的开展。

(武志辉)

【档案管理培训】 2018年,档案管理室做好对首钢基层单位档案专业培训工作,为首钢集团北京地区档案人员和首建公司开展档案管理基础知识、档案收集保护利用、数字档案室建设等方面培训讲座4次。组织档案人员参加北京市档案局举办的建设项目、岗位知识、数字档案馆建设、档案信息工作、档案科研工作、兼职教师等培训，进一步提升档案人员的业务素质。丰富档案业务指导方式，组织长治公司、基金公司、体育文化公司、首控公司等单位档案人员到首钢档案馆参观学习，进行现场指导，提高档案人员实际操作能力。

（武志辉）

【上级监督与行业交流】 2018 年 3 月，北京市档案局副巡视员郭飞到首钢进行检查、调研，首钢集团领导胡雄光参加接待。档案管理室汇报了首钢档案工作情况，郭飞介绍了北京市档案馆新馆和数字档案馆建设情况，对首钢档案信息化、档案编研工作提出建设性意见。开展档案学会活动，参加北京市档案学会组织专业委员会活动，到北京市档案馆、同方知网、国家大剧院等单位参观档案工作，开展交流学习，扩展专业人员的专业视野。

（武志辉）

【生活管理室】 行政管理中心生活管理室负责制定首钢住房制度改革相关政策，首钢职工住房分配及出售方案的制定、立项报批和组织实施，审批自管房单位房改售房方案，指导和协调一业多地单位开展房管、房改工作，首钢公有住房租金管理和租金减免审批工作。负责生活类土地、房屋、设备设施等资产管理，首钢家属区房屋建筑及设备设施大修改造福措工程管理，家属区物业服务、单身宿舍服务监督管理，制定首钢厂区职工餐饮、浴室、通勤班车管理办法，对服务单位的服务质量等情况监督、检查、考核和评比。负责制定首钢集团供暖费报销制度，指导各单位开展供暖费报销工作，首钢集团总部部门供暖费报销审核。负责食品卫生安全、饮用水卫生、各类公共场所卫生管理，家属区有线电视网络运行维护。

（毛 波、翟 艳）

【福措项目】 2018 年，生活管理室落实首钢集团对职工家属办实事项目。结合"三供一业"移交工作，抓好北京地区首钢家属区过渡期大修福措改造项目，首钢集团批复资金 2870 万元，实际发生 1336.08 万元，完成电梯更新、防水大修、板缝修漏、综合治理、电气大修 5 个项目立项、招标、施工及竣工验收。

（杨星奎）

【生活服务】 2018 年，生活管理室做好职工就餐卡管理，发放职工工作餐补助 4.3 万人次，1082.23 万元，新办、补办就餐卡 772 张，处理工作餐刷卡系统故障 11 次，处理充值问题及就餐卡故障 391 次。完成总部 22 个部门职工工作餐消费金额的报销及支付工作。定期开展职工食堂供餐服务检查，持续提升服务水平。根据园区开发需要，关停北区浴室并做好职工洗浴分流工作。定期检查职工通勤班车服务情况，年内出车 16.4 万车次，安全运送职工 798 万人次。做好首钢家属区有线电视用户维护检修工作，处理用户任务 21509 个、外线故障 185 起、光机排噪 22 起；定期开展网络线路、光机、放大器的信号检查，及时处理各类问题；落实重大节假日期间线路巡查，强化有线电视安全、网络安全稳定运行，防止"法轮功"等不法分子破坏；定期开展四个分中心机房及休息室用电、防火安全检查，排除各种安全隐患。

（董林迎、张道胜）

【房管房改工作】 2018 年，生活管理室办理职工房改购房、标准价改成本价等房改业务 325 户，其中新出售（租改购、农转居售房）11 户，标准价改按成本价售房 116 户；办理信息变更 22 户，其中产权人信息变更 16 户，承租人变更 5 户；办理个人不动产权证书 45 户，发放不动产权证书 85 本（含往年办理的）；办理房改档案借阅 105 人次，其中出具证明材料 91 人次，配合公检法调阅 14 人次。审批 3 家自管房单位上报的房改售房方案；完成 2018 年度家属区公有住房租金减免审批工作，48 户困难家庭享受租金减免政策，减免租金 5816.89 元。完成 2018—2019 年度首钢集团总部 21 家单位 537 人次职工供暖费审核报销，审批报销金额 109.06 万元。

（李燕红、李晓波、陈 磊）

【公共卫生管理】 2018 年，生活管理室组织开展"春季食品卫生达标"活动，首钢集团北京及河北地区 110 家食品经营单位，83 家被评为红旗单位，27 家通过达标验收。按照《食品安全法》及相关规定要求，制定食品安全工作方案，为首钢集团各类重大活动及会议期间食品卫生安全提供保障。对首钢新建、改建、扩建的食堂、酒店公寓、高位蓄水池等进行预防性卫生审查，对首钢绥中疗养院开园前的公共卫生工作进行监督检查。首钢集团被评为"2018 年度石景山区食品药品行业联盟优秀理事单位"。

（宋立宁）

【保卫武装部】 行政管理中心保卫武装部是首钢保卫

及武装工作管理职能部门，主要负责首钢集团保卫、人民武装、人民防空、双拥等专业管理工作，制定专业管理制度、工作计划和措施；负责治安防范管理、交通安全管理、搜集掌握社情动态和不稳定因素等信息、专业检查等重大事项。人民武装部是首钢民兵、预备役部队、人民防空工作职能管理机构。维稳办、信访处与保卫武装部合署办公，是首钢信访维稳主管部门，负责首钢集团信访管理，承担集团公司信访维稳工作领导小组办公室日常管理职能。

（马长江）

【治安管理】 2018年，保卫武装部治安工作坚持以预防为主、群防群治、综合治理工作为中心，充分发挥人防、物防、技防的“三位一体”的防控体系，一类技防设施到位率100%，二类技防设施到位率80%。结合不同时期、不同季节的特点，对首钢集团内部重点部位、易发案部位、公共场所深入开展治安防范大检查6次，抽查单位8家，检查部位28处。逐一对精神病患者20人及重点人员制定切实可行的监护措施，密切掌握每个人的病情、动向，与重点人员居住地所在的派出所取得联系，以确保不发生闹事的事件。组织各单位加强防范工作力度，确保全国“两会”、中非论坛和法定节假日期间首钢集团治安稳定。

（张俊卿）

【国家安全人防体系】 2018年，保卫武装部进一步建立健全首钢集团国家安全人民防线组织体系，推动首钢各级党委切实增强“四个意识”，以首善标准承担维护国家安全的主体责任。修订《首钢集团国家安全人民防线建设小组工作规定》办法并颁发执行。以“4·15”国家安全教育日为契机，通过首钢电视台、报刊、内网、电子屏、宣传栏等载体宣传《中华人民共和国国家安全法》《中华人民共和国反间谍法》《中华人民共和国反国家分裂法》等法规，并开展安全教育和演练活动，提高广大干部职工国家安全意识。对临时出国（境）团组、人员和长期驻外人员以及涉外人员到首钢，实行强化日常管理和管控。

（张俊卿）

【绿色出行效能监管】 2018年，保卫武装部充分利用首钢微信平台、报纸和首钢OA办公平台等载体，开展“全市安全隐患大排查、大清理、大整治”专项行动和“12·2”全国交通安全宣传日为主题的宣传教育。召开交通安全例会12次，组织讲授交通安全课5场次，配合所属单位组织驾驶员法规培训5期，“一业四地”各单位组织播放交通安全录像、视频20场次，受教育人数8600人次；组织各单位进行交通事故展板和交通安全漫画展板巡展3次，组织交通安全管理干部业务提升班专项培训1次，印发各种宣传材料3500份，引导干部职工遵规守法，文明出行，安全驾驶。结合市交管局“三大”专项整治行动，深入开展“一牌、两闯、三乱”（涉牌、闯禁行、闯红灯、乱停、乱行、乱放）6类违法行为排查整改，组织抽查重点运输单位8个，核验专业基础台账7种，抽考专职司机30人，查出隐患20余处、管理漏洞9处，通过复查和回头看，落实整改29处。年内首钢集团及所属单位无重大责任死亡事故，违法率比上年减少4.9%。

（张俊卿）

【国防后备力量政治建设】 2018年，保卫武装部把党管武装在首钢实现具体化。党委书记或副书记担任集团的武装各项专业工作的领导小组组长或副组长；集团党委副书记主管武装工作；党委不仅管政治建设方向，而且管政治教育的具体内容与实施办法；基层党委书记是武装工作的第一责任人，每年进行一次党管武装述职，武装工作资料报表由党委书记签认。把“听党指挥”作为国防后备力量建设的首要，组织开展“传承红色基因、弘扬优良传统”主题教育，把订刊用刊落到实处，自编并发表《国防教育》，每半个月发刊一期。对民兵预备役官兵、应征青年及家庭进行审查。

（马长江）

【国防后备力量组织建设】 2018年，保卫武装部在对适龄人员调查摸底的基础上，组织民兵、预备役开展历时三个月的整组工作，召开整组部署、培训会，下达整组任务，就整组专业性内容、程序、方法、标准专门讲解、传授和问题答疑。准确实操人员的选拔、纳编、入队政治审查、信息登记填报、完善花名册、照片采集等业务工作，达到姓名、住址、职业、联系电话、活动地点、编组单位和负责人“七个清楚”。调整预任军官26人，预备役纳编584人（预任军官39人、预任士兵545人），其中党团员占72.9%，大专以上文化占72.71%，复转军人占46.37%，专业对口率96.95%。基干民兵纳编485人，党团员占72.78%，大专以上文化占70.72%，复转军人占38.35%，平均年龄31.6岁。民兵预备役政治审查合格率100%,实现满编满员,一兵一职无交叉。

（马长江）

【国防教育】 2018年,保卫武装部自编并发表《国防教育》,探究国防教育理论,传播国防基本知识,年内共发政治教育课件12期、理论学习课件12期,发刊24期共39.876万字,图片555幅,阅览1.16万余人,同时平台公司进行局域网和门户网站转发,扩大受众面,受到卫戍区专检好评和石景山区国教办肯定。

（马长江）

【双拥活动】 2018年,保卫武装部"春节""八一"分别开展双拥月活动。形成"春节"部队来首钢、"八一"首钢去部队的互访模式。组织慰问组63个,入户走访烈军属、优抚对象286户,慰问品价值33.3万余元,举办复转军人的座谈会等活动66场次,参加434人。

（张 燕）

【兵役工作】 2018年2—6月,保卫武装部组织开展兵役登记工作。建立兵役登记站43个,抽调兵役登记工作人员73人。首钢18—22岁适龄青年148人,登记率100%。办理《北京市兵役证》65本,并于6月初发放到本人。6—9月,开展夏秋季征兵工作。适龄青年96人分两批上站体检,征兵政治考核45人,获得材料168份。体检政审双合格预定兵员39人参加5天役前教育封闭训练。首钢32名适龄青年被批准入伍,超额完成征兵计划9人。

（马长江）

【军事训练工作】 2018年,保卫武装部通过军事训练培养职工良好精神风貌和过硬的军事素质。对首钢青年干部特训班学员73人开展为期10天驻训,进行单个军人队列动作、擒敌拳、分列式等科目训练。从10个单位抽调队员20人参加为期一个月的预备役双35高炮训练。组织12个单位的民兵骨干40人开展应急训练15天,参训人员掌握单兵动作、盾棍术、防暴战斗队形、人员救护、应急救援、应急设备操控等;部分骨干完成轻武器实弹射击考核。对在册民兵武器装备的技术参数"数、质、量"情况检查、核对,附件、训练器材清点及归整如期完成,达到账物相符,完好率100%。

（齐 记）

【防汛工作】 2018年,保卫武装部组织对驻区16个单位调研走访,摸清底数基数;筹划任务调整方案;组建两个民兵防汛抢险梯队1015人,其中民兵第一梯队340人(35岁以下)、二梯队675人。组建由16个单位、专业员16人组成联络员队伍。针对永定河防洪抢险预案进行修订完善,将首钢承包永定河3475米堤坝划分为14个防守地段,配备36个任务单位梯队编成,在永定河大堤上召开现场会,参照任务分工、集结路线和防汛方案,逐一部署安排工作,逐一划定任务区域,逐一现场受理任务,逐一确立集结地点,逐一更新责任区段标识牌。组织民兵维护保养闸门,清理闸区废物和卫生环境,确保闸门关启畅通无阻。

（张俊卿）

【人民防空管理】 2018年,保卫武装部实施警报器维检规范化管理,在定检维护基础上,组织防空警报器各设点单位的专职维护人员参加上级专业培训,与石景山区民防局签订年度责任书,确保警报器及其配属设施工作状态、性能良好,完好率100%。与市民防局工程管理处沟通老山家属区人防工程移交所需手续及办理方式,协调石景山区民防局工程科与市国资委下属房地集团办理衔接手续。开展首钢地区在用人防工程春季防火大检查,分别对老山、苹果园、金顶街及特钢公司家属区在用地下车库进行防火安全检查工作。对人防工程使用管理单位督导,分别到金顶街、苹果园、老山地区安全隐患排查,对车库安装电动车充电桩等问题责令整改,并进行再次回访,确保使用安全。出重拳查违治乱,两次对老古城大楼9栋地下室勘查取证,对承租人在未取得任何改造许可,私自对人防工程顶板部分拆除作业的行为,依法约谈调查并罚款1万元,责令立即恢复原状。对救援车辆、设备落实维护保养,达到性能良好。

（张 燕）

【信访维稳工作】 2018年,首钢集团以"法制建设年"为工作主线,坚持依法依规处理信访问题,提升法制化工作水平。年内处理信访总量1296件次。对重点矛盾纠纷落实领导包案和多元化解机制,迁安矿区退休职工诉求北京户口问题、首钢家属区铸造村14号楼质量问题、京籍农合工社保养老保险问题均取得实质性进展,其他重点矛盾纠纷得到有效管控,确保首钢安全稳定。首钢集团被市国资委评为2018年度矛盾纠纷排查化解工作先进单位。

（张 丽）

【信息化建设】 2018年,首钢集团进一步推进信访工作规范化、信息化、法制化建设,以网上信访信息系统为

载体，加强信访办理全过程管理，提升信访办理效率，信访办理质量走在市属国有企业前列。

（张　丽）

【荣誉称号】 2018 年，首钢集团荣获年度北京市国家安全先进集体、北京市交通安全先进单位、北京市交通安全优秀系统、石景山区征兵工作先进单位等荣誉称号。

（马长江）

【行政管理中心大事记】

3 月 2 日，首钢集团召开全国“两会”期间信访维稳工作协调会。

3 月 9 日，首钢集团召开 2018 年信访维稳工作会议，总结部署信访维稳工作。

5 月 30 日，首钢集团召开北京冬奥重要活动期间重点矛盾纠纷协调会，安排布置冬奥重要活动期间的安全稳定工作。

7 月 13 日，北京市信访办牵头组织迁安矿区退休职工诉求北京户口问题答复会，明确“落实八项待遇”的最终解决方案。

7 月 13 日—8 月 19 日，石景山区联合首钢集团设立暑假北戴河前置查控组，确保石景山区、首钢集团非访人员“零参与”工作目标。

7 月 26—27 日，首钢集团维稳办、信访处与人才开发院联合举办 2018 年信访干部培训班。

8 月 21 日，北京市国资委到首钢集团开展信访维稳安全运营工作第二节点督导检查。

8 月 28 日，首钢集团召开中非合作论坛期间重点矛盾纠纷协调会。

12 月，维稳办、信访处组织 2018 年度信访维稳工作督查督导，落实目标考核。

（张　丽）

财务有限公司

【财务有限公司领导名录】

董事长：邹立宾（3 月离任）　王洪军（3 月任职）

总经理：姜在国

副总经理：朱　挺　张　帆

财务总监：王群英

支部书记：王群英（10 月离职）

吴　岩（10 月任职）

工会主席：王群英

（王树岗）

【综述】 首钢集团财务有限公司（以下简称“首钢财务公司”）位于石景山区古城路 36 号院 1 号楼，于 2015 年 6 月经中国银行监督管理委员会批准设立，是由首钢集团有限公司、北京首钢建设投资有限公司出资设立的非银行金融机构。初期注册资本金 20 亿元人民币，经过 2016 年、2017 年两次股东增资后，现注册资本为 100 亿元人民币。实行独立核算、自主经营、自负盈亏。按金融监管要求，设立股东会、董事会、监事会，实行董事会领导下的总经理负责制，建立“三会一层（经营管理层）”的法人治理结构和内控体系，董事会下设风险控制、审计两个专业委员会以及公司业务一部、公司业务二部、国际业务部、结算业务部、风险管理部、计划财务部、信息管理部、审计稽核部、综合管理部、党群工作部十个职能部门。截至 2018 年 12 月，在册员工 57 人，其中本科以上学历 55 人，中、高级职称以上 25 人。

财务公司秉承“依托首钢、立足服务、助推转型、发挥引领、合规经营、稳健发展”的宗旨，以持续提高首钢集团资金集中管理水平为发展核心，以依托首钢、立足首钢、服务首钢为发展动力，以合规经营、稳健发展为发展准则，构建首钢集团“资金归集平台、资金结算平台、资金监控平台、金融服务平台”，助推首钢转型发展，配合首钢战略实施，提升首钢资本运营、风险防控以及资金管控能力。

（王树岗）

【资金集中】 2018 年，首钢财务公司做实做细账户管理，加大账户管理力度，明确客户经理职责分工，盯人盯户逐户清理，加强直连银行账户授权、非授权银行账户流水填报等管理。严格开户准入、资格审核，动态化跟踪、核实成员单位股权变动等重要情况并及时处理，跟进新开立账户 116 户并全部纳入管理范围，累计完成账户授权 99 户、账户清理 221 户。人民币结算存款日均余额达 265 亿元，同比增加 62 亿元，全口径资金归集率提升到 56%。

（王树岗）

【外汇业务】 2018 年，首钢财务公司提高外汇资金收益，以让利成员单位。归集 3.38 亿美元，办理成员单位定期存款 29.28 亿美元，实现利息收入 216 万美元。外汇活期存款利率较银行挂牌利率上浮100%,定期存款利率上浮2—20倍。成立国际业务部服务首钢集团的金融需求。完成首笔境外资金归集1.15亿美元,运用该笔存款向首钢集团发放1.15亿美元自营贷款,实现境内外资金融通。有序开展境外资金管理机构筹备工作,并已具备境外资金归集管理条件。

(王树岗)

【票据业务】 2018年,首钢财务公司完成成员单位电票账户开立240户,打通票据回款通道,完成首钢集团内票据兑换近3亿元。持续推动承兑业务,打响首钢财票品牌,承兑228.9亿元,开展押票开票业务39.4亿元,保证金利率上浮40%以吸引票据置换,让利成员单位、推动资金归集。完成与人民银行ECDS电票系统和上海票据交易所系统直连,开通纸电票系统融合直连并正式上线运行票据管理系统,平稳过渡票交新政。

(王树岗)

【服务实体】 2018年,首钢财务公司开展同业合作,拓展融资渠道,获得同业授信33家,授信额度324.65亿元,实现同业票据保贴金额45.86亿元,票据质押融资1.31亿元;办理同业拆借58亿元,实现净收益180万元;办理再贴现业务26笔,筹集低成本资金14.95亿元。提供资金支持,降低成员单位财务成本,提供成员单位贷款余额334.94亿元,办理委托贷款余额193.84亿元,办理票据贴现122亿元,累计开具保函3.95亿元。按"一户一策"制定优惠让利方案,为成员单位节省财务费用10.21亿元。

(王树岗)

【风险管理控制】 2018年,首钢财务公司夯实风控体系建设,完成业务规范手册与风控手册双更新;建成风控监测预警系统,提高风险监测和预警的速度和精度;贴合成员单位实际情况,修订优化现行集团客户的信用评级模型;加强贷款后续管理,质量审核严控到位;持续组织制度修编和整理,建立有效制度保障。将审计日常稽核、专项审计与绩效考核审计相结合,梳理业务操作流程的薄弱环节和关键风险点,督促落实整改,发挥风险防范"第三道防线"作用。

(王树岗)

【信息化建设】 2018年,首钢财务公司完成同城数据级灾备中心建设,实现核心业务系统的同城数据备份,确保业务连续及数据安全。开展终端安全管理系统搭建,部署安全策略10项,完成终端电脑注册95台,加强安全管理、提高运维效率。建设功能优化信贷、结算、网银等重点业务模块,增强系统操作便利和安全。取得北京公安局网监部门颁发的信息安全等级保护备案证明,构建常态化的风险识别、监测和管控机制。

(王树岗)

【企业文化建设】 2018年,首钢财务公司关注员工诉求,完善健身场所和装备,组织成立篮球、羽毛球、乒乓球等兴趣小组;搭建学习平台,借助政府资源开设"我的阅读"书屋,促进员工岗位学习;利用业余时间组织职工菜地开垦行动,营造"家"的集体文化氛围。建立周培训机制,坚持内部业务骨干学习交流与外请专家能手授课相结合的形式,举办各类培训讲座38次,提升全员素养和能力,促进各项业务开展。

(王树岗)

钢　铁　业

◎责任编辑：车宏卿

北京首钢股份有限公司

【首钢股份领导名录】

1. 董事、监事和高级管理人员

姓　名	职　务	任职状态	性　别	任期起始日期	任期终止日期
赵民革	董事长	现任	男	2013年5月16日	2019年6月21日
刘建辉	董事	现任	男	2014年9月19日	2019年6月21日
邱银富	董事	现任	男	2014年9月19日	2019年6月21日
李　明	董事	现任	男	2017年12月26日	2019年6月21日
唐　荻	独立董事	现任	男	2014年6月27日	2019年6月21日
尹　田	独立董事	现任	男	2016年1月7日	2019年6月21日
张　斌	独立董事	现任	男	2014年9月19日	2019年6月21日
叶　林	独立董事	现任	男	2017年12月26日	2019年6月21日
杨贵鹏	独立董事	现任	男	2016年1月7日	2019年6月21日
许建国	监事会主席	现任	男	2014年9月19日	2019年6月21日
王志安	职工代表监事	现任	男	2014年9月19日	2019年6月21日
郭丽燕	监事	现任	女	2016年1月7日	2019年6月21日
崔爱民	职工代表监事	现任	女	2014年9月19日	2019年6月21日
刘建辉	总经理	现任	男	2014年8月29日	2019年6月21日
李　明	副总经理	现任	男	2015年1月27日	2019年6月21日
李百征	总会计师	现任	男	2015年10月28日	2019年6月21日
孙茂林	副总经理	现任	男	2017年10月25日	2019年6月21日
李景超	副总经理	现任	男	2017年10月25日	2019年6月21日
陈　益	董事会秘书	现任	男	2015年8月26日	2019年6月21日

2. 公司董事、监事、高级管理人员变动情况

姓　名	担任职务	类　型	日　期	原　因
王相禹	董事	离任	2018年12月28日	因工作调动主动离职
王相禹	副总经理	离任	2018年12月28日	因工作调动主动离职

（许　凡）

【综述】 北京首钢股份有限公司（以下简称“首钢股份”）是由首钢总公司独家发起，以社会募集方式设立，在深圳证券交易所上市的股份有限公司。1999年10月15日，经北京市工商行政管理局核准，首钢股份正式设立。12月16日，首钢股份（000959）股票在深圳证券交易所上市。2010年底公司位于石景山区的钢铁主流程停产。2013年1月16日，中国证监会重组委审核通过与首钢总公司进行的“北京首钢股份有限公司重大

资产置换及发行股份购买资产暨关联交易报告书”。2014 年 1 月 29 日，首钢股份收到中国证券监督管理委员会《关于核准北京首钢股份有限公司重大资产重组及向首钢总公司发行股份购买资产的批复》文件。2014 年 4 月 25 日，重组工作完成。2015 年 4 月 23 日，首钢股份公司股票停牌，启动重大资产置换。置换方案主要内容：以贵州投资 100%的股权置换京唐钢铁 51%股权，不足部分以现金形式补足。2015 年底，重大资产置换交割完成。2016 年 4 月，京唐公司完成董事会改选及章程修订，首钢股份具备合并其会计报表的条件，重大资产置换完成。

北京首钢股份有限公司建立股东大会、董事会、监事会的法人治理结构，现设有董事会秘书室（投资者关系管理部）、办公室（党委办公室）、运营规划部、制造部（技术中心）、设备部、计财部、人力资源部（党委组织部）、安全部、智能化应用部、技改工程部、保卫武装部、党群工作部、工会、纪委（监察部）、审计部、能源部、环境保护部、营销中心、采购中心和系统创新部等职能部门。拥有首钢股份迁安会议中心有限公司、首钢京唐钢铁联合有限责任公司、北京首钢冷轧薄板有限公司、首钢智新迁安电磁材料有限公司等四家重要子公司。2018 年是首钢股份公司全资产运营的大考之年。全体干部职工坚定保生存、求发展战略定力，持续改革创新，克服环保限产加剧、固定费用增加等重重困难，实现经营业绩大幅提升，在高质量发展新征程中迈出坚实步伐。

（魏　伟）

【组织机构图】

北京首钢股份有限公司机构图

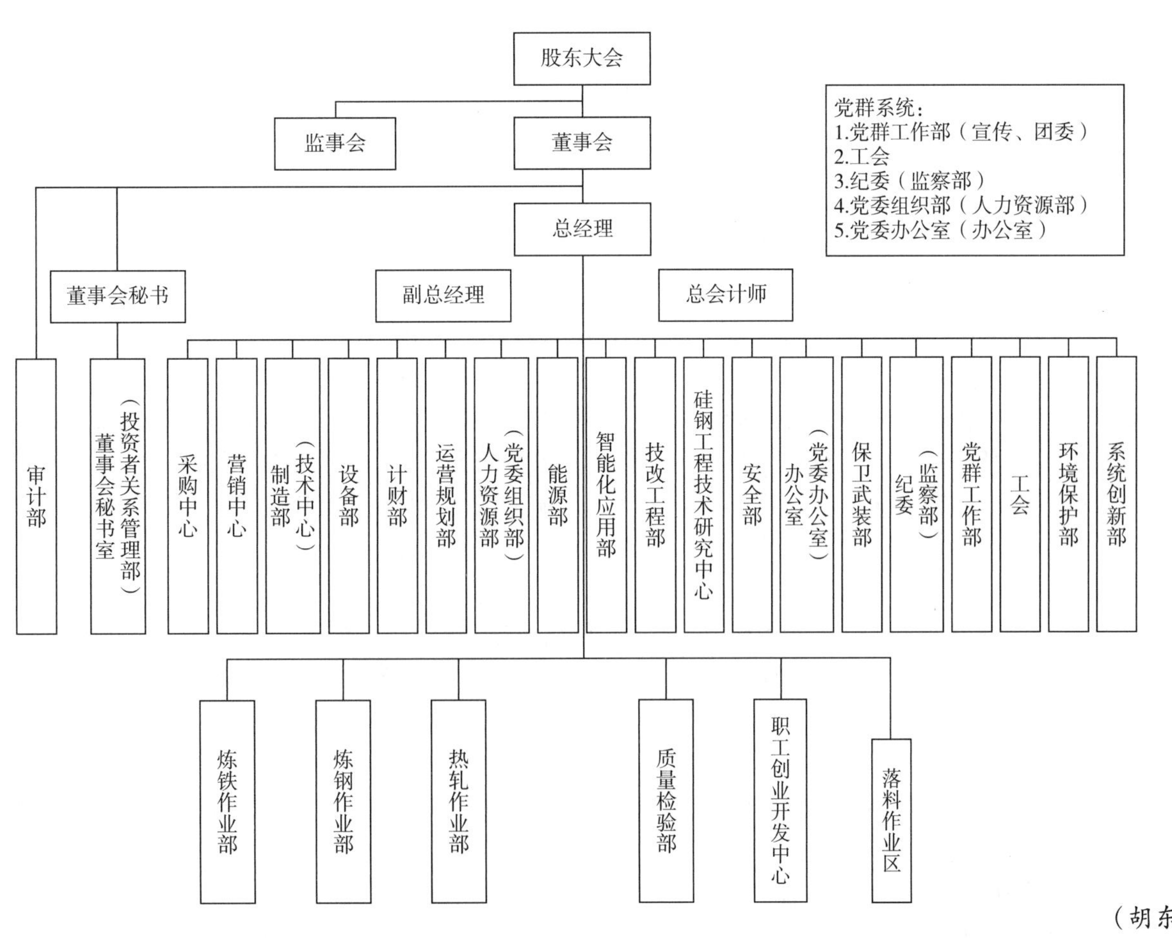

（胡东阳）

【主要指标】 2018 年,北京首钢股份有限公司(含京唐)营业收入 657.78 亿元,利润总额 31.60 亿元,其中,首钢股份迁安基地和顺义基地(以下简称“迁顺”)利润 12.10 亿元。产铁 1443 万吨、钢 1555 万吨、商品材 1512 万吨。汽车板、电工钢、镀锡板三大战略产品量质齐升,分别为 316 万吨、160 万吨和 47 万吨。吨钢综合能耗 616 千克标煤。其中,迁顺完成 600 千克标煤,比年度目标下降 29 千克标煤。

(吕 迪)

【重要会议】

1 月 9 日,首钢股份召开安全生产大会。

1 月 11 日,首钢股份召开北京首钢股份有限公司联合监督检查整改工作通报会。

1 月 24 日,北京首钢股份有限公司迁安钢铁公司生活小区不动产权证书发放仪式隆重举行。

1 月 25 日,中共北京首钢股份有限公司委员会(扩大)会议在首钢迁安会议中心隆重开幕。

1 月 26 日,首钢股份公司召开第一届职工代表大会第三次会议。

2 月 5 日,首钢钢铁业“一业四地”2018 年春节联欢晚会隆重举行。

2 月 27 日,首钢股份召开六届五次董事会。

3 月 8 日,首钢股份召开 2017 年度北京市“三八”红旗集体、“巾帼”标兵、“巾帼”标兵岗、先进女职工干部和幸福家庭表彰大会。

3 月 22 日,首钢股份召开纪念迁钢工程开工建设十五周年暨 2018 年技改项目动员大会。

3 月 28 日,首钢股份召开六届六次董事会。

4 月 9 日,首钢股份召开“首钢杯”第九届全国钢铁行业职业技能竞赛筹备启动会。

4 月 13 日,首钢股份召开首钢钢铁板块一季度经营活动分析会。

4 月 26 日,首钢股份召开“五一”表彰大会。

4 月 27 日,首钢股份召开六届七次董事会。

5 月 13 日,“首钢杯”第九届全国钢铁行业职业技能竞赛选手现场考察全体领队会议隆重召开。

6 月 2 日,首钢股份召开“双百万”特高压大容量变压器用高磁感取向硅钢产品鉴定会。

6 月 12 日,首钢股份召开 2017 年度股东大会。

7 月 4 日,首钢股份召开庆祝建党 97 周年暨创先争优表彰、高层级职务人员聘任暨创新工作室授牌大会。

10 月 15 日,2018 年首钢股份青年骨干培训班开学典礼。

9 月 15 日,第九届“首钢杯”全国钢铁行业职业技能竞赛开幕式。

9 月 16 日,第三届全国钢铁行业“新知识、新技术、新理念”高峰论坛举行。

9 月 19 日,“首钢杯”第九届全国钢铁行业职业技能竞赛闭幕式。

10 月 22 日,首钢股份召开首钢钢铁板块 1—9 月份经济活动分析会。

10 月 25 日,首钢股份召开 2018 年首钢汽车用钢技术论坛。

11 月 22 日,首钢股份召开 2018 年首钢取向电工钢用户技术研讨会。

12 月 4 日,“全国炼钢厂厂长百人论坛”第一次全体会议隆重召开。

12 月 7 日,首钢股份召开六届八次董事会。

12 月 13 日,首钢股份召开精品制造。芯动未来——2018 年首钢无取向电工钢用户技术研讨会。

(包建蕾)

【专利技术及科技成果】 2018 年,首钢股份获得专利授权 94 项,其中发明专利 32 项,实用新型 62 项;专利受理 142 项,其中发明专利 71 项,实用新型 71 项。2018 年 24 项科技成果通过首钢科技成果验收评价,其中“1000kV 特高压用取向硅钢研发及产业化”等 5 项科技成果获得一等奖;“环保限产形势下保高炉顺稳达产技术研究”等 6 项科技成果获得二等奖;“首钢股份脱硫渣铁转炉资源化利用技术开发”等 13 项科技成果获得三等奖。

(陆 晔、张卫东)

【推进精益 JIET 管理】 2018 年,首钢股份启动精益 JIET 管理,以炼钢、热轧、智新电磁为试点成立生产拉动、经营拉动项目部,重点开展降低板坯库存、提高热装热送比例、提升连退一区生产效率等工作。引入阿米巴经营核算管理,建立 16 个阿米巴,制定 26 类 106 项经营会计项目,实施 30 个攻关焦点课题、55 个快速改善项目,产生经济效益 6608 万元。

(霍有亮)

【推进六西格玛管理】 2018年,首钢股份结题六西格玛DMAIC(定义、测量、分析、改进、控制)项目和DFSS(六西格玛设计)项目49项,产生经济效益6000余万元;开展9个阶段、120学时培训和7次辅导工作,整改落实9个阶段400余条辅导意见;4个项目被评为中国质量协会优秀六西格玛项目,3人通过中国质量协会注册黑带考试。

(林小航)

【推进全员自主创新】 2018年,首钢股份共提报合理化提案3041项、合理化成果266项,累计创效近6300亿元;获得专利局受理专利142项,获得授权专利94项,获得北京市知识产权局专利资助金8.6万元,累计获得专利资助金52.29万元。制定并下发《首钢股份公司基层创新实践指导意见》,确立52项重点实施项目,共修复物品1838项,其中恢复价值几万至十几万的仪器和电路板的项目40项,创效4349.4万元。

(霍友亮)

【高新技术企业认定】 首钢股份组织开展国家高新技术企业认定工作,开展行业高新认定情况调研及股份各项指标评估,设计申报体系框架,从研发费用、高新收入、企业创新能力评价3个维度形成35个细分项。建立研发费用核算体系,完成研发费用归集、科技成果转化证明,通过北京市科委、成果转化中心、国家科技部三轮审查。高新企业认定通过后,企业所得税弥补亏损年限由5年延长到10年,2018年所得税可减缴1.53亿元。

(霍友亮)

【加强板块运营】 围绕2018年"保生存求发展"的工作主基调和集团公司78项重点工作,首钢股份统筹制定12项专项方案,通过加强督导督办,持续进度跟踪、效果评价完善,2018年,营业收入1863亿元,整体利润79.7亿元,同比增加21.9亿元、26.3亿元,占比集团88%、142%。2018年,库存和应收账款两金周转率9.53次,比预算提高1.29次,总资产报酬率2.41%,比预算提高1.16%。2018年末钢铁业存货资金占用90.42亿元,同比降低2.48亿元,;应收账款预计24.07亿元,比2017年末降低5.47亿元。

(吕 迪)

【加强财务管控】 首钢股份从上市公司的视角系统思考、统筹、解决问题,深入挖掘成本潜力、资金潜力、资产保值增值潜力,实现发展质量全面提升。2018年,股份公司两金周转率9.51次,同比2017年提高2.46次;总资产报酬率2.43%,同比提高4.97%。全年降本增效实现160元/吨钢、11.86亿元,自身努力成果在利润增长中占比73%。

(吕 迪)

【加强资金管理】 首钢股份强化低库存快进快出、联备联储,加强应收应付、费用管控,经营创造资金能力得到提升。2018年,现金净流入6亿元,两金周转率8.46次,比年计划提高1.53次,可控管理费降低0.31亿元;深化产融结合,推进"商票增量",完成年初职代会自开商票20亿元的任务;利用低息贷款置换,降低财务费用0.45亿元。加大降杠杆力度,全年还贷12.08亿元;拓宽融资渠道,推广财务公司财票。2018年新开财务公司财票13.54亿元;加强税务筹划,合理利用税收优惠政策,实现减免退税金15994.60万元。

(张大成、孔维维)

【加强资产管理】 2018年,首钢股份审核上报集团公司、钢铁板块、股份公司投资项目220项,涉及资金101.25亿元;组织开展钢铁板块及股份公司存量资产梳理,完成220个项目、2.7亿元资产正式转固,完成智新电磁187.6亿元资产转固。审查投资项目概算核减率达2.3%;开展项目审计及资产转固,完成4个单项工程,总投资129.61亿元项目审计;申请进口设备贴息140万元。

(赵忠义)

【持续推进资本运作】 2018年,首钢股份组织完成智新公司注册设立及公司章程的确定;将相关资产和负债出售及转股对智新公司增资,使其注册资本由500万元增至50.05亿元。与首新晋元基金沟通,确定由集团公司、首钢股份、首新晋元基金、迁安基金共同投资9.5亿元设立新能源汽车材料公司,其中首钢股份出资4.5亿元,该项目已完成各项审批程序,进入实质性操作阶段。

(许 凡)

【钢铁板块企业退出】 2018年,首钢股份组织制定《关于钢铁板块企业退出工作安排》,建立企业退出工作监督机制,督促指导各单位的企业退出工作。钢铁板块计划退出企业24家,实际完成29家,完成率121%。

(许 凡)

【用户技术服务】 2018年,首钢股份(迁顺基地)汽车板销量 135 万吨，再创新高；其中，镀锌、高强和外板均超额完成计划，同比分别增加 4.24%、6.61%、4.28%。持续客户认证，获得零件认证机会 940 个，认证通过 636 个，认证通过率 98.1%，同比增加 7.2%；实现首发产品 DH590 的批量供货 1233 吨；通过一汽丰田工程调查，通过两个牌号的材料试用；通过沃尔沃产线审核，980 兆帕以下 22 个钢种的材料认证，成为沃尔沃所有认证钢厂中一次通过钢种最多，用时最短的供应商，且内板、外板同时通过认可的钢企。

（商光鹏）

【产品推进】 2018 年，首钢股份（迁顺基地）酸洗完成 61.37 万吨（汽车酸洗完成 25.84 万吨，比年计划超 0.84 万吨，汽车酸洗增幅达 26.17%），比计划超 1.37 万吨；全年 EVI 项目完成 75.04 万吨，超计划 17.86 万吨。精冲钢产量 2.3 万吨，与下游重点企业签署 12 份技术开发协议，实现 15 个新用户 10 个牌号试制认证。管线钢实现高端连续油管 CT70-P/CT80-P 稳定生产 1000 吨，完成 CT90 产品试制，中俄东线 21.4 毫米 X80 合同顺利交付 1.6 万吨。纯铁销量累计 5 万吨，开发个性化需求纯铁 SYTG 牌号；冷轧基料完成 SCR1000、MR-T35 等需求新产品的开发，并实现量产等。

（周　娜）

【二高炉炉缸浇筑修复】 2018 年，首钢股份（迁顺基地）组织为期 46 天的二高炉炉缸浇筑修复工作。作为首钢集团内首例以浇筑方式进行炉缸修复的高炉，在此次检修中进行多项尝试与探索，取得多项创新与突破。二高炉炉况良好，焦炭负荷 5.51，日产量达到 6600 吨以上，焦炭消耗降低 30 千克/吨。炉缸浇筑修复后铁水钛含量稳定在 0.06%，高炉护炉与硅钢冶炼之间的矛盾缓解，全系列硅钢产品的冶炼需求得到满足。

（李培养）

【编制循环经济绿色发展规划】 2018 年，首钢股份制订《首钢股份公司固体二次资源绿色发展规划》，确立“七个绿色应用发展项目”，计划利用 3—5 年时间分步推进实施首钢绿色发展循环产业园建设，把首钢建成“资源节约，环境友好”型绿色钢铁企业发展典范。

（郑志辉）

【推进环保深度治理】 2018 年，首钢股份启动 84 次重污染天气应急响应，累计响应时间 6072 小时（253 天）。通过落实烧结机限产、错峰运输等减排措施，累计减排烟粉尘 154 吨、二氧化硫 128 吨、氮氧化物 194 吨。投资 16.5 亿元，完成球团脱硫脱硝、烧结脱硫脱硝、高炉炉顶料罐均压煤气回收、除尘灰气力输送、炼钢环境除尘改造等项目，成为国内首批超低排放的钢铁企业。首钢股份公司迁安钢铁公司被评为“唐山市钢铁企业秋冬季差异化错峰生产污染排放绩效评价 A 类企业”，2018 年秋冬季高炉免于错峰生产。

（郝洪滨）

【钢铁板块设备管理】 2018 年首钢股份继续推行钢铁板块设备管理“专业管控+技术服务”模式。特种设备标准化持续推进，完成钢铁板块 8 家单位达标验收工作；全优润滑管理推进迅速，各单位按序推进，亮点突出；检修协同稳步开展，组织完成检修协同 51 次，参与人数 743 人次，节约外委费用 1239 万元；组织编写设备管理《案例集》和《亮点集》，实现技术和经验共享；组织完成钢铁板块 114 家检修施工单位资质年审，为维检单位优化、设备检修协同及特殊资质施工单位选用奠定基础。

（杨　宏、杨绵军）

【设备新技术应用】 2018 年首钢股份引入生物环保机件清洗技术、废旧油泥减排处理技术、转炉煤气鼓风机阻垢缓蚀剂、热轧水雾除尘等新技术 5 项，使设备运行更加安全、环保、高效；应用铁路道口改造、天车遥控改造、15 万 CCPP 燃气发电机组抗燃油除酸净油技术、在线油泥清洗技术、SFD 系列智能电机系统、电动风口装卸装置等新技术 10 项，确保设备高效、稳定运行。

（杨　宏、高　伟）

【设备管理创新】 2018 年首钢股份创建新型生产设备安全联系确认系统，用电子操作牌替代传统的实物操作牌，通过职工一卡通刷卡实现操作牌领（还）牌管理、使生产设备联系确认过程更简洁、科学、高效；构建大型旋转机械在线监测与故障诊断系统，通过信息化手段助力设备管理，为检修决策提供技术支持，实现钢铁企业大型关键设备状态检修模式。

（杨　宏）

【设备检修管理】 2018 年，首钢股份开展维检相关方安全知识、技能竞赛和资质评价体系优化工作，维检施工队伍素质提高；组织 4 次大规模系列检修，不断强化检修方案制定和实施过程的质量控制，实施标准化检修和隐蔽部位管理，针对二高炉检修，放残铁、更换炉皮、

炉缸清理、炉缸浇筑以及喷涂的施工力量统筹安排，优化炉缸清理、炉缸浇筑工序时间，为板块高炉大修积累经验。

（杨 宏、陈 涛）

【优化安全管理体系】 2018 年，首钢股份推进安全管理标准化班组建设，实现内部 519 个班组，长期性相关方 207 个班组全面达标，创建安全标准化示范班组 103 个，班组管理成果得到河北省安监部门、同行业的高度认可，起草河北省地方标准《冶金行业班组安全管理规范》；从可视化、亲情化等多维度深化安全文化建设，被唐山市评为安全文化建设示范企业；完成安全生产“双重”预防控制系统上线运行，实现安全风险管控、隐患排查治理的一体化、系统化、信息化管理，实现安全风险总值较 2017 年降低 30%的目标。投入 7160.14 万元，完成股份公司全流程本质化安全管理现场硬件投入与改善，《大型制造企业安全生产预警体系的构建与应用》获北京市二等奖，《本质化安全管理在冶金企业的创新与实践》获全国钢劳联第 34 次年会理论研讨论文特等奖。

（樊瑞稠）

【消防设备设施周期化管理】 首钢股份依据国家消防法律法规、规范及生产厂家对消防设备设施器材使用维护维修规定，通过对现有设备设施和器材逐项进行梳理、逐级登记建账，统计、审核、汇总消防设备设施维护涉及的巡检路线、巡检标准、检测标准、消防设备设施和器材分布、巡检周期等，形成股份公司消防设备设施基础信息，并对到期设备设施和器材严格依据规定进行维护维修。

（王 洪）

【推进门禁保卫升级改造】 首钢股份通过综合应用智能车牌识别技术和视频监控、图像识别等技术手段，结合自动控制功能及人脸识别、异常行为检测等前沿科技，对迁钢厂区的 9 个大门实现“车牌识别”“人脸识别”门禁管理系统，与原刷卡进出模式相比，通行效率提高，转借卡等现象杜绝，交通安全和治安防范管理水平提升。推行物品携出、车辆出入权限审批流程电子化、访客预约网络化，实现业务流程网上审批，工作效率提高。

（邓 利）

【重点工程】 首钢股份热轧酸再生项目 2017 年 4 月 7 日开工建设，2018 年 1 月 31 日完工投入生产使用；2018 年 4 月 8 日，炼铁作业部一高炉热风炉煤气预热器改造项目开工建设，6 月 27 日投入生产使用；5 月 15 日，炼铁作业部三高炉 4 号热风炉炉拱顶大修项目开工建设，8 月 18 日完工投入生产使用；4 月 12 日，1580 浊环 DC3 系统增加高速过滤器项目开工建设，10 月 23 日投入生产使用；3 月 15 日，炼铁作业部供料作业区新建烧结矿仓项目开工建设，11 月 3 日投入生产使用；4 月 1 日，一炼钢 3 号颗粒镁脱硫改造为 2 号 KR 脱硫项目开工建设，12 月 28 日投入生产使用；4 月 10 日，球团一系列脱硝项目开工建设，10 月 23 日完工投入生产使用；4 月 11 日，球团二系列烟气脱硫脱硝项目开工建设，11 月 12 日完工投入生产使用；4 月 10 日，烧结 360 平方米脱硝项目开工建设，11 月 15 日完工投入生产使用。

（刘陈刚）

【地产管理】 2018 年，首钢股份持续推动迁钢家园不动产登记证办理工作，完成迁钢家园 8 号—11 号楼集资房初始登记不动产权证 764 户及个人不动产权证 629 户；12 号—13 号楼初始登记不动产权证 576 户；迁钢宾馆商业用地土地不动产权证；迁钢家园规划许可证（代用证）更换为正式证等工作。

（王铁凝）

【项目立项】 2018 年，首钢股份共组织完成连续式酸洗线项目、新建烧结矿仓项目、除尘灰环境治理项目、数据中心项目、球团脱硫脱硝项目、烧结脱硫脱硝项目等外部立项手续 9 项，为办理环评手续、消防验收手续、进口设备免税、申请国家专项资金奖励等创造前置条件。

（王铁凝）

【产销项目推进】 2018 年，首钢股份在产销一体化项目完成概要设计的基础上继续开展详细设计、系统开发、系统测试等工作，详细设计完成设计文件 198 份，系统开发完成产销及 PES 生产执行系统界面 4096 个，测试并解决问题 8298 项。10 月按期完成产销工程项目管理系统上线；12 月底按期完成设备系统五个模块上线，12 月底组织采购系统清购计划、物料管理模块试运行。

（毛志敏）

【智能工厂】 2018 年 12 月，首钢股份公司承接工信部 2016 年智能制造新模式应用项目“硅钢一冷轧智能工厂”整体竣工。该项目采用 4 大类安全可控核心智能制造装备，完成23项技术指标，实现10类功能，配置包含产品智能设计、质量智能管控与溯源、多源异构的时空数据挖掘等22项关键技术及短板装备，解决21项关键问题，实现效率、效益双提升，成为冷轧智能制造示范工程。

（张　磊）

【数据中心】 首钢股份数据中心2018年2月26日开始施工建设，主体位于办公中心附楼1层，变压器室位于数据中心南侧另起建筑，总建设面积661平方米。数据中心分两期进行建设，一期容纳设备机柜48台，二期容纳设备机柜35台，本次建设为一期。首钢股份数据中心采用模块化机柜，云数据中心布线方式，于2018年11月20日建设完毕。

（王　浩）

【工业机器人】 首钢股份公司在一冷轧智能工厂项目中布置实施14套工业机器人。截至2018年12月，机器人全部投入生产使用，各自成功率在98%以上。从酸轧入口拆捆带到酸轧出口上套筒、钢卷内圈点焊固定、贴标签，再到连退入库拆捆带和出口自动取样，直至检化验室自动上样、制样、分拣输送，全部实现“机器代人”。在14套机器人中，套筒机器人和钢卷内圈点焊机器人属于行业内首次研发应用，拆捆带机器人实现从酸轧入口到连退入口的推广应用，贴标取样机器人探索出成熟的应用案例。

（崔广健）

【干部管理】 2018年，围绕首钢钢铁板块管理职责，首钢股份结合管理实际对板块领导人员调整流程进行梳理、优化，明确各单位、各部门工作职责。按照权力清单，首钢股份公司对板块内企业直接调整或任前审批领导人员38人次，共涉及13家兄弟单位，促进钢铁板块经营管理工作开展。

（李宗鸿）

【党建管理】 2018年以来，首钢股份党委落实“四同步”要求，不断健全完善基层组织建设，新组建基层党委3个、党支部46个，下设基层党委16个、党总支1个、党支部144个，党的工作实现全覆盖。按照“四同步”要求，组建首钢智新迁安电磁材料有限公司、北京鼎盛成包装材料有限公司、北京首钢股份有限公司营销中心党委和纪委，对氧气厂、物资供应公司等党组织进行更名；按要求组织8个党委6个党支部换届选举。启动党员领跑计划，组织党员围绕“遵纪守法、政治学习、思想作风、业务技能、岗位业绩、服务群众”等六方面查找差距，制定领跑目标。全面推进党支部规范化建设。开展第三届“基层的精彩”建设成果展示，增加“现场展示”环节，鼓励党支部用“品牌思维”不断创新工作思路、工作机制、工作载体，8个党支部、22个班组参加股份公司展示活动。

（苗文霞）

【承办全国钢铁职业技能竞赛】 9月15—20日，第九届“首钢杯”全国钢铁职业技能竞赛在首钢举办，由首钢集团成员单位北京首钢股份有限公司和首钢矿业公司承办，74家钢铁企业、244人参选。首钢选手赵满祥、张浩、王涛，分获高炉炼铁工、天车工、电焊工冠军；首钢选手罗德庆、荣彦明、赵建宣、刘鑫分获高炉炼铁工、金属轧制工、天车工、电焊工亚军，张月林获金属轧制工季军。首钢钢铁板块选手5人获“全国钢铁行业技术能手”称号，首钢集团有限公司获得团体奖第一名，北京首钢股份有限公司被授予特别贡献奖。作为两年一届的“钢铁奥运”，受到《工人日报》、《中国冶金报》、中青网、《劳动午报》、《首都建设报》等新闻媒体关注，住宿、就餐、交流、竞技场地以及周到服务受到组委会、各参赛企业高度评价。中国钢铁工业协会党委书记、秘书长刘振江称赞“这是一届开放、创新、出类拔萃的大赛”。

（姚　远）

【内部审计】 2018年，首钢股份公司审计部落实钢铁板块审计监督全覆盖工作要求，履行内部审计职责，专项审计方面，组织开展对河北神州远大房地产开发有限公司和首钢总公司迁安迁钢宾馆有限公司财务与经营专项审计；经济责任审计方面，对首钢冷轧薄板公司原总经理任期经济责任履行情况进行审计；工程审计方面，开展炼钢二次除尘4号风机除尘设施技术升级改造、炼钢二次除尘1号—3号风机除尘设施技术升级改造、热轧1号加热炉燃烧系统改造及炼铁作业部1号及3号高炉炉前除尘系统除尘设施升级改造等4个项目，开展平台公司审批立项的首钢通钢公司板石矿业球团脱硫项目。

（陈　伟）

【钢铁板块巡视整改】 按照首钢集团有限公司党委要求，首钢股份2018年下发《首钢钢铁板块2018年落实

首钢内部检查问题整改工作计划》，组织召开钢铁板块上半年整改工作会，总结布置整改工作。钢铁板块整改事项共90项，其中巡视问题3项(全部为持续整改事项)，2015—2017年首钢内部检查问题87项。2018年巡视整改问题完成1项，剩余2项；首钢内部检查问题完成48项，剩余39项。

(陈 伟)

【风控评价】 2018年，首钢股份公司审计部开展风控自我评价工作，进一步规范首钢股份风险控制体系的运行，提高公司经营管理水平和风险防范能力，满足外部监管要求，9月末，开展2018年度首钢股份公司风险控制自我评价和检查工作，全面检查公司风险控制体系的设计合理性和运行有效性，结合手册的运行情况和以前年度检查问题，重点关注手册与制度体系的融合程度、手册与实际业务的关联程度，检查各层面可能存在的缺陷或不足，避免风控体系与实际业务脱离。检查发现由于机构变更、业务流程变化等原因，造成相关制度要求、实际执行情况与风控手册设计流程不符现象比较突出，相关问题已与各责任单位沟通，要求及时进行整改，并对手册进行修订。

(陈 伟)

【党风廉政教育】 围绕违反中央八项规定精神问题159个案例进行学习讨论，提高警示效果；组织党员干部、有业务处置权和相关方人员观看廉政微电影，组织业务处置权人员到冀东分局南堡监狱参观，使每名党员干部和有业务处置权岗位人员纪律意识、廉洁意识进一步增强。与长期合作单位开展廉政共建，延伸、拓展廉政教育内容、方式，协同开展联合培训、联合检查，构建廉政风险联合防控机制。充分利用钢铁板块资源，开展"以案说纪"警示教育活动，整理钢铁板块各单位典型违纪违法案件20个，编写成案例集，下发到钢铁板块单位党支部，组织全体党员学习，用身边事教育身边人。

(周纪维)

【廉政风险防控】 拓展职工创业中心网上公开竞拍成果。在不断增加竞拍的同时，将公开竞拍成功经验向钢铁板块单位复制推广，创造良好经济效益，并从源头上屏蔽廉政风险。《"网上竞拍"筑起廉政"防火墙"》在《是与非》杂志刊载，北京电视台《清风北京》栏目播出。走出一条在新的业务流程设计阶段屏蔽廉政风险的新路。抓住廉政风险防控的重点推进科技防腐，为废钢进厂物资检验人员配备监督仪；推进有业务处置权人员岗位轮换，在同一岗位工作满5年的有业务处置权岗位人员77人全部轮换岗位；对拟提职人员28人进行廉洁审查、廉洁测试、民主测评，防止"带病"提拔。廉政风险的"防火墙"越筑越牢。

(周纪维)

【执纪审查】 纪委(监察部)坚持挺纪在前，抓早抓小，运用第一种形态批评教育、考核扣减绩效工资36人；运用第二种形态，给予党内警告处分2人，行政警告处理1人；运用第四种形态，根据生效的司法判决，开除党籍、留用察看处理1人，中止党员权利2人。

(胡 楠)

【效能监察】 围绕"三重一大"制度执行、重大措施落实、重大工程建设、物资采购、招标投标和成本管理等方面存在的突出问题，选题立项，首钢股份和钢铁板块各单位结项31项，避免经济损失4540万元，挽回经济损失1007万元，落实考核18人次15550元，提出建议232条，建章立制112项。

(赵连生)

【监督执纪问责能力建设】 首钢股份加强对《中国共产党章程》《中华人民共和国宪法》《中华人民共和国监察法》《中国共产党纪律处分条例》《中国共产党监督执纪工作规则(试行)》的学习运用，严格按程序、要求开展执纪审查，充分发挥纪律建设标本兼治的利器作用，巩固发展执纪必严、违纪必究常态化效果。组织参加集团纪委组织的专业理论培训班，系统学习十九大报告及《中国共产党章程》、《中华人民共和国宪法修正案》与《中华人民共和国监察法》、纪律审查业务知识、信访举报办理程序及管理；学习交流首钢钢铁板块管理违纪违法案件处理、纪律审查、案件审理工作中的经验做法，纪检监察干部发现问题线索和查办问题的能力提升。组织纪检监察系统工作调研，2篇调研报告在首钢纪检监察系统优秀调研成果评选活动获奖，公司获优秀组织奖。公司纪委获"首钢先进纪检监察组织"称号，纪检监察干部3人、有功集体5个受到集团公司党委表彰。

(周纪维)

【党群工作】 首钢股份强化先进典型示范效应，通过形势任务宣讲、讲好"首钢股份人的故事""基层的精彩"、"五一"和"七一"表彰、"三星"评选、基层创新等方式，对先进典型进行大张旗鼓的宣传和表彰，营造正气候，传播正能量。加强资源整合，开展融媒体建设，抓好电视、网站、微信宣传阵地一体化管理，综合运用传统媒体和新兴媒体，凝聚同心向前的强大合力。在新华网、人民网、《经济日报》、《中国青年报》等20多家主流媒体刊发有温度、有分量、有影响力的宣传报道80余篇。获“改革开放40年中国企业文化优秀单位”称号，《把握新时代思想文化脉搏，唱响高质量发展主旋律》获全国冶金行业优秀论文成果奖，在“寻找最美绿色钢城”评选活动中，被评为“绿色发展十大优秀企业”。

（王雪冬）

【调研交流】

2月6—7日，首钢集团有限公司党委书记、董事长靳伟一行4人到首钢股份慰问、调研，听取汇报、指导工作。

3月13—14日，中国工程院院士、著名电机学专家顾国彪一行12人到首钢股份指导电机节能工作。

3月14日，首钢集团有限公司党委常委、副总经理赵民革到首钢股份调研。

4月24日，唐山市人大常委会副主任魏文忠一行到首钢股份检查指导工作。

5月15日，首钢集团有限公司纪委书记许建国，战略发展部、系统优化部、办公厅、经营财务部等部门领导一行到首钢股份进行专项监督检查。

7月31日，宝武集团工会主席傅连春、宝钢股份工会主席张勇以及宝武工会系统有关人员、高技能一线职工一行25人到首钢股份参观交流。

8月16—17日，中国钢铁工业协会副秘书长姜维率领钢铁行业职业技能竞赛组委会成员一行到首钢股份现场考察大钢赛整体筹备情况。

8月22日，国务院国资委监事会原主席武保忠一行三人到首钢股份参观考察。

9月20日，河北省安监局副局长王新国为首钢股份职工做《河北省安全生产风险管控与隐患治理规定》宣传贯彻培训。

10月18日，国家发展改革委国防司副司长周平一行六人，到首钢股份参观调研。

（包建蕾）

【北京首钢股份有限公司大事记】

6月2日，首钢股份召开“双百万”特高压大容量变压器用高磁感取向硅钢产品鉴定会。

7月19日，首钢股份收到由北京市科委、财政局和税务局联合颁发的《高新技术企业证书》，获得“国家高新技术企业”的荣誉称号。

8月29日，秦皇岛首秦金属材料公司干部职工89人调入首钢股份。

9月8日，成立北京首钢股份有限公司采购中心，同时撤销物资供应公司。

9月10日，成立北京首钢股份有限公司营销中心，同时撤销营销管理部。

9月15日，“首钢杯”第九届全国钢铁行业职业技能竞赛开幕式。

9月16日，第三届全国钢铁行业“新知识、新技术、新理念”高峰论坛举行。

9月19日，“首钢杯”第九届全国钢铁行业职业技能竞赛闭幕式。

10月18日，首钢股份获评唐山市钢铁企业秋冬季差异化错峰生产污染排放评价唯一A级企业。

10月，首钢股份被评为唐山市首批工业“三品”（增品种、提品质、创品牌）示范企业。

11月，首钢股份获得水利部海河水利委员会审核颁发的入河排污口设置合法批复文件及国家水利部《取水许可证》。

12月18日，首钢股份炼钢作业部2号脱硫站改造工程顺利完成2炉铁水的热试任务。

（包建蕾）

首钢股份炼铁作业部

【炼铁作业部领导名录】

党委书记：康大鹏

部　长：刘国友（5月离任）

副部长：龚卫民（主持工作）　杨金保　刘占江
焦月生　贾国利（5月任职）
刘　斌（挂职锻炼）

党委书记助理：高广金（11月任职）
武　煜（挂职锻炼）

部长助理：吴桂辑（11月离任）
高广金（5月任职，11月离任）

（陈俊生）

【概况】 炼铁作业部现拥有三座大型高炉，设计年产

铁825万吨。拥有1台360平方米和6台110.5平方米烧结机，烧结矿产能1150万吨。拥有2条氧化球团生产线，设计年产球团矿300万吨。炼铁作业部下设综合办公室、政工室、生产技术室、设备管理室、资源经营室、成本核算室、安全管理室等7个科室和高炉、烧结、球团、公辅、动力等5个作业区87个班组，在册职工1473人；有研究生学历37人，大专以上学历981人；岗位操作人员1234人，其中高级技师12人，技师101人，高级工633人。

（陈俊生）

【铁前技术指标】 2018年，外部资源条件“质量总体上劣化，产耗阶段性失衡，波动普遍性加剧”，作业部经历10次共计3081小时高炉环保限产停、焖炉，以及全方位开展环保改造工程，通过强化现场工艺操控，夯实铁前原燃料资源保障，克服空前困难，实现高炉长期高水平顺稳，铁前各项经济技术指标提升。2018年生铁产量完成688.98万吨，烧结矿产量791.32万吨，球团产量333.82万吨。高炉利用系数2.26，入炉焦比335.43千克/吨，煤比142.87千克/吨，燃料比513.81千克/吨，累计焦炭负荷4.87，铁水一级品率完成80.63%。

（张海滨）

【成本指标】 铁水累计成本2083.24元/吨，其中一高炉2114.61元/吨，二高炉2033.33元/吨，三高炉2097.33元/吨；烧结矿成本664.04元/吨，其中一烧670.48元/吨，二烧652.70元/吨；球团矿成本685.38元/吨，其中一系列679.02元/吨，二系列688.58元/吨。

（杜丽霞）

【降百工程】 通过铁前一体化运作、资源跑赢、优化金属料结构、降低燃料消耗、降低动力能源消耗、降低修理费、降低机物料费用等措施，深挖降本潜能，铁成本行业缩差工作超额完成任务。2018年生铁成本完成2083.24元/吨，较行业平均水平2131.30元/吨低48.06元/吨，铁成本行业缩差125.53元/吨，较计划100元/吨高出25.53元/吨。

（杜丽霞）

【参加“首钢杯”技能竞赛】 9月15—19日，首钢股份组织承办并参加“首钢杯”第九届全国钢铁行业职业技能竞赛高炉炼铁工项目比赛，用“一流的服务，全方位的保障”赢得参赛企业好评，并以高清摄像头看铁样、异常炉况模拟仿真、人手一台超薄笔记本电脑查阅高炉参数等竞赛形式创新“点亮”大钢赛。炼铁作业部两位参赛选手也分别获得炼铁工项目的冠、亚军，为首钢炼铁赢得荣誉。

（陈俊生）

【组织建设】 11月召开第二届党代会，选举产生中共北京首钢股份有限公司炼铁作业部第二届委员会和纪律检查委员会；2018年发展党员11人，预备党员转正11人，其中35岁以下党员11人，1人为一线班组长；开展“特色党支部”创建、“基层的精彩”党支部和班组成果展示。

（胡 刚）

【宣传工作】 以“打赢铁成本降百攻坚战”“铁人榜样”等系列报道为载体，围绕作业部经营生产重点工作、保检修顺利等先进事迹进行实时报道，其中《在探索高炉操作的路上不断前行》《首钢股份公司球团脱硫剂单耗创历史最低》等多篇文章登上《首钢日报》头版。2018年，共刊发稿件174篇。在股份公司12个单位中综合排名2次第一，2次第二，3次第三，综合成绩名列前茅。

（胡 刚）

【工会活动】 评选首钢股份公司级季度竞赛标兵360人次；评选首钢股份公司月度小指标优胜班组264个次、优胜个人376人次；共缴纳会费227628.87元，发放职工生日蛋糕券1614张；慰问报销599.74元，文体活动经费报销66415.13元。职工住院医疗、意外伤害和重大疾病三项互助保险报销92人次；开展“心系职工，共筑和谐”主题送温暖活动，募集捐款金额59140元；为困难职工34人发放慰问金，为退休劳模1人、在职劳模2人发放慰问品；举办徒步摄影、废物利用工艺品展示等文体活动20余场，累计参与人数超千余次。

（胡 刚）

【廉政建设】 召开炼铁作业部党委中心组理论学习14次，党委班子专题讨论12次；对有业务处置权人员87人中的13人落实轮换制度；开展元旦、春节、清明、五一、端午等节前廉洁教育；进行铁部内网宣传6篇、警示谈话261人次；开展检修前不定期谈话106人次；定期组织观看廉政教育警示片，提高大家廉洁从业、拒腐防变意识；认真按照《深入开展全面从严治党突出问题自查自纠工作方案》要求，对全面从严治党突出问题及市委巡视八家企业反馈的问题进行全面自检，增强作业部党委责任担当意识。

（胡　刚）

【共青团工作】　炼铁作业部29项青年“双争”课题参加答辩，首次举办炼铁专场答辩会，3个课题获最佳课题，6个课题获优秀课题；开展“首钢杯”第九届全国钢铁行业职业技能竞赛志愿者培训工作；申报全国钢铁冶金行业优秀共青团员、首钢“五四”红旗团支部、首钢优秀团员各1个，申报首钢青年创新先锋2人，申报股份优秀共青团员4人、股份优秀青年志愿者3人。

（胡　刚）

【安全管理】　炼铁作业部推进安全生产标准化、职业健康安全管理体系建设、本质化安全管理，安全生产形势持续保持稳定；推进“三重”预防性工作体系建设，依法健全完善管理体系；加强相关方管理，确保技改工程和检修施工安全顺利进行；强化安全生产标准化运行管控，完成炼铁单元一级、烧结球团单元二级安全标准化的外部评审，全部达标；2018年，轻伤事故1起1人次，百万工时伤害率0.32，比计划0.9降低64.4%，同比2017年0.64降低50%。

（赵　坤）

【环保管理】　炼铁作业部制定环保设施改造项目方案，完成“高炉炉顶料罐均压放散煤气回收改造”“除尘设施超低排放改造”“除尘灰、瓦斯灰气力输送改造”“干煤棚封闭改造”“球团一系列360平烧结机SCR脱硫脱硝项目”“球团二系列活性炭项目”，均通过唐山市环保局组织的专家组进行的现场验收，其中“1#—6#烧结机活性炭项目等超低排放改造项目”正在施工中；通过第五轮清洁生产审核工作。执行2018年非采暖季错峰生产方案，并接受国家环境部、河北省环境厅、唐山市发展改革委等部门现场检查；国家环保部、河北省环保厅强化督导检查组的现场检查。

（张志强）

【重点工程】　炼铁作业部组织实施重点工程16项，9项已投入生产运行，7项正在组织实施。9月完成3号高炉4号热风炉拱顶改造；10月完成烧结金属料场改造项目施工和验收；10月完成新建烧结矿筒仓项目；10月球团一系列脱硝烟气改造项目喷氨成功，达到环保超低排放标准，11月球团二系列脱硫脱硝项目正式投入生产；11月360平烧结机烟气脱硝系统喷氨成功，实现超低排放；冲渣乏汽消白工程12月25日1号站设备调试运行，二、三冲渣消白工程逐步组织实施；12月完成三座高炉炉顶料罐均压煤气回收项目；完成粗破料场堆取料机共轨改造项目，两台堆取料机及其配套输送设备分别于3月和12月投入生产运行；老系统烧结烟气脱硫脱硝改造项目、气力输灰项目、石灰石料场封闭项目、新建石灰石料场洗车平台项目、烧结厂利旧移建熔燃破碎系统处理石灰石渣、料场火车卸料利旧首秦翻车机改造项目正在施工，二高炉炉前除尘扩容及出铁场封闭改造项目未完工均在实施过程中。

（刘玉平）

【专利技术及科技成果】　炼铁作业部获得专利授权24项，其中发明专利1项，实用新型23项；专利受理20项，其中发明专利6项，实用新型14项；完成2项科技成果的首钢科技奖申报工作，其中“环保限产形势下保高炉顺稳达产技术研究”获得首钢科技奖二等奖。

（郑雅青）

【科研项目】　炼铁作业部新立项科研项目2项，分别为“二高炉炉顶温度精确控制技术开发与应用”“迁钢三高炉热风系统增加红外成像监测系统”；结转项目2项，分别为“3号高炉增加炉缸水温差自动检测和智能预警系统”“高炉增加降料面自动化控制系统”。

（郑雅青）

【用政策降低费用】　2018年初，唐山市政府下发港口物资火车运输的鼓励性文件；炼铁作业部利用这一有利条件，将大批量进口矿布置在曹妃甸和其他具备火运条件的港口。2018年，港口火运物资384万吨，比2017年增加134.5万吨，火运比达到64.3%，比2017年提高24.92%，降低中间费3649万元。

（高新洲）

【开发新品种辅料资源】　组织开发新品种脱硫剂——消石灰，代替脱硫白灰，进一步提高球团烧结脱硫效率，实现环保指标超低排放要求；开发活性炭和氨水等新的资源，保证脱硫脱硝环保深度治理工程按时投产；开发成品钠化膨润土代替膨润土原土，为取消原料的皂土钠化加工工艺流程奠定基础；开发石灰石粉和白云石粉代替原来的石灰石、白云石，熔剂破碎加工工序减少，工艺流程缩短。

（高新洲）

【炼铁系统检修和恢复】　地区环保政策日趋严格，临

时性环保限产与固定时间段限产并存，年内高炉共计划检修11次，其中3次72小时以上闷炉停炉、3次降料面环保停炉；烧结系统共全流程检修8次，其中一烧完成一系列脱硫脱硝工程5天接点检修、二烧完成采暖季6天大修及脱硝工程12天接点检修；球团系统共例修12次，其中球团一系列完成脱硝工程26天接点检修、球团二系列完成采暖季20天中修及脱硫脱硝工程6天接点检修。通过创新高炉停开炉快速恢复技术，强化现场工程掌控，开展炉缸局部浇筑修复、高炉炉顶料罐均压煤气回收系统、气力输灰系统等工程，铁前各系统生产保持长周期高水平顺稳。

（李志海）

【高炉炉缸浇筑】 2号高炉炉缸水温差频繁升高，高炉长期堵风口作业，结合2018年非取暖季环保限产，2号高炉于7月31日—9月15日停风放残铁进行炉缸浇筑，凭借近年来降料面技术的创新与突破，实现高效、平稳、安全、环保停炉；放残铁操作一次成功，实现安全、环保、高效目标；完成炉壳切割、残铁沟安装及炉缸清理，在施工质量得到保障的前提下未影响总工期；炉缸浇筑达到预期目标，炉内煤气分布合理稳定，炉缸壁后温度、水温差在合理范围内，炉况顺稳，各项技经指标良好，10月高炉负荷达到5.25，全焦消耗降低到390千克/吨以下。

（段伟斌）

【热风炉拱顶整体更换】 3号高炉、4号热风炉5月15日下线进行拱顶整体更换，8月18日砌筑施工完毕进行质量验收，共计砌筑消耗定型耐材700吨，不定型耐材141吨。整个施工过程中高炉及热风炉在线运行，在保证高炉风温供给的前提下，提出热风炉提前凉炉的实施方案，克服雨季施工等不利施工条件影响，顺利完成更换工作。

（杨晓婷）

【新建烧结筒仓】 为适应烧结机停机限产，避免1、2、3号高炉停机待料和落地烧结矿倒运造成二次环境污染，缓解地装物料运输通道紧张，新建10万吨存储量的烧结成品矿仓。新建烧结筒仓采用带式输送机进行烧结矿运输，将烧结矿供给S2-1、S2-2、3S-2带式输送机，保障1、2、3号高炉原料供应。工程自3月开工，10月进入设备调试阶段，10月下旬初步具备供料条件，根据外围限产及工程施工进度，组织灌仓与出仓。10—12月，共进仓储备13.61万吨，出仓4.21万吨，至年底新建筒仓库存9.40万吨，铁前保供抗风险能力全面提升。

（李志海）

【球团烧结烟气超低排放】 球团一系列脱硫自2018年6月份使用硝石灰作为脱硫剂进行工业试验，摸索超低排放控制，7月底SO_2外排数据达到超低排放标准；9月份对脱硫系统进行升级改造，外排颗粒物可控制在每立方米5毫克以下；10月23日一系列脱硝投入，外排NOx达到每立方米50毫克以下，一系列全部外排指标达到超低排放要求。360平烧结机更新脱硫滤材和脱硫剂，对一、二系列的斗提机、刮板机、加湿机进行改造增容，系统脱硫能力提升，新建脱硝装置，采用SCR工艺，实现超低排放，通过政府验收。

（张志强）

【提高球团日产水平】 到2018年底，球团一系列日产水平由年初的3850吨提高到4000吨以上，二系列日产水平由年初的7000吨提高到7200吨。

（刘长江）

【节能项目】 组织实施1号高炉热风炉煤气预热器改造节能项目，将热管式煤气预热器改造为板式煤气预热器，项目最终投资费用总额918万元，板式预热器回收的能量与现有预热器相比，每年节约高炉煤气费用约680万元。

（宋云山）

首钢股份炼钢作业部

【炼钢作业部领导名录】

书　记：彭开玉（1月任职）　王铁良（1月离任）

部　长：彭开玉

副部长：刘凤刚

副部长：黄怀富

首席工程师：郝殿国

首席工程师：成天兵

首席技术专家：黄福祥

（刘子龙）

【概况】 首钢股份炼钢作业部（以下简称“炼钢作业部”）始建于2003年6月，2010年配套项目全面投产稳定运行，具有800万吨的生产能力。设5个专业科室、10个作业区（2018年9月公辅作业区与供应作业区合并，合并后由11个作业区核减到10个作业区）。2018

年底，在册职工1506人（其中中层领导3人，基层领导41人，一般管理人员170人，生产操作人员1292人）。在册职工中，党员605人、团员14人，党团员占在岗职工的41.1%。2018年，炼钢作业部克服环保限产、设备检修频繁，以及由于环保限产导致的外部铁水供应波动大等困难，以稳定生产为原则，围绕降本增效，展开各项生产、技术工作。通过加强对生产态势变化的预研预判和生产组织模式的动态调整，适应新变化、明确新思路、制定新措施，整体生产安全稳定顺行局面得以保持，下达任务全面完成。

（刘子龙）

【安全管理】 2018年，炼钢作业部加强安全风险辨识和管控，推进本质安全管理，先后开展机械防护、上锁挂牌以及职工行为观察等工作。针对炼钢兑铁、吹炼时存在较大安全风险，对炼钢转炉平台进行全面改造，实行转炉平台封闭管理，通过对人员管控降低转炉平台安全风险。同时强化安全基础管理，以冶金企业安全生产标准化评定标准（炼钢八元素）为最低准则，组织各单位逐项梳理细化，明确每项元素内容负责人、监督人员，确保安全生产标准化体系运行，建立炼钢作业部安全管理长效机制。

（李志泉）

【产量和指标】 2018年1—12月，钢产量计划737万吨，实际完成741万吨，对照计划产量超产13.31万吨。重点指标管控取得显著效果，吨钢钢铁料消耗1079千克，副枪自动化炼钢命中率平均90.6%，保持较高水平，板坯综合合格率保持在99.94%以上，恒拉速指标继续保持在98%以上。铸坯O5板炼成率87.34%，汽车外板中包全氧（≤23ppm）合格率98.04%。

（张立国）

【降本增效工作】 2018年，炼钢作业部整体采取低铁耗、大废钢量、打实物量，增加边际效益的生产模式。结合作业部制定的《2018年炼钢系统降本增效工作方案》，跟踪市场形势变化，动态调整铁耗，开发单罐兑单包、低碳铝镇静钢双联工艺、转炉补热工艺、BMS消化脱硫渣铁等新工艺，全年铁耗完成929.32千克/吨，较2017年降低60.07千克/吨，较预算目标970千克/吨降低40.68千克/吨，超产36.05万吨，增加边际效益14315万元，吨钢创效19.31元。

（王　芸）

【重点品种生产】 2018年，炼钢作业部品种以IF钢、高强IF钢、酸洗板、汽车结构钢、双相钢等系列为主。汽车板完成产量135.04万吨，其中全年累计产出外板量38.25万吨，炼成率99.34%，10级坯比例49.18%，外板铸坯产出率49.73%。其中EVI供货量钢产量42.42万吨，酸洗板61.37万吨，汽车用酸洗板25.84万吨，汽车用结构钢8.42万吨。BH钢过剩碳合格率全年100%；SSNC项目11级比例40.35%，11+12级比例87.85%。汽车外板钢包顶渣TFe<6%合格率92.23%。转炉IF钢出钢温度由年初的1689℃降低至1674℃。汽车板生产RH工序创新技术取得突破并应用于汽车板产线生产。中间包新型覆盖剂的应用使得IF钢中间包T[O]由15ppm降低至11ppm。汽车板“镜面”机清技术的开发，铸坯表面清理平整度改善，机清条纹缺陷消除。

（刘道正）

【硅钢生产】 2018年，炼钢作业部硅钢总产量173.09万吨，其中无取向硅钢153.01万吨，综合炼成率99.79%；取向硅钢20.08万吨，炼成率98.75%；硅钢占比升高1.41%，HiB+高牌号无取向占比升高0.8%。HiB取向硅钢Ti≤20ppm的比例由2017年的96.16%提高至2018年的96.94%；新品种开发上较2017年增加2个牌号，其中一个为全球首发产品。

（孙　亮）

【规程管理】 2018年，新制定18个岗位作业规程，其他的规程全部按照三规两制及安全六要素的要求进行编写审批印刷完毕并下发给各岗位，截至2018年年底，作业部共有岗位作业规程90个，有相关方岗位作业规程132个。完善新建工程项目等需要补充到相关岗位规程中的技术通知单共17个。督促相关方完善三规两制规程的完善工作。

（杨晓艳）

【专利专有技术】 2018年，累计完成专利申请35项，其中专利受理21项（9项发明，12项实用新型）；专利授权14项（6项发明，8项实用新型）。

（杨晓艳）

【炉底快换技术】 2018年7月13日，2号转炉烘炉，7月14日开炉，2018年11月15日实现第一次快换，2号转炉本炉役完成快换炉底。

（郭玉明）

【重点技改项目】 炼钢作业部持续推进环保绿色行动、安全管理提升、技术管理提升等40多项重点项目，重点推进项目的施工、落实，确保安全环保达标、工艺技术提升、节能降耗、消除设备隐患等。

（马 银）

【重要设备星级达标治理】 按照《首钢股份公司重要设备星级管理推进方案》要求，2018年炼钢作业部设备管理室对33台套重要设备开展星级达标治理。2017—2018年经过TPM推进办高效组织协调，各生产作业区、设备管理室通力配合协作下，炼钢作业部52台套重要设备全部通过达标验收，其中"五星"设备5台套，"四星"设备47台套。

（于 雷）

【产销一体化】 2018年，设备管理室组织完成产销一体化系统设备管理模块的设备编码、点检标准及给油脂标准编码、两码对照、检修项目工单等基础数据的收集、整理及导入工作，12月28日设备管理系统中基准、点检、状态、计量和特种设备五个模块正式上线投入运行。

（樊树宝）

【减员增效】 2017年底，炼钢作业部在册人数为1563人，按公司职代会要求，2018年炼钢作业部应减员52人，为实现这一目标，炼钢作业部认真贯彻落实两级公司职代会精神，以转型提效为中心，通过与先进企业对标挖潜，结合炼钢作业部实际，制定优化劳动组织、改善工艺、装备自动化水平等6项措施。2018年度，在作业部全体职工的共同努力下，各措施项目按期完成，实现减员57人。截至2018年底，炼钢作业部实际在册人数为1506人，比公司下达的减员52人目标相比，超额5人完成减员任务。

（侯友松）

【人才培养】 2018年，王新华专家工作站和19人高层级职务人员发挥优势，创新科技，驱动发展战略，让越来越多的技术创新走进公司生产研发过程，借助技术进步带动整体产品体系不断升级。19人高层级职务人员与工作站技术人员和专家之间开展长期合作交流，以师带徒的形式培养出一批科技研发、工艺攻关、生产操作的专业技术骨干和操作骨干。2018年，当选公司股份之星2人，卓越之星2人，希望之星10人，操作骨干提拔到专业技术管理岗位9人，内部选拔专业技术人员到主任（首席作业长）助理岗位锻炼培养10人，专业技术人员提拔到基层领导岗位3人，通过考察，走上正式基层领导岗位12人。

（侯友松）

【职工创新】 2018年，炼钢作业部在王新华专家工作站及郭玉明、王建辉和刘建斌创新工作室基础上，创建以刘珍童、王忠臣和王元忠双师、白云斌、井含文、秦佳星、吴刚等命名的创新工作室。炼钢作业部有专家工作站1个，创新工作室9个。

（李仁伟）

【职工小家建设】 2018年，炼钢作业部在一炼钢炼钢作业区、一炼钢板坯作业区和二炼钢板坯作业区建立"职工小家"，配备相应的家具和设备设施，职工班中休息环境得到改善。

（李仁伟）

【青年志愿者】 2018年，炼钢作业部志愿者团队在全国钢铁行业职业技能竞赛天车工接待参观活动中，表现出高效协同、热情洋溢、服务周到的青年风采，得到首钢股份公司各级领导及131人参观考察团队的高度称赞。

（张 超）

【职业技能竞赛】 2018年，炼钢作业部筹措承办"首钢杯"第九届全国钢铁行业职业技能竞赛"天车工"比赛，首钢参赛选手张浩摘得"天车工"全国冠军，并获全国技术能手称号。竞赛组织工作得到中钢协、裁判组和各参赛选手好评。钢协领导专门发送感谢信，称"这是一次史无前例的天车工竞赛"。

（李 涛）

首钢股份热轧作业部

【热轧作业部领导名录】

党委书记、部长：蔡耀清

党委副书记：费书梅（12月任职）

副部长：周 阳 王 伦

党委书记助理、纪委书记：刘志民

部长助理兼设备管理室主任：周广成

首席工程师：兰代旺 刘世赤

（张来忠、赵 阳）

【概况】 热轧作业部拥有热连轧生产线2条，一热轧主体设备是1套德国西马克、西门子公司与首钢合作设计制造，辊身长2250毫米的半连续热轧带钢轧机（简称

"2160轧机"),2006年12月23日建成投产;二热轧主轧线设备设计及制造者为中国一重集团,主轧线电气自动化系统、高温感应加热炉、边部加热器设计及供货者为TMEIC公司,加热炉蓄热式烧嘴、燃烧控制系统及二级系统设计和供货者为ROZAI公司,侧压机设计及供货者为德国西马克公司,其他设备及配套设计和供货者均为首钢国际工程公司,2009年12月14日投产。

有两条热卷开平生产线、一条罩式炉生产线、一条热轧酸洗生产线、一条酸洗卷破鳞拉矫生产线、一条酸洗卷开平生产线,其中1号开平生产线为进口生产线,年设计产能45万吨;2号开平生产线为国内设计制造,年生产能力20万吨;罩式退火线于2011年6月28日投产,年设计产能12万吨;热轧酸洗生产线于2012年9月28日正式投产,年设计产能77万吨;酸洗卷破鳞拉矫生产线年设计产能30万吨;酸洗卷开平生产线年设计产能12万吨。

热轧作业部下设综合办公室、政工室、生产技术室、设备管理室、安全管理室、一热轧轧钢作业区、二热轧轧钢作业区、精整作业区、酸洗板材作业区9个科级单位。共有在册职工826人,协力职工26人。在册职工中,男职工721人,女职工105人,35岁以下职工483人,占职工总数的58.47%,全厂职工平均年龄36岁。管理岗位181人,其中作业部领导9人、科级24人,一般管理148人,平均年龄37岁;操作岗位645人,平均年龄36岁。现管理岗位聘任主任师8人、主管师36人。现操作岗位聘任技师及以上46人,其中首席技能专家1人、首席技师2人、高级技师2人、技师41人。大专以上学历641人,占职工总数77.60%,其中硕士55人,占职工总数6.66%;中级职称以上人员124人,占职工总数15.01%;持有技能证中级以上469人,占操作岗位职工总数72.71%,其中高级技师10人、技师67人。党员355人、团员31人。作业部党委下设基层党支部7个,党小组27个。

(张来忠、尹海霞、牛 科)

【产量及订单】 2018年,热轧作业部完成产量726.68万吨,29次刷新产线纪录。其中一热轧年度完成产量389.74万吨,12月产量历史性突破40万吨,二热轧年度完成产量327.22万吨。截至2018年底,热轧已累计轧钢7075.5万吨。重点品种上,硅钢完成172.44万吨(其中取向硅钢28.6万吨),较2017年增加8.84万吨,汽车板完成134.5万吨(其中外板38.25万吨)。酸洗产品完成61.27万吨,超计划11.27万吨,较2017年提高8万吨,其中5月6.2万吨,创酸洗线投产后月产纪录,其中汽车结构用钢为25.58万吨,占比41.75%,较2017年提高7.38%;厚度≤2.0毫米规格9.14万吨,占年产量的14.91%,较2017年提高0.07万吨。月均重点订单兑现率完成94.57%。2018年整单兑现率完成94.57%,其中4月整单兑现率为98.29%。

(程艳飞、刘恩庆)

【降本增效】 2018年,热轧作业部通过产量提升、质量提高、费用管控等措施推进降本工作落实,实现吨钢降本5.1元,累计降本3778万元,完成预算任务的75.8%,其中轧钢工序吨钢降本4.36元,累计降本3234万元,完成预算任务的67.8%;酸洗工序吨钢降本0.73元,累计降本544万元,完成预算任务的241%。推进钢坯热装热送,提高热装温度,实现低温轧制,热装热送率较2017年提升8%。

(刘杏荣、贯雨樺)

【品种结构调整】 2018年,热轧作业部中低牌号轧制量较2017年减少18万吨,降幅14.4%;高牌号轧制量较2017年增加2.5万吨,增幅14.8%,热轧厚度≤2.3毫米薄规格取向轧制由原来的不足30%提高到月均60%以上,部分月份取向薄规格占比达到80%以上。持续开展冷轧高强钢板形攻关及高强钢减薄工作,通过加热负荷优化、轧制负荷优化、板卷箱使用功能优化及轧机刚度提升等攻关,高强钢月均生产4.2万吨,比2017年提高16%;780级别以上超高强钢月均生产2600吨,比2017年提高77%;3.0毫米以下高强钢月均生产8500吨,比2017年提升44%,客户满意度同步提升。

(冀建卫)

【推进产品认证】 2018年,酸洗产品重点推进福特汽车等53家客户认证,认证订单转化量5.91万吨,涉及客户主要为长城汽车、神龙汽车、一汽富奥、郑州日产、海斯坦普等汽车板用户以及松下、加西贝拉等家电板用户。热系产品推进15个新用户10个牌号的试制认证,成功开发新牌号7个,开发新用户9个,涉及日新华新顿、高万昌、祝桥等企业,成功通过宇通方管认证。

(冀建卫)

【成立技术创新中心】 2018年,为持续加快热连轧技术的研究与开发,不断调整优化产品结构,构建热轧产

品的核心竞争力,打造精品板材生产基地,热轧作业部组建"技术创新中心",融合作业部专业技术力量,着力研究、攻关工艺、技术、质量、设备等方面的问题。高牌号无取向电工钢C25命中率90.2%,实现超低同板差控制技术;IF钢出钢温度1180℃命中率97.43%,一热轧燃耗44.63千克标准煤/吨,二热轧燃耗39.63千克标准煤/吨。

(王　伦、王学强)

【自动化技术攻关】 2018年,一热轧开发出五点式立辊短行程模型、开发出新的R1宽展模型、对宽度负荷分配模型进行优化,宽度在线封锁率从3.77%降到0.8%左右。780MPa级别冷轧DP钢的酸轧板形问题得到解决。建立起酸洗板同板差指标,两线同板差±60微米以内的合格率达到70%以上。完成两条热轧线的二级接口改造工作,为产销系统上线提供有力支持。

(董立杰)

【质量控制】 2018年,轧线综合成材率97.63%,较2017年提升0.06%,其中一热轧完成97.92%,较2017年提升0.25%,二热轧完成97.28%,较2017年降低0.18%。酸洗成材率96%,较2017年提升0.15%,开平成材率98.4%,较2017年提升0.49%。一热轧直通率91.48%,较2017年提升5.24%,二热轧直通率91.88%,较2017年提升2.42%;酸洗直通率93.96%,较2017年提升6.57%。轧线带出品率1.67%,较2017年降低0.38%,其中质量带出1.13%,生产带出口率0.54%;酸洗带出品率4.21%,较2017年降低0.51%;开平带出品率3.51%,较2017年降低0.35%。

(武巧玲)

【提升设备能力】 一热轧和二热轧月均设备故障停机时间分别为751分钟和724分钟,较2017年分别降低21%和12%,平均月设备故障停机时间均控制在780分钟之内。推进设备升级改造工作:利用中修和环保限产检修,组织完成2160轧线R1新增液压压下系统改造,该系统自动化硬件配置、施工及调试全部由热轧作业部自动化人员实施,节省自动化设计与调试费用约55万元。围绕1580轧线自动换辊时间偏长、换辊故障率居高不下的问题,2018年,完成精轧所有换辊小车改造,弯串辊及系统完成F2、F4、F5和F7四个机架的改造,换辊时间大幅降低。协调酸洗区域的设备升级改造,协同推进酸洗新增一台卷取机、拉矫焊机升级等项目。2018年,热轧两条轧线的功能精度评价得分提升,精度达标率提升。

(周广成、李建东)

【关键精度备件管控】 2018年,热轧作业部组织设备专业,将轧线所有的关键精度备件列清单、出标准、圈厂家,通过与国内大型钢铁企业的实际使用经验咨询,优化备件制作标准,圈定符合现场使用要求的供货厂家,对现有的劣质厂家进行淘汰,对于关键精度备件出现质量问题,从严、从重考核,通过关键精度备件管控体系的实施,两线轧机刚度保持率提升5%,设备精度保持率从95%提升至97%,有效减少设备故障发生,产品质量提升。

(周广成、东占苹、赵春光)

【环保设备设施改造】 2018年,通过对热轧各工序进行梳理,先后制定并实施一热轧、二热轧精轧除尘风机升级改造,一热轧、二热轧粗精轧机组增加水气抑尘装置,一热轧、二加热炉安装污染物在线监测装置,拉矫、酸洗氩弧焊机增加除尘设施,热轧酸再生1号、2号焙烧炉粉尘排放治理,一热轧精整、二热轧精整除尘烟筒高度改造等6项改造治理项目,顺利通过政府超低排放检测验收。

(周广成、李建东)

【转型提效】 按照优化劳动组织、梳理业务流程、推进自动化改造及"精干主体,分离辅助"的精神,着力推进点检维检整合工作,撤销维检作业区,核减管理岗位定员10人,调整/撤销班组建制26班次;完成一热轧磨辊间整体外包工作,可减少用工20人,并完成二热轧磨辊间整体外包前期准备工作;完成加热炉及轧钢8个操作台整合工作,操作台数量减少一半,减少用工16人,为实行大工种制奠定坚实基础;整合质量检查工及在线质量监控岗位,减少用工8人。通过以上措施为连续式酸洗线项目储备40人,28人办理辞职及协商结合手续,11人办理调离手续,全面完成转型提效任务目标。

(张来忠、赵　阳)

【干部队伍建设】 明确议事规则,坚持民主集中制,下发《党委会工作规则》《部长办公会工作规则》和两个权力清单;根据工作需要新任命基层领导干部1人挂职;基层干部调出及退休免职3人;调整干部岗位及职责,涉及14人;公开竞聘13个一般管理岗位16人。

(张来忠、赵　阳)

【职业技能竞赛】 按照《首钢股份公司第四届职业技能竞赛活动方案》，热轧作业部本届组织承办首钢股份公司级机械点检员、轧钢工、加热工三个工种的复赛工作，15名选手脱颖而出；推选一热轧轧钢作业区张柏元、二热轧轧钢作业区焦彦龙2名轧钢工参加“内科大杯”全国模拟轧钢大赛，与股份炼钢部参赛选手团结协作、共同努力，获得团体二等奖；在轧钢单项竞赛中，获得单项三等奖的优异成绩；圆满完成“首钢杯”第九届全国钢铁行业职业技能竞赛承办工作；2018年10月，中国钢铁工业协会组织人事部和冶金工业教育资源开发中心联合举办的第四届钢铁行业教育培训表彰大会在青岛举行，热轧作业部被评为第四届“钢铁行业教育培训工作先进单位”。

（张来忠、尹海霞）

【推进本质安全】 2018年，热轧作业部不断夯实安全管理基础，构建包括相关方在内的安全绩效管理评价体系，领导干部现场履职检查常态化，注重安全“家”文化建设，开展家庭亲情寄语和家属参观日活动，全面推进本质化安全管理，重点推进能源隔离和行为管理两个模块，将一热轧打造为本质化安全示范生产线。通过各级领导和专家参加班组班前会、安全值日臂章交接、安全互保可视化来增强仪式感、传递责任的严肃性。评选优秀家庭寄语37个，班前会循环滚动播放，拉近职工家属与企业的情感和距离，提升班组安全文化氛围，涌现出一批优秀班组。高度重视安全教育培训工作，采用外请讲师与内部培训相结合的方式，对安全标准化体系、本质化安全管理、双控体系、各类安全管理人员取证复审、特种作业人员取证复审、煤气系统、职业健康、法律法规等组织开展培训，2018年，开展各类安全教育培训1642次，16900人次参加，做到全员覆盖。

（周剑飞、刘晓波）

【党建引领】 2018年，热轧作业部深入推进“两学一做”学习教育常态化制度化，组织党委中心组（扩大）理论学习28次，在思想上政治上行动上同以习近平同志为核心的党中央保持高度一致；构建党建责任体系，组织逐级签订党建工作责任书；下发《热轧作业部领导班子成员联系基层党支部工作方案》，每个部领导联系一个党支部，并划分到党小组；下发《基层党支部书记会议、政工例会及党支部书记汇报工作规则》。强化基层党支部书记述职；全面从严治党，配备专职党支部书记，提升改革发展的战斗力；下发《关于贯彻落实意识形态工作责任制的实施办法》《关于党支部深入落实意识形态工作责任制的实施细则》和《职工思想动态工作管理规定》，将意识形态下沉到基层、到支部，每季度研究分析职工思想动态，牢牢把握意识形态主导权；运用巡视成果，抓问题整改，不断提高党建规范化、科学化水平；新建创新工作室7个，总数达到9个，建立“职工小家”2个，向生育职工、退休职工以及新婚职工发放慰问品68人；连续四次获“股份杯”足球联赛冠军；高质量完成“首钢杯”第九届全国钢铁行业职业技能竞赛志愿者服务工作。

（蔡耀清、牛　科）

【党风廉政建设】 2018年，热轧作业部落实“两个责任”，加强对有业务处置权人员的警示教育；设立业务洽谈区，营造公开、阳光的从业氛围；聚焦“四风”，推动落实中央八项规定精神，深入贯彻落实中央八项规定实施办法，编发12期《热轧作业部纪检监察通报》，每月发布L8、L9领导的考勤执行情况，运用监督执纪“四种形态”，下发《热轧作业部提醒谈话通知书》，对20人进行提醒谈话；推进廉洁文化建设，提升拒腐防变的免疫力。

（刘志民、王小军）

首钢智新迁安电磁材料有限公司

【首钢智新电磁领导名录】

党委书记、执行董事：孙茂林

副总经理（主持工作）：齐杰斌（12月任职）

张广治（12月离任）

党委副书记：姚福顺（6月任职）　唐东育

纪委书记：姚福顺（6月任职）　唐东育（6月离任）

工会主席：姚福顺（6月任职）　唐东育（6月离任）

副总经理：齐杰斌（12月离任）　员大保

胡志远　张叶成

副总工程师：游学昌

监　事：刘新亮

财务总监：靳彦博

首席技术专家：赵东林

（陈晓明）

【概况】 首钢智新迁安电磁材料有限公司（以下简称

“首钢智新电磁”)以原北京首钢股份有限公司硅钢事业部为主体,于2018年5月1日正式成立,是首钢股份的全资子公司,注册资本为50.05亿元。产品定位于钢铁业“皇冠上的明珠”——硅钢(亦称“电工钢”),于2008年12月开工建设,2010年6月无取向硅钢试制成功,2012年12月10日全流程贯通,2013年10月成立硅钢事业部,创新“产销研一体化”运行机制,建立和完善硅钢一贯管理体系,2017年产销量突破150万吨,2018年硅钢年产量160万吨,连续5年成为世界上最大的无取向硅钢单体制造工厂,产品出口到日本、意大利、美国、印度、巴西等28个国家。首钢智新电磁推动硅钢新技术、新工艺的研发及应用工作,在特高压变压器、新能源、节能变频家电及配电变压器等领域取得批量应用,为国家大气污染防治、节能减排等作出贡献;并推动本质化安全、超低排放、智能工厂建设,成为安全、环保、智能化示范工厂。截至2018年12月底,首钢智新电磁下设12个职能机构、6个作业单元,实有人员1305人,其中管理及以上297人、生产操作1008人;硕士研究生及以上63人、本科637人、专科410人、专科以下195人;高级工程师及以上21人、工程师124人、助理工程师82人。

(张　扬、陈晓明)

【产量稳增】 2018年,首钢智新电磁克服市场压力大、客户规格多样化的特殊要求,以保证质量、生产顺行为前提,以生产、质量、降成本为主题开展工作,取得较好成绩。2018年电工钢产量160.04万吨。其中,中低牌号106.61万吨,高牌号36.62万吨,取向16.81万吨。无取向电工钢连续5年单体工厂产量全球第一,取向电工钢0.20毫米及以下高端产品国内市场占有率第一。

(赵运攀、肖桂姣)

【订单兑现】 2018年,首钢智新电磁通过全流程精细组织,推广标准化制造周期,电工钢平均订单兑现率99.43%,其中中低牌号平均订单兑现率99.50%,高牌号平均订单兑现率99.11%。格力、美的、信质电机等重点客户逐月订单兑现率均为100%,全流程生产组织以重点客户优先排产为原则,以保重点客户订单交货期排产主线,保障重点客户订单按期交货。

(赵运攀、闫伟利)

【质量提升】 2018年,首钢智新电磁以“强化管控,提升服务”为原则,开展质量月活动、质量管控看板、QCC活动、过钢通道、智能化系统自动判定功能上线等质量一贯制管理工作,实施月牙孔洞缺陷攻关、天车夹伤控制、机组成材率攻关等十余项技术攻关。无取向成材率94.46%,取向成材率平均87.31%,带出品率平均1.71%,均已完成目标。全年质量异议13起,较2017年降低50%。同时,质量判定模块的上线实现无取向各种判定项目自动判定、自动取样、精整自动分切等,使质量判定标准一致,岗位职工工作量减少。12月份,公司通过三体系审核认证。

(石建锐)

【检验能力提升】 2018年,首钢智新电磁组织产品检验、过程及介质检验、临时检验共199344批,较2017年同期增加23.80%。通过实施智能工厂全自动激光加工项目,首钢硅钢磁性能检测能力提升;全自动激光加工于2018年10月18日投用,累计加工21201批,成功率99.9%;无取向加工作业由人工剪切优化为全自动激光加工,样品人为误差消除,保障了加工精度;激光加工中心采取人机隔离,提升本质安全水平,实现磁性能加工检测自动化。

(石建锐、刘　英)

【电工钢销售】 2018年,首钢智新电磁电工钢整体销量156.18万吨,其中,无取向销售139.15万吨,取向销售17.03万吨;电工钢出口销量10.30万吨,其中,取向出口2.94万吨,无取向出口7.36万吨。

(吴　磊)

【销售渠道拓展】 2018年,首钢智新电磁在巩固现有渠道的基础上,持续开发新客户,渠道能力进一步拓展。开发无取向客户43家,取向薄规格高牌号新客户14家。新能源客户认证开发39家,实现订货量1.63万吨,市场占有率15%。获大众、奥迪、本田、福特等16家德系、日系及国内高端乘用车用户的高度认可,成为广汽本田第一款新能源汽车驱动电机的唯一供应商,实现与宝钢、JFE、新日铁同平台竞争。

(吴　磊)

【产品开发】 2018年,首钢智新电磁取向产品实现27SQGD085LN、23SQGD080LN两个节能环保变压器用低噪声牌号全球首发;完成20SQG080、20SQGD070、18SQGD065三个高端产品开发,达到国际先进水平;实现超薄0.20批量生产、0.18毫米小批量试制,年产量0.86万吨;薄规格比例完成86.45%;完成取向极薄带用无底层产品开发,合作完成的极薄带性能接近日本日金材料水平。无取向产品完成10个新产品开发,形成四大系列97个牌号的产品体系;完成新能源用35SWYS500和25SW1250H两款新产品开发,产品性能达到国际领先水平,新能源汽车用无取向电工钢形成5个系列21个牌号的专用产品体系;完成极薄规格0.15毫米/0.18毫米产品开发;完成无取向环保涂层开发,具备环保涂层批量生产的能力。

(王付兴)

【产品认证】 2018年,首钢智新电磁取向电工钢首次获得三峡集团认可,并在同年应用到三峡乌东德、白鹤滩、长龙山等水电项目500千伏变压器产品。2018年6月2日取向电工钢产品顺利通过“双百万”特高压大容量变压器用高磁感鉴定会的评审,产品综合技术性能达到同类产品国际先进水平,其中噪声指标及涂层附着性指标达到国际领先水平;超1级(S15型)变压器制造3台,S14变压器在高晶、宏源、特变电工等批量制造。无取向产品通过13家用户14个产品认证,认证一次通过率100%。

(王付兴)

【效益增收】 2018年,首钢智新电磁“以市场为导向、以客户为中心、以经济效益为核心”,克服市场价格下行和成本上升的双向压力,年含税营业收入104.45亿元,突破百亿元大关,利润总额2.56亿元,其中,无取向盈利2.11亿元,取向电工钢盈利0.45亿元,取向实现扭亏为盈;通过结构优化调整,增效0.73亿元。

(吴　磊)

【精益管理】 首钢智新电磁精益JIET项目于2018年4月开展,现已完成16个巴的创建,分别为三级巴5个、四级巴3个、五级巴8个,取得一定成效。梳理出26类106子项的经营会计科目,并完善了18项科目内容;完成《阿米巴经营会计报表》及《月度分析总结报告》,形成闭环管理;根据经营会计报表发现问题并持续攻关改善,完成24项课题的结题工作,共计产生有形效益3899.9万元;通过细致梳理外委项目,成功收回套筒外委修复项目,年创效120.8万元;完成产线联排计划,降低在制品库存1500吨,减少资金占用700万元。

(张　扬、田自强)

【降本增效】 2018年,首钢智新电磁围绕工艺降本、降低辅材及动力能源消耗、降低制造费用等方面全面开展降本工作,全年降成本13047万元,吨钢降成本81.53元;无取向累计降成本-12832万元,取向累计降成本25879万元,完成首钢股份公司年初下达的5644万元降成本指标。

(张　扬、王　辉)

【智能工厂】 首钢智新电磁—冷轧智能工厂项目以产品研发、精准服务、协同制造为核心,以生产、能源、设备、安全、环保、智能装备为支撑,构建“智能决策、智能协同、智能感知”的智能工厂架构。首钢智新电磁联合首钢股份智能化应用部、首自信等单位,按照“先进、自主、可控、实用、实效”原则,两年完成智能制造子项目34项,参与项目设计、研发、组织人员达175人,参与施工建设等超过千人。2018年12月,首钢智新电磁—冷轧智能工厂项目整体竣工。项目完成研究报告5项,企业标准(草案)1项;申请国内发明专利22项,获国内发明专利授权5项,软件著作权登记7项;突破24项关键技术,形成短板装备,解决了5项关键问题,实现了智能工厂10方面功能,达到国家项目规定的各项指标,经济效益显著。

(王承刚)

【本质安全】 2018年,首钢智新电磁上锁挂牌和机械防护全面投入运行,实现上锁挂牌在全区域全产线的使用,各产线全机防护全面投入;通过模块管理、专项整治等手段,大幅度降低风险D值,全年累计降低43577.15分,降幅接近40%;实施早调会违规行为视频公开分析,提升了基层单位的自查能力、对违规现象的分析能力以及深挖自身管理问题的反思意识。将本质安全推行经验转化创新项目——《安全本质化管理创新项目》获第十八届冶金企业管理现代化创新成果二等奖。首钢智新电磁获北京市2018年度“安康杯”优胜单位、首钢集团2018年度安全生产先进单位等荣誉称号,在钢铁行业同行中牢固树立起安全管理示范企业形象。

(朱景洋、刘　畅)

【环保管理】 首钢智新电磁以建设绿色企业为目标,不断加大环保投资及运行费用,形成企业环保优先的文化氛围。2018年,公司环保投资1.06亿元,建立健全各类环保管理规定,梳理并规范污染物排放口111个,完善排污许可管理规定,取得国家排污许可证。规范35枚放射源、15台X射线及49名涉源人员的管理,完善放射源管理体系,取得国家辐射安全许可证。关注国

家及地方环保政策要求，及时分解责任，细化目标，圆满完成13项环保改造项目，一次性通过唐山市超低排放专家组验收，并在唐山市企业环保绩效测评中被评定为环保A类企业，享受不停产、不限产的政策红利。2018年12月首钢智新电磁顺利通过ISO14001环保管理体系认证。

（王承刚）

【人才建设】 2018年，首钢智新电磁累计组织在职班组长和后备班组长培训106人次、特种作业取证复审培训242人次、职业技能等级鉴定培训133人次，持有职业技能等级证书共766人，其中持有高级技师证6人、技师证58人、高级工证297人、中级工证248人、初级工证157人。开展三支人才队伍建设，职务晋升82人，其中晋升主管师12人、晋升主任师6人、晋升高级主任师1人、晋升首席工程师3人、晋升技师49人、晋升高级技师10人、晋升首席技师1人。拓展人才队伍建设渠道，开展“大工匠”养成计划，评选出金牌工匠、银牌工匠、铜牌工匠及最佳操作能手48人；继续开展“领导干部上讲台”培训、“以讲促学”管理人员讲课培训、安全模块培训等多主题培训活动，累计组织培训399场，长达862学时，共7250人次参加培训。其中班组级培训201场、作业区级培训163场、公司级以上培训35场，为保证转型发展和完成经营生产任务奠定坚实的人力资源基础。

（张 扬、孟艳玲）

【党群工作】 2018年，中共首钢智新电磁委员会加强组织建设，调整优化基层党支部，组建维检作业区党支部，开展“基层的精彩”党支部成果展示交流会及评比；新组建4个创新工作室，“刘磊创新工作室”被评为北京市级创新工作室；首钢取向电工钢在“双百万”特高压大容量变压器应用和首钢与海鸿电气研制“超1级”能效变压器的报道入选“2018年中国电工钢产业十大新闻”；二十辊轧机生产线入选“北京市改革开放40年大型系列专题片”；发动全员，激发基层活力，党员攻关“金点子”降本增效项目120项，效益总额499.44万元，415人次参与，基层参与率90%，申报专利或专有技术3项；党建带团建，设备团支部获得全国钢铁行业五四红旗团支部称号，青年双争课题获得6项最佳课题、8项优秀课题，在首钢股份公司排名第一。

（刘新亮、田燕翔）

首钢股份质量检验部

【质量检验部领导名录】

党委书记：魏建全

部　长：张广治（12月任职）

部　长：崔全法（8月离任）

副部长：费书梅（12月离任）

部长助理：王贵玉

首席工程师：顾红琴

【概况】 质量检验部负责股份公司进厂原燃（辅）料取制样及检测，热轧产品性能检验（含金相、电镜分析、腐蚀试验），炼铁、炼钢炉前自动分析，钢坯低倍硫印检验，水质、油品、耐材、煤气检验，承担公司新产品研发、技术攻关等检测工作。质量检验部下设生产技术室、安全管理室、综合办公室、政工室、原料质检作业区、化学分析室、物理检测室。年末在册职工382人，其中管理人员52人，操作人员330人；硕士研究生30人、大学本科154人；教授级高级工程师1人、高级工程师8人、工程师40人、助理工程师43人；高级技师5人、技师60人、高级工128人；党员161人；团员4人。

2018年，质量检验部认真贯彻落实两级公司党委指示和“两会”精神，强化责任担当意识，强化目标交账意识，围绕公司生产经营任务目标，不断提升质检综合水平，坚持以“服务”生产为主线，严把进厂原燃料和过程产品的质量关；推进自动化项目应用，带动工艺设备升级改造，提高劳动效率；以三支人才队伍建设为支撑，结合工作实际，激励职工工作积极性；以基层党组织建设为依托，增强各级党组织的创造力、凝聚力、战斗力，推动党风廉政建设工作，同时持续完善质量管理、检验过程控制、6σ、TPM及精细化体系管理，提高质检工作整体管理水平，全面完成各项工作任务。

（王秉文、张凤荣）

【主要检验指标】 2018年，原燃料检验16357批，炉前检验391473批，热轧板卷检验39195批，横切板278批，酸洗板21534批，耐材检验401批，油品2067批，水质检验30568批，煤气检验179批，配合公司科研攻关检验34824批，烧结球团区域样品31666批。

（王 浩）

【原燃料质量审查】 2018年，质量检验部严把进厂原燃料质量关,共计扣罚供货方4028.6万元。其中:煤扣罚3777.67万元;原料扣罚250.94万元。进厂原燃料退货18批,避免了公司经济损失,公司利益得到维护。

(王 浩)

【科技创新】 2018年,组织职工提报63项合理化建议,实现良好的社会效益;提报科技论文33篇,并收集2012—2018年发表于各大权威杂志的科技论文集结成《质量检验部科技论文集(第二集)》;"一种石油产品酸值测定装置"等5个专利获得授权;完成"品种钢标钢研制""一炼钢化验室增加实验室管理系统"两个科技项目的结题。

(张秀丽)

【质量体系建设】 2018年5月,中国合格评定国家认可委员会对质量检验部进行现场评审。评审专家安排现场实验50项。对质量检验部的质量体系运行的适宜性、有效性及检测技术能力给予肯定,推荐授权签字人6人,确定检测能力涵盖26类123个检测项目144个检测标准,其中12项美标的成功扩项增强了实验室的综合实力,提升了中石化等高端客户的满意度。

(张秀丽、张希静)

【精益管理】 2018年,组织申报六西格玛项目4项,全部完成预定目标。在公司评比中获得六西格玛绿带一等奖一个、绿带二等奖一个、绿带三等奖两个,质量检验部获得优秀推进组织,专业人员2人获得精益六西格玛之星,2017年完成的《提高金相试样制备直通率》项目本年度获得中质协优秀项目。

(张希静)

【TPM管理】 稳步推进TPM管理,共组织开展设备区域清扫活动958次,发现问题4525项,整改4525项。充分挖掘小组成员智慧,提报设备提升、工艺改进、微缺陷治理等改善亮点290项,涵盖现场生产、技术、设备、安全措施等,组织制作基础知识、改善事例、故障处理、经验分享四个方面OPL培训课件312份。获得"骏马奖"荣誉1次。

(陈英杰)

【设备管理】 2018年,质量检验部设备综合完好率99.78%,优于98.50%的指标。按照公司产销系统上线安排同步启动设备系统产销数据整理收集工作。质量检验部按照三条虚拟产线42个生产作业场所进行设备拆分确定四位码42条、6位码1238条、9位码5093条、12位码19598条。根据产销点检与给油脂分开管理的要求新修订点检标准6756条、给油脂标准1023条。充分的数据准备为2019年产销系统上线工作打好基础。

(白银锁)

【降本增效】 通过科研试验收费、进口备材国产化、修旧利废等措施开展成本管控工作,2018年,质量检验部实现增收节支453.85万元,在克服人员紧张的不利因素下,持续推进降本增效项目实施,深入挖潜,点滴节约,通过样盒国产化及修复、自制标样、铣刀片转国产化等措施累计节约资金64.80万元。

(张明超)

【智能检测】 完成《首钢股份公司原燃料智能检测新技术集成与应用》科技项目,该项目是对国内外钢铁企业原燃料检验技术的功能创新、流程创新、廉政风险技术防控创新、国内装备自主集成创新。实现高炉金属料从自动取、制、送、分析一体化,是原燃料检测新技术在冶金行业检测领域创新的示范应用,首钢股份企业形象提升,产品竞争力提升,获得首钢科技二等奖。

(夏碧峰)

【人才队伍建设】 加大人才开发与培养力度,全面提高人才队伍整体素质。2018年共有4人取得高级职称;1名职工被评选为首钢股份公司"卓越之星",3名职工被评选为首钢股份公司"希望之星";在2018年首钢股份公司级技能竞赛中,包揽化学分析工前三名,维修电工前两名。

(王秉文)

【党风廉政建设】 2018年,质量检验部党委坚持以习近平新时代中国特色社会主义思想为指导,全面落实从严治党决策部署,认真贯彻落实十九届中央纪委二次全会精神,不断增强"四个意识",坚定"四个自信",践行"两个维护"等要求,严格履行《中国共产党章程》规定的各项职责,推进标本兼治,强化监督执纪问责,通过完善体系建设,抓责任落实,筑牢廉洁防线,深入开展党风廉政建设和反腐败工作。

(林宝财)

首钢股份能源部

【能源部领导名录】

党委书记:刘卫华

部　长:毛松林

副部长:李双全　唐和林　杜　斌

部长助理:范晓明　阎　波

首席技术专家:雷仲存(7 月任职)

首席工程师:许国峰

(董作福)

【概况】 北京首钢股份有限公司能源部主要负责首钢股份公司钢铁工序生产所需的风、水、电、气、汽共 5 大类、20 余种能源产品的生产、供应、管理工作,涵盖发供电、燃气、供气、供水、制氧等系统,既是能源介质的生产作业实体,又是公司的能源专业管理部门,具有作业与管理双重职能。能源部坚持“安全顺稳、经济环保、团结高效、协同保障”的工作理念,为公司提供优质的动力能源。主要设备有:150 兆瓦燃气蒸汽联合循环发电机组一台、50 兆瓦燃气蒸汽联合循环发电机组两台、25 兆瓦汽轮发电机组两台、15 兆瓦背压发电机组一台、30 兆瓦高炉炉顶煤气压差发电机组一台、15 兆瓦高炉炉顶煤气压差发电机组两台、6000 千瓦饱和蒸汽发电机组两台、8000 立方米/分钟高炉鼓风机一台、7000 立方米/分钟三台、110 千伏变电站八座、30 万立方米高炉煤气柜一座、20 万立方米高炉煤气柜一座、15 万立方米焦炉煤气柜两座、15 万立方米转炉煤气柜一座、8 万立方米转炉煤气柜两座、除盐设备两套、二级除盐设备一套、污水处理设备两套、23000 立方米/小时制氧机组一套、35000 立方米/小时制氧机组四套等。下设综合办公室、政工室、能源管理室、运行管理室、安全管理室五个基层管理机构;供风作业区、一供水作业区、二供水作业区、水处理及管网作业区、供电作业区、热电作业区、压差发电作业区、循环发电作业区、燃气作业区、制氧作业区十个作业区。

(汤丰宁)

【主要指标】 2018 年,首钢股份公司(迁顺基地)发电量完成 22.42 亿千瓦・时,超年度计划 0.42 亿千瓦・时;吨钢综合能耗完成 600 千克标准煤/吨,较年度计划降低 29 千克标准煤/吨;吨钢耗新水完成 3.12 立方米/吨,较年度计划降低 0.10 立方米/吨;吨钢综合电耗完成 613 千瓦・时/吨,比年度计划升高 4 千瓦・时;氧气放散率完成 2.34%,较年度计划降低 0.66%;高炉煤气放散率完成 0.20%,较年度计划降低 0.05%;吨钢转炉煤气回收完成 105.2 立方米/吨,较年度计划升高 1.4 立方米/吨。

(徐建楠)

【能源管理】 2018 年,能源部持续推进能源管理体系建设,与冶金工业规划研究院共同完成《首钢股份公司迁安地区节能低碳发展规划(2018—2020 年)》编制工作,为提高能源利用效率、全面提升能源精益化管理水平、深入推进绿色低碳化发展明确方向。推动首钢股份公司能源体系管理与国家政策、先进理念、行业先进水平全面对接,拓宽、优化能源体系管理思路、方法和途径。2018 年,首钢股份公司“钢铁企业节能低碳指标体系及应用”项目获中国节能减排科技进步一等奖。

(杨　明)

【环保管理】 2018 年,能源部持续完善环境保护管理网络体系,年内能源部收购迁安科锐公司油品净化设备,由能源服务作业区接管股份公司内部油品再生处理,降低废油外排和新油外购费用,创效 90.5 万元;服务作业区清洗滤料 950 吨,减少危废外排费用 342 万元;完成首钢股份公司空气质量监测小型站 18043 点位的规范化建设、数据上线及监测调控附属设施改造系列工作;背压机组和热电机组锅炉低氮燃烧器分别投入使用,发电过程中烟气氮氧化物的排放量降低,并创新性地采用喷氨法进行脱硫,实现二氧化硫的超低排放;完成制氧空分污氮气利用 4 号空分机组改造工作,为首钢股份公司炼铁作业部除尘灰、瓦斯灰提供气源。累计向矿业公司输送再生水 207.69 万吨。7 月 6 日,水利部海河委员会对首钢股份公司迁安钢铁公司设置入河排污口做出准许批复,10 月 15 日正式下发首钢股份公司迁安钢铁公司取水许可证。

(董　盼)

【降本增效】 2018 年,在 2017 年调整转炉煤气回收参数的基础上,会同炼钢作业部,进一步优化调整,吨钢转炉煤气回收量 105.2 立方米/吨,比年度预算提高 1.4 立方米/吨,同比 2017 年提高 4 立方米/吨,增效 296 万元;深入组织、全面协同,圆满完成 4 号高炉鼓风机节能改造,年可节约电费 400 余万元,受到集团总工室领导和专家高度评价;通过挖掘各单位潜力,深入推进移峰填谷工作,节约电费 1045 万元;通过实时调整,优化发供电运行,提高外线功率因数,获得奖励电费 889 万元。

(谢红艳)

【设备管理】 2018 年,能源部共发现并处理设备缺陷

3339项，其中重要、主要缺陷39项，发放奖励金额72390元，2018年设备缺陷同比2017年降低195项，其中重要、主要缺陷降低20项，通过隐患排查制度落实，激励职工多查隐患，设备故障发生率降低；全年高炉检修19次，检修项目4876项，完成15万CCPP大修、制氧4号机组中修、20万柜/30万柜检修、1号风机中修、热电1号机中修、三总降组合电器大修、二供水二热轧水处理中修等，完成设备功能精度恢复，消除设备隐患，为安全顺稳奠定设备基础；2018年，完成技改项目15项，其中4号高炉鼓风机节能改造、锅炉低氮燃烧器改造、1580浊环DC3增加高速过滤器、天然气管道复线建设、制氧空分污氮气利用改造、压差静叶控制阀台改造等项目的实施，一批长期困扰生产运行的难题得到解决，系统运行效益提高。

（左兴堂）

【安全管理】 2018年，能源部完成重大危险源备案工作，备案共计16个，其中一级2个、二级7个、三级4个、四级3个；完成制氧单元机组安全生产备案年审工作，确保制氧单元对外销售产品的安全生产。年内，共迎接外部检查18次，组织开展10项安全专项行动，排查各类安全隐患5885项，按照“五落实”要求全部落实整改。推进安全标准化管理，由武安院对能源部安全标准化——煤气单元（一级）、电力单元（二级）、制氧单元（三级）运行进行外部评审，达到安全标准化运行要求，同时开展内部评审，每半年出具自评报告，达到逐步完善、改进的要求。组织标准化达标班组部级验收达标率100%，新增示范班组8个，相关方班组15个，达标率100%。推进本质化安全管理的应用，空压机六站上锁挂牌经验在公司推广交流。通过本质化安全管理及安全标准化的运行，2018年能源部共计辨识安全风险1304项，实现到年底安全风险降低30%的目标。

（高玉艳）

【队伍建设】 2018年，能源部搭建雷仲存专家工作站、净晓星创新工作室、王文彬创新工作室、王春福修复工作室、服务作业区修复班、滤料班、标识工作室等各类平台，给优秀人才搭台子，提高职工队伍创新能力。组织高技能人才签订师带徒协议，共组织主任师（技师）以上高技能人才72人，与81人签订师徒协议。在“第十八届北京市工业和信息化职业技能竞赛（首钢赛区）决赛”中，能源部运行管理室电气点检工梁静丽获得电气设备点检员工种实操总成绩第一名、综合总成绩第三名的优异成绩；提高协同能力，完成“首钢杯”全国钢铁技能竞赛四个工种244人在电教中心理论考试的服务和保障工作。

（董作福）

【转型提效】 2018年，能源部重新核定岗位定员，优化人员配置，成功开发油品净化、滤料清洗、标识制作等创新创效项目。年内转岗到服务作业区39人，另有买断19人、退休3人、内退1人，在岗人数减少59人，能源部由主业在岗964人减少到905人。

（李志杰）

【TPM管理】 2018年，能源部自主开展小组活动810次，自主改善6120项，形成改善亮点796个，共计制作OPL课件186份。开展TPM第七阶段自主管理提升阶段验收工作，能源部25个TPM小组通过验收。组织2018年度能源部焦点课题立项10项并指导结题，4项参加公司评审。开展“季度改善之星”“TPM改善亮点”评比活动，进一步调动积极性、激发活力。制定重要设备星级验收计划，年内完成空压机三站、五站、三联合泵站等24个站所的验收，其中空压机六站通过公司五星级验收。年内能源部2次获得公司最佳跟进奖（骏马奖）。

（关　娜）

【党建引领】 2018年，能源部开展管理人员下班组活动，促进了能源部各区域间的融合，提高了专业管理素质，切实解决基层班组存在的深层次问题。并在此基础上深入落实公司党委“转进解办”精神，将部领导组织关系直接转入基层支部，改进领导作风，提高基层执行力。不断创新党建工作思路，使党建工作形式多样、接近职工、服务职工，年内组织光荣院送温暖、参观潘家峪惨案纪念馆、赴阳原慰问等爱国教育活动；完善党员活动室、丰富组织活动阵地，年内新建水处理、供电、压差和循环党支部四个党员活动室，提高党组织活动和党内政治生活质量。

（杜　娟）

首钢股份营销中心

【营销中心领导名录】

总经理：李　明

党委书记：刘志民

副总经理：郗　钊　赵　鹏　肖京连　刘海龙
王兴洪
总经理助理：张　亮

（陈昊阳）

【概况】　营销中心是首钢股份公司产品营销工作的专业机构，按照"统一资源计划管理、统一客户技术服务、统一销售物流管理、统一价格归口管理、统一销售管理"原则，承担"股份+京唐"营销专业管理职责，下设营销管理部、客户与产品服务部、热板销售部、冷板销售部、汽车板销售部5个行政部门。营销中心党委下设纪委（监察部）、党群工作部（组织、宣传、工会、团委）。在册职工253人，其中管理人员234人、操作人员19人；大学本科及以上学历192人，大专学历37人；高级职称23人，中级职称79人；高级营销师17人，营销师8人；高级物流师8人，物流师7人。2018年，营销中心全面贯彻股份公司的各项方针部署，聚焦经营目标，主动作为能担当，迎难而上敢突破，多措并举有效应对市场挑战，推进营销工作取得新突破，完成各项目标任务。

（陈昊阳）

【主要指标】　2018年，产品销量1369.13万吨，占四地总销量79.31%。高领产品销量425.04万吨，占四地总销量71.83%。冷轧汽车板完成316.1万吨，较2017年增长11.2万吨，增幅3.67%。全年综合价格与宝武缩差47元/吨，整体实现跑赢市场，通过产线、产品结构调整实现增效4.55亿元。2018年，北京钢贸利润总额2675万元，比年目标增加825万元。2018年，13家加工配送中心实现加工量101.19万吨。金属公司实现利润997万元，比年计划增加397万元。营销中心承担的63项重点工作，完成58项，完成率92.06%。

（陈昊阳）

【市场引领提升经营绩效】　营销中心通过合同的优化组织和再平衡，有效缓解结构性、阶段性的供需错配问题。2018年，综合节点完成率为91.06%，产销协同减少短浇次49个，实现溯源销售16.4万吨。全年跑赢1.76%，连续两年整体实现跑赢；全年结构增效4.55亿元，超年计划1.75亿元；各品种全面实现与宝武缩差，热轧、冷轧和镀锌产品较宝武分别缩差140元/吨、404元/吨和59元/吨。落实顺义火运装载方案优化吨钢降低13.4元，迁顺供料火运费用吨钢降低2.6元。全年迁安顺义转港运输135.5万吨，保证迁顺合理的火运装载比例，迁钢和顺义分别创出日均150车和43车的历史纪录，为火运增量打下基础。提高环保达标车辆发运保障能力，顺义156部车辆全部达到环保要求。带出品实现电商平台线上销售62.3万吨，全年实现增效3565万元，销售周期缩短11天。

（陈昊阳）

【高端引领结构优化】　2018年，首钢成为宝马国内和长城的第一供应商，产品打入日系、上汽等知名品牌。汽车板获得零件认证机会1850个，完成计划102.8%，启动ZM、AS新镀层的产品认证；获得宝马2款新车型44个零件的试模需求；通过东风日产高强钢的材料认证及丰田的产线审核，日系供货1.5万吨；通过沃尔沃980MPa以下22个钢种的材料认证；上汽大众供货1.4万吨；实现长城H6侧围外板供货，首钢成为国内第二家具备双面O5供货能力的供应商；奔驰复相钢HC780/980CPD+Z通过材料认证。酸洗板高端品种及客户市场开发取得新成效，汽车酸洗板完成25.84万吨，同比增加5.04万吨，增幅24.3%。新开发上海汇众、广汽等重点客户32家。2018年，获得零部件认证机会335个，完成计划116.7%。开启日系品牌的材料认证，实现长城高扩孔钢580HE切换认证并批量供货。专用特色品种开发取得新进展，汽车用双层焊管SHG2实现对邦迪等龙头客户的批量供货，高强钢S800Nq实现对新会中集等行业重点客户的稳定供货，国内市场份额超过50%，家电自润滑镀锌板实现对美的供货5800吨。涂镀板产品市场开发取得新进展，镀锌与北新建材合作中标雄安市民服务中心项目，镀铝锌供货张家港天翔等大批知名电气柜企业，彩涂打入海信、东芝等重点家电企业。

（陈昊阳）

【服务提升品牌价值】　2018年，营销中心整合产销研服务资源，搭建一体化客户服务模式，提升技术服务水平。引进外部技术人才3人，年底，汽车技术服务团队达到59人，为重点客户搭建专属服务团队，快速响应客户诉求。2018年，集团、股份领导走访16家企业，营销中心牵头组织用户走访591次，接待客户到访67次。通过月度客服例会反馈问题69项，年底完成整改42项。全年质量异议处理周期15.61天，较2017年压缩1.63天；全年重点客户整单兑现率94.5%，比2017年提高2.7个百分点；全年客户满意度96.4分，高于2017

年0.6分。加强物流管理,提升服务能力。加强物流周期管控,全年汽运准时到达率完成98.4%,海运准时到达率完成86.5%,重点用户汽运交货率100%,迁顺基地48小时按期到达率提高至86%,交货保障能力提升。对北京长安等重点客户实施延伸管理,细化运输操作规范,强化运输过程质量管控。全年对宝马、长城、长安开展JIT供货24.3万吨,满足重点客户物流定制服务的需求。加快推进产业链建设,提升前沿服务能力。配合产品、渠道高端化方向,优化钢材配送加工中心布局,强化贴身服务。完成首钢鹏龙1850摆剪、重庆首钢武中1850摆剪、青岛钢业二期等3个加工中心项目建设。宁波首钢项目、株洲首鹏汇隆二期等2个加工中心项目按计划推进实施,宁波首钢加工中心成为上汽大众首家"加工外包服务商"。

(陈昊阳)

【完善管控体系】 2018年,汽车板备库库存降低3.76万吨,无效库存减少90%。严控政策外和计划外应收,实现应收尽收,年末基地应收账款7.6亿元,较年初下降4.05亿元。完成交付基地现金比例计划要求。防范票据风险,年末财票比例由前期的35.5%降低至20.1%。加强资金归集管理,年末钢贸公司全口径资金归集率90%。优化钢贸融资结构,全年增加财务公司授信3.3亿元,实现资金降本273万元。推进加工中心标准化管理。全年编制48项专业制度,已下发19项。建立覆盖质量、服务、成本、效率等维度的工厂管理指标体系,通过对标分析,提升加工中心运营质量。全年控股加工中心吨钢包装费降低3.12元/吨,加工中心小时产量提升0.3吨/小时。全面落实审计问题整改,完成整改12项,整改完成率86%。全年完成制修订销售、物流、客服等制度56项,其中营销中心33项,钢贸公司23项,用制度办法规范营销业务。履行安全生产主体责任,加强安全值日巡查和安全检查隐患排查,创建营销中心安全文化。

(陈昊阳)

【营销体制改革】 全面推进营销体制改革。11月成立股份营销中心,初步搭建起集中统一、反应快速、运行高效、信息共享、一站服务的营销管理体制,五个统一的管理框架正在形成,为深入推动营销转型奠定组织基础。深化激励机制改革。总部实行薪酬分配制度改革,全面推广宽带模式的岗薪制,建立与重点指标挂钩的年度激励机制。经过广大职工拼搏努力,营销中心超计划完成任务指标,年度激励按办法全面兑现,职工积极性得到激发。完善外派高管及加工中心薪酬管理办法,严格进行过程管控和评价兑现。

(陈昊阳)

【党群工作】 2018年,营销中心推进党支部规范化建设,党建工作纳入15个实体公司章程。2018年,党委中心组集中学习14次,班子成员带头交流研讨;举办外派高管人员培训班,组织各类专题学习。开展"栉风沐雨砥砺奋进、看首钢爱首钢"实践活动,举办第三届"营销体育节",组织完成"股份之星""营销之星"评选。承办"首钢新闻记者节华北行"活动。营销中心获"改革开放40年中国企业文化"优秀单位和"首都精神文明单位"等称号。强化团组织凝聚力。推进区域公司属地工会建设;发挥"郭大鹏宝马服务创新工作室"平台优势,创立"高永生专家工作站",组织团员青年创新创效,基层创新活力不断释放。

(陈昊阳)

首钢股份采购中心

【采购中心领导名录】

总经理:郑宝国

副总经理:马卫国　宋开永　周　波

李　鹏(11月任职)

焦光武(11月离任)

盛　强(11月离任)

总经理助理:刘政群(11月任职)

马秋彬(11月任职)

党委书记:郑宝国

党委副书记:邹　召(7月任职)

纪委书记:邹　召

工会主席:邹　召

(肖　斌)

【概况】 为建立一个快速适应市场变化、多基地集中采购的管理体制,实现原燃料、材料、设备、备件及工程材料等集中采购,以集中一贯为核心,以产销一体化信息项目为手段,以实现集中采购、比价采购、降本采购为目标,以先进企业成熟采购模式为标杆,建立一个适应钢铁板块多基地、多法人集中采购管理体制。将首钢股

份、京唐等基地的原燃料、资材备件、耐材、工程设备、工程材料采购业务进行集中管理。采购中心主要负责采购计划编制、供应商开发和评价管理、采购价格制定、物料的采购和质量控制、结算和付款以及资材备件的仓储配送管理等工作;负责首钢股份备件计划管理、设备及备件采购和结算管理、库存占用管理、机旁管理、备件修复管理、设备备件仓储管理等工作;负责京唐工程设备材料采购、资材备件采购、京唐仓储中心实物及配送管理等工作。

（肖 斌）

【机构整合】 根据首钢集团深化改革和首钢股份公司发展需要,6月份实现与鼎盛成公司业务分离、人员划转;经过与股份公司和京唐公司有关部门紧张细致的前期筹备,采购中心11月份正式运行,首钢采购供应体系发生史无前例的大转变。整合后的采购中心设立党委,党群系统设党群工作部和纪委(监察部)2个部门;纪委与监察部按一套机构两块牌子运行;行政系统设燃料采购室、炉料采购室、材料采购室、备件采购室、工程采购室、备件管理室、经营管理室、物流管理室、仓储中心和综合办公室10个部门。在实际运行中,党群工作部与综合办公室合署办公。

（肖 斌）

【经营采购】 2018年,采购中心围绕资源开发和渠道建设,增强资源保障力;围绕对标挖潜和供应链金融,提高跑赢市场水平;围绕集中采购和优势互补,提升板块整体效益,完成保供、降成本任务。2018年,股份、京唐两地跑赢市场完成9.29%,比计划多跑赢4.29%;原燃料采购计划共计1870万吨(不包括进口炼焦煤),实际到货1832万吨,计划兑现率完成98%;采购中心负责采购的原燃料库存总计82.94万吨(不含进口煤),同比91.63万吨(不含进口煤)降低8.69万吨;迁钢库存资金占用年末完成8835万元,比计划9031万元降低196万元。通过专业职能管控、逐级指标分解、基地备件联储等手段,实现迁钢公司备件库存资金占用降至32588万元,备材库存降至59997万元,分别比年初降低2713万元和26814万元,实现备件、备材库存"双降低"。

（肖 斌、王 鑫）

【板块协同】 采购中心制定下发《首钢钢铁板块原燃材料供应商管理制度》和《首钢钢铁板块供应商黑名单管理实施方案》。对煤炭、普通铁合金、耐材等部分品种的协同采购进行探索和操作,2018年,完成板块协同采购106.23万吨,实现协同效益4634.63万元。其中,煤炭通过板块平台,实现煤炭协同采购总量75.38万吨,实现协同效益2424.96万元;铁合金与长钢、通钢通过首钢电子招标平台共同招标,全年硅锰、硅铁等合金品种共6.57万吨;耐火材料,通过采购电子平台完成股份、京唐、通钢、长钢、水钢耐材的协同招标工作,实现协同效益644.88万元;废钢完成协同采购5.27万吨,实现协同效益94.2万元;焦炭完成协同采购13.18万吨,实现协同效益1470.59万元;钛矿等其他品种完成协同采购5.83万吨。2018年钢铁板块备件类协同采购涉及包含轧辊、测温元件、轴承、ABB与施耐德、西门子、胶管及小型阀门等7个大类。有效项目4602项,其中1719项低于历史价格,2351项与历史价格持平,532项高于历史价格;全部项目报价合计31008.79万元,较历史价格降低522.65万元。

（肖 斌、李 欣）

【备件联储】 采购中心编制下发《2018年首钢钢铁板块备件联合储备及降库存工作推进方案》,结合产销一体化项目推进,加快对股份、京唐、顺义三地物料数据整理、核对,充分利用三地相同供应商资源和技术力量,对于相互借用及调拨的大额备件充实进联储项目,2018年,新增联储项目1545万元,累计完成1.24亿元。

（王 鑫）

【党群工作】 采购中心组织中心组学习24次,开展"不忘初心 牢记使命"讲党课、党的十九大精神知识竞赛、党建培训及系列活动30余期,结合实际先后开展"跑赢市场 降本增效 全员行动""与企业同舟共济 为发展献计出力"等主题实践活动。燃料党支部创建"完煤无缺"品牌党支部。评选两级公司模范党员、优秀党员14人,股份公司先进党支部1个、先进党小组2个。针对机构和领导班子成员的变化,及时调整领导党支部联系点。组织召开采购中心第一次党代会。坚持"党管干部""党管人才"工作原则,突出政治标准和能力建设,调整基层领导干部22人。对招投标开展监督检查13次。有业务处置权岗位轮换16人。制定《月监督,季检查,半年小结,全年评比》方案,开展监督检查8次,开展从严治党自查自纠活动3次。为职工办实事、解决职工困难15项。组织成立"邵文华创新工作室",实现创效7600多元。组织团员青年参加学雷锋活动、"首钢杯"志愿服务等主题团日活动等10余次，聚焦全年重点任务开展宣传报道，在微信公众号发布微信45期，在首钢股份公司内网发表稿件15篇，在《首钢日报》发表稿件4篇。

（运长山）

首钢股份职工创业开发中心

【职工创业开发中心领导名录】

副主任（主持工作）：周凤明

副主任：付　民

主任助理：张建民　林海涛（6月任职）

主任助理：王　磊（6月离任）

党委书记：张东明

（陈　帅）

【概况】 首钢股份公司职工创业开发中心主要负责职工安置、创业项目开发、运行管理和创收创效、汽运保产和环保服务等任务。下设生产管理室、安全管理室、综合办公室、政工室、产品营销室、创业开发室、汽运作业区。2018年末，职工总数1205人，党员176人。

（陈　帅）

【职工安置】 2018年，职工创业开发中心安置职工55人，其中创业项目安置15人，劳务派遣安置40人。通过汽运作业区、在线竞拍、储运、金属结构加工、调温废钢、火运支架装卸、空调维护、除尘布袋加工、绿化服务等项目和劳务派遣等方式，使职工100%重新上岗，实现"让职工来得舒心、留得安心、干得尽心"和"职工安置、转型发展、创收创效"工作目标。

（陈　帅）

【在线竞拍】 2018年，职工创业开发中心组织可利用材和废旧物资在线竞拍1052个标段，总销售量209884.22吨，销售额8.23亿元。2018年销售额是2017年2.69亿元的3倍。注册用户365家，覆盖北京、上海等15个省市。销售品种由最初单一的热轧小卷，逐步拓展到热轧酸洗卷、废冷轧卷、固废等52个品种，实现首钢股份公司、顺义冷轧公司、智新电磁公司全流程、全系产品的全覆盖。

（布景华）

【金属结构及除尘布袋加工】 2018年，金属结构项目为炼钢作业部制作扒渣板5514块、KR扒渣板691块、脱硫销子706个，配合设备部倒运备件，共创收452.2万元。调温废钢项目承接热轧作业部钢卷运输、火车支架装卸，共装卸车架5910个，创收201.78万元。除尘布袋项目为首秦公司代加工布袋13000条；为炼铁作业部、炼钢作业部、能源部加工除尘布袋260条、压滤机滤布1260条，加工吸排车专用除尘布袋50条、叉车油缸保护套16个，结算费用14.314万元；建成首钢股份公司49处除尘器数据档案，为下一步生产奠定了基础。

（刘　明）

【车辆运行和设备管理】 职工创业开发中心优化生产组织流程和重点项目管控，圆满完成落地烧结矿接卸、焦炭接卸、废钢供料、水渣装车、线材脱硫渣坨现场治理；全面完成车辆配合公司生产、检修任务和炼铁作业部2次高炉扒料，炼钢作业部5次拆炉、1次炉底快换；出色完成清扫车、洒水车和抑尘车辆日常环保任务及迎接环保检查、重要参观等任务；全年运营收入3875.4万元（环保车辆未纳入营收结算）。全面提升设备维护能力和基础管理水平，针对厂内自有车辆和工程机械老化严重、作业任务增加和作业点位工况环境恶劣等问题，制订"设备管理体系年度重点工作"规划，车辆运行日趋稳定。开展备件、材料和车辆"三油一胎"统计分析和管控，各类成本降低。推进TPM全员自主管理，组织星级设备达标，设备运行状态改善。

（苏剑鹏）

【安全管理】 职工创业开发中心成立安全督导服务组，深入班组一对一督导服务，整改基础台账问题15类109项，整改安全教育、职业健康档案问题39类774项。组织对34个班组进行安全达标验收，通过验收33个，达标率97%。相关方班组计划达标6个，全部通过验收。组织安全风险辨识，从机械防护、能源隔离等方面入手，完善防护装置点位15处，推进汽运作业区及相关方单位人车分离管理，制定检修隔离点20个、设备"检修隔离指导书"10个。组织全员安全教育、培训、专题讲座、预案学习1440人次。完善应急处置方案37个，组织演练125次，参加1145人次。

（刘亚南）

【创新用人机制】 职工创业开发中心制定职工竞聘上岗规定、从事管理人员选拔任用规定，坚持公平公正公开，做到人尽其才。推行班长竞聘制，公开选拔班长。推行项目经理制，先后聘任项目经理5人，实行契约化管理,模糊层级,淡化身份,增强激励作用,调动积极性,产品营销项目迅速发展。

(陈 帅)

【职工队伍建设】 职工创业开发中心坚持以人为本,尊重职工、关心职工、相信职工、依靠职工,搭建各种舞台,营造温馨大家庭氛围。通过干成一件事,培养一批人、锻炼一批人、塑造一批人、涌现一批人。用"激情点亮梦想,创业成就未来""最标准、最规范、最严格""快乐工作、快乐生活"等企业文化引领职工,创建和谐企业,打造企业软实力。开展取证培训、岗前培训、师带徒、技术比赛等活动,职工技术操作水平显著提高。

(赵 辉)

【党群工作】 职工创业开发中心认真落实"三会一课"等党内制度,加强党员教育管理;开展党支部标准化、规范化建设,按照"一规一表一册一网"要求开展各项工作;组织"党员领跑计划"活动,评出季度党员先锋48人。开展意识形态和宣传工作,关注职工思想动态,开展形势任务和典型宣传,全年在内网发表报道61篇,在公众号发表报道40篇。加强党风廉政建设,重新确定有业务处置权人员28人,开展节前廉政教育和警示谈话,落实科级以上领导廉政全程记实;坚持民主公开,公布廉政举报电话、邮箱,设置意见箱,接受群众监督;加强廉政风险防控,在线竞拍销售平台设计为"在线操作、远程交易",杜绝人为干预,出价高者自动中标,筑起廉政防火墙。完善制度,创建"绿色通道",防止在发货环节出现廉洁问题,首钢集团领导和北京市领导予以肯定,《首钢日报》报道3次,市纪委、监察委网站、《是与非》杂志和北京电视台新闻频道《清风北京》栏目分别报道。在线竞拍效能监察项目获得国资委优秀效能监察项目奖。创建王瑞创新工作室、职工培训基地;建设环保服务班、除尘布袋加工项目组两个"职工小家";开展文体活动,成功举办2018年创业者之歌消夏晚会。开展"双争"活动;全面完成"大钢赛"志愿者服务等工作。

(赵 辉)

北京鼎盛成包装材料有限公司

【鼎盛成公司领导名录】

董事长:盛 强

总经理:焦光武

副总经理:邱金锋 王 磊

党委书记:盛 强

纪委书记:盛 强

工会主席:盛 强

(熊荣祥、李亚军)

【概况】 2017年9月15日,首钢集团公司经理办公会决定,首钢实业公司和股份公司开展合资合作并成立北京鼎盛成包装材料有限公司(以下简称"鼎盛成公司"),进一步延伸钢铁产业服务链,实现双方协同发展。按照会议要求,鼎盛成公司成立筹备组,经过近8个月的筹备,按照合资公司成立的相关法律法规要求,履行产权变更登记、评估备案核准等手续,制定公司章程,清理债权债务,并完成注资。北京鼎盛成包装材料有限公司自2018年6月1日起正式运营,下设运营管理部、综合管理部、安全环保部、经营财务部、废钢供应作业区、物资作业区、资源循环作业区、原材料作业区。主要承担股份公司钢铁生产所需原燃料及废钢的收料、存储供料业务及固废加工、二次资源返生产利用业务,还要面向市场,开展对外开发,增收创效任务。2018年末,职工总数526人,党员129人。其中在册职工297人。管理及以上55人、生产操作242人;硕士研究生及以上3人、本科86人、专科123人、专科以下85人;高级职称4人、中级职称13人、初级职称14人;营业收入完成3820.25万元,成本费用总额3777.75万元,营业外收支净额-2.4万元,利润总额40.1万元,净利润30.77万元。

(孙德彪、熊荣祥)

【生产经营】 2018年,鼎盛成公司环保工程全面开工,施工与保供交叉作业,面对物流禁运等不利因素,为保证炼钢、炼铁生产需要,组织完成进口矿粉、喷吹煤、外购焦炭、合金等物料的转储保供工作。年内供料885万吨,接卸880万吨;对于废钢供应,主动应对废钢采购及供料节奏的变化,整合料池资源,提高配送效率,优化废钢配比,加强内部倒运。同时,克服人员不足的困难,坚持24小时拆包验质作业,建立废钢质量检验曝光台,将掺假、作假商户曝光。按质按量供应废钢139.24万吨。

(高洪波、马明辉)

【财务核算】 股份公司将料场管理、固废回收、加工以及人工装卸等实体业务,成建制委托鼎盛成公司管理。员工薪酬、劳务费等按照大包方式与股份公司结算。其他与职工个人相关福利费、教育及工会经费等费用按实际发生额次月纳入大包费用进行结算；管理费按上述费用金额5%计提；原中钢联、设结公司、河北申鑫公司承包的加工项目以及迁安九宏装卸业务划转鼎盛成公司进行管理，按合同约定单价及结算周期内实际发生业务量进行结算。鼎盛成公司正式运行以来，人员及业务划转平稳过渡，生产经营有序进行。

（熊荣祥、李亚军）

【设备管理】 2018年，鼎盛成公司组织设备专项检查，发现设备设施隐患类62项并按要求落实整改，发布设备管理周报46期，及时消除设备隐患，解决管理问题，提高设备管理水平。组织废钢供应作业区天车设备检修强化22次，组织资源循环作业区钢渣生产线检修12次，为生产顺稳创造条件。完成废钢167、1610天车主梁更换工作，消除主梁裂纹隐患，保证设备安全运行；完成废钢除尘变频器升级改造，满足环保和生产要求；组织163天车轨道称安装试验工作，增设新的计量方式和废钢配比点位，保证废钢稳定供应；完成19台高效节能电机和废钢1号厂房节能灯具改造工作，实现降低电耗，节约成本。

（高洪波、胡松亮）

【降本增效】 2018年，鼎盛成公司实现降本增效3167.1万元，较计划916万元增降2251.1万元，超额完成股份公司下达的降本增效计划。得益于每项降本措施都落到实处；得益于废钢供料量、渣钢加工返吃量较2017年分别增加54.35万吨、2.5万吨，增幅分别为64%、26%，废钢配送量较2017年增加52万吨，废钢配送费下降26.1元/吨；得益于强化备件自主修复，累计降低费用43.2万元。

（熊荣祥、李亚军）

【本质安全】 2018年，鼎盛成公司扎实推进安全生产管理。以安全标准化建设为主线，以双控机制建设为核心，以安全本质化管理为重点，扎实推进安全管理工作。一是为促进现场标准化、工作制度化管理，全面提升现场综合管理水平，在公司内开展“本质化”安全管理工作，全年投入费用429.94万元，上锁挂牌量完成95%，机械防护量完成100%。二是强化安全教育管理。2018年，开展各级安全教育培训1071次、2497学时。组织应急预案演练120次。三是建立并完善双控机制。共查出、整改各类隐患问题2086项，落实专业考核3.36万元，安全生产双控预防控制系统隐患排查率99.78%，实现百万工时伤害率为“零”。

（赵大民、王印田）

【环保管理】 2018年，鼎盛成公司梳理出13项提标及深度治理项目，制定出整改完善措施；完成资源北区料棚封闭、迁钢南料场二次封闭、粗破料场封闭、钢渣雨水收集、冷轧泥存储防渗和水渣料场封闭6项环保施工项目并投入使用；在废钢南区切割厂房、12个料棚等区域增设31台雾炮。在资源循环作业区北区、物资作业区粗破料场等区域新建7座洗车机。

（黄维国、郳顺全）

【人才建设】 2018年，鼎盛成公司组织各级人员开展职务、职级、工资晋升工作，岗级晋升、工资晋升、职务晋升110人；办理协商一致解合人员档案审核31人，收集整理各类解合材料260份，查出档案存在的问题16项，同时对存在的问题进行补充完善；组织开展管理提素、技能培训、技术竞赛和岗位练兵等活动，职工队伍文化素质和业务能力提高；组织特种作业人员培训取证复审16人次；组织迁安矿区非京籍户口人员政策宣讲工作，149人学习并在确认书上签字，保证职工队伍稳定；组织招聘工作，采取择优上岗方式，对岗位缺失人员进行配备；成立项目推进工作小组，提报首钢股份转型提效技术升级“项目池”项目两项，可实现减员9人。

（孙德彪、杨雪媛）

【党群工作】 2018年，鼎盛成公司党委共有党支部5个、党小组14个、党员130人，探索B+T+X党建模式，围绕“组织健全、制度完善、运行规范、活动经常、作用突出”强化基层党组织规范化建设；持续推动“两学一做”学习教育制度化、常态化。通过党委中心组理论学习、“三会一课”、党支部书记讲党课、主题党日活动等形式，使党的十九大精神进作业区、班组、岗位；开展“基层的精彩”党支部成果展示交流会及评比。加强廉政防控体系建设。压实党风廉洁建设主体责任，落实“一岗双责”；组织廉洁教育培训5次，参加126人次，诫勉谈话103人次，涵盖基层、专业及有业务处置权人员，推动反腐倡廉工作深入开展；梳理廉政风险点5项，制定风险防控措施6项。工会组织开展“国庆秋游”“插花”等文体活动；开展劳动竞赛，建设职工小家2个。团委组织开展3项主题实践教育活动，组织5名志愿者参加“首钢杯”第九届全国钢铁行业职业技能竞赛的志愿

服务工作,其中2名志愿者获得首钢优秀志愿者称号。

(孙德彪、张丽坤)

北京首钢冷轧薄板有限公司

【首钢冷轧公司领导名录】

董事长:张　涛

董　事:李百征　陈　益　张　涛
王建华　姚　舜

总经理:姚　舜

副总经理:李文晖　陈　光　齐春雨

总会计师:何宗彦

总经理助理:李凤惠

党委书记:张　涛

党委副书记:姚　舜

纪委书记:曹　俊

工会主席:张　涛

(柳智博)

【概况】 北京首钢冷轧薄板有限公司(以下简称"首钢冷轧公司")位于北京市顺义区李桥镇,厂区占地面积1100亩,注册资本26亿元,项目设计投资额约64亿元,年产能力170万吨。冷轧公司由首钢集团有限公司、北京首钢股份有限公司、北京汽车投资有限公司共同出资设立,三家股东单位分别占注册资本的9.72%、70.28%、20%。冷轧公司生产工序主要包括酸洗—连轧生产线1条、连续退火生产线1条、连续热镀锌生产线2条。产品厚度范围0.3毫米—2.5毫米,宽度范围900毫米—1870毫米,产品主要定位于汽车板、家电板等冷轧高端产品。冷轧公司现行组织机构为七部一中心四作业区,并代管股份公司落料作业区。七部:生产部、技术质量部、设备部、能源环保部、安全保卫部、综合管理部、计财部(股份公司派驻);一中心:职工创业开发中心;四作业区:酸轧作业区、热处理作业区、成品罩退作业区、维检作业区。2017年底,冷轧公司(含落料作业区)在册职工874人,其中博士1人、硕士47人、本科213人、大专290人、中专及以下289人;高级职称25人、中级职称75人、初级职称42人、无职称68人;高级主任师2人、主任师9人、主管师47人、主管员95人、助理员12人。

(刘　更)

【主要指标】 2018年,首钢冷轧公司以"稳质量、重服务、调结构、扩产能、降成本"为主线,抓铁有痕、踏石留印,以外板质量提升为抓手,提高产品质量,优化产品结构,夯实基础管理,强化队伍建设,完成全年经营生产任务。完成销售收入84.74亿元,同比提高1.77亿元;冷轧公司利润3151万元,同比增加3040万元。完成产品产量178.22万吨,同比增产2.33万吨,创出四年新高。完成汽车板产量135.04万吨,同比增产0.53万吨。汽车板专线化率75.8%,其中连退汽车板专线化率85.2%;1号镀锌汽车板专线化率73.8%;2号镀锌汽车板专线化率56.4%。完成汽车外板产量38.25万吨,同比增产1.56万吨,其中O5板15.42万吨,与2017年持平;汽车高强钢产量45.50万吨,同比增产2.82万吨。日系供货2.3万吨,同比提升91.7%。综合成材率95.55%;整体合同兑现率90.85%;重点客户整单兑现率90.80%;汽车板整单兑现率91.00%,同比大幅提高;带出品率3.32%,同比降低1.29个百分点。

(王占林)

【产品认证】 2018年,首钢冷轧公司获得13家用户、919个零件认证机会,认证备料合格率100%,认证一次通过率98.1%。完成沃尔沃22个钢种(其中5个外板)材料认证,在国内外所有钢厂中一次通过认证材料最多、用时最短。打破宝钢垄断,成功获得吉利新车型外板定点资格,累计获得10款新车67个零件定点,其中外板15个;获得8款车型、38个外板切换认证机会,成为吉利外板认证最多的供应商,切换进展迅速。日系汽车认证开始陆续转化为订单,获得启辰532车型170千克供货份额,获得日产新奇骏车型3个GA零件发包,获得本田7个车型、10个GA零件发包。

(柳智博)

【结构调整】 2018年,首钢冷轧公司外板产量完成38.25万吨,同比提升4.3%;FD外板完成15.42万吨,与2017年持平,其中镀锌汽车FD外板完成3.78万吨,同比提升23.5%。一汽大众宝来发罩GI外板实现批量供货,郑州日产GA发罩外板首次通过认证。780MPa及以上超高强完成2.59万吨,同比提高76.2%。全年宝马供货6.1万吨,同比增长17.3%,其中外板1.25万吨,同比增长66.7%。奔驰供货1.77万吨,同比提升25.1%。日产、本田已开始向主机厂批量供货,全年日系供货2.3万吨,同比提升91.7%。

(柳智博)

【服务提升】 2018年,首钢冷轧公司质量带出品率完成0.58%,同比降低28%。用户满意度稳中有进,在外板比例大幅提升的背景下,2018年宝马全年为196ppm,比2017年降低51ppm;长城汽车供应商评级外板5个月为1级,内板全年均为1级;北京奔驰和东风日产全年分别供货1.77万吨和0.50万吨,持续保持0ppm,得到用户认可。

(柳智博)

【技术创新】 首钢冷轧公司获得国家级高新技术企业称号,并成为北京市知识产权试点单位。全年完成专利申请30项,其中发明20项、实用新型10项;获得专利授权20项,其中发明专利5项、实用新型专利15项。申请注册高等级汽车外板“SmooSurf”商标。5项科技成果通过集团鉴定,其中3项被评为“国内领先”水平。

(柳智博)

【人才队伍建设】 首钢冷轧公司重视人才培养。挂牌成立马家骥专家工作站、张振勇专家工作站,培养复合型技术人才,促进冷轧技术创新,解决技术难题;全年开展专家讲座15次、核心团队跨专业培训21次,工程师辊系图绘制基本功训练100%全覆盖,累计培训职工19168人次,人均培训97学时。践行干部能上能下、能进能出机制。组织开展基层领导人员绩效考评工作,提职2人、内部平调交流3人、新任命9人、转专员3人、赴外单位交流1人、吸收外单位挂职锻炼1人、免职1人。畅通人才发展通道,建立择优选拔、公开竞聘选人用人机制,选拔主线作业区作业长3人。

(王树来)

【党建活动】 首钢冷轧公司学习贯彻党的十九大精神和习近平新时代中国特色社会主义思想,认真开展“两学一做”学习教育。落实班子成员联系点制度,过好双重组织生活。加强基层党支部规范化建设,规范“三会一课”“党日活动”等基层党支部工作。选强配齐党支部书记队伍,强化对基层党组织工作的指导与检查。紧密结合经营生产,开展党员“领跑计划”“创先争优”等活动,组织党员提合理化建议,确定党支部攻关课题,夯实基层党组织的战斗堡垒作用,激发党员的先锋模范作用。

(王树来)

【关心职工】 首钢冷轧公司紧紧围绕构建和谐企业,维护职工切身利益,组织开展“献手足情、暖职工心”募捐、走访慰问劳模先进、生产骨干、困难职工、退休职工等活动,共发放慰问补助金19.7万元;关心职工身体健康,完善职工文体活动场所,修建7人制足球场、更新健身器材;完成办公楼、公寓楼顶层防水等生活设施的修缮工作,更换浴室换热装置;推动“厕所革命”,完成冷轧厂房内7个厕所改造升级;完成6个家用轿车充电桩安装,为职工出行提供便利;组织开展职工春秋季“冷轧新十年,我们再出发”环厂健步走、登山、拔河、跳绳等一系列文体活动,职工参加活动2000余人次。

(王树来)

首钢京唐钢铁联合有限责任公司

【京唐公司领导名录】

董事长:邱银富

总经理:曾　立

副总经理:杨春政　杜朝辉　周　建　刘正发

王贵阳　周德光(12月任职)

总工程师:陈凌峰

总经理助理:刘国友(5月任职)

党委书记:邱银富

党委副书记:曾　立

纪委书记:周少华

工会主席:冷艳红

安全总监:李金柱(6月任职)

副总工程师:朱立新　张贺顺

(关　锴)

【综述】 首钢京唐钢铁联合有限责任公司(以下简称“京唐公司”)作为首钢搬迁的载体,2005年10月9日

成立。京唐公司位于河北省唐山市曹妃甸工业区,2005年2月国务院批准首钢搬迁后,开始围海造地;2006年3月该项目被纳入国家"十一五"发展规划纲要;2007年2月,围海造地形成陆域面积21.05平方公里;2007年3月12日正式开工建设;2009年5月21日,项目一期一步工程竣工投产;2010年6月26日,一期二步工程竣工投产,形成年产生铁898万吨、钢970万吨、钢材913万吨的综合生产能力,是具有21世纪国际先进水平的钢铁联合企业。

党中央国务院高度重视首钢京唐钢铁基地建设,时任中央领导指示:要坚持高起点、高标准、高要求;要把首钢京唐钢铁厂建设成为"产品一流、管理一流、环境一流、效益一流"的现代化大型企业,成为具有国际先进水平的精品板材生产基地和自主创新的示范工厂,成为节能减排、发展循环经济的标志性工厂;要实现低成本生产高附加值产品。

2018年末,京唐公司下设计财部、制造部、技术中心、设备部、销售管理部、安全管理部、保卫部(武装部)、工程部、人力资源部、运营规划部、信息计量部、审计部、办公室、党委组织部、党委宣传部(企业文化部)、纪委(监察部)、工会、团委等职能部门18个,供料作业部、焦化作业部、炼铁作业部、炼钢作业部、热轧作业部、冷轧作业部、彩涂板事业部、镀锡板事业部、能源与环境部、运输部、质检监督部、钢轧作业部、中厚板事业部等单位13个。在册职工9721人(不含焦化),其中技术和管理人员2620人;博士28人、硕士813人、本科3276人;高级职称346人、中级职称1085人、初级职称655人;女职工723人。

2018年,京唐公司落实首钢集团公司"两会"精神和各项工作要求,围绕"夯基础、学先进、提能力、促发展"的工作主线,坚持科学管控,提升企业治理能力;强化品牌引领,提高制造服务能力;持续补齐短板,增强产线保障能力;增强经营意识,巩固降本增效成果;坚持上下同心,推进二期工程建设;坚持改革创新,释放企业发展活力;全面从严治党,和谐企业氛围催生新动力。

(于 杰)

【股权投资情况】 截至2018年末,京唐公司共管理合资公司13家(含代管集团公司合资公司7家),分别是唐山首钢京唐西山焦化有限责任公司、唐山首钢京唐曹妃甸港务有限公司、唐山曹妃甸盾石新型建材有限公司、唐山中泓炭素化工有限公司、唐山唐曹铁路有限责任公司、唐山国兴实业有限公司,以及受集团公司委托代管的北京首宝核力设备技术有限公司、北京首钢朗泽新能源科技有限公司、首钢凯西钢铁有限公司、唐山曹妃甸实业港务有限公司、京唐港首钢码头有限公司、河北神州远大房地产开发有限公司、唐山首矿铁矿精选有限公司。

(郝文静)

【省市领导考察】 5月16日,山东省政协副主席、省林业厅厅长刘均刚一行17人到京唐公司参观,唐山市委常委、曹妃甸区委书记孙贵石等领导陪同,京唐公司领导邱银富接待。

5月21日,河北省副省长徐建培到京唐公司调研视察,首钢集团公司领导赵民革,京唐公司领导邱银富、曾立接待。

11月13日,国家工信部副部长王江平一行到京唐公司调研,河北省工信厅厅长龚晓峰,唐山市市长丁绣峰,唐山市副市长孙文仲,曹妃甸区领导孙贵石、张贵宝等陪同,首钢集团公司领导赵民革、京唐公司领导曾立和杜朝辉接待。

11月14日,河北省委常委、统战部部长冉万祥一行到京唐公司调研,京唐公司领导曾立接待。

(于 杰)

【行业交流】 1月23—24日,中集集团集装箱板块采购负责人、中集同创董事单骐一行8人到京唐公司参观。

1月31日,奥地利金属公司AMAG首席执行官Mr. Wieser一行4人到京唐公司参观考察。

2月8日,中冶京诚公司副总裁、冶金工程事业部总经理张波一行5人到京唐公司座谈交流。

3月7日,浦项ICT总部对外事业室室长(常务)李昌馥、中国区总经理金光石一行7人到京唐公司座谈交流。

3月7日,新日铁住金工程技术株式会社执行董事内田亲司郎一行6人到京唐公司座谈交流。

3月13—14日,德国宝马原材料质量管理经理Mr. Stefan Wimmer一行12人到京唐公司交流座谈。

4月16—18日,国际IPA制罐协会一行6人到京唐公司参观考察。

6月13日,中国钢研科技集团总经理、党委副书记白忠泉一行6人到京唐公司参观考察。

6月21日,美国TMS公司营销和业务发展高级副总裁 Michael Costa 一行4人到京唐公司参观交流。

8月2日,北京奔驰冲压工厂总经理冯智一行4人到京唐公司参观交流。

9月4—5日,海尔大客户总经理刘刚一行3人到京唐公司参观考察。

9月19—20日,宝马集团采购高级经理 Mr. Christoph Esser 一行5人到京唐公司参观访问。

10月25日,意大利达涅利公司执行董事 Mr. Auer 一行11人和日本东芝三菱电机产业株式会社项目经理 Nakaema Masaki 一行4人到京唐公司考察交流。

11月15日,邦迪公司全球采购总监 Brian Schantz 一行到京唐公司考察交流。

(于　杰)

【二期项目建设】 8月16日,京唐公司召开"科学组织,攻坚克难,决胜京唐公司二期工程动员大会",集团公司领导赵民革,京唐公司领导邱银富、曾立、杜朝辉、周建、刘正发,各相关工程建设单位领导以及京唐公司有关单位负责人参加。邱银富主持会议;杜朝辉总结汇报前期工程建设情况,安排部署下步工作;曾立宣读《首钢京唐二期工程土建结构攻坚战奖励决定》;集团公司、京唐公司以及相关建设单位领导为获奖单位颁奖。

截至2018年末,京唐二期项目各主要工序设备全面安装完成,部分区域达到热试条件。12月9日,4300毫米中厚板产线1号加热炉一次点火成功,并于12月30日成功过钢;12月31日,5号焦炉装煤投产。

结合首秦公司搬迁,分3期有序接收安置首秦公司职工1765人。走访协调地方政府有关部门,为转移职工制定特殊政策,确保医疗保险待遇不降低,实现社保关系平稳转接。解决职工住宿、交通、就餐问题,提供便捷暖心服务,用实际行动践行"首钢一家亲"。

(刘志忠)

【全面深化改革】 京唐公司持续推进体制改革、机制创新,引导职工自主管理、自我改善。深化三支人才队伍"纵向晋升、横向互通"的职业发展通道,实施与改革发展相适应的多元化薪酬激励机制,1850名职工获得职务职级晋升,25名职工获得特殊奖励晋级。深入推进转型提效,实施智能化升级改造和用工制度改革,正式职工、劳务用工合计精减438人,一期用工挖潜101人支援二期工程建设,全员实物劳产率1081吨钢/人·年,比2017年提高74吨钢/人·年。落实集团"一院多中心"钢铁板块研发体系建设要求,成立京唐公司技术中心,为增强技术创新活力和协同科研搭建平台。学习借鉴先进管理理念,坚持"业财一体",试点成本派驻管理,精益成本管理体系初步建立。

(关　锴、李洪波)

【重要会议】 1月9日,京唐公司召开安全生产大会,全面总结2017年安全生产工作,部署2018年安全生产重点工作,并对2017年度安全先进集体和先进个人进行表彰。公司领导邱银富、曾立、周少华、杨春政、杜朝辉、周建、刘正发、王贵阳、陈凌峰、冷艳红,各单位党政领导、相关专业负责人以及基层作业长、安全先进代表、部分外协单位负责人出席会议。

1月10日,京唐公司召开第一次工会代表大会,选举产生京唐公司工会第一届委员会、经费审查委员会和女职工委员会。集团公司工会副主席陈克欣,京唐公司领导邱银富、曾立、周少华、杨春政、杜朝辉、冷艳红,首钢股份公司工会主席陈小伟、首秦公司工会主席王铁良,各基层单位工会主席、工会干部等工会会员代表150余人出席会议。

1月24日,中共首钢京唐公司委员会全体(扩大)会议召开。会议的主要任务是:深入学习贯彻党的十九大、中央经济工作会议精神,贯彻落实首钢集团"两会"提出的要求,总结2017年工作,分析面临的形势,明确2018年至2020年工作方向,提出2018年工作思路和主要任务。会议审议通过《中共首钢京唐公司委员会全体(扩大)会议决议》。京唐公司领导邱银富、曾立、周少华、杨春政、杜朝辉、周建、冷艳红、刘正发、王贵阳、陈凌峰,各基层单位党委、职能部门、党群部门领导,京唐公司的北京市党代表、唐山市人大代表、首钢党代会代表,部分京唐公司党代表、专职党支部书记、部分模范及先进党员出席会议。

1月25日,京唐公司召开第二届职工代表大会第一次会议,审议《首钢京唐公司2018年预算安排(讨论稿)》《首钢京唐公司领导班子廉洁自律情况的报告(讨论稿)》《首钢京唐公司2017年业务招待费使用情况及公司领导班子成员履职待遇、业务支出的报告(讨论稿)》《首钢京唐公司一届五次职代会代表提案受理情况的报告(讨论稿)》,审议通过《首钢京唐公司职工代表大会条例》《首钢京唐公司第二届职工代表大会第一次会议决议》,选举产生京唐公司第二届职工代表大会七个专门委员会。集团领导刘建辉,京唐公司领导邱银富、曾立、周少华、杨春政、杜朝辉、冷艳红、刘正发、王贵阳、陈凌峰,正式代表280人,首秦公司、首钢技术研究院等兄弟单位以及京唐公司合资、维检、物业、协力等单位特邀代表28人列席会议。

3月7日,京唐公司召开2018年党风廉政建设工作会。京唐公司领导邱银富、曾立、周少华、杨春政、杜朝辉、周建、冷艳红、刘正发、王贵阳、陈凌峰,公司纪委委员、各部门负责人、部分有业务处置权人员、外协单位及施工单位代表、受表彰的先进纪检监察组织代表和优秀纪检监察干部,共200余人参加。周少华作首钢京唐公司2018年党风廉政建设工作报告,曾立宣读《中共首钢京唐钢铁联合有限责任公司委员会关于表彰先进纪检监察组织、优秀纪检监察干部、优秀效能监察成果的决定》。

4月19日,京唐公司召开"首钢集团公司进驻京唐公司联合监督检查动员会"。集团公司领导许建国、王涛、刘建辉及有关部门领导、联合监督检查组成员,京唐公司领导邱银富、曾立、周少华、杨春政、周建、刘正发、刘国友,各职能部门正职部长、各基层单位党委书记和部长参加会议。集团公司审计部负责人宣读《关于对首钢京唐钢铁联合有限责任公司开展联合监督检查工作的实施方案》并提出相关要求;邱银富作表态发言。

5月3日,京唐公司召开2017年度先进表彰大会,对2017年度5个先进单位、153个先进集体和193名先进个人进行表彰。京唐公司领导邱银富、曾立、周少华、杨春政、杜朝辉、周建、冷艳红、刘正发、王贵阳、陈凌峰,各单位干部职工代表230余人出席会议。

6月27日,京唐公司召开庆"七一"暨创先争优表彰大会,周少华宣读表彰2018年度先进党组织、优秀共产党员的决定;公司领导为8个优秀党支部、23个优秀党小组和135名优秀党员代表颁奖;观看《京津冀大格局——国企担当看首钢"搬迁与新生"》电视片。京唐公司领导邱银富、曾立、周少华、杜朝辉、刘正发、刘国友、李金柱,各单位领导、党员代表以及先进党组织和优秀共产党员代表220余人出席会议。

12月20日,京唐公司召开第二次中国共产党代表大会,党委书记邱银富作题为《坚持党的领导,深化改革创新,为决战决胜全面实现"四个一流"目标,建设最具世界影响力钢铁厂而努力奋斗》的工作报告。京唐公司领导曾立、周少华、杨春政、杜朝辉、周建、冷艳红、周德光、刘正发、王贵阳、陈凌峰、刘国友、李金柱等党员代表172人参加会议。

(于 杰)

【集团领导调研】 2月6日,集团公司领导张功焰、赵民革等到京唐公司慰问调研并召开座谈会,听取炼铁工作汇报,详细了解高炉生产运行情况。

5月17日,集团公司领导赵民革、王涛到京唐公司炼铁作业部调研,京唐公司领导邱银富、刘正发、刘国友以及相关部门负责人参加调研。

7月3日,集团公司领导赵民革、刘建辉到京唐公司三号高炉、炼钢连铸、MCCR设备安装现场、4300毫米和3500毫米产线现场调研,京唐公司领导邱银富、曾立、杨春政、杜朝辉、刘正发、王贵阳参加调研。

9月30日—10月1日,集团公司领导张功焰、赵民革、刘建辉到京唐公司看望慰问职工,实地了解京唐公司经营生产和二期项目建设情况。京唐公司领导邱银富、曾立、周少华、杨春政、杜朝辉、周建、冷艳红、刘正发、王贵阳、陈凌峰、刘国友、李金柱以及相关部门负责人参加汇报。张功焰强调,一是认识要到位,始终保持清醒、保持定力,对自己提出更高要求、更高目标和更高定位。二是在"精、细、实"上下功夫。三是坚持走技术强企之路。四是结合实际贯彻落实"集团完善工资总额决定机制方案"精神,用好政策,提高激励的实效性。

10月26日,集团公司领导许建国一行到京唐公司调研,在指挥中心三楼一会议室召开专题会议。京唐公司领导邱银富、杜朝辉、周建、冷艳红、王贵阳、刘国友、李金柱,各基层党委书记及党群部门负责人参加会议。邱银富汇报京唐公司党委落实全面从严治党主体责任情况、2018年经营生产及2019年重点工作。

12月19日,集团公司领导刘建辉,股份公司领导王志安、李明、李百征、孙茂林、陈小伟、余威、陈刚及相关部门负责人到京唐公司工程建设现场看望慰问,实地考察工程项目,京唐公司领导邱银富、曾立等陪同。

12月25—26日,集团公司领导赵民革一行到京唐公司实地了解工程建设和经营生产情况,京唐公司领导邱银富、曾立、周少华、杨春政、杜朝辉、冷艳红、周德光、刘正发、王贵阳、刘国友、李金柱以及相关单位负责人汇报相关工作。赵民革肯定京唐公司在产品结构调整、效益效率提升，以及对标缩差、基础管理、工程建设等方面取得的成绩。面对2019年形势任务，赵民革强调，保生存求发展、稳中求进仍然是集团发展的主基调，要在全要素生产率上下更大功夫。要按照钢铁产业的发展规律，按照钢铁企业自身的运行规律办事，通过管理创新、科技创新实现企业快速发展。围绕做好2019年具体工作，赵民革强调，一是要关注、开展好对标工作；二是要加强成本控制；三是要在产品质量上下更大功夫，实现高质量发展；四是要坚持经营方针不变。

（王　萍）

【生产情况】 2018年，京唐公司生铁产量754.9万吨，钢坯814.3万吨，热轧卷793.7万吨，成品钢材812万吨（含中厚板）。高端领先产品325.6万吨，超计划15.6万吨。汽车板181.1万吨，超计划1.1万吨；镀锡板46.3万吨，超计划4.3万吨。推进产品占比79.55%，比2017年提高3.12个百分点，其中高端领先产品占比42.317%，比2017年提高3.14个百分点。自发电58.5亿千瓦·时。

（林绍峰）

【降本增效】 京唐公司围绕年度目标任务，成立13个降本增效攻关组，分解细化措施790项，实现降本增效14.7亿元。其中，调整产线资源分配，将热轧富余产能转化为薄规格高附加值产品，实现结构优化增利2.28亿元。抢抓市场机遇，择机波段运作，进口矿跑赢市场2.45美元，国内原燃料跑赢市场9.74%，降低采购成本9.89亿元。把准市场脉搏，及时调整策略，优化营销模式，动态调整流向，销售跑赢市场0.59%，增效1.53亿元。实施事业部带出品网上竞拍销售，拍卖带出品、可用材、超期库存等7.73万吨，实现增利917.5万元。发挥自有码头优势，港口吞吐量1403万吨、创收钢材发运568万吨。发挥事业部直面市场自主经营优势，实行产品成本、售价、利润一体化管理评价，镀锡板事业部协议用户占比达86%，自6月份实现利润0.7亿元，彩涂板事业部实现利润0.89亿元。择机外购板坯增产，调整产品结构增利，中厚板事业部5月份达产并实现盈利0.19亿元。推进铁水降耗攻关，优化转炉装入模式，提高铸机拉速，降低出钢温度，2018年铁耗降低53千克/吨，相当于增加钢产量42万吨，增效1.8亿元。聚焦低温轧制、全流程宽度控制等轧钢产线质量风险，开展板坯小倒角、带钢拉窄等技术研究，实现增利5600万元。严格资金管控，控制银行债务规模及结构，降低融资成本，一期财务费用降低1.62亿元。用好税收管理政策，合法依规降低企业税负，享受减免优惠865万元。优化库存管控，提高资产利用效率效益，年末“两金”周转率9.75次，比年计划提高0.62次。推行标准化检修，加大招标采购竞争力度，加强废旧物资回收利用，设备费用同口径降低2.71亿元。

（李洪波）

【产品研发认证】 2018年，京唐公司开发新产品53个牌号，截至年底，可生产热轧产品18大类、28个类别、224个牌号，冷轧产品6大类、18个类别、235个牌号。其中，热轧板耐火耐候钢SQ460FRW、双相车轮钢DP690、双面搪瓷钢SRT480实现国内首发。汽车板实现1200兆帕级别及以下牌号全覆盖，热成形钢具备2000兆帕级生产能力。镀铝锌成功开发复合板及高强耐候钢；锌铝镁已具备汽车内板供货能力；铝硅镀层实现设计规格、钢种的全覆盖，热成形钢品种最宽达到1600毫米。镀锡板DR材产品规格拓展取得突破，达到设备设计极限；奶粉罐镀锡基板形貌攻关实现国内技术首创。开展认证项目125项。其中，汽车板完成30家车企共834个零件的认证，通过奔驰产线审核，成功向上汽大众供货。非汽车板完成95项产品认证并实现稳定供货，开启与邦迪公司战略合作新阶段，成为邦迪主力供货商；中厚板通过五国船级社认证；镀锡板完成三缩颈罐认证；京唐公司通过中启认证中心测量管理体系换证评审，取得3A级测量管理体系证书。

（鲍成人）

【工艺稳定攻关】 京唐公司推进工艺过程稳定攻关，建立“过程控制、工序服从、产品制造”三位一体的工艺稳定评价体系，共设置138项评价指标，推动产品质量稳定性和过程控制能力提高。开展缩短冶炼周期工艺优化，连铸机实现2米/分高拉速生产常态化，低碳钢和超低碳钢生产全面提速；稳步推进“3+3”轧制模式，热轧机时卷数、日产卷数和月产水平均创出历史纪录；微合金DP系列高强钢实现酸轧稳定轧制，连续生产90卷无断带；镀锡板0.14毫米DR材罩退、连退均实现小批量稳定生产。

（袁天祥）

【产品质量提高】 京唐公司围绕产品质量缺陷开展攻关。实施产品质量缺陷分级管理,卷渣、翘皮、边部细线等四大瓶颈缺陷平均降幅达15%,炼钢裂纹敏感钢种的裂纹发生率降低38%,热轧八大重点缺陷指标完成率75%,冷轧镀锌DP钢表面山峰纹缺陷改善明显,镀铝锌1.5毫米以下薄规格实物质量达到行业先进水平,镀锡亮斑缺陷率降低65.8%。“冷轧低碳钢带DC05”“汽车车轮用热连轧钢带S380LF、S380LW”“连续热镀锌钢带-HC340LAD+Z”3项产品获得冶金实物质量“金杯奖”,“连续热镀锌钢带-低合金高强钢”“锅炉和压力容器用钢板”“汽车车轮用热连轧钢板和钢带”3项产品获得冶金行业品质卓越奖。

(袁天祥)

【精益管理】 2018年,京唐公司强化基础管理,结合实际制定或修订规章制度62项,截至2018年底已建立管理制度374个,其中公司级制度267个、专业级制度107个。推进精益六西格玛管理,实施精益改善课题147项;六西格玛课题71项,其中挂牌项目14个、集中立项51个、滚动立项6个。截至2018年底,拥有京唐公司级精益六西格玛黑带74人、绿带870人,通过中质协六西格玛注册黑带考试59人,通过中质协注册黑带认证15人。聚焦现场管理,深入推进6S现场标准化。通过公司、作业部、作业区三级检查机制,审核完善管理标准498项,其中一级标准69项、二级标准138项、三级标准291项,现场管理水平得到提升。建立健全全员快速改善机制,创新运用积分机制实施奖励,全年组织实施改善亮点7216项、改善提案2489项、日常改善课题193项。注重理念方法培训,组织开展包括公司各级领导干部在内的系列精益管理培训,培养一线改善骨干91人,攻关课题44项,创效2300余万元。挖掘设备微缺陷3614项,清扫困难源1302项,污染发生源1578项,治理粉尘点位46处。以标杆区域改善为抓手,实现改善快速推广,组织推广磨辊间标杆区域3个、皮带机标杆区域165台套、变电站标杆区域32个,水泵站标杆区域64个,并组织制定“泵站、皮带机、磨辊间、变电站系统”现场管理标准。

(刘建华、林绍峰)

【安全管理】 京唐公司顺利通过河北省、唐山市安全生产督导检查组和唐山市、曹妃甸区安监局的安全生产大检查,并完成全部问题整改。推进安全生产标准化,创建安全管理示范班组,不断提升基层人员安全管理能力和水平。以冷轧4号镀锌线为试点,推行能源隔离和机械防护本质化安全管理,进一步提升安全管理精细化水平。实施安全专业人员集中管理,推进本质化安全管理,量化领导人员安全工作标准,强化安全管理责任落实。在炼铁、炼钢和冷轧部成立安全管理室,在试点单位开展安全人员派驻集中管理,打通安全管理工作“最后一公里”。排查发现隐患11687项,已全部完成整改。对发现上报隐患实施奖励机制,职工全年上报隐患6061项,对其中2703项一般隐患和16项重大隐患奖励278300元。

(刘红军)

【实现绿色制造】 2018年,京唐公司贯彻落实节能目标责任制及企业环保主体责任,实施“绿色行动计划”。烧结脱硫脱硝深度治理改造、矿料场封闭、电厂和焦炉烟气消白等项目按期投用,完成政府下达节能减排任务。2018年,烟(粉)尘排放量3203吨,比2017年降低324吨;二氧化硫排放量1674吨,比2017年降低1682吨。响应唐山市重污染天气应急预案34次,通过中央、省、市各级环保督察检查50次。2018年,京唐公司获中国节能减排企业贡献奖二等奖;被评定为国家级绿色制造企业;获“2018年度绿色企业管理奖”;海水淡化项目获评“优秀海洋工程”。

(吴礼云)

【技术改造】 2018年,京唐公司共实施技改项目62个,系统整体制造能力进一步提升。实施1580毫米热轧产线自动化系统改造,产线自动化能力和控制系统使用效率得到提升。实施汽车外板重卷检查机组改造项目,满足高质量汽车外板增量需求。1700酸轧控制系统升级改造项目,实现各项成本降低约2500万元。开展技改项目后评价,69个项目实际投资比目标节约1730万元,收益1.2亿元,固定资产投资闭环管理体系逐步形成。争取国家政策支持,镀锌高强度汽车板专用生产线等13个项目获得专项资金支持1.09亿元。

(刘志忠、杨玉芳)

【智能制造】 京唐公司推进“两化”深度融合。球团智能控制项目通过验收并稳定运行,产品质量和生产效率提高;研发高炉炉热智能监控系统,实现炉温精准控制;自主研发铸机浇铸平台自动化控制系统,浇铸平台实现无人值守。实行能源系统站所集中监控,能源管控水平迈上新台阶。首台拆捆带机器人在2230毫米冷轧连退产线投用,码头5号库智能仓储系统投入运行。产销一体化项目主体模块、经营决策、大数据平台等配套项目有序推进。

（汪万根）

【学习培训】 京唐公司推进各类员工培训项目680项,培训计划兑现率94.11%,人均培训97学时,人均学习积分147分。截至2018年底,技师以上人员1478人,占技能人才的19.5%。136人取得中高级技术任职资格。实施分层分类培训,开办领导人员大讲堂、党支部书记、青年骨干培训班、QTI改善骨干培训班、合资公司外派高管人员培训班。

（关 锴）

【队伍建设】 京唐公司健全领导人员选拔任用制度,制定实施《首钢京唐公司领导人员选拔任用工作制度》。加大领导人员交流力度,完善领导人员分层分类管理,调整优化12个基层单位领导班子,领导人员职务调整171人,考察合格正式任职8人。强化对合资公司的管理,交流调整7家合资公司高管32人。完成中厚板事业部、钢轧作业部、冷轧新项目及技术中心等新产线、新部门领导人员配备工作。做好后备领导人员推荐选拔,配备比例达到1∶1要求。组织31个单位开展基层领导人员年度述职测评工作54场,对15个基层领导班子、104人进行测评。荣彦明、刘鑫获“全国钢铁行业技术能手”,陈香、张维中获“首都市民学习之星”,王海龙获“全国青年岗位能手”,张丙龙团队获“曹妃甸突出贡献奖”。

（关 锴）

【组织建设】 京唐公司多种形式推动党的十九大精神进产线、进班组、进岗位、进宿舍。开展“不忘初心,牢记使命”主题教育,推进“两学一做”学习教育常态化制度化,开展党委中心组(扩大)学习16次,完善基层党委考核评价体系,选取试点探索建立基层党支部量化考核评价体系。完成105个党支部等级评定工作,发展党员79人,按期转正94人。

（任全烜、关 锴）

【党风廉政建设】 京唐公司党委与16个基层单位党委签订领导班子党风廉政建设目标责任书,各级领导人员签订党风廉政建设责任书346份、外派合资公司高管人员签订11份,签订率100%。推进廉政风险防控管理,针对2017年以来设备备件材料采购、工程及技改项目招投标情况、各类产品销售情况开展监督检查,发现问题13个,制定整改措施24项。开展暑期休假期“四风”问题监督检查,组织对领导人员245人、党员1414人和有业务处置权岗位人员609人开展教育提醒118次,成立检查组17个,开展监督检查45次。

（关 锴、张延风）

【企业文化建设】 京唐公司获评“首都文明单位标兵”“改革开放40年中国企业文化优秀单位”称号。组成两级公司“两会”精神宣讲团,深入基层开展巡回宣讲。加强融媒体建设,将京唐电视、《首钢京唐报》纳入首钢京唐微信平台,实现报纸、电视、微信融合。完成重要接待的拍摄录像及宣传报道73次,协调人民网、新华社、中国网等重要媒体采访和接待15次,社会新闻媒体共刊发京唐公司报道52篇,《首钢日报》宣传报道京唐公司120余篇。编发《首钢京唐报》28期,刊登各类稿件520余篇,数字报点击率稳定在1500以上。制作电视新闻47期,腾讯视频客户端点击量累计14万次;微信直播15场,观看人次30万。编发微信299期、图文消息339条,包括“毕业N年”系列9期、“阳光语录”39期,阅读总量105万次。开展第三届“讲京唐故事”活动,针对“牢记使命 实现一流”和“全面实现四个一流”两个主题进行16个故事的宣讲。完成《海上钢城》纪录片前期材料准备和拍摄大纲;策划编写《京唐风华》一书。编辑印刷及发布《首钢京唐公司企业文化建设故事案例》(第一卷)。

（任全烜）

【改善职工生活】 京唐公司持续推进“家园”“心田”“鹊桥”工程。组织慰问劳模先进、退休和伤病困难职工616人,落实专项慰问资金76万余元;实施困难帮扶1009人次,申请帮困基金37.3万元。开展10期768人劳模先进参加疗休养,190名先进职工家属上岛荣誉参观。联合华北理工大学工会打造“缘分心定,牵手华理”网上交友平台,组织大型相亲活动2次,15对牵手成功。推进心灵驿站建设,改造心灵驿站减压室,购置心理健康图书130本。开展春节期间、元宵节、暑期职工趣味游园等活动,丰富职工业余文化生活。新建中厚板、供料餐厅,推进餐厅智能化改造,开设蛋糕房;租赁水景公寓,粉刷厂前宿舍,完成渤海家园二期项目前期审批;助推曹妃甸区公交设立厂内站点;协调职工家属

就业、子女入托入学,解决职工后顾之忧;完成厂前区环境提升改造,打造优美运动休闲区;组织健康体检,提升保健站服务能力,守护职工健康。

(于 杰、王雪青)

【创新成果】 京唐公司统筹推进"蓝精灵"、职工创新工作室、合理化建议等创新活动,建成全员创新平台。全年申请专利301项,专利授权196项,其中发明专利60项,实用新型136项。14个项目获省市、行业冶金科学技术奖,其中,"烧结料面喷吹蒸汽机理研究及应用""高炉喷煤评价体系研发及应用"2个项目获冶金科学技术一等奖。15个项目获2018年冶金行业优秀质量管理奖,其中"提高皮带接口硫化合格率""降低取料机设备故障时间"等12个项目获一等奖。2个项目获六届"北汽杯"北京市青年源创新大赛奖,其中"以海水淡化为载体的能源及资源高效利用关键技术集成及示范"项目获金奖。

(林绍峰、张 磊)

【京唐公司部门负责人】

计财部
副部长:李洪波(主持) 杨玉芳
制造部
部 长:林绍峰
第一副部长:苏震霆
副部长:傅 丁 鲍成人 安 钢(1月任职)
王 新(9月任职) 袁天祥(9月任职)
王晓朋(1月离任) 王 莉(9月离任)
设备部
部 长:张 扬(10月任职) 李 鹏(10月离任)
副部长:刘冀川 秦伍献 孙连生 王学明
刘国生(9月任职)
党委书记:李春风
纪委书记:李春风
供料作业部
部 长:宿光清(10月任职) 王育奎(3月离任)
副部长:宿光清(主持,3月任职,10月离任)
董维利(3月离任)
党委书记:石韶华(9月任职) 曾德辉(9月离任)
纪委书记:石韶华(9月任职) 曾德辉(9月离任)
销售管理部
部 长:李 越
副部长:王忠宁 孙立欣
高 清(9月任职,10月离任)
安全管理部
部 长:刘红军(9月任职)
副部长:刘红军(9月离任) 闫志勇(9月任职)
保卫部
部 长:郑 斌
工程部
部 长:刘志忠
副部长:刘天斌 曹 震 高洪斌(6月任职)
人力资源部
部 长:关 锴
副部长:张保光 韩建国 陈士俊(9月任职)
信息计量部
部 长:汪万根
副部长:郭 亮
办公室
主 任:于 杰
副主任:吉 玮(3月离任)
党委组织部
部 长:关 锴
副部长:于 杰 路满兄
党委宣传部(企业文化部)
部 长:任全烜(10月任职)
副部长:任全烜(10月离任)
纪检(监察)办公室
部长(监察):张延风(10月任职)
副部长(监察):张延风(10月离任)
副书记:张延风
工会
副主席:王雪青
团委
书 记:张 磊
机关党委
党委书记:曾德辉(9月任职) 王明江(9月离任)
纪委书记:曾德辉(9月任职) 王明江(9月离任)
运营规划部
部 长:刘建华
副部长:郑翠军(9月任职)
审计部

副部长:刘　颖
焦化作业部
部　长:杨庆彬
副部长:王贵题　陶维峰　纪永泉　闫焕敏
党委书记:杨庆彬(10月任职)
党委副书记:金亚建
纪委书记:金亚建
炼铁作业部
部　长:刘国友(5月任职)
副部长:王晓朋(1月任职)　任立军(1月任职)
　　王　凯(9月任职)　张保顺　熊　军
　　王长水　陈　军
　　任立军(主持,1月离任)
党委书记:刘国友(10月任职)
党委副书记:安　钢(主持,1月离任)
　　王晓朋(主持,1月任职,5月离任)
　　王晓朋(5月任职)
纪委书记:王晓朋(1月任职)　安　钢(1月离任)
炼钢作业部
部　长:张丙龙
副部长:曾卫民　吴耀春　秦登平(9月任职)
　　袁天祥(9月离任)　高洪斌(6月离任)
党委书记:张丙龙(6月任职)　李金柱(6月离任)
党委副书记:王　胜(7月任职)
纪委书记:张丙龙(6月任职)　王　胜(7月任职)
　　李金柱(6月离任)　张丙龙(7月离任)
热轧作业部
部　长:艾矫健
副部长:王文忠　彭振伟　张　扬(10月离任)
　　王晓东(10月离任)
党委书记:吴宝田
纪委书记:吴宝田
冷轧作业部
部　长:王松涛
副部长:唐　伟　肖激杨　李　众　张晓峰
　　熊爱明(10月离任)
党委书记:董鸿斌
纪委书记:董鸿斌
彩涂板事业部
副部长:周　欢(主持)　袁秉文
　　刘鸿明(4月任职)　王大川(3月离任)
　　张振飞(3月任职)
党委书记:王大川(3月任职)　赵继红(3月离任)
纪委书记:王大川(3月任职)　赵继红(3月离任)
镀锡板事业部
部　长:尹显东
副部长:张召恩　莫志英　陈　辉　朱防修
党委书记:赵继武(7月任职)
党委副书记:王　胜(7月离任)
纪委书记:赵继武(7月任职)　王　胜(7月离任)
能源与环境部
部　长:吴礼云
副部长:王树忠　凌　晨　王津明　汪国川
党委书记:范　军
纪委书记:范　军
运输部
部　长:张海云
副部长:关志发　张　英　霍　伦(3月任职)
　　陈　波(7月任职)
党委书记:王　伟
纪委书记:王　伟
质检监督部
部　长:于学斌(9月离任)
副部长:王　莉(主持,9月)　彭国仲
　　徐海卫(6月离任)
党委书记:于学斌(9月任职)　石韶华(9月离任)
纪委书记:于学斌(9月任职)　石韶华(9月离任)
钢轧项目筹备组
组　长:王国连
副组长:郭世晨　潘　彪　蒋海涛(10月离任)
党委书记:段雪亮(7月任职)　赵继武(7月离任)
纪委书记:段雪亮(7月任职)　赵继武(7月离任)
中厚板项目事业部
部　长:王　普
副组长:闫智平　田士平(9月任职)
　　韩立民(9月任职)　王建国(9月任职)
党委书记:李　勇(10月任职)
党委副书记:李　勇(10月离任)
纪委书记:李　勇
技术中心

主　任:朱立新

常务副主任:徐海卫(6月任职)

(关　锴)

【京唐公司大事记】

1月9日,京唐公司召开安全生产大会。

1月10日,京唐公司召开第一次工会代表大会。

1月23日,中共首钢京唐公司代表大会召开。

1月24日,中共首钢京唐公司委员会全体(扩大)会议召开。

1月25日,京唐公司召开第二届职工代表大会第一次会议。

2月4日,京唐公司成品码头实现中厚板首次装船。

2月7日,京唐公司举办首钢钢铁业一业四地2018年春节联欢晚会京唐公司专场。

3月7日,京唐公司召开党风廉政建设工作会。

3月12日,京唐公司与华北理工大学战略合作框架协议签约仪式在华北理工大学举行。

3月22日,国家环保部环境与经济政策研究中心副主任田春秀一行10人到京唐公司参观交流。

3月28日10时08分,京唐公司在钢轧作业部施工现场举行F3轧机牌坊吊装仪式,MCCR产线正式进入设备安装阶段。

3月28日,京唐公司运输部成品码头5号库智能物流库项目进入全库无人化调试作业24小时试运行阶段。

4月12日,京唐公司与韩国现代制铁技术交流MOU(备忘录)签约仪式在渤海国际会议中心举行。

4月25日,京唐公司举办第八届职工文化节开幕式暨迷你马拉松比赛。

5月3日,京唐公司召开2017年度先进表彰大会。

5月4日,首钢京唐曹妃甸港至头门港钢材班轮航线正式开通。

5月9日,首钢“不忘初心跟党走　圆梦首钢谱新篇”职工巡回宣讲团到京唐公司进行宣讲。

5月15日,京唐公司青年骨干培训班在厂前学习中心举行开班典礼。

5月21日,京唐公司在高炉建设现场举行碳砖砌筑仪式。

5月25日,京唐公司在炼铁部烧结作业区脱硫厂房南侧举行烧结脱硫脱硝深度改造项目开工仪式。

5月28日,京唐公司召开企业文化理念暨《首钢京唐公司企业文化建设故事案例》新书发布会。

6月6日,京唐公司与华北理工大学签署技术开发(合作)协议。

6月20日,大型产业工人题材原创话剧《实现·使命》在京唐公司上演。

6月22日,曹妃甸区“首钢京唐杯”安全生产暨职业卫生知识竞赛在京唐公司举行。

6月27日,京唐公司召开庆“七一”暨创先争优表彰大会。

7月2日,京唐公司顺利通过中启认证中心测量管理体系换证评审,取得3A级测量管理体系证书。

7月4日,京唐公司首架拆捆带机器人在冷轧部2230连退产线正式上线投用。

7月5日,第十八届北京市工业和信息化职业技能竞赛首钢赛区竞赛工作启动会在京唐公司召开。

7月12日,京唐公司2018年青年骨干培训班举行结业典礼。

8月2日,国家重点研发计划“钢铁流程关键要素的协同优化和集成应用”项目负责人、钢研院教授曾加庆一行13人到京唐公司召开项目实施计划研讨会。

8月6—10日,京唐公司顺利通过德国莱茵公司职业健康安全管理体系OHSAS18001:2007年度审核。

8月7日,京唐公司首次系统录入CCS船级社船板订单1056吨,船板订单实现“零”的突破。

8月14日,京唐公司举办第二届青年安全管理创新大赛决赛。

8月16日,京唐公司召开“科学组织,攻坚克难,决胜京唐公司二期工程动员大会”。

8月21日,首钢钢铁产销一体化经营管理系统项目测试启动会在京唐公司召开。

8月30日,京唐公司举行档案管理系统上线试运行启动会暨系统操作培训。

9月5日,京唐公司冷轧部1700酸轧自动化日立系统升级改造项目成功热试。

9月6日,2018年唐山市“质量月”活动启动仪式在京唐公司举行。

9月19日,京唐公司举行首秦转移职工欢迎仪式暨文艺演出。

9月29日,京唐公司举办2018年职工运动会。

10月1日11时18分,京唐公司高强镀锌汽车板生产线第一根厂房柱顺利吊装。

10月15日10时18分,京唐公司二期工程5号焦炉点火烘炉。

10月23日,最后一批首秦公司停产转移职工306人到京唐公司入职。

10月23日,第十八届北京市工业和信息化职业技能竞赛首钢赛区决赛在京唐公司开赛。

10月25日,江苏省环保厅厅长王天琦一行70余人到京唐公司参观交流环保管理情况,河北省环保厅及唐山市、曹妃甸区有关领导陪同。

11月28日16点16分,京唐公司钢轧作业部MCCR产线辊底式隧道炉进入正式烘炉阶段。

11月,京唐公司焦化作业部大型干熄焦长寿技术取得新突破,实现260吨/小时大型干熄焦"2年一小修,8年一中修"目标。

12月9日18时16分,京唐公司中厚板4300毫米产线1号加热炉一次点火成功。

12月18日,京唐公司召开2018年QTI工作总结暨2019年工作启动大会。

12月20日,中国共产党首钢京唐公司第二次代表大会召开。

12月14日,河北省人民检察院党组书记、检察长丁顺生一行到京唐公司参观。

12月29日,首钢产销一体化能环管理系统上线仪式在京唐公司举行。

12月30日9时58分,京唐公司中厚板4300毫米产线成功实现过钢。

12月31日20时18分,随着第一孔煤的装入,京唐公司5号焦炉工程正式竣工,进入生产阶段。

(姜　文)

唐山首钢京唐曹妃甸港务有限公司

【京唐港务公司领导名录】

董事长:曾　立

副董事长:王克生

总经理:范　军

副总经理:朱军安　司玉军

(朱旭辉)

【概况】 2007年3月,首钢京唐钢铁联合有限责任公司(以下简称"首钢京唐公司")全面开工建设,同步在一港池东岸厂区西侧填海形成的海岸线上,按国家发展改革委批复的位置自北向南进行码头建设,2007年底建成2000米码头结构,2008年底建成1632米码头结构。2008年7月,在向交通部门申请办理码头工程初步设计审批过程中,交通部提出首钢京唐公司建设的码头位置与该部批准的《唐山港总体规划》不符。已建成的2000米码头结构占用《唐山港总体规划》中公共物流园区岸线1600米,经协商,同意将已建成的2000米码头结构中1600米改由首钢京唐公司出资80%、曹妃甸港口集团股份有限公司(原唐山曹妃甸港口有限公司,以下简称"曹妃甸港集团")出资20%,组建唐山首钢京唐曹妃甸港务有限公司(以下简称"京唐港务公司"),实现社会服务功能,实现码头项目审批的合规管理。

2009年,根据唐山市政府总体规划安排,要求首钢京唐公司将已建成码头的北段1600米恢复公共使用;2010年2月,首钢京唐公司和曹妃甸港集团组建曹妃甸港务公司;2010年4月,北京京都资产评估有限责任公司针对曹妃甸港务公司在建工程出具评估报告,资产总额约8.13亿元;2010年7月,曹妃甸港务公司完成工商登记,注册资本6亿元,其中:首钢京唐公司以实物(含土地)出资4.2亿元,以现金出资0.6亿元,共计4.8亿元,占股80%,曹妃甸港集团以现金出资1.2亿元,占股20%;2017年5月25日,唐山市交通局颁发港务公司通用码头工程试运行《港口经营许可证》。2019年1月18日,通用码头工程通过竣工验收现场核查,取得竣工验收现场核查报告。

(朱旭辉)

北京首宝核力设备技术有限公司

【首宝设备公司领导名录】

董事长:张　扬(12月任职)　李　鹏(12月离任)

副董事长:徐　凯

总经理:王学明

党总支书记:张永宏(9月任职)

副总经理:马共建　高晓峰　史后扬

财务负责人:石　兵(6月任职)　舒惠勇(6月离任)

(冯佳宁、刘孟晖)

【概况】 北京首宝核力设备技术有限公司(以下简称“首宝设备公司”),是专注于高端压延设备维护检修的设备技术公司。首宝设备公司于2011年7月27日成立,注册资本1200万元,北京首钢设备技术有限公司、上海宝钢工业技术服务有限公司各出资50%。首宝设备公司作为首钢与宝钢战略合作平台,主要经营技术服务、技术咨询;施工总承包;专业承包;工业设备及备件调试、检修、维修;机械电动工具的维修;工业炉窑维修;货物进出口、技术进出口、代理进出口;销售金属制品、电子产品、电子元器件、仪器仪表、计算机、软件及外围设备、机械设备等业务。下设计划财务室、设备技术室、安全管理室、综合办公室、新业务开发部、检修运维事业部、运行事业部7个部门。

2018年,首宝设备公司坚持内强基础保障、外创品牌形象,坚持内降成本、外拓市场,稳定推行3500毫米产线检修标准化体系建设,开展备件修复、空间检测、检修协同、备件贸易、股份公司本质化安全等业务,在夯基固本、提素创效、转型发展等方面取得进步。

(王世坤)

【体系建设】 首宝设备公司持续强化安全管理体系建设,通过职业健康安全管理体系认证;完善安全生产责任制,形成自上而下抓安全、管安全的管理模式。持续推进检修运维标准化体系建设,抓检修标准化推进方案实施;完善维修作业标准,修订轧机主平衡缸更换等30多项维修标准,保障日常运行维护及检修质量;开展技能大赛,选拔各工种优秀技能人才,打造自有高端检修队伍;2018年,3500毫米产线设备故障停机控制在月均6小时以内。9月份,参与北京首钢股份有限公司热轧2160毫米产线年修,整体项目做到当月承接、当月实施、当月验收、当月结产。成立本质化安全管理项目团队,先后完成中厚板事业部1228平方米的色标色环安装工作以及北京首钢股份有限公司炼铁部皮带作业区、料场作业区本质化安全等任务,得到业主单位认可。

(王学明)

【业务拓展】 首宝设备公司成立新业务开发部,将原备件贸易业务和备修中心成建制划入。制定公司产品目录,加大宣讲力度,提高品牌知名度。采取业务合作方式,拓展大电机检测及轧机传感器修复业务,承揽蒸汽阀、辊道、电机等自修业务。在巩固现有碳套、空调等传统贸易的同时,利用公司海外渠道拓展进口备件业务,签订镀锌气刀、硅钢带钢表面检测系统等合同。培养建立自主检测队伍,已独立完成9架轧机牌坊、202根辊系检测,同时承担京唐公司1580毫米与2250毫米粗轧机扁担梁出入口导板对中、压力容器和压力管道年度检验等检测任务。

(王学明)

【风险防控】 首宝设备公司法人治理结构逐步完善,修订公司章程,制定经理办公会工作规则、党总支会议事规则。党总支会、董事会、经理办公会全年审议事项57项;制定完善资金管理、采购管理、薪资管理、公车管理等70多项专业管理制度。OA办公自动化系统于年底前完成开发并投入试运行。推进精益管理,2018年,提报QTI亮点18个、提案11个、课题1个,实现生产现场规范管理、安全防护、设备改造等方面全覆盖。推行新的KPI考核体系,将公司目标分解落实与部门绩效工资进行挂钩考核,强化绩效导向作用。

(王学明)

【团队建设】 首宝设备公司通过动态开展培训交流、给年轻技术人员“压担子”、推行经营业务挂钩考核等多种方式,打造专业技术人才队伍。485人取得初、中、高级职业资格证,持证人员比例达到69%;参加京唐公司2018年天车工职业技能竞赛,6人进入前十名,向京唐公司输送天车工15人,锻炼队伍,激发活力。9月份为全体职工上缴住房公积金,并购买商业保险,提升职工的归属感和幸福感。

(张永宏)

【党群建设】 2018年,首宝设备公司充分发挥党总支战斗堡垒和党员先锋模范作用,持续推进特色党总支建设、党员“领跑计划”等活动,涌现出王嘉明党员突击队、温东春党员示范岗等先进典型。加强党风廉政建设和作风建设,组织各级领导及有业务处置权岗位人员排查梳理岗位廉洁风险点并制定防范措施,加强对关键岗位人员的廉洁警示教育。推进企业文化建设,通过首宝微信公众号、拍摄微视频等展示首宝正能量。组织开展职工联谊会、青年联谊活动、体育活动等丰富职工文化生活。组织“两节”期间送温暖、一线职工“送清凉”等活动增强职工凝聚力。

(张永宏)

北京首钢朗泽新能源科技有限公司

【首钢朗泽领导名录】

董事长:刘正发

副董事长:Jennifer

总经理:董　燕

常务副总经理:汪洪涛

（陈　锋）

【概况】　北京首钢朗泽新能源科技有限公司(以下简称“首钢朗泽”),2011年11月成立,由首钢集团、唐明集团(惠灵顿)投资有限责任公司和朗泽科技香港有限公司三方组建,2016年和2017年公司两次引入首钢基金和上海德汇集团,现有五方股东,注册资本1.96亿元。首钢朗泽拥有河北首朗新能源科技有限公司(以下简称“河北首朗”)和北京首朗生物科技有限公司(以下简称“首朗生物”)两个全资子公司,设有首钢朗泽研发中心、综合管理部、法律事务部、财务部、人力资源部5个部门。

首钢朗泽践行绿色低碳、循环经济和可持续发展理念,采用微生物发酵制燃料乙醇技术,经300吨中试装置验证,将钢铁工业尾气直接转化为清洁能源、化工产品及蛋白饲料,实现钢铁工业尾气资源的高效清洁利用。项目建成后计划年产无水燃料乙醇4.5万吨、饲料蛋白7650吨,压缩天然气330万立方米,每年减少二氧化碳排放54万吨、颗粒物870吨、氮氧化物3200吨。

2015年1月,河北首朗成立,注册资金9166.8万元,位于河北省唐山市曹妃甸工业园区首钢京唐钢铁联合有限责任公司厂区内,负责全球首个利用钢铁工业尾气生物发酵法制燃料乙醇商业化项目的建设。2016年2月,获得河北省发展和改革委员会的建设核准(冀发改能源核字〔2016〕10号),并于同年8月正式启动建设,项目总投资3.8亿元。2018年5月,该项目一次调试成功,顺利产出合格产品,并被评为河北省优质工程。河北首朗设有综合管理办公室、生产运营部、技术研发部、设备自动化部、质检部、储运部、项目管理部、财务部、安全环境保卫部9个部门。

2016年10月,首朗生物成立,注册资本5000万元,主要负责生物技术推广、技术开发、技术转让、销售生物制剂、化工产品等业务。

（陈　锋）

【主要指标】　2018年,河北首朗成功产出浓度大于99.5%的燃料乙醇产品,各项指标均符合国家标准(GB18350-2013)。蛋白饲料粗蛋白含量高达85%,氨基酸种类齐全平衡。基本实现废水全回用(50%直接回用,30%间接回用,其余用于冷却补水)。一氧化碳利用率大于80%,发酵液乙醇浓度大于40克/升,物理脱水后获得的成品乙醇水分含量体积比小于0.5%。

（陈　锋）

【市场销售】　2018年,首钢朗泽入围中石油供应商名单,11月初开始供应燃料乙醇,正式进入国家E10销售系统。

（陈　锋）

【项目拓展】　2018年,首钢朗泽与宁夏吉元集团签订战略合作协议、与宁夏吉元集团签订合作备忘录。

（陈　锋）

【科研专利】　2018年,首钢朗泽申请并受理10项专利,其中3项发明专利、7项实用新型专利。

（陈　锋）

首钢凯西钢铁有限公司

【首钢凯西公司领导名录】

董事长:杨春政(4月任职)　周　建(4月离任)

副董事长:黄亚河

总经理:张庆春

副总经理:叶松仁　吴　辉(9月离任)

财务总监:钱　伟

（黄紫云）

【概况】　按照国家钢铁产业调整和振兴规划以及国务院关于“海西战略”发展的要求,首钢集团有限公司与福建凯西集团有限公司于2011年5月30日合资设立首钢凯西钢铁有限公司(以下简称“首钢凯西公司”),公司注册资本15亿元,其中首钢集团有限公司、福建凯西集团有限公司分别持股60%、40%。公司位于福建漳州招商局经济技术开发区,主要产品为酸洗板、冷硬板、退火板、镀锌钢板和电镀铬板等,产品销售市场主要以闽粤为中心,辐射江浙、江西、台湾地区及东南亚、欧美等海外市场。凯西公司是首钢集团唯一的镀铬包装用钢生产基地,国内高端市场占有率接近40%。除钢铁制造板块外,依托首钢整体优势和凯西自身区位优势,与首钢京唐、首钢迁钢等紧密衔接,做好产业链延伸,发展钢

材加工物流配送及出口贸易,工贸一体化优势明显。凯西公司下设经营部、计财部、安全环保部、综合办公室、新事业部、轧钢一分厂、马口铁分厂,在岗职工359人,平均年龄36岁,其中本科及以上学历60人,女职工81人。

2018年,在首钢集团和首钢京唐公司的支持帮助下,首钢凯西公司应对市场变化、克服自身经营困难,全力保生存、谋发展、促转型,各项工作取得新的成绩。

(黄紫云)

【主要指标】 2018年,首钢凯西公司继续实现大幅减亏,比上年减亏5222万元,减亏幅度71.77%。持续推进镀铬精品战略,镀铬产品高端市场占有率超过宝武、统一,位居国内第一,马口铁产品出口累计1.27万吨,环比增长46%,其中镀铬出口量增长656%。老厂区复产工作顺稳,实现生产入库19.22万吨,环比增长11.93万吨,占自轧产品比例78%,获利超过1000万元。

(陈鹏举)

【降本增效】 首钢凯西公司严控费用支出、减少资金占用、降低物耗能耗和加强点滴节约,全年降本增效完成5253.6万元。抓住国家、集团、税务局等各方政策机遇,加强研判,主动作为,创收创效1770万元。加强库存清理,减少库存资金占用3000万元。强化生产班组成本意识,鼓励一线职工创新创效,降低生产成本228万元。加强市场研判,通过波段采购、开发低价替代资源、置换闲置物资等措施,节省采购费用218万元。发扬自力更生精神,独立完成厂房基建、屋顶修复、天车维护、机组搬迁等工作,节省委外费用37.6万元。

(林斐凡)

【产品结构优化】 首钢凯西公司不断优化产品结构。镀铬板重点解决产品表面质量、板形尺寸、性能控制等难题,以易开盖、DRD两片罐和饮料底盖为代表的高端品种比例由2017年的33%上升至59%。其中,易开盖产品顺利成为亚洲最大易开盖企业义乌易开盖的主要供应商,并于年底签订2019年度供货协议,实现国内高端易开盖用户全覆盖;DRD两片罐逐步成为两片罐标杆企业台湾和进制罐的最大供应商,成为其他两片罐企业的免检产品;高端饮料底盖连续两年成为昇兴集团最大供应商。有花镀锌产品以永不满足、粘结客户、持续改进为追求,赢得客户认可;普通锌层产品稳定批量生产;高锌层产品实现技术突破,基本具备批量生产能力。

(林斐凡)

【国外市场开发】 首钢凯西公司主动调整销售策略,灵活规避欧美反倾销浪潮,以片区负责制重新梳理业务队伍,加强渠道管控,抓时机、抢订单、增份额,确保海外贸易在企业转型升级中的引领地位。开拓泰国市场,与泰国标杆企业STANDARD CAN逐步深入交流合作,完成大部分产品认证。进一步开展与SWAN、CROWN、APC等高端海外用户认证,逐步进入实质性合作。参加CANNEX举办的广州制罐展会,接待国内外客户131次,签订订单1100吨,形成稳定合作新客户8家。完成伊朗市场走访开发,与伊朗当地80%进出口企业进行交流。与全球不同地区的35家客户形成稳定合作关系,直供比例提升到28%,比2017年增长21%。镀铬、镀锡全年外贸量共计完成1.27万吨。

(林斐凡)

【技术创新】 首钢凯西公司聚焦产品缺陷,搞技术攻关,马口铁分厂完成小油点技术攻关、2号拉矫内圈大边浪调试攻关和压印、硌伤阶段性攻关工作,合作开发的碱液过滤器成为福建省首台套重大智能装备;轧钢一分厂完成漏镀、圆盘剪刀套印、气刀痕等7项质量缺陷攻关并形成工艺固化。

(林斐凡)

【党群工作】 首钢凯西公司坚持发挥党建优势,认真学习宣传贯彻党的十九大精神和习近平新时代中国特色社会主义思想,落实上级党委的决策部署。深化全面从严治党,抓实第一责任、一岗双责,加强意识形态领导,推动公司党建工作稳步加强。加强党风廉政建设,建立职工群众监督机制。强化培训教育,提升整体素质,2018年,完成内训24项873人次、外训11项34人次;开展技术创新、劳动竞赛活动等12次。

(林斐凡)

河北神州远大房地产开发有限公司

【神州远大公司领导名录】

执行董事:杜朝辉

总经理:于　杰

财务负责人:赵毅峰

(胡东风)

【概况】 为解决首钢京唐钢铁联合有限责任公司(以下简称"首钢京唐公司")职工住房问题,经首钢集团公司同意,京唐公司于2008年2月收购了河北神州远大房地产开发有限公司。2015年7月,京唐公司将所持有房地产公司100%的股权无偿划转给首钢集团公司。河北神州远大房地产开发有限公司为首钢集团有限公司全资子公司,由首钢京唐公司代管,房地产公司注册资金2000万元,具备四级房地产开发资质。

(胡东风)

【项目建设】 自2008年以来,河北神州远大房地产开发有限公司开发完成渤海家园小区住宅和幼儿园项目。渤海家园小区总建筑面积27.33万平方米,建有23栋住宅、2392套住房,已全部售完;渤海家园幼儿园总建筑面积2600平方米,2014年9月开园,由首钢实业公司幼儿保教中心运营,在册幼儿410人。

(胡东风)

秦皇岛首秦金属材料有限公司

【首秦公司领导名录】

董事长:赵久梁

董　事:沈一平　刘海龙　王铁良　余永光

总经理:沈一平

副总经理:周德光(12月离任)　刘海龙(8月离任)

总经理助理:张立伟

党委书记:赵久梁

党委副书记:沈一平

纪委书记:王铁良

工会主席:王铁良

(何　健、周　强)

【综述】 秦皇岛首秦金属材料有限公司(以下简称“首秦公司”)是首钢集团有限公司2003年全资建设的一家钢铁联合企业,地处河北省秦皇岛市海港区。2018年,在国家京津冀协同发展的背景下,服务于秦皇岛建设国际旅游城市的总体定位,首钢集团作出战略结构调整,历经15年铁与火洗礼的首秦公司全面停产转型开发,赋予新的历史使命:以汽车运动为引擎,聚焦高性能汽车全产业链,打造东北亚汽车运动文化中心——秦皇岛首钢赛车谷。

首秦公司内设机构4个:办公室、计财部、管理部、开发部。2018年底,在册职工234人,其中博士1人、硕士18人、本科87人、大专68人;高级职称12人,中级职称18人;高级技师3人,技师14人,高级工53人,中级工24人;职工平均年龄41岁。

2018年,是首秦公司发展史上的里程碑之年,也是充满艰辛、充满挑战、极不平凡的一年。广大干部职工坚持以习近平新时代中国特色社会主义思想为指导,在首钢集团的坚强领导下,凝心聚力,顽强拼搏,以“吃干榨净、应搬尽搬、能转尽转”的最高标准,圆满完成了“更安全、更稳定、更经济”的停产目标,迈入转型发展新的阶段,实现了“当年停产、当年转型、当年运营”。

(金品楠、刘英芬)

【经营生产】 2018年上半年,面对即将停产,首秦公司设备稳定、人员稳定、周边环境稳定等面临挑战。炼铁工序经受末期高炉影响和外围条件变化,加强烧结设备管理,强化入炉炉料管控,保持高炉顺稳;炼钢工序从保证铸机设备功能精度入手,做精质量管控,确保钢坯质量;轧钢工序强化专业协同,全力组织打产;能源、设备系统保障稳定;制造、营销系统超前谋划,系统安排,确保产销平衡、合同收尾及关单等工作,完成为京唐公司备坯10万吨任务。5月31日6时51分,完成所有合同关单,首钢中厚板良好信誉贯彻始终。上半年,首秦公司在消化历史因素0.8亿元基础上,盈利1.31亿元。

(周　强)

【安全停产】 首秦公司坚持“科学有序、分步实施、重点监控、责权到位”的总体原则,先后组织各层级专业沟通会议26次,讨论修改39稿,最终制定形成《首秦公司全流程停产实施方案》,以及炼铁、炼钢、轧钢、动力能源四个工序停产方案分册,并成立领导小组和11个专项工作组,措施细致、准备充分、责任到位。

(华　鑫)

【搬迁转移】 首秦公司按照“应搬尽搬”原则，完成设备资产、工艺技术、知识产权、品种市场等全方位转移。重点完成4300毫米轧钢、热处理全产线设备，炼钢2号、3号铸机全套设备，在线液压油、理化检验等拆迁；完成洁净钢冶炼、优质板坯内部质量控制等5项核心技术转移；完成161项授权专利知识产权转移；完成海工钢、管线钢、桥梁钢、复合板等9大类主打产品转移及桥梁、风电、造船、建筑、石油管线等30余家客户维系工作。以“设备不落地”为标准，精心组织拆运施工，6月25日完成3号铸机拆运，7月27日完成2号铸机拆运，8月30日完成4300毫米产线拆除工作。

（周 强）

【职工安置】 首秦公司成立以党政一把手为组长的职工分流安置工作小组。按照“能转尽转”原则，把首秦公司职工的利益和诉求作为指导一切工作的主线。通过班子成员带头宣讲政策，组织职工走进京唐活动，OA新闻开辟“走进京唐”专栏等多种方式，做好一人一事的思想工作。同时，本着依法合规，确保稳定；以人为本，能转尽转；统筹规划，有序实施的原则，制定《首秦公司停产转移职工分流安置方案（草案）》，并通过“三上三下”的方式，广泛征求职工意见，最终在职工代表大会上高票通过。按照不同渠道，稳妥推进职工转移和分流工作，共分流职工3550人。

（王 巍）

【资产处置】 首秦公司结合实际，逐步推进资产处置工作。一是转移京唐5868项、46547件设备；钢铁板块其他单位共利旧资产（含备件）602项，顺义冷轧和贵钢利旧设备、迁钢利旧翻车机和冷冻机等设备已拆运完毕。通钢利旧的35MW发电设备2019年一季度拆除完毕。拟对外转让固定资产1356项，评估结果已报国资委。二是板材公司完成钢铁主体设备的利旧转让工作，设备处置基本完成。三是首秦加工公司预处理产线3月25日拆除完毕，11月份已转移至京唐公司。

（张建刚）

【转型发展】 首秦公司落实首钢集团关于首秦公司转型发展的要求，结合秦皇岛市城市功能定位，深入调研17大种类、48项产业，最终将转型方向定位为以汽车运动为引擎，聚焦汽车后市场产业链，打造“秦皇岛首钢赛车谷”。7月21日，举行秦皇岛首钢赛车谷启动仪式，向外界展示赛车谷规划成果，总体规划面积8.13平方公里，先行启动厂区2.4平方公里，规划布置汽车运动、创新研发、汽车后市场、娱乐度假营地、产业配套、工业遗址公园等6大功能板块。

（洪 波）

【赛车谷建设】 6月3日，首秦公司钢铁赛道开工建设，全长3.8公里，历时3个半月完成主体工程建设。10月13—14日，首钢赛车谷精彩亮相，火爆开启“京津冀赛车节暨秦皇岛GT嘉年华”，全城聚焦，万众瞩目；11月3—4日，2018中国卡车公开赛在赛车谷震撼收官；12月29日，首钢赛车谷举办首场新车上市发布会，开启汽车品牌活动首秀。通过一系列聚焦“钢铁赛道”的赛事和活动引爆，运营团队得到锻炼，赛车谷的影响得到提升。

（洪 波）

【党建工作】 首秦公司党委充分发挥“把方向、管大局、保落实”的领导核心和政治核心作用，坚持把党的建设融入停产搬迁转移转型全过程。适时开展“十个一”工作，进一步凝神聚力、鼓舞干劲，激发广大党员干部职工心系企业、不懈奋争的热情。党委以“四个同步”为根本，组建新的党支部，任命专职党支部书记、副书记，结合新特点和新任务有的放矢，扎实开展基层党建工作，把责任压实，把担子挑起来，持续强化转型发展阶段党的建设。

（周 强）

【党风廉政】 首秦公司围绕四个阶段的工作开展效能监察，广泛梳理风险点，建立健全防控措施，有效防范搬迁转移前后的廉政风险。共排查领导干部及有业务处置权岗位人员132人，排查重点业务流程156个，梳理廉洁风险点283个，制定防控措施438条。严格落实中央八项规定精神，严防“四风”问题，紧盯“关键少数”，运用清单化明责的工作机制，推动全面从严治党主体责任和领导人员“一岗双责”责任落实。

（梁红梅）

【顺稳分流】 2018年，首秦公司通过基层党组织、工会系统、班组等多种渠道反复征求基层职工意见，首钢集团党委、首秦公司党委多次研究，最大限度地采纳广大职工的意见建议，在此基础上制定人员分流方案。在方案实施阶段，公司党委和各基层党委主动担当作为，以解决职工诉求为落脚点，努力满足职工个性化需求，化解各种矛盾，协商解合，保障职工切身利益，分流工作顺利推进。

（周　强）

【首秦公司大事记】

1月1日，首秦公司完成芜湖长江公铁大桥高端桥梁钢Q500qE独家供货，此桥为世界首座高低矮塔公铁两用斜拉桥。

1月11日，首秦公司承接安徽池州长江大桥1500吨6毫米极限规格桥梁钢供货合同，合计340块钢坯，提前2天时间按质按量完成供货合同，板型合格率90%。

1月24日，首秦公司召开三届一次职代会，公司领导和140名职工代表，集团技术服务组、股份、京唐、协作单位15人特邀、列席代表参加。

2月23日，2018年全国科技创新中心建设工作会议上，首秦公司“大型水电站用高强度易焊接厚板与配套焊材焊接技术开发应用”项目获2017年度北京市科学技术一等奖。

2月23日，中建六局轨道交通公司承建的天津蓟汕高速公路海河特大桥获2016—2017年度中国建设工程“鲁班奖”，该大桥钢结构用钢量1.2万吨，均由首秦公司独家供货。

3月1日，首秦公司领导及职工代表45人赴京唐公司现场参观，“走进京唐”活动正式拉开序幕。

3月4日，首批转移京唐公司51人踏上开往京唐的班车，启程奔赴新岗位，开始人生新篇章。

3月9日，首秦公司炼铁事业部认真贯彻落实公司职代会精神，本着以“吃干榨净”为原则，先后制定《炼铁事业部各区域富余材料退库清理方案》和《炼铁事业部关于各区域废钢的实施方案》，共完成回收废钢任务233吨，可节省外购成本48余万元。

3月22日，首钢钢铁板块人力资源专业会在公司召开。

3月28日，首秦公司副总经理周德光获首钢科学技术特殊贡献奖。

4月24日，首秦公司组织第二批48人赴京唐公司参观、走访，帮助职工深入了解和认识京唐，主动融入京唐，走进京唐。

5月7日，首秦公司副总经理刘海龙赴深圳与中建钢构有限公司商务总监王朝阳就中建钢构2018年度钢材集中采购签订战略合作协议。

5月30日，首秦公司工会组织第三批职工“走进京唐”活动。

5月29日，10时首秦公司炼钢系统3号连铸机停产；31日10时轧钢系统4300毫米生产线停机。

6月9日14时05分，首秦公司轧钢事业部完成最后一块钢板外发，公司全流程停产操作第一阶段工作完成。

6月21日，首秦公司1号高炉停炉。

6月29日3时58分，首秦公司2号高炉停炉；5时36分，转炉系统停炉；9时26分，连铸系统停产。首秦公司第二阶段停产工作完成，钢铁产线安全停产。

7月10日，首秦公司召开第三届职工代表大会第二次会议，通过《秦皇岛首秦金属材料有限公司停产转移职工分流安置方案》。

7月12日，首秦公司举行钢铁全流程停产仪式。

7月21日，秦皇岛首钢赛车谷启动仪式举行，公司钢铁生产停产，迈入转型发展新阶段。

8月15日8时30分，首秦公司489人奔赴京唐公司工作。

9月，首秦公司480人奔赴京唐公司工作。

10月13日，首钢赛车谷钢铁赛道举办“2018京津冀赛车节暨秦皇岛GT嘉年华”。

10月23日，首秦公司396人奔赴京唐公司工作。

11月2日，中国卡车比赛在首钢赛车谷举办。

（金品楠）

秦皇岛首钢板材有限公司

【板材公司领导名录】

董事长：刘海龙

董　事：张立伟　于俊良　黄金宇　朱旭明

总经理：黄金宇

（高大勇）

【概况】　秦皇岛首钢板材有限公司（以下简称“板材公司”）1992年4月成立，1993年3月建成投产，是首钢集团公司的全资子公司，注册资本6.22亿元。

（高大勇）

【资产处置】　2018年度，板材公司根据资产处置规定，按照集团内部利旧、对外转让、报废处理等方式，推进停产物资处置事宜。现已经顺利完成首钢集团内部利旧

各项目，包括京唐二期利旧项目、首秦废钢回吃项目、首秦利旧空压机等设备项目、首钢电机厂利旧轧机等机械设备及配套备件、桥吊、变压器等项目、秦机公司利旧机加工设备、堆焊设备等等；以及对外处置报废物资项目，主要包括理化检验检测设备、生服物资、库存备件、废旧电缆等等。

（罗向辉）

【人员转移】 为平稳有序分流安置板材公司停产职工，板材公司结合实际情况，制订出5种分流安置方案，2018年年初，共有员工144人，截至2018年底，共有员工91人，其中5人退休、1人死亡、13人转移到京唐公司、1人转移到股份公司、7人转移到首秦公司、2人转移到首秦钢材加工配送有限公司、24人与板材公司协商一致解除劳动合同，人员分流安置工作按期完成。

（金 岳）

秦皇岛首钢机械有限公司

【秦机公司领导名录】

总经理：朱新喜

党委副书记：朱新喜

工会主席：关 健

（宋 金）

【概况】 秦皇岛首钢机械有限公司（以下简称“秦机公司”），始建于1955年，厂名为秦皇岛市通用机械厂。1962年，成为国家第八机械工业部农机产品定点配套厂，更名为秦皇岛市拖拉机配件厂。1988年，成建制划归首钢总公司，成为首钢总公司全资子公司，更名为秦皇岛首钢机械厂。2017年，企业完成“翻牌”改制，更名为秦皇岛首钢机械有限公司。

2018年，是秦机公司划转首钢集团的第30个年头，内外部经营环境发生巨大变化，见证了首秦公司停产搬迁调整，秦机公司主体支撑业务成功转移到京唐公司，行政关系转由京唐公司托管。

（宋 金）

【主要指标】 2018年，秦机公司实现销售收入5.95亿元，同比增加13.5%，实现利润106.84万元，同比增加3%。

（宋 金）

【京唐业务对接】 2018年，秦机公司京唐中厚板成品运行中心轧线后道物流管理实现人员管理制度化，现场管理标准化，生产组织流程规范化，3500毫米产线打产保产能力不断提高，4300毫米产线生产人员各项生产准备工作与4300毫米轧线生产同步展开；京唐试样加工中心成为京唐公司质检部6S管理标杆，完成3500毫米试样加工2.52万炉；冶金机械制造公司承揽轧区输送辊道、热处理辊盒装置、除磷箱和压下球面体等6个标段二期修配改项目，累计合同金额2260万元，圆满完成60套辊道堆焊修复任务，为京唐公司节约修复费用150万元。

实业公司通过中厚板餐厅和供料餐厅，打造“智慧餐厅”“阳光餐饮”，树立品牌形象；环保公司与京唐公司炼铁部对接烧结脱硫脱硝运维大包项目，2018年12月，人员上岛参与工程建设和各项生产准备工作，南区脱硫脱硝正式运行。

（宋 金）

【余料深加工】 2018年，秦机公司一期卷板废次材业务采用多元化的销售模式，实现增值最大化，累计完成废次材加工产品和直销12.05万吨，实现销售收入3.6亿元。完成冷轧作业部5000平方米本质化安全防护栏的试制和加装工作，获得“本质化安全管理优秀协作单位”荣誉称号，能源部、镀锡事业部、中厚板事业部也正在同步安装过程中。中厚板废次材业务抓住首秦4300毫米产线停产前的有利时机，半年累计深加工产品生产5300吨，中厚板废次材销售1.2万吨；年初，启动京唐3500毫米中板废次材的销售业务，制定快捷的直销模式，实现快进快出，全年累计实现中厚板废次材销售4400吨。

（宋 金）

【智能制造】 2018年，秦机公司借助钢铁板块设备工作会议在首秦召开的有利时机，完成智能型煤气排水器及其安防系统的产品推介，与股份公司、京唐公司、首钢长治公司等的技术交流与售后服务工作得到加强，全年累计供货289台套。与股份公司硅钢事业部沟通，完成连退线后续3台取样机器人的制作、安装和调试工作，取样成功率100%，同时，与股份公司热轧事业部沟通，提报酸洗线取样机器人的设计方案，推进研发立项。完成布袋除尘设备智能检测系统的实用新型专利的申报审核工作，取得专利证书，2018年11月，股份球团脱硫系统智能检测项目已装机投入使用，进入试运行阶段。

（宋 金）

【保产停产保障】 2018年,首秦公司按半年生产进行组织,秦机公司始终将安全稳定作为各项工作的前提,贯彻落实在废钢配送、烧结脱硫、漩流井操检、试样加工和后勤保障等工艺配套服务中。按照不同时期的主要任务,召开专题会议16次,分专业、分部门地提前研究生产保障、停产保障、资产调整和人员分流等各项工作,生产和停产做到安全稳妥。为落实首秦公司"吃干榨净"停产调整的总体工作要求,秦机公司主动请战,以原加工公司为班底组建施工队伍,承担板材厂房内设备设施拆解工作,45天内完成设备拆解任务,累计完成5747.63吨废钢的拆除、倒运、加工和回吃工作。按照集团公司资产处置的有关制度要求,全面开展首秦厂区和秦机厂区的全部资产的盘点工作,为秦机公司首秦加工基地退出、板材厂区土地收储带来的固定资产类损失的账务处理,提供了详实的基础数据。

(宋　金)

【安全管理】 2018年,秦机公司以"完善安全生产管理体系,提高安全生产管理水平,全年不发生生产安全事故"为目标,抓重点、突出专项整治,安全管理水平不断提高。全年修订完善安全生产管理制度45项,排查整改各类安全隐患79项,下达考核单3份;消防安全专项检查4次,发现安全隐患27项,均已整改完成。

(宋　金)

【6S管理】 2018年,秦机公司京唐工艺配套业务按对应主管部门提出的管理要求,结合现场实际情况,按阶段开展6S管理工作。中厚板成品运行中心通过加强管理,持续改进,现场情况有较大的改观和提升;试样加工中心表现突出,第四季度作为京唐质检部典型交流单位进行现场推荐交流。

(宋　金)

【党建工作】 2018年,秦机公司贯彻落实党要管党、全面从严治党要求,坚持党建统领,持续"两学一做"学习教育常态化制度化,以"三会一课"学习活动为载体,运用"党员e先锋"信息化手段,不断提升基层党建规范化水平,深入开展"不忘初心挑重担,牢记使命我争先"的创先争优主题活动,在停产搬迁转移、对接京唐和智能制造等关键项目推进上,提供强有力的组织保证。

(宋　金)

【人才队伍】 2018年,秦机公司组织安全管理、会计、财务管理、工资管理、9000体系等管理职能人员培训89人次,累计1424学时;组织电气焊、火切、高低压电气、起重作业、司索、探伤作业培训285人次,累计11400学时;组织完成286人次参加入职的安全及规章制度教育,职工队伍素质不断提高。

(宋　金)

【职工生活】 2018年,秦机公司按照转移京唐业务进展,有计划、有步骤地开展上岛员工的后勤保障工作,新增6+住宿基地80间住房,餐饮和通勤设施进行配套完善;组织472人次的各类职工体检,组织缴纳职工大病保险和女工保险,组织完成一线职工春节值守、困难职工、党员和职工生日等多项慰问活动,关心关爱职工生活;开展春季职工踏青和徒步大会等陶冶情操的文体活动。

(宋　金)

秦皇岛首秦钢材加工配送有限公司

【首秦加工公司领导名录】

董事长:沈一平

董　事:周德光　齐凤平　王建国　高　清

总经理兼党委副书记:王建国(10月离任)

魏延义(10月任职)

副总经理:高　清(10月离任)

总经理助理:魏延义(10月离任)

(邵　雪)

【概况】 秦皇岛首秦钢材加工配送有限公司(以下简称"首秦加工公司")由首钢集团有限公司、秦皇岛首秦金属材料有限公司共同投资建设,2007年4月27日注册成立,注册资本3亿元人民币。公司位于秦皇岛经济技术开发区东区(山海关),总占地1165亩,有500米长自主海岸线和2个3.5万吨泊位码头,具备区位优势和发展潜力。

2018年,首秦加工公司是在集团公司战略发展、首秦公司整体搬迁的大环境下转型发展的一年。首秦加工公司部分设备搬迁至京唐公司、人员整体转移到京唐分流安置,首秦加工公司留守业务从钢材加工生产到租赁服务过渡。全年工作主要围绕生产经营及产线搬迁、人员分流安置、厂房租赁业务开展等工作展开。

(邵　雪)

【主要指标】 完成销售收入2.07亿元。复合板产量4627吨,深加工产量10261吨,布袋产量6711条。

(邵 雪)

【产线搬迁】 按照首秦公司统一部署,首秦加工公司预处理设备及备件、预处理起重设备搬迁转移至京唐公司。预处理设备生产厂家为韩国世光机械设备制造有限公司,2008年建设,2009年设备投产。首秦加工公司于2018年2月份完成对该部分资产进行评估的审批手续,2018年3月委托北京金正元资产评估有限责任公司进行资产评估,该批资产设备共计176项,账面净值4113.54万元。评估值为1968.41万元。2018年3月份,完成设备拆除工作;11月份,完成设备转移至京唐进行安装。

(邵 雪)

【人员安置】 2018年,首秦加工公司正式工协商解除合同25人,调转113人(调转京唐110人,股份1人,首秦2人),退休1人。劳务工协商解除合同65人。板材调入2人,首秦借调1人;截至2018年12月,加工公司现有正式工31人,其中在岗16人、内退15人;劳务工1人。公司根据留守人员原工作岗位及业务特长,分别进行了留守岗位安置及业务交接工作。

(邵 雪)

【机构调整】 自2018年9月份开始,公司按照留守模式进行运营。取消办公室、计财部、制造部、深加工事业部、复合板事业部、环保事业部等原有部门,留守机构设置管理科、综合科两个科室,分别进行对口专业运营。

(邵 雪)

【厂房租赁】 2018年,首秦加工公司围绕厂房租赁进行业务拓展,对外招商吸引更多的公司进入首秦加工公司租赁厂房,并做好厂房租赁后期的配套管理及服务。一是2018年3月,北京首钢城运控股有限公司将预处理线以及成品理料跨约10000平方米厂房改造为机械立体车库的制造和研发基地;二是秦皇岛东旭冶金车辆制造有限公司,2018年8月租赁GJ跨作为冶金车辆及附属结构件制造基地。

(邵 雪)

【留守业务】 自9月份留守模式运行后,首秦加工公司分别承揽来料切割、钢板仓储、结构件热处理、耐候角钢折弯等业务,将设备资源进行有效利用。

(邵 雪)

秦皇岛首秦龙汇矿业有限公司

【首秦龙汇公司领导名录】

董事长:赵久梁

副董事长:余静龙

董　事:刘海龙　刘政群　王　立

党委书记:郭湘平

总经理:郭湘平

副总经理:洪　波

(宋春英)

【概况】 秦皇岛首秦龙汇矿业有限公司(以下简称"首秦龙汇公司")是由首秦公司、首钢板材公司与龙汇工贸集团共同出资成立的合资公司。公司成立于2008年5月份,注册资本5亿元,其中首钢系占股70%、入资3.5亿元,龙汇工贸集团占股30%、入资1.5亿元。

2018年,首秦龙汇公司认真组织落实首秦公司一系列指示和要求,在异常困难和复杂的形势下,团结干部职工,应对挑战,坚定信心,抓住主要矛盾,完成钢渣产线顺稳移交首秦公司,完成"两秦"身份人员向京唐公司转移,依法规分流处置首秦龙汇公司劳动合同身份人员,已接近尾声。配合政府促成球团厂承租运营纳入正常生产,协助承租方完成环保申报手续,通过河北省环保厅验收,取得秦皇岛市环保局颁发正式排污许可证。灵活处置法律、债权债务纠纷,千方百计维护稳定大局。加强与地方政府、法院沟通,启动破产申报准备工作,2018年12月14日,向青龙县人民法院递交书面申请及申报材料(共计12项),2018年12月30日,青龙县人民法院下达民事裁定书[(2018)冀0321破申6-1号]正式受理首秦龙汇公司破产申请。

(宋春英)

秦皇岛首秦嘉华建材有限公司

【首秦嘉华领导名录】

董事长:赵久梁

董　事:徐应强　张立伟　宋咸权　肖　阳

刘丙臣　曹欣荣　杨　可

总经理：肖　阳

副总经理：杨　可

（周　强）

【概况】　秦皇岛首秦嘉华建材有限公司（以下简称“首秦嘉华”）是卓桦投资有限公司、秦皇岛首秦金属材料有限公司、北京首钢耐材炉料有限公司于2008年5月15日共同投资人民币6000万元组建的中外合资公司。合资公司位于秦皇岛市抚宁县杜庄镇秦皇岛首秦金属材料有限公司北侧，占地约50亩，专业从事绿色环保型建材产品—粒化高炉矿渣粉的生产、销售。主要经营：矿渣微粉生产和销售；水渣加工、销售；提供水渣、矿渣微粉产品的技术咨询、服务。首秦嘉华利用秦皇岛公路网络和港口条件开拓南、北方销售市场。与深圳市海星港口建材有限公司、秦皇岛朗硕商贸有限公司、秦皇岛浅野水泥有限公司、秦皇岛信合水泥有限公司等20余家销售客户及代理公司签订长期稳定的合作关系。2018年6月28日安全停产，推进设备处置工作，主要设备已拆除并转让。

（周　强）

首钢集团有限公司矿业公司

【矿业公司领导名录】

总经理：黄佳强

副总经理：王自亭　郭志辉

总经理助理：张金华　齐宝军　刘建强（8月任职）

安全总监：张富贵（6月任职）

党委书记：王自亭

党委副书记：黄佳强　董　伟

党委书记助理：姚永浦

纪委书记：董　伟

工会主席：王自亭

（邢建军、吴予南）

【综述】　首钢集团有限公司矿业公司（简称“矿业公司”）位于河北省迁安市，1959年建矿，是首钢主要原料基地。矿区面积7.16万亩，铁路与京山线、通坨线、京秦线相接，公路与京沈高速相连，海运与秦皇岛港、京唐港、天津港相邻。原矿处理能力2283万吨，发展机械制造、电气设备修造、建筑安装、矿山生产技术服务等相关产业，拥有资源综合利用产线7条，年生产能力313万吨，投资建设310万吨资源综合利用产线。设有计财处、生产处、技术质量处、机械动力处、能源环保处、安全处、技改工程处、资源土地管理处、人力资源部（党委组织部）、办公室、党群工作部、纪委（监察处）12个职能处室，大石河铁矿、水厂铁矿、杏山铁矿、运输部、协力公司、机械制造厂、电修公司、物资公司、计控检验中心、保卫处（武装部）、培训中心、实业公司、矿山医院、职工子弟学校、矿山街道居民管理委员会15个厂矿级单位。管理北京首钢矿山建设工程有限责任公司、迁安首钢矿业化工有限公司、迁安首钢兴矿物业服务有限公司（12月更名为迁安首钢兴矿实业有限公司）、北京速力科技有限公司、迁安首矿建材有限公司、烟台首钢矿业三维有限公司。托管首钢滦南马城矿业有限责任公司、唐山首钢马兰庄铁矿有限责任公司、首钢矿业公司商业处、迁安首钢设备结构有限公司、首钢地质勘查院。2014年5月，北京首钢矿山技术服务有限公司注册成立。矿业公司年末固定资产原值110.03亿元，净值35.21亿元，保值增值率101.35%，年末从业人员8180人。

（李　泽、栗帅鹏）

【主业生产经营】　主动适应严峻的安全环保形势，调整供矿节奏，实现服务钢铁“零”影响和效益最大化。水厂铁矿持续发挥原料保供主力作用，及时调整生产组织模式，千方百计保证矿粉供应。大石河铁矿克服高低品需求阶段性不均衡等困难，及时调整品种结构，平衡选矿产销节奏，实现经济高效运行。杏山铁矿优化作业模式，挖掘资源潜力，超计划完成生产任务。唐首马铁矿坚持露采生产与地采施工并重，保持稳定供矿。运输

部开展打量提效攻关，强化运行管理和技术升级，运输总量同比增加315.3万吨，增幅10.2%。实施“百元选厂”工程，大石河铁矿、水厂铁矿选矿加工成本分别比2017年降低9.39元/吨精、4.96元/吨精，实现效益2565万元。强化经济用能，三矿吨精电费同比降低1.98%。优化设备管理，三矿修理费比计划降低1.4元/吨精。供北京首钢股份有限公司精矿粉487万吨，主业板块比2017年增利1.25亿元。

（李　泽、栗帅鹏）

【相关产业发展】　拓展围钢市场。发挥首矿建公司工程设计施工一体化平台作用，承揽烧结金属料场改造、矿仓和粗破料场封闭、球团二系列脱硫脱硝、球烧环保提升等项目，高标准完成施工，赢得股份公司赞誉；参与京唐、首秦、迁钢公司协同检修；承担生物质公司汽轮机组系统检修及电气预试，承揽首华科技和鲁家山矿电气维护，技术服务站稳一席之地，钢铁板块协同服务能力进一步增强。开发社会市场。捆带项目扭亏为盈、磨球项目利润持续增加，巩固承德地区采矿服务市场，地采电机车无人驾驶技术在紫金山铜矿、厦门钨业等多个地采矿山中标；六安钢铁烧结工程实现复工，盘活并回收资金2.78亿元；相关产业社会收入占比达69%。海外业务取得新突破。集成设计、制作、建安、机电、服务等优势，高标准完成秘铁近2万吨钢结构制作及部分安装任务，展现集中力量干大事的能力，受到首钢集团称赞；注册成立首矿建秘鲁分公司，为做深秘鲁市场创造条件；选矿自动化系统、MES系统分别在秘铁、赞比亚中色非矿投入使用；中标秘铁和津巴布韦金属矿勘探项目。

（李　泽、栗帅鹏）

【资源综合利用】　矿业公司按照“两种资源、两种产品”统一管理模式，推动资源综合利用产业化发展。2018年，资源综合利用产品完成378.5万吨。6月份，大石河铁矿石磁选项目投产，流程效率从200吨/小时提高并稳定在550吨/小时以上，争取政策支持，取得北京市国有资本经营预算资金1400万元。围绕原有产线提产增效，各产品产率均有较大幅度提升。产线总产能达到600万吨，产业化发展进入新阶段。调研京津冀建材市场，对比分析竞争优势。建立产业发展评价体系和销售价格快速决策机制，实施竞争销售，提升销售保证能力。成功开拓北京、天津、沧州等地火运市场，与三地砂石企业形成战略合作关系，9月份，第一列绿色建材产品运抵北京，绿色建材铁路运输通道打通，北京市领导高度重视，引起社会关注。市住建委组织召开首钢矿业资源综合利用与“公转铁”工作专题会，肯定矿业公司相关工作。建材产品效益同比提高127%。

（李　泽、栗帅鹏）

【对标挖潜】　坚持“改善经营、深化改革、转型发展”工作主线，推进“三个变革”，提升经营能力。建立健全技术经济指标对标体系，引入“三个跑赢”激励机制，加强学习考察。露采、地采、选矿38项全行业可比技术经济指标，11项进入前三名，其中6项排名第一；按照成本要素筛选跑赢同行业指标35项，16项跑赢同行；98项可比技术经济指标中，64项超过2017年水平，27项达到或超过历史水平。矿业公司精矿粉制造成本在规模以上矿山企业排名第四，实物劳产率保持行业前三。

（李　泽、栗帅鹏）

【资源接替】　推进矿产资源接替工作，完成马城铁矿采矿权出让合同签订和资金预交，工程建设完成掘进31.7万立方米。杏山地采扩建工程可研通过首钢集团审批，取得安全设施设计和阶段环评批复，完成施工和监理单位招标。唐首马铁矿创新组织模式，优化施工工艺，稳步推进地采建设。完成水厂地采深部勘探报告编制、设计招标，为提高整体资源保障能力创造了条件。

（毛清华、闫　伟）

【设备管理】　强化全寿命管控，提升设备管理水平。设备综合故障停机率完成0.01%，比计划降低0.09%；设备综合检修停机率完成3.09%，比计划降低0.49%。实施设备大修费与日常维修费分开管控，在保持设备功能精度的前提下，修理费较计划指标降低794.65万元。开展大众创新攻关，提升专业人员综合能力。拓展精密检测范围，推进预知维修，延长检修周期。实施以旧养旧，提升固定资产利用效率。

（王春林）

【风控体系建设】　搭建风控体系框架，一级流程30个、二级流程119个、三级流程309个、关键控制点492个。开展现行制度体检，制定涉及17个单位280项制度的修订清单。编制风控手册和评价手册30个。搭建业务部门、风控部门、审计部门风险内控管理“三道防线”。完成风险评估标准制定和数据库评估工作。

（刘　军）

【安全管理】 推进双重预防机制建设,典型做法在首钢集团交流推广。辨识安全风险4400余项,管控能力进一步提高。围绕本质安全目标,完成课题攻关452项,管理模式实现根本转变。探索"大安全"管理,打破专业壁垒和区域限制,管理格局和体系不断健全。

(张晓峰)

【能源环保管理】 推进节能管理向经济用能管理转变,吨精电费47.92元/吨,同比降低1.91%,节约费用429.334万元。协调落实土地复垦保证金抵缴8980.73万元。取得杏山铁矿扩建工程环评批复,水厂铁矿通过唐山市露天矿山深度整治验收。

(张彦军、贾延来)

【重点工程】 完成大石河铁矿石磁选项目建设,培育新的经济增长点。完成水厂总降6千伏供电系统改造、东排干选回收系统搬迁及跨K2皮带检修公路项目。实施水厂采坑内皮带封闭、杏山料台建设防风抑尘网、水厂区燃煤锅炉煤改气、运输部2号翻车机除尘设备升级等项目,加大环保治理力度。完成北区上盘(33—35线)、K3皮带配电室(23—25线)边坡隐患加固治理,消除露天边坡安全生产隐患。完成机械厂铺设氧气管道、运输部北区21个道口升级改造等,实现降本增效。修缮家属区部分住宅楼屋面防雨、龙山家属区道路及02部队小区电梯等,改善职工生活条件。

(代鲁飞)

【科技创新】 实施重点科技项目50项,实现经济效益4000多万元。12项科技成果获得首钢级以上奖励,申请专利24项。"高阶段运输在超大规模充填矿山的研究与应用"获冶金矿山科学技术一等奖;"首钢水厂铁矿尾矿全流程一体化处置新工艺"获冶金科学技术三等奖、冶金矿山科学技术二等奖、首钢科学技术一等奖。

(雷立国)

【管理创新】 组织各单位确立立项课题147项,7项管理创新成果、3项党建创新成果获得首钢集团及以上表彰奖励。其中,《冶金地下矿山企业本质安全管理体系的构建与实施》《"铁源文化"的构建与实施》两项成果获北京市第三十三届企业现代化管理创新一等奖,《大型矿山企业绿色选矿模式的构建与实践》获钢协三等奖,《大型矿山企业绿色选矿模式的构建与实践》等四项成果分获矿协二、三等奖。强化管理创新成果报审奖励,评选优秀管理创新成果33项,奖励100万元。

(刘　军)

【调研与整改】 矿业公司突出对经营管理的引领促进作用,围绕废旧物资、应急管理等开展调研6期,查找管理问题100多项,提出整改建议和措施80余项。梳理现行规章制度,修订完善制度草案35项,集中废止规章制度45项。

(刘　军)

【班组建设】 制定班组建设工作管理办法,构建"543"管理体系,实施分级管控。发挥试点班组引领示范、优秀班组长"传帮带"作用,205个推广班组制定推进标准,基层经营意识和能力提高。深化"班组建家"活动,营造温馨环境和友善上进氛围,职工凝聚力和创新力提升。推广班组合格率98.5%,评选特级班组23个、一级班组52个。

(刘　军)

【数字矿山建设】 建设信息化风控体系,设计流程及职责分离规则,确定了风险点。聚焦管理效能,提升专业管理水平,自主研发数据分析、废旧物资管理、安全风险防控、科技创新管理、资源综合利用管理等系统,将电机管理系统、润滑管理系统、固定资产实物管理系统和设备管理数据分析系统集成为设备管理平台。实施ERP数据归档项目,提高基础平台保障能力。加强网信安全建设,制定《网络和信息安全突发事件应急预案》,颁发《关于推进矿业公司信息安全等级保护工作的指导意见》,开展信息安全风险识别和防控工作。

(杨慧芳)

【员工提素】 举办专业技术提升班27期、特种作业培训开班167期、班组长培训班4期,累计培训4000人次以上。聚焦工匠精神,实施百名技师三年培养工程,新增技师88人、高级技师23人,高技能人才总量达到373人。实施技能人才队伍薪酬激励,评聘技师及以上高技能人才105人。协办第九届全国钢铁行业职业技能竞赛,王涛获电焊工冠军;承办第二届全国冶金矿山行业职业技能竞赛,矿业公司以"三金三银三铜"总成绩,获"团体优胜奖"和"特别贡献奖",6人获"全国技术能手"称号。

(郭永杰)

【劳动提效】 优化劳动组织，岗位定员精简6.2%。做实创业开发中心，创业中心人员自主维检，减少费用677万元；原检修人员开拓市场，外部创收1115万元，实现双促进双提升。落实职工分流两项政策，在岗职工减少327人，精矿粉劳产率完成1124吨/人·年，同比提高4.7%。

（郭永杰）

【综合治理】 投入370余万元分别在5个居民区和2个基层单位建立警务站，在矿区主要出入口安装高清摄像机180台、车辆抓拍机57台、人脸识别摄像机11台、球型摄像机5台，与北京市公安安防智能系统对接。对爆炸物品储存库、运输车、混装车、爆破采区的民爆安全监管系统进行升级改造，与河北省公安厅监管平台对接。实施"警企联宣、警企联调、警企联防和警务工作信息化、执法规范化"机制，联合开展厂区、居民区治安巡逻，清理易发案部位闲杂人员1000余人次，截扣不法人员车辆22辆，处理不法人员10人，避免公私财物被盗37起。妥善化解群众矛盾，受理来信来访320件次，集体访70余批次。开展政保和处理邪教工作，实现防范处理邪教"四个零"的目标。有效维护矿区治安环境，全年无刑事案件发生。

（刘 科、沈 辉）

【人才工作】 坚持干部选拔任用标准，调整9个基层单位党政一把手11人，安排L9职级以上领导人员岗位交流103人次；落实公开选拔领导人员实施细则，公开选拔27名领导人员；落实领导人员不胜任现职制度，解聘中层助理1人。加强领导人员能力建设，举办中层领导人员研修班、基层经营者能力提升培训班和基层党支部书记轮训班；举办领导人员大讲堂8期；开展"学思践悟·益智提素"主题读书活动，交流读书体会173篇。通过公开招聘等方式，为机关处室和基层单位选用专业技术管理人员44人。加强骨干人才队伍建设，对99名享受津贴待遇的两级技术专家、技术带头人进行年度综合考评，3名技术带头人取消津贴待遇。分别推荐2人参评"北京市有突出贡献的科学、技术、管理人才"、申报"第三届杰出工程师奖"。实施专业技术管理人员职务评聘机制，聘任主任师5人、主管师177人。推荐2名青年骨干参加首钢科技创新培训班。举办青年骨干人才培训班，实施"培训+课题"的培养模式，46名青年专业技术骨干参加培训，撰写学术论文和调研报告46篇。推进财会专业人才素质提升培训，31人非财务岗位学员选拔使用18人，1人到财会岗位实践锻炼。推进采矿、选矿、设备"三个一批"后备专业人才培养，集中培训11场次，36人到专业管理和管理职能岗位工作。组织专业技术管理人员完成课题479项，举办专业培训354场次。加强职称晋升组织，37人晋升高级职称，121人晋升中级职称。

（邢建军、李云龙、吴予南）

【党群工作】 公司党委所属15个任期届满基层党委（总支）分别召开党代会或党员大会，完成换届选举工作。召开中共首钢集团有限公司矿业公司第一次党代会，选举产生第一届委员会和纪律检查委员会委员各5人；召开中共首钢集团有限公司矿业公司第一届委员会、纪律检查委员会第一次全会，选举产生"两委"书记、副书记。推进品牌党支部创建活动，召开基层党建工作推进会，命名第二批矿业公司品牌党支部4个。举办基层党支部书记培训班、党支部书记素质提升培训班，提升党务工作者综合素质水平。落实"两学一做"学习教育常态化制度化要求，两级党委（总支）开展中心组集体学习和交流研讨192次，领导班子成员讲党课98人次，党支部书记讲党课209人次，基层党支部梳理问题306项。落实大抓基层、大抓支部的工作要求，采取单位互查、内部自查、专业联查、公司督查的方式，开展党建基础工作检查4次。发挥"一个党员一面旗帜"示范作用，评选表彰年度"党员之星"15人，季度"党员之星"376人。开展创先争优主题实践活动，广大党员提出合理化建议2030条，实施课题攻关390项。加强党员电化教育，《党建领航新征程》等三部电教片获全国党员干部现代远程教育制播工作C类三等奖，并入选中组部全国党员干部现代远程教育中心资源库。深化党建课题研究，表彰基层优秀党建课题71项，《以党员旗帜行动践行"两学一做"学习教育常态化制度化》获北京市国企党建研究会调研成果二等奖。举办第二十三届首钢矿山文化节，组织健身长跑、篮球赛等活动20余项400余场次，代表首钢集团参加"五月的鲜花"首都职工合唱比赛决赛获二等奖。举办职工书画展、摄影展。参加纪念改革开放40周年"太钢杯"全国冶金行业职工美术书法展览、第七届"磊蒙杯"全国砂石行业书画摄影展，11幅作品获奖。推进班组建家，77个班组参加网上展示评选。关注职工心理健康，推进"职工心灵驿站”建设，成为京外唯一一家被北京市总工会命名授牌单位。“首矿之家”APP发布福利、活动158项次，为职工节省资金32余万元。召开共青团矿业公司第六次代表大会，完成团委换届选举。组织“矿山朗读者”经典文学朗读活动，提升文化修养。开展青年志愿服务活动，组织毛主席纪念堂志愿服务、“首钢杯”及“首钢矿业杯”职业技能竞赛志愿服务等。开展“学榜样、强技能、当先锋”主题活动，加强青工思想建设。举办职工技能精英赛，引导青工学技能，提素质；开展青年安全管理创新大赛，其中，计控检验中心青工制作的安全微视频获第四届北京市青年安全生产管理大师赛铜奖。矿业公司获首钢“青安杯”竞赛优胜夺杯单位，在全国钢铁行业“青安杯”竞赛活动中，1个基层团总支获先进集体，1人获先进个人。

（吴予南、张洋、朱亚娟）

【纪检监察】 开展“加强纪律教育、强化纪律执行”主题教育活动，组织新提职领导人员及家属参观石景山区反腐倡廉警示教育基地，接受廉政教育。加强中层领导、基层党支部书记党风廉政建设学习，组织1800余人领导人员、监察对象集中测试以考促学。开设“案例解读监察法”专栏，剖析典型案例、解读党纪法规。举办廉政主题书画展，精选展出作品110幅，弘扬清正廉洁精神。梳理廉政风险点52个，制定防控措施151条，构建动态管理体系。实施效能监察项目25项，揭示问题29项，制定整改措施31项。开展经责、离任、内控等审计10项，发现管理问题28项，提出审计建议53条。受理信访举报31件次，监督处理41人次。《坚持“纵横结合”，防控廉政风险》典型经验，受到北京市纪委监委肯定，矿业公司纪委被评为2018年度首钢先进纪检监察组织。

（朱会亭）

【大讨论出效果】 开展大讨论活动，查找案例1067个，取得效益1573.63万元。在借鉴“顶层设计、答题点题，自查自纠、案例揭摆，编发简报、交流分享，建立论坛、群策群力，建立机制、总结提升”五步法基础上，采取层层宣讲、公开比赛、查找不足、典型示范、专题分享等方式推动重点工作落实。《以案例揭摆自我教育为抓手促进思想政治工作落地》获中国冶金政研会成果二等奖。

（刘　媛）

【加强文化建设】 顺应时代潮流，弘扬社会主义先进文化，不断塑造、固化、丰富企业文化内涵，形成具有鲜明特色的“铁源文化”。主要包括“愚公移山”的精神文化、自强不息的物质文化、艰苦奋斗的行为文化、严格管理的制度文化、和谐美丽的家文化。并通过开展“两学一讲”活动，推进“铁源文化”进班组、进岗位。《“铁源文化”的构建与实施》获北京市企业管理现代化创新成果一等奖。14篇企业文化论文成果在冶金矿山企业文化年会获奖，其中《加强时代典型选树激活内生动力》《健全意识形态工作体系，增强转型发展凝聚力》获一等奖，获奖数量、档次行业排头。《弘扬企业传统文化，助推企业转型发展》思想政治论文成果获北京市三等奖。矿业公司获改革开放40年中国企业文化四十标杆单位。

（刘　媛）

【创新工作室建设】 树立“一群人一件事、一起拼一定赢”的理念，探索形成四层级、三维度基层创新工作法。试行工作室分级管理，公司级重点管理17个创新工作室，提高针对性和有效性。坚持出成果、育人才，马著工作室被命名为北京市创新工作室，沈虎庄被评为“首钢之星”“首都市民学习之星”“首都最美劳动者”。

（刘　媛）

【新媒体建设】 发挥新媒体优势，坚持“有料、有情、有用”的内容定位，“首矿网微平台”常设“首钢新闻、党建瞭望、矿山频道”三大栏目，关注用户12000余人，推送文章370余篇，全年点击量83余万次，点赞1.9万余次，通过留言互动，使得正能量不断发酵和传递。

（刘　媛）

【全员健康】 编制完成《全员健康推进计划（2018—2020）》，明确未来三年保障职工健康主要措施和目标。建成健康宣教、卫生服务、健康管理、心理慰藉、权益保障、文体活动“六大中心”；医疗健康综合平台正式上线运行，实现健康体检模式“新”、健康管理处置“优”、健康服务周期“快”、健康服务内容“广”的四大目标。职工健康管理水平得到显著提升，矿业公司被列入国家卫健委第二批流动人口健康管理示范企业名单。

（李富军）

【教育医疗】 职工子弟学校共有教学班101个，在校学生3195人，在册教师336人，其中研究生32人，中、

高级职称198人。围绕立德树人的根本任务，落实北京市、石景山区《养成教育三年行动计划》，完善小、初、高德育课程体系。坚持活动育人，开展班会校会、经典阅读成果展示等各类活动700余场次。组织学生参加石景山区"青少年禁毒征文大赛""环保主题演讲比赛"等活动32项，获得高中辩论赛季军、第十六届青少年维权知识竞赛第一名、篮球联赛初中组和高中组季军等集体荣誉，1021人次获个人奖。围绕高效课堂建设，组织各类教研活动400多次，各类研究课、示范课、竞赛课500余节，开发校本课程，推进教学改革——"选课走班"，高考升学率95.64%，600分以上30人，任雪纯获得石景山区语文单科状元；中考升学率100%，500分以上141人，3人获得单科满分。实施科研兴校，举行科研方法培训交流会12次，5项课题在北京市、石景山区立项，7项区级课题顺利结题，在区级以上赛课、论文评比中获奖教师300余人次，子弟学校教科研经验在石景山区"十三五"中期教育科研大会上做论坛主题交流。争取义务教育阶段生均补助、学生课外活动、素质提升、课后服务经费1063万元，完成多媒体教学设备升级改造和音乐、美术专业教室设施添置，被评为北京市综合素质评价先进单位、石景山区科研工作先进单位、"十二五"教师培训工作先进单位等。

矿山医院完成口腔修复、疼痛门诊资质增项，取得唐山市城乡居民医疗保险定点医疗机构、唐山市生育保险定点医疗机构等资质，被评为北京市中招体检先进单位。年医疗收入1.6亿元，同比增加4.6%；门诊量21.06万人次，同比减少9994人次；出院人数4128人次，同比增加279人次；综合药占比51.37%，同比降低7.77%。

（高慧平、魏　娟）

【和谐矿山】 首钢矿山街道居民管理委员会服务于矿山居民，服务于驻矿企业，服务于稳定大局，提供法律咨询服务170件次，指导参与调解48起民事纠纷，受理来信来访256件381人次。办理低保待遇106户，核发低保金182.03万元。"阳光基金"救助85户，发放救济金4.1万元。为矿区居民办理北京、迁安养老和大病医疗参保4369人次，办理老年优待证、优待卡86人次，审核发放80岁、90岁高龄津贴964人次，核发金额29.96万元；审核发放居家养老补助金3787人次，核发补贴金额38.34万元。开展群众文化活动25场次，组织秧歌表演8场次，在重大节日举办专场演出，丰富居民文化生活。

（王冬冬）

【形势任务教育】 2018年，矿业公司面临若干挑战。从钢铁行业看，去产能、清理"地条钢"改善了市场供求关系。从矿山行业看，占全球70%以上市场份额的国外四大矿企不断增产，铁矿石继续供大于求，价格持续在低位波动。资源和土地政策收紧，安全环保零容忍给企业带来挑战。从自身看，矿价迅速下滑导致压力大；矿产主业发展与资源萎缩不平衡，矿产主业与相关产业发展不平衡，短期冗员与企业发展规划人员需求不平衡；相关产业产品升级、市场开发不充分，管理能力有待提升。总之，整体盈利能力弱，保生存求发展、稳中求进仍是主基调。

（李　泽、栗帅鹏）

【调研交流】

2月，首钢集团领导靳伟、刘建辉、吴平、陈克欣等到矿业公司调研、座谈。

4月，中国矿业联合会五届理事会副会长郝树华、北京市住房和城乡建设委员会建筑材料与建筑节能管理处处长薛军一行18人到矿业公司调研资源综合利用产业。

5月，北京市安监局副局长卞杰成带领专家组一行11人到矿业公司进行汛前联合执法检查。

7月，北京市安监局矿山处副处长饶守国带领专家组一行4人到矿业公司对水厂铁矿尹庄尾矿库安全生产许可证延期现场核查，并对二季度市安监局督查问题整改情况进行验收。

9月，河北省流动人口计生协工作交流观摩会在矿业公司举行。河北省卫生计生委党组成员、省计生协专职副会长许钢柱，中国计生协组宣部处长时玲，唐山市卫计委党组书记、主任李建新，迁安市政府副市长王艳军，矿业公司党委副书记董伟出席。

9月，首钢第一列绿色建材产品运抵北京，为首都建设增添新绿。

10月，"首钢矿业杯"第二届全国冶金矿山行业职业技能竞赛在矿业公司开幕。出席会议的有中国冶金矿山企业协会，领导有总工程师雷平喜、秘书长姜圣才、常务副秘书长马增风、会员部主任揭香萍；出席会议的嘉宾有中国钢铁工业协会原副秘书长、中国职工教育和职工培训学会冶金分会会长李克敏,中钢集团马鞍山矿山研究院有限公司院长许传华,太原钢铁集团有限公司矿业公司党委副书记、工会主席雷霖,马钢集团矿业有限公司总经理助理开锐;出席会议的首钢领导是首钢集团有限公司总经理助理、首钢股份有限公司党委书记、总经理刘建辉。各参赛冶金矿山企业领导、领队、教练和参赛选手参加开幕式。

10月,北京市国资委、中铁物资集团领导一行到矿业公司调研资源综合利用产业。

12月,金隅集团领导到矿业公司考察资源综合利用产业发展情况,首钢集团副总经理赵民革及相关部门负责人陪同。

(黄红军、李　泽)

首钢矿业公司大石河铁矿

【大石河铁矿领导名录】

矿　长:闫尚敏(9月任职)　康计纯(9月离任)

副矿长:郭　刚　黄建新(10月离任)

党委书记:杨立文

(李旭东、李光磊)

【概况】　大石河铁矿1959年建矿,拥有设备2898台套,固定资产原值9.81亿元,采剥能力2000万吨/年,原矿处理能力835万吨/年。下设生产技术科、机动科、计财科、综合管理科、安全保卫科5个科室,选矿车间、尾矿车间、动力车间、二马采矿车间、创业开发中心5个车间和二马地采筹备组。期末从业人数730人,其中有技术业务职称人员144人。托管迁安首矿建材有限公司。

(李旭东、李光磊)

【主要指标】　2018年,大石河铁矿自产精矿粉完成125.88万吨,秘矿产粉完成56.14万吨;建材产品生产完成142.39万吨。纳入公司年度计划的20项技术经济指标中,17项完成计划。

(李旭东、李光磊)

【百元选厂】　"百元选厂"工程持续开展,制订工序指标计划。以"台时、小时产粉"为重点,实施平皮带提速,提高入磨原品,严控入磨选比;开展一次磁选机选别区延长、高频筛筛片优化等关键工序升级改造,提高流程通过能力。精矿粉选矿成本完成101.02元/吨精,同比降低9.39元/吨精。

(李旭东、李光磊)

【秘矿加工】　制定《秘矿加工工艺参数标准及生产组织方案》,规范岗位操作,严密生产组织。开展降硫攻关,满足股份公司矿粉需求,实现经济高效运行。实施空气炮项目,不断稳定流程量。全年生产秘矿粉56.14万吨。

(李旭东、李光磊)

【供料供水供电服务】　大石河铁矿克服环保停限产常态化等影响,满足股份公司高低品不均衡需求,保证产销平衡。组织供料系统设备整改,优化水高粉接卸,强化新老仓存储管理,2018年,销售精矿粉182万吨,实现保供零影响。克服外部用水量降低影响,细化分时段供水措施,控制用水成本,供水效益同比增加96.12万元。完善变电站所、泵站无人值守管理,实现后台监控系统联网,建立红外入侵报警系统,提高无人值守管理水平。

(李旭东、李光磊)

【资源综合利用】　组织选矿甩尾平皮带提速至2.8米/秒,选矿建筑砟产率稳定在14%以上。加强大采滚筛工艺管理,提高设备技术状况,四季度大采建筑砂产率达到13%。组织3号大井底流泵改造,提高秘鲁矿尾矿输送浓度;升级压滤机给矿泵扬程,缩减压滤周期;挖掘沉淀池,实现秘鲁尾矿二次回收,秘矿干排尾砂产率完成75%以上。

(李旭东、李光磊)

【安全环保】　以隐患排查系统为载体,推动逐级安全生产责任制落实;持续拓展"机械化换人、自动化减人",推进本质安全建设;推广可视化安全教育,增强职工自我安全约束意识;加强职业健康管理,通过北京市安监局职业卫生现状评价。取得大石河铁矿铁矿石磁选项目环评手续。高标准完成绿化工作,种植苗木7万余株,被评为2018年度首钢集团"安康杯"竞赛优胜单位。

(李旭东、李光磊)

【人才队伍建设】　以后备干部挂职锻炼为载体,加快人才培养,先后3人在科级干部岗位挂职锻炼。加强领军人才和后备人才培养,开展专业技术培训20余次,督促专业技术人员职称晋升,2人取得高级职称、6人取得中级职称。选拔7名大学生到班组长岗位历练,提升班组经营管理能力。

（李旭东、李光磊）

首钢矿业公司水厂铁矿

【水厂铁矿领导名录】

矿　长：傅志峰

副矿长：张韶敏　陆云增（10月任职）

闫尚敏（9月离任）

党委书记：李　昕

（赵东升）

【概况】 水厂铁矿始建于1968年，有采、选两个生产系统，矿岩采剥能力为6000万吨/年，选矿原矿处理能力为1448万吨/年，是国内最大的露天铁矿之一。拥有设备2333台套，其中有牙轮钻机、电铲、130吨、150吨、170吨、190吨电动轮矿车、排岩机等大型设备79台，破碎机、球磨机、过滤机106台，以及边坡钻机、碎石机、挖掘机、大型推土机、平路机、皮带机、磁选机等，固定资产原值28.21亿元。采矿生产为露天开采，采用汽车运输和汽车—破碎—胶带半连续联合运输方式，有3条半连续胶带运输系统。选矿生产为三段一闭路破碎和阶段磨选，精矿粉1979年、1987年获得国优产品金质奖，累计生产精矿粉1.22亿吨。现设生产技术科、机动科、计财科、人力资源科、安全保卫科、办公室6个科室，有穿爆车间、采掘车间、汽运作业区、西排车间、东排车间、破碎车间、磁选车间、输送车间、尾矿车间、筑路排土车间、动力车间、开发服务车间、创业开发中心等13个生产车间，2018年末在册职工1582人。

（赵东升）

【主要指标】 完成采剥总量3850.92万吨，铁矿石843.25万吨，生产精矿粉279.12万吨，输出278.29万吨，输出品位达68.04%。矿业公司确立的38项指标，21项超过2017年水平。26项全行业对标指标，7项进入前三，3项排名第一。选矿全员劳产率完成20976.58吨/人·年，保持同行业同等规模矿山企业前三名的水平。

（赵东升）

【资源综合利用】 按照产业化标准，完成新老厂建筑砟生产线升级改造，提高建筑砟产率和合格率。成立建筑砂、建筑砟项目部，实行自主经营、自负盈亏。推进销售与市场接轨，提高利润水平，2018年，累计销售建筑砂石料108.4万吨，实现社会收入553.24万元，盈利53.6万元。

（赵东升）

【技术管理】 采矿生产以稳供矿、供好矿为核心，加强计划预见性和超前性，优化采场技术状况，爆破储备量始终保持在280万吨以上。推进西部边坡治理，科学平衡采矿设备，增加重点部位设备投入，提高组织效率和总量水平。地采筹备完成公司内部立项、设计招标及深部矿体勘探报告、深部勘探实施方案编制等工作。结合全流程自动化升级，开展技术攻关，坚持“多破少磨”和“提原降尾”工作方针，落实破碎排矿口周达标检测制度，降低破碎粒度；组织磁选新厂工序标准化整改，提高磁选机、过滤机、磁滑轮、旋流器等重点工序管理标准，完成磁滑轮分料板调整、平皮带提速改造，新老厂磁滑轮分别提幅3.85%、2.21%，在精矿粉产量相同的情况下，减少运行时间1810小时，节约成本441万元。

（赵东升）

【设备管理】 坚持以预知维修、状态维修、周期化管理为重点，推进设备精密点检和维修标准化，强化动态“三定”管理，根据生产组织变化，动态调整磁选、破碎等生产流程岗位安排，提高劳动效率。加强各泵站无人值守、流动巡检维护管理，保证设备稳定运行。

（赵东升）

【环境治理】 严格执行《中华人民共和国大气污染防治法》和《京津冀及周边地区秋冬季大气污染综合治理攻坚行动方案》，完成采场、建材生产露天皮带封闭，环保工作持续达标。完善采场环保状况实时监控技术手段，完成露天矿山环境保护专项整治，成为唐山市第一家通过验收的国有矿山企业。投资700余万元，完成排土场绿化喷播、营养钵栽植和抑尘网苫盖31.5万平方米，尾矿库春季植树244万株，新增绿化面积2399亩。

（赵东升）

【科技创新】 开展全员创新，完成课题攻关60项，发表科技论文20余篇，4篇论文分别在《金属矿山》《有色金属》等刊物发表。《尾矿一体化处置全流程技术与装备研究》《预裂爆破方法研究与实践》分获冶金矿山科学技术二、三等奖。2项成果取得国家专利。

（赵东升）

【和谐矿山建设】 帮助解决职工实际困难,走访慰问90余人次,发放慰问金、助学金、困难补助19.04万元,帮困助学募捐4.41万元。推进全员健康工作,在岗职工体检率100%。以第一名的总成绩获得第二十三届矿山文化节优胜单位。加强采排场、尾矿库等重点区域动态管控,强化苗头性问题打击治理,矿区周边实现持续稳定。完善“四防”措施,加大治安巡查看护力度,厂区治安状况良好。

(赵东升)

首钢矿业公司杏山铁矿

【杏山铁矿领导名录】

矿　长:康计纯(9月任职)　付振学(9月离任)

副矿长:李永新　陈国瑞　姜兆进(10月任职)

李新明(10月离任)

党委书记:马　波

(葛　堃)

【概况】 杏山铁矿2006年7月11日成立,是矿业公司率先由露天转为地下开采的矿山。杏山铁矿属于鞍山式沉积变质贫铁矿床,保有储量8967万吨,开采范围为-30米水平以下矿体,共分两期进行开采。一期开采范围为-330米以上矿体,年产铁矿石320万吨,服务年限19年。二期开采-330米水平以下矿体,按照每年320万吨规模建设。杏山铁矿在账固定资产1104项,固定资产原值8.04亿元。设生产技术科、机动科、安全保卫科、计财科、综合管理科,开拓作业区、采矿作业区、井巷作业区、碎运作业区、提升作业区、动力作业区,年末从业人员656人。

(葛　堃)

【主要指标】 2018年,开采矿石292.76万吨,入选矿石292.43万吨,超计划完成保供任务;资源综合利用产品产销56万吨,实现利润83.6万元;矿业公司确立的18项主要技术经济指标中,16项超2017年水平,7项达到或超过历史水平。被首钢集团评为2018年度基层模范党委、安全生产先进厂矿。

(葛　堃)

【资源综合利用】 以杏山产品市场销售价格为导向,在年初道砟5元/吨、建筑砟6元/吨价格基础上,多次与买受方进行价格谈判,10月底进行产品销售市场化招标,实现与产品销售价格与市场接轨。2018年,资源综合利用产品盈利能力逐步增强,年盈利83.6万元。

(赵　岩、葛　堃)

【经济运行】 坚持以经济运行为中心,固化生产经济运行组织模式,最大限度安排躲峰停机,保证主流程系统运行经济性。2018年,峰谷比指标完成0.54。多措并举,全年水费用盈利80万元。

(赵　岩、葛　堃)

【工程管理】 开展地采扩建工程,完成首钢集团立项,取得安全设施设计国家应急管理部批复,职业病防护设施设计通过专家审查备案,完成探矿权人名称变更、西南风井工程勘察,确定工程监理单位和施工单位。

(郭　晨、葛　堃)

【数字矿山】 巩固无人值守管理,不断完善管理制度,为冶金地下矿山数字化、智能化建设提供数据支撑。增强信息行业领先优势,解决采场溜井料位、区域通讯难题,实现部分数据自动采集。推进数学模型建设,完善智能派配矿功能和数据库软硬件升级,初步实现派配矿系统智能化。《大型非煤地下矿山无人开采技术探索与实践》项目获得首钢集团科学技术二等奖。

(尹更博、葛　堃)

【人才工作】 注重青年人才选拔轮岗交流,80后职工2人走上科级岗位,优秀人才安排轮岗交流1人,青年骨干到科级管理岗位挂职锻炼7人。举办30期岗位最佳操作法、设备常见故障及处理方法等系列专项培训。鼓励一线职工提升技能水平,向一专多能发展,取得二技能操作证职工64人。组织青工参加职工技能精英赛和创新创效活动,获“青年工匠”职工1人,获“青年创新先锋”称号职工2人。在“首钢矿业杯”第二届全国冶金矿山行业职业竞赛中,王宝林获电气设备点检员项目冠军,富全、尹立朋分获金属矿井下开掘工项目冠亚军,被授予“全国技术能手”3人。

(葛　堃)

【安全和谐】 贯彻“安全第一、预防为主、综合治理”安全生产方针,坚持多措并举,同比安全违规数量降幅达64.7%;全面推进双重预防机制试点建设,辨识各项安全风险803项,修订完善安全风险管控措施100余条,实现安全管理关口稳步前移;坚持无人则安,实施机械化、自动化改造,2018年,完成本质安全项目121项,其

中20项安全风险消除,101项安全风险降低,地采安全保障能力持续提升。

（崔保攀、葛 堃）

首钢矿业公司运输部

【运输部领导名录】

主 任:刘 欣(8月任职) 刘建强(8月离任)

副主任:张旭东

党委书记:刘 欣(8月任职) 刘建强(8月离任)

党委副书记:齐晓辉

（闫 军）

【概况】 运输部主要负责首钢迁安地区、顺义地区铁路运输业务及管理工作,承担矿业公司、股份公司、中化公司、顺义冷轧原材料和产成品的铁路运输任务。设生产经营科、设备科、安全保卫科、人力资源科、财务科、办公室6个专业科室,7个车间(作业队),64个班组,年末从业人员1294人。现掌控内燃机车和电力机车49台;翻车机、挖掘机、卸车机等装卸设备9台套;鱼雷罐车、敞车、翻斗车等铁道车辆525辆;铁道线路290.27公里,道岔400组,信号楼18座;解冻库1座。

（闫 军）

【主要指标】 开拓市场打量创收,经济运行降本提效,坚持开源节流并重,提质增效,运营质量不断提升。2018年,铁路运输总量完成3669万吨,超计划6.5%;全员劳产率完成27944吨/人·年,同比提高13.1%;综合能耗完成84.57千克/万吨·公里。

（闫 军）

【安全生产】 持续推进本质安全及无隐患单元建设,强化电气化网络周边作业隐患排查,开展高压线区域内隐患排查及规范管理活动,梳理整改隐患问题53个。修订完善接触网二次送电管理办法,消除触电风险。完善电气化铁路沿线道口限界门10处。

（闫 军）

【技能培训】 推进"学练赛选"活动,2018年,开展培训1436学时,参培职工7314人/次,组织岗位练兵3760项/次。操作岗位技能人员初、中、高、技师人员比例分别为12%、35%、49%、4%。高级工以上职工占比达53%。全年晋升中级职称11人,初级职称8人。

（闫 军）

首钢矿业公司物资公司

【物资公司领导名录】

经 理:王恩宇

副经理:王新华 马学兵 郑建锋(5月任职)

党委书记:王恩宇

（王守政）

【概况】 物资公司2001年成立,负责矿业公司生产建设所需的13大类原燃材料、17类备品备件的采购供应及专业管理,年采购额8.14亿元、供应总额8.11亿元。设办公室(政工科)、计划科、财务科、综合管理科、经销科、物资采购科6个科室,总油库、总仓库、化工公司3个车间单位。2018年末,从业人员234人,其中研究生学历7人、大学学历77人、大专学历58人;高级职称5人、中级职称44人、初级职称17人。

（王守政）

【主要指标】 采购资金完成8.14亿元。全口径库存资金占用2.29亿元,比年初降低1986万元。资源综合利用产品销售完成303万吨,实现销售收入2797万元,同比增长247%。完成废旧物资销售388万元、报废资产626万元。化工公司营业收入4056万元。

（王守政）

【管控模式】 深入采购资金预算管理,2018年,审批采购比预算降低3044万元。提高直采比例,直采率达80%。拓展电商采购平台,完成电商采购1143万元,取得效益130万元。建立快速采购渠道,快速直采1068万元,实现效益197万元。扩大联储物料范围,VB物料库存占比提高8%,增加关键工序备件储备566万元。加大滞库物资盘活力度,全年盘活物资711万元。应用机旁物料管理系统,物料调剂使用1961万元。盘活产成品、半成品无效库存199万元。针对霍邱工程项目复工,实现采购效益1348万元。

（王守政）

【专业管理】 开发废旧物资和设备拆解件管理系统,规范废旧物资管理,实现回收、储存、利旧、销售全流程管控。制定危险废物收发存管理办法,设置危废专用库房,建立监控平台,依法依规加强危废管理确保。开展废旧物资大清查大整顿,增加回收类别39项,集中上交废旧物资189万元、废钢铁2073吨。建立废旧物资市场销售决策和售后评价机制，定期开展跑赢市场分析，提高销售盈利能力。引进新客户，提升物资销售效益。强化质量管理，推进物料名优采购。应用物资质检管理系统，2018 年，查出质量问题 627 项，扣罚违约金 5 万元，质量索赔 37 起 49 万元，维护企业利益。

（王守政）

【资源综合利用】 抓住“公转铁”契机，取得集装箱火运资质，理顺火运销售组织流程，与重点企业建立战略合作关系，成功开发北京、天津、沧州、山东等区域市场。加入中国砂石协会，提升企业影响力，启动绿色建材生产基地和城市绿色建材服务商创建。开展竞价销售，实现涨价效益 320 万元。开展黄骅、滨州等区域海运市场专项调研，为开发海运市场奠定基础。收集整理国家、行业相关法律法规 40 余项，及时了解政策导向。厘清单位职责分工，建立产业发展评价体系，着手开发资源综合利用信息系统，夯实产业发展基础。

（王守政）

【炸药生产】 炸药生产计划完成率达到 98%以上，保证稳定供应。实施铵油产线迁建和水厂药库库房整改，实现合法合规生产。完成打包机升级改造，成为河北省唯一一家在线人员不超 2 人的乳化药卷生产线。改造杨庄药库、水厂药库视频监控系统，成为河北省首家与公安部门视频监控无缝对接的涉爆单位。制定“花园式”工厂三年规划方案，实施第一阶段工程建设。

（王守政）

首钢矿业公司计控检验中心

【计控检验中心领导名录】

主　任：刘兴强（5 月任职）　李　文（5 月离任）

副主任：李　文（5 月任职）

党委书记：刘兴强（5 月任职）　迟春革（5 月离任）

（李中良）

【概况】 计控检验中心设综合管理科、理化管理科、信息化办公室 3 个科室和信息开发中心、计控科、计衡车间、电信科、质量检验站 5 个科级实体，托管北京速力科技有限公司。年末从业人员 375 人（含速力公司 38 人），其中研究生学历 31 人、大学学历 193 人，高级职称 20 人、中级职称 86 人，高级技工 168 人。主要承担矿业公司自动化、信息化、计算机、计量、检验、电信等专业管理及相关设备维护、计量和检验操作、技术开发和项目施工；对外开发社会市场，承担自动化、信息化产品的推介和实施。

（李中良）

【主要指标】 优化体制机制，激发承揽项目、创业创效内生动力。2018 年，项目创收占总收入 29.68%，外部收入占比达 64%，全员劳产率同比提高 7.2%。

（李中良）

【技术创新】 充分发挥创新工作室和专家带头人作用，开展创新攻关活动，2018 年，完成各类攻关课题 83 项，撰写科技论文 27 篇，形成技术成果 10 项，获矿业公司及以上奖励 7 项，取得软件著作权 5 项，申报国家专利 5 项，技术能力进一步提升。

（李中良）

【夯实基础】 推进自动化、信息化设备设施标准化、系列化，清理 6 批次、33 类、396 种物料，压减 207 个品种，降低库存资金和采购成本。推进自动化系统升级，完成公司级自动化重点项目 6 项，实施自动化改造 37 项，提高现场自动化水平。完善 ERP 系统应用 15 项，开发内部信息系统 6 个，完成数模课题 22 个，实践应用 15 个，提升信息化能力；实施 ERP 数据归档，增设网站防篡改设备，提高信息安全保障能力。提高质检效率，推行自动取样，在用自动取样机达到 36 台。

（李中良）

【社会市场】 完善固化成熟技术，形成拳头产品，中标紫金山金铜矿、安徽海螺水泥等多个电机车无人驾驶、GPS 卡调项目。开发特色软件，矿山 MES、设备管理等软件在赞比亚中色非矿、西部矿业等矿山企业落地生根。发挥自有技术优势，打响矿自信品牌，阿尔及利亚 BPM 管带机、首钢秘鲁铁矿 1000 万吨/年选矿等自动化项目相继投入使用。技术、产品优势逐步转化为市场、品牌优势。

（李中良）

【人才队伍】 实施人才建设“百人工程”，通过岗位交流，拓展技能；开设“六讲六提促五赢”职工讲堂，授课 37 场次；开展职称争晋活动，20 人取得初级以上职称证书，2 人取得一级建造师证书，12 人竞聘到专业技术和基层领导岗位。马著工作室被评为北京市创新工作室，

选矿自动化工作室被评为矿业优秀创新工作室,潘海涛被评为“矿山之星”、首钢劳动模范,白雪峰被评为首钢模范党员,队伍整体素质进一步提升。

(李中良)

首钢矿业公司协力公司

【协力公司领导名录】

经　理:张保刚

副经理:陆云增(10 月离任)　王在成(5 月离任)

党委书记:章俊伟

党委副书记:王在成(5 月离任)

(齐刚刚)

【概况】 协力公司于 2003 年 12 月成立,已成为专业化程度较高、整体规模较大的设备维检和车辆运输企业。主要从事设备检修、工程施工和汽车吊装运输等业务,具有冶金、矿山设备检修、大中修改造、结构件制作、安装施工、客货和危险品汽车运输、大型设备吊装等资质能力,固定资产原值 1.65 亿元。设综合管理科、计财科、安全保卫科、市场经营科、维检工程科、烧结维检项目部、球团维检项目部、南区工程项目部、北区工程项目部、汽运一队、汽运二队、机械安装工程队。2018 年,实现产值 1.92 亿元,社会收入 1.17 万元。

(宋光伟、齐刚刚)

【经营管理】 结合面临的新形势、新任务,统筹考虑有利因素和不利因素,完善经营指标管控和奖励分配体系。抓好过程管控,增强交账意识,实现整体经营稳定。实施全过程预算管理模式,减少无效投入,提高作业效率。全年人工费劳产率提升 0.6 万元/人・年,增加效益 637.34 万元。降低社会市场经营风险,加强合同管理。强化应收款管控,同比降低 772.67 万元。

(郭秀红、聂朝璞)

【检修施工】 以施工组织效率为核心,构建施工力量整体平衡模式,深挖人力资源潜力。完善协同检修管理机制,实现区域、项目和技术协同,提高施工效率。加强提效工具推广应用,2018 年,购置提效工具 91 类 254 件套,经现场试用提效显著。推进核心技术收集,整理完成程序化作业指导书 60 份、大修改造技术方案 9 份、结构件图纸 20 份,固化关键工艺、操作流程和施工标准。2018 年,完成股份、首秦和京唐公司协同检修 48 次,内外部重点工程项目 18 项次。

(司玉涛、孟祥军)

【吊装运输】 聚焦管理短板,重点管控利用率较低车型。合理安排车辆保养及计划检修时间,最大限度发挥内部车辆潜力,严格控制外租车辆使用。拓展社会运输市场,承揽九江环保备件吊装、津西特钢除尘设备安装、首矿建东部园区设备搬迁等吊装运输项目,提升车辆利用率,增加社会市场收入。

(司玉涛、梁中兴)

【降本增效】 制定《2018 年降本增效专项实施方案》,将内燃物资消耗、水电消耗等 13 项主要可控指标纳入专项方案管控,按月组织对比分析,形成“月初有计划,过程有管控,月底有分析”的精细化管理流程。将内燃物资消耗作为管控重点,逐项指标打开分析,针对单项管理问题,逐一制定管控措施,与 2017 年相比内燃物资万元产值消耗占比降低 3.56%,实现降耗 248.47 万元。

(郭秀红、聂朝璞)

【人才工作】 加强经营管理团队建设,举办青年骨干大讲堂 5 期,120 余人次参加。专业管理人员完成管理创新课题攻关 18 项。通过公开招聘,青年骨干到基层领导岗位锻炼 2 人。开展“争当工匠,提升能力,拓展市场”主题培训,组织培训 100 余项次、技能比赛 50 余场次,形成学习提素氛围。举办协力公司第十二届职工技能运动会,选拔青年技术骨干参加职业技能竞赛,并取得优异成绩。其中王涛获得“首钢杯”第九届全国钢铁行业职业技能竞赛冠军,张钊、魏铮获得“首钢矿业杯”第二届全国冶金矿山行业职业技能竞赛冠军和第四名。

(王贵阳、巩德彪)

【党群工作】 《聚焦“五型”标准,打造“五星”小家,以班组建家为载体助力协力公司转型发展》在冶金矿山协会第十四届企业文化年会上,获得二等奖。参加矿山文化节各项活动,蝉联“六好杯”篮球联赛冠军,被评为优胜单位。发挥共青团纽带桥梁作用,为青工搭建成长成才平台,举办“匠心永恒,青春聚力”青工成长感悟分享会暨“五四”表彰大会,丰富团内活动。选拔技术骨干参加矿业公司青工技能精英赛,魏铮、徐超云分获焊工、电工组冠军,被授予“青年工匠”荣誉称号,协力公司被评为优秀组织单位。开展“送清凉”“送温暖”活动

30余场次,发放困补和慰问金13.91万元,办理互助保险理赔76份9.23万元。

(宋光伟、齐刚刚)

首钢矿山机械制造厂

【首钢矿机领导名录】

厂　长:夏成军

副厂长:李淑玲

党委书记:迟春革(5月任职)　崔　勇(5月离任)

(马　威)

【概况】 首钢矿机是集冶炼、铸造、金属结构、机加工、热处理于一体的矿山及冶金机械制造专业厂,具有设计、制造、安装、服务综合能力,拥有较强的耐磨钢球、捆带生产能力和技术装备改造能力。设生产运营科、设计研究所、销售科、财务科、办公室5个专业科室和铸造分厂、机加工分厂、金结分厂、磨球项目部、精铸项目部、技改项目部、捆带项目部7个经营实体。固定资产原值2.9亿元。年末从业人员421人。

(马　威)

【主要指标】 2018年,实现产值2.19亿元,社会收入1.18亿元,同比分别提高15.26%和90.4%。

(马　威)

【产品开发】 电铲备件从10立方米、27立方米、35立方米扩大到60立方米,在大型煤矿得到逐步推广。高端耐磨铸件进入河北矿业、滦平聚源等新市场;烧结台车得到滨鑫钢铁、通钢、长钢等业主单位认可;皮带机产品在金岭、股份、迁焦打出品牌,市场份额创出新高;垃圾焚烧炉炉排片进入山东市场,在城市综合服务领域积累经验,为企业转型提供技术储备。

(马　威)

【技改项目】 设计开发破碎机排矿口液压调整装置,在大石河铁矿6台破碎机上推广应用后,劳动强度降低,工作效率提高,实现了本质安全。首次完成水厂铁矿多灵破碎机主体部件制作、整机组装等大修改造任务,设备运行良好。

(马　威)

【设备管理】 落实铸造冶金吊专款项目,提升浇筑工序安全保障水平。开展铸造分厂4号、6号天车,机加工分厂200镗铣床,精铸、磨球中频炉等大修项目,设备技术状况改善。

(马　威)

【队伍建设】 领导人员公开选拔,4名青年骨干走上领导岗位;以"秦涛杯"职业技能竞赛为载体,营造学技术、练本领的氛围,青工得到锻炼。孙雪明获冶金矿山行业技能大赛第三名,被授予"全国技术能手"称号。耐磨耐热学习团队被矿业公司命名为优秀创新工作室。

(马　威)

首钢矿业公司电力修造公司

【电力修造公司领导名录】

经　理:李洪河(11月任职)　周新林(5月离任)

副经理:李洪河(5月主持工作,11月离任)

党委书记:李洪河(11月任职)　周新林(5月离任)

党委副书记:李洪河(5月任职,11月离任)

(李　伟)

【概况】 电力修造公司1991年成立,具有"中华人民共和国承装(修、试)电力设施许可证"三级资质、"中华人民共和国特种设备安装改造维修许可证(锅炉)"三级资质、"中华人民共和国特种设备安装改造维修许可证(压力管道)"资质及"防爆电气设备安装、修理资格证书"等17种资质。承担迁钢电力作业部、北京生物质发电厂、首华科技热脱附区域设备维护检修、矿区内外部市场电机修理、变压器检修、线圈制作、电气工程施工、电气产品制作(高低压配电柜、配电箱等)、电气预防性试验等业务。电修公司设办公室、经营财务科、生产科,机电工程项目部、迁钢维检项目部、北京维检项目部、电机修理第一项目部、电机修理第二项目部。

(李　伟)

【主要指标】 2018年,完成非矿产值9719万元,比计划增长161.98%;社会收入5098万元,比计划增长198.21%;劳产率31.78万元/人·年,同比增长32.36%。

(刘　军)

【转型提效】 优化人力资源配置,实现降本提效。协商一致解合和内部退岗休养17人。

(李　伟)

【市场开发】 承揽湖北创冠黄石有限公司及承德钢铁

公司汽轮机检修项目,社会市场机组检修业务实现零突破。

(李　伟)

【资质认证】 完成质量管理体系认证证书、防爆电气设备安装修理资格证书、中华人民共和国特种设备安装改造维修许可证(锅炉和压力管道)、六种产品中国国家强制性产品认证证书、矿用一般型高低压真空开关柜合格证等多项资质的生产企业名称变更及首创电气设备制造厂营业执照注销。通过中国质量认证中心专家组“3C”强制性认证工厂审核检查。

(张惠泉)

【人才建设】 在扩大人才总量和优化人才结构两个方面下功夫,举办各类专业技术培训120余次,专业技术论坛3次,青工参培率达98%以上。经重点培养,一批技术骨干成为各板块中坚力量,职工队伍整体提素,专业技术人才快速成长。

(李　伟)

北京首钢矿山建设工程有限责任公司

【首矿建公司领导名录】

董事长:周新林(5月任职)　刘贵彬(5月离任)

董　事:周新林(5月任职)　刘贵彬(5月离任)
郭会明　陈立伟　陈浩永　王宏图
马卫国　李树学

监　事:刘颖超　马宏军　路　平

总经理:郭会明

党委书记:周新林(5月任职)　刘贵彬(5月离任)

党委副书记:郭会明(8月任职)

纪委书记:周新林(5月任职)　刘贵彬(5月离任)

工会主席:周新林(5月任职)　刘贵彬(5月离任)

(方　亮)

【概况】 首矿建公司2005年注册成立独立法人企业,现为北京首钢矿山技术服务有限公司的独资子公司,公司注册资本8899万元。公司主营:施工总承包;专业承包;劳务分包;建设工程项目管理;工程勘察设计;检修矿山及冶金机械设备;劳务服务;技术咨询、技术服务、技术开发和普通货运;制造金属结构。拥有矿山工程施工总承包一级资质,房屋建筑工程施工总承包、冶炼工程施工总承包、钢结构工程专业承包、电子与智能化工程专业承包二级资质,建筑机电安装工程专业承包、环保工程专业承包三级资质和冶金工程设计乙级资质。通过质量管理体系认证、环境管理体系认证和职业健康安全管理体系认证,通过AISC美国钢结构协会认证,具备海外工程承包资格和进出口业务自理报关资格。设有经营财务部、安保部、办公室(政工部),土建分公司、金结分公司、采矿分公司、井巷分公司、设计院、首矿建秘鲁分公司。2018年末,从业人员192人,年营业收入44124.61万元,利润450.56万元。

(方　亮)

【机构设置】 2018年12月,注册成立矿建公司秘鲁分公司,建立完善管控体系和海外项目运营管理机制,为矿业公司相关产业协同推进秘鲁市场开发搭建平台。

(方　亮)

【重点项目】 完成秘铁新建选厂项目安装施工,受到首钢集团领导表扬,在集团内部协同中,打响首矿品牌。参与股份公司环保改造项目建设,按期完成各项施工任务,获得“先进单位”称号。强化六安钢铁烧结项目组织,保证总体计划工期实现,获得“六钢之翼”优秀施工单位奖。采矿产业在受限产、环保等不利因素影响下,满足业主生产需求,获得业主单位“优秀协作团队”称号。

(方　亮)

【党建工作】 加强党风廉政建设,筑牢思想防线;发挥先锋模范作用,弘扬奉献精神,在矿业公司“三创会”上交流秘鲁分公司克服海外施工困难,保工程按期竣工的先进事迹。

(方　亮)

唐山首钢马兰庄铁矿有限责任公司

【马兰庄铁矿领导名录】

董事长:董　伟(兼)

副董事长:刘作利　张　荣

董　事:刘作利　张　荣　刘景玉　刘守新
张立友　李金喜(兼)

监　事:张金刚　张文东　崔健新(兼)

总经理:刘作利

副总经理:张　荣　刘景玉　李廷忠　王云峰
何建彬

党委书记:张 荣

(张海波)

【概况】 唐山首钢马兰庄铁矿有限责任公司(以下简称“马兰庄铁矿”)是首钢总公司和唐山市人民政府于1997年9月8日共同出资成立,属于国有股份制企业,公司注册资本3400万元,其中首钢总公司占股70%、唐山市政府占股30%,2002年12月划归迁安市人民政府代管。公司主要产品为铁矿石、铁精粉。

马兰庄铁矿实行董事会领导的总经理负责制,设办公室、生产销售处、技术处、设备物资处、安全处、计财处、劳人处、基建工程处、地采筹建处、资源土地管理处、武保处、工会、采矿厂、选矿厂、柳选厂、汽车队、实业公司。年末从业人员1116人,其中大中专以上学历412人;专业技术人员285人;中、高级职称77人。

(张海波)

【主要指标】 2018年,完成采剥总量529.35万吨,铁矿石271.11万吨,铁精粉50.51万吨,资源综合利用产品143.29万吨,实现利润594.11万元。

(张立友)

【地采工程】 地下开采工程设计储量8912.2万吨,年产矿石400万吨,服务年限26年。在完成《采矿许可证》《社会稳定风险评估报告》《安全设施设计》、立项批复等要件办理的基础上,11月1日地采主体工程正式开工,主井、副井、西风井、进风井、斜坡道按计划有序推进。

(孟令民)

【安全管理】 贯彻落实《安全生产法》《河北省安全管理条例》,强化职责落实,逐级签订《安全生产承诺书》,构建横向到边、纵向到底的安全职责体系,推动安全生产齐抓共管。加强教育培训和安全生产知识学习,提升安全、职业健康管理水平,实现生产安全事故为零的目标。践行本质安全管理,开展风险因素辨识,强化隐患排查治理,提升双控体系建设水平,成为唐山市“双控体系建设”试点企业。

(何雨山)

【技术改造】 开发引进新设备、新技术、新工艺,推动企业发展。引进水隔膜泵技术,实施尾矿输送系统技术改造,实现易损件成本降低23.65万元/年,电费成本降低50.2万元/年,人工成本降低2.37元/吨精;完成沙河山采场排水泵站自动化改造,降低电费支出,减少岗位人员;自主设计、实施选矿甩尾料仓料位精准测量项目,提高废石物料装运生产效率。取得三项国家实用新型专利。

(李明华)

【降本增效】 坚持以经济效益为中心,完善工序成本核算,建立成本指标考核体系,提高经济运行质量。加强经济用电管理,细化躲峰限电生产组织,降低能源成本;强化物资有效库存管理,推进设备以旧养旧、修旧利废和循环利用,降低备件物资费用。马兰庄铁矿铁精粉成本完成278.62元/吨,同比降低5.72元/吨,较行业平均水平低40.85元/吨。

(张立友)

【生态环境治理】 履行《绿色矿业公约》,落实土地复垦绿化,巩固提升绿色矿山建设成果,完成N900线、柳河峪土线东侧等重点区域及部分道路两侧土地整备、覆土绿化任务,美化环境。

(尹占祥)

【环保项目治理】 加大环保资金投入,开展环保整治工作。完善物料苫盖、工地周边围挡,加装喷淋降尘装置;完善作业现场和物料存储封闭设施,实现物料密闭输送和棚化存储;选矿厂破碎泡沫除尘系统升级为塑烧板除尘,排放指标达到国内先进水平;完成取暖锅炉脱硝升级治理;严格废油、废旧电瓶等危险废物管控,规范收集、贮存、转移和处置。

(何雨山)

【队伍建设】 以露天转地下开采工艺、工序、岗位转型为抓手,推进三支队伍建设,开展专业技术带头人、岗位操作能手评选活动,评选专业技术带头人8人,岗位操作能手21人,围绕生产经营重点难点,开展课题研究和技术攻关,发挥骨干引领作用。结合企业转型发展的人才需求,开展多种形式业务技能培训和学习交流活动,通过培训学习提高理论素养和业务技能。

(张海波)

【资源综合利用】 紧跟市场动态,巩固资源综合利用生产基础,提高经济性和市场竞争力。不断引进新客户,及时调整产品价格。2018年,销售资源综合利用产品143.29万吨,增创效益797万元,尾矿库尾矿砂首次实现社会销售,减少库存占用和倒运费用。

(李明华)

首钢矿业公司实业公司

【首矿实业领导名录】

经　理:崔　勇(5月任职)　冀小杰(5月离任)
副经理:谷响林
党委书记:崔　勇(5月任职)　冀小杰(5月离任)

(赵占伟)

【概况】 首矿实业2001年1月由原首钢矿业公司生活服务公司、房产公司、厂容绿化队等后勤单位组建,承担矿区生活区供水、供电、供暖及物业、职工餐饮、住宿、厂容绿化、文化场馆等服务工作。设经营管理科、生活管理科、综合管理科、办公室、物业公司、南区生活服务公司、北区生活服务公司、文化场馆、餐饮分公司、纯净水厂。年末从业人员352人。2018年,利润同比减亏790.09万元;实现水、电、暖主体设备故停为零的目标,矿区生活系统运营整体平稳。

(赵占伟)

【二手房交易】 停滞10年的矿区二手房交易,取得实质性进展。按照迁安市不动产登记管理部门相关规定,完成矿区土地分割测绘方案,启动矿区土地分割测绘工作,推进矿区二手房上市交易进程。

(赵占伟)

【业务移交】 首矿实业完成矿区供水、供电、供暖、物业移交清册。及时掌握北京市政府政策和工作要求,与北京房地集团建立沟通机制,协助完成现场调研,配合制定接收方案。推动首钢矿山纳入北京地区接收范围,进入北京市政府层面跨界接收领域。

(赵占伟)

【后勤保障】 实施北区供暖锅炉煤改气工程,矿区结束燃煤锅炉历史。完成家属区部分住宅楼屋面防雨大修、保温层修复及部分道路修复,改建小型公园,大修改造工人俱乐部,为居民提供休闲活动场所,改善职工家属生活条件。组织开展消防演习,筑牢消防本质安全。完成21个食堂餐饮经营许可证变更手续,降低经营风险。开展餐饮卫生量化达标活动,实施明厨亮灶工程,红旗食堂比率达到85%,高于首钢集团平均水平。

(赵占伟)

【开发创收】 深挖内部潜力,拓宽增收渠道。最大限度承揽公司内部工程项目;发挥设备优势,加大车辆创收力度。理顺榨油生产组织流程,完成公司万桶油生产任务。防冻液项目稳定创效,输送防冻液400余吨。纯净水生产顺稳高效。做好桶装水瓶装水供应。提升食堂供餐服务,改变食品销售模式,实行多样化服务,在迁安市全域旅游城市星级酒店评比中,获旅游三星级酒店称号。体育场馆完成“首钢杯”和“首钢矿业杯”职业技能竞赛各项服务保障任务。

(赵占伟)

首钢滦南马城矿业有限责任公司

【马城矿业公司领导名录】

董事长:黄佳强(兼)
副董事长:齐宝军
董　事:黄佳强　齐宝军　刘守新
　　付振学(9月任职)　魏　宇(11月任职)
　　刘云龙(6月离任)　阚雅新(11月离任)
监　事:宋文军　张秋平　刘永晖(职工代表)
总经理:付振学(9月任职)　刘云龙(6月离任)
副总经理:阚雅新　李晓刚　李新明(10月任职)
财务总监:白东月
党总支书记:阚雅新(9月任职)
党总支副书记:付振学(9月任职)
工会主席:阚雅新(9月任职)

【概况】 首钢滦南马城矿业有限责任公司(以下简称“马城矿业”)位于河北省滦南县马城镇,矿区面积9.76平方公里,矿区范围内资源储量9.95亿吨。设计采用充填法地下开采,分为上下两个采区同时开采;采用主副井斜坡道联合开拓方式,有3条主井、3条副井、2条进风井、4条回风井和1条主斜坡道,年产铁矿石2200万吨;选矿采用单一磁选工艺,年产铁精粉808万吨。2018年处于建设期,设有工程部、技术工艺部、机械动力部、计划财务部、安全环保部、供应保卫部、资源土地管理部和综合管理部,年末从业人员142人。

(袁　槐)

【要件办理】 马城矿业跟踪掌握河北省矿业权价款基准价制定情况,12月签订马城铁矿采矿权出让合同,12月25日完成首期采矿权出让收益缴纳,采矿许可证办理取得了重要进展。12月30日河北省国土厅官网公布河北省矿业权价款基准价。

（袁　槐）

【工程推进】　马城矿业落实基建期安全、进度、质量、投资、运营“五大控制”，严格执行管控要素，强化业主、监理和施工单位三方主体责任，严格安全管理，全年现场施工安全稳定。强化现场组织，实施动态控制，抓好工程质量，矿建工程9条井进行平巷施工，1条完成改绞，转入平巷施工。2018年，完成12.1千米/31.7万立方米，累计完成34千米/113.2万立方米，完成工程总量25%。累计完成投资28.35亿元，完成审批概算21.7%；累计投现26.03亿元，完成审批概算19.9%。

（袁　槐）

【设计优化】　马城矿业按照“智能采矿、无人选厂、绿色开发”目标，围绕工艺优化、采选一体化、先进技术转化、矿山信息化和智能化等，开展研究攻关。优化水仓支护形式，减少开挖工程量609立方米、防渗混凝土支护15674立方米，节省工程投资978万元。应用新型高温水源热泵技术，萃取矿坑水地热能源，用于冬季供暖，取消35吨燃煤锅炉，降低基建投资770余万元，降低运营费用200余万元/年。实施国产化战略，采用国外厂商国内建厂生产方式，设备国产化率从28%提升到50%。优化总图布置，节约投资200万元。优化中间储矿仓建筑结构，减少卸矿设备31台，布料车1台，降低投资，减少占地面积。优化主溜井结构，采取预先在主溜井井壁受冲刷部位增设缓冲槽，避免直接冲刷井壁造成的损害及后续问题。

（袁　槐）

【科技创新】　马城矿业开展创新攻关，打造核心竞争力。“高阶段运输在超大规模充填矿山的研究与应用”获冶金矿山科学技术一等奖。申报专利5项。

（袁　槐）

首钢地质勘查院

【地勘院领导名录】

院　长：邓　斌

副院长：王自文

党委书记：赵宪敏

（安诗蕊）

【概况】　地勘院是在北京市编办登记的差额补贴的事业法人单位，境内有首钢地质勘查院地质研究所、北京爱地地质勘察基础工程公司、北京金地通检测技术有限公司、北京首勘金结水暖管道有限公司等具有法人资质的实体单位，境外有独资设立的“首勘矿产地质勘查有限责任公司（秘鲁）”、控股设立的“华夏矿业评估有限公司（香港）”。

拥有固体矿产勘查与地质钻探甲级资质，地基与基础工程专业承包一级及工程勘察综合类甲级资质，测绘甲级资质，地质灾害治理工程勘查、设计、施工甲级资质，工程地质、水文地质、环境地质调查、区域地质调查、地球物理勘查乙级资质，地基基础与桩基检测专项检测资质及CMA计量认证。具有秘鲁能矿部核发的地质勘查资质、国家经贸部核发的在境外进行工程承包的资格、香港证券会批准的在香港对涉矿类企业上市进行评估的资格。

（安诗蕊）

【经营指标】　2018年，实现销售收入2.08亿元、利润992万元，分别超计划14%和34.1%，主要经济指标保持持续增长。

（安诗蕊）

【市场开发】　根据形势发展与判断，各产业发展按照“一主、一副、两线、多点”市场空间进行布局。地研所成功进入非洲市场，融入“一带一路”建设。爱地公司与公交集团、金宝山投资公司等优质客户实现工程测量长期合作；污染土勘察及处理以首钢园区建设为契机，通过与森特等环保公司业务合作，快速融入产业；地灾领域通过优质服务获得北京主管部门认可。检测公司承揽冬奥村项目、卡夫河供水项目、铁路、雷达等检测项目。

（安诗蕊）

【科技成果】　取得国家专利4项。北京恒大滨河左岸项目（北区）基坑支护及抗拔锚杆、CFG桩地基处理工程获2018年度全国冶金行业优秀工程勘察一等奖；旅游景区地质灾害治理工程（密云县）大比例尺测绘获2018年度全国冶金行业优秀工程勘察二等奖；北京保险产业园648地块项目基坑支护工程获2018年度全国冶金行业优秀工程勘察三等奖；丰沙铁路改建工程暗挖段石景山文物建筑及人防变形监测获2018年度全国冶金行业优秀工程勘察三等奖。

（安诗蕊）

【党建工作】 推动党建工作与经营生产工作有机融合,为推动转型发展提供坚强政治保证。完成两委换届工作。落实党建工作责任制,逐级签订党建工作责任书,依职责开展工作。打造"党内制度建设年",编发《首钢地质勘查院党群系统规章制度汇编》,加大党内制度宣贯与培训,提升制度执行力。开展主题教育活动,参观董存瑞烈士陵园、狼牙山革命教育基地、平西抗日战争纪念馆等。

(李海锋)

迁安首钢设备结构有限公司

【设结公司领导名录】

董事长:刘贵彬(6月任职) 姜 猛(6月离任)

副董事长:王海军

董 事:王海军 刘贵彬(6月任职) 惠庆久 李玉成 黄军县 李克靖 王丙涛

监 事:韩绍春 金印辉 马洪智

总经理:刘贵彬(6月任职) 姜 猛(6月离任)

副总经理:李玉成 黄军县 李克靖

党委书记:王海军

党委副书记:惠庆久

【概况】 设结公司原名首钢设备结构厂,于2008年12月23日完成改制注册登记,注册资本3000万元,注册地址河北省迁安市沙河驿镇。改制后首钢集团占股35%,企业团队及职工占股65%。设结公司是一家集科研、设计、制造、安装、检修、服务于一体的大型冶金成套设备专业制作、维护单位。1996年通过ISO9001国际质量管理体系认证,主要拥有压力容器Ⅰ、Ⅱ级制造许可证,A级烟罩余热锅炉制造许可证,GC2级压力管道等资质,能够自主制作炼钢转炉、托圈、烟罩、钢铁水包、炼铁高炉、热风炉、板(管)式换热器、阀门、铁水称量车、鱼雷罐车、600吨至1300吨混铁炉等大批成套设备,产品遍及全国冶金行业。

(张树林)

【主要指标】 实现控亏203.9万元,同比减亏2.6万元;完成产值13110万元,超计划2110万元;全员劳产率19.9万元/人·年。

(张树林)

【规章制度】 修订下发党委会工作规则、经理办公会工作规则、公司章程、董事会议事规则和"三重一大"决策事项等,管理决策程序逐步建立。制定下发《废钢销售管理规定》《社会市场售后服务》《业务活动费用管理》等制度10余项,承接两级公司制度文件,梳理专业制度清单,专业横向到边、纵向到底的管理体系初步形成。

(张树林)

【技术创新】 加大技术攻关力度,与西马克公司合作完成国内首台大型转炉快换炉底,与技术研究院合作完成京唐烧结机齿轮在线堆焊工程,攻克大型热风炉在线运行抽带更换难题,创国内先例。研制开发一套新的防止炼钢高温喷溅,破坏转炉托圈耳轴、盖板和腹板的防护结构设计,取得国家实用新型专利。

(张树林)

【质量管理】 加大日常巡检力度,开展工序质量联检,按月召开技术质量会,讲评发布质量问题,实现闭环管理。加大检查考核力度,2018年,考核46项,考核金额2万元。以典型质量问题为抓手,深入反思找差,制定管控措施,全员质量意识得到提升。

(张树林)

【人才队伍】 举办"两学一做"学习教育培训班,开展"七一"主题党内活动,党性观念逐步增强。完成党支部换届选举,发展党员8人。提职调整交流领导人员27人次,实施党支部书记兼职行政职务,做到交叉任职。开展"创先争优"系列评选,10个先进集体、25名先进个人受到两级公司表彰奖励。

(张树林)

【文化生活】 参与矿山文化节各项赛事,"绿色矿山行"职工长跑比赛、职工田径运动会分获男女团体第一名、第四名,乒乓球、棋牌比赛均获个人第一名,篮球联赛获得乙级组第二名,设结公司获得年度优秀组织单位。

(张树林)

首钢水城钢铁(集团)有限责任公司

【水钢领导名录】

党委书记:王建伟

董事长:王建伟

董　事:龙　雨(11 月任职)　袁国雄　王琳松

党委副书记、总经理:张新建(11 月离任)

龙　雨(11 月任职)

监事会主席:王鹤更

党委副书记、纪委书记:袁国雄

党委委员、副总经理:王琳松　常　进

夏朝开　何友德

副总经理:曹建军(12 月任职)

党委委员、工会主席:申　燕(女)

总会计师:杨　荣

总经理助理:周岁元

安全总监:张　毅

调研员:张新建(11 月任职)　戴　鹏

(周庆高)

【综述】 首钢水城钢铁(集团)有限责任公司(以下简称"水钢")位于贵州省六盘水市,始建于 1966 年,是以钢铁业为主,集采矿、煤焦化、水泥制造、机加工、建筑、物流、进出口等配套经营的大型国有控股企业。公司注册资本 341395 万元,首钢集团公司、中国华融资产、中国信达资产、中国长城资产、中国建设银行、贵州省国资委分别占股 61.06%、16.23%、13.15%、0.36%、4.69%、4.51%。主要产品有抗震钢筋、高速线材、棒材等 13 个长材产品 30 多个品种。水钢公司下设公司办公室(直属机关党委)、党群工作部、纪检监察部、组织人力资源部、财务部、安全环保部、设备工程部、战略发展部(欣欣房开)、审计风控部、总工办 10 个职能管理部门;制造管理部、保卫(武装)部、离退休服务中心 3 个复合部门;铁焦事业部、钢轧事业部、能源事业部、铁运厂、维检中心、自动化公司 6 个主体单位;销售公司、原材料(进出口)公司 2 个购销部门;博宏公司、赛德公司、瑞泰公司、总医院(模拟子公司)、职教中心(模拟子公司)、兴源公司 6 个子公司。2018 年底在册人数 12560 人,在岗职工 8599 人,其中,硕士 26 人、研究生 19 人、大学本科学历 947 人;高级职称 119 人(其中正高级 10 人)、中级职称 499 人;高级技师 36 人、技师 285 人、高级工 3661 人;在岗职工平均年龄 43.41 岁。

2018 年,在首钢集团党委的坚强领导下,水钢党委紧紧围绕"保生存、谋发展"中心任务,团结带领全体干部职工全力投入"提素、提质、提效"第二次大会战,深入推进事业部和大部制改革,抓"十大目标"和 55 项重点工作完成,内强管理、外拓市场,完成全年各项目标任务,资产负债率实现多年来首次下降,呈现企业效益增加、职工收入增加、资产负债率下降的良好局面。投建"绿色工厂""智能工厂",职工医保转入六盘水市城镇职工基本医疗保险社会统筹管理,调整提升职工住房公积金等,让干部职工共享企业发展成果。

(杨　艳、彭彩霞)

【主要指标】 2018 年,水钢生产铁 333.97 万吨,比 2017 年增产 2.18%,较年计划增产 1.51%;钢 364.12 万吨,比 2017 年增产 3.48%,较年计划增产 1.71%;钢材 356.19 万吨,比 2017 年增产 3.57%,较年计划增产 1.77%;焦炭产量 97.14 万吨,比 2017 年降低 9.84%,较年计划降低 0.88%。主要技术经济指标:入炉焦比 383 千克/吨,喷煤比 133 千克/吨;钢铁料消耗 1081 千克/吨;钢材综合成材率 97.80%。冶金焦指标:干熄焦灰分 13.38%、硫分 0.65%、抗碎强度(M40)85.92%、耐磨强度(M10)6.61%。

(万　强)

【品牌建设】 2018 年,水钢以开展品牌传播年活动为契机,建立品牌建设长效机制,拓宽品牌宣传、传播渠道。组织参加"贵州省名牌产品""第二届省长质量奖"等评选活动,"水钢牌"工业萘、改质沥青获 2018 年"贵州省名牌产品"称号,充分展示水钢企业形象,提升产品竞争实力。2018 年 6 月 10 日,贵州省经信委与水钢签订贵州省工业和信息化发展专项资金计划项目合同

书,首钢水钢品牌建设项目被列入贵州第一批技术创新项目,开启水钢品牌培育新征程。

（田立峰）

【环境保护】 2018 年,水钢吨钢烟(粉)尘排放量 0.48 千克,吨钢二氧化硫排放量 0.53 千克,吨钢氮氧化物排放量 1.61 千克,吨钢化学需氧量排放量 0.07 千克,吨钢氨氮排放量 0.01 千克,生态污染事故为零。举办排污许可证申领等环境保护知识培训,2018 年 6 月 25 日获六盘水市环境保护局颁发的新排污许可证;开展扬尘污染治理工作,多次受到市区政府的肯定;开展“六·五环境日”宣传活动;完成《首钢水钢环境保护管理办法》等 10 个环保管理制度的修订;实施、完成增设在线监测装置、环境监测能力建设、3 号 4 号焦炉煤气净化后三工段脱硫、6 号 7 号烧结机配料系统环保设施升级改造等四项绿色行动计划项目;编制完成 3 号 4 号焦炉煤气净化后三工段脱硫项目、原料场返矿除尘系统升级改造项目、混匀料场大棚封闭工程、原煤堆场大棚封闭工程、3 号高炉出铁场除尘系统改造项目、3 号高炉矿槽除尘系统改造项目、3 号 4 号焦炉推焦、煤除尘系统升级改造项目环评报告并获项目环评批复;办理完成 3 号转炉项目的环保验收备案工作;开展生产过程中污染物排放监察 546 次,完成常规性监测和核技术应用装置企业自行监测,及时对固定污染源在线监测系统进行维护。

（王世荣）

【安全管理】 2018 年年初,水钢发生 1 起较大煤气中毒事故。2018 年,举办各级各类安全培训班 34 期,累计培训 2843 人次。深入开展“安全生产月”活动,将每个 31 日设立为“安全生产日”,新增 14 个公司级安全管理规章制度,组织 13 家单位近 400 人岗位职工进行健康知识培训;提取安全生产费用 2548.78 万元对安全隐患进行整改;开展安全生产问责问效积分制,开展班组安全管理标准化达标创建工作,验收合格 1 个示范班组、18 个达标班组;全年安全共检查二级单位 483 次,加强对日常检修、临时抢修、有限空间和相关方等高危作业提级管理;完成钢轧事业部三棒线作业区本质化安全试点工作,2018 年 11 月底通过股份公司的验收,基本建立“双控”体系。

（刘 健）

【设备管理】 2018 年,水钢以抓设备基础管理工作为重点,优化检修方案,探索定修模型,延长设备使用周期;坚持开展设备隐患排查整改,推行特种设备标准化管理及设备全优润滑管理,制作检修看板管理,实行关键联锁保护及工艺参数、流程图上墙管理制度,为高节奏生产提供有力的设备保障。根据设备点检定修周期,结合生产组织及设备运行状况,合理安排月度计划检修、细化周检修,做好大型设备离线检修,在注重设备定修质量,确保设备稳顺运行前提下,优化高炉及烧结机定修方案,延长高炉及烧结机定检周期,将 3 号、4 号高炉 3 个月定修周期(工期 24 小时)延长至 4 个月,全年 2 座高炉分别少定修 1 次,节约休风检修时间 48 小时,增加铁产量约 1 万吨;根据烧结料槽存,每周停一台烧结机 4 小时对系统设备检查消缺,烧结机定修(工期 20 小时)周期由月度延长至 2 个月,2 台烧结机设备故障在 2017 年的基础上降幅达 32.81%。全年主要生产设备运行稳中有升,主要生产设备作业率完成 95.00%,与 2017 年相比提高 0.99%,与指标相比提高 0.43%。

（周天春）

【依法治企】 2018 年,水钢通过建立《首钢水钢法律事务管理办法(试行)》,修订完善《法人授权管理制度(试行)》《合同管理办法》《法律纠纷案件管理办法》《首钢水钢工商登记管理规定》《首钢水钢商标管理规定》等管理制度,实行法务集中管理。完善企业法律顾问制度,强化合同、印章管理。完成合同审核 83 份,标的金额超过 48500 万元,合同审核中注重对合同的合法性、规范性进行审核,重点审核签约对方的资质、合同条款内容是否合法、规范、全面。妥善应对诉讼,加强协调沟通,依法办理法律纠纷案件。下发《首钢水钢 2018 年法治宣传教育工作要点》,开展“学习新宪法·拥抱新时代”系列宣传教育活动;组织公司干部职工参加全省宪法知识在线竞答,组织公司副科级以上干部 916 人参加六盘水市学法用法考试,组织《合同法》培训二期,邀请公司法律顾问北京市京都律师事务所开展宪法知识培训一次;组织参加省国资委、首钢集团公司法治讲堂视频学习 11 次。

（陈卫菊）

【财务管理】 2018 年,水钢围绕“十三五”规划及中期评估调整,结合经营计划目标要求和具体实际,认真做好全面预算编制,围绕重点、关键环节和补短板,明确以“十大目标”、55 项重点任务和十二个专项工作为抓手,坚持以降本增效为导向,以现金流为核心,以“三个跑赢”和对标对表为标尺，以“入账落袋”为依据，强化预算引领。按“月保季、季保年”要求，认真编制月度经营生产计划，坚持日成本及效益测算，加强经营分析，强化预算执行过程动态管控，保目标实现；坚守资金安全底线，加强与银行等金融机构的沟通协调，争取首钢集团公司和财务公司支持，加强资金运作，着力调结构去杠杆降费用；用好用活资金，强化存货、应收款等重点管控，增强资金价值驱动，加强工作协同，提升运营效果，着力化解债务风险；夯实财务工作基础，优化财务管控体系，加强沟通协调，争取税收等政策支持。通过加强财务管理，保障全年预算目标实现，全年财务费用比2017年降低3000万元，财务状况持续改善，资金运营效率提高。

（杨绍成）

【购销工作】 2018年，水钢采购环节坚持“夯实基础保生存、拼搏创新谋发展”工作主基调，围绕“优化采购模式，增强跑赢市场能力”经营定位，以“采购成本达到行业平均”为主攻方向，打造强有力的供应链系统，完成全年各项目标任务。全年进口矿跑赢市场创效1.5亿元、煤焦跑赢市场创效8895万元、废钢跑赢市场创效1624万元、电商采购创效98万元。销售环节坚持以市场为导向，牢固树立乙方思维，以客户为中心，以效定销、以销定产；坚持紧贴市场，精准营销，以快应变、以变应变；坚持流程再造，创新机制，推动转型，畅通渠道，持续提升主动运作市场和掌控渠道的能力，不断开创营销工作新局面。推行APP销售，稳价、挺价、提价、导价功能得到发挥；通过红桥库直发模式实现贵州省全覆盖，全省80%的区县实现物流配送直达；大小品规比例达43.24%，四级钢销售达7.46%，锚杆钢月销量达2000吨以上；工程直供服务全面提升，直送终端遵余高速、都安高速、威围高速等贵州省重点工程项目；与贵州交投、浙商中拓签订战略合作协议。

（王荣贵、张童瑶）

【科技创新】 2018年，水钢共组织实施技术创新项目14项，分为新产品开发、新技术引进、技术攻关、课题研究四类，完成项目投资893万元。完成六盘水市科技项目《新型合金及脱氧材料》《抗震钢筋控轧控冷生产工艺》《棒材多线切分冷床齐头装置的研究与开发》《高性能SWRS82B盘条研发与产业化》验收；对《水钢2500m^{3}高炉提高煤气利用率的研究与实践》等14项进行验收；申报的六盘水市科技成果转化后补助项目《高性能SWRS82B盘条研发与产业化》成功获得立项，获后补助经费50万元；2018年，申请专利19项，获国家知识产权局授权专利14项，其中发明专利4项，实用新型专利10项。同时，水钢与首钢技术研究院联合完成的《矿用钢绞线均质化盘条的制备技术与应用》申报2018年贵州省科学技术进步奖，《多模式铁水条件下提高转炉废钢比及快速护炉工艺研究》《装配式钢结构建筑在易地搬迁扶贫期的实践应用》《鼓风机改发电机的研究与实践》《矿用钢绞线均质化盘条的制备技术与应用》等六项成果申报首钢集团有限公司科技学技术奖，其中《含钛铁水转炉保碳出钢工艺技术的开发》《矿用钢绞线均质化盘条的制备技术与应用》《低合金热轧抗震钢筋相变及表面控制技术与关键设备的研制与应用》获2018年首钢集团有限公司科技成果三等奖。

（张东升、叶雅妮）

【绿色工厂建设】 2018年，水钢全面贯彻落实《中国制造2025》等文件精神，统筹推进水钢绿色制造体系建设，力争到2020年，将水钢全面建成用地集约化、生产洁净化、废物资源化、能源低碳化的“绿色工厂”，打造成为贵州省工业旅游示范点。以绿色发展、低碳发展、绿化美化、生态旅游为发展基线，对炼焦、烧结、炼铁、炼钢、轧钢等生产工艺产生的废气、废水、废渣及沿线道路扬尘进行综合整治，深挖内潜，进一步提高固废资源循环综合利用率，改善厂区及周边环境和生态质量，同时全面实施节能减排技术工艺提升改造，满足低能耗、低排放、低污染的低碳发展要求，同步配套建设厂区绿化美化及主题景观、标志性建筑、企业文化等建设，进一步整合水钢旅游资源与机构，着力发展工业旅游配套基础设施建设，拓展旅游业务和服务范围，打造集休闲避暑、度假旅游、健康养老、体育运动为一体的特色工业旅游示范点，重点推进观音山生态乡村度假组团、笔架山主题文化科普组团、昆明疗养院组团的旅游康养产业发展。

（任建刚）

【降本增效】 2018年，水钢牢牢把握钢铁行业市场持续向好的发展机遇，紧紧围绕“保生存，谋发展”中心任务，牢固树立新发展理念，坚持“先算后干、边算边干、效益优先”经营理念，坚持以降本增效为导向，以现金流为核心，以“三个跑赢”为标尺，深入推进事业部和大

部制改革，抓“十大目标”、55项重点工作和十二个专项工作方案，坚持对标对表，内强管理、外拓市场，强化生产稳顺，钢铁主业提质增效，继续抓好节铁增钢、节能减排、循环经济、强化科技创新等工作；强化项目带动，做实做强多元化产城融合，促进非钢产业发展。按“月保季、季保年”要求，认真编制月度经营生产计划，坚持日成本及效益测算，加强工作协同，强化预算执行运行管控。全年进口矿跑赢市场5美元/吨，铁成本与行业缩差64元/吨，钢材单利比2017年提高63元，非钢产业保持盈利、同比增利1100万元，集团公司保持盈利的良好势头，超额完成全年预算目标任务，财务状况持续改善，资产负债率低于90%，资产质量、运营效率进一步提高，资金管控明显增强，负债结构不断优化，加快去杠杆步伐。

（杨绍成）

【节能降耗】 2018年，水钢推广能源梯级利用、系统能源结构优化，特别是余热余能利用等节能技术的应用，能耗总量完成207.49万吨标准煤，完成节能量的104%，完成政府部门下达的节能目标，并顺利通过省经信委节能监察组对水钢开展的钢铁企业实行阶梯电价政策能耗专项监察，水钢已初步形成科学经济、绿色低碳的用能格局，能源消耗强度持续下降，各工序能耗指标满足国家单位产品能源消耗限额标准及政府节能目标的要求。同时，通过采取优化高炉用料、精心操作、设备技改消缺等措施，对高炉生产时刻进行监控、实时调整，高炉燃料消耗大幅下降，能源消耗水平持续改善，高炉工序1月份完成工序能耗391千克标煤/吨铁。水钢加强与政府部门对接和沟通协调，参加贵州省大用户电力直购电交易，争取直购电政策优惠。与大唐野马寨发电厂、供电局在电力交易中心平台上执行2018年双方、三方直接购售电交易。2018年参加直购电基本电价0.35元/千瓦·时，年计划用量95200万千瓦·时。

（杨卓霖）

【机构改革】 2018年，为进一步深化机构改革，激发管理活力，实现管理集中、业务协同、效率提升，水钢推动事业部制、大部制机构改革工作，将原炼铁厂、煤焦化分公司整合成立铁焦事业部；将原炼钢厂、轧钢厂整合成立钢轧事业部；将原生产运输部、技术中心整合成立制造管理部；工会、宣传部（企业文化部）、团委合署办公，成立党群工作部；撤销监察审计部，成立纪检监察部；撤销管理创新部，将原管理创新部的法律事务等管理职能，原监察审计部的审计、外派监事管理职能划入审计风控部；撤销规划发展部，将原规划发展部管理职能，原管理创新部的投资等管理职能划入战略发展部。

（杨　芳）

【转型提效】 2018年，按照首钢集团公司对外埠钢铁企业转型提效工作的要求，水钢公司通过优化流程、技术改造、撤并机构、全员提素等措施，稳步推进转型提效各项工作，钢铁主业实物劳动生产率完成581吨/人（计划目标560吨/人），在岗职工8599人（控制指标8600人），全面完成首钢集团公司下达的目标任务。

（杨　芳）

【信息化管理】 2018年，水钢信息化管理工作以推进规章制度管理的规范化、制度化和科学化进程为重点，健全和完善规章制度，确保有制可依，标准唯一，减少制度建设过程中重形式、轻内容、无协同、责任交割不清等情况。2018年，制订《首钢水钢安全和信息化管理规定》、修订《首钢水钢信息化管理办法》，发布后申请废止3项。同时，为促进公司信息化建设科学、合理，实现顶层设计，于2018年联合上海宝信软件股份有限公司，完成《首钢水钢信息化总体规划（2018—2022）》制定，有序推进水钢信息化建设。并根据信息化规划方案建议，委托首自信公司进行智能网络升级、水钢工业数据机房和云平台建设、水钢制造管理和执行系统（mes）建设、水钢融合智能监控平台、水钢数据采集系统、水钢能源管控大数据系统、水钢主数据系统、水钢人力资源管理系统、水钢财务管理系统、水钢产销一体化（经营管控）系统10个系统可研方案编制工作；组织开发党建APP，进一步加强党的基层组织建设，实现“公司党委+二级党委+党支部+党员”的快速、无缝连接，解决党组织联系服务党员“最后一公里”问题；根据网络安全形势特严峻的实际情况，为预防网络安全事故发生，采用全新的技术对老的门户网络系统进行改版，有效提升功能，提高信息发布效率；2018年，完成水钢远程计量无人值守计量管理系统项目建设工作。

（周　雄）

【精益TPM管理】 2018年7月10日，水钢启动精益TPM管理工作，确定铁焦、钢轧、能源3个事业部19个样板区为试点单位，带动3个跟进单位和3个学习单位推进精益TPM管理工作。启动以来，深圳3A公司4人顾问分别对事业部各样板区和非样板区进行指导。截至2018年12月,3个事业部回收废钢铁2996.91吨;整改问题6930个,人均1.78个;亮点1195个,人均0.31个。在3个跟进单位中,采取顾问指导与结队学习的方式推进。针对查找出的问题,水钢推进办公室每周到现场跟进各单位的推进情况,重点查看现场问题点整改和自查情况,同时解决各单位反映存在的问题。截至2018年10月,3个跟进单位回收废钢铁389.22吨;整改问题2625个,人均2.06个;亮点287个,人均0.22个;在3个学习单位推进中,主要以公司推进办指导和各单位推进办公室自主推进为主。推动同鑫晟公司启动精益TPM管理工作,2018年12月正式实施,结合现场安全管理、设备管理开展相应整改。截至2018年10月,八个学习单位回收废钢铁790.2吨,整改问题141个;按照《首钢水钢精益TPM管理评价方案》,每季度评比奔马奖和蜗牛奖,推动了车间班组规范化、精细化自主管理。2018年,拟制可视化标准50个并下发执行,规范现场可视化管理工作。

(徐媄娜)

【多元发展】 2018年,水钢多元产业在国家供给侧结构性改革大背景下,围绕水钢"十三五"规划总体要求,遵循市场经济规律和企业发展规律,探索多元产业发展新机制、新路径、新效益,以重点打造"循环经济、建材深加工、医疗健康、职业教育、现代服务、建筑安装"六大板块,推进城市地下综合管廊工程、充电桩、大医疗健康、立体停车场等项目建设,以项目促进机制、技术、管理、模式创新;以项目促成能力培训、队伍培养、就业培育建设;以项目促动非钢产业创新发展,努力实践"打造区域内有竞争力的城市综合服务商"的战略目标。

2018年实现营业收入36.94亿元,较预算指标40亿元减收7.82%;比2017年同期37.15亿元减收0.57%;实现利润(经营结余)6759.63万元,较预算指标6000万元增利13%,比2017年同期5634万元增利20%。博宏公司入选2018年度贵州省"千企改造"高成长性企业;赛德公司风控体系建设初步完成;职教中心电大招生1148人,突破现代远程开放教育1000人大关,超额完成省电大下达的招生指标。同时,争取到政府各级各类专项建设资金1297万元。瑞泰公司、同鑫晟公司两家企业获得"国家高新技术企业"称号。

(钱晓波)

【党建工作】 2018年,由9个公司党委委员牵头成立9个督导组,完成对公司35个二级单位召开2017年度领导班子民主生活会的督导;创新党员培训模式,完成"党建一点通APP"9个栏目40期的更新工作;首次在公司各级党组织一届任期内层层签订《党建工作责任书》;修订下发《首钢水钢基层党组织设置管理制度(试行)》等17个组织工作制度;牵头成立4个督导组,对公司23个二级党委(总支)及其174个党支部进行"全覆盖、无遗漏"的督导检查,并组织开展"回头看";持续开展党支部"晋级竞赛"活动,新命名"五好"党支部3个,"红旗"党支部2个;1个二级党委、2个基层党支部、5人受到首钢集团表彰。慰问困难党员189人,发放慰问金额96500元;发展党员28人;持续开展党建创新和党员创新项目评选活动,全年6项党建工作创新项目、6项党员创新工程项目分获一、二、三等奖;举办一次以"不忘入党初心,牢记宗旨使命"为主题的党的知识竞赛,公司20个二级党委(总支)组队参赛。

(肖永宁)

【纪检监察工作】 2018年,水钢强化监督执纪"四种形态"的实践运用,坚持以预防提醒为主,早教育、早提醒,早发现、早查处,使红脸出汗、咬耳扯袖成为常态。加强对二级单位"大约谈"工作开展的督促指导和检查,着力提升"大约谈"的工作质量和实际效果,2018年,组织党员干部约谈757人次;严肃对权力失控、行为失范、以权谋私等行为的查处和追责,发挥纪律的刚性约束。2018年,累计处置问题线索60件,共计处分处理、责任追究29人;紧紧围绕水钢"保生存,谋发展"主基调,深入开展效能监察工作,精准选题立项,定期跟踪检查项目实施进展情况,协调解决项目实施过程中的问题,加强对各管理层级履职行为和管理效能、效率、效益的监督检查,纠正管理偏差,堵塞漏洞,增强效能监察的实效性。围绕水钢2018年22个立项环保项目重点事项开展专项效能监察,紧盯关键节点进度情况、管控的有效性等关键环节强化督促协调。2018年,效能监察立项项目实施过程中累计提出工作建议116条,督促建章立制92项,项目成果共计创效金额1.39亿元。

(黄　军)

【人才工作】 2018年,水钢面向社会招聘录用大中专院校及职业技术学校毕业生224人。配合六盘水市人才领导小组对市管专家2人进行年度考核;推荐专业技

术人才29人作为六盘水市职称评审专家库人选；推荐10人参加六盘水市第四届市管专家评选；完成63人高级职称及二级单位党政正职职称聘任工作；内部评审职称29人，外委评审职称19人；全年调整任免干部86人；选派1人继续驻村帮扶，到省经信委、省纪委、省政府办公厅挂职学习锻炼各1人，2人分别借调六盘水市发展改革委、市经信委借调学习锻炼，选派2人参加首钢青年干部特训班；首钢安排1人到水钢挂职；组织为期2个月的青年干部培训班，42人参加。

（罗 飞）

【职工培训】 2018年，水钢共举办培训班531期，培训职工22919人次。其中，1100人次参加经营管理人员培训；2665人参加技能提升培训；2212人参加特种（设备）作业人员培训班、安全管理人员合格证培训；695人参加中层管理人员培训；662人参加煤气专业安全知识及防护救援培训；541人参加“风控手册、权力清单、制度管理”三位一体风控体系建设培训；300人参加基层基础安全管理培训；211人参加新员工入职培训；68人参加辐射安全与防护培训；33人参加国家铁路局机车车辆驾驶人员资格考试培训；274人参加职业技能鉴定前培训；1人参加第九届全国钢铁行业职业技能大赛决赛，取得高炉炼铁工第二十名；632人参加“师带徒”项目，结成师徒对子316对。完成237人高技能人才补贴申报和1228人技能提升补贴申请，累计发放技能提升补贴161.9万元。

（伍华菲）

【群团工作】 2018年，水钢深入开展“破瓶颈、攻指标、晒清单、促提效”主题劳动竞赛，举办劳动竞赛18场次，累计参与人数17505人次，创效1.02亿元。组织评审出“六进建功”竞赛“头狼”班组7个、战狼班组70个。3个职工创新工作室获省有色工会命名，8项职工创新成果被评为省总技术创新“五小”优秀成果；开展劳模创新178项攻关，创效0.9亿元，获国家专利7项。1个工人先锋号获贵州省总工会命名，2个创新工作室获贵州省省经济技术创新成果展示会展示优秀奖，5个班组获贵州省有色冶金“工人先锋号”，2个创新工作室被贵州省省有色冶金工会命名，3个“工匠场”被市总授予“凉都工匠场”称号，2个创新工作室、5个工人先锋号被市总工会命名，3人获六盘水“凉都工匠”；开展79场次劳模上讲堂活动，创建59个“新时代工人讲习所”；1人获得全国钢铁工业劳动模范，1个班组获全国钢铁工业先进集体，2人获贵州省“五一劳动奖章”，10人获首钢“劳动模范”称号；开展职工网上练兵活动，在全国50家参与钢企中，水钢活跃度为693839人次，全国排第3位，成功率为46.59%。其中有9人全国排位第一名，15人全国排位第二名，30人进入全国前十名。组织选手参加六盘水市2018年职工技能竞赛，11人获得名次，成绩列参赛队首位。开展劳动保护系列主题活动，征集到22个班组安全微视频、40个班组创作的美篇。获贵州省“安康杯”竞赛优胜单位1个、竞赛优秀组织单位1个、竞赛优胜班组1个、竞赛先进个人4人。全年职工服务（帮扶）基金共支出126.25万元（含上级单位下拨），帮扶职工1662人次。全年实现青工轻伤及以上事故为零的工作目标，水钢多个团青集体和优秀青年在全国钢铁行业、团贵州省委、首钢集团公司团委和团市委受到表彰，全年开展各级青安岗巡检巡查839次，查出隐患2073项。着重抓好水钢厂区治安保卫、消防危化、道路交通、武装军事维稳工作。

（王爱华、葛晓丽、张涛松、李泽华）

【融媒体建设】 水钢现有水钢网站、《首钢水城钢铁》、水钢电视台、“水钢视窗”微信平台4个媒体。在融媒体建设过程中，在水钢网站上可以阅读到《首钢水城钢铁》电子版和水钢电视的“一周要闻”，在“水钢视窗”上，除要闻与基层信息外，还可以浏览《首钢水城钢铁》版面，观看每一期的“水钢新闻”。近年来，四个媒体的融合步伐进一步加快，2016年，原水钢宣传部迈出打造全媒体记者步伐，取消记者部，成立报纸采编室和电视采编室，实现采编合一。2017年，全媒体采编人员的建设融合进一步加强，报纸、电视采编人员之间原有的明显界限被打破。2018年，水钢实施机关大部制改革，将宣传部、工会、团委合署办公，成立党群工作部，将原报纸采编室与新媒体（总编）室进一步整合成融媒体采编室，进行融媒体方面的业务探索，取得实质性进展。另外，把《水钢思想与文化》期刊作为新媒体建设的有效载体，将杂志打造成为集党建思想、企业文化、时事热点、休闲文化生活于一体，以促进水钢经营生产发展为核心的内刊杂志，不断丰富杂志内涵、加强互动，让传播更加适应于新媒体时代需求，更好地宣传企业品牌、展示职工风采。

（吴道辉、杨 艳）

【企业文化建设】 2018年,水钢围绕企业文化“十三五”规划中期评估工作,制定《首钢水钢企业文化建设“十三五”规划中期评估报告》,制定《2018年水钢企业文化建设工作方案》,修订《首钢水城钢铁(集团)有限责任公司辖区内户外广告管理办法》等,按照首钢集团要求,对企业标识、标准色和标准字以及办公用品、交通工具、产品包装等设计要素作出规定,指导企业和职工行为。以纪念改革开放40周年、迎接首钢建厂100周年为契机,组织开展“感动2017·精彩瞬间”“钢城画卷·大美水钢”等摄影作品征集活动,组织发动干部职工参与首钢建厂100周年纪念活动LOGO候选作品征集评选活动,完成《首钢百年丛书——首钢水钢公司:我国西南地区精品长材基地》的编撰工作等,加快文化融合;结合水钢“绿色工厂”建设,对企业精神上墙进行环境布置,公共区域实现“理念上墙”323处;传承“三线”文化、弘扬“三线”精神,组织开展“老物件、老图片以及‘三线’遗迹、遗址和历史物件”征集活动,共征集到1966—1980年的历史遗址、遗迹等历史资料74件(组);编辑新版《水钢企业文化宣传册》,在总结文化实践成果的基础上,进一步完善企业战略目标、企业愿景以及营销、成本、创新、廉洁、法治、人才、质量、品牌、科技等各项管理理念,形成新时期水钢企业文化理念体系。举办2018年度践行新时期水钢精神故事宣讲暨“最美水钢人”表彰会,10人获2018年度“最美水钢人”,1人获首钢“争先之星”。2018年,水钢获“改革开放40周年中国企业文化优秀单位”等荣誉称号。

(杨　艳)

【打假堵漏及治安防盗】 2018年,水钢围绕压紧压实打假堵漏及治安防盗工作责任,不断加强过程监督、强化结果评价、夯实措施效果,采取重点抽查和关键环节、关键领域、关键岗位监督检查等手段,强化专项治理工作的震慑力。通过关注市场研判、质量报表分析、现场调研了解等方式,掌握废钢、矿石、煤炭、外购焦、合金进厂质量动态情况,研究确定阶段性工作重点。通过建立完善打假堵漏专项治理工作考核机制,督促主责单位治理工作开展,统筹协调解决相关事项。聚焦焦炭、废钢等重要采购业务完善供应商评价机制和采购质量验收标准,不断深化厂区治安防盗联动机制,针对生产区域和重点要害部位严格实行封禁管理,加强对生产区域、停产区域、检修区域治安防范和巡查力度,利用无人机对厂区易发案部位实施空中立体监控,不断强化治安防范管理。2018年,打假堵漏和治安防盗专项治理累计避免和挽回经济损失3852.5万元。

(黄　军)

【意识形态工作】 2018年,水钢党委严格遵循党中央提出的增强意识形态领域主导权和话语权的要求,按照首钢党委部署,紧紧围绕水钢深化改革、经营生产等中心工作,不断加强意识形态工作管理。一是建立健全党委统一领导、党政齐抓共管、宣传部门组织协调、其他部门分工负责的意识形态工作责任网络,严格抓好“四个责任”的落实。2018年,利用党委会专题研究并听取意识形态工作汇报2次;利用中心组学习、党委(总支)书记会、大政工例会等形式,围绕意识形态工作内容,学习研究10余次;定期向首钢党委汇报意识形态工作2次、反馈职工思想动态分析4次;对7个二级党委(总支)意识形态工作进行专项督查和联合检查。二是进一步完善意识形态工作制度,出台《水钢宣传思想文化工作管理办法》《首钢水钢职工思想动态工作管理办法》《水钢门户网站管理办法和新闻宣传管理办法》等8个管理办法。三是坚持把巩固壮大主流思想舆论作为抓好意识形态工作的重要内容,牢牢占领意识形态工作的前沿阵地,加强对水钢网站、水钢视窗、水钢OA办公首页、党建一点通APP等网络平台各类信息的审核和发布,充分利用以上各类媒体优势,主动做好正面舆论引导。四是加强意识形态工作学习培训,对各单位100人党务工作人员进行意识形态工作专题培训,利用《理论学习在线》、“三会一课”、“研习分会”、“知识抢答”、“板报宣传”等平台和形式,引导党员干部职工深入学习《人民日报》等主流媒体有关宣传思想工作、意识形态工作的系列重要论述,推动学习往深里走、往实里走。

(陈冬云)

【首钢水钢大事记】

1月5日,首钢集团召开安全环保大会,水钢通过视频参会。

1月8日,水钢召开2018年度安全环保工作会议。

1月15日,首钢国际工程公司党委书记、董事长李杨,总经理、党委副书记侯俊达一行到访水钢。

1月22日,钟山区区委书记王赟、区长陈松、区人大常委会主任黄承勇等一行11人到水钢慰问。

1月25日，水钢下发《水钢2018—2020年企业退出工作计划》，正式启动企业退出工作。

1月25日，公司工会召开一届十四次全委（扩大）会。

1月30日，首钢召开安全生产视频会，水钢通过视频参会。

2月2日，首钢集团召开安全生产紧急视频会，安排对水钢1月31日中毒窒息事件调查及善后工作。

2月2日，公司召开干部大会，对安全工作进行再部署再落实。

2月7日，国家安全生产监督管理总局组织召开钢铁企业事故警示视频会。

2月7日，公司领导王建伟、张新建分别率队走访慰问公司劳模和部分困难职工，开展春节慰问。

2月13日，省安监局副局长叶文邦等一行到水钢组织召开安全专题会，督查水钢贯彻落实全国钢铁企业警示教育视频会暨国家、省领导有关批示精神。

2月24日，公司开展2018年党风廉政建设暨效能监察、打假堵漏治安防盗工作会。

2月26日，国家安监总局监管四司司长马锐、处长吴昊、专家刘福来等人在省、市、区相关部门负责人及首钢副总经理赵民革、总经理助理卢正春的陪同下，到水钢开展督导调研工作。

2月28日，贵州省副省长陶长海一行到水钢调研经营生产情况。

3月5日，水钢与首颐医疗健康投资管理有限公司召开六盘水慈烨医院有限公司第一次股东会。

3月7日，水钢3号、4号焦炉煤气脱硫项目开工。

3月7日，公司召开领导班子民主生活会专题学习研讨会、领导班子民主生活会征求意见"会诊"会。

3月12日，公司在轧钢厂三棒线作业区绿化带开展"绿色工厂　春风行动"植树活动，为绿色工厂建设添砖加瓦。

3月13日，六盘水市检察院反渎局局长顾德庆一行到水钢，针对企业如何在正确维护合法权益召开座谈会。

3月13日，五矿发展公司领导到水钢洽谈合作事宜。

3月14日，公司召开2018年解放思想大讨论现场观摩推进会。

3月15日，公司召开领导班子民主生活会。

3月17日，贵州省人民政府督查室综合督察处处长顾友顺率第三督察组到水钢调研。

3月21日，水钢召开事业部成立大会，对组织机构改革进行动员部署，标志着水钢深化改革转型提效工作向纵深推进。

3月22日，钟山区人民政府授"焦化厂一号烟囱"保护标识牌在铁焦事业部一号焦炉一号烟囱处举行，意味着水钢"焦化厂一号烟囱"成为钟山区文物保护单位，纳入依法保护体系。

3月27日，首秦公司总经理沈一平一行到水钢洽谈首秦搬迁后设备利旧工作，并开展事业部改革经验交流，为水钢机构改革提供经验。

4月1日，3A精益管理顾问公司为水钢进行TPM现场诊断。

4月4日，水钢125吨/小时干熄锅炉系统无损害探伤作业顺利完成。

4月8日，钢轧事业部正式挂牌成立。

4月8日，国家安监总局专家组到水钢调研。

4月12日，省建材质检院对水钢产品进行监督抽查。

4月12日，钟山区运管局到水钢开展专项检查。

4月14日，"水钢水泥"日销售量5064.64吨。

4月15日，钢轧事业部三线切分取得新突破。

4月16日，首钢水钢总医院杨柳分院挂牌成立。

4月17日，江西新余钢铁集团有限公司党委副书记、总经理管财堂一行3人到访水钢。

4月18日，湛江港和南宁铁路局相关领导到访水钢。

4月18日，公司中标生产用硬线盘条物资采购项目。

4月19日，赛德建设公司与武汉都市环保公司签订战略合作协议。

4月24日，首钢集团总经理助理卢正春参加4号高炉炉况分析会，要求铁焦事业部继续发挥好"龙头"作用。

4月25日，淡水河谷金属（上海）有限公司领导到访水钢。

4月26日，公司召开2017—2018年度先进表彰大会。

4月27日，六盘水海关关长丁辉一行3人到访水钢。

4月28日，公司领导参加首钢集团党委中心组学习。

4月，都安高速项目订购水钢抗震钢筋。

4月，水钢博宏公司入选省经信委2018年贵州省“千企改造”工程龙头企业和高成长性企业名单。

5月6日，铁焦事业部正式揭牌成立。

5月7日，水钢总医院与遵义医学院签约合作。

5月9日，公司召开绿色工厂及“四创”工作会。

5月9日，公司7件新闻作品在“中国冶金记协好新闻评选会”获奖。

5月14日，公司召开经营例会暨进一步深化机构改革干部大会。

5月16日，公司能源事业部正式挂牌。

5月16日，公司接受第三方能源管理体系监督审核。

5月17日，公司召开2018年股东暨二届六次董事会、监事会。

5月18日，首钢专家组在铁焦事业部进行技术指导。

5月18日，水钢总医院与北大首钢医院呼吸内科合作签约。

5月29日，省国资委总经济师安丰明到水钢调研。

5月29日，公司组织党委中心组学习传达“全省国企和高校党建工作推进会”精神。

5月31日，公司班组长素质提升培训班开课。

5月，瑞泰大自然饮业公司入列贵州省首批中小企业“专精特新”培育名单。

5月，水钢多家集体及个人获2017年贵州省“安康杯”竞赛奖。

6月1日，公司工会到盘州市俄力科村慰问留守儿童。

6月6日，首钢股份公司到水钢开展为期2天的安全生产大检查。

6月8日，公司党委书记王建伟到战略发展部、制造管理部调研。

6月9日，公司制造管理部正式挂牌。

6月12日，公司与中国联通贵州分公司签订战略合作协议。

6月13日，公司领导王建伟带队走访贵绳集团。

6月13日，公司在铁焦事业部举行煤气泄漏应急预案演习。

6月14日，六盘水副市长李丽到水钢技师学院调研。

6月16日，公司领导王建伟带队检查安全隐患。

6月19日，公司党委对瑞泰公司进行专项巡察。

6月21日，公司与贵州大学签订产学研合作协议。

6月23日，大连考察团到水钢调研。

6月26日，六盘水与水钢地企合作联席会办公室专题会在水钢招待所召开。

6月，公司启动“安全生产月”宣传活动。

7月2日，水钢庆祝建党97周年暨“七一”表彰大会隆重召开。

7月4日，公司党委中心组（扩大）学习会强调加强和改进企业党的建设，切实推进改革发展。

7月6日，水钢启动风控体系建设。

7月9日，公司总调合署办公助力生产“短平快”；3号焦炉单炉产量达到国内行业先进水平。

7月11日，贵州省2017年品牌价值结果出炉，水钢品牌价值3.54亿元。

7月13日，水钢启动精益TPM管理；省质监局领导到水钢指导循环经济发展工作。

7月27日，省国资委系统到水钢宣贯省委十二届三次全会精神。

7月30日，公司二级党委（总支）书记会强调：把握工作要点，扎实推进党风廉政建设。

8月1日，水钢2018年青年干部培训班在钟山区党校进行军事训练，此次青年干部培训班为期两个月，为全脱产封闭学习。

8月3日，市政府与水钢第一次联席会议达成共识：地企共建谋发展，互利共赢谱新篇。

8月6日，公司召开上半年安全大会，要求“严格落实安全生产责任，坚决防范遏制事故发生”。

8月6日，公司党委中心组（扩大）学习强调：提高政治地位，担当环保责任，实现绿色转型。

8月17日，全国各地专家学者齐聚技师学院研讨职业院校混合所有制改革。

8月24日，公司召开2018年科技大会暨长材产品三年提升计划启动会，强调科技驱动，创新引领，推动水

钢转型提速高质量发展。

8月27日，国家发展改革委领导到水钢观音山矿区调研。

9月7日，六盘水市副市长孙文田到水钢调研地企合作工作。

9月10日，全国总工会检查组考评杨延劳模创新工作室。

9月12日，公司召开领导班子巡视整改专题民主生活会。

9月17日，水钢与贵州交建集团签订战略合作协议。

9月19日，首钢宣传系统学习全国宣传思想工作会议精神，水钢通过视频参会学习。

9月21日，水钢党委书记、董事长王建伟率队到铁焦事业部督查2018年全面从严治党主体责任落实情况。

9月26日，市卫计委到水钢总医院督导救治中心建设工作。

9月26日，贵州“双百强”企业榜单揭晓，水钢位居“2018贵州企业100强”第14名。

9月27日，水钢党委书记、董事长王建伟带队到钢轧事业部督查全面从严治党主体责任落实情况。

9月27—28日，公司领导带队开展国庆节前安全生产检查。

9月28日，省委副书记、省长谌贻琴到水钢调研。

9月29日，见证水钢发展历程摄影作品亮相北京。

10月10日，公司召开精益TPM管理季度推进会。

10月12日，公司召开2017—2018年法务工作会。

10月12日，水钢举行2018年青年干部培训班成果汇报座谈会暨结业仪式。

10月18日，公司团委倡导发起的“阅读青春”青年读书协会第一次会员大会在水钢技师学院召开。

10月22日，水钢瑞泰公司在全国技能竞赛中获团体赛第二名和个人赛金奖。

10月23日，首控香港总经理、首长四方执行董事及局主席徐量、首长四方总经理刘东升、京西供应链总经理付瑶等一行8人到水钢调研。

10月25日，开磷集团到水钢交流。

10月27日，公司召开2019年预算编制工作会。

10月30日，市总工会到瑞泰公司调研。

11月1日，市领导到总医院医共体木果分院现场观摩。

11月5日，省商务厅副厅长沈新国一行到水钢调研。

11月8日，公司召开庆祝第十九个记者节暨好新闻(作品)表彰座谈会。

11月9日，公司工会宣贯中国工会第十七次代表大会精神。

11月13日，首钢水钢集团党委调整水钢领导班子。

11月，瑞泰公司获“全国园林绿化优秀施工企业”称号。

11月15日，省人大常委会副主席何力率队到水钢巡查污水治理工作。

11月16日，公司组织人员赴市级党建工作示范点观摩学习。

11月16日，水钢党委副书记、总经理龙雨到钢轧事业部调研。

11月17—19日，水钢获“改革开放40周年中国企业文化优秀单位”称号。

11月20日，中国社会科学院到瑞泰公司调研。

11月21日，京都律师事务所到水钢开展法治讲座。

11月21日，公司举办计生业务知识培训班。

11月21日，省际交叉检查组、黑龙江省应急管理厅到水钢检查安全工作。

11月22日，“最美水钢人”故事宣讲暨颁奖典礼隆重举行。

11月23日，公司召开风控手册专题会。

11月26日，广西北部湾国际港务集团到水钢调研。

11月26日，省戒烟门诊建设检查组到总医院进行现场评估。

11月28日，钟山区经信委到冷料厂核查项目。

12月1日，市长李刚到博宏公司观音山矿调研。

12月3日，市人大常委会主任黄金到博宏公司调研。

12月4日，公司党委对铁焦事业部开展巡察工作。

12月6日，公司领导参加基层支部选举。

12月6日，水钢选手在市级技能大赛中斩金夺银。

12月7日，水钢党委书记、董事长王建伟在铁焦事业部主持召开铁前系统2019年预算目标攻关和市场化改革工作调研会。

12月11日，副省长卢雍政到水钢调研。

12月12日，国家社会科学基金重大项目联合示范基地落户总医院。

12月13日，水钢电大获全省"优秀考点"称号。

12月13—14日，水钢三篇论文在中国冶金政研会上获奖。

12月18日，公司组织收看庆祝改革开放40周年大会直播。

12月17日，水钢劳模出席省总工会庆祝改革开放四十周年劳模座谈会。

12月20日，省安委办到水钢检查安全生产工作。

12月24—25日，水钢工会召开第二次会员代表大会。

12月26日，水钢党委三届四次(扩大)会召开。

12月26日，水钢召开三届一次职工代表大会。

12月27日，公司开展节前安全综合大检查。

水钢公司铁焦事业部

【铁焦事业部领导名录】

部　长:王为环(3月任职)

党委副书记(主持工作):吴永康(3月任职)

纪委书记、工会主席:代　红(女,3月任职)

副部长:雷仕江(3月任职)　甘国庆(3月任职)

毛　锐(3月任职)　罗晓岗(3月任职)

主任工程师:肖扬武(3月任职)

刘　麟(3月任职)

部长助理:陈　军(3月任职)

挂职中层助理:丁　华(3月任职)

(钟　鑫)

【概况】 铁焦事业部由原炼铁厂、原煤焦化分公司整合后于2018年3月21日成立，主要产品为炼钢用铁水、焦炭、烧结矿，副产品为高炉渣和高炉、焦炉煤气，化工产品主要有工业萘、中温沥青、高温沥青、改质沥青、粗酚、筑路沥青、沥青漆等二十余种。其中工业萘获"省优质产品"称号；工业萘、改质沥青1993年获"省杜鹃花节信得过产品"称号。拥有2台265平方米烧结机，年产烧结矿500万吨；高炉2座，分别为3号高炉(1350立方米)、4号高炉(2500立方米)，年产生铁350万吨；焦炉2座，分别为3号焦炉、4号焦炉，年产全焦100万吨。现有作业区9个、管理科室5个。2018年3月成立以来，铁焦事业部党委以"扭亏攻坚"工作为主线，以"三提、三创"(党员提素、创优争星，小组提质、创新争先，支部提效、创效夺旗)主题活动为抓手，以"争锋亮剑"劳动竞赛为助推器，以"五小项目、查患之星、劳动标兵"等评比活动为兴奋剂，进一步练内功、强管理、抓落实，攻克减员增效工作与满负荷生产组织、安全环保、现场管理等工作中出现的难点、重点，推进各项工作目标落实。

(王苏东)

【主要指标】 2018年，铁焦事业部铁产量333.97万吨，毛焦比447千克/吨，煤比133千克/吨，烧结矿产量504.88万吨，固体燃耗52.50千克/吨，焦炭产量97.13万吨，改质沥青2.05万吨，粗苯0.96万吨，工业萘0.24万吨。铁前成本2257.2元/吨，实现铁成本缩差60元/吨，多元化经营收入152.7万元，实现利润62.32万元。

(张　越)

【亮点工作】 2018年，铁焦事业部完成机构改革，归并管理、协同业务、提升效率，机构改革实现从"形"到"质"的转变。优化人力资源，加强"三支人才队伍"建设，管理人员从125人减到93人。实施"作业区扁平化"运作，将82个班组优化整合为56个班组，并完成转型减员计划100%，减员122人。以工人讲习所、职工夜校、技能竞赛等方式，组织技能提升培训班26期646人次。打破原有分配方式，采取工资总包，推行"科级"工资集中发放，增设作业区"环保无事故奖"、驻检单位"无耽误事故奖"。各生产工序实现均衡稳定、衔接有序，相继完成生产、检修交叉作业，全湿焦冶炼生产组织，以及港口台风过后物料板结进厂抢卸车组织等工作。对标"西南"降低铁前成本，牢固树立"生产稳顺就是最大降成本"理念，向产量要效益，着力改善技术指标，铁成本缩差明显。设备管理稳定提升，实现一般及以上设备事故为零，焦炉设备完好率100%，高炉设备故障休风率为零。实施精益TPM管理，获得公司第一块精益TPM"奔马奖"，现场管理通过公司星级检查验收。2018年，申报专利4项，专利授权2项，科技创新

项目4项，申报成果2项，合理化建议118项。

（王苏东）

水钢公司钢轧事业部

【钢轧事业部领导名录】

部　长：胡友红（3月任职）

党委书记：王海益（3月任职）

纪委书记、工会主席：杨厚忠（3月任职）

副部长：王　劼（3月任职）　周汝文（3月任职）

伍从应（3月任职）　蒙世东（3月任职）

王涤非（3月任职；10月离任）

主任工程师：谢　祥（3月任职）

杨　延（3月任职）

蔡　冬（3月任职）

挂任中层助理：吴　俊（3月任职）

胡志祥（3月任职）

刘国富（3月任职）

（王涤资）

【概况】 钢轧事业部由原炼钢厂和轧钢厂整合后于2018年3月成立。主要装备有900吨混铁炉1座，100吨氧气顶底复合吹炼转炉3座、6机6流全弧小方坯连铸机3台、100吨LF精炼炉一座，以及3条棒材和一条高速线材生产线，年设计生产能力为350万吨钢、330万吨材。主要产品有直径5.5—20毫米高速线材、直径12—40毫米热轧带肋钢筋及其他优质棒材。产品先后获冶金实物质量金杯奖、贵州省名牌产品、国家免检产品、全国用户满意产品、2015年“我的钢铁网”、“白玉兰杯”最受欢迎优质建筑用钢品牌等荣誉，2017年入选全国“重点工程建筑钢材推荐品牌”目录。先后获得“全国先进基层党组织”“全国五一劳动奖状”“全国模范职工之家”“全国工人先锋号”“贵州省绿化先进集体”“贵州省厂务公开民主管理先进单位”等荣誉称号。下设5个职能科室、10个作业区。在册职工1799人，其中本科32人、大专56人、中专以下1706人；高级职称5人、中级职称7人、初级职称12人；高级技师10人、高级工35人、中级工41人、初级工31人；职工平均年龄34岁。2018年，钢轧事业部全面深化改革，通过理顺基本业务流程，实施机构整合、文化整合、绩效整合、制度整合，整体管理能力提升，各项工作有效开展。

（王涤资、沈长松）

【主要指标】 2018年，钢轧事业部完成钢产量364.12万吨，比2017年提高12.26万吨，提高3.48%，较年计划考核指标提高6.12万吨，提高1.68%；完成材产量353.33万吨，比2017年提高9.43万吨，提高2.74%，较年计划考核指标提高3.33万吨，提高0.96%；钢铁料消耗指标完成1081.19千克/吨，比2017年上升5.64千克/吨，比考核指标上升3.19千克/吨；综合成材率完成97.8%，比2017年提高0.05%，比考核指标提高0.09%。

（沈长松）

【亮点工作】 2018年，钢轧事业部实时优化生产组织模式，优化品种结构，强化节铁增钢力度，不断提升产能；通过制定标准成本、优化经济用料结构、材料计划管理、参与废钢合金、耐材、备件等议价，不断降低成本费用，提升成本控制能力。将炼钢工序转炉设备水、氧枪水、煤洗水、1号2号机二冷水、1号2号机净环设备水、1号2号机浊环设备水、一期净环回水、软水等供回水系统进行分开运行，避免了因水系统故障影响炼钢工序全停的风险。12月在一棒开发出直径16毫米热轧带肋钢筋4线切分工艺技术，在三棒开发出直径20毫米右旋锚杆钢筋2线切分工艺技术，实现批量化生产。出台《钢轧事业部科级挂职人员管理办法》，全年举办各类技术技能提升培训班157期，培训人数达6555人次。围绕“恋钢无垠、轧钢有术”的核心文化，形成“建钢班子、带铁队伍”的工作作风，“炼优质钢、轧精品材”的工作目标，建设“平安、绿色、高效、活力”的共同追求，“讲标准、严管理、重执行、勇争先”的管理理念和“干部有志气、职工有士气、产品有名气”的座右铭，打造出具有钢轧特质的企业文化品牌。以“协会制”为基础，职工文体活动丰富多彩。被水钢党委推荐为贵州省国企党建工作交流会观摩党委。完成换届选举，选举产生新一届党的纪律检查委员会和工会委员会。

（沈长松、仲　波、杨　延、王涤资）

水钢公司能源事业部

【能源事业部领导名录】

部　长：翟勇强（3月任职）

党委书记:龙国荣(3 月任职)

副部长:李　庆(3 月任职)　郑　雄(3 月任职)

主任师:马贵云(3 月任职)

(冉梦婷)

【概况】 能源事业部成立于 2018 年 3 月 21 日,由原能源公司更名成立。主要承担公司风、水、电、汽(气)等动力介质的生产与供应。主要设备有制氧机 4 台、氧压机 3 台、氮压机 5 台、高温高压锅炉 2 台、中温中压锅炉 7 台、低温低压锅炉 2 台、汽轮鼓风机 2 台、电动鼓风机 1 台、中温中压汽轮发电机 6 台、高温高压发电机 2 台、烧结低温余热发电机 1 台、煤气差压 TRT 发电机组 2 台、炼钢低压低温余热发电机 1 台、高低压空气压缩机 15 台、15 万立方米和 16.5 万立方米高炉煤气柜各 1 座、8 万立方米转炉煤气柜 1 座、7 万立方米焦炉煤气柜 1 座、比肖夫洗涤系统 1 套、干法布袋除尘装置 1 套、混合煤气站 1 座、煤气加压机 16 台、总降压变电所 4 座,供水系统以确保全水钢工业生产用水、民用生活用水为目的,取水水源有大河水源、深井(包括市政转供水)水源及污水回收,水泵站 18 座、深井 1 口。形成年生产电 10.95 亿千瓦·时、蒸汽 1699 万吉焦、高炉鼓风 480 万千立方米、压缩空气 50 万千立方米、氧气 36 万千立方米,净化处理、输配高炉煤气 647 万千立方米、焦炉煤气 51 万千立方米、转炉煤气 45 万千立方米、供水量 1.25 亿立方米。现有职工 853 人,职能科室 4 个,作业区 10 个,科级管理(技术)人员 36 人,一般管理(技术)人员 26 人。2018 年,能源事业部围绕"保生存,谋发展"中心任务,通过深化转型提效、夯实基础管理、建设绿色智能工厂等重点工作,实现经营生产稳定顺行,完成全年目标任务。

(孟　玮)

【主要指标】 2018 年,能源事业部完成自发电量 91763.96 万千瓦·时,自发电率 56.41%,吨钢耗新水 3.08 立方米/吨,功率因数 0.96,最大需量 19.32 万千瓦,氧气放散率 1.84%,内部模拟利润盈利 261.36 万元。

(游　鹏)

【亮点工作】 2018 年,能源事业部认真开展安全生产风险评估和危害辨识工作,建立风险分级管控制度,修订隐患排查治理制度,建立安全风险责任清单,做到"一岗位一清单"。推行经营生产综合计划管理,规范计划、过程、结果的管控。规范作业管理,保证生产操作、介质调整过程受控。生产设备开停机、能源介质停送作业均按规范申请,实行分级管控,结束后进行操作评价。班子深入基层一线进行广泛调研,集体研究,定职责、定制度、定规范、定规矩。认真梳理各部门的职责,使每一项职责要有相应的制度支撑,做到事事有人管和不留任何缝隙、死角。先后修订《事业部经营生产综合计划管理制度(试行)》等多项制度。开展好精益 TPM 管理,邀请专家到样板区进行指导检查和实地培训,事业部针对提出的问题举一反三,建立激励机制,持续将精益 TPM 的精髓融入班组的日常管理和事业部的基础管理中,实现全面进步。

(冉梦婷)

水钢公司制造管理部

【制造管理部领导名录】

部　长:陈黔湘(5 月任职)

党委书记:周奇荣(5 月任职)

纪委书记:周奇荣(5 月任职)

工会主席:周奇荣(5 月任职)

副部长:王　刚(5 月任职)　李正嵩(5 月任职)

胡正凡(5 月任职)

副总调度长:郭　翔(5 月任职)

主任工程师:刘　欣(5 月任职)

李　燚(5 月任职)

刘立德(5 月任职)

顾尚军(5 月任职)

挂职中层助理:冯德建(5 月任职)

(董文文)

【概况】 制造管理部是水钢公司下属的复合部门,成立于 2018 年 5 月,由原生产运输部、技术中心整合成立,主要承担公司的生产、物流、运输、产品研发、科技管理、质量检验、工艺研究等职能。下设 6 个科室、1 个理化检测室和 2 个质量管理站。在册职工 205 人,留学生 1 人,硕士 3 人;高级职称 15 人、中级职称 28 人;高级技师 3 人、技师 4 人。制造管理部在"技术促水钢发展,质量创水钢品牌"思想的引领下,以贵州省级企业技术中心和博士后科研工作站为平台,产品已形成建材、高强钢、软线钢、硬线钢、焊接用钢、碳结圆钢、PC 母材用钢

等十余个产品系列,品种规格多达数十个,用途从以前的单一建筑用钢拓展到制丝、制绳、机械、五金、汽车制造等行业,连续多年被评为贵州省优秀省级企业技术中心。2018 年,制造管理部坚持"以人为本,科学发展"的思路,推进各项"创新"和"诚信"活动的开展,为促进公司的新产品研发、技术攻关、质量管理等工作提供智力支撑和人才保障。

(董文文、周　毅)

【主要指标】 2018 年,水钢生铁产量 333.97 万吨,比上年增产 2.18%,较年计划增产 1.51%;钢坯产量 364.12 万吨,比上年增产 3.48%,较年计划增产 1.71%;钢材产量 356.19 万吨,比上年增产 3.57%,较年计划增产 1.77%;焦炭产量 97.14 万吨,比上年降低 9.84%,较年计划降低 0.88%。主要技术经济指标:入炉焦比 383 千克/吨;喷煤比 133 千克/吨;钢铁料消耗 1081 千克/吨;钢材综合成材率 97.80%。冶金焦指标:干熄焦灰分 13.38%、硫分 0.65%、抗碎强度(M40)85.92%、耐磨强度(M10)6.61%。

(万　强)

【亮点工作】 2018 年,制造管理部组织参加"贵州省名牌产品""第二届省长质量奖"等评选活动,"水钢牌"工业萘、改质沥青获 2018 年"贵州省名牌产品"称号。6 月 10 日,贵州省经信委与水钢签订贵州省工业和信息化发展专项资金计划项目合同书,首钢水钢品牌建设项目被列入贵州第一批技术创新项目。首钢水城钢铁(集团)有限责任公司与首钢技术研究院联合完成的《矿用钢绞线均质化盘条的制备技术与应用》申报 2018 年贵州省科学技术进步奖。《含钛铁水转炉保碳出钢工艺技术的开发》《矿用钢绞线均质化盘条的制备技术与应用》《低合金热轧抗震钢筋相变及表面控制技术与关键设备的研制与应用》获 2018 年首钢集团有限公司科技成果三等奖。组织实施技术创新项目 14 项,完成项目投资 893 万元。完成六盘水市科技项目《新型合金及脱氧材料》《抗震钢筋控轧控冷生产工艺》《棒材多线切分冷床齐头装置的研究与开发》《高性能 SWRS82B 盘条研发与产业化》验收。对已完成的《水钢 2500 立方米高炉提高煤气利用率的研究与实践》等 14 项进行验收;申报的六盘水市科技成果转化后补助项目《高性能 SWRS82B 盘条研发与产业化》获得立项,获后补助经费 50 万元。2018 年,申请专利 19 项,获国家知识产权局授权专利 14 项,其中发明专利 4 项,实用新型专利 10 项。

(田立峰、叶雅妮、张东升)

水钢公司维检中心

【维检中心领导名录】

主　任:朱中华

党委书记:李广武

纪委书记:李广武

工会主席:李广武

副主任:卢祖泉

主任助理:汪　洪

主任师:黄　异

党委书记助理:王大兵

挂任中层助理:方　旭

(许正华)

【概况】 维检中心于 2015 年 4 月 1 日成立,主要承担水钢公司各种大型生产设备的维护和检修任务。现有 7 个车间、3 个科室,员工 701 人,是水钢公司精心打造的一支专业维检队伍。其中,大专以上文化程度 255 人;高中、中专文化程度 361 人;高级工程师 3 人、工程师 7 人;技师、高级技师 33 人,高级工 397 人。2018 年,维检中心紧紧围绕"保生存、谋发展"中心任务,全力推进"技能提升、精益管理、创新创效"三大工程,提升系统构架水平,自我加压,自我发展,发挥大整合、大维检优势,坚持问题导向,坚持目标导向,保持定力,坚定"一二三四五"的工作总思路("一个主题"即线上长周期、线下精修理的主题;"两个治理"即电磁站、液压站治理;"三个转变"即被动向主动转变,线上向线下转变,由外向里转变;"四个联合"即联合点检、联合消缺、联合攻关、联合创效;"五个支撑"即技术比武、劳动竞赛、五小活动、合理化建议、培训等五个方面的支撑),解放思想、汇集发展正能量,全面完成各类维护检修和"转型提效"任务,顺势而为,砥砺前行,维检中心平稳、健康发展。

(许正华)

【主要指标】 2018 年,维检中心设备事故故障时间在 2017 年下降 67.8%的基础上又降低 42%。参加水钢同步检修 3 次,承担检修项目 4596 项,实际完成 4942 项,完成率107.5%;完成单系统计划检修100次,检修项目3269项;日常维护保产消缺11015项。为盘活有限的人力资源,全年维检中心各车间人力资源互调共计1570人(次)。其中平时检修互调517人次,同步检修互调558人次,轧钢行车专项治理495人次。

(许正华)

【亮点工作】 2018年1月20日,维检中心开始以炼钢2号炉OG系统升级改造为中心的同步检修,历时20天,完成1892项。5月30日开始以3号转炉炉役检修、3号连铸机大修为中心的10天同步检修,完成1361项。10月26日开始以1号转炉炉役检修为中心的同步检修,工期13天,完成1322项,实现"零伤害、零事故、零考核"。2018年度职业体检率100%,安全培训教育覆盖率、特种作业持证覆盖率、年度个人剂量(放射源)合格率、特种人员持证率均实现100%。组织开展高炉、烧结区域设备稳定攻关,最大限度节约人力资源和控制无效劳动,年内合计创效707.46万元。1月至11月,高炉实现7个月"零"耽误。在炼钢区域,全年有5个月实现非计划停浇次数为"零"。

(许正华)

水钢公司铁运厂

【铁运厂领导名录】

厂　长:陈　刚

党委书记:温培华

纪委书记:温培华

工会主席:温培华

副厂长:罗忠一

厂长助理:赵红军

挂职厂长助理:周庆兴

(李世华)

【概况】 铁运厂始建于1966年,主要负责大宗原燃材料的输入和产品的输出,重点衔接铁、钢、材工艺,运输处理生产废料等工作,下设两室三站两段,现有内燃机车20台,铁路专用线56.62公里,铁路道岔217组,厂内冶金车196辆,100吨平板车28辆,隔离车10辆,100吨救援轨道吊1台,16吨、32吨工务轨道吊各1台,挖掘机2台,50吨履带吊2台,装载机1台。共计固定资产4.5亿元。年运输能力1500万吨左右。在岗职工376人,其中大学本科以上学历14人、大专以上学历60人、中专学历59人、技校73人、高中93人、初中以下76人;35岁以下青工20人;技师6人,高级工272人、中级工38人,持双证121人;具有职称资格的52人,聘任39人。2018年,铁运厂以保稳顺为目标,层层发动,总结提炼出"勇往直前、行稳致远"新时代火车头精神,切实抓好安全管理、设备管理、成本管理、技改大修、职工稳定等工作,确保铁路运输稳定顺行。

(李世华)

【主要指标】 2018年,铁运厂完成铁路运输量1483.66万吨,比上年增加1.00%,比年计划降低1.09%;实现外销产品运输计划兑现率100%,进出厂物资和厂际间物料上秤率100%,配罐正点率3号高炉93%、4号高炉100%。计划可控费用1638.56万元,实际发生2049.65万元,比上年增加167.89万元,剔除向外单位索赔的货车使用费337.77万元和燃油等涨价因素发生的71.51万元,超支1.81万元。多元经营实现税后收入149.85万元,实现利润128.2万元,分别比2017年增加33.77万元(22.54%)、28.26万元(22.5%)。

(李世华)

【亮点工作】 2018年,铁运厂8号道口、11号道口、2号道口、厂级调度集中到铁焦指挥中心后的厂办公楼等,实现无人值守。铁路物流系统、无线平面调车系统实现升级改造。完成矿渣6道铁路基础保护的改进、32吨轨道吊车走行部液压系统的改造、90吨铁水车枕簧组的改进等。完成机车微机系统CF卡软件解码攻关。加盖罐铁水车自动受电研制试验成功。8号道口(二炼钢铁水线)完成混凝土预制组合道口板安装。完成炼轧区域铁路线800米安全网的封堵,减少人员进入铁路线。举办各类提素班15个,培训432人次。对各车间不同工种和同工种不同岗位工作责任、劳动技能等情况进行民主测评,根据测评结果调整各岗位效益工资系数。盘活固定资产资源,将闲置的GK1C0306机车,通过相关审批程序,于6月以125.42万元转让给江西萍安钢公司。选举产生铁运厂新一届党的委员会和纪律检查委员会。开展"示范党支部""新时代党员先锋岗"创建、季度"新时代火车头之星"评比、铁运工匠评选、"两会"精神下基层宣讲、党风廉政文化进车间进班组等活动,推动党建工作不断向前发展。

(王延文、徐　波、魏明贵、白　洁、谢　娜)

水钢公司电气自动化分公司

【自动化分公司领导名录】

经　理:袁永偿
党委书记:邓晓强(9月离任)
纪委书记:邓晓强(9月离任)
工会主席:邓晓强(9月离任)
副经理:刘　丹
主任师:陈　强

(李霜霜)

【概况】 电气自动化分公司(以下简称"自动化公司")是由原水钢电器仪表修理制造厂和自动化公司合并而成,主要承担水钢各单位大中型电机、变压器维护和修理;电话通讯、电视监控系统、对讲指令系统、宽带网、VPN 等信息工程的规划、设计、建立及运行维护;进出厂物资的计量、厂际间物资计量,自动化仪表的安装、维护与检修,工业自动化控制系统的设计、施工,办公自动化设备的维护,测量设备检定等工作。下设2个科室、3个生产车间。现有职工198人,其中高级技师1人、技师14人、高级工126人、中级工11人、初级工4人;高级职称2人、中级职称2人;国家二级注册计量师7人。2018年,自动化公司紧紧围绕公司经营生产奋斗目标,以护航主业生产为主线,以全面预算管理为中心,以一抓到底的干劲,一以贯之的韧劲,一鼓作气的拼劲,在攻坚克难中奋力前行,在抢抓机遇中主动作为,全面提升物资计量、自动(信息)化建设、电机(变压器)修理服务水平,全面融入公司"提素、提质、提效"大会战,践行公司信息化、自动化、智能化与大数据深度融合,确保主要技术经济指标全面实现。

(李霜霜、张　霞、葛晓丽、王思荣)

【主要指标】 2018年,自动化分公司完成可控费用309.62万元,与挂钩钢产量考核指标364.12万元相比节约54.50万元,减幅14.97%。送检82台(套)最高计量标准器具,完成计量标准考核4项,获压力表专项计量授权1项,确保公司最高计量标准运行的符合性。检定公司仪器仪表9658台。主要技术经济指标:计器计量操作维护不影响公司生产;保持通讯畅通,通讯故障修复4小时内完成;物资量计量误差(贸易秤≤3‰,厂际间物资计量秤≤5‰),厂际间动力量计量误差5%。因工人身伤害事故、急性职业病危害事故、技术操作事故、交通事故、设备事故、爆炸事故、火灾事故为零。工业固体废物处置(利用)率100%、危险废物(含危化)无害化处理(利用)率100%、生态环境污染事故为零。

(王思荣、谢　钦)

【亮点工作】 2018年,自动化分公司实现远程智能计量,系统1月试运行,4月正式运行,5台汽车衡、5台轨道衡远程联网,集中智能计量,车辆称重时间缩短至一分钟之内。过衡车辆实现双向上秤计量、现场语音对讲、视频监控、实时报警、三方对账单等功能,年节约人工成本169万元。第二届蓝海工匠工程全年解决瓶颈问题20项,其中《确保轧钢加热炉仪表稳顺,完善轧钢仪表自动化系统数据采集,实现关键参数实时监控》课题攻关小组,实现轧钢四条轧线加热炉仪表自动化系统关键参数的实时采集、报警提醒、实时监控、数据共享功能。内引外联开发真空浸漆罐,涨型机技术,使水钢具备1250千瓦高压交流电机的大修能力。完成《二棒线单捆计量系统实施机器人自动焊牌》项目论证的前期调研、招投标、议标、技术方案、合同的审定及绝对工期进度网络图等相关工作。3次获得公司安全生产绿牌单位,6个班组被评为安全生产标准化达标班组,创出安全生产新佳绩。以绿色工厂建设为契机,投入绿化费用20.94万元。回收废钢铁57.4吨,安排所有在用汽车衡每天冲洗秤体,进行除锈保洁,防止扬尘。对123桶废变压器油约20吨进行清理装车,按要求在指定地点存放。实行废油抹布集中管理。完成同步检修483项。构建"B+T+X"党建领航新模式。实行重点工作督办制度,项目课题责任清单得到全面落实。

(葛晓丽、谢　钦)

水钢公司原材料(进出口)分公司

【原材料(进出口)分公司领导名录】

经　理:张雷鸣
党委书记:帅学国
纪委书记:帅学国
工会主席:帅学国
副经理:龙明华
经理助理:丁　勇

(王荣贵)

【概况】 原材料分(进出口)分公司(以下简称“原材料公司”)是水钢大宗原燃材料采购的职能部门,主要承担原燃料、资材辅料的采购、储存、供应管理工作,进口矿的采购和产品出口工作。主要采购品种有铁矿石、炼焦煤、燃料煤、生铁、废钢、耐火材料及资材辅料等。下设12个室站,在岗职工153人,其中高级职称1人、中级职称26人、初级职称40人。2018年,原材料分公司坚持“夯实基础保生存、拼搏创新谋发展”工作主基调,围绕“优化采购模式,增强跑赢市场能力”经营定位,以“采购成本达到行业平均”为主攻方向,打造强有力的供应链系统,为水钢生产经营的稳定顺行奠定基础。

(王荣贵)

【主要指标】 2018年,原材料分公司进口矿跑赢市场创效1.5亿元、煤焦跑赢市场创效8895万元、废钢跑赢市场创效1624万元、电商采购创效98万元,完成全年各项目标任务。

(王荣贵)

【亮点工作】 2018年,原材料分公司进口矿采取提升现货比例,取消长协矿,灵活调整现货、期货比例,瞄准“降低铁成本”靶心精准发力,坚持“小批量、多批次、快进快出”方针,使采购价格紧贴市场,全年进口矿跑赢市场6.76美元,创效1.5亿元。相继开发新疆喷吹煤、烟煤喷吹煤、山西1/3焦煤,引入外部资源平抑本地价格,充分利用西南区域焦炭价格滞后全国的特点,踩准市场节拍,在价格上涨时少涨、缓涨,在价格下跌时多降、快降,全年煤焦跑赢市场创效8895万元。废钢采购引入瑞银、忠黔、中钢等一批质量稳、信誉好、实力强的供应商,不断开发高性价比新品种如炉料、破碎料、优质重废等,全年废钢跑赢市场创效1624万元。充分发挥区域废钢渠道优势,为首钢股份协采废钢5.27万吨,创效94万元,实现水钢反哺首钢。创新辅料采购模式,推进资材电商采购,扩大品种至钢材、电器、五金等通用部分,做到应采尽采,全年电商采购450万元,创效98万元。依托首钢协同采购,在首钢电子招标平台上,实现耐火材料招议标过程全覆盖,全年采购耐火材料20628万元。加强供应商管理,先后查处3起废钢作假行为,累计打假堵漏直接罚款157.48万元,扣量处理及没收货值171.90万元,合计效益329.38万元。推行供应商诚信保证金制度。采取引新替旧,淘汰不合格、不诚信供应商,在线供应商从268家减少至214家,压缩比例达20%。

(王荣贵)

水钢公司销售分公司

【销售分公司领导名录】

经　理:欧阳宇峰

党委副书记:李贵荣(主持工作)

纪委书记:李贵荣

工会主席:李贵荣

副经理:阳　杰　冯晓东

经理助理:邱志良

(张童瑶)

【概况】 销售分公司主要负责销售水钢钢材、煤化工副产品及气体产品。内设综合党群室、市场营运室、结算中心、仓储中心、贵阳经营部、昆明经营部、遵义经营部、六盘水经营部、综合经营部9个机构。产品销售以贵州省内市场为核心,同时辐射西南、华中、华南、华东。截至2018年底,共有在岗员工85人,其中:内部职能管理部门19人、仓储物流人员30人、营销人员36人。2018年,销售分公司坚持以市场为导向,牢固树立乙方思维,以客户为中心,以效定销、以销定产;坚持紧贴市场,精准营销,以快应变、以变应变;坚持流程再造,创新机制,推动转型,畅通渠道,持续提升主动运作市场和掌控渠道的能力,不断开创营销工作新局面。

(张童瑶)

【主要指标】 2018年,销售分公司销售钢材355万吨、综合售价4407元/吨、直供比61.09%。

(张童瑶)

贵州博宏实业有限责任公司

【博宏实业公司领导名录】

董事长:罗达勇

副董事长:杨安成

董　事:刘俊杰(5月离任)　徐　涛(5月任职)
　　方定钟(12月离任)

职工代表董事:刘银堂

监事会主席:蒋文全

监　事：蔡　欣

职工代表监事：李鸿娟

总　裁：罗达勇

党委书记：杨安成

副总裁：刘银堂　杨忠学　方定钟(12月离任)

纪委书记：杨安成

工会主席：杨安成

财务总监：徐国东

总裁助理：郑德荣

(奚宽俭)

【概况】 2018年末，贵州博宏实业有限责任公司(以下简称"博宏公司")主要生产经营有铁矿石、石灰石、轻烧白云石、白云石粉、活性石灰、冶金石灰、石灰微粉、水泥、矿渣微粉、钢渣铁渣及冷料加工、水渣开发、钢材加工配送、橡胶皮带、阻燃带、乙炔、氧气、炭黑、浓氨水、环保除尘、净水剂、机加工、印刷、煤焦矿石贸易、物流运输、铁路货站、疗养服务、旅游开发等。资产总额11.98亿元，下辖14个分(子)公司、2个参股公司。2018年末，在职职工1192人(不含内退)，其中，水钢中层管理(技术)人员8人、博宏公司中层管理(技术)人员45人、一般管理人员165人。2018年，博宏公司秉承"一张蓝图绘到底"，发挥"一个作用"、抓好"两个市场"、做强"三个板块"、强化"四个闭合"、打造"五个基地"、着力"六个坚持"，各项工作在2017年扭亏为盈的基础上再有新突破，持续保持连续两年盈利的良好势头。

(刘　丹、蔡晓霞)

【主要指标】 2018年，博宏公司营业收入18.67亿元；年生产水泥8.88万吨，熟料60.85万吨，冶金石灰47.24万吨，石灰石粉17.31万吨，白云石粉31.23万吨，轻烧白云石7.79万吨，氧气2.88万瓶，乙炔3.96万瓶，石灰石微粉1.83万吨，钙制品2.62吨，砂石94.83万吨，水渣125.57万吨，废钢44.31万吨，磁选粉23.59万吨，渣钢6.28万吨，橡胶带24.86万平方米。水泥综合电耗92.35千瓦·时/吨，熟料实物煤耗162.14千克标煤/吨，活性石灰活性度323.18毫升，氧化钙含量90.03%，普通石灰120立方米竖窑石灰活性度228.68毫升，氧化钙含量86.56%，250立方米竖窑石灰活性度224.84毫升，氧化钙含量83.50%，轻烧白云石煤耗54.1千克/吨、焦耗84.89千克/吨。全年实现安全环保事故为零、环境污染事故为零；外排废水、废气达标率≥96%；工业水重复利用率≥98%；环保设施同步运行率100%；废渣综合利用率≥95%等环保管理目标。

(荆晓茜、张佳家)

【亮点工作】 2018年，博宏公司经营生产再创业绩，营业收入和利润指标在水钢多元化单位中占比近50%。石灰矿业分公司开展经济技术指标攻关，活性石灰氧化钙最高指标达90.1%、轻烧白云石氧化镁最高指标达30.24%。实施水泥生产线达产降耗升级改造，技改后相关指标达到能源监察标准，并通过贵州省经信委专家组现场复核验收。技改后，立磨台时产量从原来的180吨提升至210吨以上、平均熟料实物煤耗降至162.14千克/吨、平均水泥综合电耗降至92.35千瓦·时/吨、熟料三天强度月指标达32.8兆帕。2018年，实现销售收入2.8亿元，同比增长5600万元，实现利润1770万元，同比增长3143万元，一举扭转连续八年亏损局面。在六盘水市与水钢地企共建的指导下，双方成立"六盘水市与水钢旅游发展专班"，全力打造"凉都花园·钢城明珠"。对外市场营销中心开拓水城县教育城改建扩建、东部城区小山社区扶贫搬迁等工程项目，全年销售钢材3.71万吨，实现销售收入1.31亿元，同时，对水渣、水泥、原煤等供销方实行保证金制度，收取保证金2099.40万元，节约财务费用118.72万元。观矿分公司全年生产14493米阻燃带产销率100%，实现"零"的突破。烧结机头灰、布袋除尘灰深加工项目入选2018年省经信委专项资金备选补助；水泥熟料生产线达产降耗技改项目获省发展改革委节能减排专项补助50万元；高转炉冶金固体废弃物综合治理项目、新建50万吨废钢项目、年产30万吨矿渣微粉新型环保建材项目成功申报2019年中央预算内投资计划，申请中央预算内投资4300万元。博宏公司入选2018年度贵州省"千企改造"高成长性企业。12月17日，贵州中鼎投资管理有限公司完成股权变更，博宏公司退出贵州中鼎投资管理有限公司全部股权。2018年博宏公司获"贵州省新时代绿色发展50强""贵州省绿色建材之星"，石矿二车间综合班在贵州省有色冶金工会产业班组安全成果展示中获"十佳班组"和"工人先锋号"。

(蔡晓霞、奚宽俭、管　永)

贵州瑞泰实业有限公司

【瑞泰公司领导名录】

董事长、经理:杨胜刚
党委副书记(主持工作):洪　敏(女)
工会主席:洪　敏(女)
副经理:李亮斌
主任师:郑克勤
挂职助理:徐　雷

(詹洪芬、郭　华)

【概况】 贵州瑞泰实业有限公司(以下简称"瑞泰公司")是经营环保建材产品生产销售;销售贸易;物业管理、工业清洗、布草洗涤;道路修建、大修、维护;重型机械作业、机电制造(备品件加工制作);双洞山泉饮用水生产销售;绿化美化工程施工与维护;酒店、餐饮、服务接待;幼儿教育、工业旅游、民用水电煤气供应、管线网安装和维护、环境卫生管理等领域的多元化发展的综合型企业。公司现有职工420人,其中大专以上学历96人,专业技术人员110人,中级职称25人,副高1人;助级56人,员级14人,职工平均年龄43.3岁。下设6个部室、15个分(子)公司。2018年,瑞泰公司在国资委的帮助指导下,在水钢公司的领导下,全体干部职工团结一心,及时调整思路,发扬"敢叫日月换新天"的昂扬斗志,在严峻的市场条件下,取得良好的成绩。

(詹洪芬、郭　华)

【主要指标】 2018年,瑞泰公司经营收入完成6.9亿元,其中,外部收入达到90%以上;实现利润1412万元;国有资产保值增值率315%;职工收入在2017年的基础上实现较大幅度增长;安全环保目标全面实现;现场管理、爱国卫生、信访、档案管理、社会管理综合治理、厂务公开、班组建设、计划生育等工作按要求全面完成。

(詹洪芬、郭　华)

【亮点工作】 2018年,瑞泰公司不断加大科技创新方面的资金投入和攻关力度,加气砌块创下最高日产1200立方米,日产1000立方米成为常态,实际产能比设计产能高4倍。申报的11项实用新型专利已获国家专利局授权,贵州建筑科学院转让的1项发明专利已办理完毕;申报的16项发明专利中,环保建材公司05级、07级加气砌块产品成功研发,投放市场后效益明显。创建"刘安超创新工作室"和环保建材公司、幼教中心、水钢酒店三个"工匠场"。刘安超创新工作室、环保建材公司被市总工会命名。对水钢酒店进行升级改造,加强与钟山区政府合作,经钟山区区长办公会研究通过,同意合作建设"年产20万吨石灰及附属产品项目"。全年累计获得省财政厅、经信委、科技厅奖补资金230万元。连续两年获得六盘水市国家税务局、地方税务局授予的"A级纳税信用企业"。环保建材公司在六盘水市中心城区市场占有率达80%以上,同时拓展到威宁、纳雍、赫章、六枝等周边县市,已成为国内有名、省内一流、市内第一的环保建材企业。"双洞山泉"生产线经过升级改造,高端饮用水、苏打水相继投放市场,实现市场份额、经济效益和社会知名度同步提高。工程公司、绿化工程公司对钢轧事业部樱花大道、八冶岗亭至吸附制氧道路等进行大修施工。饮食服务公司在水城县党校、月照机场、水钢总医院餐饮项目服务中获得较好口碑。环卫大队对水钢厂区进行24小时洒水抑尘,对厂区和背街小巷进行清扫和垃圾清运。组织召开工会第二次会员代表大会,选举产生新一届工会领导班子。先后获得国家"优等达标企业""国家高新技术企业""全国科技型企业""贵州省资源综合利用新型墙体材料省级示范企业",环保建材产品通过国家质量、环境管理体系认证,大自然饮业公司获得"专精特新"培育企业称号。

(詹洪芬、郭　华)

水钢公司赛德建设有限公司

【赛德建设公司领导名录】

董事长:高昭宗
董　事:刘俊杰(5月任职)　谢玉德(5月任职)
外派董事:徐　涛
职工董事:许　琨
董事会秘书:鲁　维
监事会主席:李明久
外派监事:蔡　欣
职工监事:郑昌勇
经　理:高昭宗
党委副书记(主持工作):刘俊杰(5月任职)
纪委书记:刘俊杰(5月任职)

工会主席:刘俊杰(5月任职)

副经理:伍绍溢　谢玉德

主任工程师:蔡　菲(女)

挂任经理助理:吴崇双

(鲁　维)

【概况】 赛德建设有限公司(以下简称“赛德公司”),系水钢公司下属的全资子公司,为独立企业法人实体,注册资金1.02亿元,是六盘水市具有国家房屋建筑工程施工总承包和钢结构工程专业承包“双壹级资质”的国家一级建筑企业,同时具备市政公用工程施工总承包、电子与智能化工程专业承包、环保工程专业承包、建筑机电设备安装工程专业承包、冶炼工程施工总承包、管道工程专业承包贰级资质,特种设备安装改造维修许可证(起重机械、压力管道、锅炉),预拌混凝土专业承包叁级资质及“CMA”计量认证建筑检测等专项资质。下设科室4个,分公司8个。现有在册职工205人,专业技术人员36人,其中高级职称5人、中级职称31人;技能人员113人、高级技师1人、技师8人;考取一级建造师执业资格证8人、二级建造师执业资格证22人;施工员、质量员、安全员、材料员、资料员、机械员、标准员、劳务员等“八大员”建筑行业岗位42人。2018年,赛德公司被贵州省科技厅评为“省知识产权保护重点联系机制企业事业单位”。获第七届“龙图杯”全国BIM大赛施工组三等奖,是贵州省唯一获此殊荣的企业。

(张文锐、王　玉)

【主要指标】 2018年,赛德公司坚持“两个打造、两个一流”战略定位,以“风控为先、效益为本、稳步发展”为经营理念,以提高发展质量和风险管控为工作重心,持续推进“五个赛德”品牌建设,转型发展之路迈上新的征程,全年实现营业收入45584万元,利润761万元。

(张文锐)

【亮点工作】 2018年,赛德公司收到实用新型专利证书36本,获“科技银行”专利权质押贷款续贷500万元。“科技银行”贷款获贴息23.38万元,科技型小巨人企业获市科技局专项补助25万元、专利资助10万元。自主研发的17项装配式钢结构轻质墙板各项指标均达到国家标准;成为六盘水市级装配式建筑工程技术研发中心。6层升降横移类智能停车样机制造安装完成。冶炼废渣混凝土和彩色混凝土投入市场。完成米罗易扶工地28幢搬迁房建设,成为水城县后开工先交工的项目,实现拎包入住。科级管理机构由17个减少为12个。科级管理(技术)人员工资按“基本工资+素质工资+安全工资+专业考核”办法兑现。推行项目经理负责制,项目部成员收入高低与项目管控水平和工程全生命周期挂钩。

(梅　涛、王　玉、张文锐、张万红)

水钢公司总医院

【总医院领导名录】

院　长:周兴高

党委书记:邵　军(女)

纪委书记:邵　军(女)

工会主席:邵　军(女)

副院长:田景玉　郭炯辉　张　敏(女)
　　　陈冀欣(女)

(李红娟)

【概况】 总医院始建于1966年6月,由原首钢水钢公司投资兴办,现为由北京首颐医疗健康投资管理有限公司直管的集医疗、教学、科研、预防、康复、急救于一体的现代化大型三级综合医院。北大首钢医院医联体成员单位,贵州省人民医院分院,贵州省第三人民医院帮扶医院。六盘水市唯一的助理全科医师规范化培训基地、省内多家医学类院校教学实习医院、华西医院远程会诊和继续医学教育平台医院。医院编制床位800张,现开放床位782张。设有临床科室28个,医技科室6个。其中:中医康复科为全国综合医院中医药工作示范单位、贵州省中医重点专科建设项目单位;泌尿外科、心血管内科为六盘水市首批医学重点学科建设单位;拥有呼吸内科、普外/胸外科等院级重点学科,内分泌科、烧伤整形科、疼痛科等特色专科。各类专业技术人员700余人,副高级以上职称83人,硕士、博士16人,博士生导师3人。其中北大首钢医院知名专家32人,贵州省人民医院知名专家6人。拥有现代化的百级、千级和万级手术室、重症监护病房(ICU);1.5T核磁共振成像系统、64排螺旋CT、数字减影心脑血管造影机、直线加速器、日本奥林巴斯及美国雅培大型全自动生化分析仪、飞利浦彩超等先进的大中型医疗设备,具备较为完善的医院信息管理系统。是全国城镇医保异地结算网络直补医院;六盘水市城镇基本医疗保险(含市、县、区职工、居民）；工伤生育保险；优抚对象；市职业健康体检；新型农村合作医疗；贵州省新农合重大疾病等定点协议医疗机构。

（李红娟）

【主要指标】 2018年，水钢总医院实施药品零加成，分级诊疗、双向转诊政策，在DRGS付费、职工医保划归市医保、异地就医通道开通等诸多压力的情况下，实现医疗业务总收入26303.42万元，比上年增加779.64万元。门诊量192386人次，比上年增长2.77%；急诊量28051人次，减少1.0%；完成体检32167人次，同比增长43.02%；入院24941人次，增长率14.77%；出院24905人次，增长率14.19%；住院手术4571例，增长率9.17%；病床使用率88.46%，同比减少2.18%；病床周转次数31.8次，同比增加1.76次。平均住院天数9.25天，同比减少0.49天。甲级病案率93.35%，同比增加1.32%。

（李红娟）

【亮点工作】 2018年，医院改革重组工作顺利实施。加入天坛神经系统疾病专科联盟，成为中国康复医疗联盟成员单位、全国首家IACMSP远程大学六盘水市辅导站和国家社科基金重大项目示范基地。六盘水市药事质控中心、烧伤质控中心挂牌，基层胸痛中心建设启动。泌尿外科成功开展市内首例腹腔镜下异位嗜铬细胞瘤摘除术，心血管内科率先在市内开展主动脉球囊反搏术、三腔起搏除颤器植入术等。获评贵州省“百名优秀医生”1人，获“贵州省第六届道德模范”提名奖1人，获评“凉都好医生”2人，获评“凉都好护士”2人，获六盘水市首届疑难、典型病例分析及临床技能竞赛（内科副主任医师组）一等奖1人，3人分获“贵州省第二届中医护理技能竞赛六盘水初赛区技术岗位能手奖”一、二、三等奖，在全市危重孕产妇救治技能竞赛中获三个单项奖、一个团体奖，在全市第一届儿科技能大赛中获五个单项奖以及“团体优秀奖”。

（李红娟）

水钢公司职教中心

【职教中心领导名录】

主　任：汤　哲

党委书记：龙建刚

工会主席：龙建刚

纪委书记：李健红（女）

副主任：李健红（女）

副主任：方俪滔（女）

主任师：王伟林

（王　勇）

【概况】 职教中心和“贵州首钢水钢技师学院”“首钢水钢广播电视大学”“首钢水钢中等专业学校”是四块牌子、一套人员编制的培训、办学机构，职教中心党政班子成员同时兼任贵州水钢技师学院、水钢电大、水钢中专三所学校的领导职务。主要职责是负责水钢职工教育培训计划的实施和开展技师学院、电大、中专的办学以及社会培训工作。在职职工74人，大专以上文化程度70人（其中研究生7人），专职教师53人（其中高级职称教师24人、中级职称教师20人）。技师学院、电大、中专在校学生4000余人。2018年，职教中心响应公司“双轮驱动、两翼齐飞”战略号召，全体教职工勇闯技工教育、成人教育和职业培训市场，各项工作任务完成。

（王　勇、李　践）

【主要指标】 2018年，职教中心实现培训、办学收入3993.90万元（其中电大338.35万元、技师学院579.41万元、培训部655.91万元、其他收益1486.43万元、应计入收入但未收到资金的应收未收款933.80万元），超额完成公司1700万元考核任务。同时获得各类财政专项资金1297万元。2018年发生的工资薪酬共1051.05万元，其中，公司中层工资138.56万元；在职职工449.87万元，人均月应领额5210元，在2017年人均月应领额4555元基础上增长14.38%；单位上缴四金183万元、在册不在岗职工工资11.89万元、内退职工工资133.28万元、外聘人员工资134.45万元。成功举办各级技能大赛，多名教师、学生在省、市职业技能竞赛中取得优异成绩，水钢技师学院社会知名度不断提升。技师学院混改被提上六盘水市政府和水钢集团公司日程。

（张　燕、李　践）

【亮点工作】 2018年，职教中心开办培训班95期，培训员工5715人次，完成11300人次的各类社会职业培训，400人次的社区教育培训。发挥贵州省第一六六国家职业技能鉴定所的职能，鉴定发证338人。19人取得应急救援员、消防员、电梯安装维护等专业职业技能

鉴定考评员资格。全年技师学院招生934人,电大招生1148人,获贵州省电大招生先进集体。技师学院学生74人被水钢公司录用,推荐803人就业。电大学生6人获国家开放大学奖学金,1人获得全国第六届黄炎培职业教育杰出教师奖,技师学院机械设备安装与维护专业教学团队获批省级优秀教学团队,8人在贵州省技工院校教师职业能力大赛中获奖,两组教师在全国职业院校技能大赛教学能力比赛贵州选拔赛中分别获机械加工类和信息技术类二等奖;3人参加贵州省电大首届青年教师教学技能竞赛获奖,30人获得各级部门"优秀教师""优秀教育工作者"等荣誉。成功组织承办贵州省、市职业技能竞赛活动,以及世界技能大赛获奖选手、金牌教练代表在六盘水市的先进事迹报告会。与德国阿麦左尔公司、德国淇旺文化信息中心就护理、机电一体化、电子技术应用、铁路驾驶运输运营、供暖和空调系统设备等合作定向招生进行签约,正式开启国际化办学模式。争取政府各级各类专项建设资金1297万元,以工业机器人、数控技术、电气自动化等专业为主的新一轮国家级高技能人才培训基地建设项目、质量提升项目等正式启动。创办水钢技师学院。成功举办校园开放日、学生技能运动会和世界青年技能宣传日等文化活动。完成融安全、消防、现场管理、文化建设等于一体的标准化实训场建设。

(曾小一、申树勋、盛　茂、王　勇、何异彬等)

首钢长治钢铁有限公司

【长钢领导名录】

董事长:贾向刚

董　事:崔永康　张振新　杨富进
陈　波(职工董事)

监事会主席:王　彬(4月离任)

监　事:李国庆　李秋生(职工监事;12月离任)

总经理:贾向刚

副总经理:李怀林　郭新文　李　明

总会计师:张振新

总经理助理:樊建富

党委书记:崔永康

党委副书记:贾向刚　王春生

纪委书记:王春生

工会主席:崔永康

(张　玲)

【综述】 首钢长治钢铁有限公司(以下简称"长钢")前身为故县铁厂,始建于1946年,是中国共产党建立的第一座红色钢厂,曾为新中国的解放和建设事业作出过重要贡献,被誉为"共和国红色钢铁的摇篮"。2009年8月与首钢集团公司实现跨地区联合重组,成为《钢铁产业调整和振兴规划》颁布后国有钢铁企业首例跨地区联合重组的成功典范。

主要设备有:200平方米烧结机2座、1080立方米高炉2座、80吨转炉3座、轧钢生产线5条、65孔6米炭化室捣固焦炉2座,以及熔剂、动力、发电、制氧等公辅设施。

长钢实行董事会领导下的总经理负责制;设规划发展处、计财处、生产技术处(能源管控中心)、设备处、安全环保处、公司办公室(党委办公室/董事会办公室)、人力资源处(党委组织部)、监察处(纪委)、法务审计处、党群工作部(党委宣传部/工会/团委/统战/企业文化)10个职能管理部门;炼铁厂、炼钢厂、轧钢厂、熔剂厂、动力厂、运输部、计控室、质量监督站、采购中心、销售中心10个钢铁主流程单位;焦化厂、武装保卫处、创业服务中心、职工培训中心(党校/技工学校)、离退休管理中心、后勤服务中心、医院、太原办事处8个非钢及后勤辅助单位;长治钢铁(集团)瑞昌水泥有限公司、长治钢铁(集团)锻压机械制造有限公司、长治市长钢工程建设有限公司、北京金长钢贸易有限公司、长治市华利信贸易有限公司、深圳龙隆国际贸易有限公司、上海臣诚国际贸易有限公司7个子公司及附属企业公司1个集体所有制单位。

2018年底，长钢在岗职工6188人，其中含博士在内的研究生59人、本科1184人、大专1574人、中专及以下3371人；高级职称104人、中级职称647人、初级职称1070人；高级技师227人、技师668人、高级工1839人、中级工152人；职工平均年龄41岁。

2018年，长钢保持战略定力，推进改革创新，全面完成年度各项目标任务，铁成本排名进入行业三甲，两座高炉实现连续1261天稳定顺行，实物劳产率突破500吨/人·年，达545吨/人·年；在岗职工人均年收入6.4万元；利润1.56亿元。铁成本行业排名、自发电、利润等指标创本企业历史最好水平40余次。

（牛雅琚、李昊欣、陈　宇、刘井泉）

【主要指标】 2018年，长钢产铁218.78万吨、产钢249.78万吨、产材248.74万吨；实现销售收入97.90亿元，实现盈利11.56亿元，经中期评估，已提前完成“十三五”规划经营目标；全年自发电量6.05亿千瓦·时，自发电比例59.30%；铁水比869.41千克/吨，钢铁料消耗1052.91千克/吨，铁耗869.92千克/吨，综合成材率101.22%。

（宫大卫）

【铁前一体化】 长钢坚持“买得来、吃得进、稳得住”原则，矿粉、焦煤品种选择及定价权由业主单位负责，动态优化现货期货比例和物流港口布局，加强与国有大煤矿战略合作，焦化稳定提高焦炭质量和干熄焦率，炼铁强化高炉运行管控；进口矿跑赢普指8.5美元，国内原燃料跑赢行业2.99%；生铁成本保持首钢集团公司第1位，位列行业第3位，其中12月达到行业第1位，7月、8月达到行业第2位；开展焦炭、烧结矿、化产品外销，创收5.15亿元。

（黄文才、苏荣慧、张　纲、赵玉田）

【钢后一体化】 长钢坚持“技术营销、服务营销、终端营销”原则，开展降低铁水比攻关，8月完成钢渣厂搬迁改造，9月建成投用废钢配送站；轧钢实行跨岗位、跨工种复合型岗位机制，7月建成投产高棒生产线，9月实现达产，全面承接和置换连轧产能；技术人员和销售人员协同开拓市场、服务终端，按量调价销售、网价结算，加大效益较好的棒线材生产销售力度，直销比例60.2%，比2017年提高11.29%，销售价格跑赢市场1.63%，钢材单利488元/吨，好于行业平均60元/吨。

（孙　强、卢　婷、靳　洁）

【安全管理】 长钢设立安全总监，健全完善全员安全生产责任制，扎实推进隐患排查治理和安全风险分级管控双重预防体系建设，共辨识风险6103项，绘制安全风险四色分布图8份；按照国家规定足额提取安全费用1828万元，实际使用1766万元，使用率96.6%；实施20万立方米高炉煤气柜等安全隐患整改项目，强化全员安全教育培训，完成型钢作业区本质化安全管理试点单元创建工作；严格持证上岗、鼓励一岗多证，2018年新取证793个，持证上岗率达100%；全年检查各类问题（隐患）644项，已整改643项，整改率99.84%；查处违章违制行为303项，下发通报46期，累计考核责任人4.99万元、外协单位26.94万元。

（王建军）

【环保管理】 长钢坚持“清洁低碳、科学发展”的企业环保理念，加强环保设施运行管控及环保在线管控，投入5.59亿元立项实施焦化烟气脱硫脱硝等53项环保项目，达到特别排放限值要求；首钢集团公司绿色行动计划8个治理项目，7个已完成、1个按计划推进中。2018年，完成国家和地方97次环保督查迎检工作，其中国家层面33次。强化固（危）废监督管理，全年回收处置废矿物油116.68吨、废包装桶91.72吨、油水混合物27.54吨。强化自行监测管理，建立环保在线数据监控平台，实现对所有环保在线数据超标预警监控。

（王建军）

【设备管理】 长钢坚持“早谋划、早启动、早见效”的原则，不断强化管理职能，提升管理水平。以落实设备包机管理制度为抓手，建立健全全员生产维修管理体系；依靠三级点检模式，规范设备故障诊断；推行设备动态维修管理模式，强化设备问题导向；严肃一小时以上故障及事故的处理，优化隐患处理流程，提高隐患处理效率。2018年，非计划停机率1.41‰，较指标下降0.98‰。

（牛雅琚）

【能源管理】 1月，长钢建成投运能源管控中心项目，6月富余煤气发电项目投运并网，7月快速实现达产。首次建立能源管理体系，进一步规范和加强能源管理；申请争取并享受大用户直供电政策“红利”，2018年，大用户直供电交易量5.09亿度，全年节省电费支出558.9万元；通过调整电力系统运行方式，长钢站全年停运1台90兆伏安主变，节省基本电费支出2592万元。

（秦建新）

【重点技改项目建设】 长钢环保提标改造及技改固定资产投资立项共计59项,合计立项金额71441万元;完成动力厂富余煤气发电、轧钢厂高线改高棒、炼钢厂废钢配送、炼钢厂钢渣处理线、炼钢厂新建三次除尘系统、焦化厂烟气脱硫脱硝、焦化VOCs、炼铁厂原料大棚一期封闭、熔剂厂新建石灰竖窑生产线二期、运输部柴油储油罐更新、110千伏钢南站二回路改造等重点环保及技改项目。

(李海波)

【新品种开发】 长钢高线生产开发ER70S-M、H08MnSiNiMoCu、SD800M合金焊线盘条1811.28吨,制钉用HPB300T、Q235T盘条6458.87吨,HPB300Cr含铬钢筋383.26吨。其中H08MnSiNiMoCu耐火耐候合金焊线是为国家"十三五"重点科研专项项目研发的产品,已用于国家重点工程京唐二期建设当中;棒材线生产45优碳圆钢(免精炼)11581吨,开发20毫米规格MG500锚杆钢产品266吨;型钢产线生产H300×300大规格H型钢17006吨、BB2小规格型钢产品H250×125规格产品593.57吨。

(吴明安)

【物流费用降低】 长钢应对地处内陆物流费用高、铁路运费持续上涨、公路治理超载超限等对物流费用的影响,响应国家"公转铁"政策要求,层层分解落实物流管控费用目标,调整物流布局,优化物流组织,物流费用从2014年的吨钢283元降低至2018年的吨钢243.19元,物流费用总额降低3.52亿元,降幅43.3%,有力支撑长钢经营效果的持续改善。

(王晓斌)

【优化提效】 长钢重点围绕体制机制创新、市场化改革、职工技能素质提升、劣势企业退出及"三供一业"移交等深化优化提效工作,实现在岗人数降低、主业实物劳产率和职工人均收入两提高;创业服务中心待岗人员转型闯市场初见成效,分别与3家单位签订劳务派遣协议,派遣劳务人员累计73人次;推进实施遥控天车等技改提效项目,减少岗位需求。2018年底,长钢在册职工比2017年减少496人,在岗职工比2017年减少701人,钢铁主业减少1050人;钢铁主业在岗职工实物劳产率548吨/人·年,超额完成首钢集团公司下达的转型提效工作目标。

(陈 宇)

【薪酬制度改革】 长钢时隔16年对薪酬体制进行改革,推进三支人才队伍建设,完善薪酬激励机制。为确保改革稳妥推进,提前做好改革宣讲工作,下发《关于在薪酬激励机制改革工作中充分发挥共产党员、党员干部模范带头作用的通知》,公司领导带队深入32个基层单位征求意见、督导推进。6月28日长钢第二十届五次职代会以99.56%的高票通过《推进三支人才队伍建设,完善薪酬激励机制改革实施方案》,11月完成择优升级、套改增资工作。薪酬政策向高技能人才倾斜,对获得各类工匠荣誉的职工在给予一次性奖励的基础上,按月给予相应的津贴待遇。长钢通过实施薪酬激励机制改革,构建起三支人才"纵向晋升、横向互通"的职业发展通道。

(郭 进)

【管理创新】 长钢管理创新工作细分领域、拓展范围,从单纯管理类向党建类拓展,全年立项管理创新课题52项,实现创效2.2亿元。《大型国有企业管理费用管理模式的创新与实践》获全国企业管理创新成果奖二等奖、首钢第19届管理创新成果奖(经营管理类)一等奖、北京市第33届企业管理现代化创新成果奖二等奖,首次实现首钢集团公司"一等奖"零的突破;《"夺旗"竞赛促党建与经营生产深度融合》获首钢第19届管理创新成果奖(党建和思想文化类)二等奖;《现代钢铁企业规章制度管控模式的构建与应用》《高炉体检模式的建立与管控》分获山西省第4届企业管理现代化创新成果奖一等奖和二等奖;《钢铁企业销售电子商务平台的创新与应用》等四项成果获首钢第19届管理创新成果奖(经营管理类)三等奖。

(秦 娜)

【技术创新】 长钢推行技术创新项目负责制,设立科技项目提出奖、阶段成果奖、科技成果奖,调动起基层职工创新的积极性。2018年,申报专利12项,其中8项获国家专利局受理;各单位提报科技项目20项,创效1.29亿元,其中水质分析项目等2项取得首钢集团公司科技成果验收评价证书;1006人提报合理化建议699项,创效4640万元,兑现奖励44.31万元,其中MG500降低钒氮合金、提高矫直作业率2项建议创效均达120万元以上;降低烧结工序煤气单耗等3项QC成果获部优称号,5项获省优称号;喷煤班组、原燃料质量检验班组获部优荣誉,2个班组获省优荣誉。

(桑海宁)

【岗位责任体系建设】 长钢"三清晰三到位"岗位责任体系建设围绕"有用、适用、管用"的目标,制订《首钢长钢"三清晰三到位"岗位责任体系建设工作标准》,对照标准不断完善提升,经考试、验收,32家单位全部合格;结合经营生产实际,坚持示范引领与查缺补漏相结合,抓住关键问题、重点问题、难点问题,对生铁成本、降铁耗经验和焦化厂66项进展缓慢系列问题等专项调研9次,下发9期调研通报,推广好的经验,推动问题解决。

(李　丽)

【TPM管理】 3月27日,长钢启动TPM管理试点,4月全面铺开。每月召开推进会,"金牛奖""最佳配合奖"正面典型激励与"蜗牛奖""蜻蜓奖"反面典型警示并举,生产现场整洁卫生,工作环境明显改善,职工小改小革动力充分挖掘,良好行为习惯逐步养成。2018年,公司层面发现问题点12770项,整改完成12764项,整改率99.95%;各单位自查问题6196项,整改率100%;基层一线职工主动发掘"亮点"项目1337项,累计盘活闲置资产1321万元。

(李海洋)

【风控体系建设】 10月30日,长钢启动风控体系建设工作,制订下发《首钢长钢公司进一步加强2018年风控体系建设工作的实施方案》,搭建起流程体系框架(包括一级流程27个、二级流程114个、三级流程275个),编制完成《风控手册》(1个总册、27个分册),梳理出390个风险点(其中内部风险点373个、外部风险点17个)。针对风控体系建设中的问题,制定《公司风控体系建设问题整改计划》,编制风险内控管理制度、建立全面风险数据库,为公司提供52条制度修订建议,有效防范和杜绝经营生产风险。

(许素琴)

【合同管理】 长钢建立客户信息管理台账和资信库,强化涉诉案件处置,实现风险防控前移。妥善处理民生银行"三方协议"、山西经贸资产债转股等重大法律纠纷和新发劳动争议等难点案件。2018年,办理各类案件69起,结案50起;内部审计实现从财务审计向财务与管理审计并重的转变,开展经济审计、工程审计、项目后评价和专项审计38项,查出内控风险问题60项,涉及金额2179万元,下达审计建议41条。

(董重阳)

【人才建设】 长钢出台《"五一三"人才建设工程实施方案》,稳步推进人才发展平台搭建工作;制定《职业技能竞赛管理办法》,举办2018年青年干部培训班,组织开展网上练兵活动,开展各类培训202项,培训18110人次,举办专题讲座和专题报告5场。"单点培训"在生产序列9个单位全面铺开,覆盖70多个岗位,自主开发"班组长的一天""班组长现场管理TPM"品牌课程。

(冯燕玲、魏向明)

【辅业改制发展】 长钢瑞昌公司等5家非钢单位全面完成三年自主经营目标,实现增效2360万元;运输部开始实行自主经营,在经营改善的同时,服务满意度由96.25%提升至98.65%;12月26日,撤销检修部,人员业务整体划归工建公司,纳入自主经营范围。4月22日,长治市主城区生活垃圾无害化处理特许经营项目取得项目核准批复,7月27日办理完成建设工程施工许可证,正式开工建设;按照首钢集团公司2018年劣势企业退出计划,完成2家公司清撤工作;推进企业办社会职能分离移交,6月底签订13个职工家属区移交协议,截至2018年底,完成太办移交工作,其他业务移交工作正在有序推进。

(原二军)

【党建工作】 长钢坚持党对意识形态工作的全面领导,在全公司掀起学习宣传贯彻党的十九大精神的热潮,形成生动实践;将创先争优"夺旗"竞赛范围延伸至基层,扎实开展党支部规范化建设;长钢党政主要领导分别带队,组织各单位党政负责人走进延安、兰考、红旗渠接受党性教育,各基层党组织开展形式多样、内容丰富的主题党日活动;注重职工思想政治工作经验总结和研究,2018年,推出33篇优秀成果,其中3篇论文分获中国冶金政研会论文二等奖、三等奖和优秀奖。

(王晋芳、温林森)

【纪检监察】 长钢巩固拓展中央八项规定精神成果,推行绩效党建,因各类事故、重点工作开展不力、未完成经营任务等,共问责考核123人次,其中副处级以上50人次;立项监察21个单位的31个项目,实现增效9283万元,避免和挽回经济损失9412万元。长钢全面从严治党和党风廉政建设工作受到首钢集团公司表彰,被评为先进纪检监察组织和避免、挽回重大经济损失有功集体。

(新　军)

【企业文化】 长钢开展"安全生产工作抓什么、怎么

抓、如何抓实”“精准发力强根基　提气鼓劲献厚礼”大讨论,时隔10年重新修订下发《首钢长钢企业文化手册》并贯彻实施,对全公司视觉识别系统进行整改,开展“长钢之星”“长钢工匠”评选和“长钢人的故事”宣讲,参与首钢建厂百年活动,加强与首钢集团品牌文化的融合再造,借助首钢“不忘初心跟党走　圆梦首钢谱新篇”职工宣讲团宣讲、《实现·使命》话剧演出等契机,进一步提振士气,凝聚和激发广大干部职工干事创业的内生动力。11月19日,长钢被中国企业文化研究会授予“改革开放40周年中国企业文化优秀单位”称号。

（王　婷）

【民生工程】　长钢投入651万元对居民生活、休闲区域进行修缮;完成生活区天然气置换送气工作,实施家属区高清电视信号改造,为部分住房困难居民争取到经济适用房87套、公租房27套,首次举办职工子女暑期托管班,职工生活质量改善;时隔5年后恢复职工消夏系列活动,举办职工健身操比赛等活动,丰富“两节”街头文化,组织开展元宵节社火表演、戏曲演出等传统节日活动,丰富职工精神文化生活;开展一次性困难救助、“金秋助学”“暖冬工程”“送温暖”等帮扶救助活动,帮扶1240人次共计118.57万元;职工大病医疗互助活动参保率85.20%,再创新高。坚持领导班子月度民主接待制度,一些涉及工亡职工家属、退伍军人等历史遗留问题得到妥善解决。

（张向军、解俊峰）

【民主管理】　长钢开展基层工会建家活动,获“全省模范职工之家”“全省模范职工小家”荣誉各1个;2018年,对23个项目进行民主评价,其中4个项目未通过评价,对相关责任单位下达整改建议15份,处理责任人43人次。长钢职工代表民主评价工作在全国大型钢铁企业第35届工会主席联席会议上进行经验交流,展示了长钢良好形象,扩大了行业影响力。

（张向军）

【长钢大事记】

1月9日,长钢召开2018年安全工作会议。

1月16日,山西省节能中心专家组一行9人到长钢验收能源管控中心项目,该项目最终通过验收。

1月24日,长钢在炼铁厂8号高炉举行高炉稳顺生产1000天授匾仪式。

1月26日,长钢工会获山西省总工会“五小”竞赛活动“优胜单位”称号;《优化铁料结构降铁耗提产能》和《型钢用盘条打包机》获优秀成果二等奖;《异型坯BB2断面开发应用》获优秀成果三等奖;项目带头人李宁、闫忠英和周剑波分别荣立一等功和二等功。

1月31日,长钢热轧带肋钢筋和热轧光圆钢筋生产许可证增项及换证工作顺利完成,获得国家市场监督管理总局颁发的生产许可证证书;同时增加高棒生产线许可,新增14毫米热轧带肋钢筋(盘卷)生产许可和6毫米热轧光圆钢筋(盘卷)生产许可。

2月2日,长钢党委书记、工会主席崔永康赴武乡县蟠龙镇汉广村、堙里村,慰问长钢两位驻村“第一书记”。

2月27日,长钢炼铁厂王晓东技术研发创新工作岗获长治市“创新工作岗”称号。

3月6日,长治市表彰2017年度工业50强企业,长钢位列长治市工业50强企业第二位。

3月11日,长钢获2017年度郊区“优秀企业”称号;长钢董事长、总经理贾向刚获“优秀企业家”称号。

3月15日,长钢召开党风廉政建设工作会议。

3月22日,长钢与首颐医疗公司签订战略合作协议。

3月27日,长钢召开推行TPM管理项目动员大会。

4月12—13日,长钢董事长、总经理贾向刚参加首钢钢铁板块一季度经营活动分析会,长钢汇报降低管理费用的主要做法和体会。

4月12日,长治市市委书记孙大军,市委副书记、市长杨勤荣带领观摩团到长钢,对垃圾发电项目推进情况进行观摩指导。集团公司党委常委、副总经理白新,环境公司总经理朱伟明,长钢公司领导崔永康、李明陪同观摩。

4月26日,长钢召开2017年度“五一”暨“五四”表彰大会。

4月27日,长钢董事长、总经理贾向刚参加长治市庆“五一”推动转型发展劳模企业家座谈会,贾向刚围绕如何在全市经济转型发展中发挥劳模企业家引领带动作用作主题发言。

5月4日,长钢富余煤气发电项目130吨/小时锅炉一次点火成功。

5月7日,首钢“不忘初心跟党走　圆梦首钢谱新篇”职工宣讲团来长钢进行四场巡回宣讲。

5月21—22日，首钢文化公司原创话剧《实现·使命》在长钢进行四场演出。

6月15日，长钢富余煤气发电项目35兆瓦发电机组实现并网，标志着长钢在能源综合利用和节能降耗减排方面又迈出坚实的一步。

6月15日，在长治市第七届职工职业技能大赛上，长钢代表队获焊工团体第三名、钳工团体第六名，动力厂职工张卫东获焊工第二名。

6月28日，长钢召开2018年创先争优表彰大会暨第二十届职工代表大会第五次会议。

7月3日，长钢获“山西省功勋企业”称号，长钢董事长、总经理贾向刚获“山西省功勋企业家”称号。

7月24—25日，长钢举办“拥抱新时代　聚力促发展”职工消夏系列活动。

7月27日，长钢领导贾向刚、崔永康参加首钢集团党委扩大会暨上半年经济活动分析会，长钢作题为《聚焦资金管理，推动效率变革，全面提升资金运行质量》的经验交流汇报。

8月2日，长钢承办长治市第七届职工职业技能大赛维修电工技能比赛，共12支队伍27人参赛，长钢代表队获团体第一名。

8月3日，长钢高棒项目加热炉点火；6日开始热负荷试车；15日热负荷试车全线贯通。

8月14日，长钢代表队获长治市第七届职工职业技能大赛分析工比赛团体第二名，职工孙倩获分析工比赛个人第三名。

8月17—19日，长钢领导崔永康、王春生及各单位党组织书记赴延安开展“不忘初心　牢记使命”主题党日活动。

8月23日，长钢炼铁厂“八高炉班组QC小组”“烧结海岸灯塔QC小组”发表的《追求卓越质量至上》《降低200平方米烧结机脱硫布袋月消耗》两课题获山西省QC小组“特等奖”。

8月23—24日，在2018年中国（第七届）建筑用钢产业链高峰论坛上，长钢连续第六次获中国国有优质建筑用钢品牌荣誉。

9月19日，长钢代表队参加2018年中国技能大赛——“首钢杯”第九届全国钢铁行业职业技能竞赛，在74支参赛队中排名第22位，在首钢集团公司外埠企业中排名第一位；参赛3人均获“全国钢铁行业技术能手”称号。21日，长钢领导班子全体成员在公司办公楼前热烈欢迎载誉归来的参赛队员。

9月20日，长钢召开“长钢之星”表彰暨“担当　创新　争先”主题宣讲会。

10月12日，长钢获长治市第七届职工职业技能大赛突出贡献奖；长钢维修电工、分析工、焊工分别获团体第一、第二、第三名；4人获长治市五一劳动奖章，1人获长治市一等功。

10月17—18日，中冶（北京）冶金产品认证中心对长钢热轧带肋钢筋、热轧光圆钢筋、热轧H型钢三类产品进行MC认证再认证加标准变更审核，认为长钢人员资质、工艺过程控制、产品质量等符合要求，推荐通过年度审核认证。

10月17—18日，长钢领导贾向刚、李怀林、郭新文、李明、樊建富及各单位负责人赴河南省兰考县开展“不忘初心　牢记使命”主题党日活动。

10月19日，长钢召开“五型”班组创建活动经验交流会。

10月21—22日，长钢董事长、总经理贾向刚参加首钢钢铁板块1—9月经济活动分析会，长钢作题为《优化布局模式，强化内部管控，有力推动物流费用持续降低》的交流汇报。

10月23日，长治首届技能大赛郊区选拔赛在长钢举行，长钢选手获维修电工第一、二、三名和焊工第一、二名。

10月30日，长钢召开风控体系建设启动会。

11月15日，山西省企业联合会、山西省企业家协会联合发布2018年山西省企业100强，长钢位列2018年山西省企业100强第24名、制造业100强第11名。《现代钢铁企业规章制度管控模式的构建与应用》《高炉体检模式的建立和管控》两项管理成果分获第五届山西省企业管理现代化创新成果一、二等奖。

12月18日，长钢召开工资集体协商会议。董事长、总经理贾向刚与党委书记、工会主席崔永康分别作为公司方和职工方首席代表，就2019年职工工资专项集体合同进行平等协商。

12月19日，长钢董事长、总经理贾向刚赴壶关县树掌镇南郊村参加长钢帮扶壶关县树掌镇南郊村扶贫资金捐赠仪式暨“帮扶入户献爱心”系列活动，为南郊

村送去脱贫攻坚107万元基础设施建设资金。

12月26日，长钢党委书记、工会主席崔永康赴武乡县蟠龙镇汉广村、堙里村，慰问长钢两位驻村“第一书记”，并为村民送去慰问品和慰问金。

12月26日，检修部整体划归长治市长钢工程建设有限公司举行揭牌仪式。

12月28日，长钢召开第二十一届第一次职工代表大会。

（姚晓燕）

长钢公司焦化厂

【焦化厂领导名录】

党委副书记、厂长：林留户（4月任职）

党委副书记、副厂长（主持工作）：林留户（4月离任）

党委书记、工会主席：韩红卫（11月离任）

宋贵喜（11月任职）

副厂长：曹　钦（4月任职，11月离任）

纪委书记、副厂长：焦钰山

（张　玲）

【概况】 焦化厂现有5个职能科室，4个作业区。2018年底，在册职工502人，其中中级职称28人、初级职称34人；高级技师13人、技师47人、高级工230人。2018年，焦化厂在提升干熄焦率、发电量上下功夫，在冶金焦成本、化产品销售、干熄焦发电等方面取得较好成绩，圆满完成公司下达的各项指标任务，实现经营生产高产稳顺。

（赵玉田、张　磊）

【主要指标】 2018年，焦化厂生产全焦119.49万吨，完成公司计划的100.1%，其中冶金焦产量107.67万吨、焦油产量5.26万吨、粗苯产量1.01万吨、硫酸铵产量0.99万吨；累计发电1.63亿度，完成公司计划的105.16%；焦炭质量达到国家准一级冶金焦质量，合格率达97%，焦油质量、粗苯质量、硫酸铵质量全年合格率100%，全部达到国家一级标准。

（张兵韬）

【亮点工作】 2018年，焦化厂冶金焦成本比行业平均低328.05元/吨，全年累计行业排名第三，其中7月份行业排名第一，2—3月行业排名第二。历时25天圆满完成干熄焦年修任务，共实施项目176项，其中机械部分121项、电气自动化部分41项、其他14项。党建融合经营生产，为全年各项指标任务的完成提供坚强保证，获得“首钢模范党组织”“长钢创先争优夺旗竞赛红旗单位”“五型班组创建优秀单位”“2018年度首钢长钢人的故事优秀组织单位”和2个“长治市创新工作岗”等荣誉。

（赵玉田）

长钢公司炼铁厂

【炼铁厂领导名录】

党委副书记、厂长：冯广斌

党委书记、工会主席：杨建城

纪委书记、副厂长：范雄伟

副厂长：李雪峰　许满胜

（张　玲）

【概况】 2018年底，炼铁厂设有4个职能科室，6个作业区。在册职工880人，其中高级职称3人、中级职称39人、初级职称129人；高级技师33人、技师79人、高级工270人。2018年，炼铁厂坚持以铁成本行业排名先进为目标，以“敢于担当、勇于创新、稳顺高效、走在前列”为己任，坚持铁前一体化管控方针和“稳顺、精准、协同、高效”的工作理念，把握“守住底线、远离红线、筑牢防线、对标挖潜”的工作重点，铁成本排名等多项指标创本部门历史最好水平。

（苏荣慧）

【主要指标】 2018年，炼铁厂生铁产量218.78万吨，烧结矿产量356.5万吨；生铁成本1954.39元/吨，与先进指标对标缩差10.82元/吨，行业排名比2017年前进5名，强势挺进前三甲；高炉燃料比545千克/吨，煤比完成135千克/吨，高炉工序能耗416.52千克标准煤，烧结工序能耗47.78千克标准煤。

（冯　龙）

【亮点工作】 2018年，在中钢协全国排名中，炼铁厂铁成本排名第三名；完善以高炉稳顺为基础的管控体系，强化高炉体检和日常操作，实现高炉连续千天稳定顺行；顺利实施八高炉喷补，同时完成双预热改造，用36小时实现全风操作；全力推进“TPM”管理工作，共发红牌250余项，挖掘亮点499个，“TPM”管理效果初显；党建工作以“融入中心抓党建　心系职工促发展”为核心,以“三个一流”为目标,深入开展炼铁厂“六个三”创先争优夺旗竞赛活动,为完成全年任务提供思想保障。

(苏荣慧)

长钢公司炼钢厂

【炼钢厂领导名录】

党委副书记、厂长:周剑波

党委书记、工会主席:黄志文

纪委书记、副厂长:燕建宏

副厂长:曹　钦(4月离任)　午亿土

(张　玲)

【概况】 炼钢厂现有5个职能科室,6个作业区。2018年底,在册职工618人,其中含博士在内的研究生5人、本科53人、大专161人;高级职称3人、中级职称27人;高级技师21人、技师58人、高级工206人、中级工14人。2018年以来,炼钢厂紧紧围绕年度中心工作,持续深化改革,推进钢厂治理体系和治理能力的机制和制度创新,全面开展对标找差,不断优化经济技术指标;稳妥实施优化提效工作,实施岗位提素和人才强企战略;持续开展执行力建设,坚持落实落细,加大重点事项督查力度;强化“五型”班组建设,扎实开展TPM管理工作,推进“三清晰三到位”岗位责任体系建设标准落地,稳步提升岗位履职、创效主动性;以经济效益为中心,全力推进降铁耗攻关,完成二次除尘、钢渣搬迁、废钢配送等新建重点工程。2018年,该厂整体工作平稳有序,经营生产继续保持良好发展态势。

(孙　强)

【主要指标】 2018年,炼钢厂钢产量249.78万吨,钢铁料消耗1052.91千克/吨,比2017年降低14.42千克/吨;铁耗869.92千克/吨,比2017年降低63.42千克/吨;转炉作业率81.41%,氧枪寿命100.24炉/次,一倒命中率71.02%。

(孙　强)

【亮点工作】 2018年,炼钢厂平均铁水消耗869.92千克/吨,在首钢集团公司排名第一;先后完成钢渣处理、热修包搬迁、废钢加工配送、合金在线烘烤炉、燃气室搬迁等系列工程项目,三次除尘、液压剪切、转炉煤气隐患整改、钢渣储料棚等工程相继开工建设,为优化工艺流程、降低生产成本、消除安全环保隐患奠定基础。成功开发H08MnSiNiMoCu钢49.86吨、SD800M钢54.48吨;实施V+Nb复合工艺、全铌工艺、高氮钒铁代替钒氮合金试验等工作,在合金结构优化上取得突出效果;党的建设工作融入中心、服务大局,开展党支部“夺旗”竞赛,组织开展“不忘为民初心　奉献红色长钢”主题党日活动,助推现代化钢厂建设稳步向前。

(孙　强)

长钢公司轧钢厂

【轧钢厂领导名录】

党委副书记、副厂长(主持工作):李罗扣

党委书记、工会主席:马河平

纪委书记、副厂长:邵忠文

副厂长:刘珍宇(4月离任)　胡　洪

(张　玲)

【概况】 轧钢厂现有6个职能科室,4个作业区。2018年底,在册职工904人,其中高级职称3人、中级职称44人、初级职称124人;高级技师42人、技师126人、高级工313人。2018年,轧钢厂以安全环保为底线,以生产稳顺为基础,以市场需求为导向,眼睛向内,深挖潜力,创新管理,强化成本管控和交账意识,圆满完成公司下达的各项经营生产任务。

(卢　婷)

【主要指标】 2018年,轧钢厂材产量248.74万吨,综合成材率101.22%,综合合格率99.87%,吨钢综合能耗41.97千克标准煤,吨钢电耗89.65千瓦·时;吨钢耗新水0.32立方米;轧钢工序成本131.29元/吨,实现降本增效1421万元。

(张　奇、冯　飞)

【亮点工作】 2018年,轧钢厂始终贯彻“以效定销、以销定产”的原则,科学统筹销售需求、边际效益、钢材库存以及最小经济批量等因素,把调结构作为核心要素和常态化工作来抓,动态调整生产布局和组织模式,强化钢后一体化刚性对接和产销一体化动态衔接,同时淘汰落后生产线,高棒改造项目全面达产达效,实现产能有效置换,形成轧钢厂两棒、一线、一型钢四条生产线的新布局。

(张　奇、冯　飞)

长钢公司熔剂厂

【熔剂厂领导名录】

党总支书记、厂长:郭新平

副厂长:苗振平

工会主席:李志峰

(张 玲)

【概况】 熔剂厂现有3个职能科室,3个作业区。2018年底,在册职工145人,其中高级职称1人、中级职称9人;高级技师4人、技师7人、高级工15人。2018年,熔剂厂全体干部职工抓紧抓实,提质提效,在机遇与挑战中勇挑重担,超越自我,实现与公司经营生产同步发展。

(张亚俊)

【主要指标】 2018年,熔剂厂活性石灰产量40.19万吨,其中回转窑活性石灰产量20.81万吨,套筒窑活性石灰产量12.98万吨;轻烧白云石6.40万吨。炼钢用活性石灰CaO平均含量91.81%,平均活性度为378.57毫升;烧结用活性石灰CaO平均含量88.66%,轻烧白云石MgO平均含量32.78%;回转窑工序能耗164.59千克标准煤,套筒窑工序能耗为124.22千克标准煤。

(张亚俊)

【亮点工作】 2018年,熔剂厂装备水平大幅提升,环保、基础等设施进一步完善。回转窑原料场进行全封闭施工;新建石灰竖窑一期工程顺利通过达标排放验收,取得排污许可证并达产达效;新建石灰竖窑二期工程通过潞城经信局立项审核,取得环境影响报告表批复且已点火试产;套筒窑大修及提标改造后排放监测符合标准;新增脱硫制粉设备设施投运。

(李志峰)

长钢公司工建公司

【工建公司领导名录】

党委副书记、经理:王世勇

党委副书记、工会主席:郑瑞宏(4月离任)

秦 军(4月任职)

纪委书记、副经理:焦忠平

(张 玲)

【概况】 工建公司现有5个职能科室,6个作业区。2018年底,在册职工421人,其中高级职称4人、中级职称24人、初级职称71人;高级技师47人、技师90人、高级工134人。2018年12月26日,检修部人员整体划归工建公司,实行自主经营模式,主要以长钢在线设备的安全维检为主业,凭借二级冶金设备安装资质,兼顾开拓周边冶金设备制作安装工程。

(王 莉)

【主要指标】 2018年,工建公司完成工程项目30余项,完成产值1258.52万元,实现利润12.9万元。

(李培林、牛 剑)

【亮点工作】 2018年,工建公司所维护的在线设备中,炼铁高炉实现9个月零故障,烧结实现7个月零故障,炼钢实现5个月零故障,轧钢实现3个月零故障。全年无一次检修延时,且总体比计划时间节约61.5小时;全年未发生一起因检修质量导致的检修返工和设备故障;全年未下发一份涉及检修事项的处理通报。

(薛彦军、牛 剑)

长钢公司动力厂

【动力厂领导名录】

党委副书记、厂长:田开平

党委书记、工会主席:郭旭岗(11月离任)

王晋林(11月任职)

纪委书记、副厂长:吉素文

副厂长:宋海清 李豹山

(张 玲)

【概况】 动力厂现有5个职能科室,5个作业区。2018年底,在册职工415人,其中高级职称1人、中级职称15人;高级技师18人、技师50人、高级工125人。2018年,动力厂坚持"追求卓越、精益求精、热情服务、安全保供"的工作宗旨,以国内先进企业为标杆,持续深化对标挖潜,开展精细化管理,创新管理机制,保障能源系统稳定顺行。

(张平路)

【主要指标】 2018年,动力厂外供氧气2.17亿立方米、氮气3.41亿立方米、压缩空气1.22亿立方米、氩气60.89万立方米、新水953.14万吨、辛安水351.25万吨、软水141.53万吨、蒸汽53.41万立方米。全年输配高炉煤气19.5亿立方米、焦炉煤气4.6亿立方米、转炉煤气2.14亿立方米。在安全保供的基础上,通过余能余热的回收利用,全年发电3.64亿度,比2017年增加1.09亿度,增长率42.8%。始终坚守“安全红线”“环保底线”原则,多项措施强化安全管理和污染物管控,实现安全生产“五为零”和污染物排放总量与浓度双达标。

(张平路)

【亮点工作】 2018年,动力厂实现富余煤气发电项目并网发电,该项目全年发电12086万千瓦·时,实现当年投运当年达效,既可消纳钢铁冶炼生产过程中的富余煤气资源,又最大限度利用高热值煤气资源进行发电,还可减少污染物排放。配合天然气开通,有序做好石油液化气退出工作,共回收液化气钢瓶7044只,余液15000余千克,圆满完成长钢居民生活区天然气改造和液化气退出工作。

(张平路)

长钢公司运输部

【运输部领导名录】

党委副书记、经理:魏　敏

党委书记、工会主席、副经理:申国红

纪委书记、副经理:王晋林

副经理:朱　理　郭　伟　秦　军(4月离任)

(张　玲)

【概况】 运输部主要承担着公司机运、铁运及部分非钢业务。现有7个职能科室,6个作业区。2018年底,在册职工492人,其中高级职称2人、中级职称12人、初级职称17人;高级技师98人、技师43人。2018年,运输部加强管理,深挖潜力,全面完成经营生产任务。

(刘爱文)

【主要指标】 2018年,运输部机运周转量15408万吨公里,货运量1091万吨,车公里154万公里;铁运周转量3084万吨公里,货运量401万吨;完成目标利润960.45万元。

(张富良)

【亮点工作】 2018年,运输部进行“自主探索内部经营机制改革”,率先实施“工效挂钩联动考核机制”,探索分配机制改革,实行“完全成本”考核制,让考核指标“有进步又够得着”,激发起干部职工主动创新、自我革新、深挖潜能的积极性;购置2台汽车起重机、2台粉灰罐车、1台挖掘机、5台装载机、20台重型载货汽车、10台中型载货汽车,设备陈旧压力有效缓解。

(张富良、史志东)

长钢公司计控室

【计控室领导名录】

党总支书记、主任:张小刚

副主任、工会主席:冯　烨

(张　玲)

【概况】 计控室是公司着力夯实基础管理,强化计量、信息化专业管理和为公司的成本核算、经营生产提供计量数据支撑和信息化技术支持而成立的单位,现有3个职能科室,2个作业区。2018年底,在册职工93人,平均年龄37岁,其中大、中专以上学历人员占70.3%(研究生3人、本科31人、专科37人、中专11人);专业技术人员占33.8%(高级工程师2人、工程师15人、高级技师2人、助理及以下21人)。

(杨　嘉)

【主要指标】 2018年,计控室物料计量一级准确率达100%、二级准确率达99.85%;全年收入指标实现178.09万元,费用指标不超116万元;全年实现安全生产“五为零”的目标。

(杨　嘉、牛　强、王晋华)

【亮点工作】 2018年,计控室推进财务管理与供应链系统的优化完善,打通一期设备供应链和财务数据的流转,实现供应链和财务的对接工作;推进无人值守信息系统的应用层面和深度,针对质量运行部分进行深层优化,实现钢水、钢坯、钢材的质量流程流转和钢后质检的全流程覆盖;完成闲物转置平台项目,极大地盘活废旧物资,实现各生产单位之间闲置物资共享;与首钢集团公司、股份公司协同办公平台完成对接,实现长钢行政办公自动化、档案与OA系统的集成,进一步提升长钢与首钢集团公司、股份公司信息畅通与交互;完成高速棒材配套计质量系统、网络通讯完善项目,建立在线高速棒材转序计量系统,实现计量业务的智能管控。完成长钢互联网出口带宽扩容、高清电视与IPTV融合、长钢网站升级改造等项目。

(杨　嘉、刘　峰、牛　强、张　辉、牛尔荣)

长钢公司质量监督站

【质量监督站领导名录】

党总支副书记、站长:吴晓春

党总支书记、副站长、工会主席:郭爱红

副站长:韩璐雁

(张 玲)

【概况】 质量监督站现有3个职能科室,3个作业区。2018年底,在册职工221人,其中本科41人、大专72人;中级职称23人;高级技师1人、技师33人、高级工71人、中级工2人。2018年,质量监督站全面完成公司下达的各项指标和检化验工作任务,基础管理、质量管控、降本增效、优化提效、全员提素、党建工建等各项工作持续进步,职工思想稳定,经营生产呈现出积极向上的良好态势。选树出"长钢之星"、公司劳模韩北方,长治市五一劳动奖章获得者、长钢工匠孙倩等先进典型;原燃料检验作业区白班组获全国冶金行业质量信得过班组二等奖。

(常慧敏、崔文娟、李 峰)

【主要指标】 2018年,质量监督站完成费用121.34万元,比计划节约13.06万元;检化验准确率98.6%,检化验及时率100%;受理钢材产品质量异议8起,质量异议率0.02‰,较计划降低0.01‰;工业产值质量异议损失率0.04元/万元,较计划降低0.34元/万元;进厂大宗原燃料罚扣62853吨,计扣罚金额2272万元;实现全年安全生产"五为零"目标。

(常慧敏、赵攀峰)

【亮点工作】 2018年,质量监督站不断加快"两化"技改项目建设,炼钢钢水快速分析项目设备安装前的各项准备工作已基本完成,该项目落地后可大大加快钢水检验效率,提高检测准确性和及时性,更加高效指导炼钢生产。锅炉水质在线分析项目正在有序推进,采用在线监测后,可达到锅炉水质的实时监控,为生产提供更加及时准确的数据,有效指导生产工艺调整。

(常慧敏、崔文娟)

长钢公司采购中心

【采购中心领导名录】

党总支副书记、经理:王宏兵

党总支书记、副经理、工会主席:石金奎(11月离任)

党总支副书记(主持工作)、工会主席:李方青(11月任职)

副经理:杨例钢 陈润峰

(张 玲)

【概况】 采购中心现有业务部7个,2018年底在册人数50人,其中高级职称1人、中级职称14人、初级职称9人;高级技师2人、技师1人、高级工5人。2018年,采购中心以安全保供、经济保供为重心,以跑赢跑输为衡量标准,在市场大幅度波动的情况下,通过采取加大市场调研分析、同行对标、适时调整采购策略、优化采购结构等措施,以日算、周算、旬算、月算,日保周、周保旬、旬保月的算账采购模式,既做到安全保供又全方位控制好采购成本。

(马 震)

【主要指标】 2018年,采购中心采购铁矿338.49万吨,采购金额232978万元;采购燃料189.5万吨,采购金额227988万元;采购合金炉料47.43万吨,采购金额156617万元。全年外矿跑赢普指21655万元,国内原燃料跑赢行业9338万元;外矿采购在首钢集团公司内部排名第一。全年实现安全生产"五为零"的目标。

(赵 芬)

【亮点工作】 2018年,采购中心实施"算账采购",根据与同行先进企业的对标、结合对市场后市的预判,按照排名、跑赢指标倒算采购成本,通过日算、周算、旬算、月算的精细化管理,以日保周、周保旬、旬保月的形式确保目标、成本可控,全年降成本12124万元。党建融入经营生产,开展"通过汽运降低外矿物流成本"和"持续使用长焰煤降低铁成本"两个党员攻关课题,增效6200余万元,为安全保供和跑赢市场提供组织保障。

(张 纲)

长钢公司销售中心

【销售中心领导名录】

党总支副书记、经理:程向前

党总支书记、副经理、工会主席:高运祥(4月离任)

王 晨(4月任职)

副经理:李文平 闫忠英

(张 玲)

【概况】 销售中心现有业务部7个,2018年底在册职工44人(含金长钢挂靠3人),其中高级职称1人、中级职称10人、初级职称14人;技师1人、高级工2人。2018年,销售中心以跑赢市场和实现效益最大化为目标,克服各种不利因素,持之以恒改革创新、强化管理,将市场的利好转化为公司实打实的效益,产销率、直销比例、跑赢市场等均完成任务指标,销售整体竞争力提升。

(靳 洁)

【主要指标】 2018年,销售中心直销比例60.2%,比2017年提升11.29%;钢材入库250.99万吨,销售252.29万吨,产销率实际完成100.52%;据销售价格口径,跑赢市场1.63%,实现增效15636万元(含税)。

(靳 洁)

【亮点工作】 2018年,销售中心树立"精品+服务+电商"的销售理念,推进以直销为主的营销模式的深入转变,提高直供直销比例及用户购物体验;中钢协排名第68位;成功中标太原市政工程、太原市轨道交通二号线等工程项目;与山西路桥建设集团、长临高速、中铁三局等公司签订阳城至蟒河高速公路、霍州至永和高速公路钢材供应合同。

(靳 洁)

首钢贵阳特殊钢有限责任公司

【贵钢领导名录】

党委书记、董事长:张 兴

党委副书记、总经理:汪凌松

党委副书记、副董事长:杨 方

纪委书记:潘明祥(8月离任) 潘昆仑(8月任职)

副总经理:郭蜀伟 陈卫平 唐落谦

工会主席:潘昆仑

(肖 阳)

【综述】 首钢贵阳特殊钢有限责任公司(以下简称"首钢贵钢公司"或"贵钢")前身为贵阳钢铁厂,始建于1958年。1958年9月12日,生产出直径24毫米圆钢,结束贵州不产钢的历史。1964年国家调整工业布局,加快"三线"建设,改扩建为贵阳钢厂。1998年,按现代企业制度要求由工厂制改革为公司制,更名为贵阳特殊钢有限责任公司。2009年7月,经贵州省委、省政府批准,首钢集团重组控股贵钢,更名为首钢贵阳特殊钢有限责任公司,并启动实施贵钢城市钢厂搬迁工程,2016年7月已全部搬迁至贵阳市修文县扎佐镇"新特材料循环经济工业基地"。

2018年是首钢贵钢公司建厂60周年。首钢贵钢公司坚持以习近平新时代中国特色社会主义思想为指导,深入学习贯彻党的十九大精神,加强基础管理、提升管控能力。以"提高效率、提高效益、提升价值"为目标,坚持"保生存,谋发展"主基调,以改革创新为主线,干部职工以更加坚定的信心和决心,克服困难、勇挑重担,推动各项工作取得新成效、新突破。面对特钢行业竞争激烈的市场,不断提升市场化经营能力,全公司持续盈利,企业呈现向好发展态势。全年产钢26.5万吨,同比增产12.2%;商品材23.49万吨,同比增产21.8%。

(刘 刚)

【主要产品】 首钢贵钢公司经搬迁升级改造,钢业基地已具备年产50万吨特殊钢、70万吨材的能力,拥有世界先进水平的电炉钢生产线和国内先进水平的制钎、轧钢、锻钢生产线,是国内最大的凿岩用钎钢钎具产品的生产与科研基地,是具有区域特色的特殊钢企业。产品主要用于基础设施建设工程、工程机械、汽车高铁、装备制造、国防军工等领域。拳头产品钎钢钎具和高端易切钢国内市场占有率第一,自主研发的高速重载铁路机车车轴用钢EA4T获德国西门子公司国内独家认证并供应中车集团,与铁路用弹簧钢产品同列为国家和省重大科技支撑项目。

(袁昆喜)

【转型升级】 首钢贵钢公司认真执行贵州省委、省政府和首钢集团公司的工作要求,围绕"钢业做特做强、

非钢业做实做活、老厂区开发做精做优”的战略目标,加快产品、产业、结构调整和企业转型升级工作。钢业按照绿色产品、智能制造方向打造循环经济工业基地,坚持“专、高、特”特钢发展思路,加大新产品研发力度,按照“制品化”延伸下游产业链提升企业核心竞争力。非钢业着力培育贵阳阳明花鸟市场、贵阳东方现代钢材市场、贵阳烧烫伤专科医院等一批品牌,引进红星美凯龙品牌合作经营家居建材市场贵钢店等。借助贵州省大数据发展机遇,全力推进“基于大数据云计算的大宗物资交易物流管理平台”建设,依托扎佐贵钢铁路专用线,发展物流产业,支撑贵阳市北部物流园建设。利用老区开发机遇,非钢业围绕“城市+产业”向城市综合服务商转型。老区开发结合贵阳市“生态文明城市建设和创新型中心城市”的发展定位,打造集商贸、旅游、文化、体育、健康、住宅为一体的智慧城市综合体。

(杨开松)

【安全管理】 首钢贵钢公司以钎钢事业部钎具作业区为试点开展本质化安全管理工作,为推广积累经验,为提高公司安全管理水平打下坚实基础。公司按照政府相关要求,开展“双控体系”建设,完成各二级生产单位作业场所风险辨识、管控措施、风险分布图和各单位车间风险告知栏现场设置等工作。规范、完善现场警示标识、告知卡。按照国家安全、职业卫生警示标志标识规范和现场需求,核对标准规范、采购和设置警示标识、职业病危害告知栏、宣传栏、公告栏、安全标语等3000多块。规范生产线介质管道色环色标。2月份完成新区项目职业危害现状评价报告的审查,形成最终报告,使新区项目职业病防护设施“三同时”实现备查;4月份完成新区项目安全标准化创建并取得二级标准化证书,使公司安全管理体系得到进一步完善。

(郑福宽)

【环保管理】 贵钢按照《中华人民共和国放射性污染防治法》等法律法规要求,在“全国核技术利用辐射安全申报系统”中申办首钢贵钢公司辐射安全许可证延续手续,1月经市环保局核发新辐射许可证,并开展年度辐射环境监测,且监测结果符合国家规范要求。在生产运行中,加强生产污水排放管控,无“跑、冒、滴、漏”现象,定期对雨排口进行巡查,确保全厂的生产废水、生活污水经处理后全部回用,真正做到污水“零排放”。

(吴尚峰)

【能源管理】 贵钢按照“强化基础管理、提升管控能力”总体要求,有效地落实各级责任,做好基础管理工作,制订“能源基础管理提升方案”。深入现场开展“百日体检”工作,全面了解现场情况查找问题,对查出的问题进行分析、分级,并指定相关责任人协调和督促落实整改措施进行整改。“百日体检”共查出和处理各类问题及隐患69项。通过“百日体检”工作的开展,强化对安全隐患排查、生产成本控制、设备点检维护、产品质量提升的过程管理,全面提升管控能力。为使能源介质的供应更经济,成本更低,根据短流程生产线情况,解决“大马拉小车现象”,提出并组织1号变电站新增20千伏安主变和空压站增加空压机建设项目。空压站利旧首秦3台37.8立方空压机于8月9日安装完调试运行,避免高线生产期间开大空压机的情况,有效降低压缩空气成本。1号变电站新增3台20千伏安变压器于10月中旬安装完成,11月26日通过验收并投运。全公司生产供电模式为2台20千伏安变压器,解决高线生产需要启用50千伏安变压器的情况,从而每天减少10千伏安的容量费支出。

(邹 磊)

【经营财务】 2018年,贵钢钢产量26.53万吨,同比增加2.89万吨;产材23.41万吨,同比增加6.59万吨;全年实际利润5503万元,同比2017年减少179万元,比年计划减少697万元。通过加强管理,强化内部控制等措施,使各项财务指标得以改善。加强账户管控,强化各二级单位资金集中及开立账户审批流程,全面提升资金管理水平,提高资金使用效率。以资金预算为抓手,以收定支,做好资金平衡。加强资金预算分析,动态关注资金收支变化;实施资金支出分类管理,优先保障钢业恢复生产所需资金,控制投资性资金支出。利用集团财务公司平台优势,降低资金成本。稳固原有的融资渠道、融资方式、融资规模,做好进一步的沟通协调工作。

(谢明英)

【营销指标】 2018年,贵钢实现商品材销售量24.95万吨,销售金额140153.88万元。其中营销部销售量21.24万吨,销售额(含税)102155.82万元;锻钢事业部销售量1.75万吨,销售额12565.51万元;钎钢事业部销售量1.96万吨,销售额25432.55万元。采购钢铁料258569吨(其中废钢236082吨,机械铸铁2805吨,加工铁15836吨,炼钢生铁3846吨),采购铁合金7669吨及炼钢用大宗辅料(超高功率电极、石灰、萤石、发泡剂、增碳剂等)31512吨,完成各作业(事业)部生产物资的供应工作。

(杨　刚)

【人力资源】 贵钢进行全公司机构调整,压缩层级,部门设置从30个再次调整为26个。调整后的部门机构设置分为职能部门、钢业系统、非钢系统、园区管理系统4大板块。其中职能部门10个、钢业系统8个、非钢系统7个、园区管理1个。继续完善各单位绩效考核分配办法,与各单位签订相应的《2018年经营目标责任书》,将各部门绩效、薪酬和目标责任书的经营目标和重点任务完成情况进行挂钩考核,每月结合各单位经营结果进行挂钩考核。进一步规范单项奖励管理,充分发挥单项奖导向性和激励性作用,把有效激励与合理约束有机结合起来。

(廖文琅)

【人才队伍建设】 贵钢抓实职工教育培训工作。制定年度职工培训计划表,经职代会审议通过,开展职工培训及技能等级鉴定等工作。2018年,组织各二级单位进行各类培训4138人次、1538学时,高级工技能等级资格取证11人,派送17人次参加首钢人才开发院举办的电工、焊工等技师研修、注册安全工程师考前培训、职业技能培训、职业技能竞赛及创新工作室管理人员培训等。制定《高级工、技师、高级技师聘任管理办法》和《技术(业务)系列人员管理办法(试行)》,进一步理顺高技能人才、专业技术人才晋级晋升通道,激励职工岗位成才。组织开展评聘工作,聘任高级工123人、技师12人、首席工程师1人、高级工程师8人、工程师50人。每名员工都进入属于本岗位性质的一个系列通道,人才队伍逐步完善,初步建立起覆盖全员的“绿色发展通道”。

(文　华)

【党建工作】 贵钢认真学习贯彻习近平新时代中国特色社会主义思想和党的十九大精神,深入推进“两学一做”,扎实开展“新时代学习大讲堂。”加强党组织制度建设,为推进党支部标准化建设提供有力保障。制定下发《首钢贵钢公司党委2018年党建重点工作计划》,明确工作内容和完成时限,层层签订《2018年基层党建工作目标责任书》,细化《2018年基层党建工作目标考核细则暨评分表》,实现党建工作目标责任管理。持续推进基层党支部标准化建设,从谋划、安排部署到目标任务分解,组织学习培训再到督导检查和考核,形成党建工作闭环管理。推进在岗党支部季度“达晋创,”开展专题民主生活会、“创选争优”等工作,及时贯彻落实上级党组织党建工作部署,开展党员教育培训,组织举办党务干部培训班3期,完成19个党建组织制度印刷装订,培训班解读组织制度、党建工作计划及党建目标责任书自检要求;联系省委党校教师解读党的十九大报告、党章等。

(卢伟山)

【脱贫攻坚】 根据省委、省政府及省国资委党委的安排部署,首钢贵钢公司党委高度重视脱贫攻坚工作,坚持以习近平新时代中国特色社会主义思想为指导,认真贯彻落实党和国家的脱贫攻坚方针政策,结合企业自身实际,扎实开展各项工作。公司作为参与同步小康驻村工作的企业,公司主要领导2018年多次到修文县六广镇龙窝村开展精准扶贫调研,并与地方干部商讨精准扶贫的路径和方法,探讨精准扶贫路子。2012年以来,公司共选派优秀干部6人(9人次)到修文县参加驻村工作,其中驻村干部张坤2018年获贵州省“全省脱贫攻坚优秀共产党员”荣誉表彰。公司充分利用自身资源,通过企业用工扶贫、建立农产品产销对接长效机制、贵钢职工医院送健康义诊活动等方式多途径开展扶贫攻坚工作。10月16日,公司党委组织17个二级党组织在广大职工中开展主题为“脱贫攻坚·‘贵’在行动——邀您一起:为贫困家庭残疾儿童捐出一份爱心,奉献一片真情”扶贫募捐活动。贵钢公司广大职工以各种方式踊跃参加募捐活动,共收到募捐款37700.80元,募捐款按照要求汇至贵州省扶贫基金会公募账号。

(朱绍平)

【宣传工作】 贵钢制定下发《首钢贵阳特殊钢有限责任公司委员会关于贯彻落实意识形态工作责任制的实施办法》,坚持每季度对意识形态工作进行总结。充分发挥宣传主阵地作用,制定下发《关于做好2018年宣传工作的通知》《贵钢报》出版计划及《“贵钢人的故事”专栏计划分配表》,并按计划有序推进全年新闻宣传工作。2018年出版《贵钢》48期,刊登新闻稿件(不含转载)621篇,同步更新微信公众号142期288条、OA新闻43期;在外部媒体刊登新闻报道。

(杨开松)

【建厂60周年活动】 贵钢有序开展建厂60周年系列活动。制定下发活动方案，召开4次系列活动推进会，完成“出一本书、拍一部宣传片、办一个故事会、办一次厂史展”的工作。（一）贵钢年鉴编撰工作自2月启动以来，通过征集素材、内容审核、版面修改、反馈征求意见等步骤，于6月底完成初稿（7万余字），真实完整地记录了公司2017年进步和发展，经审核通过后正式印刷200份，并发至各二级单位。同时完成首钢年鉴、首钢组织史的报送工作。（二）编辑出版的一本书《砥砺前行》，以“不忘初心，砥砺奋进”为主题，分四个部分讲述贵钢60年发展历程。该书20余万字，近百篇文章，配插图50余幅，并于9月6日举办首发仪式。（三）为纪念建厂60周年，创意制作了7分钟《精彩贵钢》音乐短片和20分钟贵钢形象宣传片，使贵钢人“良好的精神状态和过硬作风”传家宝绽放永不磨灭的光彩。（四）完成厂史馆设计规划审核、老物件征集布展及开馆仪式等相关工作，于9月6日举行开馆仪式。经过精心组织策划，9月7日组织召开贵钢建厂60周年纪念大会。

（袁昆喜）

【企业文化建设】 贵钢制定下发《首钢贵阳特殊钢有限责任公司企业文化管理办法（试行）》，并拟定2018年企业文化建设工作计划，组织召开年度企业文化推进会。企业文化可视化工程建设方面：完成贵钢厂区大门贵州精神、质量、安全等标语制作，完成指挥部门口宣传橱窗、走廊、大厅宣传展板及展厅宣传展板制作，完成摆渡车站台宣传栏和建厂60周年先进人物事迹展板制作工作，完成修文县经开区贵钢宣传展厅的制作。企业文化宣贯方面：开展职工巡回宣讲，分别以“感恩奋进跟党走、筑梦贵钢谱新篇”和“决战四季度，打赢收官战”为主题的职工巡回宣讲活动20余次，营造学先进、赶先进的良好工作氛围。组织开展2场《实现·使命》话剧演出，并邀请离退休老同志100余人观看和参观新区建设。选树先进典型方面：开展了2017年度“贵钢之星”“十佳青年”评选表彰工作。以在《贵钢报》、微信公众号等媒体上“贵钢人的故事”“青春风采”专栏中宣传的先进个人59人为评选对象，通过单位投票、专题评选、专业部门审核、公司党委审批等步骤，最终评选出伍林等年度“贵钢之星”9人，择优向首钢推荐2018年度“首钢之星”人选3人，被评为“首钢之星”之担当之星1人；建厂60周年纪念大会表彰赵俊杰等年度“十佳青年”10人。

（杨开松）

【团青工作】 首钢贵钢公司团委现有团总支5个，直属支部5个，35岁以下青年共有740人、团员205人。公司团委围绕贵钢公司生产经营目标，结合青年工作特点，开展富有特色，激发青年活力的青年大学习、技术比武、读书分享等活动，发挥服务联系青年的作用。围绕强化思想政治引领，团结引导青年职工听党话跟党走，全年推优入党4人，组织开展学习党的十九大精神、学习习近平总书记讲话、集团“两会”精神活动4起，活动涉及青年127人。全年组织开展青工读书分享会11期，营造浓厚的学习氛围。组织开展青年安全监督岗建设工作，开展青安岗安全培训3期，安全隐患排查发现整改隐患135项。依托青工技术比武、项目创新，提升青年职工竞争力，组织开展青工技术比武四期，完成小改小革项目七项，活动参与青工人数达103人。组织开展文艺汇演、五四演讲比赛、素质拓展系列活动、宿舍风采大赛、电子竞技大赛、2018年度团青工作交流会等活动，极大地丰富了青年业余文化生活。

（杨 松）

【反腐倡廉】 贵钢加强纪律建设，不断完善内控机制，制定印发《首钢贵钢公司纪委开展问责工作程序规定》、《贵钢公司纪委贯彻〈监督执纪工作规则〉实施办法》等制度；加强“四种形态”运用，开展提拔干部预防提醒谈话、诫勉纠错约谈、工作提醒谈话；加大反腐力度，坚持无禁区、全覆盖、零容忍，全年对接收信访举报、上级纪委转办阅处案件、审计披露问题线索等，均按《监督执纪工作规则》进行分类处置，经核查属实的，对相关责任人依据相关规定进行处置，所有案件线索均予以了结。

（王 睿）

【严纪明规】 2018年，贵钢公司纪委开展以下工作，节前学习传达上级纪委重要廉洁通知精神，对各级领导干部提出廉洁要求，不断“打招呼”“扯衣袖”；组织公司领导、中层管理人员以及三管六外人员到贵州省警示教育基地开展警示教育、组织观看警示教育影片，同时采取下发廉洁提醒、转发上级纪委通报、下发警示案例等方式，以集中学习与各级党组织自行学习的形式开展廉洁教育，并对党员学习笔记进行抽查；针对重要节庆日，制定印发《关于进一步重申2018年春节期间纪律要求的通知》《关于清明节期间加强廉洁自律工作的通知》《2018年“五一”节日期间廉洁过节的通知》《关于端午期间严明纪律确保清廉过节的通知》《关于加强2018年中秋节、国庆节期间廉洁自律工作的通知》等文件；节前开展突击检查。对有公务用车的单位封车情况、公务用车使用台账、业务招待费使用情况及库存酒使用情况进行监督检查，并将检查情况按时报至上级纪检部门。

（丁作文）

【产品研发】 2018年，贵钢开发的新产品包括焊丝钢（TH550-NQ-Ⅱ、H08系列、ER70S-6、H08MnSiNiMoCu等）4111.65吨，其中TH550-NQ-Ⅱ、H08系列仍处于工艺优化中，ER70S-6已批量生产，其他品种由于市场需求少，未能有效拓展市场；耐候螺栓钢（BWR6、BWR8等）343.34吨，可正常生产，但市场需求少，未能有效拓展市场；冷镦钢（ML40Cr、ML08Al等）5139.86吨，但工艺仍需优化；硬线钢（60号、65号、70号等）10217.04吨，已批量生产；十字制动梁钢（Q460E）977.43吨，轧制环节设备限制，未能有效拓展市场；轴承钢盘圆、冷轧辊等品种1734.85吨，轴承钢正进行许可证申报中、冷轧辊等其他品种未能有效拓展市场；2018年生产坯料22524.17吨，销售22933.86吨。

（郑玉龙）

【荣誉】 钎钢党总支获首钢模范基层党委，轧钢作业部中空钢党支部获首钢模范党支部，炼钢作业部党总支唐飞、金泰公司党总支程金保获首钢模范共产党员。2018年，被授予“贵州省工人先锋号”称号班组1个；被评为“首钢先进集体”3个；被评为“首钢劳动模范”2人；获省有色冶金系统“金牌工人”和“十大工匠”称号各1人；被授予“贵州省有色冶金工会工人先锋号”称号班组1个；获“贵州省三八红旗集体”称号1个；获首钢集团“巾帼标兵”称号3人。

（朱绍平、冉　群）

【劳动竞赛】 围绕公司钢业做特做强、非钢业做实做活、老区开发做优做精的战略目标任务，贵钢公司工会组织开展“践行新理念·建功‘十三五’”和“当好主人翁·建功新时代”等主题劳动竞赛，在老区搬迁开发、新区建设达产达效、非钢业发展以及企业深化改革、维护稳定等方面献计出力。针对各主要生产单位的生产实际和急、难、新问题，公司工会先后在炼钢、轧钢、钎钢、锻钢等单位组织开展专项劳动竞赛，促进这些单位降本增效和经营目标任务的实现。全年贵钢公司参加建功立业竞赛活动的职工达2500余人次，创造经济效益100多万元。开展“创建节约型企业”“我为节能减排作贡献”等活动，提出合理化建议100余条，增产创效近百万元。在全体职工展示风采，建功立业的同时，还涌现出一批先进集体和个人。

（陈　宁）

【素质提升】 贵钢持续推进“职工网上练兵”活动，2018年，在全国网上练兵活动中，贵钢集体成绩活跃度排第16位，成功率排第6位，参与率排第22位，线上闯关累计188393人次。炼钢、轧钢、能源、东方等单位职工分别在炼钢原料工、电炉炼钢工、质量管理知识、节能环保知识、内燃机车5个工种中获第一名。6月份，组织2018年职工天车工技术比武活动，促进职工技能素质提升。选派班组长参加上级工会组织的班组长培训。选派4人代表有色冶金系统参加全省职工职业技能大赛。举办工会经费收支管理培训以及开展女职工法律法规知识竞赛。贵州省人力资源和社会保障厅授予锻钢事业部“贵州省技术能手”称号1人，晋升高级工2人。8月28日，组织召开“新时代工人讲习所省工会十四大精神宣讲”报告会。12月11日，组织开展近千人参加的宪法宣传周系列活动。

（陈　宁）

【民主管理】 贵钢坚持和完善以职工代表大会为基本形式的民主管理制度，通过1月份组织召开的二届五次职工代表大会和11月份组织召开的三届二次职工代表大会，履行集体合同和工资集体协商机制，解决了企业、职工关心的重大事项，保障了职工的合法权益。在召开的职工代表大会上，工会主席进入董事会，职工代表进入监事会2人，履行工会和职工的参与职能。公司工会还组织部分职工代表分别于2018年7月和12月两次对二届五次职代会提案的落实情况进行检查了解，对推进各项提案工作的落实起到积极作用。以厂务公开为抓手，对企业“三重一大”事项和职工关注的问题进行公开，确保职工的知情权和监督权。认真履行女职工专项集体合同，落实职工代表权利，维护职工的合法权益。开展职工思想动态调研活动，及时了解职工心声和关注点。

（冉　群）

【劳动保护】 贵钢各级工会组织围绕职工最关心最直接的现实利益问题,开展维权服务工作,着力改善职工物质文化生活。坚持开展以"安康杯"竞赛为载体的群众性安全生产、职业健康和"安全生产月"活动,深入基层,发放宣传标语60条;参加"安康杯"竞赛活动的职工达2000余人次,参加安全生产知识培训的职工达百余人次。1个单位被贵州省总工会、贵州省安全生产监督管理局授予2017年度"贵州省'安康杯'竞赛优胜单位"称号;2个班组被评为"贵州省有色冶金工会十佳班组"。公司工会每个季度组织开展的现场清洁文明生产检查活动,促进各单位和广大职工文明生产、文明办公、文明生活。于8月9日联合省有色冶金工会开展2018年夏季送清凉活动,共为新老两区的11个单位送去电冰箱14台、电风扇45台、饮水机19台、微波炉16台、洗衣机15台、茶叶500多包,在缓解广大职工战高温、防中暑的同时,也有效地解决了职工的一些生活需求。

(陈 宁)

【帮扶慰问】 贵钢坚持做好困难职工的精准识别和精准帮扶,坚持以节日慰问和临时帮扶相结合,实现困难职工的帮扶常态化。于8月23日组织开展"金秋助学暨学子箱颁发"活动,职工子女53人接受资助,体现企业对职工的关心和对职工子女的关爱。于6月份组织开展两年一次的职工体检,近2000人参加体检。组织2000余人参加贵阳市职工医疗互助保险活动,并保障职工申报赔付率100%。为职工办理普惠卡和为女职工购买"贵州省女性安康保险"、在职工医院设立"母婴温馨小屋"。2018年,慰问、帮扶困难职工及其家庭700多人次,发放慰问金近14万元;出资2万余元帮助困难职工子女上学5人。

(冉 群)

【文体活动】 为纪念贵钢建厂60周年,贵钢坚持每月组织职工开展寓教于乐的文体活动。1月26日组织开展"庆祝贵钢建厂60周年系列活动之迎春跳绳比赛"。3月7日组织开展"首钢贵钢女职工庆三八、迎厂庆、学习党的十九大、巾帼创新功知识抢答赛";4月11—28日,组织开展"庆祝贵钢建厂60周年系列活动之职工篮球赛";5月29日组织开展"首钢贵钢公司深入学习十九大暨迎接建厂60周年职工知识抢答比赛";7月26日组织开展"首钢贵钢庆祝建厂60周年钢业非钢业职工足球友谊赛";自8月份始,组织开展"庆祝建厂60周年回顾贵钢历史摄影图片展";8月20—21日,组织开展"贵钢离退休人员庆祝建厂60周年卡拉OK比赛";9月份组织开展"庆祝贵钢建厂60周年火炬传递接力跑"活动;10月25日组织开展"首钢贵钢公司2018年职工集体跳绳比赛";11月27—28日,组织开展"首钢贵钢公司2018年职工气排球比赛";12月28日组织开展"首钢贵钢公司职工2019年迎新拔河比赛"。

(聂李卫)

【调研指导】

1月15—16日,集团公司安委会办公室对贵钢老区进行安全隐患大排查大清理大整治工作督导。

1月30日,中国科学院金属研究所及首钢技研院有关专家赴贵钢就稀土钢的冶炼和应用进行技术交流。

2月1日,贵州省总工会、贵州省有色冶金工会到贵钢开展春节慰问。

2月1日,由国家发展改革委、工信部组成的专家调研组,赴贵钢开展钢铁行业转型升级实地调研。

3月1日,贵阳市及修文县安监局到贵钢检查安全生产工作,并对接国务院安委会办公室安全生产专项督导组将赴贵钢督导安全生产有关事项。

3月3日,国家安全监管总局政法司司长罗音宇率队组成的国务院安委办专项督导组赴贵钢开展安全生产专项督导工作。

3月6日,贵阳市人大常委会副主任、南明区区委书记朱丽霞率队到贵钢调研公司老区开发项目推进工作情况。

3月14日,省国资委监管企业第三安全督导组赴贵钢开展全国"两会"期间安全生产督查。

3月29日,贵州省发展改革委调研组赴贵钢扎佐新区开展"四个一体化"规划推进实施情况调研。

4月2日,贵州省省委副书记、省长谌贻琴赴贵钢扎佐钢业基地进行传统企业转型升级调研。

4月28日,贵州省有色冶金工会副主席孙大翠到贵钢职工医院现场调研拟申报的"母婴温馨小屋"。

8月1—2日,首钢集团总经理助理卢正春到公司就生产经营情况、项目规划进行调研。

8月22日,贵州省国资委对贵钢厂务公开工作进行检查。

10月19日,贵州省委常委、贵阳市委书记赵德明到公司调研生产经营情况。

11月17日,市委副书记唐兴伦到贵钢调研工业发展及工业环保情况。

12月12日,国家工业和信息化部处长舒朝辉、冶金工业规划院副院长张龙强等一行到贵钢,就电炉钢的发展、废钢的使用等进行调研交流。

12月13日,省水利厅、市水务局、县水务局一行到贵钢,听取贵钢关于实施城市钢厂搬迁建设循环经济工业基地工程取退水设施验收报告。

(黄　磊、王　虎)

【贵钢公司大事记】

1月10日,召开公司党委(扩大)会,党委书记张兴作题为《深入学习贯彻党的十九大精神,站在新起点开创贵钢改革发展新局面》的工作报告。公司党委与二级单位党组织签订《2018年党建工作目标责任书》。

1月10—11日,召开公司二届五次职工代表大会,总经理汪凌松作题为《强化基础管理,提升管控能力,为全面完成2018年目标任务而努力奋斗》的工作报告。会议审议《2017年财务决算及2018年财务预算报告》《2017年业务招待费使用情况报告》等文件;审议通过《劳动合同管理实施细则》《2018年工资集体协商专项协议》。公司与工会签订《2018年工资集体协商专项协议》,与二级单位签订《2018年经营目标责任书》。

1月18日,召开2017年度安全环保大会。

3月22日,公司组织人员在帮扶点修文县六广镇龙窝村开展精准扶贫"送健康"义诊活动。

5月3日,集团公司总工办、技术研究院赴贵钢指导交流电炉高效冶炼技术和产品开发等事宜。

5月10日,首钢集团公司领导卢正春到贵钢指导"部分退休人员集聚上访"疏导化解工作。

6月7—8日,首钢集团承办、首钢文化公司出品的大型产业工人题材原创话剧《实现·使命》在贵钢公司精彩上演。贵钢公司领导张兴、汪凌松等与特邀嘉宾、部分离退休老同志、劳模、工匠、各单位职工汇聚一堂,共享精神文化盛宴。

6月27日,中国检验认证集团贵州有限公司对贵钢ISO9001:2015质量管理体系进行年度监督审核;水利部长江水利委员会办公室对贵钢公司、贵州水利投资(集团)有限责任公司就黔中水利枢纽一期工程进行取水许可证监督检查,28日对贵钢进行取水许可证监督检查。

6月29日,公司庆祝中国共产党成立97周年暨创先争优表彰大会召开,表彰过去一年中,在推进首钢贵钢公司深化改革、转型发展的各项任务中作出突出贡献的先进基层党组织和模范共产党员,号召公司广大党员担当起贵钢发展的历史使命。

7月5—6日,中咨公司咨询团队赴贵钢,就首钢钢铁板块"十三五"规划中期评估调整咨询项目开展实地调研工作。7月5日,由中咨公司专家顾问郝经伟、朱昌逑、林企曾、顾国明和首钢集团公司战略发展部严慧、首钢股份公司运营规划部李树森组成的首钢钢铁板块"十三五"规划中期评估调整咨询项目调研组一行到公司调研指导工作。

8月20日,中车株洲天力锻业有限公司领导一行到贵钢,就车轴用钢(EA4T)保供和动车车轴用钢产品研发等进行交流。

9月3日,召开二届四次董事会,审议通过《董事会2017年度工作报告》《总经理2017年度工作报告》等报告方案,审议通过《"三重一大"决策事项实施办法》等十项制度的修订议案。

9月6日,公司举行厂史馆开馆暨《砥砺前行》书籍首发仪式。

9月7日,召开建厂60周年纪念大会。当地政府及有关部门、首钢集团公司、合作伙伴、共建单位相关领导出席会议,贵钢公司领导、离退休老同志、各单位职工代表,共计300余人参加纪念大会。股份公司、京唐、水钢、首秦等单位发来贺信。

10月25日,省委保密局一行莅临检查贵钢保密工作,并对贵钢的保密工作提出针对性改进意见。

10月31日,公司深入扶贫联系点开展精准帮扶"送健康"义诊活动。

11月23日,国家应急部检查组到贵钢进行金属冶炼行业重大隐患治理检查。

11月22日,举行"贵钢公司职工家属区物业管理分离移交"签约仪式,郭蜀伟代表贵钢公司与贵阳金麟物业管理有限公司签订《首钢贵阳特殊钢有限责任公司家属区住宅物业分离移交协议》,贵阳市南明区人民政府三供办鲍华丽书记、油榨社区服务中心相关领导及住户代表参加仪式。

11月27日,上海宝马工程机械展会在上海新国际博览中心拉开帷幕,首钢贵钢公司钎钢钎具亮相上海宝马展会。

12月7日,公司能源管理体系认证通过。

12月28日,省环保厅、专家组一行到贵钢对贵钢清洁生产进行验收。

(刘　刚、袁昆喜)

首钢通化钢铁集团股份有限公司

【通钢领导名录】

党委书记:孙　毅

党委副书记:魏国友　李秀平

纪委书记:王海鹰

工会主席:李秀平

党委委员:孙　毅　魏国友　李秀平　王海鹰　张德慧　王新生　唐　颖

董事长:魏国友

董　事:魏国友　孙　毅　徐景海　宋连仁　康　硕(6月任职)　于　锋(6月离任)　赵　炬　张成武(职工代表)

监　事:毛长武　吕　欣(6月任职)　徐　明(6月离任)　李秀平(职工代表)　王海鹰(职工代表)　于鹏举(职工代表)

总经理:魏国友

副总经理:孙　毅　张德慧　赵　炬　孙利军(11月离任)　马卫旭

总经理助理:刘云龙(6月任职)

安全总监:吴　焱(6月任职)

(王金波)

【综述】 首钢通化钢铁集团股份有限公司(以下简称"通钢")是吉林省内最大的钢铁联合企业,也是国家振兴东北老工业基地重点支持的企业。始建于1958年6月,2005年12月改制并与民营企业重组,2009年12月民营企业退出,2010年7月与首钢联合重组,成为首钢集团在东北地区主要钢铁生产基地。通钢注册资本181990.85万元,其中首钢集团、首钢控股持有通钢77.59%股权,中国华融资产公司、吉林省国资委分别持有10.33%、10%股权,其他股东合计持有2.08%股权。

通钢总部位于吉林省通化市,现已发展成集采矿、选矿、烧结、焦化、炼铁、炼钢、轧钢于一体的大型钢铁联合企业。下设办公室(党委办公室、董事会办公室)、人力资源部(党委组织部、党委统战部)、党群工作部门(党委宣传部、工会、共青团)、纪委(监察部、信访办)、审计法务部、制造部(技术中心)、设备工程部、规划创新部、安全环保部、计财部等10个管理部门,检测中心、供应公司(供应管理部)、应急保卫中心(武装部)、创业服务中心(党校、培训中心)等4个直管机构,炼铁事业部、焦化厂、炼钢事业部、轧钢事业部、能源事业部、运输公司(物流管理中心)、机电修造公司、辉南轧钢公司、金属资源公司等9个直管生产单位,下辖通化钢铁股份有限公司、通钢矿业有限公司、磐石无缝钢管有限公司、四平钢铁制品有限公司等4家控股公司;通钢国际贸易有限公司、吉林市焊管有限公司、通钢自动化信息技术有限公司等3家全资子公司。所属企业分布在吉林省通化市、白山市、长春市、吉林市、四平市、延边州和辽宁省朝阳等地。截至2018年末,资产总额333亿元,钢年产能460万吨,在册职工11394人。

通钢主要装备有:焦炉4座,分别是2座55孔焦炉、1座60孔焦炉、1座65孔焦炉;2台360平方米烧结机,1条链篦机回转窑球团生产线;2座2680立方米高炉;3台120吨顶底复吹炼钢转炉,2台8机8流方坯连铸机,2台一机一流薄板坯连铸机;1560毫米热轧超薄带钢生产线、高强度机械制造用钢生产线,高速线材生产线,小型、中型型钢生产线、无缝钢管及焊管等轧钢生产线。通钢主要产品有板材、建材、优特钢、型材、管材5个系列。其中,建材产品具有较强品牌影响力,占吉林省市场份额的39%。有11个产品获得国家冶金产品金杯奖,4个产品获得冶金行业品质卓越产品,7个产品获得吉林省名牌产品称号。热轧卷板获得欧盟标准认证证书,热轧等边角钢和热轧卷板产品通过中国船级社认可。产品主要应用于建筑、交通、电力建设、水利工程、汽车、机械加工、石油开采等领域。

建厂60多年来,通钢所属企业在税收缴纳、社会就业、公益事业等方面履行企业社会责任,为吉林省地方经济和社会发展作出贡献。

(冯世勇)

【生产经营】 2018年,通钢广大职工以保生存求发展为总基调,转变观念,依法依规,全面深化改革,聚焦效率和效益,推行动态日计划管理,践行定量化思维、数据化管理和标准化操作,以产品边际效益指导生产组织,持续改善经营,全面完成各项目标任务,创出近10年来最好经营水平。2018年,产铁400万吨、钢411万吨、钢材408万吨、成品铁矿117万吨。研产销协同,实现产销率100.08%。严格控制相关费用,管理费比预算降低0.75亿元,营业收入167亿元,实现利润8.69亿元,比预算增加4.48亿元,同比增加8.4亿元。

(杜晓东)

【安全环保】 本质化安全取得实质性进展。依靠职工,自主完成轧钢事业部精棒线机械防护模块和挂牌上锁模块等本质化安全试点任务。全面推进"五个一"工程,重新修订2178个岗位的安全生产责任制,做到"一岗一责、有岗必有责"。深刻汲取各类事故教训,开展问责问效检查评价,推进安全整治行动,2018年,开展各类检查151次,排查各类事故隐患12585项。全公司新增安全达标班组25个。全年工亡、重伤事故为零,通过各级政府安全检查35次,其中国家级检查1次。环保管理日益加强。集中精力解决项目历史遗留问题,完成1号焦炉、3号转炉、5号烧结机和烧结烟气脱硫环保验收,取得省生态环境厅验收批复。推进环保项目建设,完成1号、2号转炉一次除尘系统改造等9个列入首钢绿色行动计划项目。同时结合环保新要求,新增加的噪声治理、除尘改造等5个项目也全部完成。全年新增在线监测设备14套,形成外排污染物全面监控,并与地方政府环保主管部门实现联网。将各级环保检查督察作为提升综合管理水平的重要推手,严格"四个一样"标准,对重点污染源点采取清单式管理,定人、定责、定措施、定标准,顺利通过中央生态环境督察"回头看"以及省市环保检查30次。

(杜晓东)

【深化改革】 适应市场化改革要求,精干机构设置,实行扁平化管理。公司机关取消处级建制,将原有的29个部、处,调整为10个部,同时将机关非管理职能机构调整为管理中心。推行事业部制改革,成立了4个事业部,下辖车间调整为作业区,科室作业区减少7个;取消工段,整合班组,班组共减少115个。2018年,分流安置职工606人,全年钢铁主业劳产率604吨/人·年,达到钢铁行业平均水平。全面推进"放管服",下放管理权限,强化专业服务,赋予各事业部和子公司用人权、经营自主权、绩效工资分配权,激发内生动力。注重长期运行结果,企业内在活力得到激发,职工变"要我干"为"我要干",变"企业发工资"为"个人挣工资"。

(杜晓东)

【转型发展】 绿色发展项目集中推进。主动融入城市发展,推进节能环保项目,2018年,完成投资3.15亿元。推进烧结余热发电、冶金渣综合利用、35MW发电机组、活性焦等项目。推广实施焦化余热水替代蒸汽采暖,改造完成后小时节约蒸汽50吨,发电量提高1.1万千瓦·时。自动化、信息化扎实起步。从提高自动化、信息化水平入手,实施皮带无人值守、天车遥控改造、远程检斤等"两化融合"项目。现场环境、设备状态、员工劳动强度得到明显改善。开发出废钢称重计量系统、备件资金审批系统,优化电量采集系统静态轨道衡车号自动识别系统,自动化水平提升。同时,资产盘活及企业退出多点突破。持续提升资产效率,努力闭合"失血点"。

(杜晓东)

【党的建设】 认真学习贯彻落实习近平新时代中国特色社会主义思想和党的十九大精神,着力在学懂弄通做实上下功夫,使强大的理论武装成为推动通钢改革发展的锐利武器。把抓意识形态工作纳入党建工作责任制,加强意识形态阵地管理,建立意识形态会商研判制度,强化舆论引导和政策解读,牢牢掌握意识形态工作领导权。开展领导班子夺杯竞赛,形成比学赶超良好局面。开展创先争优和党员建功立业活动,有效发挥党员先锋模范作用。落实全面从严治党主体责任,定期研究全面从严治党及反腐倡廉工作,领导班子成员定期调研检查全面从严治党主体责任落实情况,扛起全面从严治党政

治责任。层层签订党建工作责任书和党风廉政建设目标责任书,开展基层党组织书记抓党建述职评议考核,压实全面从严治党主体责任。加强基层组织建设,深入开展先进党支部争创活动,抓实"新时代e支部"管理,夯实党建基础工作。检测中心探索推进"四个党建",促进党建与生产经营有机结合。深入推进传统媒体和新兴媒体融合发展。以建厂60周年为契机,召开建厂60周年纪念大会,开展干部职工徒步活动、职工花卉种植和展出活动,举办建厂60周年图片展、职工运动会,编辑《口述通钢故事》《通钢志》《纪念画册》,回顾通钢历史,传承通钢文化,展示通钢形象,提振职工士气。实施品牌形象管理,推进形象亮化工程,营造"走进新时代、建设新通钢"文化氛围。开展精神文明创建活动,顺利通过省精神文明单位验收,并获得省文明办免检资格。炼铁事业部初建军和炼钢事业部王勇分别获通化"道德模范"和"通化好人"荣誉称号。

(杜晓东)

【通钢大事记】

1月10日,吉林省司法厅副厅长王羚到通钢公司,围绕市司法局服务企业开展"123工程"情况进行调研。

1月11日,通钢公司召开2018年安全环保工作大会。

1月11日,通钢公司举办首届青年干部特训班结业典礼。

1月12日,首自信公司党委书记、董事长张宗先,党委副书记、总经理佘国平到通钢公司拜访。

1月12日,通钢矿业公司栗矿绿色茶源山泉水厂获得吉林省食品药品监督管理局颁发的《食品生产许可证》。

1月17—18日,吉林省安全标准化考评组到通钢板石矿业复评验收。

1月23日,北京首钢新钢联科贸有限公司董事长、总经理李文杰到通钢公司洽谈热轧宽带钢合作事宜。

1月25日,吉林省总工会副主席孙捷到通钢公司走访慰问。

1月25日,通钢公司召开第十一届职工代表大会。

1月31日,首钢矿业公司副总经理郭志辉到通钢公司考察交流。

2月6日,通化市市委书记王志厚到通钢公司调研。

2月6日,通钢公司召开相关方安全生产会议,通报国内近期几起安全生产事故,安排部署安全生产工作。

2月6—7日,通化市市委副书记、市长刘化文,市委副书记张宝宗走访慰问通钢公司省级以上劳模。

2月7日,新华社吉林分社社长陈俊到通钢公司调研。

2月9日,通钢公司召开本质化安全管理启动大会,确定型钢厂精棒线作为试点单位开展本质化安全管理试点工作。

2月12日,通化市市委副书记、市长刘化文,副市长田锡军到通钢公司调研生产经营,检查安全生产工作。

2月27日,通化市环保局环境监察支队到通钢公司,检查危险化学品、危险废物处置应急预案及应急演练工作。

3月1日—11月20日,通钢焦化厂4号5号焦炉大修。

3月8日,中国建设银行吉林省分行副行长王立生到通钢公司调研。

3月8日,首钢集团一季度协同采购交流会在通钢公司召开。

3月9日,通钢公司召开2018年党风廉洁建设暨反腐倡廉工作会议。

3月9日,通钢公司召开2018年警示教育大会。

3月12日,通钢公司举办第二期青年干部特训班开班典礼。

3月14—15日,首钢集团总经理助理卢正春到通钢公司参加2017年度领导班子民主生活会,并进行工作调研。

3月15日,吉林省安全监管总局安全总监鲍威达率第五督导组,到通钢矿业公司进行安全生产专项督导。

3月15—26日,通钢公司轧钢事业部高线厂年修,计划工期12天,提前24小时完成。

3月29日,通钢公司党委组织召开党委中心组(扩大)学习会,请吉林省委党校王雪雁教授做全国"两会"政府工作报告辅导。

4月3日,通钢公司召开2017年度民主测评会。

4月9日,吉林省临江市委书记钟铁鹏到通钢矿业栗矿公司调研。

4月9日，通钢公司举办TPM亮点发布会。

4月10日，白山市市长王冰、副市长于翠利到通钢矿业公司调研。

4月17日，通钢公司召开2018年一季度安委会会议。

4月17—18日，通钢公司党委书记孙毅带领党群各部门以及第二期青年干部特训班全体学员，到首钢矿业公司、首钢股份公司考察学习。

4月19日，首秦公司总经理沈一平到通钢公司交流首秦停产后设备使用问题。

4月20日，通钢公司召开一季度经营分析会。

4月21—26日，通钢公司炼铁事业部3号高炉年修。计划工期5天，实际工期比计划提前4小时36分。

4月20—29日，通钢公司炼铁事业部2号烧结机年修。计划工期228小时，实际工期比计划提前9小时15分。

4月20—30日，通钢公司炼钢事业部2号转炉年修。

4月22—29日，通钢公司炼钢事业部3号方坯年修。计划工期192小时，实际工期比计划提前18小时9分。

4月24日，国家开发银行吉林省分行行长郝成到通钢公司调研。

4月24日，中冶节能环保公司专家组到通钢公司，就钢渣处理项目进行初步设计审查。

4月25日，中建材北方水泥总裁张传军到通钢公司调研。

4月25日，通钢自信公司举行"马增毅创新维修工作室"成立揭牌仪式，这是通钢公司第一个跨单位协作的专业维修工作室。

4月26日，浦项钢铁海外事业部部长白贵周到通钢公司考察交流。

4月27日，通钢公司召开组建事业部大会暨能源事业部、炼钢事业部、轧钢事业部授牌大会，标志着市场化改革全面推开。

4月27日，通钢公司召开第二次民主评价会。

5月3日，通钢公司召开一季度相关方安全工作会议。

5月3日，通钢公司党委组建中共通钢公司炼钢事业部委员会和纪律检查委员会、轧钢事业部委员会和纪律检查委员会、能源事业部委员会和纪律检查委员会。

5月4日，通钢公司召开第十二次团代会。

5月5日，通钢公司举行"走进新时代，建设新通钢"领导人员徒步活动。

5月7日，通化市副市长蒋海燕到通钢公司调研。

5月9日，通化市市委副书记、市长刘化文到通钢公司检查环保工作。

5月15—18日，中国方圆标志认证集团公司专家组到通钢公司，就环境体系、职业健康安全体系、质量管理体系运行有效性进行现场审核。

5月17日，通钢公司举行第二期青年干部特训班结业典礼。

5月22日，吉林省司法厅党委书记、厅长张毅到通钢公司调研。

5月23日，吉林省委办公厅党刊室主任邓威到通钢公司调研。

5月24日，吉林化工学院党委副书记蔡立峰带领毕业生质量跟踪调查小组到通钢公司调查走访。

5月30日，首建公司党委书记、董事长杨波到通钢公司调研。

6月4日，通钢公司举办第151期入党积极分子培训班。

6月7日，通钢公司工会召开第十五次代表大会。

6月8日，在吉林省、辽宁省、黑龙江省十家行业协会举办的首届数字东北建设峰会上，通钢自信公司获2018数字东北建设突出贡献企业称号。

6月13日，首钢文化公司总经理撒元智率大型产业工人题材原创话剧《实现·使命》演出团队到通钢公司演出。

6月20日，通钢公司举行建厂60周年纪念大会。通化市市委书记王志厚、市人大常委会主任赵忠国、市政协主席纪凯平；首钢集团总经理助理卢正春、首钢股份财务总监李百征出席纪念大会。王志厚、卢正春分别在会上致辞。大会还举行升国旗、厂旗仪式和职工宣誓仪式，表彰2017—2018年度先进集体、先进个人及通钢工匠、通钢之星和功勋职工，开展大型徒步拉练活动。

6月20—21日，首钢集团副总经理赵民革、总经理助理卢正春到通钢公司调研。

6月25日，建信金融资产公司江飚副总裁到通钢公司调研。

6月29日，通钢公司党委开展“不忘初心、牢记使命”爱国主义教育活动。

6月30日—7月23日，焦化厂2号干熄焦年修。计划工期28天，实际23天16小时。

6月，通钢矿业公司碎矿车间维修班、炼铁事业部烧结作业区、炼钢事业部轧钢车间磨工、矿业公司选矿厂青松、矿业公司选矿厂改造创新等五个QC小组被评为冶金行业优秀、先进质量管理小组。

7月10—30日，通钢矿业公司球团厂年修。计划工期21天，实际工期比计划提前1天。

7月12日，通钢检测中心自主成功开发静态轨道衡车号自动识别系统。

7月17日，通化市副市长田锡军到通钢公司检查环保工作。

7月19日，新华社吉林分社社长陈俊到通钢公司调研。

7月19日，通钢公司召开上半年经营分析会暨夯实基础管理推进会。

7月20日，通钢公司获通化市2017年度纳税大户第六名，关春立团队获重大科技团队奖。

7月24日，国家应急管理部第九督察组到通钢矿业公司进行安全生产专项督导检查。

7月30日，通钢公司召开党委中心组学习（扩大）会，传达学习首钢集团党委扩大会暨上半年经济活动分析会精神。

8月1日，国家应急管理部华北科技学院课题组专家到通钢公司调研。

8月2日，通钢公司召开第十二次科技大会。

8月3日，吉林省第三生态环境保护督察组到通钢公司进行环保督察。

8月6日，通钢公司和吉林电子信息职业技术学院签订《现代学徒制定向培养协议书》。

8月7日，通钢矿业公司大栗子高炉对外出租后正式生产。

8月7—15日，通钢公司炼钢事业部1号转炉中修。计划工期9天，实际8.5天。

8月10日，通钢矿业公司塔东矿签订对外资产出租合同。

8月20日，通钢公司召开第十一届职代会代表团长联席会议，表决通过《首钢通钢公司2018年转型提效工作实施方案》、《首钢通钢公司与职工协商一致解除劳动合同实施办法》和《首钢通钢公司职工内部退岗休养实施办法》。

8月23日，通钢公司召开第三次民主评价会。

9月5日，通钢公司召开党委会会议，按照吉林省委、通化市委决策部署，决定在全公司范围内集中开展干部作风大整顿活动。

9月7日，通钢公司党委召开干部作风大整顿活动动员会议。

9月7日，通钢营口物流公司取得工商注销登记核准通知书，企业退出完成。

9月12—30日，轧钢事业部精棒线检修。计划工期20天，实际18天。

9月17日，吉林省委第四巡视组到通钢公司炼铁事业部3号高炉及炼钢事业部连铸、轧钢生产线调研。

9月19日，北京首钢国际工程技术有限公司党委书记、董事长李扬到通钢公司考察交流。

9月28日，通化市市委副书记、市长刘化文到通钢公司检查节日期间安全生产工作。

9月29日，通钢公司党委召开党委中心组学习（扩大）会。

9月30日，通钢公司举办“走进新时代、建设新通钢”职工运动会，是通钢公司近十年来规模最大、项目最全、参加人数最多的大型体育盛会。

10月11日，中国铁路沈阳局集团公司总经理汤晓光到通钢公司参观交流。

10月11日，通化市中级人民法院院长张太范到通钢公司调研。

10月17日，陕西省安监局代表国家安监总局，到通钢公司进行钢铁企业重大生产安全事故隐患现场核验。

10月17日，通钢公司党委召开党委理论中心组学习（扩大）会，专题学习新修订的《中国共产党纪律处分条例》等。

10月20—30日，通钢公司炼钢事业部3号转炉检修。计划工期282小时，实际比计划提前33小时30分钟。

10月21—29日，通钢公司炼钢事业部板带线检修。计划工期216小时,实际工期比计划提前25小时。

10月22日,首钢钢铁板块1—9月份经济活动分析会在通钢公司召开,集团领导赵民革、王洪军、刘建辉、卢正春,以及专业部门、板块各单位负责人参加。与会人员参观了轧钢事业部本质化安全试点和3号高炉现场。

10月22—27日,通钢公司炼铁事业部2号高炉检修。计划工期120小时,实际工期比计划提前4小时2分钟。

10月22—31日,通钢公司炼铁事业部1号烧结机检修。计划工期240小时,实际工期比计划提前24小时。

10月22日—11月3日,通钢公司能源事业部7号发电机组检修。计划工期336小时,实际工期比计划提前45小时30分钟。

10月23日,通钢公司召开风控体系建设启动会。

10月24—30日,通钢公司焦化厂1号干熄焦检修。计划工期180小时,实际工期比计划提前26分钟。

10月28日,通化市副市长田锡军到通钢公司检查环保工作。

10月,通钢公司低合金高强度结构钢热轧钢带、热轧花纹钢板和钢带,获得由冶金工业质量经营联盟颁发的冶金行业品质卓越产品证书。

11月6日,通钢公司工会召开学习贯彻中国工会十七大精神专题会。

11月7日,通钢公司下发通知对机构进行调整。公司机关取消处级建制,将原有的29个部、处,调整为10个部,同时将机关非管理职能机构调整为管理中心。

11月14—16日,首钢股份公司副总经理李景超带领炼铁专家,到通钢公司围绕高炉护炉、铁前一体化现场指导。

11月19日,通钢公司党委组建中共通化钢铁股份有限公司炼铁事业部委员会和纪律检查委员会、检测中心委员会和纪律检查委员会、应急保卫中心(武装部)委员会和纪律检查委员会、创业服务中心(党校、培训中心)委员会和纪律检查委员会。

11月20日、22日,通钢公司举行公开选拔领导人员笔试和面试考核,91人参与竞聘处级助理岗位。

11月27日,吉电股份二道江发电公司总经理孙海博到通钢公司调研。

11月28日,通钢公司党委召开党委中心组专题学习(扩大)会暨11月份党群工作例会。

11月29日,通钢公司在吉林电子信息学院组织专场招聘会。魏国友参加并就院企深入合作进行交流。

11月29日,通钢公司组织召开矩阵式全员安全培训模式经验介绍暨启动大会。

11月,通钢公司取得吉林省生态环境厅关于新1号焦炉、5号烧结机和3号转炉项目固体废物和噪声专项环保验收批复报告。

12月3日,北京产权交易所出具通化市诚信监理公司国有资产交易凭证,标志着通钢公司完成参股企业诚信监理公司的企业退出工作。

12月4日,通化市副市长蒋海燕到通钢公司调研。

12月4日,长春长德经济开发区党工委书记、管委会主任王柏松到通钢公司考察洽谈。

12月5日,通钢公司召开警示教育大会,通报以孙利军案为主的违纪违法典型案例;通报了给予孙利军开除党籍、撤销职务、解除劳动合同的处理决定;传达了《首钢集团公司党委关于学习贯彻北京市领导干部警示教育大会精神的工作意见》,提出了相关要求。全公司L9以上领导人员和部分有业务处置权人员320多人集体接受了警示教育。

12月5日,通钢公司党委召开新提职(挂职)干部集体谈话会。孙毅对新提职(挂职)领导人员提出工作要求。

12月13日,通钢公司在沈阳召开2018年度客户座谈会。

12月20—21日,通钢公司组织L9以上领导人员及部分有业务处置权人员,到吉林省廉政警示教育基地接受警示教育。

12月22日,吉林省政府副秘书长张凯明到通钢矿业公司塔东矿考察冰雪项目事宜。

12月24日,通化市副市长蒋海燕到通钢公司调研。

12月26—27日,首钢集团公司总经理助理卢正春带领铁前专家,到通钢公司指导研究高炉治理方案。

12月31日,通钢矿业公司、通钢磐管公司"三供一业"全部移交地方政府。

(冯世勇)

吉林通钢矿业有限责任公司

【通钢矿业领导名录】

党委书记:张成武(11月离任)
于鹏举(11月任职)
党委副书记:吴 波(12月任职)
刘志坚(12月任职)
党委书记助理:刘志坚(12月离任)
纪委书记:刘 波(11月离任)
刘志坚(12月任职)
工会主席:刘志坚(12月任职)
工会常务副主席:刘志坚(12月离任)
董事长:吴 波
经 理:吴 波
副经理:于鹏举(11月任职) 张 勇(12月任职)
朱生青(12月任职) 苑广智(12月任职)
经理助理:张 勇(12月离任)

(冯井亮)

【概况】 吉林通钢矿业有限责任公司(以下简称"通钢矿业")位于白山市浑江区板石街道,是通钢主要的含铁原料基地。成立于2007年7月,占地面积1010.2万平方米,注册资本110170.5万元;通钢公司持股93.79%、吉林省国有资产管理有限公司持股6.21%。在册职工2405人。下辖5个控股公司:板石矿业公司、大栗子矿业公司、通钢桦甸矿业公司、建平通钢矿业公司、敦化塔东矿业公司;2个参股公司:通钢营口澳矿加工有限责任公司、澳大利亚IMX公司。各子公司主要位于吉林省内白山地区、吉林地区、延边州境内及辽宁省西部、南部地区。

(冯井亮)

【主要指标】 2018年,通钢矿业生产成品矿116.6万吨,比年初计划少完成3.5万吨;生产球团矿125.08万吨,比计划多完成1.48万吨;经营亏损4.14亿元,比预算减亏0.76亿元。

(冯井亮)

【生产经营】 通钢矿业克服自产铁精粉减少困难,强化原料平衡,确保球团保供。上青矿、井下矿回收边部薄矿、零星矿2.7万吨,露天矿回收残矿5.11万吨,全年实现自产铁精粉100.5万吨。拓宽辐射范围,加大周边原料收购力度,外购铁矿石30.73万吨、铁精粉20.8万吨。开展球团作业率攻关,通过环冷机提速改造等措施,创出日产4318吨的新纪录。注重生产运行质量,深入开展对标缩差,重点指标有所改善。井采单位优化深孔及装药设计,回收返粉药用于二次爆破,炸药单耗较2017年优化0.02千克/吨。选矿钢铁球改变结算方式,降低磨选工艺负荷,单耗较2017年优化0.04千克/吨。球团厂改造环冷机水封,治理跑灰、漏灰点位,含铁原料消耗较2017年优化2.3千克/吨。

(冯井亮)

【安全环保】 规划重点环保治理项目18项,投资5085万元,年内自主完成整治9项。完善环保设施,投资300万元为球团、选矿老系统、上青矿更换除尘器布袋,保证达标排放。规范危险废物管理。修建标准危险废物库房6座,清理沿河堆放渣石1处,送储废矿物油18.4吨、废旧油桶4.62吨。上青矿一期等三个独立系统安全标准化二级资质复审验收通过。桦甸矿完成三道沟铁矿等四个三级评审、验收。栗矿获取东风矿安全标准化三级企业证书。2018年,查出隐患780项,治理780项。加大相关方安全管理,组织日常检查和专项检查21次,排查治理隐患187项。通过了省政府驻地环保督查和中央环保督查"回头看"。

(冯井亮)

【降本增效】 通钢矿业围绕生产组织、物资采购等5个方面制定14项具体措施,确定51项重点工作,按"四定"原则逐级分解落实。大栗子矿强化生产管控、盘活闲置资产、非矿项目开发多点发力。上青矿、井下矿、露天矿千方百计找矿源,实现增产增效;选矿厂、铁运处寻求产量与效率的结合点,灵活调整生产组织策略;球团厂向设备作业率集中发力,用高效率换取高效益。2018年,降本增效6403万元,一般技术创新项目立项77项,创效2252万元。实施技术创新课题攻关项目9项,6项课题完成合同约定,创效927万元。

(冯井亮)

【企业改革】 通钢矿业修订完善145个操作序列工种岗位说明书,182个专业序列职务说明书,合并班组9个,核减定员58人,编制定员较2017年优化2%。落实转型提效实施方案,内退、协商解合分流136人。在岗职工由2059人精简至1969人,精简4%,人工成本较2017年同口径降低1508万元。

(冯井亮)

【内部管理】 完善法人治理结构，重新修订矿业公司和子公司《章程》，及党委会、董事会、经理层工作规则，规范“三重一大”决策管理。加强制度建设，先后2次梳理现行管理制度622项，修订49项，废止35项。开展管理督查评价9项。立项实施53项管理创新课题，组建自主管理活动圈94个，确立活动主题209个，创效780余万元。以创建“花园式”矿山、“7S”现场管理活动为载体，实施矿区“净化、绿化、美化、亮化”工程，2018年，植树3000余株，恢复草坪2000余平方米。

（冯井亮）

【党的建设】 通钢矿业抓住两级班子政治建设、思想建设、作风建设不放松，形成“头雁”效应；全面推进三支人才队伍建设，打造高素质团队；坚持全面从严治党，增强规矩意识、纪律意识，促进思想作风、工作作风转变。开展60年厂庆、矿庆系列活动，培育短板文化，传播正能量，弘扬主旋律。紧跟生产经营变革步伐，抓适应性教育培训，2018年，举办培训班320期，培训5129人次。关注职工思想动态，超前做好解疑释惑、矛盾化解，维护和谐稳定。发挥群团组织桥梁纽带作用，开展“四季恒温”活动，构建对困难职工多层次、多层级帮扶救助服务体系，不断增强企业凝聚力、向心力。

（冯井亮）

吉林通钢国际贸易有限公司

【通钢国贸领导名录】

党委副书记：赵国惠（主持工作）
党委副书记：苑桂佳（12月任职）
纪委书记：江志伟（11月离任）
　　　　　苑桂佳（12月任职）
工会主席：江志伟（11月离任）
　　　　　苑桂佳（12月任职）
副董事长：赵国惠（主持工作）
副经理：赵国惠（主持工作）
副经理：郭建学　张曙光（12月任职）
　　　　李　海（12月任职）
经理助理：王晓华（11月离任）

（王广晟）

【概况】 吉林通钢国际贸易有限公司（以下简称“通钢国贸”）位于吉林省长春市，是通钢全资子公司，2004年5月成立，注册资本10亿元，是经营建筑用钢材、型材、板材及国际贸易、仓储物流，兼营煤炭、铁精粉、含铁原料、化工原料、冶金炉料、机电设备、工矿等产品的大型冶金综合贸易企业，兼通钢销售管理职能。现有在册职工104人。下辖3个全资子公司：通化钢铁集团进出口有限公司、吉林通钢物流有限公司、通钢集团（香港）有限公司；1个控股公司：长春通钢国贸钢材仓储有限责任公司；4个参股公司：通钢辽宁板材加工配送有限公司、苏州通钢舜业钢材加工配送有限公司、杭州通钢东联钢材加工配送有限公司、浦项通钢（吉林）钢材加工有限公司。

（王广晟）

【主要指标】 2018年，通钢国贸销售钢材404.46万吨，实现销售收入167.68亿元，实现利润518万元，进出口贸易额25668万美元，钢材跑赢市场1.31%，进口矿跑赢市场6.32美元。

（王广晟）

【市场营销】 2018年，实现产销率100.08%，比预算高2.08%，回款167.68亿元。以产品边际效益排序为原则，及时调整品种结构和区域流向，适时调整销售政策，全年实现平均单价4034元/吨，同比提高305元/吨；推进产品比例64.48%，同比提高18.29%。推进产品创效2.27亿元，比年度预算多完成0.27亿元。全年开发品种14个，主要品种实现批量销售。开发板材新客户15个，实现板材品种销售1.04万吨。矿渣销售价格为东北最高，全年创效1740万元。废旧物资通过电子商务平台竞价销售6277吨，盘活废旧物资194.61万元。全年外销烧结矿29.59万吨。通过磨账、招标、拍卖、竞价等方式处理库存积压产品及非计划材8220吨，实现创效1029万元。

（王广晟）

【现货销售】 2018年，通钢国贸开发中小客户903家，现货总客户数量1689家，新开发客户数占总数的53%，高标准完成开发850个中小客户目标。哈尔滨现货稳定运行与龙煤“煤钢互换”业务模式，充分抓住招标过程中的一切资源和信息提升销售价格，向龙煤等大型合作客户供应钢材5万吨，比市场销售增利1550万元。抓住市场区域价差时机，调配资源2.6万吨，其中北材南调2.03万吨，东北区域间调配0.42万吨，南方区域间调配0.15万吨，合计增加利润92万元。通过一站式

用户服务，中交物资年采购量5万吨、中铁物贸沈阳年采购量2万吨。为深圳地铁和佛山地铁等项目供货8.6万吨。重点工程业务开发新项目20个，实现销量7.23万吨，涵盖省内当年新开工的所有高速公路项目。

（王广晟）

【国际业务】 2018年，通钢国贸累计进口原燃料466.78万吨，完成年度预算的114.29%，通过内部协同采购，主动靠前服务，配合炼铁事业部实现进口矿跑赢6.32美元。全年出口钢材销售6.63万吨，自6月起在内外贸销售价差持续拉大的情况下，通过市场研判、秉承效益优先原则，放缓出口，将资源转向国内，吨钢利润52.79元/吨。全年招标33笔，通过招标竞价节省费用655万元，其中委托代理进口业务的代理费由2017年的2元/吨降低至2018年的1元/吨，全年降本92.71万元。

（王广晟）

【物流业务】 2018年，吨钢销售物流成本91元，物流费用36924万元，分别比预算低9.99元/吨和5685万元。1月1日股份公司与铁路沈阳铁路局通化火运中心签订《运输总包合同》，铁路运输成本吨钢下降18.6元，全年创效5845万元。逐步规范汽运物流，通过对所有销售物流、部分采购物流公路运输统一竞标，全年竞标86余次，吨钢同比降低8.68元，同比降低运输费用394万元。通过调整定价模式、与合作企业协商减免费率，累计降低物流费用462.5万元。加强对物流公司管理，全年收取管理费139万元，实现利润79万元。

（王广晟）

【融资及资金运作】 2018年末，综合融资成本4.6%，较年初计划下降0.3%。通过与集团银承、现款置换工作，减少银承贴现额度及贴现天数，全年降低财务费用支出126万元。通过垫资采购和融资规模全年垫付通化钢铁资金28.04亿元。为了做大做强现货，在银行授信无法增量的情况下，全年通过钢材贸易采购累计融资额6.4亿元。从3月份至9月7日营口市鲅鱼圈区商场监督管理局下达注销通知，历时6个月完成吉林通钢（营口）物流有限责任公司的清撤工作。

（王广晟）

【党的建设】 组织签订党委班子成员及领导人员党风廉政建设责任书，并将责任书延伸到三、四级专责师。确定廉洁风险点40个、细化业务风险等级防控措施119条。组织现货销售、重点工程等业务专题研讨6次，组织营销、合同、企管、期货培训9次。对重点工程用钢、汽运海运物流、原燃料采购、废旧物资销售等组织网上投标竞价303次，实现创效1078万元。组织近60项制度修订，开展专题培训5次、制度讨论9次。党委书记带头检查各支部基础材料3次，班子成员以普通党员身份参加所在党支部组织生活会5次，组织上党课13次，抽考党建100题3次35人。分解落实宣传报道计划并持续督办落实，全年在报纸、电视和广播发稿96篇，集团在线发布信息87条，国贸在线信息互动134条。组织办公场所修缮、外环境整治、自来水管路改造等，改善员工办公环境。

（王广晟）

吉林市焊管有限公司

【吉林焊管领导名录】

党总支书记：周　杰

执行董事：周　杰

经　理：周　杰

（张淑梅）

【概况】 吉林市焊管有限公司（以下简称"吉林焊管"）位于吉林省吉林市，是通钢集团全资子公司，2004年8月成立，注册资本8650万元；占地面积15.06万平方米。主要产品为精密焊管、汽车用管、石油管。现有在册职工7人。

（张淑梅）

【主要指标】 2018年，吉林焊管产量1.73万吨，销量2.17万吨，利润-259万元。

（张淑梅）

【工艺装备】 吉林焊管拥有从意大利进口的具有20世纪90年代国际先进水平的整套直径219毫米，国产直径114毫米、直径76毫米、直径60毫米、直径50毫米、直径45毫米、直径32毫米精密焊管生产线，共计七条；8毫米厚大型宽板纵剪机组一条，两台小型带钢纵剪机；还有超声波探伤、水打压机、在线热处理、多套去内毛刺等配套辅助设备，可年产直径15—219.1毫米圆型管、15毫米×15毫米—175毫米×175毫米方形管、15毫米×20毫米—100毫米×150毫米矩形管及六面体、P型管等异型管等高品质焊管，年产能15万吨。高频焊接钢管产品已通过 ISO9001 质量管理体系认证、环境管理体系认证、职业健康安全管理体系三体系认证工作。与一汽集团、大庆油田、龙煤集团等国内大型国有企业形成稳定的长期供货关系。

吉林焊管共形成六个系列近 200 种规格的产品。圆管系列产品,涵盖从直径 12.7—219.1 毫米的各规格产品;矩形管系列产品,涵盖从 10 毫米×30 毫米—140 毫米×150 毫米的各规格产品;方管系列产品,涵盖从 20 毫米×20 毫米—150 毫米×150 毫米的各规格产品;异型管系列产品,涵盖从 P 形、六面体、鼓型管等异型多面体的各规格产品;超薄高强钢系列产品,涵盖 500MPa、700MPa、1000MPa 等各规格的产品。在不断开发焊管产品的同时,还围绕工艺及产品特点延伸开发出精品带、扁钢等加工产品。特别是在精密管和异型管加工上,已初具规模,形成了独有的产业特点。

(张淑梅)

磐石无缝钢管有限公司

【磐石钢管领导名录】

党总支书记:李太仁

执行董事:李太仁

经　理:李太仁

(李太仁)

【概况】 磐石无缝钢管有限公司(以下简称“磐石钢管”)位于吉林省磐石市烟筒山镇,是通钢集团的控股公司,1998 年 10 月成立,占地面积 39.29 万平方米,注册资本 18782 万元;通钢集团持股 87.05%,吉林省国有资产经营管理公司持股 12.98%。主要产品为无缝钢管。在册职工 2 人。

(李太仁)

【主要指标】 2016 年 10 月份始,磐石钢管推进转型提效,厂房及设备租赁给新企业即磐石铸诚无缝钢管有限公司。2018 年,亏损 1311 万元,其中支付“三供一业”移交维修费 500 万元。

(李太仁)

【工艺装备】 磐石钢管现有四条热轧无缝钢管生产线和一条冷拔无缝钢管生产线。其中包括:直径 90 毫米、直径 100 毫米、直径 140 毫米 Accu-Roll 热轧机组各一套,直径 76 毫米冷拔机组、直径 90 毫米热轧自动轧管机组,管加工机组,精整生产线。拥有系列专业完善的产品检测、试验装备,配置有涡流、漏磁无损探伤机,超声无损探伤、管端磁粉探伤机,高温拉伸试验机,70MPa 水压试验机,100 吨电液伺服万能试验机,光谱分析仪,500 倍金相显微镜,冲击试验机。可按国家标准、API 石油管标准及用户特殊要求生产结构用、输送流体用、低中压锅炉用、金刚石岩芯钻探用、汽车半轴管、液压支柱管、石油套管、油井管等上百组距的无缝钢管,具备年产 39 万吨各种规格材质无缝钢管生产能力。

(李太仁)

吉林通钢自动化信息技术有限公司

【通钢自信领导名录】

党委书记:郭延东

纪委书记:郭延东

工会主席:郭延东

执行董事:王树强

经　理:王树强

副经理:王君海

(侯佳清)

【概况】 吉林通钢自动化信息技术有限公司(以下简称“通钢自信”)位于吉林省通化市二道江区,是通钢集团全资子公司。2012 年 5 月,通钢集团在原通钢网航信息技术有限责任公司基础上,重组成立通钢自信公司。注册资本 5000 万元,总资产 7869 万元,占地面积 460 平方米,职工总数 113 人,其中在岗职工 96 人。设综合办公室、财务科、技术科、市场科、信息科和运行科 6 个科室。

(侯佳清)

【主要指标】 2018 年,通钢自信实现销售收入 2338.52 万元,其中:关联交易 1634.32 万元,工程收入 198.48 万元,对外经营收入 173.76 万元,盈利 402.02 万元。

(侯佳清)

【工艺装备】 通钢自信通讯系统核心设备采用华为软交换电话交换机,2018 年投入使用,为通钢提供通讯服务,固定电话近 2500 户。通钢自信有线电视网络系统采用 HFC 结构,数字电视用户 7000 余户。整体网络采用星型机构。外阜单位采用 DDN 专线与总公司互联,全集团终端数约 3500 台。使用 cisco 6513 作为核心交

换机，各子公司设有独立的机房，使用 cisco 3750 作为汇聚层交换机，为数据的安全稳定传输提供保障。网络出口处架设防火墙、上网行为管理、账号管理、web 网关等安全产品来保证数据和网络的安全。内网有 70 台物理服务器支撑业务系统，品牌包括 IBM、HP 等。采用虚拟化、云、SAN 等先进的技术，保证系统构架的高可用性、高可靠性、高可管理性和高扩展性。

（侯佳清）

首钢伊犁钢铁有限公司

【首钢伊钢领导名录】

党委书记、董事长：夏雷阁

党委副书记、董事、总经理：马金芳

党委副书记、纪委书记、工会主席：王　鹏

党委委员、董事、副总经理：王浩然

党委委员、财务总监：金　昆

副总经理：邵凤金

副总工：韩宝进

董事会成员：夏雷阁　任黎鸿　马西波　马金芳　王浩然

（朱双念）

【综述】 首钢伊犁钢铁有限公司（以下简称“首钢伊钢”）原为新疆石油管理局新源钢铁公司，始建于 1958 年。2006 年由河北前进钢铁集团有限公司重组控股成立“伊犁兴源实业有限公司”。2009 年，首钢控股有限责任公司整合伊犁地区钢铁企业，与天津前进实业有限公司共同出资成立“首钢伊犁钢铁有限公司”，2010 年 8 月，首钢伊钢项目签约，公司揭牌，注册资本 10 亿元，首钢控股、天津前进实业分别占股 75%、25%。公司位于新疆维吾尔自治区伊犁哈萨克自治州新源县则克台镇则新路 41 号，与宝钢集团八钢公司参股的新疆伊犁钢铁有限责任公司毗邻。首钢伊钢下设巴州凯宏矿业（相对控股）、库车县天缘煤焦化（控股 60%）、库车县金沟煤矿（控股 60%）、乌恰县其克里克煤矿（控股 90%）4 家企业，总资产 62 亿元人民币，职工 1000 余人。公司现有主要装备：410 立方米高炉 1 座、80 万吨链篦机回转窑球团生产线 1 条、40 吨氧气顶吹转炉 2 座、方坯连铸机 2 台、板坯连铸机 1 台、650 轧机带钢生产线 1 条、年产 80 万吨 850 中宽带生产线 1 条、合计年产 30 万吨高频直缝焊管生产线 6 条、每小时 6500 标准立方米制氧机组 1 套、日产 500 吨套筒石灰窑 1 座、50000 立方米转炉煤气柜、日处理 7900 立方米污水处理站及焦化厂 45 万吨焦炉 2 座。公司已建成集采矿、选矿、采煤、炼焦、炉料、炼铁、炼钢、钢铁制品为一体的产业链，年产铁精粉 150 万吨、焦炭 90 万吨、生铁 60 万吨，钢坯 60 万吨。上游主要产品有铁精粉、焦炭，下游主要产品有钢坯、热轧窄带钢、热轧中宽带钢、直缝高频焊管及方管等。

2018 年，首钢伊钢紧密围绕首钢集团党委要求部署，结合年度经营生产计划目标，发挥“一体两翼”产业协同优势，以突出增收节支降成本、优化生产组织、提高经营效益等工作为重点，全力组织推进碱性球团试验和高炉大比例球团冶炼工作，维持一座 410 立方米高炉安全稳定运行，并通过强化现有装备运行能力、优化炼铁入炉料结构、调整能源平衡、完善机构设置和精简人员等一系列措施，努力提高经营生产效益。

（朱双念）

【主要经济指标】 2018 年，首钢伊钢生铁产量 28.74 万吨，比上年升高 5.27%，较年计划降低 14.97%；钢坯 27.91 万吨，比上年升高 7.02%，较年计划降低 17.43%；带钢 27.37 万吨，比上年升高 6.83%，较年计划降低 17.11%；球团矿 40.57 万吨，比上年升高 61.18%，较年计划降低 5.65%；铁精粉 101.25 万吨，比上年升高 97.41%，比年计划升高 12.5%；焦炭 83.07 万吨，比上年升高 11.20%，比年计划升高 18.67%。

（白　强）

【成本控制】 2018 年，首钢伊钢通过全球团冶炼降低生铁成本，同时配加小粒废钢提高产量、经济技术指标，进一步降低生铁成本;利用现有产能,平衡销售市场,通过先款后货、以销定产、产销结合等组合方式,降低库存资金占用,保障资金回笼,提高资金利用率。

(白　强)

【**制度建设**】　2018年,首钢伊钢加大制度建设,促进企业规范管理,管理水平得到有效提升,各专业部门工作有效开展。下半年开始对各单位工作职责进行全面评估,按照职能确定职责的要求对现行的管理职责进行重新制定和细化,共梳理出机关部室管理职能370余项,细化职责650余条,基本涵盖所有专业领域,职责内容更具体、更全面、更具有操作性。2018年,共下发各类规章制度文件20项,废止原规章制度6项。全公司现行有效规章制度为138项,其中:制度30项、办法69项、规定细则33项、直接执行当地政府文件6项。通过规章制度的编制、制定、修订、完善,基本适应首钢伊钢当前管理需要的规章制度体系。

(姚　坤)

【**球团冶炼攻关**】　2018年,首钢伊钢在诸多困难下,采取多种措施进行大比例球团冶炼攻关工作。持续进行高比例球团冶炼攻关,持续开展碱性球团的工业试验工作,在2017年攻关基础上,通过持续优化配比,提高球团碱度,提高干球强度,链篦机回转窑工艺改造(加装辅助烧嘴)等措施,碱性球团工业试验和全球团冶炼攻关取得成功,积累第一手数据资料。球团平均入炉配比由2017年的30%提高到2018年5月的79.1%,6月份以后基本达到95%以上,实现全球团冶炼,彻底摆脱外购烧结矿,创造出国内全球团冶炼的先例。实施全球团冶炼后,吨钢成本比购买烧结矿时的成本降低400元左右,高炉各项指标均明显提高,高炉综合入炉品位由53.4%提高到54.5%,生铁日产量创1300吨最高纪录,平均日产较2017年增加200余吨,铁前成本逐步降低。

(王道慧)

【**技术创新降成本**】　为降低铁水运输过程中的热损失,通过铁水包加盖方式减少铁水温度损耗,降低铁水消耗,铁包加盖后较铁包加盖前铁水温度提高10℃左右,间接性降低生产成本,同时还避免和减少铁水粘包事故的发生。通过对中间包渣线料和冲击板的技术改进,杜绝踏料污染钢包现象发生,延长连浇时间,连浇时间较改造前增加5个多小时(改造前平均20小时左右,改造后达到25小时左右),有效提高中间包的利用率,就此一项每月将为公司节约中间包修筑费用约20余万元。

(王道慧)

【**机构和薪酬改革**】　持续推进转型提效工作。在2017年下半年开展机构改革基础上,按照精干高效要求,系统设计机关管控职能,优化作业部基层组织,重拳开展减员工作,截至2018年9月底钢铁本部总人数基本控制在1000人左右,较2017年12月底的1559人减少了559人,下属企业总人数在2017年总人数基础上也有相应减少,提前完成集团公司下达的转型提效年度目标,保证公司改革顺利推进。提高劳动效率工作成效显著。通过2018年重拳开展转型提效工作,在工作量不变的情况下,职工总数降低36.83%,解决原有人浮于事,工作效率低等问题;持续推进对各单位机构设置、岗位进行梳理调整,班组设置量较2017年减少27.2%,班组长人数较2017年减少37.2%,一线班组设置更加合理,岗位设置更加趋于实际,重点剥离一些看守性的岗位设置,持续推进四班工作制;劳产率指标明显提升,首钢伊钢在2018年中通过打“提产、减员、优化机构”等组合拳,取得较好的效果,劳产率指标由2017年的163吨/人·年,提高到2018年的242吨/人·年。薪酬考核体系改革深入实施。坚持职工收入与公司整体效益、与本部门绩效考评、与本人月度工作效果评比挂钩,进一步优化绩效考核,推进薪酬制度改革。2018年上半年先后制定下发各单位经营目标责任书、工资管理制度和奖金管理办法,设计管理岗位和操作岗位月度绩效考核表,明确考核内容,细化考核标准,增强专业部门服务意识和工作积极性、主动性。

(张　翊)

【**推进产销一体化**】　2018年,首钢伊钢严格按订单组织钢轧生产,钢轧系统统一排产,在保证炼钢连浇炉次,降低成本的前提下,按订单量组织钢坯生产,避免钢坯积压产生资金占用。带钢方面与销售公司协调,尽可能地在订单内安排烫辊材和过渡材,做到实时沟通,严格进行过程管控,确保轧制计划兑现,2018年平均订单兑现率为92%,较2017年提高2%。

(秦新义)

【**销售渠道拓宽**】　2018年,首钢伊钢调整销售渠道,扩大直供户和终端客户的比例,在带钢渠道管理上重点引进新疆聚鑫盛商贸有限公司、新疆聚君盛商贸有限公司、库尔勒鑫洪旭金属制品有限公司等直供客户,未增加经销商数量，全年累计销售带钢22.78万吨，直供户终端客户销售比例达到90%以上。按照跑赢市场的总要求，首钢伊钢持续开展同宝钢新疆八一钢铁对标工作，并根据市场变化情况及时调整产品销售价格，从总体上看首钢伊钢产品销售价格正逐步缩小同宝钢新疆八一钢铁的销售价格差。

（秦新义）

【安全管理】 结合国家对安全生产领域深化改革提出的新要求及公司优化组织、结构调整产生的新形势，首钢伊钢坚持稳中求进、迎难而上，始终把安全生产、环保及维稳工作当作头等大事来抓，贯彻落实《安全生产法》、安全生产责任制，以提升安全标准化管理，强化"把隐患当事故处理"体系建设为主线，深入开展对标检查，隐患排查治理，扎实推进各项安全生产工作。2018年度，首钢伊钢未发生工亡事故、重大交通事故、重大火灾爆炸事故；球团、炼铁、炼钢、轧钢四个单元于8月份取得二级安全标准化证书。

（陈凯平）

【环保管理】 根据伊犁州环保局应急中心"关于根据伊犁州环保局迎接中央环保督察"的要求，首钢伊钢落实整改要求，相继完成应急池、危险废物仓库、应急物资仓库加装视频并与伊犁州环保局监控中心联网，并编制应急预案，建设应急队伍；根据新源县环保局检查要求伊犁河流域两岸1公里范围内禁止存放固体废物，首钢伊钢通过废钢渣外卖、废渣堆平整、废土堆平整后种草等措施，达到当地环保要求。2018年排放量为：颗粒物656.458吨，二氧化硫65.112吨，氮氧化物68.337吨，完成排污许可及集团公司内部排放总量限额要求。

（陈凯平）

【党建工作】 完善组织机构设置，成立党群工作部，具体负责党（团）组织建设、宣传工作和企业文化建设、工会工作和民族团结、纪检监察等各项工作，配备专职人员，实现党群工作专业管理。对基层党支部进行重新划分设置，由原来的6个党支部调整为9个党支部，保证基层党的组织体系的系统完整；建立党建活动场所，设立公司党委活动室和各党支部活动室，将"三会一课"等基本党建工作制度要求和支委工作职责设计制作成宣传图版上墙，配置党员学习资料和党员读物，为党员开展组织活动提供硬件支持；制定定期例会制度，召开党群工作例会，对各支部党群工作进行评比考核，为生产经营保驾护航；开展形势宣传教育，加强职工思想政治工作。组织开展"党史知识竞赛""党的基本知识测试""每周一升国旗""戴党徽亮身份"等各类主题党日活动；组织三管六外人员到伊犁州纪委警示教育基地进行参观，接受廉洁从业警示教育；紧盯采购、销售、业务招待和工资分配等工作，加大线索处置力度。对设备部两起法律纠纷问题进行调查处理；推进集团内部工程审计暴露出的"伊钢技改5个项目竣工结算审计问题"的整改工作。

（文 玲）

【调研交流】

9月14—17日，首钢集团总经理助理卢正春一行5人到首钢伊钢开展为期4天的专题调研。

12月10日，新源县纪委监委有关领导李华一行5人到首钢伊钢参加"党风廉政建设和反腐败工作纪企监企共建示范点"揭牌仪式。

（文 玲）

巴州凯宏矿业有限责任公司

【凯宏矿业领导名录】

党支部书记、董事长、总经理：赵进学

副总经理：冉记东　李学文　辛世刚

副总经理、工会主席：余建华

（罗 燕）

【概况】 巴州凯宏矿业有限责任公司（以下简称"凯宏矿业"）是一家集矿山开发、矿石加工与销售的大型国有控股矿山企业，为疆内单一磁铁矿最大的生产企业之一，地处新疆维吾尔自治区天山南麓和静县巩乃斯镇乌拉斯台沟，218国道在厂区南侧通过，厂区海拔在2800—3600米之间，地势由北向南倾斜，属高山寒冷大陆性气候，年最高气温为28.7摄氏度，最低气温为零下48.1摄氏度。凯宏矿业于2007年12月21日注册成立，由新疆凯宏投资有限公司和巴州天山地质矿业有限责任公司两大股东组成。截至2018年12月31日，凯宏矿业资产总额为10.79亿元；设预选厂、一选厂2个生产单位；设生产检验部、设备供应部、安环部、综合事务部、后勤保障部、计财部、销售部7个职能部室；员工384人（不含采矿协作方的300余人）；投资建设一座占地面积8000平方米的"职工之家"，丰富员工业余生活。经过十多年实践，凯宏矿业形成“开拓、创造、和谐、无畏”的凯宏精神，坚持打造以建设富美和谐矿区为目标的凯宏文化。

（罗　燕）

【主要指标】 截至2018年12月31日，凯宏矿业累计生产铁精粉795.9万吨，销售铁精粉793.37万吨，销售矿石78.35万吨，实现销售收入43.51亿元以上，上缴利税11.28多亿元，实现利润3.58亿元。凯宏矿业2018年全年生产铁精粉104.5万吨，销售铁精粉97.52万吨，实现销售收入57479.78万元；在处理部分历史遗留不利因素的基础上，实现利润总额12460.17万元，主要经济技术指标不同程度提升和改善，企业发展潜力和经营效益初步释放。

（罗　燕）

【改革创新】 2018年，凯宏矿业以“理顺流程，破解难题，突出效率发挥”为重点，强化过程管控，确保生产稳定运行；推进绿色矿山建设，加大安全管控；顺利通过绿色矿山验收，全年杜绝重伤以上事故；以健全完善各项管理制度为抓手，全面夯实管理基础；初步修改完善各类规章制度三百余项，完善各单位、部门的工作职责，并编制全员的岗位说明；全面推进降耗增效工作，通过优化人力资源配置提高全员的劳动生产率，全面实行成本考核，强化成本管控；优化劳动组织结构，科学设置工作岗位，合理配置人力资源，提高全员劳动生产率，优化后公司定编人数由418人调整为384人，较2017年减少编制36人。

（罗　燕）

【人文关怀】 2018年，凯宏矿业全体员工参与县工会、妇联组织的“爱心一元捐”募集活动，履行社会责任，捐款已上交用于资助贫困妇女扶贫创业、贫困儿童公益助学、困难群体临时救助；参与“民族团结一家亲”活动，并制定相应的管理办法，干部7人与当地巩乃斯镇的贫困户结对认亲；为丰富员工业余文化生活，对生活区所有员工宿舍安装宽带，提高电视收视效果和信息交流条件。

（罗　燕）

【工会活动】 2018年，凯宏矿业工会以深入学习十九大精神为契机，开展“读总书记的书”全员阅读活动。工会开展“安康杯”竞赛、“安全月”、“爱国卫生安全健康教育知识讲座”等活动，“元旦”“三八妇女节”“端午节”“中秋节”为职工发放节日津贴和各种福利，有效促进和谐稳定的劳动关系，增强职工的凝聚力和向心力。

（罗　燕）

【夯实基础管理】 2018年是全面贯彻落实党的十九大精神的开局之年，凯宏矿业全体干部员工在董事会领导和经营班子的带领下，以“三个负责”（为企业负责、为员工负责、为社会负责）为使命，通过不断强化管理、抓逐级职责落实、突出经济效益为中心的生产经营工作原则，全面完成年初确定的各项目标任务。

（罗　燕）

【薪酬制度改革】 为激发广大员工工作激情，解决部分岗位收入与责任不对等问题，参照同类市场薪酬水平，考虑市场因素，重新核定员工薪酬，员工薪酬平均上调10%。2018年，员工人均月收入5824.41元，较2017年提高12.44%。

（罗　燕）

【调研交流】 2018年9月21日，新疆维吾尔自治区绿色矿山协会领导及州、县国土资源局领导和专家一行到公司，对凯宏矿业绿色矿山建设情况进行实地检查验收，并顺利通过绿色矿山验收。

（罗　燕）

库车县天缘煤焦化有限责任公司

【天缘焦化领导名录】

总经理：姜　涛

副总经理：王寿钧　汪和平

工会主席、党支部书记：张福松

总经理助理：陈大松

（赵文晨）

【概况】 库车县天缘煤焦化有限责任公司（以下简称“天缘焦化”）是由首钢伊钢控股的股份制公司，位于库车县北山矿区，法人代表：刘玉海；企业类型：有限责任公司；注册资金2.6亿元人民币；经营范围：机焦烧炼及附属产品销售；煤焦油回收、提炼及销售；粗苯生产、储存、销售；余热废气回收净化；焦炉煤气发电；钢材、铁、硅锰合金、建材、矿石、煤、氧化钙、设备、材料销售；厂房、场地、设备租赁；产品售后服务。公司从业人员400余人。

（赵文晨）

【发展沿革】 天缘焦化原为民营企业，隶属于新疆五洲集团有限公司，一期项目于2005年9月投产，占地

6.6 万平方米，设计规模 60 万吨/年，现生产能力 30 万吨/年，总投资 1.19 亿元。2005 年，随着客户对焦炭需求量加大，天缘焦化适时进行二期 90 万吨/年捣固焦改扩建项目。2010 年 9 月，为加速企业发展，促进企业转型，新疆五洲集团有限公司将 60%的股权转让给首钢伊犁钢铁有限公司，2011 年 1 月 24 日，天缘焦化完成股权变更，经库车县工商局备案，完成由民营企业向国有控股企业的转型。

（赵文晨）

【经营管理】 强化成本意识，抓好产品质量，提高公司信誉，拓宽销售渠道；加强工程质量监管，提高工程质量指标；抓安全生产管理，全年实现安全生产零事故。

（赵文晨）

【生产概况】 天缘焦化二期为年产 90 万吨焦炭的新工程项目，项目生产能力为：机焦产能 90 万吨/年、焦油产能 45000 吨/年、粗苯产能 13000 吨/年、硫氨 850 吨/年、硫膏 300 吨/年。项目采用国内技术较先进的 TJL4350D 型宽炭化室捣固焦炉，孔数为 2×72 孔，总体生产规模年产 90 万吨焦炭，包括配煤炼焦、回收化学产品，焦炉煤气净化，配套建设有完善的环保、劳安、卫生、消防等设施。化产回收和煤气净化采用国内先进的工艺设备，建设有冷鼓、脱硫、硫铵、粗苯工段。利用剩余焦炉煤气发电，做到保护环境，综合利用资源。

（赵文晨）

【主要指标】 2018 年，生产焦炭 83.07 万吨（其中加工气煤焦 72.53 万吨，加工冶金焦 10.54 万吨），生产煤焦油 4.17 万吨，生产粗苯 1.4 万吨，全年工业总产值 1.65 亿元（不含焦炭产值）。

（赵文晨）

【安全工作】 天缘焦化建立了完善的安全管理网络，总经理为第一安全生产责任人，对公司安全生产负责。公司配置专职安全员，业务上由公司安全生产委员会指导。依据上级文件要求，建立安全体系管理文件，规定全员的安全生产职责内容，明确并落实各级管理者的安全管理责任和岗位人员安全责任。同时管理制度中也进一步规范各层级管理人员及员工的安全管理活动行为、检查整改内容及评价验证标准，使安全工作步入“常态化、标准化”。2018 年共进行 36 次专项和综合安全生产大检查，检查范围覆盖全公司做到纵向到底、横向到边，不留死角。本着隐患就是事故的理念，对检查出的隐患定人员、定措施、定时间逐条进行整改，消除隐患，确保安全生产。

紧紧围绕“安全第一、预防为主、综合治理”的安全生产方针，以落实安全生产责任制、安全隐患排查、风险研判为抓手，从源头抓起、认真组织部署、抓落实，扎实开展各项安全生产工作，有效防范各类事故发生。2018 年，因工重伤、死亡、火灾爆炸、中毒等生产安全事故为零。隐患整改率 100%、教育培训率 100%、持证上岗率 100%、轻伤事故小于 4‰、安全职业卫生设施运行率 95%、未发生职业病、重伤以上事故、火灾爆炸事故、酒驾交通事故。

建立《安全风险研判与承诺公告制度》，按照“疑险从有、疑险必研，有险要判、有险必控”，“一级向一级负责、一级让一级放心、一级向一级报告”的原则，公司各岗位、班组、车间、部门每天做好自己职责范围内安全风险管控和隐患排查，自下而上层层研判、层层记录、层层报告落实公司全员、全过程、全天候、全方位安全风险的研判和管控责任，各车间在全面风险研判的基础上，落实相关风险防控措施，由主管领导承诺当日储罐、装置是否处于安全运行状态，安全风险是否得到有效管控，从 2018 年 11 月底开始在焦化分厂门口电子显示屏，公告每天的安全风险研判承诺，通过安全风险研判承诺制度建立全员、全过程的安全风险研判工作流程，落实安全风险防控措施，确保风险源处于可控状态，并将安全风险降至最低。

（赵文晨）

【环保工作】 天缘焦化 2018 年第一季度取得《排污许可证》，环保方面：“废气、废水”排放符合国家标准，“危废”全部回收再利用或储存，无丢弃现象；环境问题整改率 100%；炼焦车间无烟率≥97%；环保设施运转率≥98%；在线监测数据有效传输率≥96%，即数据有效率≥97%，数据传输率≥98%；环境污染事故为零。

（赵文晨）

【企业文化建设】 天缘焦化为活跃职工文化生活，在“5·1 劳动节”“国庆节”等节日期间举办各类文体活动，全厂职工踊跃参加。周六、周日晚上举办舞会，夏季举办职工篮球比赛，冬季举办拔河比赛，春节期间举办职工汇演文艺晚会。丰富多彩的节日文化生活，营造出天缘焦化祥和、文明、健康的文化氛围。

（赵文晨）

中国首钢国际贸易工程有限公司

【首钢国际领导名录】

董事长:张炳成

总经理:张炳成

副总经理:李本海　邱留忠

总经理助理:朱振财　周　芹

党委书记:石淳光

纪委书记:张　简

工会主席:石淳光

(李　佳)

【综述】　中国首钢国际贸易工程有限公司(原中国首钢国际贸易工程公司,2018年1月16日改制更名,以下简称"首钢国际")1992年成立,是首钢集团全资子公司,注册资本5亿元,主要经营进出口贸易、海外工程承包、国际经济技术合作、货运代理、宾馆服务业及境内贸易。首钢国际设矿产资源事业部、钢材贸易事业部、工程设备事业部、服务产业事业部、开发业务事业部计5个经营业务部门;运营管理部、财务部、党委组织部(人力资源部)、法务审计部、党群工作部(企业文化部)、纪委(监察处)、办公室(三办)计7个职能管理部门。在境内投资的企业有宁波保税区首德贸易有限公司、中都物流有限公司等,受首钢集团有限公司委托管理的北京首钢宾馆开发公司等。在境外投资的企业或机构有首钢国际(新加坡)有限公司、首钢国际(马来西亚)有限公司、首钢国际(奥地利)有限公司、首钢国际(加拿大)投资有限公司、首钢国际(印度)有限公司、首钢国际(韩国)有限公司、首钢国际(香港)投资有限公司、首钢控股贸易(香港)有限公司、首钢国际哈拉雷办事处,受首钢集团有限公司委托代管首钢秘鲁铁矿股份公司和东方联合资源(香港)有限公司等。首钢国际在册职工320人,其中高级职称43人(其中:教授级高级工程师2人),占在岗员工总数的17%;中级职称158人,占在岗员工总数的63%;初级职称48人,占在岗员工总数的19%。

2018年,是首钢国际全面贯彻习近平新时代中国特色社会主义思想和党的十九大精神的开局之年,是落实"十三五"规划承上启下的关键之年,是喜迎改革开放四十周年、首钢国际各项工作迈上新台阶、持续扩大开放成果的一年。在市国资委党委巡察督导下,在首钢集团的正确领导下,首钢国际履行管党治党政治责任,开创全面从严治党新局面,紧盯全年任务目标,大胆地试、勇敢地改、踏实地做,计划指标超额完成,各项工作稳中求进,实现持续、健康、稳定发展。

(李　佳)

【主要指标】　2018年,首钢国际实现利润13.43亿元;销售收入272亿元;进出口总额24.66亿美元;钢铁产品出口量102.92万吨;进口矿石总量3281万吨,其中集团内供矿量1866万吨。

(李　佳)

【矿石进口】　2018年,首钢国际采取各项措施应对市场变化:一是克服境外罢工及坏天气的影响,制订合理的装船计划和应变方案,在保证秘矿装运和基地使用的前提下降低滞期成本。二是根据不同的选厂提供优化的配矿及选矿方案,扭转新区大粒度销售不利局面并成为新的效益增长点;保供矿与贸易矿联动,实现整体效益最大化;加强矿石和船运业务协同,通过不同航线之间运力串换,降低运费成本;唐山地区市场开发厚积薄发,成为带动秘矿销售的新引擎;开辟宁波首德和首美公司直接办理进口报关新渠道。三是长协富余矿全部及时外贸销售,在为基地采购高品质原料腾出空间的同时提高长协矿执行率。矿产资源事业部全年实现利润12.11亿元,超额完成8.6亿元的年计划利润指标,全年跑赢市场1.6亿元。

(李　佳)

【钢材出口】　2018年,首钢国际对产品结构进一步优化,同时,高端产品和高端客户市场开发迈入新台阶。高端领先产品出口量73.25万吨,占总出口量的71%,较2017年提高12%;汽车板、硅钢、镀锡板三大战略产

品出口量58.15万吨，比2017年增加4.94万吨，增幅9.3%。2018年全年，汽车板出口41.3万吨；镀锡板出口7.5万吨，比2017年实现翻倍；硅钢全年出口量9.3万吨，比2017年6.8万吨增长36%，出口市场进一步扩大至19个国家和地区；薄规格家电板、楼层板、彩涂板、热轧汽车结构用钢、酸洗板和石油套管等高端领先产品出口量增加，在中南美、非洲市场开发上取得突破。国际高端客户群范围扩大，汽车板用户增加了法国标致雪铁龙、土耳其福特、乌兹别克斯坦通用汽车、德国欧宝汽车；镀锡板增加了欧洲CROWN集团和ASA集团、美国SENECA FOOD和BWAY；硅钢与美国艾默生、韩国LG和三星、印度特变电工等用户的合作规模稳定提升。除此之外，国际营销服务能力明显提升。2018年，为波兰、法国及西班牙主机厂建立起完善的DDP供应链，在法国和意大利新设立两个服务网点，配备大客户经理，在欧洲建立从港口、中间库、JIT仓库、加工、售前与售后的一条龙服务。首钢的产品制造能力和供应链安全保障能力得到客户高度认可。

（李 佳）

【海外工程】 2018年，首钢国际主要围绕印度市场、南美市场进行工程承揽及市场开发，实现了海外工程承揽选矿专业短板的提升。自印度JSL公司垃圾焚烧发电项目后，相继承揽印度SUNFLAG高炉改造项目、印度SUNFLAG高炉主风机系统改造项目及印度布山公司除尘项目，后期入围待评标的有干熄焦耐材修复、喷煤及铁水脱硫、80万吨综合钢厂、料场堆取料机等项目。在信息渠道建设方面，首钢国际不断摸索，形成各类工程承包商会信息收集、国内外工程供货商信息共享、老客户回访、机构实地核查等多渠道信息收集模式。2018年，首钢国际海外工程完成销售收入1.92亿元，实现利润5389.56万元，实现利润完成计划的108%，出口创汇6711万美元，完成计划126%。

（李 佳）

【设备引进】 首钢国际坚持以服务首钢为宗旨，稳步做好在手项目，设备引进业务较2017年有大幅增长。全年完成新签项目及备件合同32个，签约金额6735万美元，签约额比2017年增加10%。全年累计到货111批次，比2017年增加48%，到货金额1.35亿美元。完成MCCR、磨床等4个项目合同的减免税备案、审批。已为基地完成关税减免656万元，后续关税减免随到货批次稳步推进。为首钢集团重点工程及技改项目、备品采购供应提供有力保障。

（李 佳）

【综合服务业】 2018年，首钢国际以强化经营为中心、抓好安全为基础、落实整改为重点、依法合规管理为核心，努力提升管理、提高经营水平。首钢国际大厦出租率达95%以上；中关村皇冠假日酒店平均房价、单房收益率等指标在同品牌酒店中处于领先地位；东直门国际公寓适应市场需求，长、短租相结合，出租率和价格同步提高；渤海国际会议中心坚持“以承接会议为主营方向”，完成任务指标；南方公司海口房产、高鹏天成太平洋大厦相继取得不动产权证书，十多年的老问题得到解决；东直门土地边界得以查清，遗留三十年的问题得到解决。综合服务业销售收入3.61亿元，比上年增加1968万元；实现利润1223.41万元，比2017年增加641.32万元。

（李 佳）

【企业退出工作】 2018年，首钢国际加大对劣势企业以及历史遗留问题的处理力度，力求甩掉历史包袱，去除“出血点”，提高公司资金使用效率，助力首钢国际进入良性发展轨道。本着突出主业、精干主体、应退尽退的原则，首钢国际主动加压，于10月底，提前完成企业退出计划内首钢唐明（奥克兰）有限公司、东钢集团有限公司、安徽首文碳纤维有限公司和首钢国际澳大利亚分公司4家单位的退出工作，其中东钢公司为市国资委考核项目。12月底，提前完成计划外北京海研宾馆的退出工作。“十三五”以来首钢国际已完成企业退出14家。2018年，首钢国际对其他历史遗留问题也取得阶段性成果。首钢国际于2018年9月对马鹿河项目正式启动法律程序，希望通过采取法律途径维护企业利益，于2018年12月10日，中国国际经济贸易仲裁委员会受理立案。贺森项目已完成工作计划第一阶段，聘请律师就述讼结果可能性出具法律意见书，首钢国际正着手第二阶段基于法律意见书开展下一步工作。首钢国际组织推进落实与博文公司合作项目及其他事项整体处置签署的相关协议。2018年5月，高鹏天成成为首钢国际全资子公司，完成北京市审计整改事项。

（李 佳）

【内控体系建设】 2018年，首钢国际完成风控体系运行和首钢集团年度评估检查，规范业务流程，对国资委内控现场检查反馈问题，按部门逐项进行落实要求，认真完成整改；用个别访谈、穿行测试、实地查验、抽样和比较分析等方法，对内控体系现场测试和评估，未发现重大缺陷。通过质量管理体系的有效实施，规范了公司相关的管理活动和职责，理顺了内部管理关系，促进了部门间工作衔接与配合，加强了内部过程监视，保证了业务的持续、稳定发展。

（李　佳）

【党风廉洁建设】 首钢国际切实履行全面从严治党主体责任。加大统筹推进力度，2018 年先后 3 次专题研究党风廉政建设工作并进行全面部署，完善全面从严治党考核机制，强化检查结果运用。作风建设不断得到巩固，细化落实中央八项规定精神制度 2 个，组织重要时间节点监督和检查 8 次。突出抓好警示教育，严格落实北京市警示教育大会精神，不断提升党员领导人员廉洁自律意识，筑牢思想防线。监督工作深入扎实，推进首钢国际监督工作联席会机制建设，监督合力作用发挥得更加充分。先后组织开展违规乘坐飞机头等舱等专项监督检查。严格执纪问责。对 2018 年信访反映问题的 3 人进行谈话提醒，将“四种形态”落到实处。在 2018 年底，首钢集团组织的全面从严治党主体责任检查考核中，首钢国际综合考评成绩为优秀，排名位居前列。

（李　佳）

【企业文化建设】 首钢国际不断加强企业文化建设。在第十二届“情系中首”职工文艺汇演中，初次尝试网络直播，并增加新党员入党宣誓、向新入职员工发放《员工手册》等环节，既丰富了广大职工的精神文化生活，又凝聚了党员干部的思想共识。守正创新，典型引路，先进职工 9 人登台演讲，“中首人的故事”深入人心。规范文化品牌，编写《员工手册》，加强统一管理，规范员工行为，展示企业新形象。首钢国际构建和谐劳动关系，保障职工权益。对首钢国际集体合同进行重新编制，与海淀区人力资源和社会保障局完成公司集体合同签订工作。完成一届一次职代会提案的答复和落实工作，答复率 100%。为职工子女提供寒暑假期间托管服务，为职工办理公园年票，进行生日慰问，发放电影兑换券。在“元旦”“春节”“劳动节”和“端午节”为职工发放慰问品。为 16 人申办困难补助金共计 1.25 万元；为生活困难职工 2 人申请中央财政帮扶金、北京市帮扶金等各类基金、补贴，总计 1.8 万元；走访退休老干部、劳模、困难职工、在家病休以及境外职工家属和离退休人员共计 81 人次，送去节日问候并发放慰问品共计 1.7 万元。

（李　佳）

【职工队伍建设】 首钢国际坚持党管干部原则，强化职工队伍建设。加大年轻干部选拔培养力度，坚持干部新老交替、近期缺岗配备和满足长远需求相结合，提职使用“80 后”领导人员 5 人，其中处级 3 人，科级 2 人，把年轻干部纳入首钢国际人才储备库实施动态管理培养。利用内外部教育培训资源，提升职工素质。2018 年，举办各类专题讲座和业务培训 22 次，培训 589 人次。利用企业内部、外部两个人力资源市场，努力拓宽人才引进渠道，年内接收高校毕业生 7 人（其中，海外留学人员 1 人），引进首钢青年干部海外研修班学员 2 人，财务专业人员 1 人，社会招聘 1 人，人才队伍得到进一步优化。

（李　佳）

【安全工作】 首钢国际“认真部署、做到四个到位”，在强化基础管理、规范管理上下功夫，做到思想认识到位、主体责任到位、安全管理到位、执行落实到位，确保公司生产经营安全稳定。首钢国际按照北京市和首钢集团的部署，结合宾馆酒店等服务产业特点，坚持“生命至上，安全发展”的理念，围绕公司经营实际确定工作目标和思路，突出重点，抓安全主体责任落实和隐患排查整改；完善制度，做好制度保障和加大执行力度；组织安全月活动，加强安全教育和消防器材的操练；做好主要负责人安全培训，提高安全意识，共计 16 人参加培训；以 4 次安全生产大检查活动为抓手，检查 31 处重点部位，发现并整改隐患 13 处，不断夯实安全基础。

（李　佳）

【首钢国际大事记】

1 月 5 日，在首钢集团巡视整改工作会议上，集团领导对首钢国际下大力度破解“老大难”问题给予充分肯定，指出首钢国际在正常的运营管理外，投入大量精力直面历史遗留问题，做法值得借鉴。

1 月 16 日，完成工商变更登记，“中国首钢国际贸易工程公司”正式更名为“中国首钢国际贸易工程有限公司”。

1 月 29 日，首钢国际第一届职工代表大会第一次会议隆重召开，董事长、总经理张炳成作题为《携手新时代，推动中首公司持续健康发展》的工作报告。

2月12日，公司召开经营例会，强调要加强能力建设，打造协同高效的管理环境。

2月17日，中国驻秘使馆党支部与秘铁公司工程部党支部开展联学联建活动。中国驻秘大使馆商务参赞郝沁梅介绍国家对境外企业党建工作的新要求，指出要在健全组织机构、发挥党员作用和培养青年人等方面加大工作力度。

3月8日，公司召开2017年度领导班子民主生活会，首钢集团总经理张功焰，集团督导组及办公厅、党委组织部、党委宣传部等专业部门相关负责人到会指导。

3月20日，美方对中国钢铁企业发起"337调查"所引发的诉讼，包括商业秘密、反垄断以及反规避三个诉点，在历时两年后，全部以中国钢铁企业获胜而宣告终结。首钢国际代表首钢集团妥善应诉美国"337调查"受到中国钢铁工业协会表彰。

3月23日，秘鲁中资企业协会举行第四届会员大会，首钢秘铁公司再次被推举为会长单位，董事长孔爱民连任协会会长。

3月28日，首都精神文明建设工作大会召开，会上首钢国际获"2015—2017年度首都文明单位"称号。

4月9—11日，中国工商银行总行黄莹和秘鲁分行陶风华等一行3人到访秘铁公司，对该行贷款项目进行跟踪和评估。

4月25日，首钢集团召开2017年度先进表彰大会，首钢国际获"首都劳动奖状"。

5月16日，河钢邯钢党委书记、董事长郭景瑞，副总经理朱坦华及规划发展部、党委组织部(人力资源部)、自动化部、技术中心负责人一行到访首钢国际，受到首钢国际董事长、总经理张炳成，党委书记石淳光，副总经理韩健，以及运营管理部、办公室负责人的热情接待。双方领导互相介绍各自公司的发展现状，并就新时代下企业如何适应国家改革发展新要求等话题进行交流和沟通。

5月17日，北京铁矿石交易中心股份有限公司总经理游松，副总经理李达光、李杰一行到访首钢国际，与首钢国际董事长、总经理张炳成，总经理助理周芹及矿产部相关人员座谈交流。双方就铁矿石市场情况、期货交易以及矿石平台发展等内容进行交流。

5月27日，秘铁公司纪委书记、工会主席庄桂成到秘就职。开启首钢境外企业加强党建和党风廉政建设工作新篇章。

6月6日，为深入推进新时代全面从严治党向基层延伸，市国资委党委第九巡察组进驻首钢国际，对首钢国际党委开展巡察。

6月15日，力拓集团铁矿战略发展副总裁阿兰·史密斯，力拓中国区铁矿总经理陈胜等客人一行到访首钢国际，受到公司领导张炳成、周芹及有关部门负责人的热情接待。双方就感兴趣的中国铁矿石市场情况，首钢及力拓的生产、经营情况，力拓产品质量分析及改进方案等话题进行友好交流。

6月26日，首钢集团召开庆祝中国共产党成立97周年暨创先争优表彰大会，首钢国际获"首钢'六好'班子"称号。

7月15—16日，中央电视台《远方的家》"一带一路"摄制组到秘铁公司进行采访。

7月31日，首钢秘铁1000万吨精矿扩建项目的竣工，在秘鲁创造了"中国速度"和"首钢奇迹"。中国驻秘鲁大使贾桂德、秘鲁能矿部长弗朗西斯科·阿蒂略·伊斯莫德斯、伊卡大区主席费尔南多·何塞·希约尼斯、首钢集团副总经理韩庆，以及参与首钢秘铁扩建项目的设计、施工、监理单位的代表参加项目竣工仪式。新区达产后，秘铁公司年产能提升到2000万吨，将为首钢集团提供坚实的战略资源保障。

8月10日，首钢国际2018年度综合表彰暨第十二届"情系中首"职工文艺汇演隆重举行，公司领导张炳成、石淳光、李本海、张箭、邱留忠、朱振财、周芹，以及各单位负责人、业务骨干、先进集体和先进个人等参加会议。会上为新员工颁发《员工手册》，部分新入党党员重温入党誓词。

8月20—23日，首钢集团领导许建国带队到秘铁公司进行延伸检查。其间考察秘铁新区建设和生产现场，听取秘铁班子党建及生产经营工作汇报，查阅检查资料，给全体党员讲党课、慰问首钢职工。

9月7日，公司党委书记石淳光结合北京市国资委党委对首钢国际的巡察工作以及对中央全面从严治党、开展巡视巡察工作的理解和体会，在公司党委理论中心组学习会上，专题讲授题为《切实提高政治站位、抓巡察整改落实，全面提升党建工作水平》的党课。公司领导，各单位、各部门室主任以上领导人员参加。

9月11日，秘铁公司圣胡安支部召开党员发展会，一致同意接收积极分子王铮为中共预备党员，这是秘铁公司第一次在海外发展党员，也是首钢国际加强境外党建工作的具体体现。

9月18—20日，首钢国际举办2018年基层党组织书记培训班，深入学习贯彻习近平新时代中国特色社会主义思想和党的十九大精神，切实提高基层党务干部工作能力，进一步提升基层党建工作水平。首钢国际基层党组织书记及领导人员近50人参加培训。

10月12日，“践行核心价值观——中首人的故事”演讲比赛隆重举行，本次演讲比赛的主题是“践行核心价值观”，通过职工“讲故事”的形式，传递首钢国际的职工风采和文化内涵，为全面推动首钢国际持续健康稳定发展凝聚强大正能量。

11月2日，首钢国际下属企业北京首海国际经济技术咨询服务有限公司、北京首荣货运代理有限公司与华洋海事中心在首钢国际大厦举行合作协议及战略合作意向书的签约仪式。本次签约是首钢国际与华洋海事中心的首次合作，是实现优势互补、互利共赢的开始，双方将共同探索和构建合作发展的新平台、新途径、新机制，不断深化全面交流与合作，不断提升战略合作层次与水平，在互利合作中实现新的发展与跨越。

11月17—19日，“回眸改革开放40年　开启企业文化新时代——中外企业文化2018深圳峰会”隆重召开，首钢国际获“改革开放40年中国企业文化优秀单位”称号。

11月29日，中国对外经济贸易统计学会在北京召开“2018年(第九届)中国对外贸易500强企业论坛暨排名发布会”，发布《2018年中国对外贸易500强企业排名》，首钢国际以2017年进出口总额26.7亿美元名列第121位，与2017年相比提升8位。

11月30日，首钢国际召开党委会，传达学习贯彻全市领导干部警示教育大会精神，以及市国资委党委要求和首钢集团党委贯彻意见要求，研究首钢国际贯彻落实安排。

12月15日、21日，秘铁公司在矿区和利马举办2018年年会。中国驻秘大使贾桂德、秘鲁海军副司令欧亨尼奥·雷、国际刑警局局长梅里诺、秘鲁前驻华大使卡普纳伊、前能矿部长梅里诺、前能矿副部长西诺，秘中商会总经理何莲香，驻秘中资企业代表等参加利马年会。贾大使在致辞中肯定首钢秘铁公司2018年取得的业绩，祝愿首钢秘铁抓住发展机遇、再接再厉，为中秘务实合作做出更大贡献。

12月26日，海淀区副区长陈双带队到首钢国际调研，了解企业实情，帮助企业解决实际问题，并与首钢国际董事长、总经理张炳成，副总经理李本海、邱留忠等座谈。

(景建武)

首钢秘鲁铁矿股份有限公司

【首钢秘铁领导名录】

董事长：孔爱民

总经理：孔爱民

副总经理、新区项目总指挥：孟祥春

副总经理：吴忆民

纪委书记、工会主席：庄桂成

总经理助理：叶宝林

总指挥助理：马为民

总指挥助理：段明奇

总经理助理：谷广辉

(杜宝岐)

【综述】 首钢秘鲁铁矿股份有限公司(以下简称“秘铁公司”)是首钢1992年收购的控股子公司，总部设在秘鲁首都利马市耶稣玛丽亚区智利共和国大道262号，矿区在利马东南520公里的伊卡省纳斯卡县马尔科纳地区。首钢在秘企业还有首钢秘鲁电力股份有限公司、阿格纳夫企业集团股份有限公司、圣尼古拉斯海关代理公司和合资的首信秘鲁矿业公司。

截至2018年底，秘铁公司主要设备有：钻机8台、电铲9台、矿车32辆、旋回破碎机2台、鄂式破碎机1

台、中破机 7 台、细破机 6 台、堆料机 2 台、取料机 2 台、高压辊磨机 3 台、棒磨机 9 台、球磨机 14 台、过滤机 46 台、造球机 11 台、带式焙烧机 2 台、港口装船设备 1 套、海水淡化设备 1 套。公司生产球团矿、细精矿粉、粗精矿粉、马尔科纳粗精矿粉、粗粒度矿，大粒度矿，选矿厂年设计生产能力 1750 万吨，产品销往亚洲、美洲等市场，2018 年中国市场占总销量的 98%。

秘铁公司设生产技术部、工程部、物资部、安全环保部、财务部、人事行政部、办公室、审计室、法律室。员工 2049 人，其中首钢派驻 40 人。

2018 年，是秘铁公司发展史上至关重要的一年，是提质增效实现跨越发展的关键一年，同时也是任务重、困难大的一年。2018 年，秘铁公司以党的十九大精神和习近平新时代中国特色社会主义理论为指导，深入开展"两学一做"活动，坚持知行合一、学以致用，通过细致谋划、统筹安排，实现"三个突破"：产销量实现突破；新选厂和海淡厂按期竣工，企业规模实现突破，在秘鲁创造出"中国速度"和"首钢奇迹"；实现秘铁在境外发展党员"零"的突破。

（杜保岐）

【主要经营指标】 秘铁公司矿产量 1485 万吨；销量 1466 万吨；年产、销量比 2017 年分别增加 144 万吨和 178 万吨。在秘企业实现销售收入 4.73 亿美元，其中首钢秘铁公司 4.24 亿美元；在秘企业实现利润 1.14 亿美元，其中首钢秘铁公司实现利润 1.02 亿美元（以最终外部审计结果为准）。

（杜保岐）

【新选厂试生产】 新选厂边设计、边制造、边施工。克服待图、待货施工等困难，7 月 31 日新选厂及配套的海水淡化厂主体竣工，8 月 18 日首次投料试生产，单日最高产量 15100 吨，接近设计生产能力，截至 12 月底，新选厂累计产出铁精粉 50.8 万吨，品位保持在 70.5%以上。海水淡化生产基本稳定，日产成品水可以达到 17000 吨。加快新选厂定员和人员配备工作；为满足京唐公司要求，进行降锌试验，优化精矿指标。

（杜保岐）

【推进码头改扩建】 随着秘铁公司生产规模的扩大，码头运输成为制约秘铁生产的瓶颈。针对现有码头运行 50 多年的情况，秘铁委托天津一航院进行结构安全检测；一航院帮助秘铁培训定期监测的工作人员，秘铁按照一航院建议定期监测，尽可能延长码头使用寿命。委托一航院对现有码头接载 30 万吨矿石船的可能性进行研究。推进新码头建设前期工作，7—8 月份，海洋水文研究、可研和基本设计、环评三项工作已签署合同，2019 年 1 月开始现场工作。

（杜保岐）

【妥善推进工资谈判】 2018 年，秘鲁政局复杂多变，对工资谈判和社区工作带来影响。秘铁公司驳斥工会不实宣传，加强公关和企业宣传；有计划地开展社会捐助活动；妥善处理非法占地，维护企业合法权益；继续开办中文班，组织各种培训和多样化文体活动；采取原则性与灵活性相结合的措施，主动作为，通过做好秘鲁劳工部、伊卡劳工局工作，在工资谈判中率先与矿区工人小工会和职员工会达成协议，促成裁决条件，罢工两周后劳工局下达裁决。2018 年罢工期间，秘铁公司按计划组织新选厂调试，采场、选厂设备、设施检修维护等，将罢工影响降到最低限度。

（杜保岐）

【首信选厂达产】 首信选厂 2017 年底正式投产；2018 年 5 月，实现达产目标。2018 年，完成尾矿处理量 750.01 万吨，生产铜精矿 9.68 万吨（含铜金属 1.95 万吨）、铁精矿 65.41 万吨，分别完成年计划的 117.33%和 113.60%，实现销售收入 13772.56 万美元，税前利润 5411.42 万美元。2018 年 3 月，完成二期扩建项目可行性研究，11 月完成项目基本设计、厂址工程勘探及地形图复测，完成 15 种设备招标采购，项目环评、详细设计等工作有序推进。

（杜保岐）

【党建工作和廉政建设】 2018 年，秘铁党委以党的十九大精神和习近平新时代中国特色社会主义理论为指导，全面贯彻落实两级公司党委的工作部署，使秘铁各级党组织和全体党员在思想上始终与以习近平同志为核心的党中央保持高度一致。通过支部规范化建设、创建品牌支部、开展技术攻关。逐级签订党建工作责任书，落实"三会一课"制度。吸收积极分子入党 1 人，实现秘铁在境外发展党员"零"的突破，表彰优秀党员和先进职工 10 人。组织开展党风廉政建设责任制的修订与落实，领导人员落实党员廉政建设主体责任。做好专项治理与排查，加强风险防控。组织开展了全面从严治党突出问题整改、重点节日违反中央八项规定精神自查，稳步推进企业党员廉政建设加强。

（杜保岐）

【考察与交流】

2018年2月16—17日，中国驻秘使馆临时代办、政务参赞李昀一行到秘铁矿区，慰问春节期间在秘工作的秘铁公司、首信公司及参与秘铁新区建设的中资企业中方人员。17日，李昀代办一行对生产建设现场进行安全巡视，召开座谈会，听取秘铁公司及部分中资企业工作汇报；李昀代办介绍中秘经济文化交流情况，传达国务院安全生产工作会精神，提出中资企业面临的挑战，提出加强安全工作的建议。秘铁公司董事长孔爱民陪同慰问及巡视活动。

2018年2月17日，中国驻秘使馆党支部与秘铁公司工程部党支部开展联学联建活动。党委书记孔爱民介绍秘铁公司党建工作开展情况，党支部书记于海丰介绍工程部支部党建工作情况，商务参赞郝沁梅介绍国家对境外企业党建工作的新要求，指出要在健全组织机构、发挥党员作用和培养青年人等方面加大工作力度。临时代办李昀做总结讲话。

2018年3月23日，秘鲁中资企业协会第四届会员大会在利马召开，中国驻秘鲁大使贾桂德出席会议并发表讲话，使馆经商处郝沁梅参赞出席会议。大会总结了三届理事会期间协会工作，成立了能源矿业、基础设施和金工贸分会，选举产生新一届理事会。在四届一次理事会上首钢秘铁公司再次被选举为会长单位，秘铁公司董事长、总经理孔爱民连任会长。中铝秘鲁公司、中交建秘鲁公司和中国工商银行秘鲁分行分别担任能矿、基础设施和金工贸分会的会长单位。

2018年4月9—11日，中国工商银行总行黄莹和秘鲁分行陶风华等一行3人到访秘铁，对该行贷款项目进行跟踪和评估。

2018年5月3—14日，中首公司副总经理邱留忠一行3人，到秘铁现场考察指导。在秘期间，考察组听取秘铁新选厂项目情况汇报，就交货和现场施工安装等有关工作进行讨论、研究，考察期间与秘铁公司关于新区选厂采购总包合同补充协议一事达成了一致意见。秘铁公司董事长孔爱民陪同考察。

2018年6月7—8日，秘鲁中资企业协会能矿分会考察团一行9人，到秘铁公司考察新区选矿厂建设情况。

2018年7月15—16日，中央电视台《远方的家》“一带一路”摄制组到秘铁公司进行采访。摄制组实地拍摄了秘铁采场、选厂生产情况以及新区建设情况，马尔科纳居民代表介绍首钢经营秘铁后给当地带来的发展变化，人事部介绍了秘铁勇于承担社会责任、融入当地社会的情况。摄制组对秘铁公司举办的汉语课堂进行拍摄和采访。

2018年7月30日—8月2日，集团公司副总经理韩庆、中首公司董事长张炳成一行到秘铁考察，听取秘铁领导班子的工作汇报，对秘铁下半年工作和今后的发展提出明确要求。

2018年7月31日，新选厂举行竣工庆典，集团公司副总经理韩庆、中首公司董事长张炳成、中国驻秘大使和商务参赞、秘鲁能矿部长、伊卡大区主席、秘鲁中资企业协会领导等代表500人参加。能矿部部长称赞首钢项目创造奇迹。贾大使盛赞该项目是中秘产能合作的重要成果，也是“一带一路”落地拉美后在秘鲁第一个竣工的大型项目。

2018年8月14—17日，中交天津一航院冯仲武董事长一行5人对秘铁公司进行工作访问，在利马办公室举行“圣尼古拉斯新建码头项目可研和基本设计合同签约”仪式，到矿区对码头现场进行踏勘。

2018年12月15日晚和21日，秘铁公司在矿区和利马举办2018年年会。中国驻秘大使贾桂德、秘鲁海军副司令欧亨尼奥·雷、国际刑警局局长梅里诺、秘鲁前驻华大使卡普纳伊、前能矿部长梅里诺、前能矿副部长西诺，秘中商会总经理何莲香，驻秘中资企业代表等参加利马年会。贾大使在致辞中充分肯定首钢秘铁公司一年来取得的不俗业绩，表示2018年是中国改革开放四十周年，是“一带一路”倡议延伸至拉美元年，也是首钢秘铁丰收的一年。二期扩建项目竣工，达产后产量将翻一番，这是献给祖国改革开放四十周年的喜报，是“一带一路”建设的早期收获。正如比斯卡拉总统在国情咨文中称赞的那样，首钢秘铁创造了奇迹。其取得的成绩得益于中秘全面战略伙伴关系的持续深化，中秘两国开放合作、互利共赢的发展理念和首钢人的锐意进取。贾大使感谢首钢秘铁作为中企协会长单位做出的贡献，祝愿首钢秘铁抓住发展机遇、再接再厉，为中秘务实合作做出更大贡献。

2018年12月24—25日，首钢股份公司一行8人到矿区考察，新区总指挥孟祥春接待。

（杜保岐）

北京首钢气体有限公司

【首钢气体领导名录】

董事长:孙贵锁

董　事:马银川　赵光明　范华刚

高亚男(职工董事)

总经理:马银川

副总经理:赵光明

安全总监:范华刚

党委书记:孙贵锁

纪委书记:孙贵锁

工会主席:孙贵锁

(韩广军)

【综述】　北京首钢气体有限公司(以下简称"首钢气体")是由首钢集团有限公司100%出资设立的法人独资有限责任公司,企业经营范围:工业气体制造;医用氧气制造;标准气配置;气瓶充装、检验;普通货物运输;危险货物运输;施工总承包;工业设备修理;技术开发、技术服务;产品设计;货物进出口;技术进出口;代理进出口等。主要产品包括氧气、氮气、氩气、氦气、氖气、氪气、氙气、氢气、液氧、液氮、液氩、医用氧。首钢气体管理机构设销售部、计财部、设备部、安全保卫部、生产技术部、氧通业务部、人力资源部、党群工作部、经理办公室、顺冷、动力、电力、迁钢、京唐作业区、设备检测中心。首钢气体在册职工434人,其中研究生学历21人,本科学历101人,大专学历139人,占在岗职工的61%;高级职称12人,中级职称26人,初级职称27人;技师和高级工167人,占操作人员的53.9%。持有两种及以上技能证的职工95人,占操作人员的30.6%。

(韩广军)

【主要指标】　2018年,受一般制造业疏解搬迁影响,稀有气体产品精制提纯生产全面停止,氦气、氖气、氪气、氙气产品产量为零。委托经营的顺冷作业区全年生产完成管道氮气9050万立方米,同比增长245万立方米;氢气307万立方米,同比增长10万立方米,压缩风12769万立方米,同比增长86万立方米。液体产品完成液氧可销量生产42117吨,超计划1377吨,液氮可销量生产7049吨,超计划259吨。年内,首钢气体完成销售收入36601万元,同比增加4407万元。完成利润911万元,同比增加160万元。

(韩广军)

【公司制改革】　组织制定《氧气厂公司制改革方案》《北京首钢气体有限公司章程》,按照程序完成改制风险评估,改制法律意见书出具,董事会、监事会设立等材料准备,3月8日向北京市工商行政管理局石景山分局递交实施公司制改革注册成立北京首钢气体有限公司的全部文件材料。经北京市工商行政管理局石景山分局对改制文件审核确认,3月13日颁发北京首钢气体有限公司营业执照,北京首钢氧气厂正式更名为北京首钢气体有限公司,首钢气体迎来历史性新起点。

(韩广军)

【安全生产】　2019年,首钢气体严守"红线"意识,坚持问题导向,严格落实企业主体责任,建立健全自我约束,持续改进的内生机制,实现安全环保"零伤亡、零事故、零污染"。年内完成了危险化学品经营许可证法人及公司名称变更、延期换证、本质化安全试点等年度重点工作。针对隐患排查,分级管控存在重大缺陷的情况,组织专项公关,聘请专家进行答疑解惑,动员全体职工按照"一岗一清单"落实实施方案,彻底消除了隐患排查预警系统连续14周高危报警状态,首钢气体隐患排查预警系统安全指数实现1.914,全员参与率95.05%,隐患排查率99.14%,连续35周处于安全稳定运行状态,管理效果显著。

(韩广军)

【增收节支技改】　组织对顺冷系统的空压站集中开展一系列节能调节和试验,经过四个阶段的调节试验,将空压机导叶最小开度由30%降低为15%,大幅降低能耗,全年累计节支99.96万元,动力成本比计划降低113.08万元,节能效果显著。

(韩广军)

【高新技术企业申报】　经过北京市高新技术企业认定

办公室重新评审认定,9月10日,北京市科学技术委员会、北京市财政局、北京市国家税务局、北京市地方税务局联合向首钢气体颁发高新技术企业证书,证书编号:GR201811002993,有效期三年。

(韩广军)

【人才队伍建设】 全面深化薪酬分配制度改革,开展三支人才队伍建设。在深入分析2017年各层次人员收入的基础上,结合实际情况进一步完善考核分配体系,颁发规定、办法,拟订实施方案,平稳有序推进2018年择优升级工作,年内职工工资和职务职级晋升共142人,2018年在岗职工收入与2017年相比增幅9.1%,职工的积极性、主动性和创造性得到体现。

(韩广军)

【职工技能培训】 组织气体深冷分离工、化学分析工、氯氢处理工、机修钳工的技能取证与提升培训,通过培训,共有55人技能等级得到提升,其中新取得初级证26人(气体深冷分离工13人、氯氢处理工4人、化学分析工9人)、中级证14人(气体深冷分离工9人、氯氢处理工4人、机修钳工1人)、高级证11人(机修钳工11人)、技师证4人(气体深冷分离工4人)。

(韩广军)

【党建工作】 组织深入推进党建工作规范化、制度化,定期召开领导班子民主生活会并做好“两学一做”学习教育延伸。深化党支部“创先争优”,强化党风廉政工作。通过开展“改革、创新、发展党员课题攻关”、党员“领跑计划”等一系列活动,系统推进党支部规范化建设,把一切工作落实到党支部。针对党风廉政工作,坚持教育和监督并举,增强思想认识,落实“一岗双责”,组织签订各级党风廉政责任书,强化廉洁教育,完善风险点防控体系,突出监督执纪职能。开展“缅怀先烈事迹,重温党的誓言”西柏坡爱国主义教育、“金点子”生产劳动竞赛,加强党支部携手共建,突出党员活动特色。组织召开首钢气体第一次党代会,完成换届选举,选举产生新一届党的委员会和纪律检查委员会。

(韩广军)

【群团工作】 坚持以人为本,做职工群众的贴心人。将送温暖工作制度化,为职工群众做好事、办实事、解难事,巩固冬天送温暖,夏天送凉爽,节假日送关怀活动机制。组织好文明健康、喜闻乐见、寓教于乐的文化体育活动,鼓励职工多微笑、多运动,为广大干部职工营造和谐、愉快的工作氛围。全年走访慰问职工151人次,为困难职工52人发放困补金24800元,组织450人续保职工住院医疗保险、在职职工意外伤害保险、在职职工重大疾病保险及女职工特殊疾病保险,为19人次办理医疗费用赔付,理赔金共计为17736.568元。开展“携手互助送温暖,多业多地创和谐”首钢扶贫帮困募捐活动,组织职工捐款20350元。

(韩广军)

北京首钢鲁家山石灰石矿有限公司

【首钢鲁矿领导名录】

董事长:张竞先

董　事:彭开玉　唐锡鹏　王金波　郭金保

总经理:王金波

副总经理:郇红星　王　海　倪任付

党委书记:崔全法

纪委书记:崔全法

工会主席:崔全法

(柳　岩)

【综述】 首钢鲁矿始建于1951年,2006年改制注册成立“北京首钢鲁家山石灰石矿有限公司”,公司注册资金3600万元,资产总额5亿元。2016年1月按照首钢总公司文件精神,正式列入钢铁板块,划归股份公司管理。同时,托管北京首钢耐材炉料有限公司、秦皇岛首钢黑崎耐火材料有限公司。

首钢鲁矿主要生产经营石灰石、白云石、石灰及消石灰等产品。在露天矿山设计、开采,新型节能环保石灰竖窑和氢氧化钙生产线的整体设计、制造、安装方面,

具有较强实力。同时,拥有全国通用营业性爆破作业资质,可承揽爆破工程设计施工。此外,还经营机械制造、普通货物运输、生产建筑材料、内燃设备维修、会议服务及销售建筑材料等业务。

首钢鲁矿总部设在北京市门头沟区石龙开发区石龙高科大厦,下设7个部室、1个车间,分别是:党群部、经理办、人力资源部、财务部、经营部、技术开发部和安全部,以及鲁采车间。下辖2个全资子公司、1个控股子公司、1个参股子公司,分别是:首秦石业、京唐石业、建昌石灰石矿、首钢黑崎公司。截至2018年末,企业职工150人。

(柳 岩)

【主要指标】 2018年实现经营收入2.33亿元,超计划1%;利润总额1829万元,超计划11%;按计划上缴投资回报630万元。全年完成产品销售:石灰石117万吨,建筑料65万吨,无机料50万吨,白云石16万吨,石灰及其制品14万吨,氢氧化钙2.6万吨,熔渣剂和高钙铝渣球0.5万吨。另外,污泥处理1.5万吨,制备加工69.4万吨。

(柳 岩)

【重点工程】 2018年4月,首钢鲁矿迁安地区沙河驿料场一条年产10万吨氢氧化钙生产线开工建设,7月底建成投产,为下半年供应迁钢、京唐氢氧化钙市场提供有力保障。建设和生产调试中积累的实践经验,为2018年11月顺利承接京唐二期碱性球团配套白灰消化主体系统,即2条年产25万吨氢氧化钙生产线的整体设计和制作施工奠定基础。为完善产品结构,满足沙河驿和北京氢氧化钙生产用高品质石灰需求,弥补迁钢公司炼钢用灰每日200吨的缺口,启动建昌矿日产300吨环形套筒对烧窑建设项目。项目总投资2000万元,2018年9月开工建设,按地方政策同期办理土地证、环评、电力增容等手续。

(柳 岩)

【资源基地建设】 2018年,首钢鲁矿班子成员与技术队伍先后30余次对吉林、辽宁、内蒙古、河北、湖北、安徽等地20余座矿山进行现场考察,完成矿山现场石灰石取样、资料查阅、化验数据分析等工作。经初步比对:阳新京山矿业石灰石氧化钙含量在52%以上,经济可采储量达5800万吨;内蒙古自治区库伦旗金泰矿业资质手续齐全,采矿证面积1.25平方公里,获批采矿年限30年,资源储量可达3.03亿吨,均符合作为京唐、迁钢公司长期稳定的石灰石供应基地的条件。下一步,将重点对内蒙古库伦旗金泰矿业石灰石资源展开深入调研,探讨合作模式。

(柳 岩)

【企业退出工作】 首钢鲁矿卢龙矿已列入集团退出企业范围,计划在2018年底前以股权转让方式实现企业退出。2017年11月,经与意向方进行多次艰苦谈判,达成股权转让一致意见。通过履行集团内部审批、审计、评估等相关程序后,于2018年9月4日在北交所正式挂牌,11月17日意向方摘牌成功,同月22日工商变更登记后,卢龙矿顺利完成企业退出。龙世源度假村清退注销工作于2018年10月17日完成。同时,耐材公司首耐劳服公司的退出工作也取得实质性进展,11月27日正式取得税务部门出具的清税证明,公告45日后办理工商营业执照注销手续。

(柳 岩)

【黑崎公司经营情况】 2018年,黑崎公司根据市场需求变化进行机构调整,通过采取有效措施,圆满完成全年经营生产任务,解决财务历史遗留问题117万元。在强化管理方面,根据外部生产经营条件变化,结合实际,及时进行机构调整和职能优化,形成"五部一室"管理结构,提高了企业应对能力和发展后劲。在稳定市场方面,明确了国内以首钢内部市场为主,借用股份板块联动推动机制进行产品推广,成功将黑崎公司成熟产品打入首钢长钢、通钢等市场;通过稳定出口韩国产品质量,加强国外市场回款控制等措施,有效规避市场风险,优化市场结构。在技术提升方面,进行了产品提质增效和潜在产品技术攻关,其中:京唐铁沟通铁量最高超过18万吨;配合股份市场完成转炉炉底快换项目,在提升黑崎公司技术管理水平的同时,新增2个转炉市场份额,此外在中间包涂抹料试验、鱼雷罐修补攻关和炮泥攻关等方面也有长足提高和改进。在生产组织方面,黑崎公司克服环保政策性限产、市场订单不均衡、设备欠修等不利因素,通过总体平衡、动态控制等措施,保证市场订单100%兑现。

(柳 岩)

【输出经营管理】 2018年3月初,通化宏源建材有限公司(简称"宏源公司")作为通钢熔剂产品主要供应单位,主动向首钢鲁矿提出委托负责公司日常运营管理的请求。经首钢鲁矿领导班子与宏源公司协商，按集团主管领导指示，先期进行详细调研和风险评估。8月中旬，应通钢公司要求，首钢鲁矿派出一支由青年骨干组成的管理团队。首钢鲁矿管理团队入驻宏源公司后，采取对内强化生产组织、供应管理；对外加强与通钢公司炼钢、炼铁作业部、供应公司、制造部的沟通等措施，实现对通钢熔剂产品的稳定供应，得到通钢和宏源公司一致认可。

（柳　岩）

【安全环保管理】　2018年，首钢鲁矿完成各级安监部门和上级公司检查55次，开展公司内部安全检查114次，组织多种形式安全培训125人次，巩固安全管理工作。采用全程摄像上传方式后，爆破作业现场安全监管力度加强；炸药库安全评价按期完成；实现全年安全生产零事故。为适应北京市和门头沟区环保督查高压态势，投入10余万元完善北京矿区6号线除尘设备设施；投入60余万元对采场实施全面苫盖并确保及时复盖；制订重污染日环保应急预案和采场洒水管理办法并定期开展环保检查。

（柳　岩）

【ISO9001认证】　4月20日首钢鲁矿本部和建昌矿顺利通过国家质量体系ISO9001认证，获颁证书有效期至2021年4月19日。鲁矿认证范围：石灰石开采；石灰石、建筑砂石料、消石灰（氢氧化钙）的生产。建昌矿认证范围：石灰石的开采、石灰石和石灰的生产。

（柳　岩）

【基础管理】　开展制度、台账及岗位职责的梳理修订工作，现行制度163项，同比减少2项。严格执行合同管理制度，加大经济、工程合同审核力度，明确了每年8月定期开展合同专项自查。优化OA系统建设，新开发出采购、验收入库、领料出库、资产转固、资产处置等基础管理流程，下一步将继续推广OA办公应用。加强三支人才队伍建设，通过完善公司薪酬体系设计，制定学历、职称、职业资格等级津贴和专业技术岗位职务评定等管理办法，为有效调动职工提升业务水平的积极性，加强职工队伍素质建设打下基础。通过开展6S专项检查评比，落实整改，持续推进6S管理工作。北京本部办公环境得到改善，生产作业环境有较大改观。首钢鲁矿京唐石业公司利用定修时间和仓满间歇，对制备站设备前期欠修的大部分问题进行整改，完成环境治理，得到京唐供料部门的认可。

（柳　岩）

【党群工作】　2018年，首钢鲁矿加强廉政风险防范管理工作，保障和促进企业健康发展。组织召开2018年党风廉政建设工作会议，签订党风廉洁建设目标责任书。通过开展节日期间廉洁教育、查纠“四风”及廉政审查，有效防止各种不廉洁问题的发生，在企业经营和发展中，起到预防和保障作用。工会组织充分发挥双向维护职能，开展对病残及困难职工家访、慰问和送温暖活动。全年组织慰问75个家庭，发放慰问、补助、救助金等共33960元；参加集团公司组织的帮困助学活动，共筹集善款13875元，为特困、单亲职工子女4人申请助学金25500元；组织全公司139人参加职工互助保险投保，为在职职工81人次办理保险赔付1.6万余元，减轻患病住院员工的经济负担。

（柳　岩）

北京首钢耐材炉料有限公司

【首钢耐材炉料领导名录】

董事长：郇红星

董　事：彭开玉　赵志军　赵连清

　　　　王德春（10月离任）

董事会秘书：郭金保

总经理：郇红星

常务副总经理：李道忠

副总经理：杨　可

总经理助理：宋嘉喜

党委书记：郇红星

纪委书记、工会主席:郭金保

(马锦凯)

【综述】 北京首钢耐材炉料有限公司(简称"首钢耐材炉料")是2008年由首钢第一、第二耐火材料厂合并整体改制成立,原注册资本5000万元,2018年12月申报并由工商部门受理减少注册资本至1750万元,由首钢集团有限公司占股份100%。公司主营冶金石灰、炉料和耐火材料的生产、销售及服务。2014年12月根据首钢总公司决定,北京首钢鲁家山石灰石矿有限公司对首钢耐材炉料实行托管,2016年划入首钢集团有限公司"钢铁板块",隶属首钢股份公司管理。首钢耐材炉料公司总部在北京,设经营部、计财部、工程部、人力资源部、资产管理部、技术中心、经理办公室及党群工作部等职能部门。耐材生产基地首耐高温陶瓷有限责任公司(及首耐分公司)在秦皇岛经济技术开发区,冶金石灰、炉料生产分别在首钢迁钢公司、京唐公司、首秦公司(2018年6月停产)以承包经营方式进行,设有3个套筒窑作业区。首钢耐材炉料有1家全资子公司、1家分公司、4家控股公司和4家参股企业。2018年末资产总额47899万元,企业在册职工208人,其中在岗职工197人。

(马锦凯)

【年度经营指标】 2018年,生产冶金石灰112万吨,同比减少16万吨,耐火材料制品总产量完成1786.38吨,同比减少5297.48吨。全年销售收入14674万元,同比增加14.5%;实现利润-2362万元,同比增加亏损788万元,销售收入劳产率70万元/年·人,同比增加9万元/年·人。

(马锦凯)

【京唐二期套筒窑项目】 年内,首钢耐材炉料克服困难,全力组织推进京唐二期套筒窑工程建设。至年末,京唐二期1号套筒窑窑本体及配套项目均进入施工后期,其中窑主体全部安装完毕,成品筛分间五层30.5米浇筑完成,主体结构全部完工,原料堆棚挡墙及钢结构主体全部施工完毕,综合楼主体结构全部完工。京唐二期北京2号套筒窑利旧工作,根据集团公司专题会精神,首钢耐材炉料牵头制订保护性拆除方案,进行整体拆除,签订《北京园区2号套筒窑拆迁工程管理协议》,10月5日施工单位进场开始拆除,至年底2号套筒窑拆除工作进入现场清理阶段,窑本体由49.8米拆至地平面,现场钢结构全部解体清运,倒运钢结构件外委修复19车,重量440吨;倒运废旧耐材23车,重量600余吨。

(马锦凯)

【首秦公司套筒窑停产】 首钢耐材炉料首秦公司套筒窑作业区按照首秦公司统一安排,制订实施停产方案,6月26日完成煤气置换正式进入停产程序;7月3日开始现场整理,拆除合成渣生产线,以及小型机械、工具清运等善后工作;7月20日与首秦公司炼钢部完成套筒窑交接。首秦套筒窑停产需安置职工35人,根据安置方案,正式职工成建制划入京唐二期进行生产筹备,外协工解除劳动合同后依法支付经济补偿金,7月末,完成协力工解合及审核支付经济补偿金工作,实现首秦区域套筒窑安全平稳停产。

(马锦凯)

【实行退股减资】 为推进北京国际信托有限公司(简称"北国信公司")退出持有首钢耐材炉料的股权,经集团公司批准,以2017年10月31日为评估基准日,委托审计和资产评估公司对首钢耐材炉料全部资产进行审计评估。2018年10月24日,北京市国资委下达《北京市人民政府国有资产监督管理委员会关于对北京首钢耐材炉料有限公司拟减资所涉及的公司股东全部权益价值评估项目资产评估予以核准的批复》(京国资产权〔2018〕151号)。10月30日,首钢耐材炉料召开董事会和股东会,审议通过北国信公司及职工股东105人以减资形式退出持有耐材公司全部股权的《议案》。11月9日,首钢集团公司经理办公会审议同意北国信公司和职工股东105人退出持有耐材公司全部股权,并按照评估结果对退股股值进行计算。退股所需资金按照集团内部往来款形式由集团公司支持耐材公司解决,帮助完成退股相关事宜;同意北国信公司和职工股东105人退出持有耐材公司的全部股权以及由耐材公司回购的预留股共计3250万元全部作减资处理。经过公告声明、公示期等程序,首钢耐材炉料于12月28日完成减资工商登记,经石景山区工商管理局核准,首钢耐材炉料注册资本由5000万元缩减至1750万元,首钢集团公司占股100%。2019年1月11日完成北国信公司和职工股东105人退股资金支付工作。

(马锦凯)

【企业退出工作】 按照上级要求和2018年企业退出工作部署,首钢耐材炉料重点推进北京首耐劳务服务有限公司、承德首耐炉料有限公司的退出工作。承德公司经过工作，对方股东改变不合作态度，同意注销承德公司。首耐劳服公司与北京首新耐火材料有限公司的合同纠纷官司，丰台法院9月7日二次开庭审理，在法院主持下双方达成调解并签订调解协议，首钢耐材炉料分两次给付补偿金和支付欠款，解除原首钢第一耐火材料厂与其签订的《补偿协议》，首耐劳服公司依法进行清撤注销。10月底首耐劳服公司成立清算组，开始履行公司注销程序。

（马锦凯）

【业务移交】 按照国家和北京市国资委关于做好“三供一业”移交工作的部署要求，在集团公司统一组织协调下，首钢耐材炉料开展非经营性资产“三供一业”移交工作，与房地产公司进行业务对接，进行移交范围及面积统计、录入、造册和审核工作，制订、填报“三供一业”移交清册和移交模板。8月29日与“首华物业”进行现场实物交接，至9月底全部正式交由对方接管。本次移交面积共43593.18平方米，涉及卢沟桥北里、南里和赵山3个家属区（690户）房屋、水、电、供暖，以及物业维修、日常管理等。按照“首华物业”和首钢集团公司的要求，首钢耐材炉料移交后进行短期护航，配合首华物业解决电费过户等遗留问题。

（马锦凯）

【党建工作】 首钢耐材炉料制定实施《关于健全完善基层党建工作责任体系的实施意见》，健全完善基层党建工作责任体系，签订党委、党支部年度党建工作责任书，党委班子成员、支部班子成员党建工作责任书，明确“一岗双责”要求；制定实施《公司“三重一大”事项决策管理制度》，修订公司《党委会工作规则》，明确党委、行政权力清单；制订领导班子成员联系基层党支部工作方案，明确班子成员基层党支部联系点和工作要求。开展基层党支部“达晋创”等级评定、民主评议党员、基层年度党建工作评议工作，组织公司党员进行“双报到”，符合条件需报到的党员57人全部报到。年内中层干部调整7人次，对拟提职干部6人进行任前考察、测评和公示，推荐青年干部1人参加首钢股份公司举办的2018年度青年骨干培训班。推进“两学一做”学习教育常态化，制订党组织和党员个人学习计划，把《习近平新时代中国特色社会主义思想三十讲》作为学习教育基本内容；开展讲党课、抄《党章》、党建知识考试、党员读书月等活动，撰写《记实笔记》和心得体会；开展主题教育党日活动，组织党员、积极分子观看革命题材影片、廉政教育警示片、参观房山区霞云岭堂上村“没有共产党就没有新中国纪念馆”、党员重温入党誓词，参观“伟大的变革——庆祝改革开放40周年”大型展览等活动；开展年度“创先争优”党内评比表彰，评选股份公司级先进党组织1个、股份公司级优秀共产党员4人。“两节”期间开展送温暖工作，慰问帮扶困难党员10人，送慰问金12400元。

（马锦凯）

股权投资管理

◎责任编辑：马　晓

北京首钢股权投资管理有限公司

【股权投资公司领导名录】

董事长:王　涛

董　事:徐小峰　刘　燕　袁新兴
　　刘宗乾(8月离任)

监事会主席:闫　杰

监　事:于　节　白昆岩　刘志强(职工监事)
　　徐镜新(职工监事)

总经理:徐小峰

副总经理:袁新兴　朱从军　李春东(5月任职)
　　雷日赣(5月离任)

党委书记:王　涛

党委副书记:徐小峰　刘　燕

纪委书记:刘　燕

工会主席:刘　燕

(张占军)

【综述】　北京首钢股权投资管理有限公司(简称"首钢股权投资公司")成立于2016年,总部设在北京,是首钢集团有限公司全资二级子公司。按照首钢集团授权对39家项下单位按照全资企业、控股企业、改制企业、合资合营参股企业、金融及上市类企业等进行分类管理。主要职责:落实首钢集团战略意图,负责各项下单位运营监管,分析判断国有资本进退方向,确保投资收益和国有资本保值增值。统筹首钢股权投资公司内部资源,建立协同发展机制,做好首钢集团发展战略的支持和支撑。根据国家产业发展政策和行业发展前景,发掘潜力业务并推进其实施与发展,不断做优做强做大,支撑首钢集团整体发展目标。首钢股权投资公司在岗职工58人,硕士以上学历16人,本科学历41人;高级职称25人,中级职称24人。

2018年,首钢股权投资公司作为首钢集团国有资本投资运营公司,按照打造具有核心竞争力的城市综合服务商和具有国际影响力的非钢产业集团发展目标,发挥首钢非钢产业核心业务和新产业培育作用,通过投资和运营优化,打造首钢非钢业务市场竞争力,以股权运作为基本手段,聚焦核心产业和战略性新兴产业,优化产业、业务布局。完成销售收入199.8亿元,完成计划111%,同比增长13%。实现利润3.61亿元,完成计划119%,同比增长20%。

(关耀辉、马兵波)

【管理机构改革】　2018年,首钢股权投资公司按照首钢集团对首钢股权投资公司进一步加快深化改革和转型发展的要求,以及对集团下放职能全覆盖、全承继的需要,5月,调整总部部门管理职能及职责:撤销原转型发展部;合并股权经营部和专职董监事室,成立股权经营部;将规划财务部更名为经营财务部;将风险管理部更名为风控审计部;将办公室更名为综合办公室;成立战略发展部、企业管理部、人力资源部,保留原党群工作部。首钢股权投资公司管理机构改革后,总部设8个部门。

(马兵波)

【改制企业改革】　2018年,首钢股权投资公司根据首钢集团深化改革的总基调,配合集团起草、颁发《首钢集团有限公司关于改制企业进一步深化改革的指导意见》《首钢集团有限公司关于改制企业进一步深化改革的实施细则》,为改制企业深化改革提供政策遵循。以首钢实业公司深化改革为试点,按照"样本引路、先行先试"原则,通过系统研究、严密组织、实践总结,形成国有股调整的审计评估程序、国资委备案审批流程、《职工股权转让协议》等一系列范本,为规范改制企业股权管理积累经验。

(梁广新)

【实施企业退出】　2018年,首钢股权投资公司完成首钢集团下达的14家企业退出任务。5月29日,东星公司通过股权转让退出首钢国有资本,获得收益3.2亿元,实现溢价1.27亿元,同时将退出收益注资股权公司,壮大了股权公司资本实力;唐山佳华公司、超远电子公司、方圆机电公司分别于8月22日、12月12日、12月14日完成退出工作。在企业退出方式、渠道、程序等

方面积累更为丰富的经验。

（梁广新）

【优化产权关系】 2018年，首钢股权投资公司围绕企业做实、持续推进股权置入、理顺产权关系与管理关系等工作，先后完成安川首钢机器人公司、诚信监理公司、科拓实创公司、智科产业公司、中关村发展公司、铁科首钢公司6家企业股权划转，实现产权关系与管理关系的统一，进一步明确主体责任，提高决策效率。

（梁广新）

【夯实管控基础】 2018年，首钢股权投资公司按照进一步做实股权平台，全承继、全覆盖的要求，从优化权力清单框架、承接首钢集团下放的管理权责、优化投资及资产管理、强化监督管理、突出股权平台聚焦产业特色五个方面对权力清单进行修订、完善，《首钢股权投资平台权力清单（V2.0）》包含14个职能领域、51个关键业务、82个关键事项、149个关键环节。为落实搭建制度体系、权力清单和风险防控“三位一体”要求，整理现行制度清单目录，各部门及时补充修订完善专业管理制度，建立制度管理体系。颁发《北京首钢股权投资管理有限公司专职董（监）事工作细则》，对项下单位加强事中监督与过程管控，专职董监事列席首钢国际工程公司、首自信公司、首建公司、首钢实业公司、首钢机电公司、首钢城运公司6家单位党委会、经理办公会103次，促进项下单位规范决策。编制《首钢股权投资公司2018年风控体系建设工作方案》，组织首钢国际工程公司、首建公司、首自信公司、实业公司、机电公司、城运公司完成《风控手册》《风险管理制度》《评价手册》等文件编制，有效促进风险防控管理水平。

（何　永、梁广新、邓翼超）

【发展战略管理】 2018年，首钢股权投资公司结合首钢集团对“十三五”规划中期评估，对股权投资平台“十三五”规划经营目标由300亿元调整为230亿元，利润由10亿元调整为4.5亿元。将综合管廊、充电桩从产业培育调整为项目和产品，明确项下单位的企业发展定位和产业聚焦，调整新产业培育思路，使规划更加具有引领性和可实施性。

（冯小菊）

【新产业培育】 2018年，首钢股权投资公司明确五项重点新产业和两大产业协同平台，起草《新产业培育方案》，提高产业培育绩效。融合国际工程装备技术和云翔公司军工保密资质，以重载运输装备技术成果转化为载体，注入股权资本，打造完成军民融合产业平台，实现盈利。以北京公交场站改造为着力点，加大技术研发力度，组建共享单车产业培育团队，雄安新区智能车吧投入运行。装配式住宅产业基地建设和市场培育稳步推进，首建公司成为国家装配式建筑产业基地。海水淡化技术工艺市场竞争力提升，成功打造集装箱式及能源提级利用的海水淡化典范工程。智慧城市和工业智能化市场逐步拓展，参展的第十七届中国国际住宅产业暨建筑工业化产品与设备博览会，围绕智慧家园、绿色建筑，展现首钢在城市综合服务业中的钢结构装配式建筑、被动式住宅、静态交通及智能家居系统、城市护栏等技术，住建部副部长倪虹和总工程师到首钢展台参观，并给予好评。

（冯小菊）

【服务钢铁业】 2018年，首钢股权投资公司及项下单位坚持服务首钢钢铁主业。在京唐公司二期项目建设中，首建公司按时、保质完成高炉、炼钢、4300毫米宽厚板等工程项目。首钢国际工程公司优势设计资源，强化激励机制，完成A1施工图11万张。首自信公司在3500毫米和4300毫米中厚板自动化控制等工程施工中，荣获优胜集体奖。在股份公司重点环保工程建设中，相关参战单位克服工期紧、施工任务等不利因素，保质保量完成任务，使股份公司污染排放A类企业达标。

（何　永）

【服务园区】 2018年，首钢股权投资公司组织项下单位协同合作首钢北京园区冬奥广场改造、石景山公园景观、酒店式公寓、冰球馆、冬训周边道路等开发建设项目，按方案进度节点要求稳步推进。三高炉改造工程完成泛光照明施工，冬训三块冰及周边配套设施按时交付冬奥组委使用，确保平昌冬奥会总结会在首钢顺利召开，项目建设受到北京市领导的充分肯定和国际奥委会主席巴赫的高度评价。秀池改造和三高炉改造工程，参战项下单位克服施工现场复杂、高空作业、工序交叉和夜间施工带来的不利因素，通过高效协同、昼夜施工，按要求达到注水条件。借鉴首钢北京园区冬奥项目的服务模式经验，组织项下单位承担中车二七厂国家冰雪训练科研基地项目，提供规划、设计、施工等全流程服务，完成规划报批、图纸设计、施工进场等工作。

（冯小菊）

【科技创新】 2018年，首钢股权投资公司开展课题研发211项，结题验收112项；申请专利200项，获得专利授权136项，其中发明专利27项。获得政府资金支持4356万元，享受税收优惠及加计扣除约3100万元。工程评优获奖42项，其中国家行业协会级26项，省市级14项。获得2018年首钢科学技术项目奖13项，其中一等奖3项，二等奖5项，三等奖5项。首钢国际工程公司荣获第八批北京市专利示范单位认定和“2018年度国家知识产权优势企业”称号。

（冯小菊）

【管理创新】 2018年，首钢股权投资公司创新经营管理，加强过程管控，打破传统预算编制惯性思维，实施“以大保小”的年度分解计划，对成员单位“塔式分解”利润目标，推行“滚动考核”的追踪机制，按照“月保季、季保年”原则，以“前欠后补”的方式对经营计划及考核实施滚动管理。推行预算全级次管理，预算深度由管理到各单位向其项下企业延伸，并运用PDCA管理理念，落实考核奖罚和纠偏。年内销售收入、实现利润等主要经济指标实现“超计划、超同期”。

（周海峰）

【解决遗留问题】 2018年，首钢股权投资公司落实“疏整促”专项要求，组织项下单位严格按照首钢集团安排开展工作，完成拆违治乱点位18个，解决历史遗留问题23处。长庚医院腾退通过统筹谋划、克服困难、有效协调，于3月28日签订腾退协议，10月10日完成移交，为石景山古城东南区土地开发扫清障碍。按照《首钢集团北京地区非经营性资产及外埠单位职工家属区“三供一业”分离移交工作安排》和分工要求，牵头落实东华公司、中勘公司、长白公司、东星公司和燕郊公司五家外埠改制企业职工家属区“三供一业”移交工作。截至12月24日，五家改制企业应纳入本次政策移交范围，具备移交条件的共计16个“三供一业”项目完成分离移交协议的签署，陆续拨付移交改造资金1.42亿元，涉及住户8495户。

（南志杰、邓翼超）

【人才队伍建设】 2018年，首钢股权投资公司履行职能，以首钢“三创”经验交流会提出的提升9个能力为引领，以三支人才队伍能力提升为目标，紧密围绕“深化改革、聚焦产业、规范管理”任务，落实培训计划，全方位开展职工教育培训工作。在参加首钢集团人才开发院组织的各类培训基础上，参加外部培训，组织自主培训，为建设一支学习型、创新型、知识型职工队伍打下基础。

（马兵波）

【党群工作】 2018年，首钢股权投资公司党委制定《关于健全完善基层党建工作责任体系的实施意见》，坚持党建工作服务经营生产，发挥各级党组织的领导核心和政治核心作用，履行好“把方向、管大局、保落实”职责。构建“B+T+X”党建新模式，持续推进基层党支部规范化建设。制定股权公司项下单位领导班子规范化建设指导意见，强化领导班子队伍建设，按照领导人员管理权限开展工作，调整首建公司、实业公司、北冶公司、东华公司等单位领导班子。明确企业文化建设工作目标和实施路径，建设门户网站，推进《首钢股权投资公司视觉识别系统手册》的设计和使用，逐步构建品牌文化。逐级签订党风廉政建设目标责任书，对照巡视巡察通报的问题，认真自查自纠，立行立改。每个季度围绕项下单位党建工作、重点任务和经营目标开展效能监察，促进企业依法依规经营和年内目标任务的完成。坚持创造条件为职工群众办实事，营造和谐稳定发展环境。

（关耀辉）

【股权投资公司大事记】

2月2日，首钢股权投资公司召开干部大会。

3月8日，首钢股权投资公司党委召开2017年度领导班子民主生活会。

3月21日，首钢股权投资公司召开党风廉政建设工作会和项下单位党委书记党建工作述职测评会。

4月13日，首钢股权投资公司召开2018年一季度经营活动分析会。

5月18日，首钢股权投资公司对项下单位党建等工作督导检查情况通报。

6月20日，首钢股权投资公司召开安全专题会。

6月28日，首钢股权投资公司召开“庆祝中国共产党成立97周年暨创先争优表彰大会”。

7月23日，首钢股权投资公司召开2018年上半年经济活动分析会。

9月29日，首钢股权投资公司召开企业法治建设工作会议。

10月19日，首钢股权投资公司召开2018年三季度经济活动分析会。

（边　超）

北京首钢国际工程技术有限公司

【首钢国际工程公司领导名录】

董事长:李　杨

副董事长:朱从军(10月任职)

刘　燕(10月离任)

董　事:侯俊达　李长兴　张　建

徐镜新(10月任职)　尚忠民(10月任职)

李国庆(10月离任)　马东波(10月离任)

总经理:侯俊达

副总经理:李长兴　张　建

党委书记:李　杨

党委副书记:侯俊达

纪委书记:陈国立

工会主席:陈国立

(陈伟伟)

【综述】 北京首钢国际工程技术有限公司(简称"首钢国际工程公司",原为首钢设计院),1973年创立,2008年改制成立,是首钢集团控股的国际型工程公司,注册资本1.5亿元。首钢国际工程公司是国家重点高新技术企业和北京市设计创新中心,拥有工程设计综合甲级资质,主营冶金、市政、建筑、节能环保等行业的规划咨询、工程设计、设备成套、项目管理、工程总承包业务,综合实力和营业收入排名全国勘察设计企业前列。作为钢铁全流程工程技术服务商,为钢铁企业工程建设、环保搬迁、升级改造、挖潜增效、节能减排等提供技术服务;将传统优势技术升级应用于城市市政工程、建筑设计、节能环保等领域,为建设生态宜居城市和信息智慧城市提供技术服务。注重技术研发和自主创新,有300多项专利和专有技术,承担多个国家级重大科技课题的研发工作,主编或参编多项国家和行业标准规范,获国家科学技术奖和全国优秀设计奖近100项,获冶金行业和北京市优秀设计及科技进步奖300余项,获全国建筑业企业工程总承包先进企业、全国冶金建设优秀企业、中国企业新纪录优秀创造单位、全国企业文化优秀单位、全国建筑业信息化应用示范单位、北京市"守信企业"。

首钢国际工程公司设组织人事部、计划财务部、运营管理部、战略技术部、综合管理部、总工室、冶金工程分公司、能源环境分公司、建筑市政分公司、装备材料部、海外业务部、工程造价咨询部12个部门。有中日联、考克利尔、首钢筑境、山西首钢国际、贵州首钢国际等11家投资公司。截至2018年底,在册职工1030人,平均年龄40岁,其中博士3人、硕士272人、本科664人、大专72人;教授级高工53人、高级工程师271人,工程师288人。

2018年,首钢国际工程公司实现营业收入22.9亿元,完成年度计划104%;实现利润5529万元,完成年度计划100.5%;签订合同26.1亿元,完成计划109%;施工图完成9.3万张A1,比上年增长6%。

(陈伟伟)

【加快转型发展】 2018年,首钢国际工程公司在首钢集团钢铁业与城市综合服务业并重发展战略指导下,全面深化改革,聚焦产业发展,推动二次转型发展。探索以"产业板块化"体制改革,重建组织架构,搭建公司"4+2"实体运营平台和"1+5"职能管控体系,在统一"人、财、务"管理基础上,统一市场规则,统一项目管理规则,系统梳理债权债务,逐步细分市场,强化项目管理,围绕做强钢铁冶金、拓展能源环境、做实建筑市政三大产业,培育装备材料业务、长远谋划海外业务、发展造价咨询业务等方面,持续推动深化改革落实。结合新的转型发展,开展机制改革,通过流程再造,推动动力变革、效率变革和质量变革,制定《管理部门、分公司、直管业务部职责》《运营管理制度》《市场营销管理办法》《项目经理负责制管理办法》《债权债务管理办法》《成本开支管理办法》等管理制度,修订《管理手册》《程序文件》等管理体系文件。通过管理创新和流程再造,完善监督、合理授权,明确责、权、利关系,强化目标绩效管理激励作用，推动业务板块专业化发展。

（陈伟伟）

【做优冶金工程】 2018年，首钢国际工程公司冶金产业不断做优做强。以京唐公司二期工程为支撑，三个分公司联动，组织优势设计资源，统筹调度，强化激励，完成京唐公司二期工程设计工作，完成施工图11万张A1，现场技术服务工作全面开展。市场开发有所建树。做好首钢集团内部市场的贴身服务，同时开拓外部市场，成功中标河钢集团舞钢中加钢铁公司高炉和烧结烟气脱硫脱硝项目。锻造项目树立品牌。股份公司酸洗线项目，与首钢集团总工室、技研院等单位构建联合技术团队，采用"点菜式"自主集成，选用知名供应商优质产品，形成多方智慧技术结晶，提升首钢产品的核心竞争力。迁安1—4号焦化脱硫脱硝工程顺利投产，运行效果良好，获得行业专家肯定。着力推进成果转化。由首钢国际工程公司负责核心工厂设计的山东墨龙HIsmelt项目，通过技术和设备改造以及工艺流程的优化，解决澳洲力拓技术和装备上的不足，连续工业化生产145天，产量、煤耗和污染物排放指标实现突破。

（陈伟伟）

【做强能源环境】 2018年，首钢国际工程公司拓展能源环境产业。开拓市场，突出环保。以国家对环保提出的新要求为契机，结合首钢绿色行动计划，深耕首钢内部市场，充分利用烟气治理和水体治理等优势技术，签订系列总包合同。开拓外部市场，承揽110千伏高钢公司一二线临时迁改工程总包、天津天钢联合特钢65兆瓦超高温超高压中间再热煤气发电工程设计、河北正宁恒强铅业遗留污染场地修复治理设计等合同。围绕云南滇池污水治理项目，联合外部资源，开展当地水质提标试验取得成功，为开发周边污水处理项目打下良好基础。贴身服务，打造精品。首钢秘铁公司海水淡化、迁钢公司球团烟气脱硝改造等项目成为品牌工程。产业创新，持续深化。对重金属土壤修复技术进行研发，实现技术成果工程化。尝试双超发电机组并获得成功，综合效率达到40%以上，实现在该领域"从无到有"。与中科院开展战略合作，将蒸发冷却等多项技术系统集成到大功率高压变频器上，实现产品工程化应用。

（陈伟伟）

【做实建筑市政】 2018年，首钢国际工程公司建筑市政产业稳步做实。三个园区，精心服务。首钢北京园区做好与首钢筑境的协同项目以及园区拆改移、综合管廊等项目。完成首钢首秦园区总体规划编制和初步审核汇报，赛车谷项目的相关设计及改造工程，确保京津冀首届赛车活动顺利进行。配合首钢曹妃甸园区被动房示范工程建设。细分市场，多点布局。拓展建筑市政服务领域，服务首钢新产业发展。发挥专业优势，开发城市道路、交通设施、测绘等项目，取得良好成果。项目管理，提升能力。完成首钢厂东门广场景观、石景山景观公园古建筑等总承包项目。完成首钢二通公司钢结构住宅项目的7个单体结构施工，正在进行建筑及装修施工。把石景山环卫小区立体车库项目作为北京市老旧小区改造示范项目，顺利竣工交付使用，得到小区居民好评。

（陈伟伟）

【拓展支撑产业】 2018年，首钢国际工程公司支撑产业取得成绩。造价咨询，展现潜力。承揽首钢内部多项造价咨询合同，外部市场承揽包钢高炉结算、天钢煤气发电咨询、玻璃集团清单编制、北京608厂预算审核等造价咨询合同。装备材料，稳步做实。在股权公司扶持下，协同云翔公司拓展智能运输装备市场，推进创新业务部向产品化、工程化、市场化迈进，打造专有技术研发、设计、制造组装及工程化应用一体化平台。海外市场，耐心打磨。拓展海外市场营销思路，以"开放、合作、共赢"的心态，寻求与综合实力强、国际影响力大的央企合作，共同开发海外市场，形成内外部市场相互支撑、相互促进，实现共赢。

（陈伟伟）

【注重科技创新】 2018年，首钢国际工程公司完善科技创新线。分公司、事业部以产品开发为核心，围绕自身优势技术自主成立创新小组，具备条件的成立创新工作室，并给予资金与政策支持，逐步向创新业务部发展，不断孵化，走向市场，形成新的利润点。年内成立创新小组55个，创新工作室13个；专利申报授权双过百，其中申请专利103项，授权专利101项。通过"第八批北京市专利示范单位""2018年度国家知识产权优势企业"认定。获北京市测绘科技进步奖三等奖1项，获优秀工程一等奖2项、二等奖5项、三等奖9项，获冶金青年创新创意大赛一等奖3项，5个项目通过首钢科技成果评价验收，获冶金青年科技奖1人。公司现有企业资质保持延续。完成工程咨询单位资信评级工作，获得冶

金、建筑、生态建设和环境工程三个专业的甲级资信证书，增加市政公用工程专业乙级资信证书。

（陈伟伟）

【人才队伍建设】 2018年，首钢国际工程公司强化人才队伍建设。开展业务培训，提高员工业务能力。开展“贯彻党的十九大精神、提升转型发展能力”领导干部培训，举办“公司第二届学术年会”专题讲座和国内、国际营销管理专项培训班。年内开展公司级培训20余次，参加人数达1800余人次；加强人才引进，满足转型发展要求。完善人才梯队建设，优化人力资源结构，补充新生力量。针对人员缺口严重的部门，多渠道开展招聘，年内招聘应届大学生39人，引进社会人才76人，尤其是近年流失的骨干员工已有部分回流。开展人员分类分层和绩效考评准备工作，制订人员分类分层方案，开展员工绩效考评方案调研，为推进“2341”人才规划创造条件。

（陈伟伟）

【强化资金管理】 2018年，首钢国际工程公司强化资金风险，资金风险坚决贯彻“量入为出、以收定支”的原则，每月通过资金平衡会强化资金管理，系统安排付款额度，在防控风险的前提下尽量减少资金支出，确保公司安全运营；落实资金回收主体责任，结合主业特点，开放思路，采取钢材抵款、多方转账、债务重组以及诉讼仲裁等多种方式，提升应收账款回收效果。强化财务合规化管理。完善制度建设，完成《成本开支管理办法》修订与宣贯工作，主动开展自查自纠，配合上级部门财务专项检查，提升财务工作规范化管理水平。

（陈伟伟）

【债权法务管理】 2018年，首钢国际工程公司强化债权法务管理，债权债务专业展现新作为。构建团队，完善体系，制定《债权债务管理办法》，搭建债权债务工作的“四梁八柱”，梳理400个长期未结项目，初步理清债权债务关系，主动走访，促成回款。债权债务管理作为公司一个新的专业开始发挥作用，成为经营生产风险防控的“排头兵”；法务专业强力维权，保护公司合法权益。年内公司涉及债权的主动起诉案件9起，本金和利息合计12.97亿元。加强法务工作，消除生产经营中的隐患与风险，为安全运转撑起“防护网”。

（陈伟伟）

【强化安全环保】 2018年，首钢国际工程公司将安全环保、质量置于首位。2018年召开的第一个大会是安全、环保及产品质量大会。把安全、环保、产品质量作为重中之重的大事来抓，强化“党政同责、一岗双责”意识。不断强化安全环保工作。高度重视，全面部署，落实安全主体责任。深入开展教育培训工作，提高全员安全环保意识。把功夫下在平时，夯实安全环保工作基础。持续强化质量管理体系工作，全面分析，产品质量工作总体情况，通报设计产品质量监控情况，系统分析产品质量问题原因。处理北京市勘办公示的违反“强条”问题和其他违反强条事件，举一反三，强化全员的质量意识。

（陈伟伟）

【企业文化建设】 2018年，首钢国际工程公司结合首钢建厂100周年，组织开展公司成立45周年暨改制10周年纪念活动，举办“同欢乐共奋进”春节联欢会、“光荣与梦想”先进表彰、感动人物评选、“温馨部室”评选等特色文化活动，弘扬“开放、创新、务实、高效”的企业文化。加强品牌形象宣传，开展公司外网、宣传册改版更新；在《世界金属导报》《中国冶金报》《首钢日报》宣传公司品牌技术和亮点工程，荣获“改革开放40年中国企业文化优秀单位”称号。

（陈伟伟）

北京首钢建设集团有限公司

【首建公司领导名录】

董事长：杨　波（6月任职）　金洪利（6月离任）

副董事长：刘宗乾

董　事：李国庆　武阔君（6月任职）　张志忠

苏宝珍　张永祥

总经理:武阔君(5月任职)　杨　波(5月离任)

副总经理:苏宝珍　徐　磊(7月任职)

党委书记:杨　波(5月任职)　金洪利(5月离任)

党委副书记:杨　波(5月离任)

武阔君(5月任职)

党委书记助理:李海龙

总经济师:任立东

总工程师:谢木才

总经理助理:金福民(6月任职)

徐　磊(7月离任)

(姜　洁、赵秀英)

【综述】　北京首钢建设集团有限公司(以下简称"首建公司")成立于1956年,是首钢集团旗下的大型综合性建筑施工企业。2008年初改制成为国有控股企业,注册资本金4亿元。截至2018年底,拥有工程技术、经营管理和项目管理人员4000余人,下设专业分公司15个,子公司10个,直属单位14个,控、参股公司4个。公司是首批中国工程建设企业社会信用评价"AAA"企业;连续11年获得全国优秀施工企业和北京市诚信企业,中国工程建设诚信典型企业,北京市级技术中心和市级专利试点企业,首批"国家装配式建筑产业基地"。

首建公司拥有如下资质:冶金工程施工总承包特级,建筑工程、市政公用工程、机电工程施工总承包一级,钢结构工程、建筑装饰装修工程专业承包一级,输变电工程、起重设备安装工程、环保工程专业承包二级,公路工程和矿山工程施工总承包三级,冶金行业甲级、建筑装饰工程专项甲级设计,特种设备安装改造维修许可(锅炉、压力管道、压力容器、起重机械)。

首建公司获得国家级科技奖1项,获得省部级科学技术奖24项;拥有国家级工法6项,部级工法25项,企业级工法139项;拥有授权专利144项,其中发明专利39项;主编国家标准2项,参编国家和行业标准21项;获得鲁班奖或者其他国家级工程质量奖5项,省部级工程质量奖96项。

首建公司以"求实创新、担当执行、标准规范"为企业准则,以"业主满意就是我们的标准"为服务理念,以"打造城市综合服务商"为发展目标,以京津冀协同发展、国家"一带一路"建设为契机,明确以建筑业、产品制造业、建筑/设备维检综合服务业和国际工程为主要业务,不断向装配式住宅产业化、绿色建筑(被动式房屋)、PPP承包模式拓展,成为以建筑为主业,多种业务并行的综合性建筑企业集团。

(李建辉、郝大伟、邵　飞)

【主要指标】　2018年,首建公司实现营业收入62.95亿元,完成首钢集团下达计划的105%,比上年增长14%;实现利润9057.37万元,完成首钢集团下达计划的113%,比上年增长20%;实现新签合同额85.58亿元,完成首钢集团下达计划的113%,比上年增长7%,其中首钢外部项目签约45.39亿元,占签约总量的53%。年内首建公司获得省部级以上科技成果3项,部级工法3项,取得授权专利18项,其中发明专利4项。

(吕英瑞)

【科技创新】　2018年,首建公司结合产学研协同创新模式,助推技术标准研发应用。参编行业标准4项,其中《厨卫装配式墙板技术要求》正式发布;完成的《高层装配式钢结构住宅内嵌式外墙施工技术》获得首钢科学技术二等奖。与西安建筑科技大学建立校企战略合作关系,在关于共同研究老工业区更新改造的标准体系方面达成共识,正在推进关于旧工业建筑再生利用系列标准的编制工作。联合兄弟单位完成的《西十冬奥广场工业遗存绿色、智能化改造开发与利用》《冬奥广场工业遗存改造涂装新技术的开发与应用》2项成果获得首钢科学技术一等奖。完成研发项目和成果28个,其中获得首钢科学技术一等奖2项,二等奖2项,有3项成果获得中施企协科学技术进步二等奖。

(李建辉)

【标准编制】　2018年,首建公司完成工法编制33项,其中3项获得冶金行业部级工法。受理专利41项,取得专利授权18项。参编行业标准1项、团体标准4项,主编团体标准1项。参编发布国家标准2项、行业标准1项、团体标准2项。在国家核心期刊发表技术论文15篇。BIM技术在装配式建筑、首钢北京园区工程和首特园区绿能港等试点项目继续推广应用,并获得多个奖项。荣获各类质量创优奖项28项,其中省部级奖项23项。包括,中国优秀焊接奖2项,全国冶金行业优质工程3项,北京市建筑结构"长城杯"金质奖3项、银质奖2项,河北省结构优质工程13项,唐山市优质工程奖4项。

(李建辉)

【市场开发】 2018年,首建公司完成开发签约85.6亿元,其中1亿元以上大项目签约完成年计划目标202%。首钢内部市场稳步前行,年内签约项目完成年计划160.76%。拓展国内知名企业,先后开拓北戴河国际旅游度假中心一期工程、齐鲁科技小镇一期工程等7亿元以上大项目。在"一带一路"沿线成功签约哈萨克斯坦公路项目。检修备件及加工市场签约完成年计划132.5%。区域市场实现稳步增长,山东省、河北省唐山区域同比增长超过60%。巩固与龙湖、万科、碧桂园、永泰等大型房地产商的合作,与名企签约项目40项。通过深度培植,设研院与中航技合作开发的"埃塞五星级酒店二期EPC项目"进入合同谈判阶段。一冶公司重点跟进的"哈萨克斯坦综合钢厂EPC项目"已签订实验合同。

(丁利霞)

【工程管理】 2018年,首建公司在国内外2个市场、15个省市、34个地区、153个项目上开展工程建设。开工面积413万平方米,竣工面积146万平方米;新开工程73项,竣工项目53项;合同额1亿元以上规模39个。首钢北京园区以建设北京城市新地标为目标,园区北区工程进入三年规划建设阶段,冬奥组委按期入驻办公,完成配套景观秀池及三高炉改造工程。冬训中心项目配套的"速滑、花滑、冰壶、冰球"四个场馆建设完成,北京冬奥正式比赛项目滑雪大跳台项目正式启动。首钢京唐二期四大工程完成各项节点任务。首特园区绿能港项目开展"智慧化工地"建设,提升标准化管理水平,结构封顶比计划工期提前45天;承接的天安门国庆花篮结构工程,高质量按时完成任务。首钢铸造厂南区限价房工程,获得"北京市绿色安全样板工地",唐山万筑凤凰新城项目获得"河北省安全文明工地",贵钢公司棚户区改造工程获得"贵阳市文明样板工地",银川永泰城项目获得"银川市建筑施工标准化工地"。

(王怀庆)

【企业管理】 2018年,首建公司加强企业管理,完成"十三五"规划中期评估,主要经济指标实现规划目标。深化全面预算管理,优化承包考核体系,加强预算执行过程管控;实行重点工作任务课题制,助推重点工作落地,企业发展质量和经济效益稳步提升。项目过程管控,项目盈利能力逐步增强。持续推进"抓结算促回款"活动,提升项目盈利水平,推行施工图预算双边校验、签证索赔"零报告"制度,健全结算管控体系。推进管控体系改革,结合首钢集团管控体系改革方案和建筑行业特点,以风控体系建设为主线,以信息化管理为手段,推进"两化两心"建设工作。成立"招标采购中心""劳务管理中心",建立采购制度体系,对采购招标业务集中管控。推进劳务实名制试点实施,降低劳务用工风险;编制《项目管理标准化手册》《企业管理标准化手册》《风控手册》,重建综合管理信息系统,将风控体系、制度体系与标准体系融合,推动标准化管理体系的落地实施。

(吕英瑞)

【人才建设】 2018年,首建公司人力资源专业围绕"十三五"发展规划阶段目标和首建公司"两会"确定的重点工作任务,拓宽人才引进渠道,缓解用工难,引进实用型人才55人,招聘应届高校毕业生107人,属地化招聘108人。以落实夯实人才基础,组织开展不同层次人员各项培训586期、参加7425人次。强化校企合作,丰富"首建公司人才学院"办学模式,选拔专业技术管理骨干项目管理团队44人全脱产培训班。开展技能竞赛,举办电焊工、天车工、电工、瓦工、吊车司机5个工种的技能竞赛。鼓励员工取证,新增备案注册建造师80人。培养品牌项目管理团队,拥有品牌项目经理。

(张学平)

【党群工作】 2018年,首建公司把党建工作总体要求纳入首建公司及二级公司章程,实行重大决策党委会前置审议。组织全体党员开展"两学一做"学习教育,通过"一补一带"强化政工人员,建立健全党的各级组织。开展"夏季送清凉"及员工疗养活动,组织重点工程一线慰问,涉及员工6268人;完成员工及家属疗休养工作8批次、410人。组织参加全国钢铁行业"青安杯"竞赛,荣获4项荣誉;通过创新工作室推荐"首建工匠"人选10人。举办"第三届职工趣味运动会"等文体活动,丰富职工业余文化生活。共青团系统召开2018年度青年志愿者工作探讨交流会。信访维稳和社会综治工作坚持完善机制,夯实基础,严格管理,压实责任,在信访总量大、历史遗留问题多的严峻形势下,克服重重困难,解决重点矛盾,纠纷得到有效控制。

(康京山)

【首建公司大事记】

1月26日,首建公司召开第三届职工代表大会第一次会议,首钢集团总经理助理、股权投资公司党委书记、董事长王涛出席会议并讲话。

2月27日,首建公司编写的《创建人才开发体系,促进企业转型发展》课题荣获第三十二届北京市企业管理现代化创新成果二等奖。

3月5日,首钢国家级技能大师及专家团队助力冬奥滑雪大跳台建设启动仪式举行。北京市工业国防工会主席周玉忠,首钢集团领导梁宗平、梁捷等出席。首建公司党委书记、董事长杨波代表施工单位在启动仪式上发言。

3月19日,首建公司承建的齐鲁科技小镇项目举行开工仪式。

3月28日,首建公司召开《服务2022年北京冬奥会、冬残奥会筹办和项目建设誓师动员大会》。

5月4日,首建公司所属"尤义光青年突击队"被石景山区授予"2022,我们在一起"冬奥青年先锋队称号。

5月25日,首建公司在首钢集团工会举办的"讴歌改革成就、唱响时代新曲"职工合唱比赛中获得大合唱组三等奖。

6月4日,首建公司与中国—东盟经济文化联合会在国际文化交流中心北京基地举行战略合作协议签约仪式。

6月11日,由首建公司承建的"首钢集资建房(铸造村)4号楼等3项钢结构工程""华电内蒙古能源有限公司包头发电分公司煤场封闭钢结构工程",分别在"钢结构住宅"和"大跨度钢结构"领域获两项中国钢结构金奖。

7月4日,首建公司党委荣获首钢集团"六好班子"荣誉称号。

7月9日,首建公司召开第二届董事会第二十四次会议以及第十一次股东会。

7月15日,首建公司党委书记、董事长杨波受邀到阿联酋与中航国际工程刘国强经理进行高层对接,签署阿联酋沙迦一商住楼项目合作协议。

9月13日,首建公司与盐山新发地房地产开发有限公司签订总价3亿元的施工总承包框架协议。

9月27日,首建公司承揽的"2018年国庆天安门广场中心花坛花篮主体结构工程"获业主表扬。

10月24日,首建公司承建的首钢铸造村南区、北区住宅项目荣获2018年度北京市结构"长城杯"金奖。

11月15日,首建公司组织所属各单位的党员干部七十余人到国家博物馆参观"伟大的变革——庆祝改革开放40周年大型展览"。

12月21日,首建公司团委召开2018年度青年志愿者工作探讨交流会,推动志愿服务工作常态化和规范化。

(康京山)

北京首钢自动化信息技术有限公司

【首自信公司领导名录】

董事长:张宗先

副董事长:李春东(兼)

董　事:徐镜新(兼)　尚忠民(兼)　余国平　胡丕俊　李　腾

党委书记:余国平

经委书记:张宗先

副总经理:胡丕俊　李　腾　李振兴　许　剑

(梁志强)

【综述】 北京首钢自动化信息技术有限公司(简称"首自信公司")是首钢集团旗下的自动化信息化专业性公司,是集信息化规划实施、自动化系统设计、软件开发、系统集成、技术服务于一体的高新技术企业。结合新业态、新形势,凭借40余年的技术经验积淀,向工业智能化和智慧城市两大领域转型发展。在工业智能化领域重点发展智能装备、智能工厂、智能物流和智慧服务等产业;在智慧城市领域重点发展智慧园区、智能建筑、静态交通等产业。培养造就一支专业配套齐全、熟悉工艺、经验丰富的专业化队伍,在自动化控制、数学模型、MES、ERP等领域具有强劲实力,拥有国家重点实验室

和二百余项专利技术、软件著作权及注册软件产品，获得过多次国家级、省部级专业奖项。具备承担大型企业一级至四级自动化信息化“交钥匙”工程的整体实力。

首自信公司实行集中领导下的专业事业部制，设有运行事业部、首迁运行事业部、京唐运行事业部、信息事业部、自动化事业部、传动事业部、工程事业部、电信事业部、自动化研究所、智慧城市创新中心、静态交通创新中心、工业智能装备创新中心，机关设党群部、办公室、企划部、人力资源部、财务管理部（法律事务部）、经营部、外部市场销售部、安全运行部、采购管理部、总工程师办公室、保密办公室和项目管理中心，投资设立秦皇岛首信自动化系统工程有限公司、迁安首信自动化信息技术有限公司、唐山首信自动化信息技术有限公司、北京首冶仪器仪表有限公司4个全资子公司，对外投资控股北京中关村华夏科技有限公司、北京华夏首科科技有限公司、天津首钢电气设备有限公司计3家企业，对外投资参股天津贝思特电力电子有限公司、北京首泰众鑫科技有限公司、深圳首实科技有限公司、北京首新电子有限公司计4家企业，在册员工3387人。

2018年，首自信公司致力于成为工业智能化创新者和智慧城市的引领者，秉承“开放、合作、共赢”的发展理念，竭诚为社会各界提供最优质的服务。通过承揽并实施北京城市副中心、北京大兴国际机场、北京市雪亮工程、首钢北京园区、首钢曹妃甸园区、首钢集团管控系统、迁钢公司冷轧智能工厂等一批有行业影响力的重点项目，首自信公司在工业机器人、无人天车和智慧城市顶层设计、智慧交通、智能家居、云计算、大数据、人工智能等领域取得成绩，在提升智能工厂、智能装备、智能物流和智慧服务等领域核心竞争力的同时，面向城市、园区及社区的智慧解决方案提供全面应用服务。

（许春阳）

【信息技术资质认证】 2018年3月，首自信公司获得ISO/IEC 20000-1:2011信息技术服务管理体系认证证书，可向外部客户提供信息系统的基础设施、软件、硬件运行维护相关的服务管理体系。8月，首自信公司按照工业和信息化部组织制定的信息技术服务标准评估后符合要求，达到成熟度等级二级标准，获得ITSS信息技术服务运行维护标准符合性证书。

（沈建梅）

【科技创新】 2018年，首自信公司科技创新工作秉承深化改革、进一步加快转型发展的宗旨，全面落实科技创新“十三五”规划。围绕工业智能化和智慧城市两大产业，做好首钢钢铁主业全流程先进技术的掌握和突破，促进智能工厂建设，同时进一步向非钢新产业方向拓展，实现企业的转型发展，通过加大科技投入，为进一步拓展外部市场打下坚实基础。根据市场变化和行业技术发展，重点投资并开展“基于人工智能技术的带钢表面缺陷识别技术研究及应用”“智慧停车运营监控平台”等内部投资科研项目，推进项目有序开展。与技术研究院、京唐公司、首钢北京园区等单位协同，及时明确和调整研发方向，促进研发成果不断与用户需求接轨。

（刘佳瑜）

【科研成果评价】 2018年，首自信公司有5项科技成果顺利通过首钢集团科技成果验收评价，其中“基于知识推理的中厚板质量设计研究及应用”“球团智能控制无人操作研发与应用”“首钢西十冬奥广场工业遗存绿色”3项成果取得国际先进水平评价；“基于双重预防机制的安全管理综合平台”“无人操作全自动计量研究和应用”2项成果获得国内领先水平评价。年内8项科技成果荣获2017年度首钢科学技术奖，其中“烧结智能控制无人操作研发与应用”荣获首钢科学技术二等奖；“硅钢动态质量设计平台自主研发与应用”“面向北京冬奥会的智慧路灯杆、窨井盖在线监管系统”等7项荣获首钢科学技术三等奖；“RCM磨辊间管理系统”荣获第三届冶金青年创新创意大赛三等奖。“隐患排查与安全预警系统V1.0”获得中国软件行业协会2018年推广优秀软件产品，进一步树立首自信公司良好的软件品牌形象。

（刘佳瑜）

【科技成果转化】 2018年，首自信公司实施多项科技成果转化。其中，“基于双重预防机制的安全管理综合平台”在上年首钢钢铁业广泛推广应用的基础上，今年又向首钢实业公司、首钢地质勘察院、首华公司、资源公司、中首公司等二十家非钢产业推广应用。“基于知识推理的中厚板质量设计研究及应用”2018年在京唐二期3500毫米中厚板搬迁升级改造项目成功应用后，又向京唐公司二期4300毫米中厚板项目推广应用。

（畅晓光）

【钢铁业智能技术研发】 2018年，首自信公司重点开展基于人工智能技术的带钢表面缺陷识别技术研究及应用、迁钢公司热轧基于数据挖掘的优化技术研究与应用、机器视觉技术在无人天车中的应用研究及首钢集团管控方面几个项目。其中，京唐公司3500毫米中厚板项目在现场成功应用，具备中厚板线整体电气系统设计与成套的实力，填补了首钢在中厚板自动控制领域的空白。首钢集团管控方面，财务共享、投资管理、资产管理三个项目，完成研发并上线，反响良好，成功打造通用解决方案平台，为集团管控业务推广打下坚实基础。

（畅晓光）

【新产业开发】 2018年，首自信公司继续加大新产业研发投入。消费类电子产品研发项目，已研发基于单门、双门单向、双门双向、四门单向的门禁控制板通讯技术的电子门禁系统。首钢智慧园区大数据平台研发项目，依托物联网、互联网、信息化平台数据，建立首钢北京园区自有数据标准体系，建设大数据平台，实现多业务体系协作机制。在充电桩科研技术开发方面，已完全掌握30—180千瓦直流充电桩、7千瓦交流充电桩的核心技术，并完成60千瓦直流充电桩和7千瓦交流充电桩产品认证工作。立体车库控制系统研发项目，已完成首钢厂内公交立体车库梳齿样机和托辊样机的研制工作，并向社会展示。

（畅晓光）

【知识产权评定】 2018年，首自信公司申请专利44项，其中发明专利20项，实用新型专利9项，外观设计专利15项；取得专利授权36项，其中发明专利16项，实用新型专利12项，外观设计专利8项；注册软件著作权26项。截至2018年底，首自信公司累计申请专利288项，取得专利授权159项，申请软件著作权192项，注册商标8项，企业知识产权保护布局日益成熟。运用各级政府对企业知识产权工作的优惠政策，取得北京市专利资助金、石景山区知识产权奖励金，中关村创新能力建设专项资金等85550元。首自信公司在知识产权创造、运用、管理、保护四个维度全方位综合能力实现从量变到质变的跨越。经国家知识产权局评定，获得2018年度国家知识产权优势企业荣誉称号。

（崔玉芳）

【论文及学术交流】 2018年，首自信公司拓展知识更新渠道，充分利用石景山区知识产权局、北京软协等平台，组织专业技术、科研管理、财务税务等各类人员参加研发技术沙龙、政策税收、知识产权阶梯培训等系列学术交流专场。组织参加中国钢铁工业协会2018年第一届钢铁工业智能制造发展论坛、人工智能技术研讨会议、2018全国第二十三届自动化应用技术学术交流会、2018中国钢铁产业互联网+推进大会、工业机器人及其在钢铁工业中的应用技术研讨会、百度人工智能研讨等学术交流活动，累计参加人员178人次，开阔专业技术和管理人员视野，共享、更新知识体系，鼓励科技人员做好技术成果总结和提炼，提高学术水平，保持良好理论学术研究氛围。组织参加2018全国第二十三届自动化应用技术学术交流会，31篇被冶金自动化正刊、增刊、自动化与仪器仪表等刊物录用。推荐参评北京金属学会“第十届冶金学术年会论文评选活动”的论文中，22篇优秀论文获奖，其中一等奖1篇、二等奖10篇、三等奖11篇。

（张　婧）

【产业联盟与政府支持】 2018年，首自信公司通过产业联盟、参与合作，进入优势企业行列。与“北京工业大数据产业发展联盟”“中国金属学会智能制造标准化技术委员会”“中国软件行业协会第七届理事会”“北京软件和信息服务业协会”保持长期合作。动态跟踪各级政府资金政策信息，高效组织和精准开展政府补贴项目申报。参与工信部“智能制造综合标准化与新模式应用”课题攻关，完成“2016年智能制造评价指数标准研究与试验验证平台”研发及验收结题；申报“2017年度新增企业技术改造和技术创新政策”资助金支持；申报2018年石景山科技计划项目——基于物联感知的冬奥园区智慧建筑管控平台研发与应用，获得资金支持30万元。组织李洁创新工作室申报国有资本经营预算资金支持优秀科技创新团队，顺利通过初审、初评答辩、资金预算编制等环节，获得国资委资金支持70万元；与浪潮公司合作，参与“浪潮云跨行业跨领域工业互联网平台试验测试项目”，获得工信部2018年工业互联网创新发展工程资金支持。

（张　婧）

【提高劳动效率】 2018年，首自信公司继续开展“一业多地”提高劳动效率工作。颁发《首自信公司关于全面提高劳动效率的工作方案》《秦皇岛首信自动化系统工程有限公司职工分流安置方案》，传统产业转岗204人，参与新产业开发建设，优化京唐一期维护人员147人进入京唐二期维护岗位，通过多种形式累

计分流减员 319 人。

（王　帅）

【人才队伍建设】　2018 年，首自信公司启动实施管理、技术、营销“三通道”人才队伍建设，形成发展有平台、上升有空间、纵向能晋升、横向可互通的激励机制。举办为期一个月的青年人才培训班，青年员工 58 人参训。开展以“塑文化、转职能、改作风、树形象、促发展”为主题的机关作风大整顿活动。举办各类讲座和培训班 293 次，参加北京市第十八届职业技能竞赛，开展技术沙龙交流研讨，组织自动化维护职业技能比赛，6 人获得技术能手称号。

（王　帅）

【组织机构改革】　2018 年，首自信公司相继成立深圳分公司、首钢园区总包部、贵州办事处和工业智能装备创新中心，合并撤销数据中心筹备组、首钢园区指挥部，静态交通创新中心并入深圳分公司。通过调整理顺管理关系，为新产业发展创造有力条件。

（赵宗棠）

【重点项目推进】　2018 年，首自信公司各单位参战职工夜以继日，攻坚克难，确保京唐二期炼铁、炼钢、轧钢等工程按节点顺利推进，4300 毫米中厚板产线如期点火热试，得到京唐公司和各兄弟单位的肯定。首钢秘鲁铁矿工程克服海外工程的各种困难，举全公司之力，高效优质完成工程建设任务，为首钢秘铁 1000 万吨精矿投产、达产奠定良好基础。

（韩继军、徐红艳）

【运维业务提升】　2018 年，首自信公司以“完善体系、深化管理、精准服务、创优争先”为目标，进一步优化运维组织机构，健全运维服务标准，完善运维服务制度，提升运维服务水平。加强点检、运保和检修工程师“三师”队伍建设，开展以“强基础、保运行、创效益”为主题的劳动竞赛活动，通过常态化持续开展，在运维服务中形成“比、学、赶、超”的良好氛围，不断提升运行维护、故障处理及检修技改的服务技能水平。扎实做好首秦停产运维退出工作，制定《首秦停产运维退出实施工作方案》，紧而有序地完成首秦人员安置、资产处置、运维保障等工作，实现首秦停产平稳转移、安全过渡。进一步提高劳动效率，内部挖潜维护人员 170 余人提前介入京唐二期工程建设，为京唐二期投产做好运维准备。强化生产信息反馈、板块协同和过程管理，保障“急、难、险、重”运维事件有效解决。年内，自动化、信息化、电信等专业现场各类设备运行稳定，客户满意度保持较高水平。

（袁有花）

【风控体系建设】　2018 年，首自信公司完成风控体系运行监督评价手册编制，确保风控体系有效运行。依据首自信公司《风险控制手册》的规定，按照《企业内部控制基本规范》及其配套指引的要求，全面系统完成首自信公司内部控制评价手册的编制工作，为规范内部控制评价行为，发现内部控制缺陷，及时督促整改，持续提升公司管理水平，防范风险提供重要的依据。

（独长芹）

【基础管理强化】　2018 年，首自信公司建立完善项目周报管理机制与工程例会制度，颁发《工程项目组织管理办法》《工程项目评审管理办法》《工程项目质量管理办法》《工程项目考核管理办法》等规章制度。搭建首自信公司信息化管理平台，从信息跟踪、合同签订、项目实施、结算回款、竣工验收等环节进行动态管控，实现工程项目全生命周期管理。

（王晓娜）

【集团管控建设】　2018 年，首自信公司践行“平台+服务”商业模式，按计划组织推进首钢集团管控项目群建设，打造管控咨询平台，提升服务能力，形成“自主+集成”的集团管控解决方案，提高集团管控核心产品竞争力。其中，财务管控一体化、全面预算、财务共享应用、投资管理、资产管理、人力资源按计划成功上线；协同办公完成首建公司、实业公司、水钢公司、长钢公司等内部单位应用推广及与 8 个集团管控系统的流程集成；北京市政府办公厅移动办公项目正式上线运行。具备主数据项目咨询及实施能力，研发主数据管理平台，并推广内外部市场，向产业化发展迈进。

（范瑶瑶）

【智能工厂打造】　2018 年，首自信公司推进首钢硅钢一冷轧大数据智能过程控制研发与应用，实现系统自动优化控制，轧制精度 2.5%，超过同行业先进水平。搭建迁钢公司冷轧大数据应用平台，自主开发产品研发系统、客户精准服务系统、协同制造管理系统、质量管控系统、可视化管理驾驶舱，打造具备“状态感知、实时分析、自主决策、精准执行、绿色安全”的工业智能化系统。成功实施迁钢公司磨辊间智能化升级改造项目，成为国内实现全自动排产、全自动跟踪、全自动磨削的智能化磨辊间示范项目。

（范瑶瑶）

【智能仓储打造】 2018年，首自信公司建设的迁钢公司硅钢一冷轧中间库智能仓储交付生产，双车全自动投入率和成功率99.79%，汽车运卷自动装车率99.7%，系统功能和各项指标均达到同行业领先水平。以首钢智能化建设为契机，参与各钢铁基地智能化项目的调研、规划及方案编制等工作，先后组织承揽京唐公司冷轧镀锌高强钢生产线、连续酸洗及热基镀锌生产线智能仓储项目，成功中标山东钢铁集团智能行车项目，实现外部市场新突破。

（杨静雅）

【工业机器人研发】 2018年，首自信公司以迁钢公司硅钢酸洗连轧入口拆捆带机器人应用为样板示范，持续进行工业化应用优化完善，形成自主集成专用工业机器人控制系统“机电一体化”解决方案，以其高可靠性和高性能指标，实现在工业连续流程生产中的推广应用。完成京唐公司冷轧作业部2230连退全自动拆捆带机器人项目实施，先后组织签订首钢水钢棒材焊标牌机器人、顺义冷轧贴标机器人、京唐公司冷轧镀锡拆捆带机器人等项目合同。

（杨静雅）

【云平台建设】 2018年，首自信公司完成京西重工全球ERP和ICT系统及财务公司灾备系统正式入驻工作，推进数据中心云平台基础网络和信息安全架构设计及建设工作，计划2019年3月建成投运。基于“平台+服务”模式，为首钢集团及实业公司、销售公司、曹建投公司等10余家企业30余个信息化项目提供一站式云服务，总计投运虚拟化服务器900余台、15TB内存及200TB高性能数据存储，实现云服务收入大幅增长。

（范瑶瑶）

【移动互联优化】 2018年，首自信公司倒班助手产品4.0版正式上线，累计用户量达190万人。全量用户广告变现12.2万元，初步建立商业化生态体系。实现横向功能、增值服务、变现等“多维度”的产业孵化基础，企业移动和网站实现“内部计划、外部驱动”的双向企业移动方法论优化，实施多业务领域在建及维护移动应用共计20余个，网站在建和维护8个。

（范瑶瑶）

【智能家居研发】 2018年，首自信公司自主研发的智能家居系统在曹妃甸生态城落地实施800余套，完成金隅集团被动式超低能耗装配式住宅设计方案。通过对用户数据的跟踪处理，实现智能家居系统迭代升级，进一步优化全屋智能解决方案，大幅度提升用户体验。利用物联网和人工智能技术形成核心网关，使用通讯技术集成市场上的成熟产品，逐步打造智能家居系统生态圈。

（吴　璇）

【智慧园区建设】 2018年，首自信公司完成北京城市副中心综合管理服务平台初验工作，实现行政办公区物业管理、楼宇自控、后勤保障、应急处置业务智能化管理，打造智慧园区样板工程。受邀参加华为全联接大会，正式成为华为公司智慧园区云平台指定供应商。成功自主研发首钢数据智能一体化平台，对标阿里巴巴、腾讯、百度大数据平台产品，具备9大功能，58个子项，实现自底向上的一体化架构设计，做到了数据全生命周期的管理。

（陈燕霞）

【会议系统保障】 2018年，首自信公司精心组织和实施首钢冬奥广场信息化改造数字会议系统建设，完成数字会议系统建设，满足北京冬奥组委会议系统使用需求。年内，为北京冬奥组委提供会议技术保障855场会议，服务参会42800人次。其中，重要保障会50场，并完成平昌冬奥会和冬残奥会总结会的通讯、网络、照明、弱电、视频、会议等系统的服务保障工作，受到北京冬奥组委和首钢集团领导好评。

（陈燕霞）

【党员学习教育】 2018年，首自信公司推进学习教育常态化制度化、组织生活规范化、作用发挥常态化，通过创建《自信通报》《党建周刊》《党委工作要点》党建工作群等载体平台，开展多种形式学习教育。贯彻落实《党支部工作条例》，颁发《基层党组织及政工人员设置规范》，推进党支部规范化建设，坚持“三会一课”基本形式，落实在职党员社区报到，推动组织生活正常化。开展“不忘初心挑重担，牢记使命我争先”等主题实践活动，塑造党员在岗位实践中的良好形象，党员队伍勇于担当作为，干事创业热情不断激发。

（梁志强）

【首自信公司大事记】

1月18日，首钢云平台管理中心正式运营。

1月25—26日，首自信公司召开三届三次职代会，党委副书记、总经理余国平作题为《深化改革创新，提升发展质量，谱写新时代首自信公司转型发展新篇章》工作报告。

1月，首自信公司荣获“北京市诚信创建企业”单位称号，并纳入北京市公共信用信息系统。

2月6日，春节前夕，首自信公司班子全体成员分头到职工家中，对困难职工、长期赴外工作职工、生产技术业务骨干和退休职工走访慰问达50余户。

2月9日，首自信公司召开2018年组织专业工作会，签订2018年度党建工作责任书。

2月11日，首自信公司开展变革创新文化建设，颁发《变革创文化纲要》《实施方案》，加快推进首自信公司转型发展。

3月16日，首自信公司召开2018年党风廉政建设工作会议，首自信公司领导、各单位主要领导及部分有业务处置权人员参加会议。

4月1日，首自信公司与河北首朗新能源科技有限公司签订设备维护总包合同，标志着公司运维服务业务向“机电一体化”迈出坚实一步。

4月8日，首自信公司成立工业智能装备中心，聚焦生产线智慧化和无人化应用，围绕智能装备全面开展工作。

5月25日，首自信公司召开平昌冬奥会和冬残奥会会议服务保障动员会，通过会议系统、照明系统、网络系统等服务保障方案。

6月4—8日，首自信公司做好国际奥委会在首钢冬奥广场召开平昌冬奥会和冬残奥会总结会的通讯、网络、照明、弱电、视频、会议等系统的服务保障工作，得到北京冬奥组委相关部门的一致好评。

6月20日，在市国资委系统精神文明建设工作大会上，首自信公司荣获“2015—2017年度首都文明单位”称号。

7月31日，首自信公司克服海外工程工期紧、任务重等不利因素，高效优质完成工程建设任务，为首钢秘铁1000万吨精矿投产、达产奠定良好基础。

9月3日，首自信公司举办2018年青年干部培训班，首自信各单位青年干部及后备干部计58人参加培训。

9月25日，首自信公司与中科国民（北京）科学技术研究院举行战略合作签约仪式。

10月11日，按照首钢集团公务用车管理有关规定，首自信公司推进公务用车车载终端设备安装，提升首钢车辆管理信息化水平。

10月19日，首自信公司召开第三届董事会第十一次会议、第四届董事会第一次会议、第四届监事会第一次会议、第十四次股东会。选举产生首自信公司新一届董事会、监事会。

11月9日，在首钢集团公司科技成果验收评价会上，首自信公司自主研发的“基于知识推理的中厚板质量设计研究及应用”“基于双重预防机制的安全管理综合平台”两个项目得到专家的肯定，并提出建设性意见。

12月13日，由首自信公司自主研发的“首钢数据智能一体化平台发布会”在首钢体育大厦成功举办。

12月14日，中共首自信公司第三次代表大会召开，党委书记、董事长张宗先代表公司党委作《不忘初心，砥砺前行，决战“十三五”；牢记使命，勠力同心，夺取转型发展新工作胜利》报告。

（许春阳）

北京首钢机电有限公司

【首钢机电公司领导名录】

董事长：张满苍（9月任职） 白 新（9月离任）

副董事长：李春东（9月任职） 刘 强

张满苍（9月离任）

董 事：王东坡（9月任职） 徐镜新（9月任职）

刘宗乾（9月离任） 李建设（9月离任）

张秀怀　王三恒
总经理：张满苍
副总经理：张秀怀　王三恒
副总工程师：刘小青
党委书记：刘　强
纪委书记：刘　强
工会主席：刘　强

（郭鑫鑫）

【综述】 北京首钢机电有限公司（以下简称“首钢机电公司”），1986年首钢将北京地区下属机、电、液重点专业厂矿合并成立首钢机电公司。2008年北京首钢机电有限公司完成企业改制，正式工商注册，企业总资产34.6亿元。首钢机电公司经过多年发展，形成了以大型冶金中高端设备制造为核心的主导产品，具备设计、制造、安装调试、服务、技术咨询、设备供应总承包等综合能力，能够生产制造以2.4米以上板坯连铸机为代表的一批大型冶金高端设备，拥有炼铁、炼钢、轧钢、焦化、烧结等冶金成套设备的制造能力。同时，通过提供核心备件的开发制造、设备全线维保、设备在线和离线检修、设备技改等服务，实现了为用户全方位的保驾护航。为适应京津冀协同发展战略的实施和北京城市副中心的打造，首钢机电公司现已形成研发销售中心在北京，生产制造基地在河北大厂、迁安、曹妃甸、秦皇岛的“一核四翼”发展格局。截至2018年底，职工总数3000人，工程技术人员517人。

首钢机电公司拥有配套齐全的工艺制造装备、大型金属加工设备及先进的检测设备。其中精密机床、大型数控化机床300多台，可满足各种用户对不同质量的要求，具有ISO9001（或ISO9002）国际质量保证体系认证和美国ASME认证。伴随首钢集团“一根扁担挑两头”战略的实施，首钢机电公司按照“1+2”发展战略定位，在做优做强钢铁服务业的同时，围绕打造一流城市设备设施综合服务商，集中技术和制造优势，又相继开辟城市基础设施、隧道工程和能源环保三个新的业务板块，培育和形成了以高端护栏、管片模具、污泥发酵装置等为代表的系列新产品，为机电公司重新起航提供重要支撑和新的动力。

2018年，首钢机电公司全面落实和实施“十三五”规划，面对错综复杂的外部环境和艰巨繁重的转型发展任务，坚持改革创新主线，全面加强管控体系建设，持续推动管理能力提升，协调推进四个业务板块发展，实现扭亏为盈的阶段性目标，实现盈利230万元，比上年同比减亏978万元；实现销售收入8亿元，比上年增长33%；实现工业总产值5.6亿元，比上年增长10.8%；从业人员销售收入劳产率33.99万元/人·年，同比提高26%，较好地完成了年度经营目标和各项重点任务。

（郭鑫鑫）

【市场承揽】 2018年，首钢机电公司应对市场变化，聚焦目标市场和潜在市场，创新技术、提升服务，高效运作、稳扎稳打，经营能力不断提高，战略合作持续深化，实现承揽9.14亿元，同比增长2%，其中社会市场实现承揽5.04亿元，同比增长4%。

（郭鑫鑫）

【板块打造】 2018年，首钢机电公司持续推动四个业务板块打造，形成相互促进、齐头并进、联动发展的良好局面。传统冶金制造服务板块，坚持“制造+服务”理念，不断提升服务钢铁能力，如期完成曹妃甸检修基地二期厂房建设以及两个分公司整合及资源优化，高端冶金装备制造的产能逐步恢复，扇形段等产品加工技术水平逐步提升，完成了4套大包转台、2套中间罐车、7套扇形段的加工制造，三个检修基地营业收入连续三年完成目标并持续增长。城市基础设施制造服务板块，全面参与长安街及其延长线景观提升工程建设，形成较好的品牌和示范效应，在中高端护栏、交通标志杆、智能公交设施的基础上，定向开发和推广新型路名牌、旅游指示牌，市场运作、项目组织及投标策划能力不断加强。能源环保板块，逐步从代工模式向合作开发、自主研发和设备集成方向转变，多方位涉足污水处理、固废处理、烟气处理等环保领域，承揽超过1亿元。隧道工程板块，市场开发受到国家宏观经济调控影响，但仍然保持一定的市场占有率。

（郭鑫鑫）

【工艺技术推广】 2018年，首钢机电公司结合市场需求和产业发展方向，培育冶金备件和修复长线产品，开发多元化智能化的市政设施产品，不断丰富污水污泥处理领域等环保产品系列，坚持完善已有产品技术，突破工艺难点，扩充产品亮点，培育新的效益增长点，持续提升高效产出能力，国家科技部重大专项、国内单机规模最大的海水淡化项目如期推进，重大工艺技术取得显著进步。

（郭鑫鑫）

【资质取证】 2018年,首钢机电公司资质取证工作成效显著,专业部门和多个单位联手协同,取得了市政工程施工总承包、电力设施承装许可证等8项企业资质。两项产品通过公安部的防冲撞测试,成为国内第二家取得型式检验合格证的企业。年内累计申报专利31项,是申报专利数量最多的一年,为产品走向市场创造有利条件,为市场开拓打下坚实基础。

(郭鑫鑫)

【产品开发】 2018年,首钢机电公司加快技术创新,促进产品升级,更好满足客户的多样化需求,市政设施产品形成道路隔离设施、智能交通设施、立体车库、服务冬奥等四大系列50多个品种,初步实现多元化、系列化的格局。在停车设施方面,根据市政建设规划,推动技术工艺升级,持续完善车库功能、扩充车库类型、提高车库性能,从设计、制造、安装、调试等方面积累一定的经验,为做好公交车库的制造和服务打下良好基础。环保领域通过加深战略合作,引进、消化、吸收污泥密闭式发酵处理、堆肥翻抛发酵处理、城市黑臭水体一体化处理、焦化和烧结烟气处理等工艺技术,初步具备污泥干化工艺技术集成能力和翻抛机的自主设计能力。

(郭鑫鑫)

【机构改革】 2018年,首钢机电公司聚焦中心任务和顶层设计,着眼于系统性、结构性、历史性矛盾问题的解决,制订推出机电公司深化改革工作方案,率先在机电公司职能部门完成职务职级改革试点,结合工作实际将职能部门调整设立为办公室、党群工作部、组织人事部、规划发展部、财务部、企业管理部的"五部一室"管理架构,总部职能更加健全。

(郭鑫鑫)

【管理创新】 2018年,首钢机电公司按照首钢集团的统一部署,确保投资管理、全面预算管理、内部OA管理等系统按期上线运行,通过信息化技术的运用和保障,整体管控及风险防范能力进一步提升。探索应用二维码管理手段,完成连铸辊项目产品溯源管理的信息化平台搭建,为强化产品管理提供有益借鉴。高标准推进人力资源,工会、团委等各系统信息采集和推广运用工作,加强业务对接、强化专业管理,业务水平有效提升。

(郭鑫鑫)

【机制创新】 2018年,首钢机电公司开展建章定制,落实制度执行,紧密结合业务工作和专业管理,先后修订颁发财务、经营等各类制度48项,并代表首钢集团修订完成《首钢集团一般制造业成本核算办法》,做到制度更加适用、体系更加完善。推动薪酬分配激励政策改革,确立"一企一策"的考核分配政策,将领导人员年薪与本单位全年指标完成情况挂钩,试行领导人员年薪标准按指标完成情况升降机制,为完成全年指标任务保驾护航。

(郭鑫鑫)

【管控体系建设】 2018年,首钢机电公司加强公司治理能力建设,年内召开党委会5次,经理办公会6次,合计审议议题75项,议事决策更加规范;初步完成风控体系建设工作。针对生产经营过程中的薄弱环节,搭建各级流程326个,关键控制点327个,业务流程更加优化。

(郭鑫鑫)

【党建工作】 2018年,首钢机电公司坚持把政治建设放在首位,以党委中心组理论学习为引领,年内共组织中心组学习12次,领导人员的政治素质和专业素质得到较大提升。深入开展"不忘初心、牢记使命"主题教育,先后组织党员到李大钊纪念馆、平西抗日纪念馆等地参观学习,党员意识、党性修养得以加强。持续健全完善党建工作责任体系,推进基层党支部规范化、标准化建设,带头践行基层党支部联系制度,党建基础进一步夯实。

(郭鑫鑫)

【队伍建设】 2018年,首钢机电公司严格调研员任期制度,制定下发《北京首钢机电有限公司后备领导人员挂职锻炼管理办法》,后备干部队伍培养储备力度不断加强。适应新时期转型工作需求,全方位开展轮训、培训工作,职工队伍整体素质进一步提升。广泛开展岗位建功、技术比武等技能大赛,充分发挥"卫建平创新工作室"示范带动作用,一批技术能手脱颖而出,卫建平荣获首届"北京大工匠"称号,为首钢争得了荣誉。

(郭鑫鑫)

【廉政建设】 2018年,首钢机电公司坚持落实"两个责任"紧盯不放,研究部署反腐倡廉重点任务,层层传导管党治党压力,全面从严治党主体责任进一步压实;坚持在落实监督整改上力度不减,以党内监督带动专业监督,突出抓好"五合一"监督检查及各专项治理工作,各部门联合发力,确保了监督实效;坚持在加强警示教育和监督执纪上发力加压,组织"三管六外"及有业务处置权人员70人到石景山区反腐倡廉警示教育基地接受“知敬畏、存戒惧、守底线”警示教育活动，集中学习研讨《警示教育案例选编》，全面查处违规违纪行为，纪律意识和作风建设不断强化。

（郭鑫鑫）

【企业文化建设】 2018年，首钢机电公司紧密结合深化改革、转型发展实际，利用新媒体和内部OA平台，加强信息发布、政策宣贯和工作指导，年内共发布企业微信50期79条，形成广泛的舆论引导。丰富职工文化生活，关切关怀职工利益，克服困难，完成公积金补缴4300余万元。通过举办健步走、环厂跑等职工喜闻乐见的文体活动，帮助支持京外单位加强体育设施建设。深入开展送温暖、职工体检和困难职工帮扶工作，拨付各类帮困救助资金40余万元，保障了职工利益。

（郭鑫鑫）

【首钢机电公司大事记】

2月10日，首钢机电公司第七届职工代表大会第三次会议胜利召开。总经理张满苍作题为《加快改革创新步伐　奋力开创转型发展新局面》工作报告。

2月20日，首钢机电公司组织召开党委班子民主生活会。

3月7日，首钢机电公司工会组织开展“三八展风彩　巾帼攀高峰”主题登山活动。

3月24日，首钢机电公司党委组织召开领导干部述职述廉述党建民主评议大会。

4月9日，首钢机电公司数控机床操作工卫建平经过“工匠比武”“挑战者选拔赛”“终极挑战赛”“综合评审”等环节的比拼和评审，荣获首届“北京大工匠”称号。

5月25日，首钢机电公司职工参加首钢集团“讴歌改革成就，唱响时代新曲”合唱比赛并获得三等奖。

5月16—19日，第十八届中国国际冶金工业展览会在中国国际展览中心新馆举行，首钢机电公司作为展商精彩亮相，并受到广泛关注。

7月6日，首钢机电公司召开“庆祝中国共产党成立97周年暨表彰先进大会”，对2018年度机电公司先进基层党组织和优秀共产党员进行表彰。

7月9日，首钢机电公司纪委组织有业务处置权人员70人，到石景山区反腐倡廉警示教育基地学习参观。

9月4日，北京首钢机电有限公司和首创股份有限公司合作签约暨装备制造基地揭牌仪式在大厂首钢机电公司举行。

9月4日，国务院国资委机关服务局党委书记、局长刘海东等一行到首钢调研，对首钢机电公司、实业公司按时保质完成国务院国资委机关国旗旗杆升级改造工程表示感谢，并赠送了“工匠精神优质服务展首钢风采”的锦旗和表扬信。

9月18日，首钢机电公司与中航智科技有限公司战略合作签约，暨无人机项目合作制造基地揭牌仪式在首钢机电大厂基地举行。

10月25—26日，首钢机电公司相继举办“人际交流与沟通”和“转炉的构成”专业培训。

12月3日，首钢机电公司与北京国泰节水发展股份有限公司举行战略合作签约仪式，中国水工业互联网CEO张颖夏主持会议。

（郭鑫鑫）

北京首钢实业集团有限公司

【首钢实业公司领导名录】

董事长：刘　刚（5月离任）　陈四军（5月任职）

副董事长：杨　鹏（9月离任）　朱从军（9月任职）

总经理：陈四军（5月离任）　王立新（5月任职）

副总经理：王立新（5月离任）　王丽君　汤　红　王树芳　陈　尚（5月任职）　李　明（5月任职）

副总工程师：张效新（11月任职）

党委书记：刘　刚（5月离任）　陈四军（5月任职）

纪委书记：刘章英

工会主席：刘　刚（5 月离任）　刘章英（5 月任职）

（赵小璐、李　楠）

【综述】　北京首钢实业集团有限公司是 2008 年由首钢生活服务管理中心（首钢实业公司）改制成立，首钢集团持有股份 35%，经营团队和员工持有股份 65%。机关设办公室、党群工作部、财务部、规划发展部、培训部、审计部、监事会办公室、市场部、法务部、运营部，管理 17 家全资子公司、11 家控参股公司。截至 2018 年底，在册员工 2009 人，大学专科以上学历 936 人，其中研究生学历 48 人；高级职称 24 人，中级职称 102 人；技师 4 人，高级工 67 人。2018 年，首钢实业公司实现营业收入 368568 万元，盈利 6554 万元。

（张　旭、韩和平）

【深化改革】　2018 年，首钢实业公司推进深化改革，优化股权结构调整。按照首钢实业公司深化改革总体方案要求，推进相关工作。配合第三方机构完成资产评估工作，资产评估报告报送市国资委履行核准手续，待首钢集团董事会审批；完成深化改革股权优化后的首钢实业《公司章程》《员工持股管理办法》《员工持股协议》修订完善工作，并经首钢集团深改工作小组审议通过；根据新修订的章程、持股管理办法等文件，对股权转让流程进行设计并起草配套股权转让协议。筹备首钢实业新一届董事会、股东会，履行程序后实施。

（张　文）

【市场开拓】　2018 年，首钢实业公司市场开发跟踪项目 421 个，同比增长 1.2%，项目领域涉及写字楼、工商企业、教育领域、医疗系统、政府机构、部队后勤及高科技园区等。洽谈项目 162 个，同比增长 2.53%。新签约项目 41 个，同比增长 17.14%，其中物业服务 27 个、餐饮服务 9 个、劳务服务 5 个，签约额 10961.33 万元，同比增长 33.46%。截至 2018 年 12 月末，共有社会市场运行项目 131 个，服务类别构成为：物业服务 63 个、餐饮服务 32 个、幼教 29 个、劳务派遣 6 个、集成服务 1 个。

（赵俊超）

【信息化建设】　2018 年，首钢实业公司迁安首实包装服务有限公司建设《工业采购平台项目》，通过信息化手段实现包括系统基础模块、合同管理模块、供应商管理模块、电子印章应用管理模块及档案集成备份模块等多模块化管理，6 月完成系统正式上线、自动缠绕安装调试，全面推进包装自动化。搭建物业服务 2.0 体系，6 月，住宅、办公、园区、场馆 4 类通用体系文件均完成专家审核修订工作，在现场管理方面试点项目升级工作基本完成；在移动端开发方面，首欣物业（员工端）及首欣慧生活（业主端）两个移动端 APP 的开发完成并在应用商城进行发布，实现安卓及 IOS 应用商店的同步上架，初步实现移动巡检、移动报修、远程监控等功能，使物业服务过程初步实现透明化、痕迹化。《首实教育信息化平台第二期》以服务为宗旨，构建老师、家长、社会共育体系，建立良好的家校共育教育格局，全面实现人、财、物、园所运营信息化管理，年内二期完成平台功能扩展、监控系统、考勤机管理、物资系统的设计和开发。

（刘　昊）

【科技创新】　2018 年，首钢实业公司践行“科技兴企、技术强企”战略，进一步加大科技创新力度，提升核心竞争力。按照《首钢实业 2018 年科技项目安排》，有 13 个科技项目列入实业公司集团计划安排（其中结转 5 项），年内安排科研资金 1500 万元，其中计划资金总投入 1131.72 万元，首钢实业公司资金支持 647 万元，各产业自筹资金 484.72 万元，预留资金 243.28 万元。统筹资金主要用于幼教自主课程开发一期项目、包装自动化项目—自动化穿心缠绕包装项目、碳酸饮料升级项目、餐饮系统实施智能结算系统项目、包装信息化建设项目—采购管理平台建设。

（金　露）

【培训体系运行】　2018 年，首钢实业公司围绕转型要求，多层次多维度满足企业发展需要，形成覆盖高管、中层、青年骨干、高技能人才和党建的完备员工培训体系。举办各类培训班 474 个，其中重点培训班 18 个，包括高管人员培训班 5 个，项目经理培训班 6 个，内训师培训班 1 个，党支部书记培训班 1 个，市场开发培训班 2 个，青年骨干培训班 1 个，校企合作培训班 2 个；生产岗位各类培训班共 336 个，包括主技能培训班 12 个，班组长培训班 8 个，特培取证复审 8 个，三规一制培训班 90 个，新上项目、转岗培训班 3 个，技术业务讲座 117 个，其他培训班 98 个；管理岗位培训班 120 个，包括专业业务培训班 62 个，继续教育 3 个，其他培训班 55 个。各单位组织员工举办“学练赛选”活动，有针对性地开展岗位练兵及技能比武，深入挖掘技能人才。年内培训人员 1.8 万余人次。

（戴　欣）

【人才队伍建设】 2018年，首钢实业公司制订中长期人才发展规划，确定"151"人才工程阶段性工程目标。以《"151"人才工程暨中长期人才发展规划》为指导，从用人机制、梯队建设、结构优化三个方面开展工作，不断优化人力资源结构。2018年通过招聘、选拔、培养等工作，高层管理人员达到68人，中层管理人员达到166人，专业技术业务骨干人才队伍达到802人，核心团队人才总量达到1046人，完成"151"人才工程目标总量的65.4%。通过考察、培养、选拔、挂职锻炼等方式，完善企业骨干队伍的配备。组织首钢实业公司各单位和机关职能部门年轻专业技术管理骨干4人挂职锻炼。

（李　楠）

【党员学习教育】 2018年，首钢实业公司党委开展为期三个月的党员轮训工作，整体轮训率实现100%，通过学习党的理论知识、党纪条规、专业制度，参观考察首钢及首钢实业"一业多地"产业发展，广大党员进一步坚定理想信念、增强组织纪律性、继承发扬党的优良传统和作风、牢记党的根本宗旨。加强基层党组织建设，在首钢党校举办了为期三天的基层党支部书记培训。首钢实业公司党委主要领导带头讲党课，党委书记作《党在企业发展中的政治核心作用》主题辅导，党委副书记、总经理作《党组织在企业战略管理中的作用》主题辅导，党委委员、纪委书记就《在首钢实业党风廉政建设中充分发挥基层书记和党支部书记主体作用》进行专题辅导，讲授贴合实际，重点突出，为全面提高基层党组织工作水平起到促进作用。

（高玉杰）

【首欣物业】 2018年，首钢实业公司首欣物业公司按照"四个一批"的工作要求，全力组织社会市场的开拓。签约项目19个，签约额1498.86万元；重新投标项目2个，签约额3409.86万元；续签项目3个，签约额522.69万元/年。截至2018年底，首欣物业公司管理面积918万平方米。

保质保量完成首钢家属区福措项目，组织完成家属区防雨大修、首钢家属区电气系统大修、家属区电梯更新、家属区楼房板缝大修、首钢家属区环境综合治理等5个项目，总投资1356.83万元。全力组织做好防雨防汛工作，制定下发工作安排，对防汛设备设施进行全面检查和维修，清掏雨水口、雨水箅子287个，排洪沟1543米；对配电室、泵房、地下室等易积水地带和35处防汛重点部位码放沙袋3500袋；做好防汛物资储备及应急物资的检查和维修，消除各种不安全隐患，保证安全渡汛。

按照北京市、首钢集团文件精神，在首钢集团专业部门的安排和指导下，坚持"安置有政策 分流有渠道 移交有秩序"的工作原则，确保移交工作"三个平稳"。在"三供一业"移交工作中，针对首钢家属区设施陈旧、历史欠账多、基础条件各异等异常复杂局面，细致排查摸清各类底数，组织建立上下联动工作机制，通过月总结、周反馈、移交进度日汇报对问题随时研究解决。先后参加和组织召开会议160余次，处理各类问题560余个。2018年8月，完成全部29个首钢家属区物业管理的移交工作。结合"三供一业"移交的变化，组织制订过渡期和重大节日、重大活动期间水、电运营维护及抢修方案，进一步明确相关单位职责和工作流程；主动与首华物业公司、区供电公司、区自来水公司沟通协调，密切配合，保证首钢家属区的平稳移交。

首欣物业公司综合实力跻身"2018中国物业服务百强企业"，排名由上年的第38位上升至第37位，并荣获"中国特色物业服务领先企业""中国物业服务年度社会责任感企业"荣誉称号。

（王　扬）

【首钢饮食公司】 2018年，首钢饮食公司发挥专业职能作用，对首钢实业公司各相关单位的食品安全工作进行监督和检查，对首钢饮食公司30个自管项目进行春季卫生达标工作，达标工作中获得红旗单位的项目有26个，红旗率为87%，未出现不合格单位。

首钢饮食公司坚持主要领导、主要精力、主要资源投入到市场开发工作中，广大干部职工上下一心，实现了市场项目开发的新突破。全年累计跟踪项目信息135个，重点洽谈项目37个，新增签约项目8个，实现签约额3337.81万元，同比增长164.88%。2018年社会市场收入10315万元，社会市场收入占总收入的比例由2017年的50%上升到56%。

首钢饮食公司先后组织完成第四届全国"大众创业，万众创新"活动周、国际奥委会平昌冬奥会冬残奥会总结会、国际奥委会北京2022年冬奥会协调委员会第三次会议、第九届全国钢铁行业职业技能竞赛等接待服务工作。在各项重大活动中，首钢餐饮公司展现高标准的服务水平，屡次受到甲方的认可和赞扬，其中市经

信委、石景山消防支队、北京市公安局内保局、生物质能源中心、市会展中心、顺义冷轧公司 6 个项目的领导还分别向首钢饮食公司赠送锦旗和表扬信。

在全体员工的共同努力下，首钢饮食公司荣获“AAA 信用企业”“中华餐饮老字号”“全国团膳质量服务双十佳品牌”、2018 年度中国团餐百强企业、北京餐饮企业（集团）50 强、北京餐饮团餐领先品牌等多项荣誉，进一步提高了企业的管理水平和市场影响力。

（刘　森、马燕辉）

【首实包装公司】　迁安首实包装服务有限公司（简称“首实包装公司”）隶属于北京首钢实业集团有限公司，于 2010 年 3 月份注册成立，注册资金 5000 万元，总资产 5.4 亿元，现有职工 1400 余人。首实包装公司拥有国内钢铁工业包装先进技术及工艺装备，下设北京首成包装服务有限公司、唐山曹妃甸工业区首瀚鑫实业有限公司、北京鼎盛成包装材料有限公司，主要承揽钢铁工业产品包装、包装材料研发生产及销售、钢材深加工、钢铁贸易等业务，各项经营业务及产品通过了 ISO9001 质量管理体系认证。首实包装公司长期致力于包装材料的研发、加工生产、金属制品包装标准研究和包装工艺改进等，所属包装实验室，通过国家认可委实验室认证，获得 CNAS 认可资格。

首实包装公司经过多年的发展，已具备加工生产纸制品、塑料制品等非金属包装材料 11 类、金属包装材料 3 类的生产能力，年包装量 1000 万吨，各种包装材料年生产能力 63000 吨以上，形成集工业包装服务和包装材料生产为一体的产业链，包装产品畅销海内外，广泛应用于国家重点工程，打入奔驰、宝马、现代、长城等知名企业，出口至欧洲、东南亚、非洲等国家和地区。

推进包装自动化项目，投资 93 万元购置硅钢大卷手工包装塑料膜自动缠绕设备，完成设备的核准和调试安装。年内自动缠绕设备完成初步验收，并逐步完善设备其他功能。

2018 年，投资 123.8 万元对非金属材料废气排放治理设备升级改造，改造后废气排放浓度仅为超低排放标准的 4.5%左右，实现企业达标排放，全面完成环境影响评审验收，并取得排污许可证，确保企业可持续发展。年内相继迎接国家生态环境部、地方生态环境局检查共计 5 次，检查组对环保工作给予较高评价。首实包装公司也被迁安市西部经济开发区评为环境保护重点示范企业，成为园区绿色先行单位和示范企业。

（张志凯）

【首实教育公司】　北京首实教育科技有限公司（简称“首实教育公司”）是北京首钢实业集团有限公司旗下经营教育培训产业的全资子公司，秉承首钢实业公司“一切为创美好生活”的核心价值理念，首实教育公司立足于以“幼教+培训”为核心的双向发展模式，致力于打造优质教育资源，提升幼儿家庭教育文化服务体验。首实教育公司拥有首钢幼儿保教中心、北京市石景山区金色未来培训学校、博乐国际幼儿园三大教育培训产业，并成功申请注册成为中关村高科技企业，成为集学前教育、教学科研、信息咨询为一体的教育集团。

2018 年，首实教育公司幼儿园自主研发课题 2 项，其中《妙趣数学》课题荣获“2018 年度首钢科学技术三等奖”，行业专家评定《妙趣英语》课题研究项目已达“国内领先水平”。10 项“十三五”课题研究，辐射包括课程领导力、教育教学策略、幼儿自主发展等多方面的专业领域，为深耕行业品质，提升内涵服务起到了引领示范作用。获得著作权 15 个，完成首实教育高新企业资质认证，提升首钢幼教的知名度。

全面强化品牌建设，彰显首实教育品牌影响力。2018 年“六一”儿童节以“厚积甲子，薄发百年，打造专业的儿童教育服务商”为主题，庆祝活动是历年来参演儿童人数最多、展演场次最多、宣传范围最广的一次。活动分别在北京地区、河北地区、山西地区、贵州地区和黑龙江地区同时开展，举办儿童剧展演 8 场，亲子游园活动 3 场，参与儿童剧展演 900 余人，参与幼儿系列主题活动 7000 余人，观看首实教育儿童剧 10000 余人。

结合季节特点和疾病防控工作实际情况，幼儿园组织开展手足口、诺如病毒等传染病的检查指导工作。年内，发放宣传教育资料 30 余次，专项督导 10 余次，发生手足口病 35 例，同比降低 7.9%。

（宁晓静）

【曹首实公司】　唐山曹妃甸首实实业有限公司（简称“曹首实公司”）是北京首钢实业集团的全资子公司。曹首实公司经过多年的发展，从最初的一家专业从事酒店服务的管理企业，发展成为跨区域、跨行业、以综合服务业为主体的大型实业企业。经营业务涉及餐饮服务、物业管理、酒店服务、工业服务、物流运输等多个产业，并下设餐饮分公司、物业分公司、酒店分公司、工业分公司以及首实丰扬国际物流公司等5家分公司。

曹首实公司始终把抓好外部市场拓展作为实现全年任务目标的主要路径之一,主要领导、主要精力、主要资源全力投入市场开发,将唐山、曹妃甸以及河北周边区域作为主攻方向,参与物业、餐饮项目投标。2018年共跟踪市场项目信息38个,重点洽谈项目28个。市场开发不断取得新进展,先后新签约接管曹妃甸产融结合展示中心物业、唐山湾生态城万年丽海花城住宅物业服务项目、河北首朗科技办公楼物业项目、生态城首堂创业家住宅前期物业、河北钢铁集团物流有限责任公司食堂服务项目、首钢京唐公司供料部石灰石料场增设洗车台施工项目、唐山曹妃甸新城投资集团开荒保洁项目、唐山曹妃甸中日生态工业园送餐服务项目等8个物业、餐饮项目,新增签约收入501.2万元。

(孙丽梅)

【和平国旅】 首钢实业公司控股和管理的中国和平国际旅游有限责任公司创立于1986年,是经原国家旅游局批准可经营出境旅游、入境旅游、国内旅游及赴台旅游业务的国际旅行社。2017年10月进行股改后,企业注册资本增至3500万元人民币。2013年9月,获得北京市旅行社等级评定委员会颁发的5A级旅行社证书,是中国旅行社协会的常务理事单位及北京市旅行社协会的副会长单位。企业员工总数500余人,拥有分公司11家,门市20余家。由中国和平国旅担任理事长单位的中国和平国际旅游联盟,还拥有30余家加盟的国际、国内旅行社。未来中国和平国际旅游有限责任公司将依托首钢的品牌和资源优势,不断探索新的经营模式,优化业务结构,着力把企业由传统的单一旅游企业,打造成"旅游+健康""旅游+文化""旅游+体育""旅游+教育"的资源掌控型、资本密集型、创新型旅游公司。

2018年7月,"北京百家星级旅行社首钢工业文化旅游区推介活动"在首钢北京园区举办,北京市旅游委、首钢集团领导到会并讲话。和平国旅作为此次活动的主要策划与筹办单位,跟进并介入首钢园区未来文旅项目的打造工作,进一步拓展业务发展空间。北京市旅游行业协会和北京市登山协会共同发起主办2018年北京国际旅游登山节,和平国旅全程参与活动的组织和服务工作,同时选派代表队参赛,获得团体第二名。

(白雪明)

北京首钢吉泰安新材料有限公司

【吉泰安新材料公司领导名录】

党委书记、董事长:王彦杰

副董事长:徐镜新

董　事:李　刚　尚忠民　李小旗

董事会秘书:李小旗

监事会主席:张　毅

监　事:张文忠　李洪立

财务总监:武金萍

总经理:李　刚

总经理助理:张　毅(2016年2月任职)

李洪立(2016年7月任职)

纪委书记:李小旗(2015年12月任职)

(黄素娟)

【综述】 北京首钢吉泰安新材料有限公司(以下简称"吉泰安新材料公司")始建于1956年,2008年由北京首钢钢丝厂改制成立,公司设在北京市昌平区沙河镇富生路9号,主营加工电热合金丝、带材、易切钢、高温合金钢丝、盘条、不锈钢丝材、非晶和微晶带材等。产品用于家电、工业炉窑、汽车、试验设备、电力化工等行业。产品销往比利时、日本、美国、德国等20余个国家。吉泰安新材料公司设技术开发部、质量部、制造部、市场部、计财部、企管部和炼轧、拔丝、非晶、冷轧四个作业区,在岗职工524人。

2018年,在首钢集团和股权公司领导下,吉泰安新材料公司面对世界经济不确定性和国内经济放缓的大环境,经受住市场竞争格局变化和产品激烈竞争的考

验，咬定指标不放松，发展信心不动摇，经营生产再创佳绩，商品销售收入实现18200万元，利润1705万元。

（黄素娟）

【主要指标】 2018年，吉泰安新材料公司高端产品生产销售1300吨，同比增长16.1%，增加销售收入1266万元，同比增长22.63%，重点产品销售6978万元，占总销售收入的39.2%。面对复杂的国际经济形势，召开加强出口工作会议，调整产品出口策略，平衡国内国际两大市场，优化产品出口结构，全年出口销售762吨，占总销售量的18.1%，走在国内同行业前列。公司出台货款票据管理办法，加大预收货款比率，压缩应收货款496万元，全年实现销售回款21100万元，突破2亿元大关。

（黄素娟）

【重要会议】

1月12日，公司召开安全环保大会。

1月12日，组织召开供销存软件使用培训会。

2月1日，公司召开第三届第一次职工代表大会。

3月15日，节能小组召开2018年设备、节能工作专题会。

4月3日，召开领导班子民主生活会。

5月3日，召开2018年表彰大会。

5月23日，公司召开党支部书记会，专题传达、部署党建工作。

5月29日，公司党委组织助理及青年干部学习培训班。

5月31日，召开第二十届职工艺术节暨第十九届“五月鲜花”歌咏比赛。

6月29日，召开庆七一暨创先争优表彰大会。

7月4日，中国制笔协会王淑琴理事长一行4人到公司参观考察。

7月6日，公司团委、工会联合举办2018年北京首钢吉泰安新材料有限公司趣味足球比赛活动。

7月12日，公司召开布置档案归档相关工作专题会。

7月13日，公司召开2018年上半年经营活动分析会。

7月25日，中国金属学会在首钢集团公司陶楼第一会议室召开首钢吉泰安新材料公司研发的“圆珠笔头用无铅超易切削不锈钢丝”开发科技成果评价会。

7月31日，公司党委组织2018年度先进典型座谈会。

8月24日，公司党委组织党员学习《习近平谈治国理政》第二卷学习体会座谈会。

8月24日，王彦杰书记进行党课授课。

9月14日，召开新产品立项汇报会。

9月21日、9月27日，组织两轮质量月专题讲座。

9月27日，召开中层干部大会，专题传达首钢集团“创新创优创业”交流会精神。

9月28日，公司组织重点岗位人员进行专题培训。

9月29日，公司召开专题会议，分析当前市场形势。

10月17日，公司召开第三届四次董事会和第十四次股东代表大会。

10月25日，公司召开全面部署2019年预算工作专题会议。

11月9日，公司举办第十六届职工趣味运动会。

11月13日，公司党委组织管理团队、“吉泰安大工匠”培养人赴安川首钢机器人公司参观学习。

11月15日，公司召开2018年管理评审会议。

11月21日，公司召开产品出口专题工作会议。

11月23日，公司召开节能设备专业会。

12月5日，聘请上海大学材料科学与工程学院董瀚院长为师傅，公司总经理助理张毅、炼轧作业区技术员李亚南为徒弟，举行拜师仪式。

12月7日，公司党委召开党支部书记会，组织对该《条例》进行第一轮系统学习。

12月19日，公司组织召开创新工作室推进会。

（黄素娟）

【新产品开发】 吉泰安新材料公司继2016年12月研发出含铅圆珠笔头用超易切削不锈钢材料后，用一年多时间又研发出环保型无铅超易切削不锈钢新材料，试制生产50余吨试验用料，准确敲定替铅元素成分，攻克材料开裂难题，试用材料达到制笔企业使用要求，国内专家要求尽快做好市场转化工作，公司随后加入中国制笔协会。2018年下半年，无铅易切钢先后在金锐、得力、晨光、爱好等7家制笔工厂进行试用，5项检测数据显示符合材料使用要求，达到进口材料同等水平。YHfZr、FeCrAl产品研发取得进展，氧化增重试验达到用户技术要求，累计销售10吨。制笔刀具和弹簧丝研发稳步推进，样品试验有序进行。2018年公司知识产权数量增加，纤维钢丝国家标准正式颁布、无铅超易切钢行业标准制定获得授权，又有8项专利获批或受理，公司科技含量整体提高。

（黄素娟）

【安全环保治理】 2018年，吉泰安新材料公司环保治理标准提高，检查力度加大。年初，公司研究制订生产环境优化的工作计划，全面修订环保工作各项制度，明确各级环保治理职责，环保生产理念深入人心，加大环境治理成为企业自觉行动。继续把烟尘治理作为重点，先后对三相冶炼炉后浇铸工序安装除尘系统，增加非晶喷带炉烟尘收集系统，新增细丝干拔工序粉尘净化装置，提高员工食堂油烟吸纳标准，做到烟雾粉尘收集净化全覆盖。全面提高污水处理排放标准，加装污水处理反浸透系统，支持首钢铁科公司生活污水归集净化处理，购置污水处理水质达标检测设备，坚持每周检测数据公开发布。做到环保治理常态化，每周检查环保设备运行情况。2018年，接待国家四级环保部门检查8次，得到肯定。

建立健全安全生产制度体系，新增安全生产管理制度18项，全面修订8个层级安全生产管理职责，识别并确定有限空间59处，组织安全突发事件应急演练14次，加大对城区35号租地检查处罚频次，保障商户安全正常经营。

（黄素娟）

【经营管理】 2018年，吉泰安新材料公司销售总收入18200万元，同比增长11.6%；非晶销售额近2000万元，实现利润1705万元，同比增长9.3%；工业总产值17820万元，同比增加5.68%；全年资金总收入21100万元，同比增长8.1%。每月总结讲评降成本工作，指导作业区改进成本控制方法，加大对成本计划落实考核方案，全年降成本3.23%，采购降成本203万元。定期召开质量例会，完善细化生产操作工艺，加强现场工艺检查监督，产品综合成材率达到80.55%。全面加强资金管控，履行社会责任，获评石景山税务系统AAA企业，被昌平区评为统计工作先进单位，被沙河镇推荐为诚信经营先进企业，获评北京市安全生产应急管理示范试点企业。

（黄素娟）

【生产组织】 2018年，面对国家政治活动多、治理雾霾限产多、各级环保安全检查多、重点原料涨价幅度大、招聘员工难度大等因素，吉泰安新材料公司采取多项措施强化生产组织，最大限度满足市场需要，稳定需求客户群。做好生产计划安排，加大生产合同兑现考核力度，全年商品生产量4617吨，比计划增加117吨。扩大冶炼生产能力。全年产钢5419吨，同比增加425吨，带动轧材产量增加465吨。增添高温细丝退火设备，提高自修模具数量质量，增加拔丝塔轮使用寿命，细化重点品种细丝生产组织方案，全年细丝生产2149吨，同比增加211吨，增加率10.8%。非晶作业区新增300公斤真空炉，基本完成生产计划；冷轧作业区两大类产品生产704吨。推进产能向外转移，利用社会生产能力，培育产业链合作关系，在国内三家企业转移生产产品188.3吨。

（黄素娟）

【人才队伍建设】 吉泰安新材料公司重视人才开发工作，坚持引进人才和培养人才相结合，与科研院校开展技术合作和带培人才相结合，加快人才成长步伐。公司党委先后组织制定《党委班子成员联系人才制度》《人才流失问责管理办法》《中层助理岗位人员管理办法》，鼓励青年人才岗位立功建业。挖掘培育企业自有人才，60人通过考核晋升。筹建4个创新工作室，搭建基层创新工作平台。聘请专家教授带徒弟，安排青年技术人员4人拜北京科大和上海大学教授为师。

（黄素娟）

【企业文化建设】 吉泰安新材料公司听取员工意见建议，确定为员工办实事项目，解决家属区生活饮用水水质问题，配备退休职工活动室，安装电动车充电桩，改善食堂服务质量，开展食品展销等获员工好评。公司增设全勤奖、安全环保奖，提高关键技术岗位员工岗位工资，全年员工收入平均增长11.11%。解决低收入员工生活困难，爱心基金捐款2.1万元，救助家庭突发困难员工8人，全年慰问困难职工和一线骨干43人次，发放慰问金13.7万元。重视职业卫生工作，组织全体员工健康体检，为300人建立职业卫生档案。组织员工"五月鲜花"歌咏比赛，员工趣味运动会，庆祝三八妇女节活动，环厂区健身徒步走等。组织开展"我为生产解难题""评选身边最美员工"活动，解决生产难题127个，评选各类先进员工50人，表彰立功先进个人和质量标兵，利用多种形式宣传先进员工事迹。

（黄素娟）

【"两学一做"专题教育】 吉泰安新材料公司认真组织学习习近平总书记系列重要讲话精神，深入开展"两学一

做”专题学习教育，引领公司经营生产稳定增长，促进企业党建工作取得新进步。党委中心组理论学习14次，进行交流研讨，开展主题党日活动，全体党员上好党课，领导班子成员过好双重组织生活，征求员工意见，召开民主生活会和专题组织生活会，进行深刻批评与自我批评。

（黄素娟）

【党建工作】 吉泰安新材料公司与各单位签订岗位任职责任书，采取约谈、问责、考核、调整单位领导班子等措施，督导促进重点任务指标完成。与基层班子集体和主要领导谈话15次，鼓励工作大胆担当，提出改进工作要求。以创先争优党内立功竞赛活动为抓手，确定活动主题，创出经济效益400万元。制定并下发《党建考核办法》《党务工作者津贴管理办法》等10项基层党建工作文件。开展党支部规范化建设，公司基层党支部达到组织健全、制度完善、运行规范、活动经常、档案齐备、作用突出。加强宣传教育工作，强化公司企业形象宣传，2018年，《首钢日报》发表公司消息11篇；组织评选“身边最美员工”，表彰15人，树立公司质量标兵8人。开辟公司微信平台，发表公司重要信息42期，举办宣传员培训班，出版《钢花报》21期，各单位投稿40篇。

（黄素娟）

【党风廉政建设】 吉泰安新材料公司把监督执纪问责贯穿公司经营管理全过程，持之以恒正风肃纪，深入推进反腐败工作。严肃党内政治生活，在推动各党支部发挥战斗堡垒作用方面下功夫；督导检查各作业区、部室推动各项任务指标落实。严明政治纪律和政治规矩。把任务指标作为严肃的政治纪律，加强对落实过程的监督检查；发挥纪委监察督导作用和专业部室巡视职能，重新修订完善“亮红灯举黄牌管理办法”，纳入督导组成员投票机制；开展专项检查，提升各作业区、部室交账意识，确保全年任务指标完成。

（黄素娟）

北京首钢城运控股有限公司

【首钢城运公司领导名录】

董事长：袁新兴

董　事：朱从军　王　婕　袁文兵（4月任职）
战学文　倪仕水（外派董事）
沈灼林（外派董事）

监　事：徐镜新（主席）　尚忠民　曹雨娟
王东坡（12月任职）　来秀海（12月任职）
王兴武（12月离任）　刘　琳（12月离任）

总经理：袁文兵

副总经理：周　黎　周　淳　田向军　李庭祥
杨树彬（5月离任）

副总工程师：肖树坤（1月任职）

财务总监：薛树新（11月任职）

党委书记：袁新兴

党委委员：袁文兵　周　黎　王恩宽
周　淳（10月任职）　杨树彬（5月离任）

（宫金铭）

【综述】 北京首钢城运控股有限公司（简称“首钢城运公司”）作为首钢集团城市基础设施板块的重要组成部分，承载着培育和发展静态交通产业的使命。2018年，首钢城运公司按照首钢“两会”报告对静态交通产业的要求，在首钢集团和首钢股权投资公司的指导下，按照“产业聚焦、规范管理”总体思路，客观分析市场、行业、企业的发展规律，通过提升技术研发、加强市场开拓、规范停车场运营管理、加快建立设备制造能力等措施，坚持“保生存、求发展”的总基调下，明确聚焦公交立体车库以及平面移动、垂直升降、巷道堆垛类等高端智能立体车库和打造静态交通领域投资、建设、运营全产业链的发展定位，重点开展汽车机械立体车库、公交立体车库、自行车立体车库、停车运营管理、设备制造、维护保养六方面主要业务。

2018年，首钢城运公司以打造停车产业化平台公司为目标追求的初创企业，承揽23个项目，车位数6147个。

（李　想）

【产业市场开发】 2018年，首钢城运公司的市场开发工作以公交立体车库市场为核心，以北京、外埠城市级、区域级项目为重点，以市场占有率增长幅度最高的高端智能库为主打产品，重点以北京、张家口、苏州、六盘水、武汉、吉林等城市为突破口，全力争取项目落地。持续推进全员营销和技术营销理念，加强信息沟通和资源协调，落实考核机制，提升交账意识，制定《首钢城运市场开拓奖励办法》，进一步激发市场开拓的活力。2018年承揽23个项目，车位数6147个，其中北京大兴明月湾公交场站项目的顺利签约，标志着首钢城运公司在公交立体停车领域继续保持行业前列，进一步提升在公交立体停车领域的影响力。

（来秀海）

【重点项目建设】 2018年，首钢二通公交立体停车楼项目在首钢“打造城市综合服务商”发展战略框架下、首钢集团与北京公交集团达成战略合作背景下，首钢城运公司自主研发、拥有28项国家专利的全国首个机械式公交立体停车楼项目，纳入北京市重点工程项目。首钢城运公司协同首钢国际工程公司、首钢机电公司、首建公司和首自信公司等单位进行设计、制造、安装等工作，全力打造公交场站成功案例，2018年8月16日开始设备安装，2018年底具备单体试车条件。

（刘　猛）

【科技自主创新和协同开发】 2018年，首钢城运公司初步形成自主创新和协同研发技术体系，具备特种和智能停车设备设计能力。拥有6大类11种型号的小汽车机械式立体车库制造资质和安装改造维修资质，公交机械立体车库平面移动梳齿式和托辊式两种库型的资质。拥有5项发明、17项实用新型、1项外观设计专利技术，《机械式立体停车设备研发设计与应用》获得2018年北京市科学技术奖三等奖。加大自主研发公交立体车库的迭代升级，完成一代公交立体车库梳齿车、穿梭车、提升平台、提升轿厢的优化施工图设计，并加工制造梳齿车样机；完成二代公交立体车库托辊等构件的技术改进测试；开展第三代公交（塔库）车库的概念设计。自主研发多系列升降横移、11层梳齿式塔库、梳齿式巷道堆垛、5层平面移动智能立体车库和“云街”智能立体车库，树状型、云街型及圆塔型等立体自行车车库，25层塔库、6层平面移动、抱夹式智能搬运器、载车板式平面移动和垂直升降等多类型产品。2018年，立体公交车库项目在二通公交场站顺利实施。

（俞　斌）

【停车场运营管理】 首钢城运公司2017年初成立专业的停车场运营管理团队，截至2018年底，承接北京大学首钢医院、首钢办公厅、北京半壁店文化产业园、北京大洋路农贸市场和黑龙江齐齐哈尔百花园停车场等项目，在项目运营管理中积累经验，不断提升运营管理水平。面向运营管理需求，初步开发静态交通管理云平台，满足自身运营及政府智慧停车项目需求，颁发《运营服务规程》《停车场运营管理绩效考核方案》等制度，进一步规范管理，促进服务品质提升。实行项目承包制，有效防止“跑冒滴漏”，提升项目收益。

（刘君杰）

【制造基地建设】 2018年，首钢城运公司租用首秦公司厂房建设立体车库生产基地，进行机械式立体车库的核心设备制造和研发实验。制造基地主要生产智能立体车库核心部件以及进行部件的组装测试，年生产车位能力1.5万个。通过恢复设备制造能力，强化对设备制造质量、制造成本的管控，促进研发设计工作的开展，制造基地的设备安装调试完毕，具备试生产条件。

（林　峰）

【管理机构调整】 2018年11月，首钢城运公司对组织架构进行调整，整合首钢城运和首嘉钢构两级公司管理职能及业务，打通市场开拓到建造业务全流程，设置13个部门，其中组织人事部、办公室、财务部、运营管理部、经营部、技术研发部、工程管理部7个部门为职能管理部门；机械立体车库事业部、公交立体车库事业部、自行车车库事业部、停车运营事业部4个事业部为面向市场经营生产单元，分别负责不同类型产品开发，承载不同类型产品的市场销售、产品设计、制造建造、经营指标核算等全流程职能；设备制造部、维保部2个部门为业务支持部门，承载业务支持功能。颁发《董事会工作规则》《经理层工作规则》《投资管理制度》等35项管理制度，建立风控体系，加强风险防范意识，不断提升规范化、法制化管理能力；完成“三标”体系、特种设备制造资质及安全生产许可证等资质证书的换版再认证工作，获得国际UKAS质量管理体系认证；完善法人治理结构，全面推行依法治企。

（李　想）

【内部协同合作】 2018年5月，首钢城运公司、首钢机

电公司和首自信公司签订《共享单车停车产业化培育合作协议》,共同推进共享单车停车设施技术产品化、产业化,打造首钢城市静态交通共享单车服务与管理领域的产业化发展平台。首钢城运专门成立自行车停车事业部,与北京摩拜、深圳优联物联、杭州奥斯、杭州摩鱼等公司签订战略合作协议,与北京亿海公司签订代理合作协议。与合作单位洽谈北京东城区、通州行政服务中心、雄安新区等自行车立体车库项目,以及在深圳、杭州、南京、成都等城市市场拓展。首钢城运公司协同首钢国际工程公司、首钢机电公司、首建公司和首自信公司等单位,发挥首钢集团内部单位的资源优势,形成合力,共同推进二通公交立体停车楼项目顺利开展,全力打造公交场站成功案例。二通公交立体停车楼项目于2018年8月16日开始设备安装,2018年底具备单体试车条件。

(来秀海)

【智能车吧建设】 2018年,首钢城运公司按照京津冀协同发展战略布局,践行绿色交通出行理念,与摩拜公司开展战略合作,共同在雄安新区市民中心推动智能车吧试点项目,智能车吧主体功能为集约高效的自行车立体停车终端和市民休闲服务中心,实现"多种需求,一站满足"。12月,智能车吧项目建设完成并达到开放参观条件,取得良好社会反响。

(江　淳)

【示范基地打造】 2018年,首钢城运公司建立北京静态交通研发示范基地,得到各级领导及政府部门的关心、支持和帮助。截至2018年底,共接待各级政府部门领导510次,接待大型国有企业领导300次,接待人民群众、社会团体90次,接待媒体、记者10次,接待人数19000余人,进一步提升展示效果和影响力,为市场拓展创造条件。

(曹雨娟)

【党建与群团工作】 2018年,首钢城运公司强化党建主责意识,切实履行党委抓基层党建的责任,完成首钢城运公司党委、纪委和基层党支部换届选举工作,制定《首钢城运党委党建工作责任书》,组织召开党委扩大会21次,研究决定涉及"三重一大"事项17项,开展党委中心组学习15次;制定《首钢城运2018年反腐倡廉主要任务分工方案》,组织签订《党风廉政建设责任书》22份、《廉政建设承诺书》16份,组织干部职工34人参观北京市石景山区反腐倡廉警示教育基地。广泛开展多种形式的送温暖和暑期送凉爽慰问活动,开展"献爱心"募捐活动捐款11790元,开展"温暖衣冬"活动捐赠寒衣52件,开展"好书伴成长"活动捐赠图书500本。

(王恩宽)

【党员学习教育】 2018年,首钢城运公司落实《"两学一做"学习教育重点工作进度安排》《"两学一做"学习教育党组织安排》,领导班子成员讲党课7次,组织各党支部深入学习党的十九大新修订的《中国共产党章程》《中国共产党纪律处分条例》《关于新形势下党内政治生活的若干准则》《中国共产党党内监督条例》《首钢警示教育案例选编》等内容,落实"三会一课"制度,发挥党支部的战斗堡垒作用。通过组织党员干部职工观看"真理的力量——纪念马克思诞辰200周年主题展览"、电影《青年马克思》、专题片《为你而歌》、"新时代新担当新作为"电视访谈专题节目,促进广大党员做到政治合格、执行纪律合格、品德合格、发挥作用合格。

(王恩宽)

【职工技能培训】 2018年,首钢城运公司为了不断提高职工专业素质与技能,结合职工实际需求组织培训工作,组织完成财务相关税务知识、建筑工程资料管理规程、企业实用公文写作、招投标管理知识等6项培训,累计培训79人次;参加首钢集团组织的专业课程培训9次,累计培训22人次。

(宫金铭)

【企业文化建设】 2018年,首钢城运公司组织干部职工参加首钢集团"不忘初心跟党走,圆梦首钢谱新篇"巡回宣讲会,观看大型产业工人题材原创话剧《实现·使命》。组织团员青年12人参与录制首钢与冬奥组委签约仪式用视频,展现首钢城运公司职工对冬奥会的参与热情。组织干部职工集中收看庆祝改革开放40周年大会实况,聆听习近平总书记重要讲话,浏览参观"伟大的变革——庆祝改革开放40周年"网上展馆,营造推动创新发展的良好氛围。加强典型事迹宣传,在《首都建设报》刊登《首钢城运在大兴区建公交立体车库——"四层楼"38个车位缓解停车难》、《首钢日报》头版刊登《首钢第二代公交车立体车库研发成功》《国内首个公交立体停车楼机械车库开始吊装》等新闻。

(王恩宽)

【人才队伍优化】 2018年,首钢城运公司多措并举,不断优化人员结构，提升战斗力。对员工队伍调整，重新竞聘上岗，对未上岗的转岗培训，同时辞退和离职减员38人。通过内部推荐、网络招聘、与猎头公司合作等形式引进专业管理人才55人，提高员工队伍的战斗力、凝聚力。截至2018年底，首钢城运公司员工总人数163人，其中在册人数157人，外聘专家3人；研究生学历14人、本科学历76人、大专学历40人。

（宫金铭）

【信息化建设与管理】 2018年，首钢城运公司对办公系统进行二次开发，4月底实现全部内容上线，包括流程表单、公告、新闻、会议管理、文档中心等功能，促进业务效率的提升。初步开发静态交通管理云平台，在首钢二炼钢办公楼建设完成“停车运营调度中心”，北京大学首钢医院、北京半壁店文化产业园、首钢体育大厦停车场、黑龙江齐齐哈尔百花停车场项目及静态交通示范基地的车场运营数据接入云平台，实现停车场网络化管理。

（来秀海）

园 区 管 理

◎责任编辑：马　晓

北京首钢建设投资有限公司

【首建投公司领导名录】

董事长：王世忠

副董事长：梁　捷　刘　桦

董　事：朱启建　邹立宾　马东波(5 月离任)
金洪利(5 月任职)　张福杰

监事会主席：丁建国

监　事：刘振英

职工监事：张清暖

总经理：马东波(7 月离任)　金洪利(7 月任职)

副总经理：兰新辉　王达明　付晓明　李景园
郭　宏

财务总监：尹雪梅(7 月离任)　戴　军(7 月任职)

总经理助理：白　宁

党委书记：梁　捷

党委副书记：马东波(5 月离任)　张福杰
金洪利(5 月任职)

纪委书记：张福杰

工会主席：张福杰

(冯尧刚)

【综述】　北京首钢建设投资有限公司(简称“首建投公司”)2010 年 6 月 21 日注册成立，是首钢集团有限公司的全资子公司，承担首钢北京地区搬迁腾退土地的开发任务。主营项目投资与管理、土地开发、房地产开发、施工总承包、专业承包、商品房销售、房地产经纪、房地产价格评估、物业管理、物资销售、技术咨询与服务。2017 年 4 月，首钢集团印发《首钢总公司关于组建北京园区开发运营管理平台的通知》(首发〔2017〕83 号)，整合北京园区相关业务，组建北京园区开发运营管理平台，明确北京园区开发运营管理平台实行“管委会—首建投公司—授权委托平台管理单位”三级组织体系。新首钢高端产业综合服务区管理委员会是北京园区开发运营管理的领导机构，首建投公司行使平台管理职能，园区管理部、园服公司、特钢公司纳入平台管理体系，授权委托首建投公司管理。2017 年 6 月，首钢集团党委印发《关于组建中国共产党北京首钢建设投资有限公司委员会和纪律检查委员会的通知》(首党发〔2017〕70 号)，组建中国共产党北京首钢建设投资有限公司委员会和中国共产党北京首钢建设投资有限公司纪律检查委员会。

首建投公司下设职能管理部门 14 个，包括规划设计部、工程建设部、市政基础设施部、成本控制中心、计划风控部、总工室、招商中心、运营服务部、产业发展部、财务管理中心、党群工作部、行政管理部、大跳台项目协调部、安全环保部；全资子公司 5 家，参股公司 1 家。首建投公司定编 186 人，2018 年底在编员工 171 人，其中博士研究生 4 人，硕士研究生 68 人；高级职称 27 人，中级 58 人。

(冯尧刚、段　凯)

【年度亮点】

7 月 25 日，中共中央政治局常委、国务院副总理、第 24 届冬奥会工作领导小组组长韩正在北京冬奥组委调研并主持召开第 24 届冬奥会工作领导小组全体会议。韩正到北京冬奥组委首钢办公区，实地察看园区情况；到料仓办公楼，观看赛区沙盘模型，了解场馆和基础设施规划建设情况；结合展板听取冬奥组委办公园区总体情况汇报，并与冬奥组委工作人员互动交流。8 月 28 日，韩正在“北京市扎实推进新首钢地区规划建设，打造新时代首都城市复兴新地标”信息上批示：“北京市紧紧抓住 2022 年冬奥会契机，推进新首钢地区规划建设，保护风貌，传承文化，修复生态，是城市更新的标杆工程”。

8 月 25 日上午，北京市委书记蔡奇就新首钢地区规划建设情况进行调研，他强调，新首钢地区是首都西大门，具备独有的区位、历史和资源优势。要从落实首都城市战略定位的高度，认识和谋划这一地区的未来发展，打造新时代首都城市复兴的新地标。北京市委副书记、市长陈吉宁一同调研。

9 月 21 日上午，北京市新首钢高端产业综合服务区发展建设领导小组第五次会议召开。会议原则同意

首钢集团汇报的三年行动计划并支持首钢通过盘活在京土地资源化解搬迁历史债务负担。会议要求，市有关部门和区要主动作为，在加快新首钢高端产业综合服务区发展建设，打造新时代首钢城市复兴新地标各项工作中，为首钢集团开辟绿色通道，优化办事流程，缩短办事时间，全力支持新首钢地区建设发展。

12月27日，北京市委办公厅、市政府办公厅印发《加快新首钢高端产业综合服务区发展建设　打造新时代首都城市复兴新地标行动计划（2019年—2021年）》，明确总体思路、发展目标、主要路径及八方面重点任务，是打造新时代首都城市复兴新地标的路线图、时间表。行动计划提出，力争3年左右时间，到2022年北京冬奥会前，高质量完成首钢北京园区北区、东南区建设任务，开展南区开发基础性工作，带动区域环境面貌、重大基础设施服务能力、城市功能全面提升，产业转型活力开始释放，新时代首都城市复兴新地标建设取得阶段性成果。

（董军旗）

【战略合作】

6月5日下午，北京2022年冬奥会和冬残奥会官方城市更新服务合作伙伴签约仪式在首钢北京园区冬奥组委办公区举行，首钢集团正式成为北京2022年冬奥会和冬残奥会官方合作伙伴，跻身北京冬奥组委最高级别赞助商。

10月30日，首钢北京园区—铁狮门公司冬奥广场产业项目签约仪式在首钢陶楼举行。双方确认将联手把首钢北京园区冬奥广场产业项目打造为科技、体育及文化创意产业领域国际知名企业、创新机构、商业品牌、运营服务提供商等国际化资源聚集区，通过发展现代服务业，融合科技创新示范应用，实现创新驱动。

10月31日，首钢集团和中国联通在首钢北京园区冬奥组委所在地举行战略合作伙伴签约仪式，将携手把首钢北京园区打造成为国内首个5G智慧园区，并在建设5G产业园区、推动智慧园区规划设计和示范应用、品牌联合推广、国际业务合作、共同推广奥林匹克文化、推动冰雪运动的发展等方面展开战略合作。

12月26日，中关村科技园区管理委员会和首钢集团合作共建的“中关村（首钢）人工智能创新应用产业园”启动仪式在首钢园举办，并正式揭牌。

（董军旗）

【重要活动】

6月4日上午，国际奥委会平昌冬奥会冬残奥会总结会在北京冬奥组委首钢办公区隆重开幕。北京市委书记、北京冬奥组委主席蔡奇，国际奥委会主席托马斯·巴赫，国际残奥委会主席安德鲁·帕森斯，韩国平昌冬奥组委主席李熙范在开幕式上致辞。巴赫致辞说，首钢工业园区是践行奥林匹克2020议程的绝佳范例，是一个“让人惊艳”的城市规划和更新的范例。

6月22日、6月23日、7月11日，国家花滑队、短道速滑队、冰壶集训队分别正式入驻首钢北京园区。

7月16—21日，由北京市人才工作领导小组办公室、市发展改革委、北京大学、香港理工大学联合主办，首钢集团承办的“一带一路”全球青年领袖荟萃——北京·2018活动开幕式在首钢文馆举行。“一带一路”沿线部分国家的驻华外交使节等国外嘉宾、北京市有关单位领导、活动赞助方负责人以及26个国家和中国香港、中国台湾等地区知名高校学生近300人共同出席活动。

9月17日，国际奥委会北京2022年冬奥会协调委员会第三次会议在北京冬奥组委首钢办公区召开。国家体育总局局长、中国奥委会主席、北京冬奥组委执行主席苟仲文，河北省委副书记、省长、北京冬奥组委执行主席许勤，中国残联主席、北京冬奥组委执行主席张海迪出席开幕式。国际奥委会副主席、北京冬奥会协调委员会主席胡安·安东尼奥·萨马兰奇在开幕式上致辞，他表示，非常高兴地看到首钢正朝着可持续性发展转变，成为带动城市发展新动力。

8月19日，由中国花样滑冰协会主办，北京市体育局协办，北京首钢园运动中心运营管理有限公司承办的2018中国花样滑冰俱乐部联赛总决赛，在首钢北京园区运动中心花滑馆落下帷幕。此次联赛的圆满落幕，标志着首钢北京园区运动中心正式开启市场化运营的大门。

9月20日，首钢北京园区第一家招商引进的商户星巴克首钢园门店在经过长达1年的精心筹备后正式开门试营业，标志着首钢北京园区开发建设取得新进展。

10月25日，北京市人民政府在新首钢高端产业综合服务区举行外国驻华使节招待会，110多个国家的驻华使节和国际组织驻华代表夫妇应邀出席，市委副书记、市长陈吉宁出席招待会并致辞。

11月23—24日，奔驰新款轿车中国上市盛典在首钢北京园区三号高炉内震撼开幕！此次活动将首钢三高炉工业感的建筑结构和风格，与年轻时尚、科技豪华的整体活动氛围完美融合，使三号高炉化身为时尚、炫酷的潮人聚集地。

（董军旗）

【体制机制改革】 2018年，按照首钢集团全面深化改革决策部署，首建投公司本着目标导向、强化约束、激发活力的指导思想，坚定不移地推进体制机制改革，制定市场化选人用人机制改革实施办法、薪酬改革方案及绩效考核管理办法并落地实施，用改革为“选人用人机制”破冰，用改革为园区开发凝心聚力，实现授权、管控与激励的有效结合，促进责权利的统一，带动广大干部职工自我转型、自我发展、自我激励、自我奋斗，提高了聚集一流人才干成事的能力。

（董军旗）

【公司运行】 2018年，首建投公司召开董事会现场会议2次，审议议题13项；传签会议4次，审议议题6项；召开经理办公会37次，对生产运行过程中重要事项进行研究审议。完成日常公文处理7544件，其中首建投公司董事会、党委、纪委及公司发文182件，发函34件，子公司发文及发函10件。完成出访团组8个，出访总人数22人。完成公务接待159次，330余人次。组织社会招聘及集团内部调入共44人。组织“共享空间”活动7期，组织新员工赴迁安公司、京唐公司等四地参观学习40余人。开展相关培训项目13项。

（冯尧刚）

【风控体系建设】 2018年，首建投公司按照首钢集团纪委联合监督检查要求，强化法务、审计与纪检监察监督合力，实施风控体系建设，搭建流程体系框架，涵盖一级流程34个、二级流程123个、三级流程421个、关键控制点579个。针对关键业务流程修订完善相关制度，制（修）订采购管理办法、评标专家库管理办法、供应商管理办法、重点设备集中采购管理办法、投资管理办法、固定资产管理办法等制度，明确招标采购、投资管理、资产管理的界面权限、管理模式、议事规则等，进一步夯实管理基础。

（郎丽丽）

【规划设计及开发】 2018年，首钢北京园区冬奥大跳台项目取得施工许可证。五一剧场、制粉车间改造取得立项核准和规划方案复函。金安桥站交通一体化项目协议出让事宜通过市政府审批，取得立项批复和设计方案审查意见。石景山景观公园按“一会三函”模式取得施工意见登记函。三号高炉改造项目取得规划条件和立项批复，脱硫车间改造项目取得设计方案审查意见和工程规证，西十冬奥广场项目取得工程规划许可证、消防验收及施工许可证，冬奥训练中心项目取得规划条件和用地预审，东南区土地一级开发项目第一批地块（建筑规模约36.7万平方米）9月11日发布上市挂牌预公告，其中南组团地块（建筑规模约15.3万平方米）10月31日完成交易。

（董军旗）

【项目建设】 2018年，北京冬奥办公区全部建成投用。冬奥训练中心项目按期高标准交用，顺利迎接国家队驻训。承办“2019中芬冬季运动年”开幕式。冬奥大跳台本体完成基础施工，启动主体结构施工。氧气厂北地块启动地下土方开挖及地下障碍物凿除施工，氧气厂南区完成非保留建筑拆除。五一剧场、制粉车间改造，按照定制建设协议，结合铁狮门功能需求，推动设计方案调整。石景山、群明湖东岸及北岸、秀池、三高炉、高线公园（群明湖北段）等特色景观改造完成，初步形成山—水—工业特色景观体系。

（董军旗）

【基础设施建设】 2018年，首钢北京园区晾水池东路以东道路完成项目综合，取得选址意见书，完成水评、环评、地上物及土地补偿评估；东南区道路完成项目综合和道路雨污水初步设计；完成北区和东南区电力、给排水、热力、燃气、电信等专项方案并获得批复；九总降退运完成负荷调查、可研编制和施工图设计；完成北七筒、网球馆等电力报装；完成群明站、炼钢站、石龙站拆改移施工图设计；推进污染土治理，完成北区、东南区所有地块以及南区部分地块场评和修复方案编制工作，完成焦化厂绿轴地块污染土壤原位热脱附修复并验收，晾水池东路、冬训中心、五一剧场、三高炉、氧气厂、群明站、东南区二期等地块已完成清挖运输阶段修复效果评估。

（董军旗）

【成本控制】 2018年，首建投公司围绕项目全流程成本核算体系和招标管控体系，逐步完善内部管理系统框架。对首钢北京园区各专业服务类项目进行梳理汇总，通过分类管控，有效提升服务类项目采购工作效率，提

升规范化、标准化管理水平。在限额设计基础上,总结前期已完工项目成本核算经验,系统分析总结,吸取经验教训,为后续项目投资控制提供借鉴。加强招标采购规范化、标准化管理,建章立制夯实基础,进一步规范设备集采和战略采购工作,编制战略采购实施方案、重点设备集中采购管理办法,组织完成招标采购164项。加强概算审查工作,完成北京冬奥冬训中心、石景山景观公园以及首钢北京园区北七筒、五一剧场周边道路等项目概算审查39项。加强合同管理,审阅并签订合同518份,对盖章生效的合同实行电子档案与纸质档案双轨制管理。

(董军旗)

【产业发展】 2018年,首建投公司完成北京园区北区产业规划顶层设计并通过市领导小组第五次会审议。制定园区禁限目录清单、产业引导目录和建设期经营性房屋租赁暂行办法,确定产业导入规则。推动首钢集团与中关村科技园区管委会签署共建中关村(首钢)人工智能创新应用产业园战略合作协议,并制定人工智能产业园规划建设方案。成功向市科委申报自动驾驶和智慧园区示范应用两项"科技冬奥"课题并通过专家组答辩。编制完成体育产业示范区产业与空间发展报告、金安桥地区数字智能创新区规划。与石景山区签约共促首钢北京园区产业发展,探索建立经济贡献共享机制。取得海外院士专家北京工作站、首都院士之家挂牌,获得首都科技志愿服务站授牌。对接国家文旅部、工信部等15个政府部门,初步建立起政府支持网络,获得2018年中关村示范区分园高精尖产业培育专项支持资金2000万元。

(彭　洋)

【招商推广】 2018年,首建投公司与腾讯视频、龙信数据、IDG孵化器、伊利、安踏、瑞幸咖啡、中国银行、冠军之家、汤姆国际、星巴克咖啡完成租赁协议签署;与铁狮门签署定制建设和长期租赁协议;与美国休斯敦技术中心挂牌成立中美创新中心;与中国联通签署战略合作协议,率先打造5G示范应用产业园区;与清华大学汽车工程系、京东等多家重要合作伙伴签署战略合作协议,共同打造自动驾驶服务示范区。

(苗　芳)

【运营服务】 2018年,首建投公司贴心服务北京冬奥组委,建立高效的沟通协调机制,解决各类办公需求。成立首钢北京园区运动中心,高标准开展冬奥训练中心运营,做好冬奥项目国家队近200人的训练、住宿、餐饮等服务保障。顺利承办2018年中国花样滑冰俱乐部联赛总决赛、北京市第一届冬季运动会、国家冰壶集训队预选赛,2019中芬运动年开幕式等活动。完成平昌冬奥总结会、冬奥会协调委员会第三次会议、外国驻华使节招待会、"一带一路"全球青年领袖荟萃——北京·2018活动开幕式、第七届中国舞蹈节、奔驰A级轿车上市发布会、北京电视台跨年晚会等重要活动的组织协调和服务保障。与香格里拉酒店集团签订电厂酒店委托运营管理合同,与洲际酒店签订倒班宿舍、运动员公寓、网球馆公寓委托运营管理合同。取得工舍酒店、星巴克的工商营业执照、消防安全证、特行许可证、卫生许可证、食品经营许可证等所有开业前证照办理,按期顺利开业。

(蒋　燕)

【安全环保】 2018年,首建投公司落实首钢集团安全环保工作要求,发挥平台管控职能,成立安全环保部和园区开发管理平台安全生产委员会,健全责任体系,明确管理界面及业务接口,强化安全环保全过程统一管理,完善平台规章制度6项,制定应急预案3项,安全环保专业文件28个,安全培训3152人次,开展安全环保检查702次,查处各类隐患问题971项,确保安全生产零事故、环境污染零事件。

(刘　健)

【党建引领】 2018年,首建投公司党委被授予首钢集团"六好班子"荣誉称号。组织党委中心组理论学习16次,组织召开党委会15次,审议议题58项。修订公司章程,明确党组织在公司法人治理结构中的法定地位。制定《三重一大事项决策实施办法》,明确了党委会审议是董事会、经理层决策重大问题的前置程序。对班子成员分工合理调整,确保工作衔接。坚持党建贯穿于园区建设全过程,高质量召开领导班子民主生活会,邀请班子成员中党外干部列席,开展相互批评意见共37条,班子和个人制定整改措施,向职工通报整体情况。实施常态化约谈,对竞聘成绩、民主测评成绩排名靠后的干部进行约谈,结合工作完成情况、精神状态经常性谈话,主动提醒,帮助进步。落实"B+T+X"要求,制定党支部年度党建工作清单,加强"三会一课"管理,开展党建知识测试。组织完成首建投公司党委、园服公司党委、特钢公司党委换届选举，组建首园运动党支部。组织园区平台所有党委、党支部及其书记、委员按任期签订党建工作责任书。

（张亚杰）

【廉政建设】 2018 年，首建投公司党委纪委全程参加经理办公会、重大方案研讨和重大活动，掌握党员干部工作状态。加强思想建设，聚焦政治思想、执行纪律、对党忠诚、履行职责、纠正四风、廉洁自律 6 个方面，召开党风廉政建设工作会，分解反腐倡廉任务分工方案，确定工作任务；组织全体干部签订《党风廉政建设责任书》，明确"一岗双责"责任；定期对记实笔记进行检查签认，提高对记实工作认识水平。抓住年节假日和暑期时点，发布廉洁提醒，组织党员干部和有业务处置权人员开展经常性的纪律教育活动，包括观看警示教育片、传达学习各类违纪案件通报，参观北京市、石景山区反腐倡廉警示教育基地，做到警钟长鸣。组织开展飞机头等舱、办公用房等专项治理，对年度业务招待费进行自查，公务用车削减至 1 台并安装 GPS 定位系统，节日期间按规定封存。接受驻市国资委纪检组服务冬奥筹备专项检查、首钢集团"五合一"监督检查、基层党建专项检查。年内自查自纠 4 次，自查问题 45 项，制定整改措施 84 条。

（张亚杰）

【宣传思想建设】 2018 年，首建投公司党委加强意识形态管理，分析研判意识形态领域情况，对重大事件、重要民意进行引导；围绕体制机制改革、业务流程优化、绩效考核等重要问题，各级干部抓好分管部门意识形态工作，通过宣讲、谈心谈话等方式掌握员工思想动态，答疑释惑，正向引导。与新华社、《人民日报》、中央电视台、北京电视台和首钢新闻中心等各类媒体采访对接，持续加大首钢北京园区宣传力度；"首钢园"微信公众号全年累计推送园区新闻 112 条，做好典型选树，讲好身边故事，陈震、刘博强双双当选"首钢之星"，刘博强从炼钢工转型为制冰师成为"网红"。

（张亚杰）

【企业文化建设】 2018 年，首建投公司党委实施暖心工程，在工程部办公新址推行自助餐。做好传统节日和夏季送凉爽慰问，开展全员生日慰问，组织婚育和住院慰问 26 人次；为全员投保互助保险，发放防雾霾口罩，为一线现场加班人员配备加班晚餐，为冰场职工送去保暖物品，增强职工获得感。向首钢工会争取专项资金 20 万元，建立职工之家和暖心驿站各 2 处，改建篮球场 1 个。组织新员工参观钢铁基地、职工家属园区行、共享空间、登山、摄影等活动，突出行为文化载体建设。定期制作更新大屏播放内容、更换公共区域悬挂图片、用好用活"首钢园"LOGO 等方式，加强物质文化载体建设。初步提炼出"专业、高效、协同、分享"企业价值观，得到职工认可。

（张亚杰）

【荣誉表彰】 2018 年 8 月 7 日，首钢北京园区冬奥训练中心项目荣获北京市 2017—2018 年度结构长城杯金质奖。10 月 1 日，第 54 届国际城市与区域规划年会（International Society of City and Regional Planner Joint Conference）在挪威博德召开，新首钢高端产业综合服务区北区规划荣获"国际城市与区域规划 2018 年度规划卓越奖"，继荣获英国皇家城市规划学会"2017 年度国际卓越规划奖"后所取得的又一国际规划界殊荣。10 月 31 日，中国城市规划协会公布 2017 年度全国优秀城乡规划设计奖评选结果，《首钢老工业区转型发展规划实践——北区详细规划》项目荣获城乡规划一等奖，在全国 29 个一等奖项目中排名第三。12 月 28 日，在中国奥委会 2018 年全会上，中国奥委会受国际奥委会委托，国家体育总局局长、中国奥委会主席苟仲文为首钢集团颁发 2018 年度国际奥委会"奥林匹克主义在行动"奖杯。

（冯尧刚、王玉凤）

【首建投公司大事记】

1 月 8 日，首建投公司为强化责任意识和目标导向，释放企业活力，确保完成集团赋予的四年开发任务，下发绩效考核管理办法。

1 月 12 日，首钢冬奥训练中心项目顺利通过国拨资金专家评审会，预计拨付资金 2.5 亿元。

1 月 15 日，北京市新首钢办印发《关于首钢老工业区首钢权属用地土地收益征收使用管理的有关规定》。

1 月 22 日，首钢北京园区冬奥广场（五一剧场、制粉车间改造）项目取得用地预审意见，脱硫车间改造项目取得核准延期批复。

1 月 23 日，首钢北京园区东南区土地一级开发项目取得地质灾害危险性评估报告及专家意见。

1 月 25 日，首钢北京园区东南区土地一级开发项目完成权属审查工作，并收到勘测定界成果图。

2 月 2 日，海外院士专家北京工作站新首钢办公区启动仪式成功举办。

2 月 5 日，市规土委组织召开专题会，对首钢北区规划实施中存在的问题进行了专题研究。

2 月 6 日，石景山区政府核发《关于新首钢高端产业综合服务区二型材东路等市政基础设施项目投资建设主体的函》，同意首钢集团有限公司作为投资建设主体推进项目建设。

2 月 7 日，首建投公司召开 2017 年度工作总结暨 2018 年工作部署大会，贯彻首钢“两会”精神，回顾和总结首建投公司 2017 年各项工作，安排和部署 2018 年重点工作和任务。

2 月 28 日，石景山区政府组织召开园区东南区土地一级开发项目征地工作协调会，明确国有地占地补偿基本原则和集体地征地补偿标准。

3 月 7 日，首建投公司办理完成房地产开发企业暂定资质延期工作，延期至 2019 年 2 月 28 日。

3 月 14 日，北京市规委审议通过晾水池东路以东 10 条道路设计方案。

3 月 26 日，北京首钢工舍智选假日酒店—酒店管理合同、北京首钢秀池智选假日酒店—酒店管理合同签订。

3 月 30 日，首建投公司取得首钢北京园区东南区热力专项规划和天然气专项规划成果。

4 月 4 日，首钢北京园区东南区土地一级开发项目第一批拟上市地块通过规划协调会研究。

4 月 13 日，首钢集团领导张功焰、王世忠、梁捷、刘桦到首建投公司调研，对一季度园区开发、高标准制定产业规划等方面取得的成绩给予肯定。

4 月 17 日，首钢冬奥广场（五一剧场）项目取得北京市发展改革委立项核准批复。

4 月 23 日，首建投公司与中国舞蹈家协会签订合作意向书。

4 月 24 日，首建投公司与腾讯公司签订园区北七筒租赁合同。

5 月 3 日，首钢群明湖南路、脱硫车间周边道路取得市政工程设计综合的正式成果。

5 月 4 日，首钢北京园区东南区市政配套工程项目通过市规土委会议评审。

5 月 15 日，首建投公司签订石景山景观公园电力报装供电方案确认协议。

5 月 18 日，北京市国资委正式下发《关于首钢集团有限公司利用石景山区石景山路 68 号项目从事经营活动涉及工商登记注册等有关问题的意见》，同意首钢工舍酒店项目从事商业、办公用途的经营活动。

5 月 26 日，中共首钢集团有限公司委员会研究决定，金洪利任首建投公司党委委员、副书记，为首建投公司董事、总经理人选，戴军为首建投公司财务总监人选。

6 月 11 日，北京市规土委下发《首钢单板滑雪大跳台赛区规划设计方案审查意见的函》。

6 月 17 日，央视新闻联播《在习近平新时代中国特色社会主义思想指引下——新时代　新作为　新篇章》系列报道中播出《北京：追求精彩非凡卓越　全力推进冬奥筹办》，对首钢服务保障冬奥及首钢北京园区建设等情况进行报道。

6 月 29 日，首钢冬奥广场（五一剧场、制粉车间改造）项目、金安桥站交通一体化及工业遗存修缮项目、首钢脱硫车间改造项目土地拆迁补偿通过首钢集团董事会审议。

7 月 5 日，首钢集团领导张功焰、王世忠、梁捷、刘桦到首建投公司调研。张功焰指出，要盯住关键时间节点，优先打造环境，着力打造精品，提升北区整体环境品质，向社会展示首钢园区新形象。

7 月 16—21 日，“‘一带一路’全球青年领袖荟萃—北京·2018”活动开幕式在首钢成功举行。

7 月 26 日，首建投公司注册成立北京首钢园区运动中心运营管理有限公司，为后期高标准开展冬训中心运营、做好服务保障工作、承办赛事市场化奠定基础。

8 月 16 日，北京首钢园区东南区第二批上市地块通过规划协调会预审会研究，拟上市地块用地面积约 18.88 公顷，建筑规模约 56.32 万平方米。

8 月 28 日，首建投公司取得金安桥站交通一体化及工业遗存修缮项目核准批复。

8 月 31 日，北京市发展改革委新首钢办印发《关于申请使用首钢老工业区首钢权属用地土地收益返还资金项目审批和使用管理实施细则》。

9 月 11 日，经北京市人民政府批准，北京市规划和国土资源管理委员会正式就石景山区古城南街东侧地块挂牌出让有关事项发布预申请公告，东南区第一批土地上市取得阶段性进展。

9月20日，国际雪联在北京召开新闻发布会，越野滑雪积分大奖赛第二站确定落户首钢北京园区。

9月29日，首钢冬奥广场片区（西十冬奥广场、秀池、五一剧场与制粉车间改造）整体转型升级及存量盘活改造项目获得2018年中关村示范区分园高精尖产业培育专项支持资金2000万元。

10月26日，北京市人大常委会主任李伟，以及市人大常委会委员、专委会委员、市人大代表20余人到首钢调研。

10月29日，首钢集团领导张功焰专题听取冬奥广场（五一剧场、制粉车间改造）项目合作协议的汇报，同意定制建设及运营协议及附件保证函、长期租赁合同的签署。

11月7日，中关村——德国科技合作对接会在首钢·侨梦苑圆满举行。

11月9日，首钢北京园区举行自动驾驶服务示范区媒体开放日活动。

11月13日，国家住房和城乡建设部副部长黄艳，中国城市规划设计研究院副院长王凯，北京市副市长张建东、隋振江，市规土委主任张维等领导到首钢北京园区调研。

11月18日—12月2日，由北京市政府主办、冬奥组委支持、市体育局、市教育委员会、市总工会承办的北京市第一届冬季运动会冰壶、短道速滑、花样滑冰三项赛事决赛项目在首钢北京园区运动中心冬训场馆举行。

11月23—24日两天，全新梅赛德斯—奔驰长轴距A级轿车中国上市盛典在首钢北京园区三号高炉内震撼开幕。

12月17日，首建投公司取得大跳台项目《国有建设用地出让合同》，并于19日缴纳土地出让地价款。

12月26日，中关村科技园区管委会和首钢集团合作共建“中关村（首钢）人工智能创新应用产业园”（首钢AI产业园）启动仪式于首钢北京园区举行。

12月27日，北京市委办公厅、市政府办公厅印发《加快新首钢高端产业综合服务区发展建设　打造新时代首都城市复兴新地标行动计划（2019年—2021年）》。

12月28日，在中国奥委会2018年全会上，中国奥委会受国际奥委会委托，国家体育总局局长、中国奥委会主席苟仲文为首钢集团颁发2018年度国际奥委会“奥林匹克主义在行动”奖杯。

（董军旗）

北京首钢园区综合服务有限公司

【园区服务公司领导名录】

董事长：陈四军（7月离任）　陈　尚（7月任职）

董　事：韩瑞峰　戴　利　朱景利　韩　利

监　事：刘振英　张　巍

党委书记：戴　利

党委副书记：朱景利

总经理：陈　尚

常务副总经理：韩　利

副总经理：汪　兵

经理助理：石宗砚

（郑焕红）

【综述】 北京首钢园区综合服务有限公司（以下简称“园区服务公司”）是为适应首钢北京园区开发工作需要，加快园区拆迁步伐，引导留守职工转型发展，打造园区高端服务。于2013年6月6日注册，7月1日正式挂牌成立。注册资本金900万元，是首钢集团有限公司下属全资子公司。园区服务公司按照市场化运行机制，实行自主经营、独立核算，纳入园区开发平台体系。下设经营财务部、运行管理部、人力资源部、安全环保部、党群办公室、信息化办公室、战略规划部7个职能部门；培训部、包车客运事业部、酒店餐饮事业部、物业公司、绿化公司、动力厂6个实体单位。截至2018年底，在册职工14343人，其中硕士14人，本科264人，大专383人；高级职称15人，中级职称43人；

高级工 496 人，中级工 258 人。

（罗　欢）

【经营指标】　2018 年，园区服务公司控亏计划 3422 万元，实际完成控亏 3015 万元，完成年度计划的 111.8%，其中：酒店餐饮事业部控亏 182 万元、物业公司控亏 840 万元、绿化公司盈利 502 万元、包车客运事业部盈利 49 万元、园区建设事业部控亏 502 万元、培训部控亏 710 万元、本部控亏 1332 万元。动力厂收支差计划 18000 万元，实际完成 16365 万元，完成计划的 109.08%。

（赵　新）

【活动保障】　2018 年，园区服务公司完成首钢北京园区各项重大活动服务保障工作。完成市级以上领导及冬奥组委会议服务 3945 次，重大活动服务保障 53 次。北京市全面推进 2022 年冬奥会和冬残奥会筹办工作动员部署大会、国际奥委会平昌冬奥会和冬残奥会总结会、"一带一路"全球青年领袖荟萃——北京·2018 活动开幕式、北京市委市政府主要领导首钢调研、北京市政府 2018 年驻华使节招待会，以及国家级领导调研活动等服务保障工作，得到上级部门和领导认可和表扬。

（董升飞）

【科技创新】　2018 年，园区服务公司国家专利局受理"一种弧形空调水管冷煨弯丝接安装方法"发明专利一项；获得"一种用于生活水的水质处理系统"实用新型专利一项。推进信息化平台建设，完成 OA 办公系统用户工作，启动综合服务业乐享平台，初步搭建完成物业管理平台系统，实现信息可共享、团队可协作、进度可追溯。成功参与北京市电力市场交易，减少电费支出 339 万元。《钢铁业转型服务业背景下的新园区发展全周期运营服务解决方案》论文，荣获第 29 届冶金钢铁企业后勤工作研讨会二等奖。

（朱　戈）

【品质提升】　2018 年，园区服务公司绿化公司荣获北京市园林绿化行业协会颁发的"4A 级诚信企业"。克服施工难度，圆满完成园区西十冬奥广场、秀池及周边道路、石景山公园等绿化任务，确保首钢北京园区景观效果。开发内、外部市场，取得市内包车客运、道路运输经营许可证资质。周密组织、合理调度，克服人员少、车辆运力不足等不利因素，完成北京冬奥组委、世园会、冬奥训练中心等单位和活动车辆保障任务。动力厂、园区建设事业部承接首钢北京园区北区能源运维新项目，配合完成电气工程及水系统迁改移等工作，确保园区能源运行稳定。结合石景山高位水池改造，通过优化生产流程及工艺等措施，园区自来水指标均优于国家标准，部分指标优于欧盟标准。

（王新堡）

【体系建设】　2018 年，园区服务公司深入推进制度体系建设，对现行制度进行全面梳理，完成规章制度修订 31 项。完善管控体系建设，对业务单元、职能和岗位所行使的权利进行全面梳理，编制完成《流程再造规划》《管理流程目录》《公司管控权力清单》等。推进业务管理变革，完善项目管理实施办法，探索业务协同管理，为全面提升运营管理创造条件。

（田　杰）

【餐饮服务】　2018 年，园区服务公司创新机制，培育能力，与洲际酒店紧密合作，共同做好首钢北京园区工舍筹备和开发，培育酒店管理专业化团队。满足国家体育总局冬季运动管理中心运动队住宿、餐饮服务个性化需求，打造运动员智能营养餐厅，为运动员、教练员营造安全、舒适的环境。通过向北京饭店、国际饭店观摩学习，参照国宴服务标准和流程开展模拟演练，提升餐饮服务水平，初步达到测评标准。放活经营机制，强化外部市场拓展能力，打造京西 1919 团餐品牌，在激烈的市场竞争中站稳脚跟。体育大厦地下餐厅获评"中国百家好食堂"称号，赢得客户认可。

（陈红波）

【教育培训】　2018 年，园区服务公司通过资源协同，与首钢实业公司合作开展管理业务交流、市场开发与项目经理取证等培训，组织领导干部 14 人考察学习张江高科、成都新区等高端园区运营服务保障经验；与首钢工学院合作，开展酒店服务及会展培训。年内组织各类培训 60 余次，参训 1000 多人，为园区重大接待活动和高端服务提供人员保障。动力厂成立新能源维保作业区，探索业务调整后的职工转岗渠道，80 余人进入北区大物业项目。向北京大学首钢医院、北京地铁等单位服务型岗位输出转型职工 53 人，得到用人单位的认可。

（郝占永）

【人才培养】　2018 年，园区服务公司根据发展需要，加强干部梯队建设，选送青年业务骨干到北京冬奥组委、环境公司等单位挂职锻炼 4 人，参加集团公司青年干部特训班1人；按照首钢北京园区北区落地承接项目需求，选拔一批青年骨干充实到重点项目负责人岗位。组织开展基层党支部书记培训20人。

（李　明）

【党建工作】　2018年，园区服务公司党委制定《2018年党建重点工作计划》，与基层党组织签订党建责任书，实现党建工作全覆盖。打造“智慧党建”平台，开展“学习十九大，具体见行动”系列主题活动。与北京市发展改革委新首钢办、国网石景山供电公司等4家单位结成党建共建单位。认真落实“一企一村”精准帮扶，与延庆香营乡黑峪口村开展结对帮扶献爱心活动，为新疆和田地区中小学生捐赠图书892册，特色党建活动进一步深化。

（董立勋）

【企业文化建设】　2018年，园区服务公司选树了京西1919餐厅经理李琳琳、冬奥物业事业部等一批先进典型人物和集体，评选服务之星、先进集体191个。组织广大干部职工参观“伟大的变革——庆祝改革开放40周年大型展览”。加强对外宣传，年内对外宣传报道72期。在中国企业文化管理协会年会上，园区服务公司《党建引领，提升“首钢服务”软实力》获得2018年度“企业党建文化优秀成果奖”，提升了首钢服务品牌的社会影响力。

（易自强）

【党风廉政建设】　2018年，园区服务公司贯彻落实中纪委二次全会精神及首钢集团纪检监察工作会议要求，制定《园区服务公司2018年反腐倡廉主要任务分工方案》，层层签订《党风廉政建设目标责任书》。细化完善《党风廉政建设责任制党委主体责任和纪委监督责任的实施办法》，制定《信访举报管理办法》，定期研究党风廉政建设形势，听取班子成员落实党风廉政建设责任制情况。加强党风廉政建设常态化教育，开展关键岗位、关键人员的警示教育活动6次，日常及重大节日前的廉洁谈话77次，确保年内未发生违规违纪案件，营造了风清气正的良好工作氛围。

（陈美孚）

【安全环保】　2018年，园区服务公司安全环保工作坚持“安全第一、预防为主、综合治理”的方针，全面落实安全生产责任制，建立健全规章制度和事故隐患排查治理体系，隐患排查率达到90.2%，初步达到“一岗一清单”隐患排查信息化系统上线工作要求；推进安全生产标准化建设，物业公司、酒店餐饮事业部、红楼迎宾馆等4家单位分别达到三级标准，绿化公司达到二级标准；认真开展隐患大排查、大清理、大整治及天然气、液化石油气安全隐患排查专项行动，年内组织开展公司级检查86次，发现并整改隐患65项；强化全员安全工作理念，深入开展各类安全教育培训和内容丰富的安全生产月活动；全面落实环保苫盖、油烟净化设备监控等各项环保工作任务；落实人员职责和物资储备，组织开展消防演练、暑期防汛演习。

（潘庆军）

北京首钢特殊钢有限公司

【特钢公司领导名录】

董事长：李兵役

董　事：焦亚伏（12月离任）　王　敏　段武涛

乔春海（职工代表）

总经理：李兵役（10月任职）　焦亚伏（10月离任）

副总经理：王　敏　段武涛

总经理助理：梁玉洁　许　良

党委书记：李兵役

纪委书记：李兵役

工会主席：李兵役

（乔春海）

【综述】　北京首钢特殊钢有限公司（以下简称“特钢公司”）是首钢集团有限公司下属独立法人子公司，位于北京市石景山区杨庄大街69号，总占地面积85.35公顷。特钢公司下设开发部、招商运营部、工程部、首特绿能港科技中心项目部、园区管理部、投资管理部、经营

部、办公室、计财部、人力资源部、党群工作部、生活管理部等职能管理部门12个。全资及控股子公司7家、参股改制公司3家、对外投资企业6家。2018年，在册职工563人，在岗448人；大学本科及以上学历128人，大中专学历92人；中高级职称71人；技师、中高级技工180人。

2018年，特钢公司加速推进园区项目建设、提高运营质量和效益，干部职工认真落实首钢党委扩大会、职代会和“三创”经验交流会的工作部署，坚定信心，真抓实干，逐步完善适应转型发展的管理体系，园区两个在建项目提前超额完成建设计划，经营质量和效益稳步提升，基础管理及职工队伍建设不断加强，职工物质文化生活持续改善。实现利润785.8万元，比计划增加785.8万元；销售收入完成117000万元，比计划增加67000万元；经营现金流入计划5000万元以上，实际完成31652万元。

（郝占起、徐　剑）

【明确工作思路】 2018年1月31日，特钢公司召开十二届二次职代会，审议通过焦亚伏总经理所作《锐意进取，奋勇拼搏，开创特钢转型发展新局面》工作报告。会议明确2018年工作思路：深入学习贯彻党的十九大精神，落实首钢十八届三次党委扩大会和十九届三次职代会工作要求，发挥党建引领，坚持保生存求发展总基调，锐意进取，奋勇拼搏，全力推进首特绿能港科技中心项目建设，全面提升经营质量和效益，推动园区开发建设和经营性项目协同发展，加强企业管理和职工队伍建设，在新的历史起点上奋力开创特钢转型发展新局面。

（郝占起）

【完善管理体系】 2018年，特钢公司不断完善管理体系，建立全面预算管理体系，实现发展规划与年度预算的结合、权力清单与制度建设的贯通；建立完善适应管控要求的法人治理结构和运行机制，形成目标同向、各负其责、功能互补的治理体系，实现功能清晰、运转顺畅、衔接紧密。提升运行质量，完成2家企业股权退出；加快剥离企业办社会职能，完成4895户、30多万平米的“三供一业”分离移交。推进转型提效，制定并实施工作计划及配套政策，调整部门职责业务，合理配备新项目岗位人员；推进分配方案改革，按照高指标、重激励、多干多得、多创多收的原则，完善绩效考核分配方案；推进薪酬分配制度改革，调整在岗职工绩效考核基数，建立园区开发建设任务目标与工资总额挂钩增长、经营任务超额完成提成奖励的激励机制；完善综合考核评价机制，强化引进专业技术人才目标责任书的管理和评价，加大领导人员完成指标任务激励力度。

（郝占起、刘爱民）

【首特钢园区主体项目建设】 2018年，首特钢园区15、16号地两个在建项目工程建设形象进度加快，在保证施工现场安全、环保、消防、防汛、稳定的基础上，15号地项目四栋楼主结构全部封顶，完成建筑面积13.7万平米，进入二次结构施工；同步完成幕墙等招标和内部市政施工图等设计工作，取得绿色建筑三星设计认证。16号地项目三栋楼施工顺利，完成建筑面积7.4万平米，总建筑面积的76.7%；同步完成智能化等招标和幕墙招标图等设计工作；项目工程款4.63亿元按时到账。获得中央预算内资金支持2743万元，并通过国家、北京市各级督查组的检查。园区控规调整，控规调整方案完成阶段性成果，场地调查与风险评价报告通过审核，产业定位形成评估分析报告；环境影响评价、交通影响评价、水资源论证相关工作推进中。因受北京市总体控规政策调整影响，石景山区分区规划方案作为园区控规调整方案的上位规划尚未得到批复，影响到整体实施计划的开展。

（郝占起、高　博、尹海娟、张　娜）

【首特钢园区公辅项目建设】 2018年，首特钢园区实施项目周边道路及市政工程建设。项目周边道路完成场地调查与风险评价，通过审核；环境影响评价、水影响评价等相关工作在推进中。特钢公司中街等五条道路市政管线，完成市政管线设计综合编制，向市规土委申请方案评审。完成变电站改造。特钢公司110千伏变电站，完成主变、10千伏系统和综保、站用低压系统的升级改造，系统运行的稳定性和安全性得到提高。落实首钢集团和石景山区政府要求，配合供电公司完成220千伏变电站建设的土地权属审查，编制道路设计方案等前期手续办理工作。

（郝占起、高　博、尹海娟、张　娜）

【招商运营】 2018年，特钢公司按照北京首都功能定位相关要求，结合产业禁限目录，制定园区招商产业正负清单。加强物业管理制度建设，制定完善制度67个、应急预案14个、工作手册流程6个，逐步形成完整的招商运营管理体系和管控架构，物业运营管理水平得到提高。加强与国际知名物业公司合作，开展战略咨询、物业服务体系标准化建设及物业管理团队培训，学习高品质楼宇物业管理经验和技能，提升物业运营服务品质。

（黄　河）

【物业及资产管理】　2018 年，特钢公司围绕企业生存需求，深入挖掘土地房屋等存量资产潜力，加大经营管理力度，努力创收增效；创业大厦 B 座回购并投入运营，自持物业经营面积超过 7 万平米；年内资产租赁收入 7304 万元，其中物业租赁 4125 万元，汽车园区 1920 万元，厂内土地 1011 万元，子公司 248 万元。加大厂区废旧资产盘活力度，回收资金 134 万元。

（徐　剑、张　娜）

【钢材加工及贸易开发】　2018 年，特钢公司坚持以市场为导向、以效益为中心，面对跌宕起伏、价格宽幅震荡的钢材市场形势，调整营销策略，加大国内外两个市场开发力度，巩固现有资源，扩大销售品种和渠道，提升贸易供应量，增加市场份额。加强与钢材加工企业和供应厂家合作，现场全程指导监督，保证产品质量达到用户要求。年内销售收入完成 20478 万元，超计划 11678 万元；毛利润完成 471 万元，超计划 91 万元。

（郭建刚）

【投资企业运营】　2018 年，特钢公司强化对所属投资企业的运营管理，以确保国有资产保值增值为重点，跟进、检查企业经营情况，做好相关事项的动态分析，对发现的问题及时采取有效应对措施，收取投资回报 28 万元。

（马瑞杰）

【基础管理】　2018 年，特钢公司围绕深化改革、转型发展及园区项目建设需要，完善制度及强化落实，加强“三会”规范运行，实现基本管理制度、业务基础制度和具体操作规范的分层分级，年内召开董事会 13 次审议通过 35 项议题，召开党委会 40 次审议通过 77 项议题，召开经理办公会 24 次审议通过 80 项议题。聚焦制度执行情况监督落实，集中开展制度落实情况全面检查，对检查出的问题落实考核并通报。加速推进信息化项目建设应用系统的实施，特钢 OA 系统、全面预算系统、投资管理已实现在线编制。推进“疏解整治促提升”专项行动，通过区企联合行动，对汽车贸易服务园区公司内 35 家配件商户进行疏解清退，拆除经营用房，重新安装护栏；石景山八角南路两个项目通过与街道合作，实现再利用。完成创业大厦 B 座消防、安防、网络及供水等基础设施改造，新建配套停车场，对汽车园区停车收费系统进行改造升级，经营环境得到改善。

（郝占起、张　娜、马瑞杰）

【安全环保管理】　2018 年，特钢公司贯彻国家各项法律法规和上级要求，逐级压实安全环保责任，深入开展安全环保隐患大排查、大清理、大整治专项行动，以厂区施工现场、重点部位、租赁单位、厂外家属区宿舍为重点，进行多层次排查清理，落实隐患整改 277 项。投资 140 余万元，推进安全环保基础化建设。应对环保政策收紧，全面落实大气污染综合治理措施，推进绿色行动计划，建立联动机制，强化园区两个在建项目施工现场的安全环保管理，15 号地项目被评为石景山区十佳绿色施工工地和北京市 33 家扬尘治理成效突出工地。推进安全标准化工作，3 家子公司取得区安委会颁发的达标证书及标示牌。年内杜绝伤亡、火灾、环保等事故。

（张　娜、高　博）

【党建工作】　2018 年，特钢公司党委注重加强党的建设，把从严治党落在实处，为推进园区开发建设和经营各项工作提供坚强保证。加强党建工作领导，制定党建重点工作计划，形成党建工作任务清单，分解落实到班子成员和基层单位，纳入年度考核。构建党建工作责任体系，特钢公司党委制定并与公司党委委员 4 人和基层党委（总支）11 个、直属党支部签订党建工作责任书。完成党委换届选举，召开特钢公司第六次党代会，审议通过“两委”工作报告，选举产生“两委”班子。推进党支部规范化建设，选出 6 个党支部列为试点；开展支部书记集中轮训 6 次，外出参观 1 次，学习交流研讨 1 次；建立 4 个党员活动室，“一规一册一表一网”有效应用；开展党支部“达晋创”评定和民主评议党员，经评定一级党支部 12 个、二级党支部 5 个；深入开展“创先争优”活动，有 7 个基层党组织和党员 15 人受到两级公司党委表彰。完成“双报到”工作，3 家独立法人单位党组织、在册党员 234 人完成报到，党员报到率达 99%。

（郝占起、乔春海）

【党员学习教育】　2018 年，特钢公司党委扎实开展“两学一做”学习教育，基层党组织和党员制订学习计划，开展“学习党建知识、争当合格党员”党建知识竞答和《宪法》《监察法》知识测试，组织观看电影《青年马克思》《厉害了我的国》并开展主题征文，收到作品 38 篇，

162人参加党的十九大精神网上答题。利用特钢微信公众号、局域网站、手机微信等宣传平台，及时发布党建工作、项目建设、物管运营、安全环保等工作进展情况。加强党风廉政建设，召开党风廉政建设工作会议，制定下发《特钢2018年反腐倡廉主要任务分工方案》，将6项32条具体任务分解到公司班子成员及基层单位；推进廉政风险防控管理，班子成员制定廉政风险点排查梳理和防控措施。

（郝占起、乔春海）

【职工队伍建设】 2018年，特钢公司适应园区开发建设运营管理和转型发展新要求，用先进理论武装人、凝聚人，为职工搭建转型培训平台，促进职工与企业共同和谐发展。加强思想理论建设，把深入学习贯彻习近平新时代中国特色社会主义思想和党的十九大精神作为首要政治任务，联系实际学、持续跟进学，围绕深化改革、加快园区开发建设和日常经营中心任务，开展创先争优、知识竞赛、主题党日活动、专题辅导报告会等，统一干部职工的思想和行动。持续开展职工队伍培训，以强化园区开发建设和物业运营管理为目标，组织各类培训班12次；抓好职工队伍转岗培训和新知识培训，组织27人参加消防中控初级取证培训，提高转型职工技能水平，满足岗位人员需求；组织22人参加办公软件拓展提高和企业实用公文写作培训，为更好地做好专业管理工作奠定基础。引进和招收大学本科生、技校生36人，人员知识结构得到优化。

（郝占起、刘爱民）

【改善职工生活】 2018年，特钢公司在关心人、凝心聚力上下功夫，以职工的获得感、幸福感为工作落脚点，继续改善职工物质文化生活条件。完成石景山区赵山小区112户房产证的办理并发放到居民手中。年内投资205万元，完成5项福措工程项目。建立干部职工健康管理体系，完成职工健康体检；继续实施职工互助保险，为62人次办理保险赔付70679元，为17人发放互助互济救助资金16700元，慰问4户突发困难职工并发放慰问金3000元。开展送温暖活动，组织“献爱心”募捐42310元，为困难职工子女12人发放帮困助学金31300元。开展群众性文体活动，春节期间为职工购买电影票、庙会游园票，组织形式多样的文体活动；380人参加“全民健身、特钢春季环厂健步走”；围绕“全民健身纪念日”，开展游泳、登山等活动，增强企业凝聚力，促进和谐企业建设。

（李国庆、郭建辉）

园区管理部

【园区管理部领导名录】

部　长：王云平

副部长：李建设

党委书记、工会主席：王云平

纪委书记：闫广顺

党委副书记：闫广顺

（蔡　娟）

【综述】 首钢集团有限公司园区管理部于2013年3月14日成立，负责园区停产资产处置、拆迁和新建工程组织、合同预算、“两违”治理、土地房屋管理、设备材料采购、废旧材料回收加工、环保、绿化、安全、保卫、防火、维稳以及首钢南区、首钢北区、一线材管理处管理等，负责首钢北京地区的防雨、防汛工作。园区管理部设11个专业处室，有4个实体单位。截至2018年末，在岗职工1733人（含各管理处），其中专业管理人员406人、操作岗位1327人，研究生及以上学历22人、本科302人、大专408人。

（蔡　娟）

【资产处置】 2018年，园区管理部处置资产18项，涉及资产原值4.11亿元，资产净值0.47亿元，设备数量526台套、设备重量0.29万吨，建构筑物42项、建筑面积2.79万平方米。

（蔡　娟）

【工程施工】 2018年，园区管理部重点组织首钢文馆厨房修缮工程、首钢人事中心和新闻中心办公楼修缮工程、侨商地块拆改移工程、转炉门至南坑村之间道路修缮等工程，新建各类管线1629米，敷设线缆15000米，修缮建筑物3座，新建消防泵站1座，修缮道路2390平方米。组织实施拆除工程7项，包括侨商地块拆除、钢铁基地职工候车大厅拆除、报废铁路及车辆拆除、原二炼钢和三炼钢厂部分变配电设备报废拆除等，拆除建筑物面积3112.24平米，铁路5900米，设备136台套，构筑物1300立方米，累计上交废钢2078.3吨。

（蔡　娟）

【防雨防汛】　2018年，园区管理部全面做好首钢防雨防汛工作的组织和责任落实，制定下发《首钢集团有限公司关于做好2018年北京地区防雨防汛工作通知》《2018年首钢集团有限公司北京地区防雨防汛工作安排》等相关文件，明确职责分工，完善应急预案，实现在京企业防雨防汛工作全覆盖。针对极端天气频发等情况，精心组织安排部署，成功应对汛期10次较强降雨过程，确保环境公司等重要生产单位，园区北京冬奥训练项目施工现场、模式口家属区等地质灾害易发区域，及永定河堤坝、秀池地下车库、冬奥办公区等重点区域安全度汛。

（蔡　娟）

【转型提效】　2018年，园区管理部通过转型输出、解除劳动合同、内退等方式超额完成转型提效任务。年内完成转型安置职工294人，其中调出14人、解合163人、退休37人、内退14人、内部安置47人、转型输出13人，其他减员6人。

（蔡　娟）

【费用节降】　园区管理部围绕2018年预算指标，严格执行规章制度，加强计划管理，强化全过程管控，深挖潜力，精打细算，精心制定降费措施，层层抓好落实，全面降低园区各项费用支出。2018年首钢集团下达园区管理部计划为55335万元，日常管理费实际发生32906万元，比年计划降低6594万元，节降率为16.69%，专项费用降低6324万元，节降率为76.56%。

（蔡　娟）

【环保管理】　2018年，园区管理部全面落实国家、北京市、首钢集团环保工作要求，深化网格化环境责任与监管体系，对环保措施落实情况进行全过程的监督、检查和考核，开展施工扬尘、道路遗撒、渣土倾倒等专项治理，严格执行裸地料堆苫盖标准，确保黄土不见天，为打赢蓝天保卫战提供坚实保障，为各项重大活动的举办提供良好的园区环境。

（蔡　娟）

【服务保障】　2018年，园区管理部在首钢园区内举办的平昌冬奥会和冬残奥会总结会、“一带一路”全球青年领袖荟萃北京、驻华使节招待会等一系列重大活动，会议规格高、规模大、会期长、外宾多，汇聚全球目光和各方关注，党和国家领导人、北京市领导到首钢北京园区参观、考察或组织会议成为常态。重要活动期间园区管理部在环境质量保障，社会治安综合治理，道路交通环境整治，信访维稳等工作中都展示了首钢北京园区良好的面貌，完成各项服务保障工作。

（蔡　娟）

【党群工作】　2018年，园区管理部党委组织党委中心组学习13次、基层党委书记会6次、召开党委会21次。深入学习贯彻党的十九大精神，邀请中国社科院教授辛向阳作专题讲座，举办学习贯彻党的十九大精神领导人员培训班1期，党务干部培训班2期。推动基层党组织规范化建设，开展党建及党风廉政建设情况检查2次。召开党风廉洁建设工作会议，制定常态化谈话制度，开展廉洁警示教育，园区管理部纪委被评为2018年度首钢先进纪检监察组织。丰富职工生活，举办园区管理部第五届职工体育文化节系列活动等6项。

（刘恬龙）

直 管 单 位

◎责任编辑：马　晓

首钢环境产业有限公司

【首钢环境公司领导名录】

董事长:李　浩

董　事:朱伟明　祁　京　张国春

监事会:丁建国　段伟成　才艳芳(2 月任职)
　　宛　贞(2 月离任)

党委书记:李　浩

党委副书记、总经理:朱伟明

纪委书记:史玉琢

副总经理:张永祥　贾延明　王向安　马刚平

财务总监:祁　京

工会主席:李　浩

(孙铁全)

【综述】　首钢环境产业有限公司(简称“首钢环境公司”)2014 年 1 月成立。作为首钢发展新产业、打造城市综合服务商的重要板块平台,首钢环境公司致力于为用户提供全循环、全流程、全功能的定制化城市固废解决方案。对内公司化,提升管控运营水平,对外市场化,努力开拓新领域,形成首钢环境产业一体化运行体制架构。首钢环境公司管理九个下属单位,其中四家全资子公司,分别为北京首钢生物质能源科技有限公司、北京首钢资源综合利用科技开发有限公司、北京首华科技发展有限公司、北京首钢生态科技有限公司;三家控股参股公司,分别为北京首科兴业工程技术有限公司、长治首钢生物质能源有限公司、唐山曹妃甸盾石新型建材有限公司;一家直属单位,为首钢集团有限公司北京环境监测中心;一家代管企业,为北京首同致远节能环保科技有限公司。首钢环境公司职能部门包括市场开发部、运营管理部、财务部、人力资源部、工程管理部、办公室(党群工作部)、设计技术中心(技术部)。在岗职工 524 人,其中硕士研究生 33 人,本科 219 人,大专 180 人;高级职称 25 人,中级职称 65 人,初级职称 53 人。

2018 年,首钢环境公司处理各类固废物 227 万吨,实现利润 5517 万元,同比增长 22.27%;销售收入 6.24 亿元,同比增长 22.35%。

(廖家慧)

【生活垃圾综合处理】　2018 年,生物质公司瞄准锅炉运行高水平和飞灰产生率 3%以下目标,制定焚烧炉稳定运行奖励机制,精准调整运行参数,垃圾处理量 115.97 万吨,发电量、上网电量和吨入炉垃圾发电量分别达到 4.17 亿度、3.37 亿度和 440.61 度;优化工艺,飞灰产生率同比降低 0.37%;强化烟气指标控制,烟(粉)尘、二氧化硫、氮氧化物排放总量均比计划降低 17%以上。

(廖家慧)

【工业污染土壤治理及生态修复】　2018 年,首华公司强化异位热脱附生产线管理,有效运行 5928 小时,同比提高 154%,完成污染土处置 10 万吨,超计划 20%;克服国内一次处置面积最大地块带来的难度和风险,合作完成首钢焦化厂(绿轴)面积 3.29 万平方米的污染土原位热脱附修复,全部验收合格,该项目锻炼了技术管理团队,积累了污染土原位修复新技术、新经验;贵钢公司老厂区污染土挖运处置 6 万立方米,重金属污染土筛分及水泥窑协同处置 5.5 万立方米,被贵州省列为污染土修复示范项目,得到中央环保督察组好评。首科公司严密组织迁钢公司 360 平方米烧结机和球团 1 系列烟气脱硫提标等重点工程,保质保量完成任务,得到用户肯定。监测中心提升能力,扩大业务来源,与北京、河北、山西等 6 省市 30 余家企事业单位建立服务合约,实现盈利 70 万元。

(廖家慧)

【城市固废资源化利用】　2018 年,资源公司抓住北京冬奥会和北京城市副中心建设机遇,打产量、提销量、促回款,稳定现金流,接收建筑垃圾 46.73 万吨,处理 45.35 万吨;建筑骨料和无机拌合料等产品应用于北京新机场和高速公路等重点工程,合作建成干混砂浆项目,进一步拓展产品类型,被中国砂石协会评为“2017—2018 全国建筑固废资源化最佳企业”。

(廖家慧)

【企业运营管控】　2018 年,首钢环境公司推进风控体

系建设,印发《全面风险管理制度》《风险控制手册》,运行效果良好。制定《首钢环境产业有限公司规章制度管理办法》,针对投资、财务和资金管理、效能监察等,制订修订制度22项,完善有章可循、有据可依的制度体系。推进党委会、董事会和经理层工作规则及"三重一大"实施办法贯彻执行,重大决策党委会前置审议,明确权责,决策更加规范高效。调研分析内部单位薪酬管理现状及问题,薪酬分配制度改革落地实施,薪酬分配体系更趋完善。推进股改上市,解决历史遗留问题,完成迁安循环经济产业园资产评估,履行相关处置程序;开展盛世首佳公司退出和海研宾馆注销工作。落实安全环保主体责任,组织安全隐患排查和安全生产标准化达标评价工作,首钢环境公司荣获首钢安全生产先进单位,生物质公司荣获北京市安全管理示范企业。精准发力、开展污染防治,落实减排措施,强化现场检查,消除隐患,环保总体形势保持良好。

(廖家慧)

【市场开拓】 2018年,首钢环境公司着眼于市场开拓,整合优势,做大产业规模。推进山西长治垃圾焚烧项目,完成环评手续办理、特许经营协议签订、施工许可证获取,8月1日基建开工,被确定为山西省、长治市两级政府示范工程。完成土建地下结构及主体设备基础施工,进入主体设备框架安装阶段。服务北京城市副中心建设,用100天合作建成年处理能力100万吨的通州区潞城镇建筑垃圾生产线于10月28日投运,打造成拥有首钢自主集成技术和工艺的精品工程,为探索合作共赢新模式起到示范效应。发挥在循环经济产业园区规划建设方面积累的经验和协同管理优势,抓住长治市获批国家资源循环利用基地契机,加强深度合作,签订危废等项目框架意向书,完成基地规划方案编制。紧密跟踪和推进辽宁葫芦岛、河北永清等生活垃圾焚烧项目及北京大兴区固废处理项目,取得进展。首华公司赴山西太化公司、通钢公司等企业调研,对接昆钢公司焦化、中海地产项目。资源公司与首钢集团各钢铁企业就冶金固废协同处置展开对接。

(廖家慧)

【科技创新】 2018年,首钢环境公司构建上下互动、良性循环的科技创新体系,两级技术创新体系初步搭建。承担国家、北京市科研课题9项,完成6项。组织申请专利17项,授权6项。生物质生活垃圾焚烧发电成套技术获北京市科学技术进步二等奖,"再生混凝土高效利用及结构设计理论与关键技术"获华夏建设科学技术二等奖,生活垃圾焚烧炉渣干法分选资源化利用技术获第六届"北汽杯"北京市青年源创新大赛银奖,"再生骨料在混凝土及透水材料的高值规模化应用技术"等2个项目分别被首钢科技创新与技术进步委员会评审推荐为二、三等奖。取得环保工程专业承包企业(三级)资质,深度参与电力行业《垃圾发电厂运行指标评价规范》《垃圾发电厂危险源辨识》、建材行业《固定式建筑垃圾处理技术规程》等标准及市交委3个建筑垃圾资源化处置指南编制。承担首钢北京园区北区、东南区10余个地块土壤修复方案编制。首钢环境固体废弃物综合利用实验室顺利通过CNAS复评审,"young+青年创新工作站"通过北京市有关部门验收。

(廖家慧)

【坚持党建统领】 2018年,首钢环境公司坚持党建统领,把方向、管大局、保落实,被首钢集团党委授予"六好班子"荣誉称号。深化"创先争优"主题活动,总结生物质公司生产运行部党支部及炼峰、孙丽蕊等党员典型,用模范事迹激励人,激发学习热情,弘扬工匠精神,推动基层创新,传递正能量。加强队伍建设,配齐配强班子。做好人才培养、储备,确定两级后备领导人员,充实优化产业人才库。推进全面从严治党主体责任落实,加强风险防控,与企业所属地纪委加强廉洁共建,倡导"律己敬业、干净担当"的廉洁精神,营造风清气正的干事创业氛围。

(廖家慧)

【企业文化建设】 2018年,首钢环境公司发动职工总结提炼企业精神,用精神凝聚人心,形成具有首钢环境公司特色的企业文化体系。对接外媒展示企业形象,多篇报道在《中国冶金报》《首都建设报》刊登;接待参观考察6800人次,被国家生态环境部、住建部授予"第一批环保设施和城市污水垃圾处理设施向公众开放单位"。关注职工生活,保障职工权益。为499人办理北京市职工住院、意外伤害、重大疾病医疗保险。开展"送温暖、连民心"活动,发放慰问金14.97万元、困难补助3.36万元。改善职工生活,单身员工优先入住修缮一新的宿舍楼,开展扶贫济困捐资捐书助学,党群、干群关系更加融洽。参加首钢集团职工合唱比赛,举办羽毛球、健步走等文体活动。

(廖家慧)

【首钢环境公司大事记】

1月，生物质公司荣获“北京市中小学生社会大课堂资源单位”荣誉称号。

1月12日，北京首华科技发展有限公司申报的“一种污染土壤高温微波修复设备配套碳化硅台车”“一种飞灰装卸系统”获得国家知识产权局颁发的《实用新型专利证书》。

2月9日，北京首华科技发展有限公司申报的“一种飞灰运输用运输罐结构”“一种飞灰伸缩卸料结构”“一种复合微生物缓释系统”获得国家知识产权局颁发的《实用新型专利证书》。

2月12日，北京市副市长隋振江一行在首钢集团领导梁捷、王涛及有关部门负责人陪同下到生物质公司现场调研。

3月，生物质公司荣获北京市安全生产联合会颁发的“安全生产应急管理示范试点企业”荣誉证书。

3月6日，国家统计局机关委员会领导260人到生物质公司现场参观。

3月13日，国家发展改革委及市新首钢办等一行11人对资源公司建筑垃圾资源化利用项目进行考察交流。

4月，“首钢3000吨/天生活垃圾焚烧发电项目集成工艺开发与优化”荣获北京市科学技术奖三等奖。

4月13日，石景山区环保局领导到首华公司调研。

5月，生物质公司荣获北京市安全生产监督管理局颁发的“安全生产标准化二级企业”荣誉证书。

5月11日，中国循环经济协会发电分会秘书长郭云高一行到生物质公司现场参观调研。

5月27日，山西省长治市市委书记孙大军一行在首钢集团领导白新及有关部门负责人陪同下到生物质公司参观调研。

6月11日，生物质公司荣获“质量管理体系认证证书”。

7月25日，首华公司荣获中关村科技园管理委员会颁发的“中关村高新技术企业”证书。

9月14日，北京首钢生态科技有限公司注册成立。

9月21日，北京市规划和国土资源管理委员会党组副书记刘轩一行到生物质公司现场参观调研，首钢集团领导白新及有关部门负责人接待。

10月24日，国家生态环境部、市环保局、市新首钢办和首钢集团领导一行21人到首华公司绿轴项目部及土壤修复现场进行土壤工程修复情况调研。

10月28日，通州区潞城镇建筑垃圾项目正式投产，实现建筑垃圾资源化项目成功复制。

11月8日，北京市住房城乡建设部城建司处长杨宏毅一行到生物质公司现场参观调研。

11月10日，国家住建部督查组一行7人到资源公司参观调研。

11月23日，生物质公司荣获“2018年北京市安全文化建设示范企业”荣誉称号。

11月27日，首钢集团领导张功焰、赵民革、白新及办公厅、战略发展部、经营财务部、系统优化部等相关部门负责人到首钢环境餐厨项目现场调研。

12月20日，国家生态环境部土壤生态环境司司长苏克敬一行5人，北京市生态环境局、市新首钢办领导一行15人在首钢集团领导王世忠陪同下到首华公司绿轴项目部及土壤修复现场进行土壤工程修复情况调研。

12月，首钢环境公司“再生骨料在混凝土及透水材料的高值规模化应用技术”获首钢科学技术奖二等奖，“首钢污染场地热脱附工程用回转窑再生耐磨浇筑料制备技术的研究与应用”获首钢科学技术奖三等奖。

（廖家慧）

首钢控股有限责任公司

【首钢控股公司领导名录】

董事长：徐景海

董　事：王德春　张国春　白　超　李志强

监事会主席：刘相玉（7月离任）

监　事：徐国生　陈晓军

总经理：徐景海

党委书记、纪委书记、副总经理：王德春

副总经理：任黎鸿

财务总监：周一萍

总工程师：高学朝（12 月任职）

总经理助理：李　猛

【综述】 首钢控股公司是首钢集团有限公司下属的全资国有投资控股公司，总部位于北京市石景山区石景山路乙 18 号院国际资源大厦，注册资本 22.6 亿元。2004 年 12 月公司成立，2005 年 7 月正式运营，2015 年 5 月完成股权结构调整，首钢拥有 100%股权。代表首钢重组吉林通钢公司和新疆伊钢公司。“十三五”期间，本着“尊重历史、正视现实、面向未来”原则，依法依规、妥善处理历史遗留问题，坚持有进有退，培育优质项目，优化存量资产，做好首钢转型发展的战略协同。首钢控股公司设有经营财务部、投资发展部、风险管理部、人力资源部（组织人事部）和综合办公室（党群工作部）等 5 个部门，直接投资二级企业 14 家、三级企业 7 家。业务范围包括：煤矿、铁矿、有色金属、物流（含高速公路和铁路）、制造、金融等。总部有职工 33 人，其中硕士研究生以上占 58%，中级以上职称及行业中高级别职业资格占 67%。2018 年，实现收入 10.73 亿元，完成利润 8666 万元（不含通钢、伊钢）。

（汤秋宇）

【首旺煤业项目】 2005 年首钢控股公司全资收购地方国有山西临汾翼城牢寨煤业有限公司全部股权，2009 年更名为山西翼城首旺煤业有限公司。该公司矿区井田面积 12.52 平方公里，煤炭地质储量 1.78 亿吨，可采储量 1.35 亿吨，设计可采储量 1.05 亿吨，煤炭品质优良，包括特低硫、低中灰、高热值贫煤，是优质气化、动力用煤。首钢控股公司引进设备，对该矿进行现代化改造，产能从 60 万吨提高到 120 万吨，依托 120 万吨坑口洗煤厂提升煤炭附加值。2018 年，首旺煤业项目生产经营顺稳，效益良好。煤矿桥联坡自然村完成整体搬迁，延长南翼采区服务年限一年半时间。

（汤秋宇）

【西沟煤矿项目】 2008 年，首钢控股公司收购重组新疆昌吉呼图壁县小西沟煤炭有限责任公司。该矿始建于 1993 年，井田面积 0.9 平方公里，煤炭储量 2 亿吨，可采煤层有 4 层，总厚度 21 米，煤种为长焰煤，灰分少，含硫量低，发热值高。2009 年，首钢控股公司收购重组与该矿毗邻的地方国有大西沟煤炭有限公司。大西沟煤矿始建于 1958 年，2003 年改制成有限责任公司，矿区井田面积 6.25 平方公里，资源储量约 2 亿吨。根据国家发展改革委有关批复，小西沟公司和西沟公司两项目合并建设规模 240 万吨/年的西沟煤矿，该项目分两期建设，一期建成 90 万吨/年，二期建成 240 万吨/年。2016 年，成立新疆西沟项目协调指挥部，引入战略合作者。2018 年，首钢控股公司与开滦集团签订正式托管合同，西沟煤矿项目开创企业运营新模式。

（汤秋宇）

【华兵矿业项目】 2008 年，首钢控股公司收购承德丰宁华兵矿业有限责任公司，拥有绝对控股权。2011 年 12 月，华兵矿业更新采矿许可证，矿区面积扩大到 8.99 平方公里，注册资本 8100 万元，首钢控股公司占股 97.25%。2018 年，华兵矿业项目铁钛联动生产模式构建完成，实现试生产，完成安全生产“双控”体系建设，探索打造符合生态环保要求的新型生态产业，谋求转型发展。

（汤秋宇）

【宜昌铁矿项目】 2007 年，首钢控股公司开发湖北宜昌长阳土家族自治县火烧坪乡的高磷铁矿项目，注册成立全资子公司长阳新首钢矿业有限公司，完成高磷铁矿选矿工业化试验，设计一期项目年采选高磷铁矿 60 万吨。2015 年，公司完成矿山建设，进入试运行阶段。2018 年，通过开源节流、增收节支，开拓商贸业务，迈出转型发展的重要一步。

（汤秋宇）

【首控物业项目】 北京首控物业管理有限公司于 2009 年 11 月 27 日注册成立，注册资本 100 万元，是首钢控股公司的全资子公司，主营业务为物业管理。在首控公司授权下，该公司负责国际资源大厦出租和物业服务业务，经过多年的悉心经营，国际资源大厦发展成为石景山区写字楼的地标性建筑。2018 年，首控物业项目实现战略转型，由以往的物业服务整体外包模式成功转变为自主经营模式，房屋出租率 91%。

（汤秋宇）

【江苏首控项目】 2012 年 3 月，首钢控股公司在镇江新区投资参与成立江苏首控制造技术有限公司，注册资本 1 亿元。2013 年底，适时调整产品结构，启动蝙蝠无人机项目的研发工作。2017 年，首钢控股公司持股达

49.7%，成为第一大股东。2018年，该公司调整组织架构，实施减员增效，推进高端制造业转型发展，拓展市场，实现天行环保机、测绘机及安保机产品销售的突破。

（汤秋宇）

【管控体系建设】 2018年，首钢控股公司完善法人治理结构，除列入退出或整合计划的下属公司外，全部完成章程及四项制度修订，党组织全部纳入公司章程。推进权力清单、规章制度、风控手册协调统一。权力清单由1.0版升级为2.0版，确定属于权力事项的关键环节148个，精简35%。年内颁发制度20项，废止6项，构建完善的制度体系。6月底，完成全面风控体系建设，搭建公司三级业务流程体系框架，明确一级、二级、三级流程的层次结构和对应关系，最终涵盖一级流程26个、二级流程103个、三级流程230个、关键控制点361个。强化审计工作职能，加大对子公司内审监督力度，开展联合监督检查，推动形成“大监督”工作格局，开展以财务为核心的联合检查。开展信息化建设，推进协同办公平台并入首钢集团，参与首钢人力资源信息化系统、投资管理系统的搭建与运行。年内开展巡回检查6次，实现全覆盖。首旺煤业被评为国家特级安全高效矿井。

（汤秋宇）

【党群工作】 2018年，首钢控股公司召开党委（扩大）会23次，研究议题74项，其中重大问题前置审议10项。党委中心组开展集中学习17次，学习内容62项。组织签订党建工作责任书18份，加强“一岗双责”，推进党支部规范化建设，开展在职党员“双报到”工作，探索“互联网+”党建模式，管好用好党组织书记微信群、“首控两学一做”APP等。推进全面从严治党纵深发展，严格落实“两个责任”，加强反腐倡廉警示教育，组织签订党风廉洁建设目标责任书26份，完成3个效能监察项目。聚焦企业转型发展成果，组织拍摄《西沟重生》纪录片，在媒体上宣传报道企业经营活动7次。落实带薪休假体检、“送温暖、连民心”等职工福利，建立职工书屋，获得首钢集团歌咏比赛小合唱一等奖。

（汤秋宇）

【组织管理】 2018年，首钢控股公司调整组织架构，优化部门职责，经过撤销、设立和调整，形成“四部一室”组织架构。根据新的部门职能划分，组织各部门经过多次调整优化，消除业务交叉、职责重叠与管理空白，进一步明确各部门职责，保障各项业务开展。组织各部门对岗位说明书、业务流程等材料进行修订，基础管理工作日趋完善。

（汤秋宇）

【人才队伍建设】 2018年，首钢控股公司薪酬改革方案落地，优化薪酬结构、规范津补贴和福利管理。完善市场化选人用人与党管干部、党管人才相结合的工作机制，调整直管领导人员10人次。结合各实体单位实际，建立实体单位领导人员任期激励机制。推进职务职级建设，完善人才成长机制和发展通道。建立健全工资总额管理，以工资总额为抓手，建立健全工资和效益联动机制，进一步加强对下属单位的全面薪酬管理。关心外派人员，通过调整异地工作补贴标准，提高驻扎艰苦地区人员履职待遇。持续开展员工培训，形成良性人才培养机制。公司总部集中开展内训6次，配合各专业部门的财务、审计等外部专业培训50余人次，鼓励员工在职攻读硕士、博士。

（汤秋宇）

北京首钢矿业投资有限责任公司

【首钢矿投公司领导名录】

党委书记、董事长：胡　军（3月离任）

董事长、总经理、党委副书记：冯国庆（4月任职）

党委书记、副总经理：李洪革（4月任职）

党委副书记、纪委书记：耿云虹

副总经理：周弘强（7月任职）

（郭　星）

【综述】 北京首钢矿业投资有限责任公司（简称“首钢

矿投公司”)，成立于2003年12月，注册资本13.64亿元，其中首钢集团有限公司出资11.75亿元、持股86.14%；中首公司(首钢全资子公司)出资1.89亿元、持股13.86%。首钢矿投公司设有职能部门4个：办公室、经营管理处、财务处、审计处。管理13个资源项目，其中铁矿项目5个(隆化县新村矿业有限责任公司、承德市双滦建龙矿业有限公司、承德信通首承矿业有限责任公司、丰宁三赢矿业集团有限责任公司、辽宁首钢硼铁有限责任公司)，煤矿项目4个(神华蒙西煤化股份有限公司、宁夏阳光矿业有限公司、北京昊华能源股份有限公司、山西首钢矿业有限责任公司)，其他项目4个(北京首钢资源再利用科技有限公司、唐山京唐铁路有限公司、贵州首钢产业投资有限公司、厦门首钢华厦矿业投资有限公司)。2018年底在册人数99人。

2018年，首钢矿投公司始终坚守经营底线，保持持续盈利，加强依法依规经营，探索完善投资管理体系和市场化的激励机制，激发各投资项目团队的主观能动性，努力打造成具有鲜明特点的国有资本投资运营公司。销售收入44250.8万元，超计划2250.8万元；实现利润6600.40万元，超计划3000.40万元；资产负债率46.02%。

(郭　星、邴玉苹)

【项目经营】 2018年，首钢矿投公司根据项目资源禀赋差、多为共伴生贫矿的特点，引导和督促项目从资源综合利用、提高劳动效率等方面入手，深挖企业内生动力，连年保持盈利状态。在稳定铁产量的同时，持续推动资源综合利用，提升共伴生有用矿物的利用规模。年内生产钛精粉16.39万吨、硼砂3.26万吨、铀产品3.52吨，分别比上年增产44.66%、46.85%和37.5%。硼铁项目两年减员44%后，硼化工扩建未增加新的用工，原外委的溜井降段等重点工作改为内部承担，减少外委支出。承德球团项目在前期一条产线扩为两条产线的情况下，保持职工人数不增，并通过内部持续挖潜，满足新上环保项目的岗位需要。新村公司项目吸收合并顺达项目，统一管理机构和生产组织，坚持四个专业部门及一部一长制，职工人数由496人精减到404人，铁精粉劳产率1792.82吨/人，比上年提高23.45%。

(王丰余)

【制度管理】 2018年，首钢矿投公司梳理规章制度，新建制度17项，其中行政制度12项，党委制度5项。通过制度编制、执行、修订完善，逐步形成适应企业自身发展需求的规范制度体系。

(郭　星)

【风控体系建设】 2018年，按照《首钢集团2018年风控及制度建设计划》，首钢矿投公司是纳入风控体系建设单位。在风控体系建设中，围绕战略规划和职能定位，以系统梳理业务为导向，打破部门墙，重塑业务流，以补充完善专业制度为基础，形成规范的制度体系，提升制度执行效果，以流程固化为目标，使业务流与信息化匹配融合，因企制宜，将经营理念贯穿信息化风控网络平台建设，实现风控体系落地。9月，首钢矿投公司风控体系建设完成，确定一级流程26个、二级流程90个、三级流程194个、关键控制点276个。首钢矿投公司获得首钢集团风控体系建设优秀单位。

(王　燕)

【科技创新】 2018年，首钢环境公司针对硼铁产品含硫高，组织开展基础性研究，实施硼镁球团工艺及可行性研究。2月，与北京科技大学开展《硼镁铁精矿粉生产球团矿工艺参数研究》；5—7月，与首钢技术研究院优化实验方案，进一步对硼镁铁精矿粉生产球团矿的工艺路线及工艺技术参数研究摸索。8月6日，在信通首承球团厂进行工业试验，产品在裕华钢铁公司580立方米高炉上成功应用延伸试验。9月11日，信通首承公司取得高新技术企业证书；10月12日，辽宁硼铁公司取得高新技术企业证书。

(陈云飞)

【产业发展】 2018年，首钢矿投公司按照首钢集团要求，根据“十三五”期间环境变化情况和矿产资源业规划评估情况，梳理矿产资源也自身发展中面临的难题和“十三五”期间的机遇与挑战，提出下一步推进规划实施的工作思路和建议，8月3日，编制完成《矿产资源板块“十三五”发展规划中期评估要点》，9月13日，通过首钢集团有限公司第三次董事会审议。根据《首钢集团矿业资源业“十三五”发展规划》梳理矿产资源业规划执行情况和环境对矿产资源业企业的影响，提出建议规划调整的事项及原因，10月22日，编制完成《矿产资源板块“十三五”规划执行情况中期评估调整报告》，12月7日，完成在首钢集团战略发展部备案。收集并考察铁矿项目2个(山西代县恒盛矿业、四川会理铁矿)，灰石矿项目4个(安徽中一矿业、湖北黄石京山矿业、江西九江金泰矿业、内蒙古金泰矿业），形成考察报告。

（李国军）

【环保管理】 2018年，辽宁硼铁公司、双滦建龙公司分别于9月25日、2月28日续办完成采矿安全生产许可证，隆化新村公司于2月11日取得佰布沟尾矿库安全生产许可证，双龙建龙公司于1月12日续办完成排污许可证。

（李国军）

【重点工程建设】 2018年，首钢矿投公司推动水曹铁路项目，实践以小资本撬动大项目的投融资能力。水曹铁路项目共需行政审批26项，已取得批复24项，项目用地和用海2项手续正在审批中。多渠道强化与有关路局对接，沙河驿站改造、跨越迁曹线等限制性工程施工方案进入审核修订阶段。克服当地大气环保治理、公路治超限运制约路基土供应等影响，现场全力抢进度，开展“百日会战”、打破惯例坚持冬季施等工，截至2018年末，六项主要节点工程中，预制梁516片、完成工程总量的21%；路基填筑231万方，完成工程总量的21%；桥梁钻孔桩完成4783根，占工程总量的86%；桥梁承台完成476座，占工程总量的68%；桥梁墩台完成399座，占工程总量的57%；涵洞完成147座，占工程总量的71%。落实首钢集团有关会议决定，通过建设垫资、争取国家产业基金补充项目资本金、向各大银行申请贷款等筹措建设资金，项目筹资到位35.36亿元。

（王丰余）

【企业退出转让】 2018年，北京市国资委、贵州省国资委分别于6月15日、7月30日批准首钢集团持有的“贵州首黔资源开发有限公司”股权51%、“贵州松河煤业发展有限责任公司”35%股权无偿划转给盘江控股公司，分别于11月19日、12月25日完成股权转让工商变更手续。辽宁首钢化工有限责任公司于12月27日完成工商注销手续。5月2日，首钢集团批准宁夏阳光股权在北交所正式挂牌的申请，5月23日，北京市国资委印发《关于首钢集团有限公司拟转让所持宁夏阳光矿业有限公司46%股权资产评估项目予以核准的批复》。5月30日，该股权在北京产权交易所首次挂牌；9月14日，首钢转让宁夏阳光46%股权在更改部分条件后在北京产权交易所重新挂牌。

（李国军、陈云飞）

【党群工作】 2018年，首钢矿投公司以党的建设为统领，提高适应新时代、实现新目标、落实新部署的能力，并结合多业多地且所有项目均为合营企业的特点，探索跨地区、跨行业、跨所有制矿产资源类企业党建工作管控模式以及符合自身特点的党建工作体系和党风廉政建设责任体系，达到党组织的全覆盖，初步实现每个项目都有党员活动室，提高党内政治生活的规范性和质量，为经营发展提供保证，逐步形成适合在京外多种所有制企业自身特点的党建工作运行机制。

（王丰余）

【党员学习教育】 2018年，首钢矿投公司深化“两学一做”常态化制度化，基层党组织制定“两学一做”学习教育常态化制度化方案，将法律法规和制度章程等内容纳入“三会一课”学习内容，把好政治关和政策关，保证和监督党和国家的方针政策在企业贯彻执行，并以“创先争优”主题实践活动为载体，以党建促生产，提升专业能力。为进一步推动全面从严治党向基层延伸，促进基层建设全面进步、全面过硬，继续开展基层党建述职评议考核工作，各基层党组织书记重点围绕推进“两学一做”常态化制度化、开展支部规范化建设试点、抓好基层党建重点任务、落实各项组织生活制度和加强党员队伍建设，对党建工作全面总结，树立党建工作标杆，营造良好氛围。

（王丰余）

【党风廉政建设】 2018年，首钢矿投公司持续深入学习落实《中共中央政治局贯彻落实中央八项规定实施细则》精神和《中共北京市委贯彻落实〈中共中央政治局贯彻落实中央八项规定实施细则〉办法》，将专题学习变为日常学习，不断加强思想教育。落实首钢集团党委部署，陆续开展违规乘坐飞机头等舱专项治理、“五合一”监督检查、领导人员办公用房面积超标问题治理、公务用车专项治理等工作。7月，结合形势变化及工作特点，围绕印章管理、招投标管理、备用金管理、财务管理、法人治理结构、领导人员履职待遇问题和党建基础工作等七方面内容，组织开展联合监督检查，联合监督检查情况在党员大会和党风廉政建设工作会议上通报，安排专业部门指导督促，全部完成整改。

（王丰余）

【组织建设】 2018年，首钢矿投公司按照“四个同步”“四个对接”的要求坚持和完善现代企业制度下党的领导机制，对每个投资项目机构和派出人员情况认真分析

研究，有意识地进行党组织和人员优化，实现组织机构和专、兼职纪检干部的全覆盖。8月，结合实际情况，撤销承德矿山联合党支部，成立双滦建龙和隆化新村党支部。11月，在落实首钢集团关于停止资源再利用项目业务的同时，撤销资源再利用党支部，确保党组织建设与企业发展同步进行。12月，根据《中国共产党章程》等相关规定，6个党支部完成换届工作。

（王丰余）

【企业文化建设】 2018年，首钢矿投公司继续深入宣传传承“敢闯、敢坚持、敢于苦干硬干”，发扬“敢担当、敢创新、敢为天下先”的首钢精神，为各投资项目和广大职工开拓市场、快速发展鼓足干劲。在“首钢之星”网络投票中，广大职工踊跃参与，并动员亲属、同学、朋友全力支持，最终辽宁硼铁项目张浩获得点赞票数总排名第一名，通过“首钢之星”网上投票工作，不仅在首钢集团范围内广泛宣传了辽宁硼铁项目，同时再次增强了“同是矿投人”的认同感和凝聚力。

（王丰余）

【首钢矿投公司大事记】

1月18日，加拿大海洋铁矿公司CEO一行到首钢矿投公司访问，就铁矿石市场行情、海洋铁矿项目开发运作模式等进行探讨。

2月6日，首钢矿投公司组织首钢硼铁公司主要负责人及技术骨干，举办硼铁公司经营生产研讨会。

3月8日，首钢矿投公司党委召开民主生活会，首钢集团党委常委、董事、工会主席梁宗平，首钢集团公司党委委员、纪委副书记王传雪参加会议。

3月16日，按照首钢集团部署，首钢矿投公司出让首矿大昌股权后，协助完成首钢派出人员安置工作。

4月9日，首钢集团公司副总经理赵民革、组织部部长吴平到矿投公司召开干部大会及新任领导班子调整情况。

7月9日，首钢矿投公司组织召开关于山西首钢矿业有限责任公司清撤退出工作专题会议。

7月18日，首钢集团召开水曹铁路项目专题会，在听取首钢矿投公司汇报，明确下一步工作。

8月16日，首钢矿投公司召开上半年经营分析会。

8月29日，首钢矿投公司召开水曹铁路项目工作小组联席会，落实7月18日首钢集团专题会精神，派出财务总监主管运营的副总经理就位，推进首钢木厂口至沙河驿既有线路等资产评估及处置工作。

10月10日，首钢矿投公司与德勤公司共同召开风控融和工作及开展信息化工作的洽谈会，正式启动信息化建设工作。

11月5日，首钢矿投公司召开三季度经营分析会。

11月16日，首钢矿投公司召开专题会，审议信通首承公司拟扩大营业范围及丰宁三赢股东会、董事会议案事项。

12月13日，首钢矿投公司本部及投资项目完成安装视频系统及铺设SD-WAN网络设备。

12月21日，完成首钢矿投公司营业执照变更手续。

（郭　星）

北京首钢房地产开发有限公司

【首钢地产公司领导名录】

董事长：吴　林
董　事：吴　林　李　斌　陈国立（5月离任）
　　　　侯锦山　韩俊峰
监　事：张　焕　宗民胜
总经理：韩俊峰
副总经理：李　斌　陈国立（5月离任）　侯锦山
　　　　　王　坚　马　滨　赵兰子
产品设计中心总监：李　镭
党委书记：吴　林
党委副书记：张　焕
纪委书记：张　焕

工会主席:吴　林

（康鑫磊）

【综述】 首钢集团有限公司直管的北京首钢房地产开发有限公司(简称“首钢地产公司”)是房地产开发、商品房销售、房地产咨询专业化公司,具有房地产开发一级资质。设有2室15部1个项目部1个筹备组,分别为办公室、总工程师室、信息管理部、党群工作部(人力资源部)、财务资金部、工程(安全环保)部、土地利用部、设计管理部、产品研发部、投资拓展部、营销管理部、协调管理部、成本合约部、招标采购部、审计部、战略运营部、法务部、二通项目管理部、西集项目筹备组。分公司2家,分别为北京首钢房地产开发有限公司新北分公司、北京首钢房地产开发有限公司南戴河分公司。全资子公司10家,分别为北京首房商业管理有限公司、北京首钢二通建设投资有限公司、重庆首金房地产开发有限公司、首钢宝泉(天津)投资有限公司、北京首钢创意产业投资有限责任公司、重庆首钢房地产开发有限公司、秦皇岛首房物业服务有限公司、成都首鑫房地产开发有限公司、葫芦岛市首海房地产开发有限公司、天津首钢房地产开发有限公司。控股子公司3家,分别为安徽省首钢房地产开发有限公司、福建首鑫建设发展有限公司、秦皇岛市江盟房地产开发有限公司。参股子公司5家,分别为渤海国际会议中心有限公司、北京万年花城房地产开发有限公司、北京首房金晖房地产开发有限公司、重庆品锦悦房地产开发有限公司、北京金安兴业房地产开发有限公司。首钢地产公司在册人员1099人,北京地区在册员工233人,京外在册员工359人,所属物业在册316人,所属酒店在册191人。北京地区在册员工本科以上学历191人(研究生39人),中级以上职称115人(高级职称27人),平均年龄36.5岁。

2018年,首钢地产公司新增建筑面积219万平方米的土地储备,新开工面积105万平方米;销售收入19.87亿元,实现利润1.95亿元,回款72.69亿元。

（赵　杰、陈名洁）

【自有用地开发】 2018年,首钢地产公司落实首钢集团部署,集中力量重点推进首钢北京园区以外12个在京自有用地项目的盘活开发工作取得进展。二通东区项目,按照分期收储、分期上市思路,多方协调,取得一期入市供地规划条件,争得政府部门支持,将加密路网道路按计容方式纳入相临建设用地基地面积。铸造一区共有产权房项目,争取到容积率统筹核算原则并协调市交委同意道路改移方案,完成土地收储并上市。设备处项目,利用政策空间,争取到市规自委“特事特办”原则,完成控规调整并取得市政府批复。

首通建投公司推进二通南区定向安置房项目建设,所有住宅全部结构封顶,1号、2号地块楼栋完成外装修,室内精装修完成基层施工,3号地块钢结构住宅创出20天完成8层结构速度,完成钢结构装配式精装样板间建设,为钢结构装配式住宅积累经验。项目建设获得北京市群体结构“长城杯”。协调争取安置房项目住宅免交城市基础设施配套费5216万元。协调推进北区文化创意产业大厦项目立项,12月11日取得市发展改革委立项核准批复。

新北分公司加强工程质量管理,铸造村南区限价房5号、8号楼获得结构“长城杯”金奖,7号楼获得银奖,三期集资房4号、7号楼获得结构“长城杯”金奖和中国钢结构金奖。按计划完成金顶阳光小区消防隐患治理工程并通过验收,完成移交。

金晖公司一线材厂项目控规方案完成所在区政府审批,通过市规自委动态维护会审核。取得交评、水评批复,开展土地边界权属审查,完成测绘。完成拆迁腾退工作。

（陈名洁）

【市场化项目开发经营】 2018年,首钢地产公司密切关注京津冀、黔渝成及中部区域土地市场,获取土地5宗、地上计容规模120万平方米。多维度拓展资源,与金地置业、旭辉地产、首创置业等企业签订战略合作协议,逐步完善投资拓展圈层,为规模化土地储备拓宽渠道。采用联合拿地拓展方式,与金科集团合作开发重庆茶园项目,与中海地产联合获取北京古城南街项目。

贵阳公司实现10－3地块工程开工。5号地块公寓去化65%,6号和11号地块可售住宅全部售罄,10号地住宅去化49%,9号地爱琴海购物中心整体销售,年内完成销售面积19.5万平方米、签约23.47亿元,回款31.77亿元。家居“云总部”落位5号地块;5号地红星美凯龙完成竣工备案,交付商户进行精装,取得贵钢公司书面确认;10号地商业街破土动土;启动4号、10号地厂外征收;完成一期供电设计并启动建设,8公里专线供水工程启动实施。

重庆公司全年结转利润1.85亿元。溪镇二期2018

年底交用，住宅去化率达到87%，建面均价突破13000元；5月，获取计容面积35万平的空港项目，拿地3个月获得项目首期规划批复、5个月土石方开工、6个月取得首期工程规划许可证，开发效率达到行业对标水平；与金科等公司联合开发的博翠园项目平稳高效推进，年底前收回股东资金9750万元。

成都公司蓉城里项目首批次工程提前一个月达到预售进度。

秦皇岛公司实现碧桂园首府项目剩余商业和住宅开盘销售，累计去化率达85%；完成一期别墅集中交付，好评率100%；结转利润4780万元。首府二期车位基本清盘。老项目实现回款1500万元。

成立首海公司，完成辽宁绥中项目229.6亩土地的获取，完成方案设计及一期拆迁工作。

南戴河公司鸥洲项目住宅部分全部售完，完成土增税返还610万元。

天津公司推动项目剩余土地收储调规，由纯商业用地调整为70%住宅用地、30%商业用地。2018年12月土地上市并重新摘回。

安徽公司可售住宅基本售罄。2号地C段具备竣工验收条件，3号地12号楼完成确权，完成3号地土增税清算审计。希尔顿酒店实现经营性净现金流400万元，同比大幅提升。

（陈名洁）

【优化组织管理】 2018年，首钢地产公司对组织体系、权责体系、运营体系、绩效体系、薪酬体系及制度流程六大模块进行优化调整。

在组织管控及权责体系模块，制定组织管控成果文件，将总部部门由21个精简优化为17个，理清总部、各下属公司的管理边界。形成包括直管、非直管、一级开发三大类共计650项权责体系，明确总部管控幅度、深度、力度。

计划运营模块，以成都蓉璟台项目为实例，对项目开发全过程进行推盘演练，明确各专业及计划之间的逻辑关系，形成计划运营管理成果文件，规范运营管理。

绩效管理模块，结合行业先进的绩效方式及公司实际情况，设计以KPI、PPI、BPI三者相结合的复合型考核模式，根据不同的绩效管理对象采取不同的绩效管理办法，发挥绩效考核激励作用。

薪酬管理模块，优化薪酬管理办法，将原宽带薪酬由25档拓宽至29档，将个人收益和企业效益有效结合，充分发挥薪酬的激励作用。建立职位职级、员工职业发展通道管理办法，增设资深经理专业职级，拓展员工晋升通道，为员工提供公平、透明的职业发展空间，促进专业人才成长。同时，根据公司发展需要，结合业务工作实际，按照精简高效原则，合理配置人员编制。

制度流程模块，从系统性、专业性、落地性的维度对制度流程文件进行优化，完成21个专业175个制度流程文件的制（修）订，实现房地产开发主价值链全覆盖。完善项目决策体系，建立招标采购委员会和产品决策委员会，细分决策相关事项，提高效率，防范风险，精准决策。

成立信息管理部，加强信息化建设。推广应用首钢集团协同工作平台，顺利完成新老系统切换；一次性上线230条流程，覆盖全部分子公司。优化各业务系统功能，实现招采系统与成本系统数据互通。建立数据采集分析系统，实现与销售、成本、招采等系统的数据集成，初步实现对主要业务数据的采集与分析。

（陈名洁）

【强化业务管控】 2018年，首钢地产公司强化项目运营标准化管理，确定重庆花都三四期及空港、成都蓉城里和蓉璟台等4个新项目方案版发展规划。与先进企业对标，所有新项目按新标准进行管控，缩短开发周期，提高开发效率。空港、蓉璟台等项目与标杆企业的差距明显缩小。

营销力度不断加大。针对各地市场差异，深入调研，掌握动态，提升审核效率。年内组织并审核各项目开盘、价格、招商租赁等方案90余份；组织、参与各项目开盘22次，销售面积39万平方米、合同金额44亿元，把握推售节奏，去化率达到较高水平。专业考核力度加大，专项推进解决各项目长期应收未收款项问题，取得显著效果。加强保障房回款组织，积极协调区、市两级政府部门，前置预售许可资料审核、统筹手续办理时间，全力推进回款任务落实。

招采业务集中管控继续加强，保进度、保质量、降成本、提效率。全部招采业务线上审批，重大招标业务由总部统一组织。年内首钢地产公司总部组织完成招标500余项，中标金额45亿元，通过招标，对比合约规划降低成本约3亿元。加大战略采购力度，完成规划方案设计单位、防水材料供货及施工等6项战略采购。各项目公司严格按战略采购协议规定选用战略采购单位,促进成本降低和效率提高。

成本集中管控不断深化。制定目标成本编制范本及操作指引、合约规划模板范本及操作指引,形成合约标准化体系。完善成本科目,提高目标成本测算的精细化程度,重庆花都三四期项目目标建安成本接近标杆企业造价水平。完成成都蓉璟台总包清单模式合同签订、重庆空港项目总包清单招标,提高成本管控效率。审核合同310余份,审核预算、结算、变更、洽商、签证200余份,审减2100余万元。完成重庆美利山项目总包结算复审。

完成产品标准化体系建设。制定标准设计合同等流程、模板,完成政策房产品线标准化体系、商品房精装修产品标准化体系建设,将大幅减少装配构件种类并明显缩短户型设计周期。

设计管理进一步完善。完成方案及概念方案设计340余万方。多专业紧密配合,成都蓉城里示范区项目在严控成本的前提下,取得良好效果。审核各项目施工图纸150余万方,完成20多个地块的强排方案研究,为项目获取提供支持。

工程质量管控有效落实。从二季度开始引入第三方工程质量评估机制,每季度进行综合排名并总结、分析、评价,有效提高工程质量管理意识和管理水平,平均得分逐季提高,在建工程实体质量稳步提升。加强安全、环保管理,整章建制,狠抓制度落实。加大专项检查力度,年内排查各类隐患(问题)196项,下发整改通知书28份,并督促各单位按时限要求完成整改,保持安全、环保形势总体平稳。

各项目设计图纸、施工方案审核严格落实,节约建设成本1000多万元。开展具有良好抗震、防火和保温性能的高层钢结构住宅外墙围护体系研究,为钢结构住宅建设提供技术支持。组织新材料、新产品论证,建筑装饰保温一体板成功应用于二通南区安置房项目。

(陈名洁)

【战略管控和股权管理】 2018年,首钢地产公司完成"十三五"战略规划中期评估和调整。组织所属各级公司按照范本修订公司章程和董事会、经理层工作规则,规范各治理主体的权责和决策程序。加强合资公司股东会、董事会管理,充分发挥决策机构作用。按季开展行业动态研究,分析把握行业发展趋势。完成燕金源公司股权转让工作,累计为首钢集团收回补偿款及交易价款8.4亿元。完成蛟河公司清撤,解决历史遗留问题。

(陈名洁)

【资金管理】 2018年,首钢地产公司提升资金使用效率,探索实施资金集中管理,由总部统筹调度,集中统一平衡,最大限度发挥资金集中优势,节约资金成本。严格执行以收定支、量入为出资金使用原则,强化年度资金预算的刚性执行。建立现金流滚动预算管理体系,对资金使用全过程动态管理。年内融资提款45.56亿元,兑付到期贷款4亿元;清理项目公司内部借款,收回本息18.5亿元。分类规划融资渠道。开辟债权融资计划、CMBS融资计划、保理融资等业务,形成168亿元外部融资资源规模,构筑多元化融资格局。统筹税务筹划,提升财务价值创造力,策划退税935万元。完成重庆花都三四期土增税、二通南环保税、商业租赁房产税等10余个税收筹划项目,节税5亿元。夯实基础管理,防范财务管理风险。开展财经纪律和财务制度检查,坚持严标准把好财务审核关。优化代管首钢集团资产的会计核算与财务管理规范,完善服务职能,形成上下联动、运行高效的财务管理体系,提升管理效率。

(陈名洁)

【风控管理】 2018年,首钢地产公司加强法务管理,发布建设工程设计、工程施工总包、设备采购等合同范本18个,提高了规避风险的能力。指导和跟踪重大案件纠纷处理,结案11件,挽回损失1千多万元。召开法治工作会议,总结部署法务管理工作,学习典型案例,交流经验教训,进一步增强了全公司的法治意识。发挥审计职能作用,强化监督检查,促进管理能力提升。开展经营目标、经济责任审计,招投标、合同管理、业务招待费专项检查以及希尔顿酒店项目后评价等工作。审计提出涉及内部控制、财务核算、合同管理等问题25项,审计建议36条。审计发现逾期收款问题,督促相关部门纳入重点工作,促进款项回收。推进审计问题整改落实,完成首钢集团及首钢地产总部督办事项整改55项,审计整改率92%。

(陈名洁)

【人才队伍建设】 2018年,首钢地产公司坚持按照市场化原则,以提升能力、优化队伍为导向,加强中层人员队伍管理,定期开展考察测评,调整44人次,解聘、免职3人。按照市场化契约式管理模式,建立以能力为导向的用人机制，实现薪酬能升能降，人员能进能出。市场化招聘专业人员 41 人，与不符合岗位要求的 14 人解除劳动关系。多种方式加强人才培养，与清华大学联合举办为期一周的中高层管理人员培训班，请行业名师讲授房地产开发政策、形势和业务知识。围绕深化改革及加强总部集中管控需要，举办房地产大讲堂 8 期，"外请与内培"相结合，引进行业先进经验和理念，加强内部制度流程宣贯和专业经验分享，增强团队凝聚力、执行力，促进专业管控和服务能力提升。建立"师带徒"培养模式，首批 20 对师徒签订《培养协议》，量身定制培养计划，按季分析评定，保证培养效果。

（陈名洁）

【廉政建设】 2018 年，首钢地产公司聚焦重要时间节点开展遵纪守法教育，通过参观警示教育基地、廉政教育室，开展《监察法》学习培训考试，增强全体员工的"红线"意识。坚持问题导向，开展专项检查和联合检查，下发《处理通报》2 期、《监察通知书》和《整改通知书》9 份，追责问责两级中层管理人员 20 人，经济处罚 22 人。运用"四种形态"，保持正风肃纪高压态势，全年受理群众举报 4 件，给予绩效考核、诫勉谈话、工作约谈、提醒谈话处置 21 人，给予记过处理 1 人，记大过处理 1 人，解除劳动合同 1 人，职务调整 2 人，将 11 个违规供应商纳入黑名单。

（陈名洁）

【企业文化建设】 2018 年，首钢地产公司加强宣传引导，发挥首钢地产官微的宣传作用，及时推送项目动态、公司要闻等信息 550 余条，微信关注人数上升至 1940 余人。深入挖掘基层典型，以"首钢地产人物故事"和"身边榜样"为主题，宣传先进典型 30 余人次，贵阳公司刘中波入选"首钢争先之星"候选人。开展建言献策、劳动竞赛活动，营造"比学赶超、争当先进"良好氛围。组织新员工企业文化培训，感受首钢厚重的历史文化，增强归属感。利用二通园区旧厂房建设员工文体活动中心，组建徒步、羽毛球、瑜伽等 8 个群众性文体协会，吸引员工广泛参与，建立定期活动机制，开展系列文化活动。发挥职工食堂民主管理委员会作用，定期开展满意度测评，促进食堂服务水平提升。开展"送温暖"活动，公司领导带队到贵阳、重庆、成都、首钢疗养院等外埠单位，组织召开座谈会，对先进员工及长期驻外人员家庭走访慰问；为工会会员投保意外伤害、重大疾病、住院互助、女员工安康等保险。

（陈名洁）

【重要会议】

1 月 3 日，首钢地产公司召开三届二次职工代表大会。

2 月 2 日，首钢地产公司召开安全生产工作会议。

3 月 15 日，首钢地产公司召开管理体系建设工作启动会。

4 月 28 日，首钢地产公司召开"五一"表彰大会暨系列文体活动启动会。

7 月 24—25 日，首钢地产公司召开 2018 年上半年经营活动分析会。

11 月 5 日，首钢地产公司召开法治工作大会。

（陈名洁）

北京大学首钢医院

【首钢医院领导名录】

院　长：顾　晋

党委书记：向平超

副院长：雷福明　王海英　杨布仁　王宏宇

【综述】 北京大学首钢医院是一所集医疗、教学、科研、预防保健于一体的综合医院。医疗设备固定资产总值 33914 万元，年内新购置医疗设备总值 3554. 97 万元，其中乙类医疗设备 5 台（核磁 2 台、CT 2 台、DSA 1 台）。业务总收入 160680. 14 万元，其中医疗总收入 155741. 08 万元。职工总数 1853 人，其中在编职工数 984 人、合同制人数 869 人；卫生技术人员数 1564 人，其中正高级职称 42 人，副高级职称 116 人，中级职称 482

人，初级师480人，初级士190人。

（吴妍彦）

【机构设置改革】 2018年12月26日，北京大学首钢医院第47次院务会议研究决定，自2019年1月1日起撤销北京益生福林商贸中心机构及职能。3月19日，成立北京大学首钢医院放射治疗科，6月5日，将呼吸内科更名为呼吸与危重症医学科，11月27日，成立北京大学首钢医院外周介入科。

（吴妍彦）

【改革与管理】 2018年6月、12月，北京大学首钢医院分别召开第十九届三次、四次职代会，表决通过《北京大学首钢医院事业单位转企改制方案》《北京大学首钢医院职工安置方案》。为医师17人办理多点执业。11月21日，北京大学公共卫生学院朱广荣教授带领调研组对医院紧密型医联体建设和分级诊疗工作情况进行调研。

（吴妍彦）

【医疗工作】 2018年，北京大学首钢医院出院34236人次，平均住院日9.2天，床位使用率92.60%。手术7598例;实施临床路径19个科室106个病种。用红细胞悬液5567单位，血浆765400毫升，血小板791治疗量，自体输血229例154595毫升。预约挂号管理：采取网络预约、微信预约、窗口预约、电话预约、诊间预约、出院复诊预约和社区转诊预约等形式，开放号源比例98.5%，预约挂号19477人次，预约挂号人次占门诊总人次3.14%。药物管理：药占比36.2%，其中住院药占比27.6%，门诊药占比49.5%。门诊患者抗菌药物使用率13.50%、急诊患者抗菌药物使用率34.38%、住院患者抗菌药物使用率52.58%、住院患者特殊级抗菌药物使用率10.30%、住院患者抗菌药物联合使用率39.89%。医保工作：医保出院21668人次，总费用44798.597万元，次均费用20672元。

（吴妍彦）

【护理工作】 2018年，北京大学首钢医院有护士726人，其中本科302人、研究生及以上7人；医护比例0.58∶1，重症监护床位45张。开展优质护理。根据2017年度北京市优质护理服务评价标准修订了医院临床优质护理评价标准和手术室门急诊优质护理服务评价标准并实施。“以结构—过程—结果理论为指导的护理不良事件管理改进”项目获得医院管理创新评比二等奖。不良事件上报率98.6%、整改率100%。护士培训。外送护士进修5人，接收进修护士2人，参加专科护士取证培训12人。承担北大方正软件技术学院护理专业临床课教学共4门课程300学时。

（吴妍彦）

【科研工作】 2018年，北京大学首钢医院发表论文152篇，其中核心期刊76篇，SCI文章16篇。在统计源期刊发表的护理论文数17篇。8月，北京大学首钢医院院长、教授顾晋带领的胃肠外科科研团队与北京大学生命科学学院李程课题组联合申请的“基于少量细胞的三维基因组技术开发和在肠癌转移研究中的应用”项目获得国家自然科学基金面上项目资助。开展新技术、新项目34项，如心血管内科的冠状动脉优化旋磨术、泌尿外科的全息影像技术在泌尿外科的应用。

（吴妍彦）

【医学教育】 2018年，北京大学医学部完成2014级生物医学英语专业和2015级海外口腔专业48人935学时的本科教育教学任务；完成2014级西藏大学医学院20人、2013级北京卫生职业学院4人的临床教学实习任务；完成2015级沧州医专15人、2015级山西医科大学汾阳学院3人、2015级石家庄医学高等专科学校10人、2015级运城护理学院学校7人、其他学校学生4人的教学实习任务。医院培养硕士研究生2人、博士研究生2人。参加北京市卫健委专科医师规范化培训的住院医师共90人，其中一阶段34人，二阶段56人。参加继续医学教育1483人；接收进修生47人。举办短期学习班27次，参加5200人次。为职工举办学习班132次，年脱产学习244人次。到院外进修21人，出国进修2人。录取研究生17人，其中硕士10人、博士7人。

（吴妍彦）

【学术交流】 2018年8月1日，西藏大学谭欣副校长到北京大学首钢医院访问交流。8月31日，应北京大学首钢医院院长顾晋教授邀请，台北医学大学附属医院大肠外科主任、达·芬奇手术中心主任、台湾机器人手术学会常务监事郭立人教授一行，到北京大学首钢医院进行学术交流。9月8日，西藏大学医学院江泳院长一行到访交流。9月30日，北京大学首钢医院副院长王宏宇一行四人到西藏大学医学院访问交流。12月3日，西藏大学医学院党委副书记旺珍、实践教学科科长达却到北京大学首钢医院与副院长王宏宇教授进行交

流。接收意大利学生2人作短期学习交流。

（吴妍彦）

【医学论坛】 2018年6月21日，北京大学首钢医院成功举办2018北大医学——北京西部医学论坛。论坛围绕医学人文、泌尿外科全息影像系统的开发和研究、安宁疗护等主题，开展《为什么医学需要叙事》《从虚拟走向现实——泌尿外科全息影像系统的开发和研究》《癌痛患者灵性痛苦识别干预》讲座。本次论坛与会医务人员开拓了视野，创新了思路，进一步推动北京西部地区医学事业的发展。6月27日，北京大学首钢医院举办石景山区首届医疗管理论坛，围绕当前医疗管理的热点问题，分别作《加强围手术期优化处理，促进手术病快速康复》《探索“区办市管”新路径，助力区域分诊疗体系建设》《项目促进医联体建设》《仿制药药物一致性评价相关政策及解读》讲座。12月27—29日，北京大学首钢医院召开第二届医教协同与学科建设研讨会，研讨会分为青年医师培训论坛、模拟与虚拟教育教学论坛、学科建设论坛以及血管医学专业发展论坛四部分。

（吴妍彦）

【医疗支援】 2018年，北京大学首钢医院与内蒙古宁城县中心医院新建立对口帮扶关系。6月13—15日，医院组织医护人员赴宁城县举办“携手奔小康医疗精准帮扶”活动，为宁城县各乡镇卫生院、县中心医院医护人员进行专题讲座并交流分享经验，并举办对口帮扶定点医院、远程医疗中心揭牌仪式。截至年底帮扶医院增至5家，包括内蒙古宁城县中心医院、内蒙古四子王旗人民医院、内蒙古一机医院、北京市大兴中西医结合医院、首钢水城公司总医院。组织5次大型义诊活动，安排骨科、呼吸与危重症医学科、泌尿外科、影像科、妇产科、神经内科等医生17人次驻院对口支援；开展20余例远程会诊，6次多科室现场病例讨论。医院呼吸与危重症医学科、普外科、泌尿外科每月定期派医师前往首钢水城钢铁（集团）有限责任公司总医院进行对口支援帮扶。

（吴妍彦）

【信息化建设】 2018年，北京大学首钢医院完成住院药房摆药机的控制程序、住院医生移动查房系统等信息系统研发；完成肝胆胰外科智慧病房系统的集成与实施、银医自助机项目一期和移动护理系统等项目建设。落实与石景山区双向转诊信息平台对接的建设，同社区的诊疗数据共享平台和分级诊疗相关平台建设。解决一部分临床反映的业务系统问题，新增一部分提升临床工作效率的业务系统功能模块。与北京联想智慧医疗信息技术有限公司就打造智慧医院开展合作。

（吴妍彦）

【后勤与基建】 2018年，北京大学首钢医院推进新门急诊医技大楼建设，改善优化新门急诊医技大楼三级医疗布局。完成肝胆胰外科、病理科和生物样本库、胃肠镜麻醉恢复室等项目装修改造，启动住院大楼介入中心改造工程，完成病案科和出入院管理处的腾挪改造工程。推进建立一站式后勤服务中心，完成医院液氧站升级改造，建立电气动力安全智能监控平台，更换医护人员夏季白衣和病房窗帘、病床等设施。

（吴妍彦）

首钢控股（香港）有限公司

【首控公司领导名录】

党总支书记：丁汝才

董事长：张功焰

董　事：赵天旸　孙亚杰　白　超　丁汝才
　　　　徐　量（1月任职）　李少峰（1月离任）

总经理：徐　量（1月任职）　李少峰（1月离任）

副总经理：丁汝才　徐　量（1月离任）
　　　　苏凡荣（1月任职）　程晓宇（1月任职）

（宋清秋、杨凯峰）

【综述】 首钢控股（香港）有限公司（简称“首控公司”）是首钢集团于1992年10月在香港注册成立的投资控股公司，注册资本100万港元，2015年增资至

70909万港元，首钢持有100%的股权。1993—1995年，香港首控联合长江实业集团有限公司通过一系列的收购、兼并和重组，共同控股首长国际企业有限公司（简称“首长国际”），持有和控股首长四方集团有限公司（简称“首长四方”）、首长宝佳集团有限公司（简称“首长宝佳”）及首长科技集团有限公司（简称“首长科技”）等香港上市公司，形成以首长国际为旗舰的系列上市公司。首控公司下设董事会办公室、资本运营部、经营财务部、新产业部四个职能部门。截至2018年底，香港首控有员工23人，其中派驻香港的管理人员9人，派驻香港的职业经理人3人，派驻山东的管理人员1人，香港员工10人。

2018年，首控公司加强自身建设，推进上市公司管控，开展减员降本、提升效率，推进旗下上市公司资本运作，进行中长期布局，完成首钢集团对香港首控资本运作工作的战略部署，提高管理效率，做优做强上市公司主营业务；着力推进企业退出、股权整合，加快深化改革，加强企业管理；开展风控体系建设，提升香港首控风险防范能力，保障香港首控在境外依法合规地开展各项业务，降低各项不利风险因素对运营活动的影响。销售收入189.76亿元，完成计划8250%；实现利润2.25亿元，完成计划549%。2018年末总市值为144.40亿港元，比2015年末市值84亿港元，同比增长71.90%。

（宋清秋、杨凯峰、杨俊林）

【明确业务方向】 2018年，首长国际相继引入中集公司、新创建公司、欧力士公司等战略股东，明确以停车为主的城市综合服务及基金管理业务方向。首长国际开拓多个优质停车项目，已签约及拟签约车位数为3万余个；完成智能运营管理平台1.0的搭建和上线运营，实现远程可视化中央控制中心功能、停车场管理系统平台化、停车场经营数据平台化以及多场景、多渠道自助电子支付功能。机场停车楼建设运行平稳，创新业务成效显著。首长国际完成3只首期募集资金的基金，合计募集到位资金25.15亿元。成立转型基金，目标总规模100亿元，主要投资于首钢北京园区建设、运营项目及股权投资项目，已完成首期出资工作，实缴到位资金18.60亿元；完成首钢奥园区基金的设立；完成新能源汽车基金投资车和家项目1个，投资金额为人民币3亿元。在矿石贸易方面，严控矿石贸易规模，着力提升其毛利率，年内总销售量293万吨，销售收入15亿港元，净利润6670万港元。

（宋清秋、杨凯峰）

【稳生产增效益】 2018年，首钢资源营业收入36.86亿港元，超额完成预算任务154%，与上年同比增加6.17%；利润总额16.39亿港元，超额完成年度预算任务218%，与上年持平；净利润11.51亿港元，其中股东应占净利润11亿港元，完成2018年度预算任务221%，与上年同比持平；向股东派发股息11.56亿港元（2017年股东会通过派发末期股息7.16亿港元；2018年股东会通过派发中期股息4.4亿港元），其中首钢获得3.45亿港元，完成预算任务312%。在首钢资源4号优质焦煤比例大幅度下降，金家庄煤矿因下组煤工程暂停原煤生产的情况下，加强企业内部管理，持续开展降本增效活动，稳步推进质量标准化，配合市场的价格坚挺，为经营任务的完成发挥了关键性作用。

（宋清秋、杨凯峰）

【企业退出】 2018年，首控公司因旗下控股多家上市公司，境外资本运作均需借助离岸公司进行操作，造成旗下注册的境外离岸公司数目过多和管理链条过长的问题。为加快深化改革，加强企业管理，着力推进企业退出、股权整合工作，计划完成企业退出13家，年内香港首控完成企业退出14家，超额完成任务。两家管理链条过长的企业完成层级压缩工作。

（宋清秋、杨凯峰）

【党建工作】 2018年，首控公司党总支深入学习贯彻党的十九大精神，夯实党员干部思想基础。加强政治理论学习，做好思想建党。规范党组织建设，构筑坚强堡垒。加强党员管理，打造优质的党员干部队伍。坚持廉洁从业，深入推进党风廉洁建设。完成在商言商、在商言政工作，履行在港中企的社会责任。首控公司被评为北京驻港企业言商言政先进单位，被评为北京驻港企业言商言政先进工作者2人，被评为北京驻港企业言商言政先进个人1人。

（宋清秋、杨凯峰）

北京京西重工有限公司

【京西重工领导名录】

董事长:蒋运安

副董事长:张耀春(4月离任)

董　事:王中华　韩卫东　陈舟平

外部董事:叶盛基　许　敏

总　裁:蒋运安

副总裁:王中华　汤姆·古德　赵子健

总裁助理:阿兰·李　黄　彦　王　进

党委书记:王中华

党委副书记:蒋运安

纪委书记:张耀春(4月离任)

工会主席:张耀春(4月离任)

(刘世俐)

【综述】　北京京西重工有限公司(简称"京西重工")成立于2009年3月23日,业务涉及全球14个国家和地区。公司注册资本金为13.2亿元,其中首钢占股比例55.45%,北京房山国有资产经营有限责任公司占股比例44.55%。2009年3月30日,京西重工与德尔福公司正式签署收购其全球减震和制动业务主协议,同年11月2日正式签署交割协议。

京西重工作为一家服务全球的汽车底盘系统零部件供应商,在设计生产减震和制动零部件、模块及系统集成方面具有丰富的经验,能够根据全球不同客户的车型差异、品牌特点和功能需求提供系统一体化解决方案。全球拥有7家工厂(波兰克拉斯诺、墨西哥奇瓦瓦、英国卢顿、捷克海布、美国印第安纳、中国上海、中国北京)、6家技术研发中心(美国布莱顿、美国代顿、法国巴黎、波兰克拉科夫、中国上海、中国北京),以及十多个技术服务中心,拥有专利或专有技术1000多项。有减震器和制动器两项业务,其双模态减震器、轻量化减震器、主动稳定杆系统(ASBS)、电子稳定性控制系统等产品,服务于全球50多家客户,获得包括法拉利、捷豹路虎、上海通用、沃尔沃、本田在内的众多整车厂年度"优秀供应商奖"和"突出进步奖"。2014年1月27日,京西重工在香港联交所成功上市交易(简称"京西国际",股票代号02339)。

2018年,京西重工面对复杂多变的外部环境和艰巨繁重的经营任务,实现销售收入48.81亿元,比上年降低3.22亿元;实现利润6435万元,比上年增长3625万元,比首钢集团《责任书》超额完成1435万元;完成新订单12亿美元,比首钢集团《责任书》指标超额完成2亿美元。

(刘世俐、陶思铭)

【机制创新】　2018年,京西重工结合汽车市场中长期发展战略、国家产业政策以及京西重工"十三五"规划,开展制动业务重组并引入战略投资者工作,6月8日获得首钢集团经理办公会批准,8月28日完成京西香港收购兆亿所持京西上海51%股权项目的交割,8月31日完成将京西北美所持制动资产注入上海子公司,完成制动业务重组工作。在推动项目的过程中,与包括整车厂、零部件公司和基金公司等多家不同类型的战略投资者进行深入接触,最终选择与京西重工协同效应最高的投资者合作,通过增资扩股,引入社会资本,实现企业跨越式发展。

(刘升波)

【探索发展模式】　2018年,京西重工针对京西上海华京路厂房租赁到期情况,将华京路工厂场地、房屋退租,实施整体搬迁,每年可节省租金费用500万元。探索发展新模式,通过引进政府资金,将机加工业务整体打包作为股份,与常州金坛开发区合资成立汽车零部件公司,并于9月正式投产,成为京西重工精密机加工的新基地。为优化国内布局,更好地为境内汽车等客户提供服务,组建湘潭工厂于11月正式投产,成为京西重工华中区的标杆制造基地。

(吴　非)

【技术研发】　2018年,京西重工持续加大研发资源投入,开展技术创新,推动企业技术研发不断取得新成果。新发明专利申请为49项,其中制动5项、悬架44项;获得新发明专利授权58项，其中制动10项、悬架48项。为了提高研发效率，顺应整车市场电动化、智能化发展趋势，与美国硅谷和德国科技公司合作开发新一代电子助力器（X-BOOST）和全主动式减震器。京西重工“支持新能源汽车制动能量回收ESC模块”获得2018年第二届中国汽车电子大会的“金电子”创新产品。减震器核心零部件“回弹液压止动器”技术荣获宝马集团供应商创新提名奖。参加国家级高新技术企业认定，再次荣获高新技术企业证书；京西上海研发中心与上海交通大学合作，以“校企联合”方式，推进国家级重点实验室的申报进程。

（张春梅）

【新项目进展】 美国印第安纳工厂于2017年6月正式破土动工，项目已完成厂房建设和主要生产设备安装调试，进行福特C2项目的量产前准备工作。捷克海布工厂2017年4月正式量产沃尔沃被动式减震器项目后，产能处于爬坡阶段，2018年生产减震器40万支，实现销售收入1014万美元。

（陈元庆）

【成本控制与管理】 2018年，京西重工房山工厂不断加快持续改进，着力打好降本增效攻坚战，经营指标、质量管理、项目开发、研发中心建设等各项工作迈上新台阶。产销减震器294万支，比预算增加6.8%；销售收入4.55亿元，比预算增加6300万元，比上年增加1.14亿元；在不考虑全球研发和管理费用分摊的情况下，实现经营利润3573万元，比预算增加988万元。

（李　超）

【经营与管控】 2018年，京西重工为了加强国外子企业的管控，一方面健全各级董事会，按照当地法律法规以及业务需要配备董事，调整完善董事会议事规则，为管理决策提供制度保证；另一方面依据京西重工全球分层授权体系，加强对国外各级子公司的日常经营授权和管控。

（陈元庆）

【盘活资金】 2018年，京西重工香港外币资金池搭建工作完成并正式上线运行。将入池站点资金自动划扫到香港主账户，实现跨境集中管理；通过设立美元作为基础币种将入池站点的欧元、美元、港币资金进行虚拟折算，实现跨币种归集，更好地满足国际化经营外币资金集中管理的要求。

（陈元庆）

【人才建设】 2018年，京西重工加大人才培养的力度，交流调整管理人员4人，其中聘任到中层领导岗位2人，由副职提升为正职的2人。选派上海和房山研发中心三名技术骨干参加外国专家局、工信部联合举办的“制造执行系统（MES）设计与应用培训”，赴德国培训30天，对工业4.0工具箱、制造执行系统设计进行系统学习。

（付树浩）

【风险防控】 2018年，京西重工继续加强企业风险防范和内控体系建设。搭建符合自身经营规模特点的全方位、立体化、常态化和全员参与的生产经营风控管理体系，包括关键业务流程内部控制评估、现场独立审核、益冲突调查（COI）、不相容岗位职责分离管理、全球各工厂日常内控管理、内部控制不符合项跟踪报告、建立风险跟踪数据库等。开展关键业务流程内部控制评估，对工厂及研发中心122个关键业务流程风险控制点进行检查，对控制措施效果进行评估。组织全球管理人员利益冲突调查报告，对冲突问题逐个进行了调查，评估潜在风险并提出应对措施。建立跟踪数据风险，完成首钢集团层面重大风险信息收集辨识相关工作。完善风控审计与纪检监察协同联动机制。将纪委的“监督执纪问责”与风控内控管理紧密结合，做到监督执纪全过程、全覆盖。

（沈国成）

【组织建设】 2018年，京西重工认真落实党建工作责任制，制定《党建工作责任书》，组织各基层党组织进行逐级签订工作。按期召开领导班子民主生活会、基层党支部组织生活会和民主评议党员工作，党员领导干部以普通党员身份过好双重组织生活。组织各党支部积极开展“达晋创”等级评定、“不忘初心挑重担、牢记使命我争先”创先争优主题实践活动。组织各基层党组织书记开展党建述职述德述廉工作。积极落实基层党组织活动经费，组织开展党员购书活动。加强党支部规范化建设，京西重工所有在京党支部全部按规范化建设开展工作，提高党支部规范化建设水平。组织开展党组织和党员“双报到”工作，在规定时间节点完成到所在地区的街道党（工）委报到和北京地区在册党员到社区报到工作，报到率100%。

（刘世俐）

【党员学习教育】 2018年，京西重工党员干部职工深入学习贯彻习近平新时代中国特色社会主义思想和党的十九大精神，增强“四个意识”，坚定“四个自信”，坚决做到“两个维护”。认真制定《京西重工公司党委理论学习中心组2018年学习计划》，组织中心组集体学习12次。各基层党组织深入推进“两学一做”学习教育常态化制度化，坚持“三会一课”融入日常、抓在经常，开展主题党日教育活动，组织广大党员观看电影《厉害了，我的国》《青年马克思》，参观顺义区焦庄户地道战遗址纪念馆，等主题党日活动。结合开展“三亮三比三评”活动，教育引导党员在岗位上亮身份、做示范，在完成任务上当先锋、创效益，确保学习教育取得实效。

（刘世俐）

【党风廉政建设】 2018年，京西重工落实党风廉洁建设主体责任和监督责任，制定下发《京西重工2018年反腐倡廉主要任务分工方案》，对5个方面、32项重点任务进行分解落实；3月14日召开党风廉洁建设工作会议，领导班子成员与分管单位、部门负责人逐级签订《京西重工领导干部廉洁责任书》。根据首钢集团《关于加强巡视巡察反馈意见整改落实的通知》和《市委、市国资委党委巡视巡查28家市管企业反馈问题统计表》，组织相关部门，严格对照问题清单所列问题逐一开展自查自纠，并对发现问题进行整改落实；按照首钢集团《关于开展“五合一”监督检查的工作方案》有关要求，成立工作组，对相关问题进行自查自纠，确保企业健康运行。认真落实京西重工“三重一大”事项决策实施办法，对制动业务重组并引入战略投资者、印第安纳工厂股权划转京西北美等12项重大事项严格按照程序进行决策，努力提高对“三重一大”事项决策的科学化、民主化、规范化水平，促进反腐倡廉建设，防范决策风险。

（王　兵）

【企业文化建设】 2018年，京西重工加强企业文化建设，拍摄制作公司成立十周年宣传片，分别对境内外工厂、站点进行采集和拍摄素材。在境外拍摄期间，拍摄组充分尊重当地习俗、信仰，与各工厂、站点员工诚心诚意地进行交流，促进企业内部东西方文化更好融合。京西重工获得“首都文明单位”称号。

（李所牛）

北京首钢基金有限公司

【首钢基金领导名录】

董事长：张功焰

董　事：张功焰　郭　为　范勇宏　肖　星
　　　　赵天旸　白　超

总经理：赵天旸

副总经理：聂秀峰　游文丽

（张耀之）

【综述】 2014年12月，北京市财政和首钢集团各出资100亿，设立首钢基金有限公司（简称“首钢基金”），负责管理京津冀协同发展产业投资基金。2018年12月，北京市财政向京津冀基金增资50亿元，基金规模达到250亿元。首钢基金贯彻产融结合理念，为实体经济服务，逐步发展成为以核心产业为基础的“融资—投资—运营”一体化的新产业投资控股平台。设立战略指导委员会、投资决策委员会、战略投资审核和组织优化委员会。基金前台设投资并购、城市更新、供应链及金融、区域发展与服务四个事业群，专注投资和产业运营。中后台，设资本市场部、尽职调查与业务推动部、投后管理与服务部、人力资源部、法律事务部、合规审计部、经营财务部和运行支持部，对基金整体的合规运行进行综合把控，并对投后项目实行有效的管理和赋能。截至2018年底，在职员工人数50人，本科及以上学历50人；高级职称6人，中级职称3人，初级职称2人。

2018年，首钢基金实际到位资金为230亿元，其中市财政到位130亿元，首钢集团到位100亿元。召开6次投委会，决策项目23个，决策金额103.77亿元。按照项目进展和投资协议的约定，实际出资项目共27个，出资金额65.83亿元。截至2018年12月31日，累计出资金额 149.76 亿元,2018 年,实现收入 8.33 亿元,净利润 5.46 亿元,利税 1.88 亿元。

(张耀之)

【首钢基金获高评级】 2018 年,在《首钢基金"脱虚向实"推动国企改革取得新成效》[《昨日市情》(特刊第 528 期)]一文中,北京市委书记蔡奇批示:"首钢基金办得好。"首钢基金荣获 2018 年度十大市场化母基金称号、2018 中国最佳股权投资基金 TOP10、2018 中国最佳市场化母基金 TOP10;首次入围福布斯中国 2018 最佳 PE 机构 TOP30。在中国证券投资基金业协会举办的中国私募基金行业发展报告(2017)发布会上,首钢基金作为"体现行业担当、助力国家发展"——服务国家战略履责中的案例,入选中国私募股权及创业投资基金行业履行社会责任报告。

(张耀之)

【设立产业转型发展基金】 2018 年,首钢基金为进一步支持首钢集团转型发展,经北京市财政局报请市政府同意,通过北京市政府投资引导基金向首钢基金增资 50 亿元,与首钢集团共同设立首钢产业转型发展子基金(简称"首钢转型基金"),专项用于投资首钢老工业区内开发建设项目和在园区注册或迁入企业,加快首钢产业转型升级。基金整体规模 100 亿元。

(张耀之)

【首狮基金成立】 2018 年 4 月 2 日,首钢基金第三次投委会批准设立规模为 18 亿元的首狮基金,建设首钢冬奥产业园区。该基金将通过引入"铁狮门+外部资本"形式,向首钢冬奥产业园区导入国际国内体育及科技类企业集团,打造具有国际影响力的体育产业园区、传统工业绿色转型升级示范区、后工业文化体育创意基地,为 2022 年北京冬奥会提供配套服务,加快建设城市复兴新地标。

(张耀之)

【投资猎户星空】 2018 年 2 月 1 日,首钢基金第一次投委会通过追加猎户星空项目。猎户星空致力于以人工智能技术为基础的智能设备开发。其团队打通语音、视觉识别及导航、控制系统等全链条人工智能技术,集产品开发能力和技术应用能力于一身,发布豹小秘、豹豹龙、豹小贩、小豹 AI 智能音箱、7 轴机械手臂 xArm 7 和基于猎户机械臂平台的豹咖啡等多款实用型机器人产品,建立猎户机器人开放平台 Orion OS,产品路线切实可行。投资该项目,有利于推动北京市人工智能等新经济企业的发展,巩固北京市全国科技创新中心的功能定位。

(张耀之)

【投资瓜子二手车】 2018 年 2 月 8 日,首钢基金第二次投委会通过车好多项目 D 轮融资。车好多旧机动车经纪(北京)有限公司(简称"车好多")是原瓜子二手车的母公司,全系拥有瓜子二手车、毛豆新车网两个独立品牌,实行双品牌运作。车好多是国内二手车交易的领军企业,通过打造"个人直卖个人"的交易模式,致力于消除二手车交易原产业链的层层低效环节。投资车好多可以发挥国有资金引导放大作用,提升二手车电子商务领域服务业水平。

(张耀之)

【被投企业 A、H 股上市】 2018 年 5 月 8 日,无锡药明康德新药开发股份有限公司(股票简称:药明康德,股票代码:603259)正式在上海证券交易所挂牌上市。12 月 13 日,药明康德登陆港交所,成为又一家同时在 A、H 股两地上市的医药企业。其市值一度超 1400 亿元,成为 A 股医药板块千亿市值的"四巨头"之一。药明康德作为中国规模最大、全球排名前列的医药外包服务企业,致力于提供新药发现、研发及生产一体化、开放式服务。通过投资药明康德,可与首钢体系内京津冀地区的优质医疗产业资产形成互动与协同,打通区域产业链条,促进首钢转型发展。

(张耀之)

【设立供应链管理公司】 2018 年 4 月 2 日,首钢基金第三次投委会审议通过设立北京京西供应链管理有限公司(简称"京西供应链")。4 月 27 日,京西供应链正式成立,该公司是首钢基金与首长四方(代码 HK0730)旗下子公司共同发起设立的产业金融科技公司。该公司以供应链金融服务为核心理念,利用先进的大数据、云计算智能化金融服务系统,打造资产和资金双向资源配置的供应链金融服务平台。

(张耀之)

【首长四方资本运作】 2018 年 6 月 7 日,首钢基金第四次投委会批准出资参与首长四方资本运作。一方面有助于首长四方明确业务发展方向,布局供应链科技金融服务等领域,助力首钢集团向城市综合服务商战略转型。另一方面,首长四方业绩持续增长、获得市场认可

较为可期，首钢基金可待股价提升后退出，获得投资收益。

（张耀之）

【首颐医疗完成A轮融资】 2018年6月7日，首钢基金第四次投委会批准首颐医疗进行A轮融资。此次融资为首颐医疗下一步医院并购计划打下了坚实基础。通过新引入两家战略投资人，未来可撬动更多外部资源，为首钢基金大健康板块发展提供更多资源支持。

（张耀之）

【创业公社完成B轮融资】 2018年6月7日，首钢基金第四次投委会批准创业公社进行B轮融资。本次融资可进一步推动创业公社围绕办公空间、公寓长租以及中小微型企业融资等服务，将自身打造成为一流的众创空间运营商，并承载更多首钢园区转型运转任务，成为首钢基金及首钢集团的名片。

（张耀之）

【首长国际获欧力士入股】 2018年9月20日，首长国际（00697-HK）宣布，世界500强日本欧力士集团以0.25港币/股的价格正式完成对首长国际15.03亿股新股的交割，这是继中集集团、新创建集团后，又一个成为首长国际战略投资人的知名企业。

（张耀之）

【海外院士专家工作站启动】 2018年2月2日，"万众创新·筑巢圆梦"海外院士专家创新发展座谈会在首钢·侨梦苑举行，时任国务院侨办裘援平主任、北京市政府殷勇副市长等领导出席启动活动，这也标志着海外院士专家北京工作站新首钢办公区正式启动。截至2018年底，首钢侨梦苑签约院士21人。

（张耀之）

【与北京银行签署战略协议】 2018年6月26日，首钢基金与北京银行战略合作签约仪式举行。北京银行董事长张东宁、副行长冯丽华，首钢集团领导张功焰、赵天旸以及双方有关部门领导参加签约仪式，北京银行将向首钢基金提供综合授信额度100亿元，为首钢基金各项重点建设项目的顺利实施奠定坚实基础。

（张耀之）

【清华—约翰霍普金斯论坛】 2018年7月15日，在首钢基金旗下首颐医疗独家支持下，清华大学医院管理研究院与美国约翰霍普金斯大学彭博公共卫生学院携手在清华大学举办2018清华—约翰霍普金斯大学医疗管理论坛。中美两国专家学者围绕"以患者为中心的医疗照护与管理"展开交流。清华—约翰霍普金斯大学医疗管理论坛已成功举办三届，是推进中美两国医疗卫生领域的学术研究和经验交流的重要平台。其关于医学人才、医疗技术、管理经验和经营模式等多维度的交流共享，对两国医疗机构的转型和改革都有重要借鉴意义。

（张耀之）

【助力第五届国际储能峰会】 2018年9月19—20日，德国杜塞尔多夫展览（上海）有限公司主办，基金旗下创业公社所运营的唐山创新小镇协办的"第五届国际储能峰会（ESC 2018）"在唐山南湖国际会展中心成功举办。10个国家的200位行业精英和产业同仁到会交流。

（张耀之）

【内部控制专项检查】 2018年9月25—27日，北京市国资委内控评价检查组，到首钢基金开展2017年、2018年内部控制体系建设实施情况专项检查。本次检查重点为合同管理、投融资管理等业务板块，首钢基金全力配合。9月27日，检查工作圆满结束。市国资委在接受检查的39家企业中评选出7家优秀企业，首钢基金位列其中。

（张耀之）

【首钢基金大事记】

7月19日，"一带一路"全球青年领袖荟萃活动在首钢举行。诺贝尔和平奖得主穆罕默德·尤努斯围绕"消除贫困"主题进行演讲。

10月26日，北京市人大常委会主任李伟，以及市人大常委会委员、专委会委员、市人大代表20余人到首钢调研，考察首钢基金侨梦苑。市政府副秘书长韩耕、市侨办主任刘春锋、市侨办副主任李长远，石景山区委书记于长辉，区委副书记、代区长陈之常，区人大常委会主任李文起，区委副书记、常务副区长田利跃，区委常委、组织部部长晋秋红参加。首钢集团领导张功焰、梁捷陪同。

11月1日，石景山区委副书记、代区长陈之常到首钢基金公司调研，区政府办、国资委、金融办、投促局相关领导陪同调研。陈之常及区政府相关领导与首钢基金团队就公司未来发展等问题进行了深入交流和探讨。

11月13日，首钢基金与新加坡星桥腾飞集团签署合作备忘录,就中国区域开展产业园区开发运营及旧业态领域的合作达成共识。星桥腾飞集团首席执行官高敀坤、首钢基金公司总经理赵天旸及双方相关负责人员参加签约仪式。

11月15日,北京市委书记蔡奇在《昨日市情》特刊第528期《首钢基金"脱虚向实"推动国企改革取得新成效》上作出批示"首钢基金办得好"。对此,首钢基金第一时间学习贯彻蔡奇书记批示精神,要求要珍惜荣誉,强化担当,发挥新产业投控平台的作用,全力助推京冀协同发展和首钢集团转型升级。

12月4日,由首钢基金主办、北京创投联盟协办的2018中国产业基金50人论坛—国企基金专场在首钢·侨梦苑举行。来自政府管理部门、国企投资机构和市场化投资机构的负责人100多人参与本次活动,旨在搭建交流沟通平台,共同研讨国企投资机构的最佳运作模式。

12月14日,全国社保基金理事会理事长楼继伟一行参观首钢北京园区,了解开发建设情况,并与首钢基金开展合作进行磋商。首钢集团董事长张功焰会见楼继伟理事长一行。

(张耀之)

北京首钢文化发展有限公司

【首钢文化公司领导名录】

副董事长、经理:撒元智

党支部书记:撒元智

党支部副书记、副经理:张亚男

(孙会冬)

【综述】 北京首钢文化发展有限公司(简称"首钢文化公司"),前身为北京首钢源景文化发展有限公司,2006年3月注册成立,2011年9月完成股权转让,成为首钢集团全资子公司,2015年8月更名为"北京首钢文化发展有限公司"。下设剧本孵化部、创意制作部2个业务部门,办公室、财务部2个职能部门。2016年1月首钢博物馆筹备办公室由首钢文化公司代管,2017年10月首钢影视公司划入首钢文化公司。主要经营范围:组织文化交流活动,承办展览展示,影视策划,摄影摄像服务,资料编辑,租赁影视器材,会议服务,技术培训,销售工艺美术品,设计、制作、代理、发布广告,公园管理,软件开发,餐饮管理,零售国内版音像制品、公开发行的图书、电子出版物,经营演出及经纪业务,从事互联网文化活动,等等。截至2018年底,在册人数24人。

2018年,首钢文化公司围绕剧本孵化和广告及品牌运营两个业务板块,面向文化消费市场,在影视、话剧、品牌运营等多方面业务开展工作,取得一定成绩。

(孙会冬)

【制度管理】 2018年,首钢文化公司结合首钢集团监事会调研、"5合1"监督检查等工作,对现行54项制度进行全面梳理分析,结合经营业务的调整实际情况,对不适应经营管理需要的8项制度废止,对13项制度修订。组织开展新制度的学习培训,进一步强化规章制度的管理,用规章制度推动各项工作提高和有序开展。严格规章制度执行,本着"一切按规矩办"要求强化制度执行力,加强检查和贯彻落实,强化对规章制度的管理,推动业务工作进一步拓展,基础管理工作上台阶、上水平。

(孙会冬)

【话剧巡演】 2018年,首钢文化公司组织话剧《实现·使命》巡演。《实现·使命》是一部展现当代产业工人题材的话剧,也是首钢百年厂庆重要献礼剧目和百年厂庆活动之一。为此,成立项目小组明确责任人,细化分解落实各环节工作,明确时间节点和质量要求,建立话剧运营管理专业团队进行规范管理,形成新的业务模式。组织演出团队和编、导、演、舞美、音乐等骨干一线多次深入京唐公司、迁钢公司等地采风体验生活,为创作增添活力和激情,对剧本精雕细琢、打磨修改,使剧情得到进一步升华、更加贴近职工生活、拉近与观众的距离。在2018年首钢"两会"期间演出基础上,在股份公司、矿业公司、长钢公司、水钢公司、贵钢公司、通钢公

司、京唐公司等单位演出30场,观众27000余人次。很多干部职工被剧情打动着、感动着,眼含热泪观看演出,话剧宣传为祖国强大而默默奉献的钢铁工人,把钢铁工人和英雄放在一个平台上,感到自豪和光荣。

(孙会冬)

【电视剧进展】 2018年,首钢文化公司本着“打造影视精品、打响首钢品牌电视剧作品第一炮、以一个项目进入一个行业的核心圈、做优质文化产品”原则,严把电视剧剧本质量关,明确职责,成立工作团队,倒排项目节点,设立专职财务严把项目投资使用,完成电视剧更名为《山海蓝图》等系列工作。通过反复打磨剧本,多次组织主创人员、制作团队到京唐公司、首秦公司、迁钢公司等地采风体验生活,召开专题研讨会,广泛听取意见,形成共识、明确创作思路和方向,完成剧本165000多字。8月15日正式开机拍摄,9月20日完成拍摄。140名演职人员不畏难不怕苦,先后转战旅顺、迁安、曹妃甸、北京四地历经37天,完成全部前期拍摄总场次515场,全剧由最初的16集增至20集。电视剧完成制作及发行许可,开展发行推广,力争在央视频道播出,确保2019年首钢百年厂庆期间在北京卫视播出。

(孙会冬)

【广告和品牌运营】 2018年,首钢文化公司推进广告和品牌运营,完成首钢集团企业文化部“首钢百年”LOGO标识的征集、汇总,处理各种来稿248幅。推进宣传片制作,制作《精彩贵钢》、首秦公司纪念视频集、《砥砺奋进六十年》等四部宣传片。创意、策划、设计“首钢集团服务2022年北京冬奥会、冬残奥会誓师动员大会”、首钢园自动驾驶示范区揭牌仪式、首秦公司“纪念画册、摄影展、荣誉卷、首秦人故事”、股份公司展厅设计搭建和2018(唐山)国际冶金展布展等项目,展示设计能力,进一步提升影响力。

(孙会冬)

【党群工作】 2018年,首钢文化公司党支部深化和加强党组织建设,把握正确政治方向,严格执行“三会一课”,推进“两学一做”学习教育常态化制度化建设,制订学习计划、开展党员评议测评、领导述职述廉,创新党课学习形式、组织参观国家博物馆“真理的力量”、“四十年改革开放成就展”、观看电影《青年马克思》、关注国资委微信公众号,落实党支部、在职党员到街道、居委会“双报到”工作。

(孙会冬)

【廉政建设】 2018年,首钢文化公司党支部坚持“党政同责”“一岗双责”,开展党风廉政建设,修订党支部工作规则,规范党员网络行为,坚持用制度管人、用制度管事。组织签订党风廉洁建设目标责任书、问题清单等工作,开展廉洁风险点排查梳理并制定防范措施,学习巡视巡察整改工作部署会精神,落实首钢集团纪委《关于加强谈话函询工作的实施办法(试行)》等工作。贯彻落实中央八项规定精神,严控经费开支等活动。签订党风廉洁建设目标责任书,在元旦、春节、中秋等重要时间节点开展廉洁教育,制定防范措施,杜绝和防范违规收送礼品礼金、公款吃喝、公车私用。讨论研究重大机构、人事调整、奖励分配等工作,按制度规定由支委会、经理办公会集体研究决策,对涉及职工切身利益的内容由工会小组讨论形成意见支委会研究决定,并按规定公示。

(孙会冬)

北京首钢体育文化有限公司

【首钢体育公司领导名录】

董事长:梁宗平

董　事:秦晓雯　郑佳伟　闵鹿蕾

总经理:秦晓雯

副总经理:郑佳伟　严晓明　徐学鹏(6月离任)

党委副书记:郑佳伟

纪委书记:郑佳伟

工会主席:郑佳伟

(王　璐)

【综述】 北京首钢体育文化有限公司(简称“首钢体育

公司"),成立于 2008 年,是首钢集团有限公司全资子公司。经营涵盖竞技体育、健身服务、体育培训、场馆经营、社区文体服务、文艺演出、书画艺术、房屋租赁等业务。2013 年以来首钢集团对体育相关组织机构实施改组,以首钢体育公司为主体进行整合做实,按直管企业纳入行政管理序列。机构设置及员工构成:党群工作部、战略规划部、人力资源部、财务部、综合管理部、采购部、传媒部、市场部、赛事开发部、租赁部、销售部、物业部、场馆管理部、书画院、社区文化活动中心、艺术团、篮球俱乐部、乒乓球俱乐部、冰球俱乐部、雏鹰学院(虚拟部门);员工 210 人,其中公司领导 4 人,中层管理 19 人,一般管理 154 人,生产操作 32 人。

2018 年,首钢体育公司把首钢足球俱乐部、北京首钢体育发展有限公司篮球中心、北京霹雳鸭商贸中心、北京市兴钢文化交流中心四家代管企业清退注销,规范公司法人治理结构,理顺产权关系,提升管控效率。年内实现经营收入 9895 万元、利润-887 万元。

(王　璐)

【深化改革】 2018 年,首钢体育公司按照"国际化、职业化、市场化"运作模式,聘请 HR 专业咨询公司,4 月完成内部组织机构设计,6 月完成机构和人员重组,同步完成中层管理者全员竞聘;6 月进驻首钢体育大厦办公,以"舒适、现代、动感"为主题,体现人文精神和充满体育元素的办公环境,成为业内同行争相学习效仿的标杆。

(王　璐)

【体育大厦经营合法性获批】 2018 年,首钢体育公司与北京市国资委相关部门多次沟通协调,借成立"北京首钢冰球俱乐部有限公司"契机,取得市国资委对体育大厦经营合法性批复,体育大厦招租身份问题得到解决。

(王　璐)

【体育赛事成绩】 2018 年 3 月 14 日,首钢女篮在主场战胜山西女篮,以 3∶0 总比分卫冕 WCBA2017-2018 赛季总冠军,实现三连冠。2 月 25 日,首钢女乒队员丁宁参加英国伦敦 2018 年乒乓球团体世界杯,帮助中国女子乒乓球队卫冕,取得该项赛事八连冠。首钢男篮完成外教、外援、内援引进,确立以本土球员为核心的团队战术体系,克服舆论压力和伤病影响,重建首个赛季获得联盟第七,获各界认同。

(王　璐)

【"雏鹰计划"品牌升级】 2018 年 6 月,北京首钢篮球俱乐部与中国篮球运动学院(北京体育大学)签约"国家篮球雏鹰计划",以首钢"雏鹰计划"为基础和平台,以中国篮球运动学院和美国篮球学院为联合基地,为俱乐部储备人才,建立优秀运动员后备人才库。8 月完成两批学员 200 人选拔;经综合评定,选派赴美深造 50 人,接受专业篮球训练和文化学习。因其独创性、前瞻性、示范性以及成长通道的多样性,纳入国家奥运战略工程和青少年人才拔尖计划,并享受专项资金支持。

(王　璐)

【开展国际体育交流】 2018 年 8 月,首钢体育公司总经理秦晓雯出席在美国德州举办的 2018 年全球体育峰会,应邀参加主题为"全球体育品牌的国际化趋势"的高端论坛,使首钢体育走上国际舞台;与组委会达成协议,促成全球体育峰会落户北京。9 月,首钢男篮赴美与达拉斯独行侠进行 NBA 季前赛;10 月,与北京体育大学共同举办"中美职业体育国际市场发展对话",中国冰球协会主席曹卫东,达拉斯独行侠俱乐部总经理、篮球运营部总裁唐尼·尼尔森及中国区负责人雷泰,美国 NelTex Sports 公司总裁、德州飞行员棒球俱乐部总裁斯科特·桑吉等资深高管和行业专家受邀出席,成为首钢体育承办全球体育峰会的预演,吸引全球目光了解首钢,了解首钢体育;12 月,邀请 NBA 总冠军球队金州勇士队总裁兼首席运营官、新晋入选 2018 年奈史密斯篮球名人堂的里克·维尔茨访问首钢,受到中央媒体以及北京市属媒体广泛关注。

(王　璐)

【助力"北京冬奥会"】 2018 年,首钢体育公司落实习近平总书记视察北京重要讲话精神,履行国企社会责任。3 月北京首钢男子冰球队打入 USPHL 联盟四强;5 月在"2018 年全国冰球锦标赛"中闯入三甲;7 月与中国冰球协会达成战略合作签约,推进包括现有冰球球员、跨界跨项球员、海外华裔归国球员等选拔和招募;9 月"北京首钢冰球俱乐部有限公司"注册成立,服务保障国家奥运战略,筹建中国冰球高水平职业联赛,为首钢体育开辟新的发展空间。

(王　璐)

【"与狼共舞"品牌战略】 2018 年,首钢体育公司"与狼共舞"品牌战略影响力继续扩大。继上年亮相美国职业垒球联赛后,3 月首钢金鹰女垒再次出征,通过在顶级联赛中与高手过招，使球队技战术水平和球员个人能力得到显著提升；在8月结束的雅加达亚运女垒项目比赛中，以北京首钢金鹰女垒阵容组建的中国女垒获得第三名。与中国棒球协会和美方合力打造棒球国家队俱乐部，5月中国国家棒球队首次以首钢金鹰德州航空队身份参加美国独立联盟职业联赛，使棒球这项在世界职业体育赛事中具有最高商业价值的运动项目成为首钢的优质资源。11月与中国棒球协会、中国垒球协会签署三方合作协议，共同推进中国棒球职业联赛、中国垒球联赛赛事公司筹建以及国家队的商务运营，标志首钢体育在职业体育领域由过去的运动队赞助升级为赛事投资人，完善首钢体育产业的战略布局。

（王　璐）

【品牌公关和商务开发】　2018年，首钢体育公司与中央媒体为基础的全媒体运营团队建立战略合作，从进入中南海的报纸报道、全国影响力的线上媒体平台到自媒体矩阵，打造全面的舆论阵地。年内举办多场新闻发布会、球迷活动以及媒体高端论坛、高层演讲等活动，打造媒体矩阵，增进与球迷的沟通。对篮球俱乐部教练、球员等进行系统公关培训；招募在校大学生200人组成“首钢体育大学生记者团”，以青年视角，引导正面舆论的报道，借助多家自媒体平台发布，将百年首钢以及首钢篮球和首钢体育产业的信息广为传播。

（王　璐）

【运营模式创新】　2018年，首钢篮球俱乐部商务运营采取捆绑营销模式，进行球迷服务体系和商业开发体系联动开发，搭建会员成长模式，打造闭环生态，成为CBA中首家建立会员体系的俱乐部。围绕首钢篮球俱乐部30周年，延伸衍生品策划及合作伙伴开发；新建票务销售体系初见成效，2017—2018赛季实现票务收入近2000万元。与国内外行业领先企业和知名品牌进行合作，促成与世界最大的体育经纪公司CAA品牌合作。6月世界级训练营“阿迪达斯篮球训练营”再次落户首钢篮球中心，提供了食宿一条龙服务，助力中国篮球事业发展兴盛。

（王　璐）

【党建工作】　2018年，首钢体育公司始终将学习作为提高党支部书记素质和能力、加强基层党建的重要途径，深化理论学习，强化党员“四个意识”，多次组织集中学习；按照首钢集团党委要求，完成年度双评工作，党组织、党员社区双报到实现两个百分之百；组织观看正风肃纪教育片，加强党员廉政教育；组织新、老首钢人走进建设中的“首钢北京园区”，参观地处曹妃甸的京唐公司、朝阳文化馆等，亲身感受新首钢的发展，感召首钢的企业文化、价值观和精神，营造融洽和谐的人文环境，强化认同感和归属感，增强团队的凝聚力和战斗力。

（王　璐）

【首钢体育公司大事记】

1月19日，在首钢集团“2017年度首钢之星表彰会”上，篮球俱乐部教练员孙晓雨获得“争先之星”称号。

2月7日，在首钢体育大厦举行“首钢体育新LOGO・新征程发布庆典”，国家体育总局、中国篮球协会、北京市体育局、人民日报、BTV及集团相关部门领导应邀出席共同见证新LOGO亮相。

2月25日，首钢女乒队员丁宁参加在英国伦敦举行的2018年乒乓球团体世界杯，帮助中国女子乒乓球队卫冕，取得该项赛事八连冠。

2月11日，完成碧海蓝鲸大酒楼清撤。

3月14日，首钢女篮在主场战胜山西女篮，以3∶0总比分卫冕WCBA总冠军，实现三连冠；北京市副市长杨斌，北京市体育局党组书记、局长赵文，中国篮球协会主席姚明出席并颁奖。

3月22日，首钢男篮主场惜败辽宁男篮，以1∶3总比分结束CBA季后赛四分之一决赛征程，最终联盟排名第七；媒体、球迷对重建赛季男篮表现和打造团队体系给予一致认可。

4月25日，首钢女篮被授予“北京市工人先锋号”。

5月18日，中国国家棒球队首次以首钢金鹰德州航空队身份参加美国独立职业联盟2018赛季比赛，国家体育总局副局长李颖川、国际棒垒球联合会主席法卡利等领导莅临现场观赛。

6月1日，首钢体育公司进驻首钢体育大厦办公。

6月15日，完成北京首钢体育发展有限公司法人变更。

6月29日，北京首钢篮球俱乐部与中国篮球运动学院（北体大）“国家篮球雏鹰计划”签约仪式，实现首批“雏鹰计划”升级。

7月2日，首钢体育公司与中国冰球协会举行战略合作签约仪式。

8月29日，首钢金鹰女垒获得2018年雅加达亚运女垒比赛第三名。

9月1日，首钢男篮队员方硕、女篮队员邵婷在第18届亚运会上帮助中国国家队夺得两枚篮球项目金牌。

9月14日，取得北京市国资委对首钢体育大厦经营合法性批复。

9月18日，北京首钢冰球俱乐部有限公司工商注册成功。

9月，中国篮球协会向首钢篮球俱乐部发出三封感谢函，对教练员许利民，男女篮球员方硕、邵婷，视频分析师严元哲提出表扬，并感谢首钢篮球俱乐部多年来对中国篮球事业的力支持。

10月18日，完成北京首钢体育发展有限公司篮球中心清撤。

10月20日，联合中国青年报社、中国高校传媒联盟举办"'新时代、新体育、新青年'媒体高峰论坛暨首都大学生优秀体育新闻报道汇展"。

10月21日，在首钢篮球中心举行首钢女篮新赛季揭幕战暨总冠军戒指颁奖仪式，中国篮协主席姚明出席。

10月30日，国家篮球雏鹰计划首批学员35人赴美训练。

10月30日，完成首钢足球俱乐部清撤。

11月19日，完成北京霹雳鸭商贸中心清撤。

12月1日，首钢体育OA门户全面上线。

12月9—10日，NBA总冠军球队金州勇士队总裁兼首席运营官并新晋入选2018年奈史密斯篮球名人堂的里克·维尔茨受邀到首钢友好访问。

12月25日，国家体育总局副局长李颖川陪同朝鲜驻华大使池在龙、参赞许股赫等一行到首钢体育公司访问。

12月25日，完成北京市兴钢文化交流中心清撤。

（王　璐）

首钢医疗健康产业投资有限公司

【医疗健康公司领导名录】

党总支书记：张利海

董事长：张利海

总经理：张利海（代行）

董　事：张利海　向平超　顾　晋　周　黎

监　事：李岩岩

副总经理：贺铁民

财务总监：潘世信

（张文峰）

【综述】　首钢医疗健康产业投资有限公司（简称"医疗健康公司"），成立于2013年2月，注册资金3000万元，地处北京市石景山区石景山路乙18号院2号楼6层703、705室。2013年5月，医疗健康公司以股权投资方式收购成立"北京首钢医药有限公司"。2016年1月，"北京首钢医疗投资有限公司"更名为"北京首钢医疗健康产业投资有限公司"；2月，对北京市石景山区老年福敬老院增资扩股；2017年1月，完成首钢集团养老产业平台搭建工作；5月，成立医疗健康公司党总支部委员会。主要经营范围：项目投资，投资管理，投资咨询，市场调查，资产管理；技术咨询，技术服务，技术推广，教育咨询，文化艺术交流活动（演出除外）；健康管理（须经审批的诊疗活动除外），销售医疗器械Ⅰ类，租赁机械设备；承办展览展示，会议服务，发布广告；住宿，物业管理。下设项目管理部、财务部、办公室、医药公司、石景山老年福敬老院以及门头沟区沁心园养老照料中心。截至2018年底在册职工42人，其中博士研究生1人、硕士研究生5人、本科29人，大专7人；高级职称2人、中级职称9人、初级职称2人；高级工2人、中级工2人；职工平均年龄38岁。

2018年，医疗健康公司销售收入13410万元，比计划增加400万元，其中老年福主营收入（不含政府补贴283万元）827万元，比计划增加27万元，比上年增加120万元，增幅16.97%；实现利润2829万元，比计划增加410万元，老年福在开发新项目滚动发展的基础上，

实现盈亏持平。新开发养老驿站3家，实现运营养老机构和驿站9家，比目标增加1家；服务居家及社区养老床位1962张，完成计划目标。

（訾晓凯、简毅鸣）

【**项目建设**】 2018年，医疗健康公司谋划首钢养老产业，做好首钢一耐厂养老项目，协调国家部委和北京市相关部门，1月首钢养老产业发展促进项目申请通过国家发展改革委、财政部联签后报国务院审议，2月经国务院批准纳入世行贷款2018—2020年备选项目名单。围绕贷款模式及路径、项目建议书编写等事宜，对接世行和市财政局、发展改革委等部门开展后续工作。申请世行贷款支持首钢转型发展建设首钢一耐厂养老项目，发展养老产业，提升首钢养老品牌影响力。首钢一耐厂养老项目是首钢集团"十三五"重大产业投资项目，被纳入《加快新首钢高端产业综合服务区建设打造新时代首都城市复兴新地标行动计划（2019—2021年）》。申报北京市政府2019年重点工程并通过初审，配合资产管理中心围绕土地手续积极与卢沟桥农工商对接，初步达成一致意见。

（龚飞洲）

【**养老市场拓展**】 2018年，医疗健康公司开发建设石景山西福村、金顶街一区和门头沟石门营7区等3家养老驿站，由过去老年福敬老院2家院区，发展到拥有包括机构、照料中心和驿站9家，服务区域覆盖石景山、门头沟区2镇3个街道22个社区，服务上万人次，形成"机构+社区+居家养老"三位一体养老服务体系，实现老年福品牌连锁化经营。老年福敬老院实施"阳光餐饮"工程建设，安装图像采集和视频传输设备，通过现场电子屏、手机APP可随时观看食品烹饪过程，实现全过程可视化。与北京大学首钢医院成立医养深度融合课题组开展课题研究，建立健康评估室，开展入院评估和康复训练。获评北京市老龄产业协会"安心养老品牌"；老年福敬老院党支部被北京市养老行业协会评为北京市养老机构优秀党支部称号；老年福敬老院荣获石景山区标准化工作先进单位，受邀参与北京市"老产协"有关地标团标的编写，成为北京日报集团"党报走进养老院"共建单位。

（张文峰）

【**医药集采业务**】 2018年，医疗健康公司根据北京市推行"两票制"相关要求，落实首钢集团经理办公会精神，及时完成医药公司股权调整、阳光采购平台信息注册、票据打印以及税控系统对接。发挥医药集采平台协同优势，组织相关单位召开协调会，制定医改应急预案，确保所属医疗机构的药品供应。通过对接药品及耗材生产厂家，完成新增药品6个品种和耗材的购销工作。严格执行GSP质量认证规范要求，加强质量管控，药品抽检合格率达100%，未发生质量问题。

（于泽国）

【**制度建设**】 2018年，医疗健康公司编制《医疗健康风险控制手册》，分三批修订形成各类制度28个。组织医药公司、老年福敬老院完成公司章程、党支部和经理层议事规则的制定，完善"三重一大"事项决策程序。落实首钢集团全口径全要素推进转型提效的要求，组织各单位签订目标责任书，制定绩效挂钩考核分配方案，建立效益、效率与工资总额挂钩的联动机制。组织制定《绩效考核分配管理办法》，实施量化考核。结合养老运营安全管理实际，认真履行责任，深入研究安全工作，投资建设老年福消防工程，开展集中检查14次，强化日常安全管理。

（张愉娇）

【**队伍建设**】 2018年，医疗健康公司围绕贯彻党的十九大精神，开展"新时代中国梦"主题读书、"弘扬优良传统，争做合作党员"主题党日活动，提高党员的政治素养；以"转作风、提效率、做表率"主题教育为抓手，组织全员自检评议、反思找差，建立季度立功竞赛机制，定期开展评比表彰，强化干部职工责任担当意识和干事创业激情；加强干部交流和人才培养，通过干部交流、人才引进、项目经理培训和岗位练兵等多种形式，提高干部职工的能力素质和专业管理水平，在门头沟区首届便民服务技能大赛中老年福选派的3人分别获得二、三等奖，苏妤撰写的论文被中国管理科学研究院评为优秀论文一等奖，老年福敬老院被中国管理科学研究院评为2018—2019年度中国管理科技创新单位。

（张文峰）

【**党群工作**】 2018年，医疗健康公司发挥党建引领作用，推进党支部规范化建设，加强理论学习，以中心组学习、骨干教育培训、党小组活动为载体，确保学习教育全覆盖；抓好党支部"一规一表一侧一网"的使用，提升党支部建设的规范化水平，发挥党支部战斗堡垒和党员的先锋模范作用。医疗健康公司机关党支部、老年福敬老院党支部在首钢集团机关党党委“达晋创”活动中被评为一级党支部，老年福敬老院党支部被北京市养老行业协会评为北京市养老机构优秀党支部称号。加强巡视巡察整改和廉政建设，按照首钢集团关于巡视巡察有关要求，认真开展自查自纠，完善《党风廉政建设目标管理责任书》，建立层层管理、责任到位的工作机制，增强党员干部的廉洁自律意识。加强团队建设，结合重大纪念日、节日开展主题读书、主题党日、联欢会、访慰问等活动，凝聚团队合力。加强首钢养老品牌宣传，《首钢报》《北京社区报》《首都建设报》《老街坊》等媒体相继报道老年福敬老院。

（张文峰）

【转提做教育】 2018年，医疗健康公司按照首钢集团部署，坚持从严从实要求，部署开展“转作风、提效率、做表率”主题教育，召开专题讨论会、开展每季度“转、提、做”先进个人评比等环节，转变干部职工工作作风，强化责任担当意识，提高工作效率，确保全面完成各项目标任务。

（张文峰）

【调研交流】

2月12日，世行首席社会保护专家兼中国、蒙古国和韩国局人类发展国别业务协调人葛霭灵，高级社会保护经济学家王德文一行到医疗健康公司调研座谈。

5月21日，北京市老龄产业协会副会长张宪平一行到老年福敬老院参观调研。

7月11日，广州市民政局巡视员易利华一行到老年福敬老院参观调研。

9月11日，包头钢铁有限责任公司各级领导一行到老年福敬老院参观调研。

9月25日，民政部社会福利中心相关领导到老年福敬老院进行调研。

9月26日，北京市文艺院团服务中心到老年福敬老院进行“国庆节”慰问演出。

10月10日，石景山区红十字会到老年福敬老院开展慰问老人活动。

11月9—11日，医疗健康公司参展2018北京国际老龄产业博览会。

11月13日，河钢集团宣钢公司副总经理常战芳一行到老年福敬老院参观考察。

12月20日，北京报业集团读者俱乐部主任沈建新一行到老年福敬老院参观调研。

（苏　昂）

北京首钢医药有限公司

【首钢医药公司领导名录】

董事长：张利海

总经理：张兆伟

副总经理：何　爽

质量负责人：于泽国

财务总监：潘世信

（訾晓凯）

【综述】 北京首钢医药有限公司（简称“首钢医药公司”）是由首钢集团与嘉事堂药业股份有限公司共同出资设立的医药批发企业，是首钢打造医疗健康产业板块的重要组成部分。位于北京市石景山区石景山路乙18号院2号楼6层，注册资金383.25万元人民币；宗旨和运营目标是通过建立医药集中采购组织（GPO）运营模式，在首钢集团内所属医疗机构以及首钢体系以外的医疗机构开展医药供应链管理，实现医药供应集中采购，将首钢医疗服务产业链向上游延伸，创造更大的社会价值和商业价值。秉承“质量第一、诚信经营”原则，贯彻落实各项法规、政策要求和GSP经营管理规范，依法依规经营，取得良好的经济效益和社会效益。2018年，实现销售收入12582.8万元，实现利润3199.53万元，经营性现金流853.77万元。

（訾晓凯、简毅鸣）

北京市石景山区老年福敬老院

【老年福敬老院领导名录】

党支部书记:张文峰

院　长:苏　妤

副院长:李　桐

（周天雪）

【综述】 北京市石景山区老年福敬老院(简称"老年福敬老院")是由北京首钢医疗健康产业投资有限公司和北京首钢实业有限公司举办,位于北京市石景山区西井小区,注册资金1400万元人民币。宗旨和业务范围:提供收养老人的服务,服务于老人,服务于家庭,服务于社会;为老人提供居住舒适、保健医疗、营养膳食、娱乐健身、缝补拆洗换服务。

（周天雪）

【医养结合】 2018年,老年福敬老院探索医养共建共享模式,与首钢医院成立医养深度融合课题组,围绕分级诊疗、养老资源共享、医保新政等方面开展课题研究。对接卫计委,探讨内部设立医务室,探寻增值服务点。建立评估室,开展入院老人的评估和入住老人的康复训练。

（周天雪）

【驿站项目】 2018年,老年福敬老院调整产业结构布局,结合行业发展趋势和政府扶持政策,由单一型的机构逐步转变为"机构+社区+居家养老"三位一体的综合型产业布局。高标准建设驿站项目,先后承接金顶街西福村养老服务驿站和金顶街一区养老服务驿站项目,现已完成养老设施的装修改造,实现新项目的运营。已运营6所驿站,初步实现连锁化、品牌化发展。

（周天雪）

【人才建设】 2018年,老年福敬老院采用赴外、自培等多种方式开展以综合管理及业务为重点的项目经理人培训,以增强技术能力为重点的技术人员培训,以提高综合素质为重点的技能操作人员培训,选派3人参加门头沟区首届便民服务业服务技能大赛,在76人参赛选手中,获得二等奖1人,获得三等奖2人。与首钢工学院开展校企合作,吸纳接收老年护理专业实习生,为企业的可持续发展奠定人才基础。

（周天雪）

【安全管理】 2018年,老年福敬老院夯实安全管理基础,提高安全保障能力。加大消防安全设施投入,硬件配置标准化。两院投入喷淋系统、电气火灾监控系统、灶台灭火系统,以及建成微型消防站和按标准配备灭火器、灭火毯、消防桶、防毒面具等消防设施,与原烟感报警系统形成多重安全防线。细化安全生产责任制,安全管理制度化。结合实际完善安全管理制度和操作规程,创建老年福消防安全标准化管理操作手册。

（周天雪）

大　事　记

◎责任编辑：郭　锋、关佳洁

2018 年首钢大事记

一　月

1 月 5 日，首钢安全环保大会召开，集团领导靳伟、张功焰、许建国、梁宗平、赵民革、白新、王世忠、胡雄光、韩庆、梁捷、王洪军、刘桦、王涛、刘建辉、卢正春参加。党委书记、董事长靳伟作重要讲话，总经理张功焰主持会议。集团各部门负责人，京冀地区各单位的党政主要领导、分管安全环保工作的领导和安全环保专业部门的负责同志参加会议。赵民革以《进一步强化安全环保责任体系建设，奋力开创首钢安全环保工作新局面》为题，作首钢集团安全环保工作报告。与会领导向 2017 年安全生产先进集体、“安康杯”“青安杯”竞赛优胜单位代表颁奖。

1 月 8 日，2017 年度国家科学技术奖励大会在人民大会堂举行，首钢与东北大学等单位合作开发的“热轧板带钢新一代控轧控冷技术及应用”项目荣获国家科技进步二等奖。

1 月 9 日，国家发展和改革委员会产业司副巡视员李忠娟，中国保监会发展改革部市场分析处处长刘俊、办公厅新闻宣传处处长杨坤铁，北京市发展改革委副主任洪继元，石景山区区委副书记、常务副区长田利跃，石景山区政协副主席、区发展改革委主任岳林华，北京保险产业园投资控股有限责任公司领导等一行来首钢调研，首钢集团领导张功焰、梁捷及集团有关部门负责人接待，并交流座谈。

1 月 15 至 16 日，首钢集团领导靳伟、张功焰、赵民革、韩庆到首秦公司调研，与基层职工座谈交流，了解企业发展和职工生活工作情况，征求意见建议。

1 月 15 日，市新首钢办印发通知，《关于首钢老工业区首钢权属用地土地收益征收使用管理的有关规定》（以下简称《规定》）出台。《规定》对首钢老工业区首钢权属用地土地收益（简称“首钢土地收益”）的征收、使用、管理，以及具体征收、日常管理、统筹使用管理的负责部门等予以明确。

1 月 16 日，由首钢冷轧公司、中清能合作建设的 8.3 兆瓦屋顶分布式光伏项目在首钢股份公司冷轧公司正式并网投入运行。此项目是目前北京市最大单体分布式光伏发电项目，项目并网运行后，每年约生产 820 万度清洁可靠的优质光伏“绿电”。

1 月 19 日，中共首钢第十八届委员会第三次全体（扩大）会议在文馆召开。集团党委书记、董事长靳伟受党委常委会委托，作题为《深入学习贯彻党的十九大精神，在新的历史起点上加快首钢转型发展》的工作报告；集团党委副书记、总经理张功焰主持大会。集团党委委员、集团领导；集团各部门、平台公司、直管单位、要素管理单位和部分重点授权管理单位领导人员代表；来自各单位的北京市党代表、人大代表、政协委员、部分首钢党代会代表等出席会议。北京市国资委监事会第九办事处主任芦淑芳应邀出席会议。会议审议通过了《中共首钢第十八届委员会第三次全体（扩大）会议决议》。

1 月 19 日，“贯彻党的十九大精神，走好新的长征路，2017 年度‘首钢之星’表彰大会”在首钢古城影剧院召开，集团全体领导、“两会”代表等参加会议。表彰大会前，与会人员观看了由首钢文化公司出品的大型产业工人题材原创话剧《实现·使命》。

1 月 20 日，首钢集团第十九届职工代表大会第三次会议在文馆召开。集团领导靳伟、张功焰、许建国、何巍、梁宗平、赵民革、白新、王世忠、胡雄光、韩庆、梁捷、王洪军、刘桦、王涛、刘建辉、赵天旸、卢正春出席会议；首钢的北京市、区人大代表、政协委员、市党代会代表共 20 名同志作为特邀代表，外埠企业技术服务团等 7 名同志作为列席代表出席会议。市国资委派驻首钢监事会主席王笑君、监事会第九办事处主任芦淑芳应邀出席大会。张功焰作题为《坚定不移推进改革创新，全面提升转型发展质量和效益》的报告；集团党委分别与 3 家单位签订《首钢基层党委党建工作责任书》，集团公司分别与 5 家单位签订 2018—2020 年任期目标责任书和

2018年度经营目标责任书；靳伟作总结讲话。与会正式代表以举手表决的方式，全体通过了《首钢集团第十九届职工代表大会第三次会议决议》。

1月27日，由中国科协调宣部主办，中国科协创新战略研究院、中国城市规划学会承办的“中国工业遗产保护名录”发布会在中国科技会堂举行。发布会上，公布了中国工业遗产保护名录（第一批）名单，首钢榜上有名。在名录中公布的首钢主要遗存包括：高炉、转炉、冷却塔、煤气罐、焦炉、料仓；运输廊道、管线，铁路专用线，机车、专用运输车以及龙烟别墅。

1月30日，北京市第十五届人民代表大会第一次会议圆满完成各项议程胜利闭幕，会议宣布了各项选举结果和当选名单。其中，选举产生了55名第十三届全国人民代表大会代表，首钢集团党委书记、董事长靳伟，北京大学首钢医院院长顾晋当选。

1月，首钢基金公司与曹妃甸区政府就唐山曹妃甸工人医院PPP项目签署了合作协议，标志首钢集团在京冀合作方面的又一示范项目最终落地。

1月，由投资家网主办、中国科技金融促进会风险投资专业委员会、深圳市创业投资同业公会联合主办的“投资家网·2017中国股权投资年度峰会”在北京召开。“2017中国股权投资年度峰会榜单”同期揭晓，首钢基金荣膺“2017年度最佳大健康领域私募股权投资机构Top10榜单”。

1月，经北京市高新技术企业认定机构评审，国家科技部备案，首钢国际工程公司高新技术企业通过重新认定，取得由北京市科学技术委员会、北京市财政局、北京市国家税务局、北京市地方税务局联合颁发的“高新技术企业证书”。

1月，水钢公司远程无人值守计量管理系统正式启用并进入试运行阶段，标志着水钢“智能工厂”建设迈出坚实一步。

1月，由首钢档案馆编辑出版的《首钢档案今昔》在国家档案系统企业档案资源开发利用优秀案例评选中获得三等奖，是北京市档案系统近十年在国家级评选中首次获奖。

1月，首钢迁钢公司被中华环保联合会授予“中华环保优秀企业”光荣称号。

二 月

2月2日，海外院士专家、京津冀地区重点侨商、侨界专业人士、侨创园和企业代表一行60余人齐聚首钢北京园区，共同见证海外院士专家北京工作站新首钢办公区启动，并在“万众创新，筑巢圆梦”海外院士专家创新发展座谈会上，畅谈海外院士专家工作站的发展建设以及北京市的创新发展。国务院侨办主任裘援平，北京市副市长殷勇，国务院侨办经科司司长左志强、副司长夏付东，北京市政府副秘书长徐志军，市委统战部副部长、市侨联党组书记赵宏生，市发展改革委副主任洪继元；首钢集团董事长靳伟、副总经理梁捷、总经理助理赵天旸；石景山区区长文献、副区长周西松；英国皇家工程院院士李琳，瑞典皇家院士崔大庆，澳大利亚工程院院士张亚勤，加拿大健康科学院院士宋伟宏，法国医学科学院外籍院士韩忠朝，挪威工程院院士陈德，英国社科院院士杨威，加拿大加大科技联盟共同主席汤友志，美国世界银行政策研究局转型经济处经济顾问郑德理，瑞典国际器官移植协会会员、国务院侨办专家咨询委员会成员齐忠权等海外院士专家，以及北京市相关部门领导、京津冀侨界代表、海外院士专家北京工作站及分站负责人，部分科技园区的企业代表等参加。北京市政府侨办主任刘春锋主持。

2月6至7日，集团领导靳伟、张功焰、赵民革、刘建辉分别到股份公司、京唐公司、矿业公司调研慰问。

2月8日，北京市委常委、北京卫戍区政委姜勇，副政委孙桂歆，政治工作部副主任王巍，预备役高炮师政委孙复兴，石景山区人武部部长邓晓兵等一行来首钢调研，与首钢集团领导靳伟、张功焰、胡雄光及相关部门负责人进行了座谈与交流。

2月13日，主题为“心系职工，携手同行”的2018年首钢“献爱心”募捐活动在首钢文馆举行。集团领导靳伟、张功焰、许建国、何巍、梁宗平、赵民革、韩庆、梁捷、王洪军、刘桦、王涛、卢正春，以及总部部门和首建投、体育文化公司的职工代表参加现场捐款。

2月13日，首钢集团领导靳伟、张功焰、何巍、梁宗平、赵民革、韩庆、梁捷、王洪军及相关部门负责人，走访慰问困难职工、劳动模范及生产技术骨干，向他们送去集团党委的关怀和新春祝福。

2月13日，集团领导与首钢离退休老领导进行座谈，共话转型发展。集团领导靳伟、张功焰、许建国、何巍、梁宗平；离退休老领导高伯聪、赵长白、罗冰生、卢本善、张燕林、李文秀、谢有润、陈廷璋、苏显华、方建一、姜兴宏、王毅、孙伟伟参加。

2月13日，华夏银行北京分行党委书记李大营，首席风险官廖卫东，副行长贡丹志，纪委书记胥嘉国，副行长王勇、何存一行来访首钢，首钢集团领导张功焰、王洪军及有关部门负责人接待。双方就共同关心的话题进行了座谈交流。

2月，在全国工会深化劳模和工匠人才创新工作室创建工作会议上，由首钢集团工会组织推荐申报的“卫建平创新工作室”，荣获“全国示范性劳模和工匠人才创新工作室”称号。

2月，在2018年北京市国有企业安全生产工作大会上，首钢股份公司本质化安全管理项目获得北京市国有企业安全生产工作创新奖。

2月，第六届“北汽杯”北京市“青年源创新大赛”决赛落下帷幕。首钢京唐公司的《以海水淡化为载体的能源及资源高效利用技术集成》以总分第一的成绩摘得金奖。首钢环境公司的《生活垃圾焚烧炉渣干法分选》和京唐公司的《300MW煤—煤气混烧锅炉超低氮燃烧技术研究与应用项目》分别荣获银奖和铜奖。

2月，首钢股份公司硅钢事业部酸轧轧后库智能仓储系统正式投入生产使用。这套智能仓储系统是由首钢自主研发的首个智能仓储示范库。

2月，在北京市科学技术奖励大会暨2018年全国科技创新中心建设工作会议上，首钢集团三项成果：“大型水电站用高强度易焊接厚板与配套焊材焊接技术开发应用”项目、“首钢3000吨/天生活垃圾焚烧发电项目集成工艺开发与优化”项目、“首钢烧结高温烟气循环提质节能减排新工艺与工业化应用研究”项目分别荣获2017年度北京市科学技术一、二、三等奖。

2月，由北京首钢自动化信息技术有限公司投资建设的首钢云平台管理中心正式运营。首钢云平台管理中心是北京西部最高等级的数据中心，已获得IDC/ISP、ICP运营牌照，可为用户提供机房托管服务、互联网接入服务、企业终端应用服务、云产品及解决方案服务。

2月，首钢环境资源公司建筑垃圾再生产品成功应用到北京市重大基础设施工程——石景山区市政施工项目长安街西延道路工程6号标段。

三　月

3月8日，张功焰、许建国、梁宗平、赵民革、白新、胡雄光、韩庆、梁捷、刘桦、王涛等集团领导分别到各基层单位参加领导班子民主生活会。

3月9日，首钢集团召开干部大会，整合首钢党风廉政建设工作会议、信访维稳工作会议、科技大会及首钢年度考核测评会议一起召开。集团党委副书记、总经理张功焰作重要讲话，并为特殊贡献奖获得者颁发奖杯及证书。集团领导许建国、何巍、梁宗平、赵民革、白新、王世忠、胡雄光、韩庆、梁捷、刘桦、王涛、刘建辉、卢正春参加会议。会议传达学习了北京市委副书记、市长陈吉宁在首钢领导班子民主生活会上的重要讲话精神；总结部署了首钢党风廉政建设、信访维稳、科技创新工作；表彰了2017年度首钢纪检监察先进、首钢科学技术奖、首钢第十八届管理创新成果。

3月10日，首钢举行党委中心组（扩大）学习会，邀请德勤风险咨询服务合伙人余云作《首钢集团“管控体系改革项目”诊断与优化建议》的汇报。集团总经理张功焰主持会议，集团领导班子成员，集团战略管控部门、战略支撑部门、业务支持服务部门负责人参加。

3月15日，石景山区委副书记、区长文献，副区长周西松等领导来访首钢，首钢集团领导张功焰、王世忠、胡雄光、梁捷及有关部门负责人接待，双方就共同关心的话题进行了交流座谈。

3月15日，唐山市委副书记、市长丁绣峰，唐山市政协副主席王连灵，唐山市政府党组成员崔晗，唐山市全国人大代表、政协委员一行来访首钢，首钢集团领导张功焰、刘桦及有关部门负责人接待并陪同参观。

3月19日，北京市国资委党委书记、主任张贵林，市国资委副主任孟韬及国资委相关处室负责人来首钢调研。首钢集团领导张功焰、赵民革、王世忠、胡雄光陪同。

3月22日，《首钢园—铁狮门冬奥广场产业项目合作备忘录》签约仪式在陶楼举行。铁狮门公司总裁兼首席执行官徐瑞柏，高级董事总经理霍瑞德，中国区首席执行官包志远，中国区首席投资官陈志超，北京市投资促进局副局长于燕，石景山区常务副区长田利跃，首钢集团领导张功焰、王世忠参加签约仪式。王世忠主持签约仪式，并介绍项目背景情况。签约仪式上，王世忠、沈灼林、包志远分别代表首建投、首钢基金、铁狮门三方签署“冬奥广场产业项目合作备忘录”。

3月23日，在北京冬奥组委办公地点首钢老厂区

礼堂内,北京市召开全面推进2022年冬奥会和冬残奥会筹办工作动员部署大会。市委书记、北京冬奥组委主席蔡奇作重要讲话。市委副书记、市长、北京冬奥组委执行主席陈吉宁主持会议。国家体育总局局长、中国奥委会主席、北京冬奥组委执行主席苟仲文,中国残联主席、北京冬奥组委执行主席张海迪,市人大常委会主任李伟,市政协主席吉林出席会议。中央有关部门和北京市领导,市"两院"、武警北京市总队领导,市人大常委会、市政府、市政协和北京冬奥组委秘书长参加。首钢集团领导班子成员及相关单位负责人参加大会。

3月24日,首钢集团召开党委中心组(扩大)学习会,传达学习贯彻全国"两会"精神。集团领导班子成员、战略管控部门及发展研究院负责人等参加。

3月28日,首钢集团服务2022年北京冬奥会、冬残奥会筹办和项目建设誓师动员大会在北京园区秀池项目现场举行。冬奥组委秘书行政部部长郭怀刚、石景山区副区长左小兵,集团领导张功焰、何巍、梁宗平、白新、王世忠、韩庆、梁捷、刘桦、王涛,以及集团各部门负责人,参与服务冬奥筹办、项目建设单位的领导和职工代表500余人参加。张功焰作重要讲话;何巍主持会议并传达了3月23日北京市全面推进2022年冬奥会和冬残奥会筹办工作动员部署大会精神;王世忠通报了首钢服务冬奥筹办和项目建设工作进展及下一步重点工作。

3月,首钢京唐通过冶金行业安全生产标准化一级评审。

3月,首钢京唐热轧部2250生产线首次成功试制出桥梁模板用热轧复合卷板。

3月,中国质量协会下发《关于2017年度质量技术奖励的决定》,其中首钢1项质量技术成果、6项六西格玛优秀项目获奖。

3月,在2018年海尔全球模块商共创共赢大会上,首钢集团作为海尔模块商资源平台的优秀供应商和合作伙伴,首次荣获海尔颁发的优秀模块商最高奖——"金魔方奖"。

3月,首钢智能家居系统成功装备被动式住宅。

3月,首钢财务公司获得中国银监会批复,获准作为首钢集团外汇资金集中运营管理业务的主办单位,开展集团公司外汇资金集中运营管理等相关业务。

3月,首钢股份2160生产线轧制1.55毫米厚度QS340一次成功,1580生产线轧制1.1毫米厚度Q235B一次成功,刷新极限薄规格轧制纪录。

3月,首钢基金和爱尔兰ICDL签订合作备忘录。

3月,北京市国企党建研究会发布2017年度党建调研优秀课题表彰名单,首钢4项党建成果获奖,首钢集团党委获得优秀组织奖。

3月,国家发展改革委公布的全国1331家国家企业技术中心2017—2018年评价结果中,"首钢技术中心"以92.2分的成绩被评为优秀,名列全国第22位,在钢铁企业中排名第2位。

四　月

4月4日,北京冬奥组委、首钢集团共同开展义务植树活动。北京冬奥组委秘书长韩子荣、秘书行政部部长郭怀刚,首钢集团领导张功焰、梁宗平、王世忠、梁捷、刘桦及各部门、各单位有关干部职工等参加。

4月4日,按照市国资委党委《关于做好2017年度市属企(事)业单位基层党建述职评议考核工作的通知》要求,首钢集团2017年度基层党委书记抓党建工作述职评议会召开。集团领导班子成员参加,张功焰作总结讲话。

4月9日,北京市总工会正式揭晓首届"北京大工匠"名单,首钢机电有限公司数控机床操作工卫建平荣获首届"北京大工匠"称号。

4月13日,集团领导张功焰、王世忠、梁捷、刘桦到首建投公司调研,新首钢高端产业综合服务区管理委员会成员、战略发展部、经营财务部、系统优化部、办公厅、资产管理中心等部门负责人参加。

4月18日,首钢青年干部特训班军训成果汇报暨总结表彰大会举行。集团领导张功焰、何巍,北京预备役某师政委高新江、政治部主任张忠周、某团团长郝大亮以及首钢集团有关部门负责人参加。

4月20日,集团召开领导班子会,对一季度集团经济活动进行分析和总结,研究部署下一步工作。集团领导张功焰主持会议并讲话,集团领导班子成员及集团战略管控部门、战略支撑部门、业务支持服务部门、直管单位等负责人参加。

4月23日,北京市委组织部副部长王建中来首钢调研新首钢国际人才社区建设情况,市发展改革委副主任洪继元,石景山区区委常委、组织部部长晋秋红,丰台区副区长周新春，门头沟区区委常委、副区长张兴胜，首钢集团领导张功焰、梁捷参加。

4月25日，首钢召开2017年度先进表彰大会，表彰荣获2017年度全国、北京市、首钢集团以及共青团系统的先进集体和先进个人，集团领导张功焰、许建国、何巍、梁宗平、白新、胡雄光、韩庆、梁捷、刘桦、王涛、刘建辉参加。集团战略管控部门、战略支撑部门、业务支持服务部门负责人，各单位党政主要领导、党群部门负责人、工会主席、团委书记；受表彰的先进单位、先进集体、劳动模范和优秀青年代表等参加。张功焰作重要讲话，何巍主持会议，梁宗平宣读表彰决定。全国五一劳动奖章获得者、首都劳动奖状获奖单位、首钢先进集体及优秀青年代表分别发言。

4月25日，秦皇岛市市委常委、市政府常务副市长薛永纯等一行来访首钢，首钢集团领导张功焰、韩庆及相关部门负责人接待，并陪同参观。

4月27日，首钢离退休老干部一行70余人来首钢北京园区参观，集团领导张功焰、赵民革、韩庆、王涛、卢正春陪同。

4月28日，首钢集团党委中心组(扩大)学习会举行，邀请国家发展改革委宏观经济研究院副院长吴晓华作“贯彻新发展理念，建设现代化经济体系”的专题辅导报告。集团领导班子成员，集团各部门负责人，各平台公司、直管单位和成员单位党政主要负责人及部分管理人员参加学习。

4月28日，中国一重集团总经理、中国第一重型机械股份公司董事长赵刚，中国第一重型机械股份公司副总经理许崇勇等一行来访首钢，集团领导张功焰、赵民革及相关部门负责人接待。双方就共同关心的话题进行了交流座谈。

4月，首钢分别获得长城汽车2017年度供应商“技术合作奖”、吉利汽车2017年度优秀供应商“最佳合作奖”。

4月，首钢矿业速力公司与新疆紫金锌业有限公司成功签约，首钢矿业自主研发的GPS矿车智能调度系统首次进入铅锌行业。

4月，标普授予首钢基金“BBB+”长期评级和“A-2”短期评级，长期评级展望稳定。

4月，有“雄安第一标”之称的雄安市民服务中心项目主体建筑全部完工，首钢近千吨优质镀锌板应用于这一标志性建筑的轻钢龙骨、金属隔断及新型防火安全门的制造。

4月，在北京市总工会主办的第三届“首都最美劳动者”颁奖典礼上，首钢矿业设结公司沈虎庄荣获“首都最美劳动者”称号。

4月，中国钢铁工业协会召开首批团体标准发布会，其中《绿色设计产品评价规范新能源汽车用无取向电工钢》团体标准由首钢股份牵头起草编制。

4月，通钢公司第一钢轧厂试生产30MnSi钢，一次性开发成功，标志着通钢公司在产品结构上取得了新突破。

五　月

5月3日，石景山团区委联合首钢团委在首钢群明湖畔，共同举办“2022，我们在一起”主题活动。北京冬奥组委新闻宣传部副部长赵卫；团市委副书记毛晓刚，团市委副书记(兼)申雪；石景山区区委书记于长辉，区委副书记、区长文献，区人大常委会主任李文起，区政协主席吴克瑞，区委副书记、常务副区长田利跃，区委常委、组织部部长晋秋红，区委常委、统战部部长姚茂文，区政府副区长陈婷婷；首钢集团领导张功焰、何巍；以及石景山区各群团组织、基层单位和区域化团建友好单位的相关领导及400余名“冬奥青年先锋队”队员参与活动。

5月10日，2018年中国钢铁企业品牌榜发布，首钢集团再度荣登“十大卓越钢铁企业”品牌榜。这是首钢集团连续两年获此称号。

5月16日，达涅利集团总经理莫利斯基、副总裁西麦李斯、项目总监皮加尼、达涅利中国副总裁维索塔、达涅利中国副总裁郭均、达涅利中国副总裁张畅等一行来访首钢，集团领导张功焰、赵民革及相关部门负责人接待。双方就合作项目进行了交流座谈。

5月16日，首钢朗泽公司全球首套4.5万吨/年工业尾气生物发酵法制燃料乙醇项目在首钢京唐公司一次调试成功，浓度为99.5%的合格燃料乙醇产品从蒸馏塔产出。

5月29日，北京演艺集团党委书记、董事长康伟等一行来访首钢，集团领导张功焰、何巍、梁宗平及相关部门负责人接待，并陪同参观。

5月，首钢水钢公司被国家质量监督检验检疫总局

产品质量申诉处理中心授予《全国百佳质量诚信标杆示范企业》证明证书。

5月，首建集团连续十一年获评“全国优秀施工企业”。

5月，在本特勒亚太2018年供应商大会上，首钢荣获“年度最佳技术合作奖”。

5月，首钢集团荣登“京津冀钢厂领导品牌”榜。

5月，首钢工学院获得全国职业院校技能大赛二等奖。

六 月

6月2日，首钢“双百万”特高压大容量变压器用高磁感取向硅钢产品鉴定会召开，中国机械工业联合会组织专家对“‘双百万’特高压大容量变压器用高磁感取向硅钢”产品进行了鉴定，一致同意通过鉴定。沈阳变压器研究院院长刘杰、原国网电力科学研究院总工付锡年、钢铁研究总院常务副院长田志凌，国家工业信息化部、国家电网公司交流建设部、南方电网公司、中国电力科学研究院、国网全球能源互联网研究院、国网电力科学研究院、湖北省电力试验研究院、中国金属学会电工钢分会、保变电气股份有限公司、西安西电变压器有限责任公司、特变电工沈阳变压器集团有限公司等科研院所、变压器制造企业共21名专家代表，首钢集团领导张功焰、赵民革、刘建辉及相关部门负责人参加会议。

6月5日，北京2022年冬奥会和冬残奥会官方城市更新服务合作伙伴签约仪式在北京冬奥组委首钢办公区举行。国家体育总局局长、中国奥委会主席、北京冬奥组委执行主席苟仲文，北京市市长、北京冬奥组委执行主席陈吉宁，中国残疾人联合会主席、北京冬奥组委执行主席张海迪，国际奥委会主席托马斯·巴赫，国际残奥委会主席安德鲁·帕森斯，国际奥委会副主席、中国奥委会副主席、北京冬奥组委副主席于再清，国际奥委会副主席、北京2022年冬奥会协调委员会主席胡安·安东尼奥·萨马兰奇，中国奥委会副主席、北京冬奥组委副主席杨树安，河北省副省长徐建培，北京市政府秘书长靳伟，北京冬奥组委秘书长韩子荣，国际奥委会奥运会部执行主任克里斯托夫·杜比出席签约仪式并见证签约。北京市副市长、北京冬奥组委执行副主席张建东与首钢集团总经理张功焰代表双方签署了合作协议。国际残奥委首席执行官泽维尔·冈萨雷斯，国际残奥委会市场开发部部长阿莱克西斯·谢佛以及北京市委市政府、北京冬奥组委、石景山区委区政府等相关单位负责同志，首钢集团重要客户代表，首钢集团领导何巍、梁宗平、王世忠、胡雄光、韩庆、梁捷、刘桦、刘建辉、赵天旸、卢正春，外部董事刘景伟以及相关单位负责人，新闻媒体等200余人参加。梁宗平主持会议。

6月6日，欧力士集团专务执行董事伏谷清，大中华区董事长、欧力士亚洲资本董事长刘国平，大中华区总经理、欧力士亚洲资本总裁李浩，大中华区主任李殷伯等一行来访首钢，集团领导张功焰、赵天旸以及相关部门负责人接待，并就相关议题进行了座谈与交流。

6月13日，秘鲁驻华大使路易斯·克萨达、公使衔参赞海梅·卡萨弗兰卡等一行来访首钢，集团领导张功焰、韩庆及相关部门负责人接待，双方就共同关心的话题进行了座谈交流。

6月14日，中冶南方工程技术有限公司党委副书记、总经理臧中海等来访首钢，集团领导张功焰及有关部门负责人接待，双方就共同关心话题进行了交流座谈。

6月14日，北京市高新技术企业认定专家组赴首钢冷轧公司现场审核，首钢冷轧公司以“零问题”通过高新技术企业现场审核。

6月15日，石景山区委书记于长辉，区委副书记、代区长陈之常，区委副书记、常务副区长田利跃，区委常委、组织部部长晋秋红等来首钢调研，集团领导张功焰、何巍、白新、王世忠、胡雄光、梁捷接待，双方围绕相关话题进行了座谈交流。

6月16日，2018年全国安全宣传咨询日活动在首钢工学院举办。国务委员王勇、国务院副秘书长孟扬，应急管理部党组书记黄明、副部长尚勇，北京市市长陈吉宁、副市长卢彦、市政府秘书长靳伟等领导出席，首钢集团领导张功焰、何巍、赵民革、胡雄光及相关部门负责人参加。

6月26日，首钢集团庆祝中国共产党成立97周年暨创先争优表彰大会召开，表彰在推进首钢深化改革、转型发展的各项任务中作出突出贡献的先进基层党组织和模范共产党员，交流党建工作经验。首钢集团领导张功焰、许建国、何巍、梁宗平、赵民革、白新、胡雄光、韩庆、梁捷、刘桦、王涛、刘建辉、卢正春，各单位党政主要领导、党委组织部部长和部分基层一线党员，集团战略管控、战略支撑和业务支持服务部门负责人，北京市及首钢党代会一线代表等在文馆参加会议。许建国主持会议，张功焰作重要讲话。

6月26日，首钢基金——北京银行战略合作签约仪式在首钢海外院士专家北京工作站举行。北京银行董事长张东宁、副行长冯丽华，首钢集团领导张功焰、赵天旸，以及双方有关部门领导参加了签约仪式。在签约仪式上，张功焰、张东宁先后致辞。首钢集团总经理助理赵天旸，北京银行行长助理戴炜分别代表首钢集团、北京银行在战略合作协议上签字。

6月27日，国家文化和旅游部副部长李群，政法司司长饶权，财务司副司长燕东升，艺术司巡视员、副司长明文军，科技司司长孙若风，中国东方演艺集团有限公司党委书记、董事长宋官林，中国对外文化集团公司党委书记、总经理李金生，文化部艺术发展中心主任刘占文以及北京市发展和改革委员会副主任洪继元，北京市文化局副巡视员马文，北京市文资办副主任李小明等来首钢调研，首钢集团领导张功焰、王世忠及相关部门负责人陪同讲解。

6月27日，香格里拉（亚洲）有限公司董事局主席郭惠光、首席执行官林明志等来访首钢，北京市旅游发展委员会副主任王粤等参加，首钢集团领导张功焰、王世忠、梁捷以及相关部门负责人接待。

6月28日，北京市公安局党委委员、消防局局长亓延军等来首钢调研，首钢集团领导张功焰、王世忠及有关部门负责人接待，双方进行了座谈交流。

6月28日，CMI公司工业集团总裁达希尔瓦，中国销售总经理穆纳，北京考克利尔公司总经理马蒂亚斯等一行来首钢参观访问，首钢集团领导张功焰及有关单位和部门负责人接待，双方就加强合作等进行了交流座谈。

6月29日，北京体育大学与北京首钢篮球俱乐部强强联合，在首钢体育大厦正式签约启动“国家篮球雏鹰计划”。国家体育总局党组成员、副局长李颖川，国家体育总局青少司司长王立伟，北京市体育局局长赵文，国家体育总局体科所副所长袁虹，中国篮球协会秘书长白喜林，北京体育大学党委书记、校长曹卫东，美国篮球学院院长 Bruce O' Neil，首钢集团领导梁宗平以及北京首钢体育文化有限公司总裁、北京首钢篮球俱乐部有限公司董事长秦晓雯，北京首钢体育文化有限公司董事、首钢雏鹰计划项目总负责人闵鹿蕾，首钢雏鹰计划第一期4名优秀学员代表，来自中央和地方50余家媒体的记者参加了签约启动仪式。

6月29日，上午9时26分首秦公司1号连铸机生产出最后一块钢坯后正式停产。至此，首秦公司炼铁炼钢系统停产操作顺稳完成。

6月30日，首钢集团党委理论学习中心组（扩大）学习会召开，邀请华高莱斯国际地产顾问（北京）有限公司董事长兼总经理李忠作“新首钢高端产业综合服务区提升战略”的专题讲座。集团领导班子成员，集团各部门负责人，首建投公司及平台项下各单位，股权投资公司及平台项下相关单位，部分直管单位，曹建投公司，首秦公司党政负责人、相关管理和专业人员等共200余人参加学习。

6月，首钢物业以优异的表现首次跻身“2018中国物业服务百强企业”，并荣获“2018中国产业园区物业管理领先企业”荣誉，北京2022年冬奥会和冬残奥会组委会综合办公区荣获“2018中国物业服务行业示范基地”称号。

6月，由首钢财务公司主办，北京汽车集团、北京首都旅游集团、北京金隅集团、北京控股集团、北京粮食集团等市属集团财务公司共同参与举办了7家北京市属集团财务公司战略合作协议签署仪式。合作内容涉及同业授信、票据转贴现、财票及保函互认等业务。

七　月

7月1日，由中国电力发展促进会、首钢环境公司等单位联合起草的《垃圾发电厂运行指标评价规范》《垃圾发电厂危险源辨识及评价规范》，经国家能源局批准，正式实施。此两项标准的颁布实施，填补了能源电力行业对垃圾发电运行评价和安全生产方面标准的空白。

7月2日，“中国冰球协会与首钢体育战略合作”启动仪式在首钢体育大厦举行。国家体育总局党组成员、副局长高志丹，国家体育总局冬季运动中心常务副主任丁冬，中国冰球协会主席曹卫东，北京市体育局局长赵文，首钢集团领导梁宗平以及北京首钢体育文化有限公司总裁秦晓雯，中国冰球跨界跨项集训队队员、北京青少年冰球选手参加启动仪式。

7月4日，门头沟区区委书记张力兵，区委副书记、

区长付兆庚，区委常委、常务副区长彭利锋，区委常委、区委办主任金秀斌，副区长王涛一行来首钢参观调研，首钢集团领导张功焰、许建国、何巍、白新、王世忠及相关部门负责人接待，双方就合作共赢、协同发展等内容进行了交流座谈。

7月10日，首秦公司召开第三届职工代表大会第二次会议，首钢集团有限公司工会、监事会办公室有关负责同志出席。会议听取审议了《秦皇岛首秦金属材料有限公司停产转移职工分流安置方案（草案）》，经过全体职工代表的充分讨论，无记名投票表决通过了《秦皇岛首秦金属材料有限公司停产转移职工分流安置方案（草案）》，为平稳推进职工分流安置工作奠定了坚实基础。

7月11日，第十次全国企业民主管理工作调研检查互检第四组组长、湖北省总工会党组成员、副主席刘晓林，副组长、青海省总工会党组成员、经费审查委员会主任蒲勤，北京市总工会党组成员、副主席张青山等来首钢调研检查，首钢集团领导张功焰、梁宗平及有关部门负责人接待。

7月12日，首秦公司钢铁全流程停产仪式举行，标志着首秦公司顺利实现安全、稳定、经济停产，迈入搬迁转移转型发展新阶段。秦皇岛市副市长孙国胜，首钢集团领导张功焰、梁宗平、赵民革、胡雄光、刘建辉，以及首秦公司工程建设、生产经营、创业发展各个阶段的领导，首钢集团各部门、钢铁板块各单位领导，首秦公司主要合作方的领导和首秦公司部分职工参加。张功焰作重要讲话。

7月13日，中国银行总行副行长林景臻一行来访首钢，集团领导张功焰及有关部门负责人接待，双方就共同关心的话题进行了座谈交流。

7月16日，由北京市人才工作领导小组办公室、市发展改革委、北京大学、香港理工大学联合主办，首钢集团承办的“一带一路”全球青年领袖荟萃——北京·2018活动开幕式在首钢文馆举行。市委常委、组织部部长、市人才工作领导小组组长魏小东出席开幕式并致辞。北京大学校长林建华、香港理工大学副校长沈岐平、首钢集团总经理张功焰分别致辞，香港理工大学校长唐伟章通过视频致辞。

7月19日，诺贝尔和平奖得主穆罕默德·尤努斯教授来访首钢，北京市委组织部副部长、市人才工作领导小组办公室主任王建中等，香港理工大学校长高级顾问（兼翻译）阮曾媛琪，格莱珉有限公司（中国）、尤努斯基金会（香港）总裁高战及相关负责人参加，首钢集团领导张功焰、梁捷及相关部门负责人接待并座谈。

7月19日，财富中文网全球同步发布了最新的《财富》世界500强排行榜，首钢集团以27488.7百万美元（约1858亿元人民币）的营业收入列第431位。这是首钢集团自2011年首次进入世界500强榜单以来第七次上榜。

7月21日，秦皇岛首钢赛车谷项目在首秦园区正式启动，中国汽车摩托车运动联合会主席詹郭军，河北省体育局副局长李东奇，清华大学汽车研究院常务副院长郑四发，秦皇岛市市长张瑞书，市委常委、海港区区委书记冯国林，副市长冯志永，首钢集团领导张功焰、梁宗平、韩庆、赵天旸，秦皇岛市委、市政府，首钢集团等有关部门和单位有关领导，各级汽摩联协会成员，相关企业与合作伙伴出席启动仪式。

7月25日，“2018年中国焊接国际邀请赛”在首钢技师学院实习实训中心开幕。

7月26日，在京津冀协同发展论坛上，首钢获得2018京津冀协同发展创新案例奖。首钢集团领导张功焰及相关部门负责人参加论坛开幕式。

7月27日，首钢集团党委扩大会暨上半年经济活动分析会召开，对上半年集团经济活动进行分析和总结，研究部署下半年工作。同时，传达学习全国、北京市安全生产电视电话会议精神。集团领导张功焰主持会议并作重要讲话，集团全体领导、总部部门和基层单位主要领导参加会议。北京市国资委派驻首钢监事会芦淑芳主任出席会议。

7月31日，“一带一路”落地拉美的第一个项目：首钢秘铁1000万吨精矿扩建项目竣工。

7月，首钢研发的超低噪声、低铁损27SQGD085LN、23SQGD080LN取向硅钢产品实现全球首发。

7月，京唐公司首架拆捆带机器人在冷轧部2230连退生产线正式上线投用。

7月，“第二届国家名医高峰论坛”在北京举行，“国之名医系列榜单”同时揭晓。北大首钢医院院长、胃肠外科首席专家顾晋和普外科主任刘京山荣获“国之名医·卓越建树”称号。

7月，北京市召开2016—2017年度首都无偿献血工作先进集体和先进个人表彰会。首钢集团被评为“2016—2017年度首都无偿献血工作先进集体”，首钢国际工程公司陈振华被评为“2016—2017年度首都无偿献血工作先进个人”。

7月，首钢吉泰安新材料公司“圆珠笔头用无铅超易切削不锈钢丝”科技成果通过由中国金属学会组织的专家评审。中国工程院院士干勇，以及来自中国金属学会、中国特钢企业协会不锈钢分会、中国制笔协会、北京科技大学、山东泰钢集团、东北特钢集团研究院、青拓集团研究院、金锐笔业等10余名专家，经认真质询、讨论后一致认定，该成果总体达到国际先进水平，建议加快市场拓展，进一步推广应用。评审前，首钢集团领导张功焰、白新与干勇等专家进行了座谈。

八　月

8月9日，首钢集团干部大会在文馆召开。北京市委常委、副市长阴和俊作重要讲话，市委组织部副部长孙仕柱宣布北京市委、市政府《关于张功焰同志任职的通知》，张功焰同志任首钢集团有限公司党委书记、董事长。市国资委党委书记、主任张贵林主持会议，市国有企业监事会主席王笑君，首钢集团领导班子成员，集团总部机关各部门及二级企业负责人参加会议。

8月9日，由北京冬奥组委主办的北京冬奥会合作伙伴俱乐部成立。国际奥委会副主席、北京2022年冬奥会协调委员会主席、萨马兰奇体育发展基金会发起人胡安·安东尼奥·萨马兰奇，北京市副市长、北京冬奥组委执行副主席张建东，北京冬奥组委秘书长韩子荣，首钢集团领导梁捷参加成立仪式。

8月19日，由中国花样滑冰协会主办，北京市体育局协办，北京首钢园运动中心运营管理有限公司承办的2018中国花样滑冰俱乐部联赛总决赛，在首钢园运动中心花滑馆落下帷幕。

8月21日，北京市政协副主席林抚生、市政协经济委主任柯文进以及市政协委员、市发展改革委新首钢办有关领导人员等来首钢调研，首钢集团党委书记、董事长、总经理张功焰，党委常委、工会主席梁宗平，副总经理梁捷陪同调研并座谈。

8月25日，市委书记蔡奇就新首钢地区规划建设情况进行调研。他强调，新首钢地区是首都西大门，具备独有的区位、历史和资源优势，要从落实首都城市战略定位的高度，认识和谋划这一地区的未来发展，打造新时代首都城市复兴的新地标。市委副书记、市长陈吉宁一同调研。市领导张工、阴和俊、崔述强、隋振江，市政府秘书长靳伟，冬奥组委秘书长韩子荣一同调研。首钢集团副职以上领导参加调研座谈。

8月31日，华夏银行党委书记、董事长李民吉，党委副书记、行长张健华，党委委员、纪委书记刘春华，副行长关文杰、王一平等一行来访首钢，首钢集团领导张功焰、赵民革、王洪军及相关部门负责人接待并座谈。

8月，北京市人民政府授予北京首钢冷轧薄板有限公司“安全生产先进单位”称号，该公司是首钢集团获此殊荣的唯一企业。

8月，首钢建设集团与中航国际工程成功签订价值近2亿元人民币的海外项目——阿联酋沙迦Majaz2商住楼项目工程，为响应中国与阿联酋携手合作、打造中阿共建“一带一路”命运共同体、更好造福两国人民的期望作出贡献。

8月，通钢吉林焊管公司成功研制出30mm×20mm等三个规格、壁厚为1.1mm的700L汽车用超薄高强钢焊管新产品。

8月，国务院国企改革领导小组办公室正式启动国企改革“双百行动”，首钢入选国务院国企改革“双百企业”名单，在2018—2020年期间实施“国企改革双百行动”。

8月，冶金科学技术奖奖励委员会正式公布对85个项目授予2018年中国钢铁工业协会、中国金属学会冶金科学技术奖。首钢1项成果获冶金科学技术一等奖，2项成果获冶金科学技术二等奖，2项成果获冶金科学技术三等奖。

8月，由中国管理科学研究院企业管理创新研究所举办的“第十一届中国管理科学大会暨改革开放40周年新时代中国特色管理理论国际论坛”在京召开，首钢矿业公司《冶金地下矿山以安全高效为目标的爆破“四化”管理》荣获“中国最佳管理创新实践奖”。

8月，由唐山曹妃甸区委、区政府主办的首届“曹妃甸突出贡献奖”评选活动揭晓，首钢京唐钢铁联合有限责任公司炼钢部的张丙龙团队、京冀曹妃甸协同发展示范区建设投资有限公司的李国庆管理团队获首届“曹妃甸突出贡献奖”。

8月，由冶金工业信息标准研究院和知识产权出版社 i 智库共同发布的《中国钢铁企业专利创新指数》研究成果显示，首钢等 5 家钢铁企业综合得分超过 80 分，成为最具专利创新活力的企业。

九 月

9 月 5 日，朝阳区区委书记王灏，区委副书记、代区长文献，区人大常委会主任陈宏志，区政协主席陈涛，区委副书记甘靖中，区委常委、统战部部长黄晓伟，副区长李俊杰等来首钢调研。石景山区委副书记、代区长陈之常，副区长陈婷婷，区政协副主席、发展改革委主任岳林华；首钢集团领导张功焰、何巍、梁捷及有关部门负责人参加。

9 月 6 日，石景山工商分局领导一行来首钢北京园区现场办公，为园区内第一家通过招商引进的对外经营商户——北京星巴克咖啡有限公司颁发营业执照。星巴克咖啡的落地，标志着北京首钢园区开发工作取得实质性进展。

9 月 7 日，集团领导张功焰、王世忠、梁捷、刘桦到首建投公司调研，对集中精力、全力以赴完成北京园区开发建设目标任务，打造新时代首都城市复兴新地标进行再部署、再安排。

9 月 13 日，首钢集团董事会召开 2018 年第三次会议。听取并审议集团公司董事会专门委员会成员及办事机构人员调整、首钢“十三五”发展规划中期评估工作、首钢完善工资总额决定机制思路方案、改制企业进一步深化改革指导意见和实施细则等事项。首钢集团党委书记、董事长、总经理张功焰主持会议。

9 月 15 日，“首钢杯”第九届全国钢铁行业职业技能竞赛在首钢开幕。中国钢铁工业协会党委书记、秘书长刘振江，中国机冶建材工会全国委员会副主席毛迎春，北京市总工会党组成员、副主席韩世春，北京市工业（国防）工会主席周玉忠，首钢集团党委常委、董事、工会主席梁宗平，迁安市市委常委、副市长庞再明，中国钢铁工业协会副秘书长姜维，中国冶金报社社长陆闻言，中国机械冶金建材工会钢铁工作部部长刘向东，宝武集团工会主席傅连春，党的十九大代表、本届竞赛形象大使、全国劳模、中华技能大奖获得者、首钢集团工会兼职副主席、首钢技术研究院焊工刘宏出席开幕式。来自 74 家兄弟单位的领导、领队、教练和参赛选手以及首钢有关部门和单位的领导参加开幕式。首钢股份公司总经理刘建辉主持开幕式。

9 月 15 日，第七届中国舞蹈节“9 · 15”系列活动在首钢北京园区举行。中国文联党组成员、书记处书记陈建文，中国文联荣誉委员、中国舞协名誉主席白淑湘，中国舞蹈家协会分党组书记、驻会副主席兼秘书长罗斌，首钢集团副总经理梁捷等领导出席。此次活动由中国文联、中国舞蹈家协会主办，首钢集团、中国文联舞蹈艺术中心、中国舞蹈家协会街舞委员会共同承办，广东、海南、宁夏回族自治区、新疆维吾尔自治区等来自 18 个省、市、自治区及行业的舞蹈家协会共同协办。

9 月 17 日，国际奥委会北京 2022 年冬奥会协调委员会第三次会议在北京冬奥组委首钢办公区召开。国家体育总局局长、中国奥委会主席、北京冬奥组委执行主席苟仲文，河北省委副书记、省长、北京冬奥组委执行主席许勤，中国残联主席、北京冬奥组委执行主席张海迪出席开幕式。国际奥委会副主席、北京 2022 年冬奥会协调委员会主席胡安 · 安东尼奥 · 萨马兰奇在开幕式上致辞。当天，国际奥委会团队考察了首钢滑雪大跳台等地。在位于首钢北京园区群明湖北侧的高线公园样板段，萨马兰奇率国际奥委会代表团一行 45 人与北京市副市长、北京冬奥组委执行副主席张建东，北京冬奥组委副主席、中国奥委会副主席杨树安，北京冬奥组委秘书长韩子荣及首钢集团领导张功焰、王世忠一同实地查看、听取介绍，详细了解了首钢园区改造、滑雪大跳台项目、国家体育总局冬季训练中心及石景山的相关情况。

9 月 19 日，“首钢杯”第九届全国钢铁行业职业技能竞赛落下帷幕。首钢选手赵满祥、张浩、王涛分获高炉炼铁工、天车工、电焊工冠军。

9 月 23 日，首钢矿业公司第一批绿色建材产品运抵北京。发运的绿色建材产品为 10mm— 25mm 建筑砟，共计 3000 多吨，将用于商用混凝土，为首都建设增添“新绿”。

9 月 25 日，2018 年首钢“创新创优创业”交流会在文馆召开。中国人民大学国企改革与发展研究中心首席政策专家李锦、招商局集团战略发展部副部长吴少华受邀分别作专题辅导和经验交流；集团领导张功焰、许建国、何巍、赵民革、白新、王世忠、韩庆、梁捷、王洪军、魏立宝、刘桦、王涛、刘建辉、赵天旸、卢正春参加会议。市国资委派驻首钢监事会主席王笑君应邀出席会议。

张功焰作题为《大力弘扬改革创新精神　在新的历史起点上加快首钢转型发展》的报告。何巍主持会议。战略发展部、人力资源部、系统优化部负责人分别解读了《首钢集团"十三五"发展规划中期评估调整报告》《首钢集团完善工资总额决定机制实施方案》以及《首钢集团违规经营投资责任追究实施办法》。集团各部门负责人及部分相关管理人员，各平台公司、直管单位主要领导，全国、北京市党代会代表在主会场参加会议。股份、京唐、首秦、矿业、水钢、长钢、通钢、贵钢、伊钢、曹建投等相关单位领导通过视频参加会议。

9月26日，2018年首钢"创新创优创业"交流会圆满闭幕，集团党委书记、董事长、总经理张功焰主持会议并作总结讲话。集团领导许建国、何巍、赵民革、白新、韩庆、梁捷、王洪军、魏立宝、刘建辉、卢正春参加会议。集团各部门负责人及部分相关管理人员，各平台公司、直管单位主要领导，全国、北京市党代会代表参加会议。

9月30日至10月1日，集团领导张功焰、赵民革、刘建辉到京唐公司看望慰问职工，实地了解京唐公司经营生产和二期项目建设情况，并提出具体要求。

9月，《财富》中文网发布2018年"最受赞赏的中国公司"排行榜，首钢在"最受赞赏的中国公司"全明星榜上位居第19位。

9月，首钢荣获TCL2018年度"核心供应商"。

十　月

10月8日，白银有色集团党委书记、董事长张锦林；中信国安集团有限公司总经理助理，首信秘鲁矿业股份有限公司董事、总经理袁积余等白银有色集团人员来访首钢，首钢集团领导张功焰、韩庆及相关部门负责人接待，双方就互利共赢、合作项目等进行了交流座谈。

10月9日，山西省吕梁市委副书记、市长王立伟，市政府秘书长梁斌一行来访首钢，首钢集团领导张功焰、赵天旸及相关部门负责人接待并座谈。

10月10日，在京参加"2018北京中轴线申遗保护国际学术研讨会"的4位世界文化遗产方面的国外专家，实地考察首钢遗址保护和利用情况。联合国教科文组织城市设计与保护研究教席迈克尔·特纳认为，从老厂房到未来的冬奥场馆，首钢这条探索更新改造的新思路值得推广。

10月10日，北汽集团党委副书记、总经理张夕勇，副总经理张建勇，证券与金融总监闫小雷一行来访首钢，首钢集团领导张功焰、王洪军、刘建辉、赵天旸及相关部门负责人接待，双方就项目合作等进行了座谈。

10月12日，由中国海洋工程咨询协会、首钢集团有限公司、唐山市曹妃甸区政府共同主办的"第三届曹妃甸海洋发展大会"在曹妃甸渤海国际会议中心举行。中国海洋工程咨询协会名誉会长、国家海洋局原局长孙志辉，中国海洋工程咨询协会会长、国家海洋局原纪委书记周茂平，中国海洋工程咨询协会副会长李春先、郭立峰，中国海洋工程咨询协会副会长兼秘书长、国家海洋局海洋咨询中心主任屈强，中国工程院院士、国家海洋卫星应用中心主任蒋兴伟，唐山市委常委、曹妃甸区委书记孙贵石，唐山市委常委、副市长于学强，曹妃甸区委副书记、区长张贵宝，首钢集团副总经理韩庆，北京科技大学国家材料服役安全科学中心高级顾问、联合国教科文组织总干事特别小组成员庄子哲雄，厦门市原副市长、厦门市教育基金会理事长潘世建参加。

10月13至14日，在全新的首钢赛车谷钢铁赛道上，"2018京津冀赛车节暨秦皇岛GT嘉年华"开启。北京市汽车摩托车运动协会会长王兴贵，天津市汽车摩托车运动协会会长雷明，河北省汽车摩托车运动协会副秘书长谈晓冽；秦皇岛市委书记孟祥伟，秦皇岛市委常委、秘书长李国勇，秦皇岛市委常委、海港区委书记冯国林，秦皇岛市政府副市长冯志永；首钢集团领导张功焰、许建国、梁宗平、王世忠、韩庆、梁捷、魏立宝、刘建辉、卢正春出席开幕仪式。此次活动由北京市汽车摩托车协会和秦皇岛市海港区政府联合主办，首秦公司承办，首钢金港公司等联合推广，是运用市场化方式首次试运营的商业活动。

10月16日，首钢园自动驾驶服务示范区启动仪式在首钢园侨梦苑举行。北京市科学技术委员会副巡视员王建新、北京市经济和信息化委员会主任助理王兰、石景山区副区长杨宏伟、首钢集团副总经理梁捷、清华大学汽车工程系主任杨殿阁，市科委，市经信委，新首钢办，市交通委，市交管局，石景山区科委、经信委等部门相关负责人；京东、美团点评、新石器、智行者、北汽福田、中国联通、百度、华为等公司代表；首钢集团相关单位负责人；新华社、中央电视台、中青网、北京电视台、《北京日报》等媒体参加启动仪式。仪式上，首钢集团分别与清华大学、京东、美团点评、新石器、智行者签约。

市科委、市经信委、石景山区政府、首钢集团领导共同为“首钢园自动驾驶服务示范区”揭牌。

10月16日，新日铁住金工程技术株式会社董事长藤原真一、钢铁成套设备事业部总裁内田亲司朗，北京中日联节能环保工程技术有限公司总经理中马泰彦、副总经理林松一行来访首钢，首钢集团领导张功焰、何巍以及相关部门负责人接待。

10月17日，集团领导张功焰、白新、赵天旸到北京大兴国际机场停车楼项目现场调研，并与首都机场集团副总经理高世清等座谈，集团战略发展部、基金公司、首自信公司、城运公司相关负责人参加。

10月19日，国家电网有限公司副总工程师兼国网北京电力公司董事长、党委书记李同智，总经理、党委副书记万志军，副总经理周建方等来访首钢，首钢集团领导张功焰、王世忠及有关部门负责人接待，并陪同参观。

10月19日，“首钢矿业杯”第二届全国冶金矿山行业职业技能竞赛落下帷幕。首钢矿业公司选手富全、王宝林、张钊分获金属矿井下开掘工、电气设备点检员、电焊工比赛冠军。

10月25日，北京市纪委副书记、市监委副主任、市冬奥会监督工作领导小组副组长杨逸铮，市监委委员、市委巡视组长、冬奥监察专员杨小兵，市纪委委员、驻市住建委纪检监察组组长邓志荣等来首钢调研，北京冬奥组委监审部部长马建平、副部长杜晓光参加，集团领导张功焰、许建国及相关部门负责人接待，并陪同参观。

10月25日，北京市人民政府在新首钢高端产业综合服务区举行外国驻华使节招待会，来自110多个国家的驻华使节和国际组织驻华代表夫妇应邀出席。市委副书记、市长陈吉宁出席招待会并致辞。中央有关部门和北京市领导钱洪山、秦刚、杜飞进、隋振江、杨艺文，市政府秘书长靳伟、北京冬奥组委秘书长韩子荣出席招待会。首钢集团领导张功焰、梁宗平、赵民革、白新、王世忠、梁捷、王洪军及相关部门负责人参加。

10月26日，北京市人大常委会主任李伟，以及市人大常委会委员、专委会委员、市人大代表20余人到首钢调研；市政府副秘书长韩耕、市侨办主任刘春锋、市侨办副主任李长远，石景山区委书记于长辉，区委副书记、代区长陈之常，区人大常委会主任李文起，区委副书记、常务副区长田利跃，区委常委、组织部部长晋秋红参加。首钢集团领导张功焰、梁捷陪同。

10月29日，首建集团和中信建设组成的联合体签下了斯里兰卡科伦坡 THE ONE 项目幕墙合同，合同总价款超过7000万美元，标志着首建集团在该地区的工程开发项目取得了重大突破和进展，再次赢得了海外工程大单。

10月31日，首钢集团和中国联通在首钢园区冬奥组委所在地举行战略合作伙伴签约仪式。北京市副市长、北京冬奥组委执行副主席张建东，北京冬奥组委秘书长韩子荣；中国联通集团董事长王晓初，副总经理买彦州、梁宝俊；首钢集团领导张功焰、王世忠、梁捷及中国银行、安踏公司、中国石油、中国石化等北京冬奥会合作伙伴代表出席签约仪式。本次签约是北京冬奥会合作伙伴俱乐部成立以后，合作伙伴之间实现战略合作的首次签约。首钢集团和中国联通将携手把首钢园打造成为国内首个5G智慧园区。

10月，北京市经信委首次公布市级绿色制造名单，北京首钢冷轧薄板有限公司榜上有名。

10月，首钢园区东南区土地一级开发项目，第一批入市4个地块规模约15.3万平方米在北京市土地交易市场正式挂牌。

10月，2018年“首都市民学习之星”揭晓，首钢京唐公司炼钢作业部陈香、京唐公司热轧部张维中和矿业公司设结公司沈虎庄当选“首都市民学习之星”。

10月，在广州白云国际会议中心举办的“2018第二届中国汽车电子大会”上，首钢京西重工（上海）有限公司申报的“支持新能源汽车制动能量回收的ESC控制模块”获得“2018汽车‘金电子’创新产品奖”。

10月，由贵州省企业联合会、贵州省企业家协会联合主办的“2018贵州企业100强、贵州民营企业100强”发布会在贵州省政府召开，首钢水钢公司位居“2018贵州企业100强”第14名。

10月，受中石化委托，商业信用中心对北京首钢钢贸投资管理有限公司进行了法人信用认证评级，并出具了信用评价报告，首钢钢贸信用等级为AA+，是钢厂的最高评级。被评为AA+的还有宝钢、包钢。本次获评AA+是首钢钢贸首次向外界亮出主体信用“名片”。

10月，京唐公司焦化部大型干熄焦装置“长寿技术”取得新突破，实现了260吨/小时大型干熄焦“2年一小修，8年一中修”目标，每年直接取得经济效益约200万元。

十一月

11月1日，首钢集团聘任吴晨为总建筑师。集团领导张功焰、何巍、王世忠、梁捷、刘桦，以及集团党委组织部、首建投公司、房地产公司、国际工程公司、首建集团相关负责人参加聘任仪式。

11月2日，首钢高技能人才工作推进会暨全国冶金行业职业技能竞赛总结表彰会召开，集团党委书记、董事长、总经理张功焰作重要讲话。集团领导许建国、何巍、梁宗平、赵民革、白新参加会议。集团各部门负责人，在京各单位党政主要领导，技能竞赛获奖选手、领队、教练员、裁判员、志愿者代表，"首钢杯"竞赛形象大使刘宏、"北京大工匠"卫建平、全国劳模郭玉明和王文华参加会议。

11月2日，全国社保基金理事会副理事长陈文辉，股权资产部主任肖世君，股权资产部副主任陈威等来首钢调研，首钢集团领导张功焰、赵天旸及相关部门负责人接待，双方就合作共赢事项进行交流座谈。

11月7日，由首钢集团和中关村社会组织联合会共同主办的中关村—德国科技合作对接会在首钢园侨梦苑召开。德国联邦经济部人工智能与数据经济部主任安德烈亚斯·哈特，中关村科技园区管理委员会主任翟立新，首钢集团党委书记、董事长、总经理张功焰，中关村科技园区管理委员会副主任侯云，首钢集团副总经理梁捷，中关村社会组织联合会秘书长戴键，中关村管委会有关处室负责人，中德知名企业代表等参加会议。

11月7日，欧洲议会社会党党团副主席维克多·博斯蒂纳鲁，主席政治顾问斯普里安·马泰来访首钢，中联部八局副局长王学勇及有关人员参加，首钢集团领导何巍及相关部门负责人接待。

11月13日，国家住房和城乡建设部副部长黄艳，中国城市规划设计研究院副院长王凯；北京市副市长张建东、隋振江，市规划和自然资源委主任张维等来首钢调研；首钢集团领导张功焰、王世忠、梁捷陪同。

11月14日，首钢集团与北京农商银行战略合作协议签约仪式在陶楼举行。北京农商银行副行长崔钧、行长助理田晖，首钢集团领导赵民革、王洪军，以及双方相关单位负责人参加签约仪式。王洪军与田晖分别代表双方签署战略合作协议。

11月16日，北京市第一届冬季运动会的冰壶决赛在首钢园冬训中心开赛。市冬会是北京市首次举办的全市最高级别的冬季项目综合性体育盛会。首钢园运动中心将承接本次市冬会冰壶、短道速滑、花样滑冰三项赛事的决赛，利用最优质的场馆资源服务本次盛会。

11月17日，首钢集团党委中心组围绕"以习近平新时代中国特色社会主义思想为指导，推动首钢全面深化改革不断取得新成效"主题召开交流研讨会。会上，传达学习了习近平总书记11月1日在民营企业座谈会上的重要讲话精神和11月5日在首届中国国际进口博览会开幕式上的主旨演讲，还传达学习了11月15日全市领导干部警示教育大会精神。集团党委书记、董事长、总经理张功焰主持会议，集团领导班子成员参加。市国资委宣传工作处郭尽辉、贾子昆参加巡听旁听。

11月21日，中信金属集团副董事长兼总经理孙玉峰一行及巴西矿冶公司总裁瑞贝罗、中国区总经理马赛洛来访首钢，首钢集团领导张功焰、赵民革及有关部门负责人接待，并座谈交流。

11月21日，日本伊藤忠丸红铁钢株式会社代表取缔役社长兼田智仁一行来访首钢，首钢集团领导张功焰、赵民革及相关部门负责人接待，并座谈交流。

11月23日，首钢园三高炉改造后"首秀"，全新梅赛德斯—奔驰长轴距A级轿车中国上市盛典在此开幕。这是全球首个举办个性发布会的炼铁高炉，开创了大型的工业构筑物改造为民用建筑物的先河。

11月23日，北京市委组织部副部长、市人才工作局局长桂生，北京市发展改革委副主任、新首钢办常务副主任洪继元，石景山区委常委、组织部部长晋秋红，以及北京市财政局、税务局、地方金融监管局，国家外汇管理局北京外汇管理部，北京冬奥组委，北京市公安局出入境管理局等相关部门负责人来首钢调研，首钢集团领导张功焰、梁捷及相关部门负责人接待，并座谈交流。

11月25日，北京市第一届冬季运动会短道速滑项目比赛在首钢园运动中心落幕。

11月27日，集团领导张功焰、赵民革、白新及办公厅、战略发展部、经营财务部、系统优化部、环境公司、鲁家山矿、首建投公司等相关部门负责人到鲁家山矿、首钢餐厨垃圾收运储一体化项目现场调研。调研结束后，参加了首钢与门头沟区座谈会，双方签署了合作发展框架协议。门头沟区委书记张力兵，区委副书记、区长付兆庚，区委常委、常务副区长彭利锋，区委常委、副区长

张兴胜，区委常委、区委办公室主任金秀斌，副区长赵北亭，以及区委组织部、区委办、区政府办、规土分局、区发展改革委、区财政局、区城市管理委、区卫计委、区文化委、区人力社保局、区水务局、区园林绿化局、区体育局、石龙管委会、永定镇、潭柘寺镇、区供电公司等相关负责人参加。白新与彭利锋共同签署了首钢与门头沟区人民政府合作发展框架协议。

11月，首钢商业保理有限公司、首钢股份物资供应公司共同参与的“首钢供应链金融战略签约仪式暨首批采购业务签约会”成功举办。首钢财务公司、供应公司领导，以及部分供应商代表出席签约会。此次签约标志着首钢商业保理有限公司成为首钢供应链金融服务队伍新军，为首钢原燃料供应提供坚实保障。

11月，首钢服务北京城市副中心建设的建筑垃圾资源化处理项目投产运行，这是首钢环境公司继建成北京市首家建筑垃圾资源化处理示范项目后，环境产业跨区域复制的一次成功实践。

11月，北京市科学技术委员会、北京市财政局、国家税务总局北京市税务局联合向首钢冷轧公司颁发了国家级高新技术企业证书。

11月，由首钢环境公司与长钢公司组建的长治首钢生物质能源有限公司在长治市的主城区生活垃圾无害化处理项目一期工程日前被确定为省、市两级政府示范工程。

11月，首钢股份公司高炉实现了炉顶料罐煤气及粉尘全回收，真正达到了零排放，填补了我国冶金史上的一项空白。

11月，首钢股份公司被评为唐山市首批工业“三品”（增品种、提品质、创品牌）示范企业。

十二月

12月1至2日，北京市第一届冬季运动会花样滑冰决赛在北京首钢园运动中心花样滑冰馆举行，这是继冰壶、短道速滑项目之后，首钢园运动中心承接的第三个市冬运会决赛项目。标志着首钢园运动中心已经具备独立承办大型体育赛事的能力。

12月10日，在冶金工业规划研究院举办的“2019中国和全球钢铁需求预测研究成果、钢铁企业竞争力评级发布会”上，首钢获2018年钢铁企业综合竞争力极强A+最高评级。

12月12日，在2018信用北京诚信建设万里行暨（第四届）信用中关村高峰论坛上，首钢北冶公司荣获北京市企业创新信用领跑企业称号。

12月26日，中关村科技园区管理委员会和首钢集团合作共建的“中关村（首钢）人工智能创新应用产业园”启动仪式在首钢园举办，并正式揭牌。北京冬奥组委副秘书长徐志军、技术部部长喻红；中关村管委会党组副书记、主任翟立新，副巡视员刘航；石景山区副区长周西松；首钢集团党委书记、董事长、总经理张功焰，副总经理梁捷等领导，以及科技部、市新首钢办等有关负责同志参加，为中关村（首钢）人工智能创新应用产业园揭牌，见证中关村科技园区管理委员会与首钢集团签署战略合作框架协议，并宣布成立中关村（首钢）人工智能创新应用产业园专家委员会，具体指导首钢AI园园区建设。刘航与梁捷分别代表双方签署战略合作框架协议。

12月28日，在中国奥委会2018年全会上，中国奥委会受国际奥委会委托，国家体育总局局长、中国奥委会主席苟仲文为首钢集团颁发2018年度国际奥委会“奥林匹克主义在行动”奖杯，集团党委常委、工会主席梁宗平代表首钢集团登台领奖。会议由国家体育总局副局长李颖川主持。首钢集团是今年中国奥委会向国际奥委会推荐的唯一单位。

12月，在“2018中国股权投资高峰论坛暨第二届中国股权投资金牛奖”颁奖典礼上，首钢基金荣获“金牛私募股权投资机构”，首钢基金总裁赵天旸荣获“金牛私募股权投资精英”称号。

12月，北京科协公布了2019—2021年度青年人才托举工程入选人员名单，北冶材料研究所科研员文新理博士入选，成为材料领域唯一的入选者。

12月，北京首钢控股有限公司新疆西沟煤矿一期90万吨技改项目通过新疆昌吉州、呼图壁县煤炭工业管理局联合试运转验收，获得昌吉州煤炭局下发的《关于呼图壁县西沟煤矿有限责任公司煤矿机械化改造联合试运转的批复》，标志着首控新疆西沟煤矿一期90万吨工程全面竣工投产。

12月，首钢集团旗下11家成员单位接到石景山税务局发来的贺信，祝贺他们在2015、2016、2017三个纳税年度连续被评为纳税信用等级A级。

12月，北京市老龄产业协会组织召开2018第七届北京国际老龄产业博览会暨企业联盟专委会总结工作会。会上，首钢医疗健康公司被授予“安心养老品牌”称号。

12 月，由首钢国际工程公司承建的全国首套链篦机—回转窑球团烟气脱硝系统，在首钢矿业公司球团 I 系列烟气脱硝改造项目中成功达标运行。

12 月，世界知名财经杂志福布斯中国推出 2018 中国最佳创业投资人榜以及最佳创投机构、最佳 PE 机构子榜，首钢基金公司首次入围福布斯中国最佳 PE 机构 30 强。

12 月，东风本田汽车有限公司在重庆举行 2018 年度供应商大会。会上，京西重工被评为“优秀供应商”。这是京西重工继 2017 年首次获得东风本田“优秀供应商”大奖之后，再获此项殊荣。

荣誉表彰

◎责任编辑：郭　锋　刘冰清

首钢"六好"班子

北京首钢股份有限公司
首钢集团有限公司销售公司
首钢集团有限公司矿业公司
中国首钢国际贸易工程有限公司
首钢长治钢铁有限公司
北京首钢建设投资有限公司
首钢环境产业有限公司
北京首钢房地产开发有限公司
北京首钢建设集团有限公司

首钢模范基层党委

首钢股份炼钢作业部党委
首钢股份炼铁作业部党委
首钢股份职工创业开发中心党委
首钢京唐炼钢作业部党委
首钢京唐彩涂板事业部党委
首秦公司炼钢事业部党委
首钢矿业大石河铁矿党委
首钢矿业杏山铁矿党委
首钢国际矿产资源事业部党委
首钢长钢焦化厂党委
首钢水钢铁焦事业部党委
首钢贵钢钎钢事业部党总支
通钢公司轧钢事业部党委
首自信公司信息事业部党总支
首钢建设第一建筑工程分公司党委
首钢实业饮食公司党委
首钢机电经营部党总支
安川机器人党总支
首钢园服党委
园区管理部安全保卫处党委
首钢生物质党委

首钢模范党支部

首钢股份

炼铁作业部三高炉作业区党支部
炼钢作业部一炼钢炼钢作业区党支部
热轧作业部一热轧轧钢作业区党支部
硅钢事业部三作业区党支部
能源部循环发电作业区党支部
物资供应公司废钢供应作业区党支部

首钢京唐

热轧作业部 1580 热轧作业区党支部
西山焦化公司炼焦作业区党支部
能源与环境部热电作业区党支部
质检监督部原料检查站党支部

首秦公司

轧钢事业部设保中心党支部
制造部理化检验中心党支部

首钢矿业

大石河铁矿选矿车间党支部
水厂铁矿汽运作业区党支部
杏山铁矿采矿作业区党支部
运输部车辆修理段党支部
矿山机械制造厂机加工分厂党支部
迁安首钢矿业化工有限公司党支部

首钢国际

首钢秘鲁铁矿圣尼古拉斯党支部

首钢长钢

炼钢厂行车党支部
轧钢厂二车间作业区党支部

首钢水钢

钢轧事业部三棒作业区党支部
贵州博宏石灰矿业分公司石灰生产联合党支部

首钢贵钢

轧钢作业部中空钢作业区党支部

通钢公司

矿业公司板石上青矿东采车间党支部
炼铁事业部三号高炉作业区党支部
能源事业部制氧作业一区党支部

首钢伊钢

天缘煤焦化公司党支部

首钢股权投资

首钢国际工程公司冶金工程分公司炼铁事业部党支部
首钢建设集团第二建筑工程分公司二通棚改定向安置房项目部党支部
首钢建设集团第二冶金建设分公司西十冬奥项目部党支部
首钢建设集团钢构分公司园区项目部党支部
首钢建设集团第一建筑工程分公司首房工程项目部党支部
首钢建设集团机械运输分公司吊装项目部党支部
首自信公司首迁运行事业部冷轧作业区党支部
首自信公司自动化研究所党支部
首自信公司京唐运行事业部冷轧作业区党支部
首钢实业集团迁安首实包装服务公司生产车间党支部
首钢实业集团迁安金苹果幼儿园党支部
首钢机电公司大厂重型装备分厂党支部
北冶公司科研党支部

首钢建投

第二党支部
园区管理部北区管理处机关党支部
首钢特钢招商运营部机关党支部
首钢园服动力厂供水作业区党支部

首钢环境

首钢生物质生产运行部党支部

首钢地产

首通建投党支部

北大首钢医院

医技部第一党支部

技术研究院

冶金过程研究所党支部

人才开发院

首钢工学院信息工程系党支部

机关党委

集团公司监事会工作办公室党支部
集团公司系统优化部党支部

2018年度首钢模范共产党员名单

首钢股份

李景超　徐明浩　张　锴　陈　征　刘肖兵
李春元　吴　磊　谢　宇　苗贺武　许国峰
张海涛　李转运　崔全法　亢小敏　龚娟娟
邸雪飞　潘沂勇　郑宝国　张永东　杜贤敏
杨益毅　隋海波　郭大鹏　王林章　田长利

首钢京唐

刘国友　袁天祥　郭宏烈　张　扬　张召恩
张凤娟　黄永帅　赵　兴　殷慧超　李雪峰
杨昊锟　马志全　张亚丰　徐方虎　高宠光
王海源　李国强　王　俊

首秦公司

黄金宇　王　君　王景然　石鹏超　贾志强
孔艳荣　李利科

首钢矿业

杨立文　贺召辉　刘贵彬　李　银　王文超
米红伟　杜金科　李松川　张宇峰　李开建
王今朝　王宏伟　白雪峰　郜炳坤　骆云华
王海军　王凤刚

首钢国际

石淳光　曲　博

首钢长钢

张振新　陈　波　杨保亮　李　强

首钢水钢

翟勇强　严建新　张孟宇　巢润忠　许　根

首钢贵钢

唐　飞　程金保

通钢公司

裴洪珠　李怀华　毛道成　孙慧清　李云飞
衣成成

首钢伊钢

延智强

首钢股权投资

李　艳　郑志鹏　胡文胜　武长群　郭建平
张宾山　孟凡臣　于水怒　韩景辉　谢　军
张枫华　仲德云　何　宁　曾　敏　刘　庆
姚兆川　鲁军体　王志强　韩　锋　王学媛
腾向群

首钢建投

段若非　王云平　马向晗　王占峰　华　超
任广兴　张立春

首钢环境

马刚平

首钢矿投

周弘强

首钢控股

乔永生

首钢地产

王　成　陈同盛

北大首钢医院

左晓霞　胡守奎

京西重工

王连仲

金融党委

付　瑶

技术研究院

方　圆　王小勇

人才开发院

王　佳

集团机关

陈克欣　卢贵军　王瑞祥　刘相玉　田　原
谢学能

2018 年度首钢先进单位名单

北京首钢股份有限公司
首钢集团有限公司矿业公司
中国首钢国际贸易工程有限公司
北京首钢自动化信息技术有限公司
北京首钢园区综合服务有限公司
秦皇岛首秦金属材料有限公司
北京首钢基金有限公司
首钢集团有限公司技术研究院

2018 年度首钢先进集体名单

北京首钢股份有限公司
营销中心上海首钢钢铁贸易有限公司汽车板部
采购中心燃料采购室
炼铁作业部高炉作业区
炼钢作业部低铁耗攻关团队
炼钢作业部协同创新团队
热轧作业部安全管理室
首钢智新迁安电磁材料有限公司二作业区
北京首钢冷轧薄板有限公司酸轧作业区
能源部循环发电作业区
质量检验部物理检测室
职工创业开发中心产品营销室
人力资源部(党委组织部)组织干部室
安全部安全室
北京首钢气体有限公司迁钢作业区
北京首钢鲁家山石灰石矿有限公司技术开发部

首钢京唐钢铁联合有限责任公司
焦化作业部炼焦作业区
炼铁作业部球团一作业区
热轧作业部板材精加工作业区
冷轧作业部镀锌作业区
能源与环境部环境保护处
运输部物流运输室
设备部设备技术室
供料作业部铁前供料作业区
质检监督部设备条件室设备点检白班
彩涂板事业部酸轧作业区
镀锡板事业部连退作业区
中厚板事业部 3500 作业区
秦机公司京唐试样加工中心

首钢集团有限公司矿业公司
大石河铁矿选矿车间
水厂铁矿穿爆车间
杏山铁矿采矿作业区
运输部迁钢段
计控检验中心北京速力科技有限公司
协力公司球团维检项目部
机械制造厂捆带项目部
实业公司物业公司
迁安首钢设备结构有限公司经营管理部

中国首钢国际贸易工程有限公司
首钢秘鲁铁矿股份有限公司工程部

首钢水城钢铁(集团)有限责任公司

铁焦事业部
博宏公司张家斌职工创新工作室
钢轧事业部二棒作业区甲班
销售分公司综合经营部

首钢长治钢铁有限公司

焦化厂干熄焦丁班
炼铁厂九高炉作业区
炼钢厂转炉作业区
采购中心合金部

首钢贵阳特殊钢有限责任公司

钎钢事业部销售科
轧钢事业部中空钢作业区甲大班

首钢通化钢铁集团股份有限公司

矿业公司板石球团厂生产区
炼铁事业部 2 号高炉作业区
炼钢事业部公辅作业区(供水)
轧钢事业部棒材作业区
辉轧公司小型车间
国贸公司吉黑分公司哈尔滨区

首钢伊犁钢铁有限公司

人力资源部
炼钢作业部
首钢伊钢巴州凯宏矿业有限责任公司

北京首钢股权投资管理有限公司

战略发展部
北京首钢新钢联科贸有限公司外贸及综合产品销售部
北京首钢城运控股有限公司公交立体车库事业部
北京首钢吉泰安新材料有限公司计财部
北京北冶功能材料有限公司热加工分厂
北京诚信工程监理有限公司京唐分公司焦化监理部
葫芦岛首钢东华机械有限公司军品分厂

北京首钢国际工程技术有限公司

冶金工程分公司市场部

北京首钢建设集团有限公司

第一建筑工程分公司京唐二期工程项目部
第一冶金建设工程分公司北京首钢园区建设服务专业公司
第二冶金建设工程分公司京唐二期轧钢项目部
贵州分公司贵钢棚户区改造第一项目经理部
运营管理部采购管理科

北京首钢自动化信息技术有限公司

传动事业部李洁创新工作室
智慧城市创新中心智能多媒体部
京唐运行事业部能源计量作业区乙醇班

北京首钢机电有限公司

大厂首钢机电有限公司城市建设服务部
迁安机械修理分公司轧钢生产作业区备件机加班组
机电成套设备分公司固废处理部

北京首钢实业集团有限公司

首欣物业公司中关村国家自主创新示范区展示中心
首瀚鑫公司包装三车间
首钢幼儿保教中心金顶街幼儿园

北京首钢建设投资有限公司

工程建设部

北京首钢园区综合服务有限公司

物业公司冬训物业部
北京首钢园林绿化有限公司第六经理部
首钢集团有限公司动力厂供水作业区

北京首钢特殊钢有限公司

招商运营部物管运营中心

首钢集团有限公司园区管理部

组织协调处
北区管理处辅助作业区
一线材管理处转型作业区废钢巡护项目大班

首钢环境产业有限公司

北京首华科技发展有限公司绿轴项目部

北京首钢矿业投资有限责任公司
承德信通首承矿业有限责任公司

首钢控股有限责任公司
山西翼城首旺煤业有限责任公司职业卫生科

北京首钢房地产开发有限公司
贵阳首钢房地产开发有限公司

秦皇岛首秦金属材料有限公司
开发部
计财部

北京大学首钢医院
急诊科
呼吸与危重症医学科
苹果园社区卫生服务中心

北京京西重工有限公司
董事会办公室
房山工厂质量部

北京首钢基金有限公司
合规审计部

北京首钢体育文化有限公司
北京首钢篮球俱乐部女子篮球队

首钢集团有限公司技术研究院
汽车用钢联合实验室攻关团队
RH 高效精炼课题组

首钢集团有限公司人才开发院
领导人员培训中心
实习实训中心

首钢集团有限公司机关党委
经营财务部
系统优化部
审计部
新闻中心记者室
财务共享中心总账报表室
人事服务中心薪酬社保室
资产管理中心不动产管理室
行政管理中心生活管理室
首钢集团财务有限公司业务一部
京冀曹妃甸协同发展示范区建设投资有限公司工程项目管理部
北京首钢医疗健康产业投资有限公司老年福敬老院

2018 年度首钢劳动模范名单

北京首钢股份有限公司
余　威　副总工程师兼系统创新部部长
刘占江　炼铁作业部副部长
周　娜　制造部部长助理兼热轧产品室主任
林兴明　营销中心汽车板销售室产品销售主管
魏祚燕　营销中心上海首钢钢铁贸易有限公司总经理
张立欣　采购中心材料采购室专业经理
宋福亮　炼铁作业部烧结作业区党支部书记、首席作业长
贾　新　炼铁作业部高炉作业区首席副作业长
郝殿国　炼钢作业部首席工程师
马朋亮　热轧作业部酸洗板材作业区首席作业长
王德宾　能源部机关二党支部书记、运行管理室主任
陈　光　质量检验部原料质检作业区党支部书记、首席作业长
戴　辉　技改工程部工程管理室副主任（主持工作）
李彦锁　设备部设备技术室液压工程师
员大保　首钢智新迁安电磁材料有限公司副总经理

朱景洋　首钢智新迁安电磁材料有限公司安全管理部副部长
齐海英　北京首钢冷轧薄板有限公司技术质量部信息化主管
王林章　北京首钢气体有限公司销售部党支部书记、部长
杨庆华　北京首钢鲁家山石灰石矿有限公司派驻通化市宏源建材有限公司总经理
苑迎东　北京鼎盛成包装材料有限公司废钢供应作业区党支部书记

首钢京唐钢铁联合有限责任公司

于　杰　办公室主任
周　欢　彩涂板事业部副部长
王　普　中厚板事业部部长
李从保　焦化作业部设备工程室副主任
刘延强　炼钢作业部生产技术室品种研发管理
吕　剑　冷轧作业部部长助理
方　锐　能源与环境部环境保护处副处长
秦小龙　设备部运行检修室热轧主管(热轧中厚板)
郭大庆　镀锡板事业部产品营销室主任
李国强　制造部生产计划统计室钢轧综合计划主管
孙彬涛　信息计量部信息化室产销系统专业管理员
刘文旺　炼铁作业部生产技术室球团、矿选专业工程师
王　超　热轧作业部设备工程室电气自动化专业点检工程师
马幸江　冷轧作业部镀锌作业区镀锌工艺技术员
陈万忠　运输部港口作业区首席作业长
刘　洋　质检监督部轧钢分析中心成品理化分析检验员
李国光　供料作业部铁前供料作业区日班作业长
张作品　钢轧作业部精炼作业区日班作业长
董　伟　炼钢作业部精炼作业区 RH 主控工

首钢集团有限公司矿业公司

黄佳强　总经理
张　刚　大石河铁矿选矿车间副主任
傅志峰　水厂铁矿矿长
徐云富　水厂铁矿生产技术科采矿专业管理
王宝林　杏山铁矿提升作业区电气点检
杨建军　运输部机务段党支部书记、段长
高　航　运输部车辆修理段大修班焊工
董贺男　计控检验中心北京速力科技有限公司仪表维护工
郭　彪　物资公司经销科综合管理员
王　涛　协力公司南区工程项目部工程二班焊工
马永兴　机械制造厂铸造分厂技术员
李开建　电修公司生产科科长
郭会明　矿建公司党委副书记、经理
古树军　职工子弟学校第一中学高三年级组数学教师、教育主管师
武　晗　首钢地质勘查院地质研究所地质技术员
张国盛　迁安首钢设备结构有限公司迁检分公司检修一组组长

中国首钢国际贸易工程有限公司

周　芹　总经理助理兼矿产资源事业部党委书记、部长
于海丰　首钢秘鲁铁矿股份有限公司工程部副经理

首钢水城钢铁(集团)有限责任公司

王为环　铁焦事业部部长
杨　延　钢轧事业部主任工程师
宋文军　铁焦事业部设备室主任
李聪敏　铁焦事业部炼焦作业区干熄焦班班长
杨昌涛　钢轧事业部生产技术室主管师
姜　梅　钢轧事业部运行作业区副主任
杨洪林　维检中心焦检车间原料维护班焊工
唐守元　博宏水泥分公司副经理
金　妮　瑞泰环保建材公司主管
张家相　驻贵州省六盘水市水城县保华镇海螺村第一书记

首钢长治钢铁有限公司

程向前　销售中心党总支副书记、总经理
申利敏　焦化厂化产作业区工艺技术员
李　强　炼铁厂九高炉作业区作业长
魏　军　炼钢厂生产科科长
高向军　轧钢厂棒材作业区轧机组组长
贾延强　采购中心矿石部部长
郭　进　人力资源处薪酬绩效科科长

首钢贵阳特殊钢有限责任公司

易靖松　炼钢事业部浇铸作业区连铸丁班班长

通化钢铁集团股份有限公司

杨晓东　矿业公司大栗子矿东风矿井下凿岩工
王泽有　炼铁事业部二号高炉作业区副作业长
王　锋　炼钢事业部炼钢作业区1号转炉乙班炉长
于金龙　辉轧公司小型车间轧钢丁班值班长
李旭升　能源事业部供水作业区水道班班长
李云飞　运输公司机务段党支部书记、段长
李梅麟　机电修造公司机加车间值班长
杨　松　轧钢事业部党委书记、部长
王韶光　制造部部长

首钢伊犁钢铁有限公司

刘树清　轧钢作业部部长
姜　涛　首钢伊钢库车天缘煤焦化有限公司总经理

北京首钢股权投资管理有限公司

郭文东　北京北冶功能材料有限公司特冶分厂厂长
王志强　北京首钢吉泰安新材料有限公司炼轧党支部书记兼炼轧作业区作业长
白秀波　北京诚信工程监理有限公司迁安分公司经理
刘　猛　北京首钢城运控股有限公司北京首嘉钢结构有限公司党支部书记、公交立体车库事业部副部长
曹铁林　安川首钢机器人有限公司上海分公司常务副总经理兼工程部部长

北京首钢国际工程技术有限公司

刘华利　能源环境分公司水务事业部主管设计师

北京首钢建设集团有限公司

吴　江　市政工程分公司党总支书记、经理
雷艳辉　第一建筑工程分公司工程技术部部长
裘俊清　第二冶金建设工程分公司电气安装项目部党支部书记兼项目副经理
杨胜国　建筑装饰分公司经理助理
杨秀国　钢构分公司曹妃甸区域负责人

北京首钢自动化信息技术有限公司

崔凤玲　传动事业部高级主任工程师
张余海　首迁运行事业部党委副书记(主持工作)
沈　楠　智慧城市创新中心智能多媒体部副主任
兰海斌　信息事业部ERP应用技术中心咨询与实施一部绩效主管

北京首钢机电有限公司

田　兵　规划发展部部长助理
史　建　大厂首钢机电有限公司传动设备分厂厂长

北京首钢实业集团有限公司

王树芳　副总经理
刘　斌　迁安首实包装服务有限公司酸洗包装车间主任
时进霞　首实教育老山东里园长
李子琦　首欣物业裕泽园项目部经理
金显才　北京首钢饮食有限责任公司迁安分公司厂区餐厅能源餐厅副经理

北京首钢建设投资有限公司

郭晓民　北京首钢园运动中心运营管理有限公司党支部书记、副总经理
周　婷　规划设计部建筑师

北京首钢园区综合服务有限公司

吴　际　北京首钢园林绿化有限公司副总经理
陈红波　酒店餐饮事业部党支部书记、经理
潘庆军　安全环保部部长
邵理政　能源运维负责人
王班超　首钢集团有限公司动力厂厂长助理

北京首钢特殊钢有限公司

高　博　首特绿能港科技中心项目部项目经理

首钢集团有限公司园区管理部

王云平　党委书记、工会主席、部长
马向晗　南区管理处处长助理
宋宝元　安全保卫处警卫队国旗班、冬奥服务班班长

首钢环境产业有限公司

杨继文　首钢生物质公司副总经理

北京首钢矿业投资有限责任公司

王利民　承德市双滦建龙矿业有限公司副经理

首钢控股有限责任公司

郭道红　山西翼城首旺煤业有限责任公司党委书记、董事长、总经理

马朝辉　新疆首钢投资有限公司党支部书记、董事长、总经理，新疆西沟项目协调指挥部总指挥

北京首钢房地产开发有限公司

杨建东　重庆首金房地产开发有限公司营销管理部经理

秦皇岛首秦金属材料有限公司

沈一平　党委副书记、总经理

康建超　管理部安保负责人

北京大学首钢医院

李宁忱　外科临床部第四党支部书记、泌尿外科主任

胡守奎　检验科主任、输血科主任

王学梅　儿科主任

北京京西重工有限公司

代炎华　房山工厂党总支书记、厂长

北京首钢基金有限公司

张　军　首中投资管理有限公司副总经理

北京首钢体育文化有限公司

翟晓川　北京首钢篮球俱乐部男子篮球队运动员

首钢集团有限公司技术研究院

狄国标　首席工程师

于　洋　首席研究员

首钢集团有限公司人才开发院

张万龙　基础学院教师

首钢集团有限公司机关党委

刘　桦　首钢集团有限公司总经理助理、北京首钢建设投资有限公司副董事长

孙祥元　经营财务部资产评估管理经理

黄海峰　系统优化部风险管理经理

刘玉忠　安全环保部副部长

杨　鹏　董事会秘书、办公厅常务副主任

曹福馀　信访维稳办公室信访员

范宝龙　人力资源部（党委组织部）领导人员管理干事

王国安　监察部（纪委、巡察办）党风检查干事

刘瑞霞　审计部工程投资审计高级经理

陈小勇　资产管理中心不动产管理室副经理

时卫东　行政管理中心生活管理室专业员

张　杰　首钢集团财务有限公司信息管理部信息技术员

徐道春　京冀曹妃甸协同发展示范区建设投资有限公司工程项目管理部高级主管

统 计 资 料

◎责任编辑：郭　锋　刘冰清

2018年首钢集团主要工业产品产量完成情况

指标名称	计量单位	2017年实际	2018年
1. 采剥总量	万吨	4457.65	3356.67
2. 铁矿石	万吨	1633.67	1479.73
3. 铁精矿	万吨	621.45	561.63
4. 烧结矿	万吨	3516.26	3272.06
5. 球团矿	万吨	881.14	853.72
6. 焦炭	万吨	346.09	377.69
7. 生铁	万吨	2692.30	2524.46
8. 粗钢	万吨	2762.90	2734.22
9. 成品钢材	万吨	2614.99	2652.79
其中:棒材	万吨	25.07	57.63
钢筋	万吨	553.59	574.64
线材	万吨	106.52	130.84
特厚板	万吨	33.64	16.10
厚钢板	万吨	77.90	49.30
中板	万吨	63.81	55.78
中厚宽钢带	万吨	656.05	673.09
热轧薄宽钢带	万吨	171.72	182.24
冷轧薄宽钢带	万吨	369.58	336.56
镀层板(带)	万吨	345.71	323.68
10. 耐火材料总量	万吨	0.71	0.18
11. 铁合金总量	万吨	2.02	2.37
12. 钢丝	万吨	0.40	0.39
13. 发电量	万千瓦时	1092170	998940
14. 煤气	万立方米	4876969	4280290

2018年首钢集团主要综合效益指标完成情况

指标名称	计量单位	2017年实际	2018年
一、综合指标			
1. 现价工业总产值	万元	12180817	13430393
2. 实现利润	万元	201650	267721
3. 实现利税	万元	815481	1144723
4. 销售收入	万元	18578512	20574181
5. 资产总计	万元	50114269	50165684
6. 流动资产	万元	12307640	11962753
7. 长期股权投资	万元	5305120	591672
8. 年末固定资产原值	万元	29695428	8951905
9. 年末固定资产净值	万元	19972019	9279854
10. 所有者权益	万元	13638154	13697959
11. 资产负债率	%	72.79	72.69
12. 资本保值增值率	%	99.04	97.13
二、能源消耗指标			
1. 综合能源消耗量	万吨标煤	1089.96	971.39
2. 吨钢综合能耗	千克标煤/吨	597.65	582.03
3. 吨钢耗新水	立方米/吨	2.90	2.97
4. 吨钢转炉煤气回收	立方米/吨	111.04	113.33
三、环保及绿化指标			
1. 综合考核评价环保指标合格率	%	100	100
2. 工业粉尘排放合格率	%	100	100
3. 工业废气排放处理率	%	100	100
4. 工业废水排放处理率	%	100	100
5. 绿化面积(北京厂区)	万平方米	138.79	
6. 绿化覆盖率(北京厂区)	%	33.75	

2018 年首钢主要技术经济指标完成情况

指标名称	计量单位	2017 年实际	2018 年
一、铁矿生产(矿业公司)			
1. 采剥比	吨/吨	2.77	2.08
2. 铁精矿品位	%	67.48	67.57
3. 选矿金属回收率(实际)	%	80.61	81.35
4. 选矿比(实际)	吨/吨	3.19	3.10
二、烧结生产			
1. 烧结矿合格率	%	99.36	99.34
2. 烧结机有效面积利用系数	吨/米 2. 台时	1.21	1.09
3. 烧结矿品位	%	55.80	56.01
4. 烧结从业人员实物劳产率	吨/人·年	19339.76	21758.17
三、高炉炼铁			
1. 生铁合格率	%	100.00	100.00
2. 高炉有效容积利用系数	吨/米 3. 日	2.19	2.05
3. 入炉矿品位	%	58.73	58.95
4. 入炉焦比	千克/吨	328.99	343.52
5. 喷煤比	千克/吨	157.86	143.81
6. 综合焦比	千克/吨	507.01	506.54
7. 炼铁从业人员实物劳产率	吨/人·年	12818.24	13751.57
四、转炉炼钢			
1. 钢铁料消耗	千克/吨	1064.30	1057.77
2. 转炉日历作业率	%	64.51	61.26
3. 转炉日历利用系数	吨/吨·日	22.21	21.79
4. 转炉从业人员实物劳产率	吨/人·年	5834.16	6489.43
五、连铸			
1. 连铸坯合格率	%	99.85	99.90

续表

指标名称	计量单位	2017 年实际	2018 年
2. 连铸坯钢水收得率	%	97.71	97.78
3. 连铸机日历作业率	%	71.69	72.24
4. 连铸坯台时产量	吨/时	261.99	277.98
六、轧钢			
1. 钢材合格率	%	99.71	99.72
2. 综合成材率	%	94.76	94.95
3. 轧机日历作业率	%	81.90	76.63
4. 轧材工序单位能耗	千克标煤/吨	87.38	92.90

注:数据资料由计财部提供

2018 年首钢专利申请项目

序号	专利申请号	专利名称	申请日	专利类型
1	201810000294.6	一种判定钢中固溶氮存在及分布的方法	2018-01-01	发明
2	201810007140.X	一种炼钢方法	2018-01-03	发明
3	201810005655.6	一种用于轧件厚度控制的变步长监控 AGC 自动控制方法	2018-01-03	发明
4	201810004261.9	一种信息处理方法和装置	2018-01-03	发明
5	201810004263.8	一种建筑管控平台	2018-01-03	发明
6	201810044930.5	一种基于 PLC 设计的机械式停车设备	2018-01-17	发明
7	201810044928.8	一种高温除尘灰降温输送系统	2018-01-17	发明
8	201810044929.2	一种钢包水口灌砂系统	2018-01-17	发明
9	201810046117.1	一种脱硫渣铁的回用系统	2018-01-17	发明
10	201810048060.9	一种定重坯长材生产装置	2018-01-17	发明
11	201810046013.0	一种重载运输车的电气控制装置	2018-01-17	发明
12	201810065228.7	皮带系统自动清料机	2018-01-23	发明
13	201810069630.2	一种用 VD 装置生产超低碳钢的方法	2018-01-24	发明
14	201810070413.5	一种钢包水口灌砂料罐装置	2018-01-24	发明
15	201810063972.3	一种自行车立体车库系统	2018-01-23	发明
16	201810065318.6	一种升降回转装置	2018-01-23	发明
17	201810065338.3	一种自行车夹持器	2018-01-23	发明

续表

序号	专利申请号	专利名称	申请日	专利类型
18	201810122128.3	一种烧结终点控制方法	2018-02-07	发明
19	201810162534.2	一种水封槽及干熄炉	2018-02-27	发明
20	201810162548.4	一种炼钢钢轧工序中的标准成本核算方法	2018-02-27	发明
21	201810161857.X	一种带钢卷取张力的控制方法及装置	2018-02-27	发明
22	201810162314.X	一种用于镀锡溶液中铁离子去除的方法及使用系统	2018-02-27	发明
23	201810162392.X	一种标定精轧机入口侧导板的方法及装置	2018-02-27	发明
24	201810161845.7	一种提高脱磷转炉冶炼过程热量来源的方法	2018-02-27	发明
25	201810161852.7	一种球团混合料水分控制装置及方法	2018-02-27	发明
26	201810161853.1	一种热镀锌板捞渣卷的生产方法	2018-02-27	发明
27	201810161860.1	一种用于冷轧带钢清洗段中碱液控制的方法	2018-02-27	发明
28	201810161879.6	立式连续退火炉张力的设定方法	2018-02-27	发明
29	201810161893.6	一种炼钢方法	2018-02-27	发明
30	201810162278.7	一种退火炉参数自整定温度控制方法	2018-02-27	发明
31	201810162285.7	一种增加板坯过程温降的方法	2018-02-27	发明
32	201810162296.5	一种钢铁厂空压机系统优化方法	2018-02-27	发明
33	201810162299.9	一种自适应控制方法及装置	2018-02-27	发明
34	201810162328.1	一种参数自适应调整方法及装置	2018-02-27	发明
35	201810162330.9	星轮齿板的在线堆焊用样板组合及在线堆焊方法	2018-02-27	发明
36	201810162336.6	一种连铸生产中的保护渣及其用途	2018-02-27	发明
37	201810162338.5	一种提高下支撑辊水平精度的方法	2018-02-27	发明
38	201810162342.1	一种 MR T-5 CA 钢种镀锡基板及其制造方法	2018-02-27	发明
39	201810162345.5	一种生产冷固球团的方法	2018-02-27	发明
40	201810162362.9	一种连续立式退火炉控制方法	2018-02-27	发明
41	201810162365.2	一种热轧卷取机夹送辊装置的刚度测量方法及装置	2018-02-27	发明
42	201810162810.5	一种精轧机用调平按钮故障监测装置及精轧机	2018-02-27	发明
43	201810164148.7	一种消除 K 板高锡面擦划伤缺陷的方法	2018-02-27	发明
44	201810164171.6	一种高炉鼓风机液压系统	2018-02-27	发明
45	201810164179.2	一种带钢表面缺陷的检测方法	2018-02-27	发明
46	201810164184.3	一种控制带钢在精轧机飞翘的生产方法	2018-02-27	发明
47	201810162836.X	一种热轧自动要钢控制方法	2018-02-26	发明
48	201810159651.3	一种钢包引流砂加入的工艺方法	2018-02-26	发明
49	201810159934.8	退火炉加热段温度控制方法及装置	2018-02-26	发明
50	201810162839.3	一种防止带钢在退火炉中瓢曲的方法	2018-02-26	发明
51	201810164343.X	一种连铸浇筑的拉速控制方法	2018-02-27	发明
52	201810158519.0	一种低品位余热回收系统	2018-02-27	发明

续表

序号	专利申请号	专利名称	申请日	专利类型
53	201810164154. 2	一种将脱硫渣和转炉渣热态混合处理的方法及其应用	2018-02-27	发明
54	201810164162. 7	一种钝化辊涂机的辊速控制方法及装置	2018-02-27	发明
55	201810164175. 4	一种热法海水淡化装置及药剂投加装置及工艺	2018-02-27	发明
56	201810164177. 3	一种抗毛边缺陷镀锡板的生产方法	2018-02-27	发明
57	201810164178. 8	一种提高层冷模型设定计算精度的方法	2018-02-27	发明
58	201810164180. 5	一种布料方法及装置	2018-02-27	发明
59	201810164187. 7	防止飞剪切尾过大的系统及方法	2018-02-27	发明
60	201810164189. 6	一种控制粗轧过程温降的方法及装置	2018-02-27	发明
61	201810164342. 5	一种带钢板形的控制方法及装置	2018-02-27	发明
62	201810164823. 6	一种恒温恒压的润滑设备	2018-02-27	发明
63	201810165021. 7	一种检验热轧生产线除鳞效果的方法	2018-02-27	发明
64	201810167315. 3	一种电镀锡产线铬酸自动加液系统	2018-02-28	发明
65	201810177364. 5	一种低磷低硫高合金厚板坯冶炼工艺	2018-03-03	发明
66	201810176738. 1	一种转炉后接 RH 真空防钢渣结壳的改质剂及使用方法	2018-03-03	发明
67	201810176744. 7	一种 MG700 锚杆钢及其热轧生产方法	2018-03-03	发明
68	201810177062. 8	一种防止转炉冶炼煤气泄爆的自动控制系统	2018-03-04	发明
69	201810179841. 1	一种弧形空调水管冷煨弯丝接安装方法	2018-03-05	发明
70	201810178824. 6	一种减少连铸过程钢液增氮量的方法	2018-03-05	发明
71	201810187417. 1	一种轧制力参数自学习方法及装置	2018-03-07	发明
72	201810185363. 5	一种耐磨托辊用热轧带钢及制造方法	2018-03-07	发明
73	201810188794. 7	一种热连轧周期窜辊方法及装置	2018-03-07	发明
74	201810186547. 3	一种高炉热风炉风温调节方法及装置	2018-03-07	发明
75	201810187400. 6	一种高炉炉前铁水脱钛方法	2018-03-07	发明
76	201810187416. 7	高炉喷煤比调节方法及系统	2018-03-07	发明
77	201810220724. 5	一种发泡胶压力罐注孔洞气密性封堵方法	2018-03-16	发明
78	201810220954. 1	一种外墙保温板锚钉断桥施工方法	2018-03-16	发明
79	201810322829. 1	一种精轧稳定性控制方法	2018-04-11	发明
80	201810257864. X	一种精轧机入口导卫标高控制方法	2018-03-27	发明
81	201810257882. 8	一种大花纹尺寸花纹板的热轧生产方法	2018-03-27	发明
82	201810258324. 3	一种用于硅钢酸洗时在线脱除硅泥的方法	2018-03-27	发明
83	201810258331. 3	一种带钢终轧温度的控制方法	2018-03-27	发明
84	201810258336. 6	一种 KR 脱硫法用搅拌装置及搅拌方法	2018-03-27	发明
85	201810260319. 6	一种改善热轧热卷箱卷型的工艺控制方法	2018-03-27	发明
86	201810170246. 1	一种铜绿假单胞菌的扩增引物组、应用及铜绿假单胞菌的检测方法	2018-03-01	发明

续表

序号	专利申请号	专利名称	申请日	专利类型
87	201810170208.6	一种肺炎克雷伯菌的扩增引物组、应用及肺炎克雷伯菌的检测方法	2018-03-01	发明
88	201810269515.X	一种冶金行业球团生产线脱硫脱销治理岛的改造方法	2018-03-28	发明
89	201810266572.2	一种用于块状物料的加湿装置及其方法	2018-03-28	发明
90	201810270651.0	一种熔融还原炼铁工艺高温煤气处理系统	2018-03-28	发明
91	201810284047.3	一种富 Cu 纳米析出超高强钢板及其制备方法	2018-04-02	发明
92	201810285116.2	连铸坯生产大壁厚超低温管件用钢板及其制备方法	2018-04-02	发明
93	201810284135.3	一种耐微生物腐蚀管线钢板及其制备方法	2018-04-02	发明
94	201810285138.9	一种基于结构胶与辅助试样的异种材料连接装置	2018-04-02	发明
95	201810298745.9	一种 690MPa 级高韧性结构钢的生产方法	2018-04-04	发明
96	201810299279.6	一种二次冷轧镀锡板及其生产方法	2018-04-04	发明
97	201810299217.5	一种冷轧高强热镀锌钢板的生产方法	2018-04-04	发明
98	201810299227.9	一种转炉炉底热更换用接缝耐火材料及施工方法	2018-04-04	发明
99	201810440969.9	一种合金加料控制方法	2018-05-10	发明
100	201810314008.3	一种含镁固废的资源化利用方法	2018-04-04	发明
101	201810369123.0	一种热轧带肋钢筋四切分进口导卫在线对中装置	2018-04-23	发明
102	201810363481.0	一种用于物料跟踪的控制方法	2018-04-21	发明
103	201810343687.7	一种精轧出口带钢头部下表面划伤缺陷的控制方法	2018-04-17	发明
104	201810343733.3	一种侧导板的控制方法及系统	2018-04-17	发明
105	201810343781.2	一种冷轧轧制状态的判定方法	2018-04-17	发明
106	201810344603.1	一种钢卷小车卸卷方法	2018-04-17	发明
107	201810345027.2	一种带钢的生产方法	2018-04-17	发明
108	201810384958.3	高炉煤气放散塔点检方法、装置及设备	2018-04-26	发明
109	201810385542.3	低温多效海水淡化清洗除垢系统及清洗除垢方法	2018-04-26	发明
110	201810387617.1	一种低碳铝镇静钢酸洗板的加工方法	2018-04-26	发明
111	201810397715.3	一种提高工作辊换辊小车位置控制精度的方法	2018-04-28	发明
112	201810398010.3	一种热轧卷取带钢尾部减速距离控制方法	2018-04-28	发明
113	201810398280.4	一种高炉重负荷高富氧冶炼下的减停氧时的处理方法	2018-04-28	发明
114	201810399978.8	防止连退机组断带后带钢抽入炉内的方法及装置	2018-04-28	发明
115	201810400674.9	一种精轧机换辊方法及控制装置	2018-04-28	发明
116	201810400985.5	一种快速测定镀锡板镀层中铅元素含量的方法	2018-04-28	发明
117	201810402277.5	一种防止带钢在立式退火炉中跑偏的方法及装置	2018-04-28	发明
118	201810402465.8	一种避免带钢跑偏的方法及装置	2018-04-28	发明
119	201810402536.4	一种备件采购计划的生成方法	2018-04-28	发明
120	201810402610.2	一种防止铁水冒烟的方法	2018-04-28	发明

续表

序号	专利申请号	专利名称	申请日	专利类型
121	201810404146.0	一种590MPa级轮辐用钢的生产方法	2018-04-28	发明
122	201810454502.X	一种提高X70热煨弯管焊接接头低温冲击韧性的方法	2018-05-12	发明
123	201810451880.2	一种薄壁梁变形引导结构	2018-05-12	发明
124	201810449880.9	一种测量钢表面氧化铁皮厚度的方法	2018-05-11	发明
125	201810464993.6	一种对双相钢中马氏体岛定量表征的方法	2018-05-15	发明
126	201810453962.0	一种抑制管线钢高频疲劳发热的试验装置	2018-05-11	发明
127	201810451423.3	一种用于热成形板料温度测量装置	2018-05-11	发明
128	201810462776.3	一种钢坯加热温度均匀性的测量装置及方法	2018-05-15	发明
129	201810464766.3	一种减少加热待轧时间的方法	2018-05-15	发明
130	201810459694.3	一种具有增强塑性的1000MPa级冷轧热镀锌双相钢及其制造方法	2018-05-15	发明
131	201810461428.4	一种转炉炉底接缝耐火材料充填均匀性的测量装置及方法	2018-05-15	发明
132	201810462288.2	一种连续退火炉及其炉辊以及该炉辊的辊型设计方法	2018-05-15	发明
133	201810459791.2	一种消除BH钢板表面针尖缺陷的方法	2018-05-15	发明
134	201810459470.2	一种冷轧热镀锌复相钢及其制备方法	2018-05-15	发明
135	201810462707.2	一种转炉炉底接缝耐火材料充填方法及装置	2018-05-15	发明
136	201810459934.X	一种镀锌钢板的生产方法	2018-05-15	发明
137	201810460503.5	一种转炉补底方法	2018-05-15	发明
138	201810462422.9	一种改善锌铝镁合金镀层表面色差缺陷的方法	2018-05-15	发明
139	201810463868.3	一种690MPa级热轧厚规格低屈强比汽车轮辐用钢及其制备方法	2018-05-15	发明
140	201810463782.0	一种900MPa级别的抗冲击波钢板及其制造方法	2018-05-15	发明
141	201810464015.1	一种本位观察钢中非金属夹杂物立体形貌的方法	2018-05-15	发明
142	201810459714.7	一种抗拉强度1200MPa级冷轧双相钢及其制备方法	2018-05-15	发明
143	201810463455.5	一种控制超低碳钢中小粒径氧化铝夹杂物形貌的方法	2018-05-15	发明
144	201810464726.9	一种促进转炉反应平衡的方法	2018-05-15	发明
145	201810466011.7	高强油井管用钢的制造方法	2018-05-15	发明
146	201810388346.1	一种成品球团矿FeO含量的控制方法	2018-04-26	发明
147	201810388360.1	一种热轧工艺控制方法及装置	2018-04-26	发明
148	201810475184.5	一种立体车库提升机	2018-05-17	发明
149	201810476476.0	一种辊道横移式立体车库	2018-05-17	发明
150	201810475940.4	一种用于辊道横移式立体车库的入库停车位	2018-05-17	发明
151	201810486556.4	一种汽车用钢的冶炼方法	2018-05-15	发明
152	201810496889.5	一种1000MPa级抗冲击波钢板及其制造方法	2018-05-22	发明
153	201810508829.0	取向硅钢退火用套筒以及取向硅钢退火方法	2018-05-24	发明

续表

序号	专利申请号	专利名称	申请日	专利类型
154	201810508459.0	一种确定冷轧机传动力矩的方法及装置	2018-05-24	发明
155	201810508482.X	一种轧机的末期轧辊及其应用方法	2018-05-24	发明
156	201810507498.9	一种气体导压式液位检测结构及液位计	2018-05-24	发明
157	201810506953.3	一种低锰钢的生产方法	2018-05-24	发明
158	201810513509.4	一种中温高硅取向硅钢的带钢加工方法	2018-05-24	发明
159	201810512768.5	带钢跑偏的控制方法及装置	2018-05-24	发明
160	201810552050.9	一种在中厚板轧制过程中防止两区域板坯发生碰撞的方法	2018-05-31	发明
161	201810579982.2	一种热轧平整机工作辊窜辊位检测方法	2018-06-07	发明
162	201810370510.6	一种 X 型钢热轧成型工艺方法	2018-04-24	发明
163	201810637013.8	一种用于控制高温退火钢卷尾卷的方法	2018-06-20	发明
164	201810638974.0	一种法兰密封结构及方法	2018-06-20	发明
165	201810636017.4	一种热风炉保温装置及方法	2018-06-20	发明
166	201810635994.2	一种消除 590Mpa 级别双相钢热卷扁卷缺陷的方法	2018-06-20	发明
167	201810638264.8	一种控制冷轧带钢中部起筋缺陷的方法	2018-06-20	发明
168	201810638272.2	一种改善立辊轧机的立辊表面质量的装置	2018-06-20	发明
169	201810718711.0	一种再生水制备系统及方法	2018-06-29	发明
170	201810713558.2	一种旋转布料机的全自动布料方法	2018-06-29	发明
171	201810713981.2	一种提高 IF 钢铸坯头坯质量的方法	2018-06-29	发明
172	201810713636.9	一种无钟炉顶矿石自学习布料的方法及装置	2018-06-29	发明
173	201810713211.8	建立通讯连接的方法及装置	2018-06-29	发明
174	201810713649.6	一种基于残氧补偿的退火炉燃烧控制方法及装置	2018-06-29	发明
175	201810713552.5	一种货物定位系统和方法	2018-06-29	发明
176	201810713520.5	一种冷轧封锁钢卷的剪切处理方法及装置	2018-06-29	发明
177	201810713974.2	一种连续热镀锌产线入口区域堆钢的控制方法	2018-06-29	发明
178	201810713621.2	一种热轧粗轧机的控制方法	2018-06-29	发明
179	201810714306.1	一种板坯翘头的控制方法	2018-06-29	发明
180	201810712965.1	一种冷连轧过程的乳化液浓度优化方法	2018-06-29	发明
181	201810712075.0	一种带钢开卷塔形的控制方法	2018-06-29	发明
182	201810711924.0	一种镀锌产线入口活套跑偏的控制方法	2018-06-29	发明
183	201810711987.6	一种大型带式焙烧机生产低硅熔剂性球团的方法	2018-06-29	发明
184	201810714011.4	一种微米级冷轧辊系空间精度控制方法	2018-06-29	发明
185	201810714236.X	一种连退线小车定位精度监控装置及方法	2018-06-29	发明
186	201810713207.1	一种低硅铁水的脱磷炉冶炼方法	2018-06-29	发明
187	201810713272.4	退火炉的温度调节方法	2018-06-29	发明
188	201810717429.0	一种罩式退火马口铁表面挫伤的控制方法及装置	2018-06-29	发明

续表

序号	专利申请号	专利名称	申请日	专利类型
189	201810715405. 1	一种基于罩式退火工艺生产镀锡板基板的方法	2018-06-29	发明
190	201810714421. 9	一种粗轧立辊空过方法	2018-06-29	发明
191	201810718713. X	一种板坯氧化烧损的测量方法	2018-06-29	发明
192	201810720399. 9	一种铁镍合金回收料的脱碳冶炼方法	2018-07-03	发明
193	201810720408. 4	一种风机组减震降噪施工方法	2018-07-03	发明
194	201810717611. 6	一种自动关闭简易开启门闩施工方法	2018-07-03	发明
195	201810701803. 8	一种防带钢跑偏报警系统	2018-06-29	发明
196	201810698465. 7	一种助卷辊装置损耗程度的检测方法	2018-06-29	发明
197	201810701855. 5	一种钢卷表面质量分级判定方法及装置	2018-06-29	发明
198	201810699583. X	一种基于天然气单价的钢铁用户燃气成本核算方法和装置	2018-06-29	发明
199	201810693684. 6	一种助卷辊装置的检测方法	2018-06-29	发明
200	201810692637. X	一种轧机的倾斜调整方法及装置	2018-06-29	发明
201	201810771597. 8	一种超超临界燃煤电站耐热钢用光亮焊焊丝	2018-07-13	发明
202	201810766369. 1	一种具备随形冷却的热作模具成型方法	2018-07-12	发明
203	201810765789. 8	一种钢结构住宅用耐候 H 型钢与防腐涂层匹配的方法	2018-07-12	发明
204	201810766333. 3	一种钢结构住宅用耐候 H 型钢及其制备方法	2018-07-12	发明
205	201810766388. 4	一种基于 3D 打印技术的热作模具成型方法	2018-07-12	发明
206	201810674874. 3	一种无机混合料	2018-06-27	发明
207	201810691080. 8	一种 IF 钢鼓包缺陷控制方法	2018-06-28	发明
208	201810692190. 6	一种跳跃式中间加焦布料的方法及装置	2018-06-29	发明
209	201810753295. 8	一种链篦机—回转窑球团烟气脱硝装置及使用方法	2018-07-10	发明
210	201810760142. 6	铁水喷吹、真空脱气、电极加热生产高纯生铁的工艺	2018-07-11	发明
211	201810760146. 4	一种稀油润滑系统动力油循环提供装置	2018-07-11	发明
212	201810759606. 1	一种用于钢渣含水烟尘的干法除尘装置及其工艺	2018-07-11	发明
213	201810763092. 7	一种铁矿粉高效预热预还原装置及工艺	2018-07-11	发明
214	201810796348. 4	一种连铸坯中心偏析的控制方法	2018-07-19	发明
215	201810797787. 7	一种漏钢检测装置及方法	2018-07-19	发明
216	201810798434. 9	一种漏钢检测装置及方法	2018-07-19	发明
217	201810798367. 0	一种减少水口堵塞的方法	2018-07-19	发明
218	201810796791. 1	一种带钢翘曲检测方法及系统	2018-07-19	发明
219	201810797528. 4	一种超高延性低密度钢及其制备方法	2018-07-19	发明
220	201810799059. X	一种冷轧双相钢及其制备方法	2018-07-19	发明
221	201810788744. 2	一种重卷机组卷取机芯轴涨缩的检测方法和装置	2018-07-18	发明
222	201810795537. X	一种含油废水处理污泥减量化工艺方法	2018-07-19	发明
223	201810794947. 2	一种汽车用热镀锌低合金高强钢及其生产方法	2018-07-19	发明

续表

序号	专利申请号	专利名称	申请日	专利类型
224	201810795015.X	一种冲压拉伸试验凹模加工装置及方法	2018-07-19	发明
225	201810795665.4	一种镀锌钢板标准样品的制取方法	2018-07-19	发明
226	201810795677.7	一种含磷高强钢及其制备方法	2018-07-19	发明
227	201810795777.X	一种自动修正倒角的加工装置及方法	2018-07-19	发明
228	201810809312.5	卷取机以及卷取机的速度调节方法	2018-07-20	发明
229	201810808826.9	一种夹持固定装置及加工镀锌汽车板大直径试样的方法	2018-07-20	发明
230	201810801760.0	一种干熄炉牛腿砖三维温度场的测量装置及方法	2018-07-20	发明
231	201810803465.9	一种汽车扭力梁用钢材及其制备方法	2018-07-20	发明
232	201810805096.7	一种轧机控制系统通信中间件的实现方法和装置	2018-07-20	发明
233	201810805313.2	一种通过钙铝铁合金处理降低浸入式水口堵塞的方法	2018-07-20	发明
234	201810802912.9	一种相变诱发塑性钢及其制备方法	2018-07-20	发明
235	201810802282.5	一种提高镀锌板表面质量的方法	2018-07-20	发明
236	201810803780.1	一种冷轧模拟器液压油箱	2018-07-20	发明
237	201810804743.2	一种 900MPa 级别 ATM 机用防暴钢板及其制造方法	2018-07-20	发明
238	201810805561.7	一种 980MPa 级别 ATM 机用防暴钢板及其制造方法	2018-07-20	发明
239	201810802712.3	一种生产超低磷钢的转炉炼钢方法	2018-07-20	发明
240	201810803153.8	一种连续退火炉加热功率输出模式的控制方法	2018-07-20	发明
241	201810801684.3	一种耐火浇筑料泵送施工性检测装置	2018-07-20	发明
242	201810801786.5	一种烧结机台车混合料布料评价方法及辅助装置	2018-07-20	发明
243	201810802398.9	一种高炉炉料软熔性能检测方法	2018-07-20	发明
244	201810802718.0	一种考察耐火材料热泵送性的系统及其使用方法	2018-07-20	发明
245	201810821076.9	一种防水混凝土外墙与基础相交处施工缝留设施工方法	2018-07-24	发明
246	201810821705.8	一种旋流井深基坑管涌封底方法	2018-07-24	发明
247	201810838226.7	一种大型混凝土漏斗模板支设方法	2018-07-26	发明
248	201810839134.0	一种罐道绳更换方法	2018-07-27	发明
249	201810853586.4	一种混凝土梁模板固定夹施工方法	2018-07-30	发明
250	201810861652.2	一种转炉湿法电除尘的方法及装置	2018-08-01	发明
251	201810860639.5	一种高炉热风炉拱顶钢壳焊缝在线强化方法	2018-08-01	发明
252	201810861922.X	一种板坯加热温度的控制方法	2018-08-01	发明
253	201810860873.8	一种动态对中侧导板的方法及控制装置	2018-08-01	发明
254	201810861921.5	一种降低缝合缝开裂风险的方法	2018-08-01	发明
255	201810861619.X	一种用森基米尔轧机生产硅钢的边降控制方法	2018-08-01	发明
256	201810861616.6	一种热处理炉带钢缓慢冷却的控制方法	2018-08-01	发明
257	201810861465.4	一种天然气退火炉的环保控制方法	2018-08-01	发明
258	201810861479.6	一种热水器内胆支架用热轧酸洗带钢及其生产方法	2018-08-01	发明

续表

序号	专利申请号	专利名称	申请日	专利类型
259	201810861295. X	一种具有高扩孔性能的热轧酸洗带钢及其生产方法	2018-08-01	发明
260	201810868152. 1	一种菌体蛋白饲料、生产工艺及其应用	2018-08-02	发明
261	201810880237. 1	一种餐厨垃圾渗沥液处理方法	2018-08-03	发明
262	201810880292. 0	一种链篦机	2018-08-03	发明
263	201810879546. 7	一种细颗粒物料连续给料装置及方法	2018-08-03	发明
264	201810875684. 8	一种热轧带钢轧后双段冷却热头热尾工艺的自动控制方法	2018-08-03	发明
265	201810876251. 4	一种调质态低屈强比 X60Q 管线钢及制备方法	2018-08-03	发明
266	201810875812. 9	一种基于多足连接件的异种材料连接装置	2018-08-03	发明
267	201810880009. 4	一种全三脱工艺中炉渣脱硫脱磷协同铁素回收的方法	2018-08-03	发明
268	201810878228. 9	一种表面汽车面板用热镀锌钢板及其生产方法	2018-08-03	发明
269	201810878281. 9	一种二次冷轧镀锡板及其生产方法	2018-08-03	发明
270	201810882943. X	一种防止热连轧钢板在冷轧中边裂断带的方法	2018-08-06	发明
271	201810883447. 6	一种热浸镀镀层钢板及其制造方法	2018-08-06	发明
272	201810882779. 2	一种彩涂用热镀锌钢板及其制造方法	2018-08-06	发明
273	201810882940. 6	一种 460MPa 级高强抗震耐火耐候钢热轧卷板及其生产方法	2018-08-06	发明
274	201810882937. 4	一种无间隙原子钢连退薄板的冷轧工艺调控方法	2018-08-06	发明
275	201810883230. 5	一种极低锡量镀锡钢板的制备方法及其应用	2018-08-06	发明
276	201810882829. 7	一种镀锡板的制备方法及由此制得的镀锡板的应用	2018-08-06	发明
277	201810882938. 9	一种合金化热镀锌双相钢及其制备方法	2018-08-06	发明
278	201810907551. 4	一种含铋无铅型超易切削圆珠笔头用不锈钢丝及其生产方法	2018-08-10	发明
279	201810904493. X	一种基于多维数据的肖像建模方法和装置	2018-08-09	发明
280	201810910014. 5	一种托辊用焊接钢管及其制造方法	2018-08-10	发明
281	201810836974. 1	一种基于深度学习技术的钢铁表面缺陷识别方法和装置	2018-07-26	发明
282	201810836719. 7	一种尾矿浓密机小车检测系统	2018-07-26	发明
283	201810949804. 4	一种连续热镀锌生产线带钢入锅温度控制方法及装置	2018-08-20	发明
284	201810949464. 5	一种侧导板动态对中方法、装置及系统	2018-08-20	发明
285	201810952126. 7	一种混合机主轴修复方法	2018-08-21	发明
286	201810953277. 4	一种提高家电用连续热镀锌板表面润滑性能的方法	2018-08-21	发明
287	201810952166. 1	一种助卷装置	2018-08-21	发明
288	201810954107. 8	一种钢铁工序成本预测系统	2018-08-21	发明
289	201810952831. 7	一种焦炉装煤自动浇浆系统及焦炉装煤车	2018-08-21	发明
290	201810958935. 9	热轧平整机组及处理带钢的方法	2018-08-21	发明
291	201810959793. 8	一种自行车入库出库调度方法及装置	2018-08-20	发明
292	201810972718. 5	一种高炉用物料自动化检测处理方法及装置	2018-08-24	发明
293	201810974532. 3	一种利用烧结工艺处理含铁粉尘的方法	2018-08-24	发明

续表

序号	专利申请号	专利名称	申请日	专利类型
294	201810975763.6	一种钢水测温定氧系统的校准方法	2018-08-24	发明
295	201810973368.4	一种浸入式水口	2018-08-24	发明
296	201810973007.X	一种取向硅钢退火隔离剂及其使用方法	2018-08-24	发明
297	201810973577.9	一种 MgO 隔离剂浆液的配制方法及其应用	2018-08-24	发明
298	201810972972.5	一种改善无取向电工钢冲压定子跳动的方法	2018-08-24	发明
299	201810972745.2	一种避免重卷机组卷取错层的方法	2018-08-24	发明
300	201811010809.7	一种高炉炉顶料罐放散煤气全回收方法及系统	2018-08-31	发明
301	201811010833.0	一种高炉炉顶料罐放散煤气全回收系统及其安全检修方法	2018-08-31	发明
302	201811045069.0	一种张力设定值斜坡自适应控制方法方法	2018-09-07	发明
303	201811038287.1	利用生物质制备乙醇、蛋白饲料及天然气的方法及装置	2018-09-06	发明
304	201811041556.X	一种结晶器铜板的电镀工艺方法	2018-09-07	发明
305	201811114204.2	一种带钢宽度反馈修正方法及系统	2018-09-25	发明
306	201811117115.3	一种漏钢检测系统及方法	2018-09-25	发明
307	201811114632.5	一种炉辊热凸度分布预测方法及装置	2018-09-25	发明
308	201811116059.1	一种冷轧热镀锌复相钢及其制备方法	2018-09-25	发明
309	201811114194.2	一种抗锈蚀冷轧钢板及其制造方法	2018-09-25	发明
310	201811114864.0	一种硅钢激光填丝焊接用焊丝及其制备方法和焊接方法	2018-09-25	发明
311	201811110171.4	采用 X 射线衍射仪定量表征微合金钢中 Nb 析出的方法	2018-09-21	发明
312	201811110795.6	预测微合金钢热轧时发生动态再结晶临界压下量的方法	2018-09-21	发明
313	201811110062.2	一种微合金化超淬透性车轴钢	2018-09-21	发明
314	201811117832.6	一种超淬透性车轴钢	2018-09-21	发明
315	201811142680.5	一种停车系统	2018-09-26	发明
316	201811123591.6	一种钢卷隆起缺陷检测装置及方法	2018-09-26	发明
317	201811119797.1	一种带钢的拉矫处理方法及装置	2018-09-25	发明
318	201811124649.9	一种防弹车外壳及其生产方法	2018-09-26	发明
319	201811121412.5	一种均质化 485MPa 级别抗拉伸应力 SSCC 性能钢板及其生产方法	2018-09-25	发明
320	201811119958.7	一种控制镀锌板锌花尺寸的方法	2018-09-25	发明
321	201811119798.6	一种乘用车车轮钢圈的轮辐和轮辋材料匹配方法和装置	2018-09-25	发明
322	201811122910.1	一种先进高强钢的电阻点焊方法	2018-09-26	发明
323	201811123262.1	异种材料连接装置及连接方法	2018-09-26	发明
324	201811118699.6	一种 RH 精炼控制方法及装置	2018-09-26	发明
325	201811120522.X	一种去除钢板表面铝或者铝合金镀层的装置及方法	2018-09-26	发明
326	201811121115.0	一种测试热轧钢板表面氧化铁皮孔隙率的方法	2018-09-26	发明
327	201811120526.8	一种气雾罐顶盖用镀锡板及其生产方法	2018-09-26	发明

续表

序号	专利申请号	专利名称	申请日	专利类型
328	201811120515. X	一种 980MPa 级高延性低密度汽车用奥氏体钢及其制备方法	2018-09-26	发明
329	201811120779. 5	一种半挂车焊接工字梁用钢及其生产方法	2018-09-26	发明
330	201811128237. 2	高服役强度的搪瓷用钢板及其制造方法	2018-09-27	发明
331	201811116342. 4	一种高品质厚规格钢板的生产方法	2018-09-25	发明
332	201811115523. 5	一种汽车结构用热轧带钢及制造方法	2018-09-25	发明
333	201811116649. 4	一种优化磨矿粒度的方法	2018-09-25	发明
334	201811116417. 9	一种烧结机点火炉结瘤控制装置	2018-09-25	发明
335	201811128250. 8	一种防护用钢及其生产方法	2018-09-27	发明
336	201811128225. X	改善赤铁精粉过滤性能的方法	2018-09-27	发明
337	201811126089. 0	一种高炉冶炼过程中提高燃料利用效率的方法	2018-09-26	发明
338	201811125776. 0	一种变截面半挂车轻量化大梁	2018-09-26	发明
339	201811142680. 5	一种停车系统	2018-09-28	发明
340	201811143386. 6	一种管道使用钢楔子找口对接的方法	2018-09-28	发明
341	201811142395. 3	一种基础开槽护壁使用矩形钢板圈的施工方法	2018-09-28	发明
342	201811142449. 6	利用焊接顺序及斜撑组合控制 H 型钢焊接变形的方法	2018-09-28	发明
343	201811142478. 2	一种使用单吊索多钩头安装屋面檩条的方法	2018-09-28	发明
344	201811156536. 7	一种使用倒链找正管道对接错口的方法	2018-09-28	发明
345	201811142484. 8	一种使用卷扬及定滑轮组安装屋面检修马道的方法	2018-09-28	发明
346	201811143463. 8	一种使用螺母找正安装钢柱标高的方法	2018-09-28	发明
347	201811143484. X	一种使用斜角工字钢找正固定杯口基础钢柱安装的方法	2018-09-28	发明
348	201811143474. 6	一种箱形柱使用高强螺栓及连接板组合定位接口的方法	2018-09-28	发明
349	201811153825. 1	砌体结构中预埋混凝土预制框暗装配电箱的施工方法	2018-09-29	发明
350	201811150495. 0	一种构造柱混凝土浇筑顶部采用漏斗的施工方法	2018-09-29	发明
351	201811152175. 9	使用定位销找正钢梁安装连接板高强螺栓孔位的方法	2018-09-29	发明
352	201811152428. 2	一种构造柱两侧砌块使用倒角的混凝土浇筑方法	2018-09-29	发明
353	201811151259. 0	一种地下室顶板框架后置钢梁的安装方法	2018-09-29	发明
354	201811151292. 3	一种利用矩形钢板块控制焊接变形的方法	2018-09-29	发明
355	201811151342. 8	一种应用于装配式预制叠合楼板板带的工具式吊模方法	2018-09-29	发明
356	201811180400. X	一种汽车涡轮增加器铆钉用马氏体不锈钢棒材	2018-10-10	发明
357	201811179013. 4	测试板坯角部金属流动性的方法	2018-10-10	发明
358	201811175943. 2	一种防止亚包晶钢铸坯表面纵裂纹的方法	2018-10-10	发明
359	201811175365. 2	钢带制作方法	2018-10-10	发明
360	201811175336. 6	一种数据处理方法和装置	2018-10-10	发明
361	201811175570. 9	纠偏辊控制方法及装置	2018-10-10	发明
362	201811177735. 6	一种连铸连轧生产线剔坯方法	2018-10-10	发明

续表

序号	专利申请号	专利名称	申请日	专利类型
363	201811176539.7	一种调节烧嘴空燃比的方法及装置	2018-10-10	发明
364	201811175681.X	一种带钢接缝边浪控制方法及装置	2018-10-10	发明
365	201811241087.6	一种测量晶粒尺寸的方法	2018-10-24	发明
366	201811176968.4	一种排除设备故障的方法、装置及电子设备	2018-10-10	发明
367	201811176806.0	卷边机防护方法	2018-10-10	发明
368	201811237907.4	一种低温高磁感取向硅钢高温退火方法	2018-10-24	发明
369	201811176420.X	一种带头矫直方法	2018-10-10	发明
370	201811180611.3	一种防止带钢尾部甩过焊机出口的控制系统	2018-10-09	发明
371	201811172759.2	一种 300t 转炉低氧控制方法	2018-10-09	发明
372	201811172773.2	一种退火炉空燃比自寻优的方法和装置	2018-10-09	发明
373	201811172782.1	一种平整轧制超低粗糙度导轨钢的方法	2018-10-09	发明
374	201811172392.4	一种平整机自动串辊的控制方法	2018-10-09	发明
375	201811171118.5	一种炉鼻子锌灰控制系统	2018-10-09	发明
376	201811170871.2	一种轧件打滑监控方法和装置	2018-10-09	发明
377	201811170792.1	一种热镀锌汽车轮罩用钢及其生产方法	2018-10-09	发明
378	201811170997.X	一种连续热镀锌线炉鼻子下端头修复方法	2018-10-09	发明
379	201811182139.7	一种立体车库及其入库装置	2018-10-11	发明
380	201811225774.9	一种用于高炉水冲渣含水烟气的干燥装置及其方法	2018-10-21	发明
381	201811223001.7	一种矿焦槽及槽下供料系统	2018-10-19	发明
382	201811226602.3	一种解决工业建构筑要素单元划分的方法	2018-10-19	发明
383	201811224839.8	一种用于明火烧嘴的智能点火装置及方法	2018-10-19	发明
384	201811224205.2	一种用于辐射管烧嘴的智能点火装置及方法	2018-10-19	发明
385	201811219364.3	一种低碳烘烤硬化钢及其生产方法	2018-10-19	发明
386	201811233981.9	一种筛选钢中复合夹杂物的统计方法	2018-10-23	发明
387	201811246541.7	一种 240MPa 级烘烤硬化钢及其制造方法	2018-10-24	发明
388	201811246544.0	一种 280MPa 级低合金高强钢及其制造方法	2018-10-24	发明
389	201811253584.8	一种电磁屏蔽用层状金属复合材料	2018-10-26	发明
390	201811235905.1	一种去除轧辊表面缺陷的方法	2018-10-24	发明
391	201811240020.0	一种热镀锌板的制备方法及装置	2018-10-24	发明
392	201811240241.8	一种连续热镀锌生产线切边剪磨损状态判断方法和装置	2018-10-24	发明
393	201811243008.5	一种减小转炉出钢温度降幅的方法	2018-10-24	发明
394	201811295857.5	一种带钢表面氧化镁的干燥控制方法及装置	2018-11-01	发明
395	201811295993.4	一种环冷机台车铰接部件的检修方法	2018-11-01	发明
396	201811296957.X	一种热轧带钢头尾部宽度控制方法及装置	2018-11-01	发明
397	201811296150.6	一种 RH 热弯管防堵控制方法	2018-11-01	发明

续表

序号	专利申请号	专利名称	申请日	专利类型
398	201811314908.4	一种车辆鞍座扫描定位方法	2018-11-06	发明
399	201811300377.3	一种取向硅钢中抑制剂的分析方法	2018-11-02	发明
400	201811298733.2	一种用于硅钢退火炉的节能高温辐射喷涂料及其制备方法和应用	2018-11-02	发明
401	201811298484.7	一种提升高牌号无取向硅钢横向厚度差的方法及装置	2018-11-02	发明
402	201811307274.X	一种结晶器水口堵塞评价装置及方法	2018-11-05	发明
403	201811306972.8	一种高铝钢板坯连铸方法	2018-11-05	发明
404	201811306373.6	一种防飞溅电阻点焊方法及设备	2018-11-05	发明
405	201811305701.0	一种炼钢转炉烟气处理装置及方法	2018-11-05	发明
406	201811305640.8	一种铁矿粉粘结性指数的检测方法	2018-11-05	发明
407	201811305588.6	一种大梁钢轧制方法以及大梁钢	2018-11-05	发明
408	201811305635.7	一种树脂型耐火材料的制样方法	2018-11-05	发明
409	201811289041.1	一种低碳钢淬火态原奥氏体晶界的显示方法	2018-10-31	发明
410	201811293494.1	一种提高 95CrMo 中空钢塑性的控制方法	2018-10-31	发明
411	201811288364.9	建筑钢结构用耐火耐候高强螺栓钢耐火性能匹配的方法	2018-10-31	发明
412	201811293641.5	输电铁塔用 600Mpa 级耐候螺栓钢自腐蚀匹配方法	2018-10-31	发明
413	201811297745.3	一种转炉炼钢过程脱磷用包芯线	2018-10-31	发明
414	201811297787.7	改善中高碳 CrMo 系列合金结构钢剪切端面裂纹的方法	2018-10-31	发明
415	201811289471.3	一种高强度耐候气体保护焊丝用盘条	2018-10-31	发明
416	201811289579.2	一种硬面堆焊用药芯焊丝	2018-10-31	发明
417	201811291432.7	一种自保护堆焊用药芯焊丝	2018-10-31	发明
418	201811294028.5	一种镀锌板用无机润滑溶液及处理方法	2018-10-31	发明
419	201811294112.7	抗拉强度 485MPa 以上的压力容器钢成分设计方法	2018-10-31	发明
420	201811290276.2	阻燃复合装甲模块	2018-10-31	发明
421	201811309027.3	一种 VOD 工艺冶炼自动控制方法	2018-11-05	发明
422	201811309512.0	一种采用灰度预测的企业安全生产预警系统的构建方法	2018-11-05	发明
423	201811311644.7	一种地采矿山中深孔布孔结构	2018-11-06	发明
424	201811312324.3	一种中深孔分段爆破方法及装置	2018-11-06	发明
425	201811313906.3	一种锚网支护方法	2018-11-06	发明
426	201811311477.6	一种磁滚筒自动分料控制方法和装置	2018-11-06	发明
427	201811171220.5	一种高温计安装结构及方法	2018-10-09	发明
428	201811172368.0	一种冷轧钢卷打捆定位装置及方法	2018-10-09	发明
429	201811208102.7	一种立体车库自动避让的控制方法	2018-10-16	发明
430	201811310929.9	一种干熄焦装置脱硫系统	2018-11-06	发明
431	201811310922.7	一种用于表征干熄焦炉透气性的方法及系统	2018-11-06	发明

续表

序号	专利申请号	专利名称	申请日	专利类型
432	201811310888.3	一种用于分析干熄焦炉牛腿部位应力的方法及系统	2018-11-06	发明
433	201811311478.0	一种兼顾机架间浪形调节的凸度反馈方法	2018-11-06	发明
434	201811311353.8	一种预测焦炉内不同高度位置焦炭质量的实验方法	2018-11-06	发明
435	201811311330.7	一种测定氧化铁皮中先共析 Fe_3O_4 相含量的方法和装置	2018-11-06	发明
436	201811311151.3	一种测定氧化铁皮结合力的实验方法	2018-11-06	发明
437	201811300222.X	一种加热炉二级系统炉温设定方法	2018-11-02	发明
438	201811298365.1	一种烧结机合入台车的方法	2018-11-02	发明
439	201811298747.4	一种轧钢加热炉耐热垫块用的耐高温铬铁合金及其制备方法	2018-11-02	发明
440	201811299168.1	一种控制薄窄规格软钢尾部中间浪的方法	2018-11-02	发明
441	201811299216.7	一种极限状态监测方法和装置	2018-11-02	发明
442	201811302349.5	一种高碳工具钢热轧方法	2018-11-02	发明
443	201811327067.0	一种复合刷式密封结构	2018-11-08	发明
444	201811327081.0	一种改善刷丝密封效果的密封结构	2018-11-08	发明
445	201811325533.1	一种交换载车板式垂直塔库机械设备电气控制系统	2018-11-08	发明
446	201811381246.2	一种基于场景适配的模型调优方法和装置	2018-11-20	发明
447	201811396879.0	改善高强耐候气保焊丝用盘条同圈性能的生产方法	2018-11-21	发明
448	201811399329.4	一种热轧带肋钢筋的生产方法	2018-11-22	发明
449	201811434075.5	一种钢结构低表面处理防腐透明涂层及涂装工艺	2018-11-28	发明
450	201810665222.3	一种焚烧飞灰熔融玻璃渣装饰砌块及其制备方法	2018-06-28	发明
451	201811254279.0	一种低合金高强度结构钢热轧 H 型钢生产方法	2018-10-26	发明
452	201810621648.9	一种用于带式输送机的滚筒及其制造方法	2018-06-15	发明
453	201810621646.X	一种用于冶金烧结工艺中的台车限位装置	2018-06-15	发明
454	201810805084.4	一种 φ36~40mm HRB500E 螺纹钢筋的生产方法	2018-07-20	发明
455	201811435556.8	一种轧制力优化方法及装置	2018-11-28	发明
456	201811435114.3	一种激光焊机的激光轨迹和带钢剪切口的调整方法	2018-11-28	发明
457	201811434621.5	一种 1000MPa 级马氏体汽车用钢的工艺控制方法	2018-11-28	发明
458	201811434662.4	一种 780MPa 级屈服强度 1000MPa 级抗拉强度的双相钢加工方法	2018-11-28	发明
459	201811458051.3	一种运动员辅助训练数据获取方法、装置及电子设备	2018-11-30	发明
460	201811450422.3	一种自行车停车库	2018-11-30	发明
461	201811460521.X	基于多载体识别技术的钢卷顺序精准定位方法	2018-12-01	发明
462	201811436110.7	一种混凝土楼体踏步的定型模板	2018-11-28	发明
463	201811436205.9	在高炉建设中采用自动提升系统的方法	2018-11-28	发明
464	201811476423.5	一种冷轧生产 780MPa 级的 CP 钢工艺控制方法	2018-11-28	发明
465	201811507487.7	RH 炉外精炼系统及除尘方法	2018-12-10	发明

续表

序号	专利申请号	专利名称	申请日	专利类型
466	201811505869.6	一种底层优良的低温高磁感取向硅钢制造方法	2018-12-10	发明
467	201811503505.4	一种无取向硅钢冷轧目标厚度动态控制的方法及装置	2018-12-10	发明
468	201811505601.2	一种冷轧硅钢涂辊压力的标定方法	2018-12-10	发明
469	201811503578.3	一种降低高铝钢水口堵塞几率的冶炼方法	2018-12-10	发明
470	201811506271.9	一种板型工艺控制方法、粗轧机工作辊和粗轧机	2018-12-10	发明
471	201811506270.4	一种燃气—蒸汽联合循环机组降热值的方法	2018-12-10	发明
472	201811504307.X	一种含磷高强 IF 钢及其表面麻点缺陷的消除方法	2018-12-10	发明
473	201811500891.1	一种运动员辅助训练数据获取方法、装置及电子设备	2018-12-07	发明
474	201811495975.0	一种污泥间简易除臭装置	2018-12-07	发明
475	201811506796.2	一种回转台的锁紧装置	2018-12-10	发明
476	201811505923.7	一种托盘和托盘运输系统间的钢卷转运装置	2018-12-10	发明
477	201811557123.X	一种管道安装使用抱箍圈找齐接口的施工方法	2018-12-19	发明
478	201811558261.X	一种屋面钢梁利用火焰起拱的施工方法	2018-12-19	发明
479	201811558289.3	一种箱型钢柱安装接口使用衬套的施工方法	2018-12-19	发明
480	201811560132.4	一种炉体安装利用外壁挂耳搭设操作平台的施工方法	2018-12-19	发明
481	201811558368.4	一种腹部加设操作腰线修复冷却塔外壁的施工方法	2018-12-19	发明
482	201811560194.5	一种框架顶部钢梁利用翼缘板端部分体的安装方法	2018-12-19	发明
483	201811558369.9	一种厂房屋面及墙皮檩条利用卷扬成串安装的方法	2018-12-19	发明
484	201811576981.9	一种大数据环境下的炼钢多工序温度协调控制系统及方法	2018-12-23	发明
485	201811577723.2	一种连铸机的超重型埋件安装固定架方法	2018-12-20	发明
486	201811568024.1	一种焦炉炭化室的故障判断方法	2018-12-21	发明
487	201811570154.9	一种滚筒洗衣机 U 型壳用热镀锌板及其制备方法	2018-12-21	发明
488	201811570649.1	一种带钢卷取机组断尾处理方法和装置	2018-12-21	发明
489	201811570663.1	一种助卷辊压尾的控制方法和装置	2018-12-21	发明
490	201811570700.9	一种电辐射管温度控制方法和装置	2018-12-21	发明
491	201811567812.9	一种防止高强钢冷轧开卷困难的方法	2018-12-21	发明
492	201811570696.6	一种退火炉水淬喷嘴阀门控制方法和装置	2018-12-21	发明
493	201811568052.3	一种检测钢卷托盘运输线上称重机准确性的方法	2018-12-21	发明
494	201811571410.6	一种带钢在炉内瓢曲风险的评估方法和装置	2018-12-21	发明
495	201811568025.6	一种挤干辊压力均匀性测试方法	2018-12-21	发明
496	201811574659.2	一种退火炉纠偏控制方法及装置	2018-12-21	发明
497	201811568383.7	一种电磁离合器找正对中的方法	2018-12-21	发明
498	201811568245.9	一种带钢温度控制方法及装置	2018-12-21	发明
499	201811568258.6	一种带钢的张力控制方法及装置	2018-12-21	发明
500	201811573210.4	一种送风恢复方法	2018-12-21	发明

续表

序号	专利申请号	专利名称	申请日	专利类型
501	201811570172.7	一种全三脱工艺中脱磷渣热态循环利用的方法	2018-12-21	发明
502	201811569750.5	一种提高套筒窑烟气 CO_2 浓度的方法	2018-12-21	发明
503	201811570042.3	一种连续热镀锌生产线张力辊组的控制方法	2018-12-21	发明
504	201811577674.2	一种控制低碳铝镇静钢中夹杂物润湿性的 RH 精炼方法	2018-12-21	发明
505	201811580513.9	一种应用多交叉恒温扩增结合纳米生物传感技术检测白色念珠菌的方法	2018-12-24	发明
506	201811591288.9	一种控制全三脱工艺中半钢冒烟的方法	2018-12-20	发明
507	201811626305.8	一种极低温环境服役的管件用高强韧性钢板及其制造方法	2018-12-28	发明
508	201811621827.9	一种抗拉强度 1200MPa 级冷轧复相钢及其制备方法	2018-12-28	发明
509	201811621812.2	一种抗拉强度 1000MPa 级冷轧复相钢及其制备方法	2018-12-28	发明
510	201811625772.9	一种汽车结构用钢及其制造方法及汽车结构件的制造方法	2018-12-28	发明
511	201811625744.7	一种用于低温多效海水淡化的阻垢剂及其制备方法	2018-12-28	发明
512	201811628395.4	一种用于改善钢卷质量的冷却方法	2018-12-28	发明
513	201611648214.4	一种屋面檩条安装使用螺栓临时定位固定的施工方法	2018-12-30	发明
514	201811648275.0	一种防止窗户渗水的外墙企口	2018-12-30	发明
515	201811648400.8	一种利用火焰矫正 H 型钢焊接变形的方法	2018-12-30	发明
516	201811649724.3	一种利用扁担梁作为转接吊具的屋面檩条安装方法	2018-12-30	发明
517	201811635651.2	一种抗拉强度 900MPa 级热轧 TRIP 钢及其制备方法	2018-12-29	发明
518	201811639348.X	一种 700MPa 级热轧 TRIP 辅助型双相钢及其制备方法	2018-12-29	发明
519	201811639349.4	一种 600MPa 级热轧 TRIP 型双相钢及其制备方法	2018-12-29	发明
520	201811632719.1	一种板坯铸机辊缝的标定方法	2018-12-29	发明
521	201811632854.6	一种超低碳钢冶炼控制方法	2018-12-29	发明
522	201811642940.5	一种通过生球表面质量预测回转窑结圈状况的方法及装置	2018-12-29	发明
523	201811642664.2	一种蛋白离心清液固含量的快速检测方法	2018-12-29	发明
524	201811627366.6	一种小方坯连铸机生产高锰钢的方法	2018-12-28	发明
525	201811629662.X	一种长材直接轧制的小方坯高拉速连铸方法	2018-12-28	发明
526	201811627208.0	一种免退火冷锻齿轮钢及其制备方法	2018-12-28	发明
527	201811629438.0	一种高碳钢珠光体片层间距控制方法	2018-12-28	发明
528	201810501525.1	一种未封闭钻孔封堵工艺及结构	2018-05-23	发明
529	201810502801.6	一种矿井提升罐笼泊位系统及方法	2018-05-23	发明
530	201810502825.1	一种矿井罐笼提升安全控制系统	2018-05-23	发明
531	201810500061.2	一种矿井提升罐笼运矿车自动装料方法	2018-05-23	发明
532	201811032976.1	一种地下硐室施工方法	2018-09-05	发明
533	PCT/CN2018/070055	一种可主动转向的自行驶钢卷运输车	2018-01-02	发明
534	PCT/CN2018/115296	一种冷轧高强热镀锌钢板及其生产方法	2018-11-14	发明

续表

序号	专利申请号	专利名称	申请日	专利类型
535	201820010976.0	一种保安过滤器杀菌装置	2018-01-03	实用新型
536	201820007321.8	一种池上水泵自吸装置	2018-01-03	实用新型
537	201820007858.4	一种带钢吹扫装置	2018-01-03	实用新型
538	201820010884.2	一种高炉送风装置密封大盖	2018-01-03	实用新型
539	201820010885.7	一种高炉上料皮带机托辊更换装置	2018-01-03	实用新型
540	201820071871.6	一种高炉鼓风机乏汽放散余能回收压差发电装置	2018-01-16	实用新型
541	201820071879.2	一种用于SRV冶炼的余热回收及供风一体化装置	2018-01-16	实用新型
542	201820076421.6	一种海水淡化装置	2018-01-17	实用新型
543	201820082459.4	一种定重坯长材生产装置	2018-01-17	实用新型
544	201820077365.8	一种重载运输车的电气控制装置	2018-01-17	实用新型
545	201820077681.5	一种硅钢热轧带钢的切边重卷机组	2018-01-17	实用新型
546	201820081647.5	一种高温除尘灰降温输送系统	2018-01-17	实用新型
547	201820081506.3	一种钢包水口灌砂系统	2018-01-17	实用新型
548	201820081646.0	一种脱硫渣铁的回用系统	2018-01-17	实用新型
549	201820081690.1	一种自行车车库检测装置	2018-01-17	实用新型
550	201820112921.0	皮带系统自动清料机	2018-01-23	实用新型
551	201820117410.8	一种建筑装修室内吊顶用可调吊杆组件	2018-01-23	实用新型
552	201820117472.9	一种建筑装修室内吊顶用可调张紧装置	2018-01-23	实用新型
553	201820117407.6	一种建筑装修室内吊顶用水平位置调整组件	2018-01-23	实用新型
554	201820125839.1	一种可在多、高层钢结构住宅中应用的墙板	2018-01-24	实用新型
555	201820125373.5	可在多、高层钢结构住宅中应用的墙板与边柱连接结构	2018-01-24	实用新型
556	201820125662.5	可在多、高层钢结构住宅中应用的墙板与角柱连接结构	2018-01-24	实用新型
557	201820125836.8	可在多、高层钢结构住宅中应用的墙板与梁连接结构	2018-01-24	实用新型
558	201820122057.2	可在多、高层钢结构住宅中应用的墙板之间连接结构	2018-01-24	实用新型
559	201820121336.7	一种钢包水口灌砂料罐装置	2018-01-24	实用新型
560	201820110830.3	一种自行车立体车库	2018-01-23	实用新型
561	201820110998.4	一种自行车夹持器	2018-01-23	实用新型
562	201820111196.5	一种升降回转装置及自行车立体车库系统	2018-01-23	实用新型
563	201820111198.4	一种立柱回转装置及自行车立体车库系统	2018-01-23	实用新型
564	201820111923.8	一种自行车立体车库系统	2018-01-23	实用新型
565	201820274991.6	一种钢卷塔形检测装置	2018-02-27	实用新型
566	201820275112.1	一种用于十字测温装置更换的机构	2018-02-27	实用新型
567	201820275114.0	一种用于检测溜槽堵塞的装置	2018-02-27	实用新型
568	201820275115.5	一种更换皮带的卷带装置	2018-02-27	实用新型
569	201820275439.9	一种支撑辊轴承座的防水装置	2018-02-27	实用新型

续表

序号	专利申请号	专利名称	申请日	专利类型
570	201820275513.7	一种碎边剪用碎边收集槽及碎边剪	2018-02-27	实用新型
571	201820279635.3	料钟分料器、料钟分料装置和干熄焦装入装置	2018-02-27	实用新型
572	201820277762.X	一种轧辊自动识别装置	2018-02-27	实用新型
573	201820278678.X	一种矫直机辊缝标定压力传感器定位辅助装置	2018-02-27	实用新型
574	201820277741.8	一种冷轧中间辊	2018-02-27	实用新型
575	201820277744.1	一种拆装便捷的螺纹补偿器	2018-02-27	实用新型
576	201820277753.0	一种卷取机侧导板系统	2018-02-27	实用新型
577	201820278017.7	一种浓度及液位自动调节设备	2018-02-27	实用新型
578	201820280460.8	一种碎边条导向装置	2018-02-27	实用新型
579	201820280492.8	一种钢铁厂能源数据处理装置	2018-02-27	实用新型
580	201820282200.4	一种 RH 下部槽风冷盘	2018-02-28	实用新型
581	201820282201.9	一种高炉泥炮并联可旋转二通冷却水管装置	2018-02-28	实用新型
582	201820282208.0	一种异物分离装置	2018-02-28	实用新型
583	201820282215.0	一种杂物辊筛控制柜控制装置	2018-02-28	实用新型
584	201820282222.0	一种高炉水渣螺旋输送机升降装置	2018-02-28	实用新型
585	201820282978.5	一种金属耐磨堆焊衬板及料仓	2018-02-28	实用新型
586	201820282991.0	一种炉后出钢自动防人通行的安全警示装置	2018-02-28	实用新型
587	201820284035.6	一种配重式皮带清扫器	2018-02-28	实用新型
588	201820284036.0	一种液压泥炮机可转动二通管装置	2018-02-28	实用新型
589	201820284043.0	一种保护套筒辅助上卷装置	2018-02-28	实用新型
590	201820284044.5	一种三点板坯除鳞系统	2018-02-28	实用新型
591	201820284046.4	一种翻转式换辊地坑盖板装置	2018-02-28	实用新型
592	201820284059.1	一种高炉风机调节装置	2018-02-28	实用新型
593	201820295771.1	一种自动更换极头焊材的连续点焊装置	2018-03-03	实用新型
594	201820295776.4	一种用于 U 型弯曲回弹试验的模具	2018-03-03	实用新型
595	201820298251.6	一种多、高层钢住宅配套的外墙	2018-03-04	实用新型
596	201820298253.5	一种多、高层钢住宅预制空调板的连接节点结构	2018-03-04	实用新型
597	201820296567.1	一种多、高层钢住宅预制混凝土楼梯的连接节点结构	2018-03-04	实用新型
598	201820298531.7	一种已有水池增加防水套管的连接节点结构	2018-03-04	实用新型
599	201820296227.9	一种防止转炉冶炼煤气泄爆的自动控制系统	2018-03-04	实用新型
600	201820296229.8	一种防屈曲钢板剪力墙钢筋混凝土预制盖板结构	2018-03-04	实用新型
601	201820296241.9	一种防屈曲厚钢板剪力墙与钢梁节点连接结构	2018-03-04	实用新型
602	201820296242.3	一种防屈曲双夹钢板剪力墙与钢梁节点连接结构	2018-03-04	实用新型
603	201820296240.4	一种防屈曲钢板剪力墙与预制盖板连接结构	2018-03-04	实用新型
604	201820296258.4	一种组合式烧结机头尾风箱密封装置	2018-03-04	实用新型

续表

序号	专利申请号	专利名称	申请日	专利类型
605	201820285453.7	一种插板阀	2018-02-28	实用新型
606	201820287239.5	一种中速磨落煤管防磨装置	2018-02-28	实用新型
607	201820285558.2	一种电除尘装置	2018-02-28	实用新型
608	201820287256.9	一种卸灰阀传动轴密封	2018-02-28	实用新型
609	201820285452.2	一种高炉鼓风机送风装置	2018-02-28	实用新型
610	201820287353.8	一种钢铁厂高炉鼓风机放风装置	2018-02-28	实用新型
611	201820287296.3	一种钢铁厂压缩空气节能装置	2018-02-28	实用新型
612	201820285374.6	一种冷凝水集水箱装置	2018-02-28	实用新型
613	201820287183.3	一种粗轧热检测装置	2018-02-28	实用新型
614	201820285371.2	一种带钢切尾的气吹装置	2018-02-28	实用新型
615	201820285334.1	一种皮带下方清料装置	2018-02-28	实用新型
616	201820287225.3	一种拉伸试验残样收集装置	2018-02-28	实用新型
617	201820285406.2	一种蒸汽控制设备	2018-02-28	实用新型
618	201820285335.6	一种激光焊机X轴焦点控制系统	2018-02-28	实用新型
619	201820285557.8	一种冷轧镀锌线穿带钢检测装置	2018-02-28	实用新型
620	201820287222.X	一种用于煤气管路密封测试的装置	2018-02-28	实用新型
621	201820287185.2	一种张力计检测装置	2018-02-28	实用新型
622	201820285451.8	一种热连轧生产线	2018-02-28	实用新型
623	201820287237.6	一种平整机对中设备吹扫装置	2018-02-28	实用新型
624	201820285375.0	一种高炉炉喉补偿装置	2018-02-28	实用新型
625	201820287371.6	一种排渣机主轴	2018-02-28	实用新型
626	201820285455.6	用于检测车轮脱落的装置	2018-02-28	实用新型
627	201820287260.5	一种高压电机滑动轴承稀油供油装置	2018-02-28	实用新型
628	201820287384.3	一种水电联产系统	2018-02-28	实用新型
629	201820287273.2	一种石灰池投料除尘装置	2018-02-28	实用新型
630	201820285454.1	一种力学拉伸性能自动检测装置	2018-02-28	实用新型
631	201820285409.6	一种焦罐车和提升机的安全控制装置	2018-02-28	实用新型
632	201820285408.1	一种均压放散阀阀板的防松固定装置	2018-02-28	实用新型
633	201820325635.2	一种用于生活水的水质处理系统	2018-03-09	实用新型
634	201820315556.3	一种高炉开停炉放散煤气净化处理装置	2018-03-07	实用新型
635	201820310534.8	一种连续混碾装置	2018-03-07	实用新型
636	201820313112.6	一种干熄罐料钟	2018-03-07	实用新型
637	201820314904.5	铁水温度测量结构和铁水温度测量装置	2018-03-07	实用新型
638	201820420517.X	一种物料存储装置	2018-03-27	实用新型
639	201820421522.2	一种用于设备局部温度加热的系统	2018-03-27	实用新型

续表

序号	专利申请号	专利名称	申请日	专利类型
640	201820423780.4	一种防粘料堆取料机斗子	2018-03-27	实用新型
641	201820424119.5	一种纯钙线捋直装置	2018-03-27	实用新型
642	201820424176.3	一种热连轧粗轧四辊轧机的支撑辊	2018-03-27	实用新型
643	201820424310.X	一种烧结机台车限位装置	2018-03-27	实用新型
644	201820424356.1	一种恒温样品冷却装置	2018-03-27	实用新型
645	201820424359.5	锤体支撑结构和落锤试验机	2018-03-27	实用新型
646	201820424635.8	一种抗阻塞仓顶除尘装置	2018-03-27	实用新型
647	201820425821.3	一种缓冲托辊组	2018-03-27	实用新型
648	201820425824.7	一种红外测温仪的在线校验装置	2018-03-27	实用新型
649	201820435100.0	一种用于生产渣罐隔板的模具	2018-03-28	实用新型
650	201820429531.6	一种城市综合管廊通风井结构	2018-03-28	实用新型
651	201820435186.7	利用炼钢石灰窑废气提取二氧化碳的制备系统	2018-03-28	实用新型
652	201820435234.2	一种钢梁同既有混凝土筒体刚接的连接节点结构	2018-03-28	实用新型
653	201820435139.2	一种钢梁同既有混凝土筒体铰接的连接节点结构	2018-03-28	实用新型
654	201820430312.X	一种用于块状物料的加湿装置	2018-03-28	实用新型
655	201820430313.4	一种排水塑料管与检查井的连接结构	2018-03-28	实用新型
656	201820442468.X	一种无填料冷却塔	2018-03-29	实用新型
657	201820436128.6	一种熔融还原炼铁工艺高温煤气处理系统	2018-03-28	实用新型
658	201820454686.5	一种焊接H型钢工装夹具	2018-04-02	实用新型
659	201820454722.8	一种基于预制孔的异种材料连接装置	2018-04-02	实用新型
660	201820475610.0	一种钢和铝合金的电阻点焊结构	2018-04-04	实用新型
661	201820549634.6	一种双夹头试样夹	2018-04-17	实用新型
662	201820549635.0	一种电能测量装置	2018-04-17	实用新型
663	201820548944.6	一种涡流制冷装置	2018-04-17	实用新型
664	201820549243.4	一种冷轧处理线从动辊动态监控装置	2018-04-17	实用新型
665	201820549672.1	一种物料空位检测装置	2018-04-17	实用新型
666	201820663964.8	一种压力取样装置	2018-05-04	实用新型
667	201820630230.X	一种杠杆式皮带清扫器以及皮带机	2018-04-28	实用新型
668	201820631668.X	一种横移机	2018-04-28	实用新型
669	201820637941.X	一种喷煤罐欠压系统保护装置	2018-04-28	实用新型
670	201820627665.9	螺栓紧固拆卸工装及拆装组件	2018-04-28	实用新型
671	201820630660.1	一种除铁装置	2018-04-28	实用新型
672	201820631759.3	布料溜槽更换孔盖、布料溜槽及高炉	2018-04-28	实用新型
673	201820632121.1	水冷型高压电机冷却系统	2018-04-28	实用新型
674	201820632681.7	一种双通管接头	2018-04-28	实用新型

续表

序号	专利申请号	专利名称	申请日	专利类型
675	201820632996.1	一种导流罩及电动机	2018-04-28	实用新型
676	201820633090.1	一种钢卷运输装置	2018-04-28	实用新型
677	201820633092.0	一种喷煤罐压力调节控制装置	2018-04-28	实用新型
678	201820636686.7	一种具有防护件的轧机	2018-04-28	实用新型
679	201820636766.2	一种焦炉煤气脱硫塔装料用布料装置	2018-04-28	实用新型
680	201820636767.7	电缆中间接头纵向防水装置以及电缆	2018-04-28	实用新型
681	201820636940.3	收水器、清洗装置及压滤机清洗系统	2018-04-28	实用新型
682	201820637152.6	一种螺纹孔修复装置	2018-04-28	实用新型
683	201820637410.0	一种除尘布袋回收装置	2018-04-28	实用新型
684	201820637509.0	一种轧机喷嘴检查装置	2018-04-28	实用新型
685	201820637517.5	一种钢卷安放装置	2018-04-28	实用新型
686	201820637857.8	一种联轴器防护罩	2018-04-28	实用新型
687	201820637858.2	一种标定对中装置	2018-04-28	实用新型
688	201820637942.4	一种中速磨喷嘴环	2018-04-28	实用新型
689	201820637943.9	一种高炉冲渣水余热回收装置	2018-04-28	实用新型
690	201820637944.3	一种高炉大方人孔盖的密封垫片	2018-04-28	实用新型
691	201820637945.8	一种功率模块充电组件以及装置	2018-04-28	实用新型
692	201820638022.4	一种机房冷却系统	2018-04-28	实用新型
693	201820638097.2	一种基于带钢参数表的升降温调节器	2018-04-28	实用新型
694	201820631489.6	一种吹扫工具	2018-04-28	实用新型
695	201820631506.6	气体中杂质含量的测定装置	2018-04-28	实用新型
696	201820637290.4	焦炉燃烧室立火道温度控制系统	2018-04-28	实用新型
697	201820710247.6	一种具有高耐久性能的热风炉炉壳用钢板结构	2018-05-12	实用新型
698	201820710250.8	一种化学品船用耐蚀钢板结构	2018-05-12	实用新型
699	201820708980.4	一种不锈钢复合波纹钢板结构	2018-05-12	实用新型
700	201820709006.X	一种不锈钢复合输水管结构	2018-05-12	实用新型
701	201820730555.5	一种用于疲劳试样断口保护的夹具	2018-05-11	实用新型
702	201820708878.4	一种汽车薄板用十字焊点样品拉伸夹具	2018-05-11	实用新型
703	201820702717.4	一种用于扫描电镜夹杂物统计分析的样品座装置	2018-05-11	实用新型
704	201820708887.3	一种用于电解提取悬挂试样的装置	2018-05-11	实用新型
705	201820708890.5	一种用于锌铝镁镀层 X 射线衍射分析的狭缝装置	2018-05-11	实用新型
706	201820703276.X	一种获得材料关键应变状态成形极限的装置	2018-05-11	实用新型
707	201820723698.3	一种烧结梭车均匀布料装置	2018-05-15	实用新型
708	201820738162.9	一种立体车库辊道横移输送装置	2018-05-17	实用新型
709	201820738163.3	一种辊道横移式立体车库	2018-05-17	实用新型

续表

序号	专利申请号	专利名称	申请日	专利类型
710	201820736827.2	一种立体车库停车位	2018-05-17	实用新型
711	201820737611.8	一种用于辊道横移式立体车库的入库停车位	2018-05-17	实用新型
712	201820736826.8	一种立体车库提升机	2018-05-17	实用新型
713	201820738164.8	一种立体车库升降轮挡	2018-05-17	实用新型
714	201820737609.0	一种立体车库巷道穿梭车	2018-05-17	实用新型
715	201820744402.6	一种煤气排水器清理工具	2018-05-18	实用新型
716	201820783242.6	一种合金料辨识的储运装置	2018-05-24	实用新型
717	201820783243.0	一种浮球阀的防浪涌装置	2018-05-24	实用新型
718	201820780764.0	一种药桶盖开启装置	2018-05-24	实用新型
719	201820782303.7	一种拉伸试验机试样快速定位装置	2018-05-24	实用新型
720	201820781717.8	一种旋流井吊盘固定支架	2018-05-24	实用新型
721	201820780980.5	一种速度解析器固定装置	2018-05-24	实用新型
722	201820789905.5	一种运输皮带除铁装置	2018-05-24	实用新型
723	201820788371.4	一种圆顶阀运行监控装置	2018-05-24	实用新型
724	201820798540.2	装修垃圾资源化利用系统	2018-05-25	实用新型
725	201820798505.0	现浇轻质隔墙	2018-05-25	实用新型
726	201820801266.X	一种垃圾焚烧发电厂节能装置	2018-05-25	实用新型
727	201820800788.8	生活垃圾焚烧炉渣资源化利用系统	2018-05-25	实用新型
728	201820840538.7	一种变频器电容组充电装置	2018-05-31	实用新型
729	201820900948.6	用于污染场地原位热脱附修复的燃烧余热利用和修复系统	2018-06-11	实用新型
730	201820918642.3	一种钢卷带头朝向检测装置	2018-06-13	实用新型
731	201820918182.4	一种热电偶防移位装置	2018-06-13	实用新型
732	201820917902.5	污染场地原位热脱附处理系统	2018-06-13	实用新型
733	201820939567.9	土壤原位热脱附抽提气体用气液分离装置	2018-06-19	实用新型
734	201820948944.5	一种上下天车过程中防人员挤伤的安全装置	2018-06-20	实用新型
735	201820949478.2	一种直流电源切换装置	2018-06-20	实用新型
736	201820950737.3	一种主轴安装装置	2018-06-20	实用新型
737	201820952396.3	一种高炉密封阀液压缸支座	2018-06-20	实用新型
738	201820949947.0	一种炉辊联轴器拆卸装置	2018-06-20	实用新型
739	201820954263.X	一种防带头卡阻装置	2018-06-20	实用新型
740	201820955093.7	一种管壳换热器清洗装置	2018-06-20	实用新型
741	201820956225.8	装载装置	2018-06-20	实用新型
742	201820952397.8	一种高炉风口套密封装置	2018-06-20	实用新型
743	201821048422.6	一种用于门座式起重机行走机构的手动铁鞋的预警装置	2018-06-29	实用新型
744	201821040786.X	一种冷轧切边废料压块装置以及切边废料通道	2018-06-29	实用新型

续表

序号	专利申请号	专利名称	申请日	专利类型
745	201821039762.2	一种智能变电站中压线路的故障录波组网系统	2018-06-29	实用新型
746	201821039592.8	一种防卡钢侧导板及应用该侧导板的导向装置	2018-06-29	实用新型
747	201821039737.4	一种废料收集装置	2018-06-29	实用新型
748	201821040469.8	一种管道连接块及滑板挡渣系统	2018-06-29	实用新型
749	201821039613.6	一种上卷车及热轧卷开平线	2018-06-29	实用新型
750	201821040567.1	一种开卷机芯轴四棱锥套及开卷机	2018-06-29	实用新型
751	201821039961.3	一种快速接头及热轧精轧机	2018-06-29	实用新型
752	201821045757.2	一种混凝土柱角钢加固件专用就位装置	2018-07-03	实用新型
753	201821024328.7	一种铸石板结构	2018-06-29	实用新型
754	201821024800.7	一种热电水联产系统	2018-06-29	实用新型
755	201821024953.1	一种镀锡机组拉矫机轴头	2018-06-30	实用新型
756	201821015350.5	一种钢水测温取样装置	2018-06-28	实用新型
757	201821024330.4	一种钢包包壁砌筑结构	2018-06-29	实用新型
758	201821014184.7	一种磁吸式废钢清扫装置	2018-06-29	实用新型
759	201821024746.6	一种 RH 炉蒸汽供应系统	2018-06-29	实用新型
760	201821017395.6	一种自动测温定氧取样装置	2018-06-29	实用新型
761	201821024329.1	一种网络系统	2018-06-29	实用新型
762	201821014654.X	一种开卷机及开卷引导装置	2018-06-29	实用新型
763	201821019027.5	一种去毛刺装置以及带钢切边设备	2018-06-29	实用新型
764	201821010850.X	一种退火炉炉辊联轴器	2018-06-28	实用新型
765	201821088763.6	一种焦炉烟气预处理设施快速更换装置	2018-07-10	实用新型
766	201821090126.2	一种链篦机—回转窑球团烟气脱硝装置	2018-07-10	实用新型
767	201821097255.4	一种稀油润滑系统动力油循环提供装置	2018-07-11	实用新型
768	201821097271.3	一种多层错列叶片和锯齿环组合式气体分布器	2018-07-11	实用新型
769	201821096803.1	一种双调节管道式脱硫装置	2018-07-11	实用新型
770	201821096802.7	一种用于钢渣含水烟尘的干法除尘装置	2018-07-11	实用新型
771	201821096875.6	一种钢卷小车轨道盖板	2018-07-11	实用新型
772	201821098154.9	一种铁矿粉高效预热预还原装置	2018-07-11	实用新型
773	201821096460.9	一种槽式液体分布器	2018-07-11	实用新型
774	201821102027.1	一种环形轨道式旋转振动给料机	2018-07-11	实用新型
775	201821120464.6	一种非圆形通道热风管道砌筑结构	2018-07-11	实用新型
776	201821120384.0	一种上流式自清洁复合生物过滤装置	2018-07-10	实用新型
777	201821143360.7	一种不锈钢复合板点蚀试验夹具	2018-07-19	实用新型
778	201821143970.7	一种介质管道支撑装置	2018-07-19	实用新型
779	201821143999.5	一种酸洗管道支撑装置	2018-07-19	实用新型

续表

序号	专利申请号	专利名称	申请日	专利类型
780	201821141227.8	一种薄板盐雾试验支架加工装置	2018-07-18	实用新型
781	201821182668.2	一种冬季施工实时观测大气温度测温百叶箱	2018-07-24	实用新型
782	201821182659.3	一种砼侧面预埋件的固定结构	2018-07-24	实用新型
783	201821177527.1	一种钢结构混凝土平台模板支设结构	2018-07-24	实用新型
784	201821177008.5	一种顶升植筋钻孔装置	2018-07-24	实用新型
785	201821177009.X	一种冲渣泵站墙体大型圆形预留洞模板制作安装结构	2018-07-24	实用新型
786	201821171950.0	一种防撞柱	2018-07-24	实用新型
787	201821178108.X	一种无焊痕护栏	2018-07-24	实用新型
788	201821202315.4	一种建筑模板支撑工具	2018-07-26	实用新型
789	201821202279.1	一种可调式整体大模板吊装工具	2018-07-26	实用新型
790	201821202280.4	一种简易整体大模板吊装工具	2018-07-26	实用新型
791	201821196703.6	一种固定螺栓预留孔模板工具	2018-07-26	实用新型
792	201821201286.X	一种铲运机铲刃固定装置	2018-07-26	实用新型
793	201821217939.3	一种混凝土梁模板固定夹施工装置	2018-07-30	实用新型
794	201821231341.X	一种输送导板	2018-08-01	实用新型
795	201821229856.6	一种无刷励磁机退出装置	2018-08-01	实用新型
796	201821230511.2	一种全液压开口机及其凿岩机油管运行装置	2018-08-01	实用新型
797	201821230829.0	一种 TGV 滤池	2018-08-01	实用新型
798	201821231150.3	一种加热炉遮热板	2018-08-01	实用新型
799	201821231661.5	一种拉伸平整卧式退火炉穿带装置	2018-08-01	实用新型
800	201821233541.9	一种移动小车风箱	2018-08-01	实用新型
801	201821233130.X	一种退火炉废气排放管路	2018-08-01	实用新型
802	201821236732.0	一种无套筒卧式钢卷存放鞍座	2018-08-01	实用新型
803	201821245036.6	一种收集和处理淤泥的装置	2018-08-01	实用新型
804	201821248483.7	一种抑制卸灰过程扬尘的装置	2018-08-03	实用新型
805	201821249308.X	一种薄板包辛格效应测试夹具	2018-08-03	实用新型
806	201821249307.5	一种干熄焦炉及其排焦均匀性控制装置	2018-08-03	实用新型
807	201821265730.4	一种材料试验机操作器的支架	2018-08-07	实用新型
808	201821264944.X	用于 EBSD 同时分析表面与截面样品的样品架装置	2018-08-07	实用新型
809	201821253311.9	一种智能公交电子站牌	2018-08-03	实用新型
810	201821254030.5	一种可在线检漏的防水防腐系统	2018-08-03	实用新型
811	201821254019.9	一种餐厨垃圾分选除杂系统	2018-08-03	实用新型
812	201821254062.5	一种生活垃圾焚烧烟气净化装置	2018-08-03	实用新型
813	201821255702.4	一种烧结环冷机布料装置	2018-08-06	实用新型
814	201821341270.9	一种板坯连铸机大包称重传感器均力保护板	2018-08-20	实用新型

续表

序号	专利申请号	专利名称	申请日	专利类型
815	201821346906.9	一种钢包底吹透气砖	2018-08-21	实用新型
816	201821347171.1	一种辊道高度差检测装置	2018-08-21	实用新型
817	201821346957.1	传感器拆装工具组件	2018-08-21	实用新型
818	201821346961.8	运输装置	2018-08-21	实用新型
819	201821348225.6	一种钢卷夹钳	2018-08-21	实用新型
820	201821347204.2	铲雪车	2018-08-21	实用新型
821	201821347176.4	一种钢包	2018-08-21	实用新型
822	201821346015.3	一种渣罐格栅起吊装置	2018-08-21	实用新型
823	201821346908.8	一种冲洗装置	2018-08-21	实用新型
824	201821354544.8	用于冲渣皮带机的接水装置	2018-08-21	实用新型
825	201821354466.1	一种层流冷却出口侧喷封水装置	2018-08-21	实用新型
826	201821359062.1	一种打中心孔模块及车床	2018-08-21	实用新型
827	201821354485.4	一种带钢夹紧装置	2018-08-21	实用新型
828	201821354351.2	用于轧机喷嘴的清理装置	2018-08-22	实用新型
829	201821354661.4	一种铁粉清理器	2018-08-22	实用新型
830	201821356012.8	一种焦炉固定杯防掉落装置	2018-08-21	实用新型
831	201821374534.0	一种电缆吊装架	2018-08-24	实用新型
832	201821375158.7	一种用于处理钢包包沿粘渣的锚钩	2018-08-24	实用新型
833	201821373586.6	一种对夹装置	2018-08-24	实用新型
834	201821374379.2	一种钢卷支撑台车	2018-08-24	实用新型
835	201821373747.1	一种带钢卷吊运支撑装置及卧卷吊具	2018-08-24	实用新型
836	201821381613.4	扶稳装置	2018-08-24	实用新型
837	201821381277.3	一种 RH 精炼枪密封装置	2018-08-24	实用新型
838	201821378336.1	一种激光束质量测试装置	2018-08-24	实用新型
839	201821443013.6	一种烧嘴内部的气体调节装置	2018-09-04	实用新型
840	201821447331.X	一种监控摄像头防撞防护装置	2018-09-04	实用新型
841	201821447332.4	一种钢卷带尾胶布自动粘贴装置	2018-09-04	实用新型
842	201821447124.4	一种煤塔自动布料的装置	2018-09-04	实用新型
843	201821470994.3	发酵罐消泡剂添加装置及系统	2018-09-07	实用新型
844	201821561181.5	一种腐蚀试验装置及其装夹结构	2018-09-25	实用新型
845	201821552876.7	一种激光共聚焦显微镜进行疲劳实验的夹具	2018-09-21	实用新型
846	201821552862.5	一种原位测量 TRIP 钢中残余奥氏体含量的装置	2018-09-21	实用新型
847	201821572361.3	一种激光拼焊夹具	2018-09-26	实用新型
848	201821570999.3	一种抑尘装置及干法除尘系统	2018-09-26	实用新型
849	201821573484.9	一种汽车 B 柱侧面碰撞试验用夹具	2018-09-26	实用新型

续表

序号	专利申请号	专利名称	申请日	专利类型
850	201821578100.2	一种半挂车大梁	2018-09-26	实用新型
851	201821579292.9	基于锁止电极的异种材料连接装置	2018-09-26	实用新型
852	201821578096.X	光片存储盒	2018-09-26	实用新型
853	201821575809.7	一种钢渣混匀底吹实验装置	2018-09-26	实用新型
854	201821575288.5	一种可分离式冲孔模具	2018-09-26	实用新型
855	201821577209.4	一种 CO 脱氧净化装置	2018-09-27	实用新型
856	201821604004.0	一种高炉罩棚板安拆装置	2018-09-29	实用新型
857	201821604136.3	一种高炉炉顶天车梁修配改作业平台装置	2018-09-29	实用新型
858	201821604992.9	一种 H 型螺栓螺栓盒	2018-09-29	实用新型
859	201821639612.5	炼钢渣筛分装置	2018-10-10	实用新型
860	201821639489.7	一种落锤试验用安全夹钳	2018-10-10	实用新型
861	201821643744.5	一种浸入式水口烘烤装置	2018-10-10	实用新型
862	201821637120.2	一种油路块安装装置	2018-10-10	实用新型
863	201821637050.0	钢铁生产系统	2018-10-10	实用新型
864	201821636226.0	一种管道支撑装置	2018-10-09	实用新型
865	201821637067.6	一种 RH 炉测温冷却装置	2018-10-10	实用新型
866	201821639131.4	一种用于热轧表检仪的吹气装置	2018-10-10	实用新型
867	201821640693.0	一种板坯下线装置	2018-10-10	实用新型
868	201821638800.6	一种镀层产品的单面镀层溶解装置	2018-10-10	实用新型
869	201821638424.0	一种转炉煤气的控制系统	2018-10-10	实用新型
870	201821643499.8	异物清理装置	2018-10-10	实用新型
871	201821639062.7	一种用于磨床测量系统的标定装置	2018-10-10	实用新型
872	201821636178.5	一种膜清洗系统	2018-10-09	实用新型
873	201821635736.6	一种活套辊辊面防护装置	2018-10-09	实用新型
874	201821643638.7	一种张力辊转速信号的传输装置	2018-10-09	实用新型
875	201821632708.9	一种天车集电器装置	2018-10-09	实用新型
876	201821634462.9	一种浸入式水口	2018-10-09	实用新型
877	201821630316.9	一种锌锅辊刮刀	2018-10-09	实用新型
878	201821665324.7	一种发酵尾气在线检测的预处理取样装置	2018-10-15	实用新型
879	201821665154.2	一种冷拉钢丝收卷装置	2018-10-15	实用新型
880	201821669404.X	一种高硫易切削钢冶炼装置	2018-10-15	实用新型
881	201821644578.0	泥套辅助浇筑器	2018-10-10	实用新型
882	201821670009.3	一种冷拉钢丝拉丝装置	2018-10-15	实用新型
883	201821703607.6	一种转炉炼钢高跨平台积灰清扫的负压吸灰装置	2018-10-21	实用新型
884	201821708443.6	一种感应标尺的安装盒	2018-10-21	实用新型

续表

序号	专利申请号	专利名称	申请日	专利类型
885	201821706352. 9	一种提升机用托座	2018-10-21	实用新型
886	201821703585. 3	一种废钢打包块输送滑道	2018-10-21	实用新型
887	201821703638. 1	一种轻烃混氮制气装置	2018-10-21	实用新型
888	201821703652. 1	一种用于转炉一次烟气粉尘超低排放电袋复合装置	2018-10-21	实用新型
889	201821703656. X	一种转炉氧枪口排渣溜管	2018-10-21	实用新型
890	201821703654. 0	一种模块式隧道加热炉炉壳	2018-10-21	实用新型
891	201821703676. 7	一种用于高炉水冲渣含水烟气的干燥装置	2018-10-21	实用新型
892	201821703678. 6	一种干熄焦工艺用一次除尘器装置	2018-10-21	实用新型
893	201821705785. 2	一种矿焦槽及槽下供料系统	2018-10-19	实用新型
894	201821701978. 0	一种提高破碎效率的燃料破碎装置	2018-10-19	实用新型
895	201821702173. 8	一种盘一管复合式气液再分布器	2018-10-19	实用新型
896	201821701559. 7	一种钢包热修底吹砖透气检查底吹装置	2018-10-19	实用新型
897	201821701606. 8	一种焦炉蓄热室封墙保温结构	2018-10-19	实用新型
898	201821701651. 3	一种用于明火烧嘴的智能点火装置	2018-10-19	实用新型
899	201821701683. 3	一种用于辐射管烧嘴的智能点火装置	2018-10-19	实用新型
900	201821705247. 3	一种工业炉窑窥视孔装置	2018-10-19	实用新型
901	201821729814. 9	一种转炉煤气加压机输送装置	2018-10-24	实用新型
902	201821731128. 5	一种冷轧拉伸试样加工夹具以及万能升降台铣床	2018-10-24	实用新型
903	201821737964. 4	一种板坯连铸机扇形段支座测量读取工具	2018-10-25	实用新型
904	201821737975. 2	一种楼板植筋钻孔装置	2018-10-25	实用新型
905	201821737934. 3	一种介质管路快速连接装置	2018-10-25	实用新型
906	201821728631. 5	一种清理工具	2018-10-24	实用新型
907	201821724517. 5	一种锌锅液位检测保护装置	2018-10-24	实用新型
908	201821728625. X	一种芯线防退装置	2018-10-24	实用新型
909	201821728616. 0	一种 RH 蒸汽冷凝排水装置	2018-10-24	实用新型
910	201821723367. 6	一种热镀锌线纠偏装置	2018-10-24	实用新型
911	201821727463. 8	一种精炼渣样处理装置	2018-10-24	实用新型
912	201821724516. 0	一种过滤装置	2018-10-24	实用新型
913	201821723381. 6	一种高炉出铁口开口机保护板	2018-10-24	实用新型
914	201821810064. 8	一种多级联合偏析布料装置	2018-11-05	实用新型
915	201821810135. 4	一种汽车板用打标装置	2018-11-05	实用新型
916	201821810132. 0	一种冲压模具	2018-11-05	实用新型
917	201821809177. 6	一种测定喷吹煤对焦炭熔损反应影响的实验装置	2018-11-05	实用新型
918	201821808957. 9	一种钢尾渣微粉生产系统	2018-11-05	实用新型
919	201821784922. 6	一种线材顶锻试验装置	2018-10-31	实用新型

续表

序号	专利申请号	专利名称	申请日	专利类型
920	201821791391.3	一种自动换液的装置	2018-10-31	实用新型
921	201821791395.1	一种制备U型胶接试样的加工装置	2018-10-31	实用新型
922	201821676475.2	一种兼容自动化控制设备和网络通讯设备的电气柜	2018-10-16	实用新型
923	201821821878.1	一种松料装置及烧结台车	2018-11-06	实用新型
924	201821800184.X	一种余热锅炉换热管防振装置以及余热锅炉	2018-11-02	实用新型
925	201821798289.6	一种高炉风口检修装置	2018-11-02	实用新型
926	201821798331.4	一种新型层流出口带钢表面封水装置	2018-11-02	实用新型
927	201821799659.8	一种铁水预处理脱硫间顶棚	2018-11-02	实用新型
928	201821803739.6	一种钢包灌砂装置	2018-11-02	实用新型
929	201821822431.6	一种烧结机、及其烟气抽取装置和风箱密封结构	2018-11-06	实用新型
930	201821841715.X	一种尾气处理及余热利用装置	2018-11-08	实用新型
931	201821842110.2	一种改善刷丝密封效果的密封结构	2018-11-08	实用新型
932	201821896865.0	一种盾构管片生产流水线	2018-11-16	实用新型
933	201821935881.6	一种用于热轧带肋钢筋的干雾冷却装置	2018-11-22	实用新型
934	201820816456.9	一种垃圾焚烧发电厂防白烟装置	2018-05-29	实用新型
935	201820983541.4	一种带式除铁装置	2018-06-26	实用新型
936	201820983594.6	一种出料螺旋气体抽提装置	2018-06-26	实用新型
937	201821266341.3	一种吹氧管连接装置	2018-08-07	实用新型
938	201821264567.X	一种用于高炉喷煤的预烘干式给煤机	2018-08-07	实用新型
939	201821600965.4	一种用于不同高度S形轧钢的导卫装置	2018-09-29	实用新型
940	201821613646.7	一种油管防打扭的旋转接头	2018-09-30	实用新型
941	201821653513.2	一种包装钢带供给装置	2018-10-12	实用新型
942	201820275117.4	一种防止结晶器管路漏水的连接装置	2018-02-27	实用新型
943	201820274706.0	一种在高炉冶炼时通开风口工具	2018-02-27	实用新型
944	201820396402.1	峰平谷时钟	2018-03-23	实用新型
945	201821838721.X	一种三段式打包机放线装置	2018-11-09	实用新型
946	201821838340.1	一种用于堵塞中间包定径水口的堵眼棒	2018-11-09	实用新型
947	201821131504.7	一种拆卸矿山无轨设备轮胎的工具	2018-07-17	实用新型
948	201821130769.5	一种矿用给料机链板防翘起保护装置	2018-07-17	实用新型
949	201820012936.X	一种用于炼钢连铸冷床的铸坯冷却装置	2018-01-04	实用新型
950	201820026999.0	一种用于钢包精炼炉的钢水饼样多头取样器	2018-01-08	实用新型
951	201820311811.7	一种汽轮机连接附件	2018-03-07	实用新型
952	201821213941.3	一种生化气浮刮油机	2018-07-27	实用新型
953	201821207302.6	一种焦炉炉顶炉盖启闭装置	2018-07-27	实用新型
954	201821975930.9	一种清洗喷梁	2018-11-28	实用新型

续表

序号	专利申请号	专利名称	申请日	专利类型
955	201821975102.5	一种开卷器	2018-11-28	实用新型
956	201821975066.2	一种防皱辊装置	2018-11-28	实用新型
957	201821983009.9	一种退火炉顶辊检修装置	2018-11-28	实用新型
958	201821963732.0	一种圆珠笔头用切削钢热轧盘条剖皮装置	2018-11-27	实用新型
959	201821978668.3	一种笔头用盘卷状冷拉钢丝包装辅助装置以及系统	2018-11-27	实用新型
960	201822067498.X	一种安全栏杆上色辅助装置	2018-12-10	实用新型
961	201822068295.2	一种测温枪体冷却辅助装置	2018-12-10	实用新型
962	201822065135.2	一种光电开关卡槽结构	2018-12-10	实用新型
963	201822070071.5	一种延伸水冷导槽	2018-12-10	实用新型
964	201822069875.3	一种钢卷运输车的转向架	2018-12-10	实用新型
965	201822064705.6	一种高炉煤气干法脱硫装置	2018-12-10	实用新型
966	201822068826.8	一种隧道炉密封装置	2018-12-10	实用新型
967	201822065641.1	一种用于转炉一次烟气除尘器的脉冲喷吹管	2018-12-10	实用新型
968	201822068759.X	一种托盘车的钢卷检测装置	2018-12-10	实用新型
969	201822070741.3	一种回转台的锁紧装置	2018-12-10	实用新型
970	201822066081.1	一种托盘和托盘运输系统间的钢卷转运装置	2018-12-10	实用新型
971	201822127286.6	一种蛋白粉收集装置	2018-12-18	实用新型
972	201822153587.6	一种焦化酚氰浓缩池排水装置	2018-12-21	实用新型
973	201822152175.0	一种用于干熄焦炉的耐磨衬板	2018-12-21	实用新型
974	201822152381.1	一种浮焦控制装置	2018-12-21	实用新型
975	201822151703.0	一种干熄焦设备及其密封罩组件	2018-12-21	实用新型
976	201822162811.8	一种垫木固定装置	2018-12-21	实用新型
977	201822158035.4	一种辊底式隧道加热炉耐热炉墙	2018-12-21	实用新型
978	201822158012.3	一种中间包吊运快换吊具	2018-12-21	实用新型
979	201822155478.8	一种带式输送皮带机自动清洁装置	2018-12-21	实用新型
980	201822153873.2	一种焊机水冷系统	2018-12-21	实用新型
981	201822154259.8	一种连续热镀锌线的电解清洗装置	2018-12-21	实用新型
982	201822158040.5	一种渣罐区清理装置以及清渣工具	2018-12-21	实用新型
983	201822154258.3	一种热轧卷取前侧导板	2018-12-21	实用新型
984	201822159624.4	一种用于液压系统的故障检测阀块	2018-12-21	实用新型
985	201822164398.9	一种自动取样装置	2018-12-21	实用新型
986	201822164120.1	一种钢板厚度方向拉伸试验卡具	2018-12-21	实用新型
987	201822164397.4	一种卷板取样模具	2018-12-21	实用新型
988	201822153506.2	一种应用在锌锅沉没辊系中的滑动副	2018-12-20	实用新型
989	201822197557.5	一种粗轧机入口氧化铁皮吹扫装置	2018-12-21	实用新型

续表

序号	专利申请号	专利名称	申请日	专利类型
990	201822244720.9	一种磁场测量装置	2018-12-28	实用新型
991	201822270596.3	一种波纹管补偿器的砌砖总成	2018-12-29	实用新型
992	201822270600.6	一种球团矿成球率检测装置	2018-12-29	实用新型
993	201821423106.2	一种矿浆槽自动取样装置	2018-08-31	实用新型
994	201830000627.6	建筑管控平台移动端的图形用户界面	2018-01-02	外观设计
995	201830000726.4	建筑管控平台移动端的专业监控图形用户界面	2018-01-02	外观设计
996	201830000630.8	建筑管控平台电脑端的图形用户界面	2018-01-02	外观设计
997	201830021743.6	住宅楼	2018-01-17	外观设计
998	201830077008.7	包装盒板	2018-02-28	外观设计
999	201830161457.X	用于交流充电桩的图形用户界面	2018-04-18	外观设计
1000	201830274507.5	用于空调控制器的图形用户界面	2018-06-04	外观设计
1001	201830400851.4	链式护栏	2018-07-24	外观设计
1002	201830401699.1	绿化护栏	2018-07-24	外观设计
1003	201830462265.2	智能家居管理手机图形用户界面	2018-08-20	外观设计
1004	201830462011.0	手机的智能家居控制手机图形用户界面	2018-08-20	外观设计
1005	201830463695.6	提示贴	2018-08-21	外观设计
1006	201830525496.3	用于手机的图形用户界面(租赁公寓项目)	2018-09-18	外观设计
1007	201830525510.X	用于手机的图形用户界面(首钢篮球 APP)	2018-09-18	外观设计
1008	201830525567.X	用于电脑的图形用户界面(小艾科技智能净水机系统界面)	2018-09-18	外观设计
1009	201830525783.4	用于手机的图形用户界面(门禁)	2018-09-18	外观设计
1010	201830525589.6	用于手机的图形用户界面(APP 幼教端)	2018-09-18	外观设计
1011	201830525755.2	用于手机的图形用户界面(小艾智联水机)	2018-09-18	外观设计
1012	201830525791.9	用于手机的图形用户界面(首钢基金系统)	2018-09-18	外观设计
1013	201830525806.1	用于电脑的图形用户界面(奇多多综合管理平台)	2018-09-18	外观设计
1014	201830596195.X	厂房(2 号纺织)	2018-10-24	外观设计
1015	201830596185.6	大门	2018-10-24	外观设计
1016	201830596184.1	办公楼	2018-10-24	外观设计
1017	201830595068.8	厂房(1 号纺织)	2018-10-24	外观设计
1018	201830595078.1	厂房(3 号纺织)	2018-10-24	外观设计
1019	201830595067.3	厂房(4 号纺织)	2018-10-24	外观设计

2018年首钢专利授权项目

序号	专利号	专利名称	公告日	专利类型
1	201410079127.7	控制烧结矿锌含量和高炉入炉锌负荷的方法及装置	2018-01-23	发明
2	201510020620.6	一种餐厨垃圾高温好氧发酵处理装置	2018-05-18	发明
3	201510020671.9	协同处置城市固体废弃物的方法	2018-07-13	发明
4	201510031870.X	一种用于检测高炉煤气含氯量的方法及其装置	2018-03-06	发明
5	201510148228.X	一种生产热轧酸洗板的方法及热轧酸洗板酸洗系统	2018-06-26	发明
6	201510146453.X	一种提桶样取样方法	2018-01-12	发明
7	201510146138.7	一种钢卷分段多维在线质量判定系统及其方法	2018-10-09	发明
8	201510323852.9	一种调质态抗 HIC、SSC 宽厚板及其制备方法	2018-01-09	发明
9	201510340147.X	一种带钢宽度控制方法和带钢宽度对称控制方法	2018-09-18	发明
10	201510388326.0	一种改善镀锌钢卷塌卷变形的方法及系统	2018-01-23	发明
11	201510409066.0	一种优化带式焙烧机热工制度的方法	2018-09-28	发明
12	201510490607.7	一种检测干球粉末率的方法及装置	2018-01-23	发明
13	201510468843.9	一种二次蒸汽回收装置及方法	2018-01-23	发明
14	201510525888.5	一种氧化铁皮清理工具及方法	2018-02-13	发明
15	201510579997.5	一种带钢表面亮点缺陷控制方法	2018-04-27	发明
16	201510580325.6	一种用于板坯连铸的浸入式水口	2018-03-02	发明
17	201510587867.6	单驱式球磨机的生产方法	2018-08-21	发明
18	201510587866.1	RH 炉外精炼真空系统	2018-03-13	发明
19	201510548717.4	一种变频电机绝缘自动检测系统	2018-03-13	发明
20	201510548934.3	一种恒速电机绝缘自动检测系统	2018-03-13	发明
21	201510685084.1	一种定量评定高温母合金棒中心缩孔尺寸大小的方法	2018-05-18	发明
22	201510618714.3	一种降低高温合金中氮含量的真空感应熔炼方法	2018-05-18	发明
23	201510680035.9	一种重轨钢大方坯连铸动态轻压下量的确定方法	2018-03-30	发明
24	201510424674.9	基于预测模型结果的钢铁企业煤气平衡调度系统及方法	2018-10-09	发明
25	201510825668.4	一种基于带钢重量的热镀锌成品卷剪切优化方法	2018-05-29	发明
26	201510698872.4	一种拉矫机工艺参数的优化方法及系统	2018-10-19	发明
27	201510698849.5	一种高碳钢板坯连铸方法	2018-06-26	发明
28	201510698142.4	一种热轧酸洗板表面氧化麻点缺陷的控制方法	2018-12-14	发明
29	201510696765.8	一种含硫磁铁矿的选矿方法	2018-03-06	发明
30	201510765220.8	一种热轧卷板及其制造方法	2018-05-01	发明

续表

序号	专利号	专利名称	公告日	专利类型
31	201510765494.7	一种预测热轧卷表面缺陷在铸坯厚度方向位置的方法	2018-12-14	发明
32	201510753780.1	一种储料罐料位检测装置	2018-08-31	发明
33	201510766201.7	一种平整机组在线板形质量评估装置及方法	2018-01-12	发明
34	201510766106.7	一种铸坯切割定位方法及系统	2018-03-13	发明
35	201510763550.3	一种热轧酸洗板表面横折缺陷的平整方法	2018-01-12	发明
36	201510697152.6	一种退火炉炉压控制方法及退火炉	2018-02-13	发明
37	201510836495.6	一种连续热镀锌产品的生产方法	2018-02-13	发明
38	201510846511.X	一种带钢加热功率的控制方法及装置	2018-07-27	发明
39	201510891592.5	一种卷取机卷筒的内部磨损间隙测算方法	2018-08-14	发明
40	201510890789.7	一种提高层冷模型下卷取温度控制精度的方法	2018-01-12	发明
41	201510900645.5	一种 CVC 窜辊连接装置工作位置检测方法	2018-10-30	发明
42	201510956395.7	一种提高中包烘烤火焰检测器可靠性的方法	2018-01-09	发明
43	201510967102.5	微硼处理抗拉强度 700MPa 级宽厚板及制造方法	2018-03-05	发明
44	201510937541.1	一种高牌号无取向硅钢冷连轧边裂的控制方法	2018-08-14	发明
45	201510981562.3	一种烧结烟气自动脱硫系统及其方法	2018-02-27	发明
46	201510983215.4	一种高炉开炉配料方法	2018-04-27	发明
47	201510983315.7	一种矿石粉碎储存系统	2018-03-06	发明
48	201510982798.9	一种高铝复相钢及其冶炼方法	2018-03-06	发明
49	201511020842.4	一种屈服强度 960MPa 汽车大梁钢及其生产方法	2018-03-06	发明
50	201610009847.5	一种退火炉净环水硬度自动控制系统及其方法	2018-05-29	发明
51	201610007364.1	一种立式退火炉燃烧段温度自动控制系统及其方法	2018-03-27	发明
52	201610006870.9	一种提高转炉终点残锰含量的控制方法	2018-04-24	发明
53	201610038892.3	一种提高冲压模具对于电工钢材料冲压叠片通用性的方法	2018-10-16	发明
54	201610077349.4	一种无取向硅钢生产控制方法及系统	2018-03-06	发明
55	201610129956.0	一种冷轧连续退火工序双相钢氧化色控制方法	2018-02-13	发明
56	201610133376.9	一种加热炉自动出钢的控制方法及装置	2018-02-13	发明
57	201610134906.1	钢包顶渣改制方法	2018-09-18	发明
58	201610130524.1	一种输配电线路功率因数控制分析方法	2018-09-18	发明
59	201610127274.6	一种冷轧酸轧机组中酸槽和酸罐的漏酸处理系统及方法	2018-06-22	发明
60	201610130029.0	一种避免厚规格带钢在精轧机机架间划伤的方法	2018-02-13	发明
61	201610127123.0	一种预测加热炉内后续钢坯温度和加热炉温度的方法	2018-04-17	发明
62	201610180333.6	一种测试轧制过程中钢坯内部金属变形量的方法	2018-03-30	发明
63	201610195800.2	一种宽厚板轧机生产极限规格管线钢的轧制工艺	2018-01-23	发明
64	201610166048.9	一种提高 KR 搅拌头使用寿命的方法	2018-06-22	发明
65	201610166546.3	一种热浸镀钢及其制造方法	2018-08-21	发明

续表

序号	专利号	专利名称	公告日	专利类型
66	201610166145. 8	一种转炉高效脱磷的冶炼方法	2018-04-24	发明
67	201610166088. 3	一种中间坯的确定方法	2018-01-23	发明
68	201610173797. 4	超低碳钢的冶炼方法	2018-03-06	发明
69	201610178946. 6	一种消除带钢表面辊印的方法及装置	2018-01-23	发明
70	201610178941. 3	一种预还原含铁炉料的生成方法及系统	2018-12-14	发明
71	201610178876. 4	一种模拟高炉炉料实际分布的熔滴试验布料方法及系统	2018-06-26	发明
72	201610273640. 9	一种板材质量检测实时计算系统及其方法	2018-08-03	发明
73	201610274551. 6	一种正压气力输送的喷吹罐泄压装置	2018-03-13	发明
74	201610292755. 2	冷轧冷硬卷单边浪控制方法及控制系统	2018-06-22	发明
75	201610291850. 0	一种提高精轧机弯辊缸块更换速度的方法及装置	2018-04-17	发明
76	201610292807. 6	一种钢包精炼炉精炼渣脱氧剂及其使用方法	2018-09-18	发明
77	201610292677. 6	一种冷连轧机甩机架的控制方法及装置	2018-06-22	发明
78	201610286478. 4	冷连轧机动态变规格轧制的厚度控制方法及控制系统	2018-06-29	发明
79	201610293676. 3	一种酸轧剪切后带钢头部增厚的控制方法及装置	2018-06-26	发明
80	201610294136. 7	一种防止带钢跑偏的方法及装置	2018-07-27	发明
81	201610293677. 8	一种位置标定方法、系统及自动监控方法	2018-09-18	发明
82	201610340791. 1	轴向定位精准且具有极高刚度的短应力线轧机	2018-01-16	发明
83	201610340722. 0	一种方坯中心宏观偏析的定量评价方法	2018-10-19	发明
84	201610341866. 8	一种高碳钢铸坯浇筑末期的控制方法	2018-12-14	发明
85	201610340702. 3	一种冷轧高强孪晶诱发塑性钢及其生产方法	2018-05-25	发明
86	201610341800. 9	一种连铸中间包充氩的方法及装置	2018-05-25	发明
87	201610341778. 8	热轧高强钢汽车板除鳞方法	2018-10-19	发明
88	201610371361. 6	一种热轧平整机组防卷断裂辊及其使用方法	2018-10-16	发明
89	201610440189. 5	一种利用硅铁合金中残余钙进行钢水钙处理的生产方法	2018-08-21	发明
90	201610445921. 8	一种高强度钢的处理方法	2018-06-12	发明
91	201610439055. 1	一种镀锌双相钢及其生产方法	2018-08-21	发明
92	201610440244. 0	一种提高顶底复吹转炉底吹寿命的控制方法	2018-01-23	发明
93	201610451076. 5	退火炉排烟风机控制方法及控制系统	2018-06-22	发明
94	201610450930. 6	酸轧机组断带控制系统及控制方法	2018-04-20	发明
95	201610451390. 3	一种铁水的增碳处理方法	2018-09-18	发明
96	201610450410. 5	一种钢水钙处理的方法	2018-07-27	发明
97	201610450928. 9	一种粗轧节奏控制方法	2018-06-22	发明
98	201610451386. 7	一种立辊辊缝标定的方法	2018-06-22	发明
99	201610450520. 1	一种非镇静钢 RH 冶炼方法及温度补偿方法	2018-11-09	发明
100	201610451461. X	一种 RH 顶枪化冷钢的控制方法	2018-06-29	发明

续表

序号	专利号	专利名称	公告日	专利类型
101	201610450415.8	一种轧辊冷却的方法及装置	2018-09-18	发明
102	201610457269.1	一种更换焙烧机台车的装置及方法	2018-12-14	发明
103	201610459310.9	一种吹扫高炉炉顶料罐的方法	2018-06-22	发明
104	201610539537.4	一种改善锚杆钢心部异常组织的控制方法	2018-03-30	发明
105	201610538966.X	一种板坯连铸机基础辊缝工艺的制定方法	2018-01-23	发明
106	201610533976.4	一种高炉开炉配料方法	2018-12-14	发明
107	201610533675.1	一种用于检测煤气中氯含量的系统及其使用方法	2018-08-21	发明
108	201610654346.2	一种炉底碳砖砌筑上料的施工方法	2018-02-09	发明
109	201610586558.1	一种制造双相钢的方法	2018-06-22	发明
110	201610595903.8	一种冷轧带钢表面乳化液痕迹的控制方法	2018-06-22	发明
111	201610783155.6	一种多轴振监测点风机轴振波动判断与处理的方法	2018-08-03	发明
112	201610782054.7	冷轧包装机组防翻卷优化控制系统及其方法	2018-10-09	发明
113	201610798370.3	基于热轧钢卷生产流程的在线实时预测机械性能的方法	2018-02-27	发明
114	201610755854.X	一种 Hismelt 工艺熔融还原炉内衬的保护方法	2018-05-08	发明
115	201610780423.9	改善羽抛处理后 Fe-Ni 合金带材封接性能的方法	2018-08-31	发明
116	201610779447.2	一种局限空间下的天车安装方法	2018-06-08	发明
117	201610728120.2	卷取机的张力控制方法	2018-09-18	发明
118	201610749590.7	一种粗轧压下负荷分配控制方法及粗轧控制系统	2018-10-23	发明
119	201610743685.8	一种用于减少热轧带钢表面红锈的热轧方法	2018-12-14	发明
120	201610748305.X	一种飞剪锁紧装置及其安装检测方法	2018-06-22	发明
121	201610728116.6	提高带钢宽度控制精度的方法	2018-09-18	发明
122	201610729966.8	提高热轧薄带轧制稳定性的负荷分配方法	2018-06-26	发明
123	201610743423.1	热镀锌退火炉带钢入锅温度控制方法	2018-11-09	发明
124	201610748387.8	一种应用在连续立式退火炉中的防瓢曲报警系统	2018-06-22	发明
125	201610749702.9	一种冷轧薄板连续退火的方法及装置	2018-06-22	发明
126	201610750794.2	一种退火产线活套张力控制方法及控制系统	2018-09-18	发明
127	201610750792.3	一种轧制带钢焊缝的方法及装置	2018-09-18	发明
128	201610749540.9	一种退火炉内张力控制方法及控制系统	2018-09-18	发明
129	201610748250.2	一种高炉鼓风机富氧系统及方法	2018-11-09	发明
130	201610847626.5	一种穿带控制方法	2018-01-12	发明
131	201610819618.X	一种避免带钢涂层脱落的方法及装置	2018-06-26	发明
132	201610819697.4	一种退火炉内导热板	2018-12-14	发明
133	201610875008.1	一种齿轮钢 20CrMnTiH 等温正火处理方法	2018-03-30	发明
134	201610875377.0	一种机械搅拌法脱硫水模型实验的模拟装置及模拟方法	2018-08-21	发明
135	201610875064.5	助生球脱落装置及压球机	2018-12-14	发明

续表

序号	专利号	专利名称	公告日	专利类型
136	201610872294.6	一种宽厚板连铸机干式封顶方法	2018-07-06	发明
137	201610871228.7	一种高碳当量连铸板坯堆垛缓冷的方法	2018-08-10	发明
138	201610871669.7	一种抗拉强度800MPa水电钢的生产方法	2018-07-06	发明
139	201610929425.X	一种加热炉的炉门位置检测装置及方法	2018-08-10	发明
140	201610926459.3	高炉铁口紧急状态下堵铁口装置及制备和使用方法	2018-07-06	发明
141	201610886264.0	一种冷轧乳化液智能配置方法	2018-12-14	发明
142	201610887091.4	一种法兰盘连接部位泄漏修复方法	2018-11-02	发明
143	201610913168.0	一种钢卷塔形自动检测及控制装置	2018-03-13	发明
144	201610913862.2	一种基于转炉二级控制系统的自动出钢控制方法	2018-05-08	发明
145	201610907571.2	一种KR法脱硫冶炼过程搅拌转速的控制方法	2018-05-29	发明
146	201610941953.7	一种钢渣处理工艺	2018-05-25	发明
147	201610942619.3	一种抗酸性海底管线钢及其制备方法	2018-06-26	发明
148	201610965177.4	一种解决薄带钢在卷取穿带过程中产生褶皱的方法	2018-08-03	发明
149	201611047306.8	一种烧结原料仓下料成分实时跟踪方法	2018-10-09	发明
150	201610942158.X	一种移动式输送管用低碳低硅热轧卷板及其制造方法	2018-01-23	发明
151	201610943185.9	一种翻边性能优良的热轧复相钢及其生产方法	2018-03-06	发明
152	201610963796.X	一种控制热浸镀钢板边部镀层厚度的装置及方法	2018-12-14	发明
153	201610974021.2	一种油气井膨胀管用钢的冶炼方法	2018-08-21	发明
154	201610973985.5	一种RH快速脱碳及减少钢液温降的方法	2018-09-28	发明
155	201610978738.4	一种IF钢及其制备方法	2018-08-21	发明
156	201611100618.0	一种消除镀锌双相钢表面粗糙缺陷的方法	2018-10-19	发明
157	201610978545.9	一种带钢边部缺陷位置的检测方法	2018-11-02	发明
158	201610976136.5	一种RH精炼过程的增氧方法	2018-11-02	发明
159	201610978740.1	一种退火炉燃烧的控制方法及装置	2018-12-14	发明
160	201611055575.9	一种旋转式退火炉台车位置的动态跟踪方法及系统	2018-12-14	发明
161	201611062613.3	一种旋转式退火炉下部轨道在线修复方法	2018-10-16	发明
162	201610998667.4	一种优化活套张力的方法及装置	2018-10-30	发明
163	201611152479.6	一种减少轧机轧辊轴向窜动的方法	2018-08-14	发明
164	201611152157.1	一种消除无取向电工钢表面裂纹缺陷的方法	2018-08-10	发明
165	201611153929.3	一种定宽机中间坯头尾宽度控制方法以及装置和定宽机	2018-12-14	发明
166	201611034452.7	一种防止平整机工作辊划伤的控制方法及装置	2018-09-18	发明
167	201611034454.6	一种快速获取带钢镰刀弯大小的方法及装置	2018-06-22	发明
168	201611026376.5	一种开卷机的张力控制方法	2018-12-14	发明
169	201611047900.7	一种入口活套机构、系统及连退线活套控制方法	2018-12-14	发明
170	201611048086.0	脱磷转炉吹炼控制方法	2018-09-18	发明

续表

序号	专利号	专利名称	公告日	专利类型
171	201611042025.3	一种脱磷压渣剂及其抑制钢渣泡的方法	2018-07-27	发明
172	201611042024.9	一种退火炉内温度控制方法及系统	2018-11-09	发明
173	201611046991.2	一种生产 IF 钢的工艺方法及装置	2018-11-09	发明
174	201611131268.4	一种轴密封器	2018-01-16	发明
175	201611216632.7	一种钢板水冷过程头尾过冷区长度计算的方法	2018-08-21	发明
176	201611207788.9	一种带钢卷取控制方法及装置	2018-09-28	发明
177	201611195841.8	一种套筒移出回收装置	2018-11-02	发明
178	201611195887.X	一种改善连退线启炉卷氧化色差缺陷的方法	2018-10-16	发明
179	201611195885.0	一种平整机工作辊在线自动窜辊方法及控制装置	2018-11-02	发明
180	201611198724.7	一种控制高氮钢中氮含量的方法	2018-11-16	发明
181	201611185124.7	一种横向穿越铁路线地下管道顶进施工方法	2018-06-08	发明
182	201710012132.X	一种用于应急操作炉前三大机液压系统的控制方法	2018-03-27	发明
183	201710012148.0	一种用于精轧机组自动换辊的控制方法	2018-08-03	发明
184	201710007520.9	一种消除连续退火线带钢表面刷辊印的控制方法及装置	2018-11-02	发明
185	201710018043.6	一种 DP 钢汽车板热轧扁卷控制方法	2018-12-14	发明
186	201710017816.9	带钢轧制方法	2018-12-14	发明
187	201710015459.2	退火炉用由前至后连续式加热方法	2018-12-14	发明
188	201710015470.9	退火炉用由后至前连续式加热方法	2018-12-14	发明
189	201611232202.4	一种具有高扩孔性能的热轧酸洗带钢及其生产方法	2018-08-21	发明
190	201710096984.1	一种热镀锌退火炉空燃比修正方法	2018-06-22	发明
191	201710096551.6	一种控制夹送辊的方法及装置	2018-12-14	发明
192	201710194635.3	一种基于速度调节的热轧带钢终轧温度控制方法	2018-12-14	发明
193	201710201706.8	一种控制精轧机组的方法及装置	2018-12-14	发明
194	201710215148.0	一种耐蚀钢添加锑的冶炼方法	2018-12-14	发明
195	201710216195.7	一种高强度贝氏体耐磨钢板及其生产方法	2018-10-23	发明
196	201710215169.2	一种铁水除渣方法	2018-10-26	发明
197	201710375585.9	一种转炉冶炼高磷含钛铁水保碳出钢的控制方法	2018-10-23	发明
198	201710510123.3	一种利用连铸坯轧制极限规格特厚板的生产方法	2018-08-10	发明
199	201710527613.4	一种保证终轧温度的大加速度的控制方法	2018-12-04	发明
200	201710661356.3	一种提高低温高磁感取向硅钢边部性能的加工方法	2018-10-16	发明
201	201710662568.3	一种用于取向硅钢卷高温退火的装置及方法	2018-11-02	发明
202	201710664531.4	一种低温高磁感取向硅钢的生产方法	2018-10-16	发明
203	201710597134.X	一种超高强防弹钢板及其制备方法	2018-12-14	发明
204	201710597124.6	一种热轧卷头部厚度的控制方法及装置	2018-12-14	发明
205	201710764537.9	利用配重法完成炼铁高炉主沟安装的施工方法	2018-09-11	发明

续表

序号	专利号	专利名称	公告日	专利类型
206	CN201510694495.7	一种高速线材生产轧后的冷却装置及其方法	2018-07-13	发明
207	CN201510821127.4	一种改质沥青连续生产系统及其方法	2018-03-09	发明
208	CN201610952185.5	一种矿用圆环链钢的生产工艺	2018-09-18	发明
209	CN201720536868.2	一种建筑用车	2018-02-16	发明
210	CN201720565429.4	一种载货汽车货箱	2018-01-23	发明
211	CN201721197297.0	一种用于电机轴瓦配合的刮瓦安装结构	2018-04-20	发明
212	201720504805.9	升降同步装置	2018-07-13	实用新型
213	201621226992.0	手动升降水平检查设备及重卷机组	2018-01-23	实用新型
214	201720315026.4	一种超声波流量在线比对测试装置及流量检测系统	2018-02-02	实用新型
215	201720314298.2	一种直流系统充电模块保护装置	2018-01-12	实用新型
216	201720320907.5	一种鼓风热效应控制装置	2018-06-19	实用新型
217	201720319873.8	一种炉喉钢瓦检修装置	2018-03-13	实用新型
218	201720314845.7	一种排水装置	2018-03-16	实用新型
219	201720329487.7	一种断带接带机构	2018-02-13	实用新型
220	201720361018.3	一种高炉用煤粉控制系统	2018-04-20	实用新型
221	201720363973.0	一种风口装置	2018-01-23	实用新型
222	201720371092.3	一种炼焦试验用捣固机	2018-06-19	实用新型
223	201720370830.2	一种清除筛体梁上结圈的装置	2018-01-23	实用新型
224	201720554535.2	一种石油产品酸值测定装置	2018-03-13	实用新型
225	201720557610.0	一种结晶器盖板的密封装置	2018-01-12	实用新型
226	201720554012.8	一种辊道电机防护装置	2018-01-12	实用新型
227	201720548263.5	一种在线酸洗装置	2018-01-12	实用新型
228	201720706324.6	一种轧机活套压力检测冗余装置	2018-06-12	实用新型
229	201720538774.9	一种可调节式防护栏杆固定架	2018-02-09	实用新型
230	201720559826.0	一种装配式多用途安全防护装置	2018-02-09	实用新型
231	201720586699.3	一种薄板对接焊工装卡具装置	2018-01-23	实用新型
232	201720676468.1	一种精轧机轧制力监测装置	2018-02-13	实用新型
233	201720671792.4	一种仪表保护箱	2018-02-13	实用新型
234	201720668814.1	一种新型除尘设备及液压站	2018-04-20	实用新型
235	201720668096.8	一种密封扎带	2018-03-16	实用新型
236	201720671501.1	一种油田伴生气的回收系统	2018-02-13	实用新型
237	201720426727.5	一种封闭母线的防结露装置	2018-01-16	实用新型
238	201720705872.7	一种高炉气密箱水冷装置	2018-01-16	实用新型
239	201720708193.5	压力容器多级除尘的煤气均压放散装置	2018-01-16	实用新型
240	201720705920.2	带缓冲罐的压力容器煤气均压放散装置	2018-01-16	实用新型

续表

序号	专利号	专利名称	公告日	专利类型
241	201720705953.7	一种压力容器煤气的均压放散装置	2018-01-16	实用新型
242	201720709784.4	一种多点支承钢仓的支座装置	2018-01-16	实用新型
243	201720706405.6	一种行人过街天桥	2018-09-04	实用新型
244	201720794556.1	一种钢水真空精炼用可切换机械泵抽气装置	2018-05-08	实用新型
245	201720798474.4	一种由斜向45度停车位组成的立体停车装置	2018-03-13	实用新型
246	201720793996.5	一种免维护地上立体车库	2018-03-13	实用新型
247	201720794575.4	石灰浆等厚均化喷涂及浆液回收装置	2018-03-13	实用新型
248	201720794495.9	一种高炉喷吹焦炉煤气装置	2018-03-13	实用新型
249	201720748950.1	一种立窑布料器	2018-01-19	实用新型
250	201720749206.3	一种可调间距型拉伸试验原始标距标记器	2018-05-22	实用新型
251	201720749457.1	一种冷轧连续退火线出口剪设备	2018-03-13	实用新型
252	201720748947.X	一种波纹补偿器	2018-01-19	实用新型
253	201720753924.8	一种高炉炉喉波纹器及其漏气保护装置	2018-03-13	实用新型
254	201720755323.0	一种烧结机轨道检测装置	2018-01-19	实用新型
255	201720753915.9	一种用于板坯中间包铸余测量的装置	2018-01-19	实用新型
256	201720893918.2	一种工业光源表面灰尘清扫装置	2018-02-27	实用新型
257	201720893936.0	一种摄像机防护罩	2018-03-23	实用新型
258	201720893941.1	一种可移动的振动传感器检测装置	2018-03-23	实用新型
259	201720898869.1	一种管式炉入口煤气快切阀保护装置	2018-02-27	实用新型
260	201720946552.0	一种钢筋笼制作卡具	2018-03-13	实用新型
261	201720969372.4	一种高炉铁样模具	2018-05-22	实用新型
262	201720969859.2	一种插板阀装置	2018-03-13	实用新型
263	201720969120.1	一种背衬轴承密封性能检测装置	2018-03-13	实用新型
264	201720975436.1	一种炉辊打摆调整指示装置	2018-05-22	实用新型
265	201720975504.4	一种打捆机机头气动控制系统	2018-03-13	实用新型
266	201720975320.8	一种密封式搅笼水下轴头	2018-05-22	实用新型
267	201720829846.5	一种稀油密封煤气柜密封油回收再利用系统	2018-02-13	实用新型
268	201720830286.5	一种拔出机构	2018-04-13	实用新型
269	201720827617.X	一种防脱钩吊挂装置及废钢斗	2018-02-13	实用新型
270	201720832339.7	一种托辊存放装置	2018-06-15	实用新型
271	201720832346.7	一种带压封堵装置	2018-02-13	实用新型
272	201720833094.X	一种自动切换控制装置	2018-02-13	实用新型
273	201720838245.0	一种托辊防窜辊装置	2018-02-13	实用新型
274	201720838773.6	一种热轧层冷护板装置	2018-02-13	实用新型
275	201720838267.7	一种新型的超快冷侧喷供水管路	2018-04-13	实用新型

续表

序号	专利号	专利名称	公告日	专利类型
276	201720838774. 0	一种层冷内冷水辊道的供水管道	2018-04-20	实用新型
277	201720838775. 5	一种电动机找正打表辅助装置	2018-02-13	实用新型
278	201720838817. 5	配电室储物柜	2018-06-15	实用新型
279	201720838588. 7	一种塑料泵的冷却装置	2018-02-13	实用新型
280	201720855762. 9	一种炉门升降链条调整装置的保险装置	2018-02-13	实用新型
281	201720855287. 5	一种基于水电联产的海水淡化集中监控及联锁保护系统	2018-02-13	实用新型
282	201720856938. 2	一种高炉鼓风机逆流保护装置	2018-02-13	实用新型
283	201720846845. 1	水质在线监测硅酸盐系统防堵疏通装置	2018-09-07	实用新型
284	201720860564. 1	一种抑制轧机震动的液压控制系统	2018-04-13	实用新型
285	201720860784. 4	一种皮带助卷器	2018-02-13	实用新型
286	201720860842. 3	一种液位检测装置	2018-03-16	实用新型
287	201720860777. 4	一种钢铁厂多方式蒸汽锅炉富氧燃烧系统	2018-04-13	实用新型
288	201720860531. 7	一种发电机组富氧燃烧系统	2018-04-13	实用新型
289	201720860532. 1	一种热法海水淡化进主体蒸汽精确控制及联锁保护系统	2018-04-13	实用新型
290	201720860781. 0	火检探头保护装置	2018-02-13	实用新型
291	201720860534. 0	电镀废水蒸发循环处理装置	2018-07-17	实用新型
292	201720861800. 1	磨矿设备	2018-02-13	实用新型
293	201720866539. 4	一种升降除尘罩控制装置	2018-04-20	实用新型
294	201720863806. 2	新型冷却方式的电磁振动给料器	2018-03-16	实用新型
295	201720888151. 4	一种试验用可视烧结杯	2018-03-02	实用新型
296	201720921383. 5	一种顶装焦炉装煤口密封装置	2018-05-01	实用新型
297	201720892953. 2	一种用于板材胀形试验的压边模具	2018-05-22	实用新型
298	201720893380. 5	一种用于液压叉车夹持货物的辅助夹具	2018-01-23	实用新型
299	201720888266. 3	一种浆体冲蚀磨损试验机	2018-01-23	实用新型
300	201720893845. 7	一种帽形梁压溃吸能试验用夹具	2018-03-27	实用新型
301	201720893884. 7	一种实现金属薄板预应变的抗凹性测试装置	2018-01-23	实用新型
302	201720992871. 5	一种油桶吊运装置	2018-05-22	实用新型
303	201720992844. 8	一种拆装装置	2018-04-06	实用新型
304	201720989649. X	一种轧辊砂轮吊运辅助装置	2018-04-06	实用新型
305	201720995222. 0	一种钢卷偏移报警装置	2018-04-06	实用新型
306	201720995204. 2	一种防堵塞装置	2018-05-11	实用新型
307	201720995202. 3	多点锁紧机构	2018-05-04	实用新型
308	201720989428. 2	一种工件斜槽加工装置	2018-04-06	实用新型
309	201721026820. 3	一种使钢梁定位安装的焊接支撑件	2018-06-05	实用新型
310	201721088761. 2	激光焊机焊缝质量在线采集装置	2018-08-21	实用新型

续表

序号	专利号	专利名称	公告日	专利类型
311	201721088448.9	一种编码器的保护装置	2018-05-11	实用新型
312	201721088699.7	一种废油储存桶液面监测装置	2018-05-22	实用新型
313	201721088831.4	一种冷却系统	2018-08-21	实用新型
314	201721096011.X	一种炉辊辊面保护套	2018-05-22	实用新型
315	201721182812.8	导流装置、烧结机风箱及烧结机	2018-04-17	实用新型
316	201721182848.6	一种煤杯清理工具	2018-05-22	实用新型
317	201721170420.X	一种钢包长水口用密封垫圈	2018-04-17	实用新型
318	201721165879.0	一种提高钢包自开率的装置	2018-05-22	实用新型
319	201721184141.9	一种大型焦炉四大机车远程操控系统	2018-04-10	实用新型
320	201721179708.3	一种烧结脱硫系统	2018-07-17	实用新型
321	201721182296.9	一种转炉冶炼系统及转炉粗灰入炉装置	2018-09-07	实用新型
322	201721185316.8	一种钢卷吊具装置	2018-04-20	实用新型
323	201721185310.0	一种废料收集装置	2018-06-15	实用新型
324	201721184625.3	一种锅炉富氧燃烧系统	2018-04-20	实用新型
325	201721184751.9	一种粉料气力输送集流分配装置	2018-04-20	实用新型
326	201721184116.0	一种精轧机工作辊轴向定位装置	2018-04-20	实用新型
327	201721185293.0	一种隔热装置	2018-04-20	实用新型
328	201721184642.7	一种新型并联控制张力计励磁信号的设备	2018-06-15	实用新型
329	201721188053.6	一种变频器直流母线电容组电压监控系统	2018-04-20	实用新型
330	201721188050.2	一种双层辊筛控制装置	2018-06-15	实用新型
331	201721188052.1	一种皮带上物料混合器	2018-06-15	实用新型
332	201721188049.X	一种冷轧辊涂机安全拉绳装置	2018-06-15	实用新型
333	201721188051.7	一种平整机延伸率调节系统	2018-06-15	实用新型
334	201721188881.X	一种锌锅液位控制装置	2018-04-20	实用新型
335	201721188847.2	一种测量管道液体流量的测量装置	2018-04-13	实用新型
336	201721189062.7	一种管道升降装置	2018-09-07	实用新型
337	201721189047.2	一种焙烧机台车篦条翘起检测装置	2018-04-20	实用新型
338	201721188864.6	一种轧制系统	2018-09-07	实用新型
339	201721237455.0	一种维氏硬度试验辅助装置	2018-05-22	实用新型
340	201721237451.2	一种高炉液压泥炮油路旋转装置	2018-05-22	实用新型
341	201721237424.5	一种伺服阀测试控制装置	2018-05-22	实用新型
342	201721237512.5	一种测量装置	2018-05-22	实用新型
343	201721237513.X	一种清洗装置	2018-06-19	实用新型
344	201721237576.5	一种轴封供汽装置及供气调节机构	2018-10-19	实用新型
345	201721237463.5	一种防护装置及其液压缸	2018-11-30	实用新型

续表

序号	专利号	专利名称	公告日	专利类型
346	201721255989. 6	一种浓密装置	2018-05-22	实用新型
347	201721217182. 3	一种可重复使用的砌墙摊灰工具	2018-06-05	实用新型
348	201721195348. 6	一种铁水罐铁水脱磷预处理混合顶吹装置	2018-05-08	实用新型
349	201721324874. 8	一种并罐式无料钟布料偏析装置	2018-06-19	实用新型
350	201721309227. X	一种金相试样预磨机	2018-05-22	实用新型
351	201721309274. 4	一种用于感应炉的炉嘴成型工具	2018-05-22	实用新型
352	201721314816. 7	一种涂层试样盐雾试验保护装置	2018-05-22	实用新型
353	201721314296. X	一种剪板机进料导向装置	2018-06-19	实用新型
354	201721314971. 9	一种加强型半挂车纵梁	2018-05-22	实用新型
355	201721314995. 4	一种对摩擦实验磨痕形貌实时观测的装置	2018-05-22	实用新型
356	201721305321. 8	一种钢卷自动入库装置	2018-06-15	实用新型
357	201721394970. X	一种带钢纠偏系统电动推杆加油装置	2018-06-15	实用新型
358	201721389959. 4	一种沟渠摆动阀门	2018-07-17	实用新型
359	201721390305. 3	一种用于烧结机的风箱装置	2018-07-17	实用新型
360	201721390488. 9	一种捅料机	2018-06-15	实用新型
361	201721391039. 6	吊钩防脱器打开装置	2018-06-15	实用新型
362	201721390627. 8	一种改善带钢板形的装置	2018-06-15	实用新型
363	201721407472. 4	一种步进梁升降缸活塞杆连接装置	2018-06-15	实用新型
364	201721394968. 2	一种冷连轧机第一机架辊型配置结构	2018-06-15	实用新型
365	201721395046. 3	一种轧机润滑控制系统	2018-06-15	实用新型
366	201721395047. 8	一种低速拉矫板型改善装置	2018-10-30	实用新型
367	201721396246. 0	一种煤气取样管在线安装装置	2018-06-15	实用新型
368	201721396260. 0	焙烧机台车滑板刮油装置	2018-07-17	实用新型
369	201721396273. 8	一种应用于轧辊车床带箱车削轧辊装置	2018-06-15	实用新型
370	201721396275. 7	镀液锡泥含量在线检测装置	2018-09-07	实用新型
371	201721397165. 2	一种高炉机械探尺重锤高度计	2018-09-07	实用新型
372	201721397338. 0	一种组合式螺栓紧固装置	2018-06-15	实用新型
373	201721397521. 0	一种振动筛控制装置	2018-07-17	实用新型
374	201721398428. 1	一种托辊式输送机	2018-06-15	实用新型
375	201721398430. 9	一种间隙测量装置	2018-09-07	实用新型
376	201721399861. 7	一种压缩空气综合管网调节及控制系统	2018-10-30	实用新型
377	201721399874. 4	一种溜槽装置	2018-07-17	实用新型
378	201721422827. 7	一种焦炉熄焦车轨道防沉降装置	2018-05-29	实用新型
379	201721425862. 4	一种锤头组件及破碎机	2018-10-26	实用新型
380	201721424089. X	一种 RH 真空槽环流管砖	2018-09-07	实用新型

续表

序号	专利号	专利名称	公告日	专利类型
381	201721422591.7	一种输送带清扫装置	2018-06-15	实用新型
382	201721428897.3	一种杠杆输送带粘补压力板装置	2018-07-17	实用新型
383	201721428922.8	烧结机混合料仓闸门驱动装置	2018-09-07	实用新型
384	201721421804.4	一种钢包包底工作层砖	2018-09-07	实用新型
385	201721421912.1	一种高炉直吹管安装液压紧固拆卸工具	2018-07-17	实用新型
386	201721422712.8	一种密封装置	2018-07-17	实用新型
387	201721443097.9	一种除尘放散罐布袋龙骨防护装置	2018-06-15	实用新型
388	201721428845.6	一种转炉倾动系统	2018-07-17	实用新型
389	201721428934.0	一种高炉铁水沟盖	2018-09-07	实用新型
390	201721433832.8	一种 RH 下部槽下法兰	2018-07-17	实用新型
391	201721406252.X	一种钢卷卷径测量装置	2018-06-15	实用新型
392	201721407471.X	一种排水装置	2018-07-17	实用新型
393	201721410654.7	鼓风机放风阀位置反馈装置	2018-06-15	实用新型
394	201721433835.1	一种配煤自动过盘装置	2018-05-29	实用新型
395	201721475531.1	一种低压电机控制系统	2018-06-15	实用新型
396	201721364924.5	冷轧带钢热处理机组穿带棒调节装置	2018-06-19	实用新型
397	201721364938.7	一种水渣排渣机及水渣排渣机叶片	2018-08-03	实用新型
398	201721372712.1	一种刮渣器及刮渣系统	2018-11-30	实用新型
399	201721372715.5	一种自冷却蒸汽流量计导压装置	2018-05-22	实用新型
400	201721373839.5	一种料仓料位监测装置	2018-06-19	实用新型
401	201721329159.3	一种清水混凝土墙嵌入式对拉螺栓	2018-06-05	实用新型
402	201721375075.3	一种超大基坑内沉箱排水装置	2018-06-05	实用新型
403	201721397775.2	一种用于预制空调板的安装支撑工具	2018-06-05	实用新型
404	201721403091.9	一种三维监控井盖装置	2018-07-20	实用新型
405	201721260239.8	一种共享充电智能灯杆装置	2018-05-29	实用新型
406	201721450848.X	一种造球盘控制加水装置	2018-05-29	实用新型
407	201721538726.6	一种搅笼加湿机	2018-08-03	实用新型
408	201721538729.X	一种用于轴承座的锁紧装置	2018-06-19	实用新型
409	201721538730.2	一种压力表的在线泄压装置	2018-05-22	实用新型
410	201721538768.X	一种高炉用炉缸内渣铁液面监测装置	2018-06-19	实用新型
411	201721538816.5	一种环冷机保护装置	2018-10-09	实用新型
412	201721538819.9	一种液压缸测量装置	2018-10-09	实用新型
413	201721538943.5	一种高炉中套测量装置	2018-06-19	实用新型
414	201721531774.2	一种阀门更换装置	2018-08-03	实用新型
415	201721532577.2	一种炉渣快速筛选装置	2018-08-03	实用新型

续表

序号	专利号	专利名称	公告日	专利类型
416	201721532599.9	一种用于定宽机的锤头	2018-08-03	实用新型
417	201721511369.4	一种激光焊机夹钳吹扫装置	2018-08-21	实用新型
418	201721511370.7	一种连续退火炉露点控制装置	2018-06-19	实用新型
419	201720708217.7	电热合金冷加工材料的热处理装置	2018-02-09	实用新型
420	201721322119.6	一种输出稳定气质的煤气柜进出气管	2018-06-22	实用新型
421	201721325167.0	一种柔性长材无头轧制装置	2018-05-08	实用新型
422	201721329424.8	一种用于溜槽的可拆卸斗式料磨料衬板	2018-05-25	实用新型
423	201721322237.7	一种水冷喷嘴	2018-06-22	实用新型
424	201721331121.X	一种上、下组合式低 NOX 单蓄热烧嘴	2018-09-04	实用新型
425	201721322263.X	一种用于铁矿氧化球团卸料的耐磨溜槽	2018-05-08	实用新型
426	201721372562.4	一种用于焦化尾气处理的三段式洗净塔	2018-06-22	实用新型
427	201721380113.4	一种节能型燃烧混气炉	2018-06-22	实用新型
428	201721380129.5	一种生球分级装置	2018-06-22	实用新型
429	201721384721.2	一种带有气体均布装置的燃烧混气炉	2018-06-22	实用新型
430	201721378862.3	一种煤化工行业用牵车台	2018-06-22	实用新型
431	201721378971.5	一种摆动式除尘罩	2018-06-22	实用新型
432	201721379020.X	一种用于二氧化碳和氧气的管式混合器	2018-09-04	实用新型
433	201721379046.4	一种转炉煤气立式湿式负压电除尘器的旁路装置	2018-05-08	实用新型
434	201721583047.0	不同标高生产线之间的钢卷运输装置	2018-06-22	实用新型
435	201721583121.9	一种应用于告诉线材生产线的精整收集装置	2018-06-22	实用新型
436	201721584831.3	一种分段式活性焦部分循环脱硫脱硝系统	2018-08-24	实用新型
437	201721626117.6	一种高炉炼铁称量斗	2018-06-22	实用新型
438	201721638152.X	一种焦炉炭化室压力调节装置	2018-08-24	实用新型
439	201721640594.8	一种高炉炉底满铺炭砖结构	2018-09-04	实用新型
440	201721642007.9	一种焦化脱硫废液硫磺处理装置	2018-09-04	实用新型
441	201721643132.1	一种焦化脱硫再生塔尾气处理系统管道	2018-08-24	实用新型
442	201721642355.6	一种脱硫再生槽或塔用气液混合装置	2018-09-04	实用新型
443	201721649949.X	一种熔融还原炉旋风除尘灰闭式余热回收利用装置	2018-08-24	实用新型
444	201721649968.2	一种焦化污水恶臭气体处理系统	2018-09-04	实用新型
445	201721710315.0	一种耐候钢锈层稳定化处理溶液喷淋装置	2018-08-10	实用新型
446	201721702241.6	一种模拟覆盖件抗凹性试验用夹持装置	2018-06-19	实用新型
447	201721700919.7	一种简易金相制样夹具	2018-06-19	实用新型
448	201721729610.0	一种实时监测热风炉炉壳安全状态的装置	2018-08-10	实用新型
449	201721729609.8	一种用于从链篦机自动取球团矿试样的装置	2018-08-10	实用新型
450	201721750255.5	一种焦炉烟气的有机胺脱硫装置	2018-09-04	实用新型

续表

序号	专利号	专利名称	公告日	专利类型
451	201721750492.1	一种用于喷雾洗涤塔水及蒸汽系统冲洗排污的装置	2018-09-04	实用新型
452	201721750605.8	一种布袋除尘器袋口密封装置	2018-09-04	实用新型
453	201721762606.4	一种钢卷开卷辅助装置	2018-09-04	实用新型
454	201721735319.4	一种带有隔热装置的全管风冷式固定筛	2018-09-04	实用新型
455	201721736311.X	一种装配式桥梁抗震锚栓装置	2018-09-04	实用新型
456	201721734885.3	城市综合管廊内部运输、安装、检修及巡检一体化装置	2018-09-04	实用新型
457	201721742385.4	一种分段加热焦炉废气循环孔结构	2018-09-04	实用新型
458	201721734945.1	一种顺向剥离喷嘴导槽	2018-09-04	实用新型
459	201721736059.2	一种逆向剥离喷嘴导槽	2018-09-04	实用新型
460	201721742126.1	一种可调间隙逆向剥离喷嘴导槽	2018-09-04	实用新型
461	201721742157.7	一种可调间隙顺向剥离喷嘴导槽	2018-09-04	实用新型
462	201721812764.6	一种钢梁下翼缘板开孔装置	2018-09-11	实用新型
463	201721874855.2	一种在真空铸造合金过程中使用的振动装置	2018-08-24	实用新型
464	201721883725.5	一种用于吹氧脱碳的氧枪	2018-08-10	实用新型
465	201721856416.9	一种出入口管理控制系统	2018-07-20	实用新型
466	201820007321.8	一种池上水泵自吸装置	2018-10-09	实用新型
467	201820007858.4	一种带钢吹扫装置	2018-10-09	实用新型
468	201820010884.2	一种高炉送风装置密封大盖	2018-10-09	实用新型
469	201820010885.7	一种高炉上料皮带机托辊更换装置	2018-10-19	实用新型
470	201820071879.2	一种用于 SRV 冶炼的余热回收及供风一体化装置	2018-09-04	实用新型
471	201820071871.6	一种高炉鼓风机乏汽放散余能回收压差发电装置	2018-09-04	实用新型
472	201820081647.5	一种高温除尘灰降温输送系统	2018-09-04	实用新型
473	201820081506.3	一种钢包水口灌砂系统	2018-09-04	实用新型
474	201820081646.0	一种脱硫渣铁的回用系统	2018-09-04	实用新型
475	201820077365.8	一种重载运输车的电气控制装置	2018-09-04	实用新型
476	201820077681.5	一种硅钢热轧带钢的切边重卷机组	2018-09-04	实用新型
477	201820125839.1	一种可在多、高层钢结构住宅中应用的墙板	2018-09-04	实用新型
478	201820125836.8	可在多、高层钢结构住宅中应用的墙板与梁连接结构	2018-09-04	实用新型
479	201820081690.1	一种自行车车库检测装置	2018-09-04	实用新型
480	201820325635.2	一种用于生活水的水质处理系统	2018-12-28	实用新型
481	201820315556.3	一种高炉开停炉放散煤气净化处理装置	2018-10-12	实用新型
482	201820310534.8	一种连续混碾装置	2018-11-27	实用新型
483	201820313112.6	一种干熄罐料钟	2018-11-27	实用新型
484	201820314904.5	铁水温度测量结构和铁水温度测量装置	2018-10-09	实用新型
485	201820274991.6	一种钢卷塔形检测装置	2018-10-30	实用新型

续表

序号	专利号	专利名称	公告日	专利类型
486	201820275115.5	一种更换皮带的卷带装置	2018-10-30	实用新型
487	201820275439.9	一种支撑辊轴承座的防水装置	2018-10-30	实用新型
488	201820279635.3	料钟分料器、料钟分料装置和干熄焦装入装置	2018-11-06	实用新型
489	201820277762.X	一种轧辊自动识别装置	2018-10-30	实用新型
490	201820278678.X	一种矫直机辊缝标定压力传感器定位辅助装置	2018-10-30	实用新型
491	201820277744.1	一种拆装便捷的螺纹补偿器	2018-10-30	实用新型
492	201820277753.0	一种卷取机侧导板系统	2018-10-30	实用新型
493	201820280460.8	一种碎边条导向装置	2018-11-27	实用新型
494	201820280492.8	一种钢铁厂能源数据处理装置	2018-10-30	实用新型
495	201820282200.4	一种 RH 下部槽风冷盘	2018-11-27	实用新型
496	201820282201.9	一种高炉泥炮并联可旋转二通冷却水管装置	2018-11-27	实用新型
497	201820282208.0	一种异物分离装置	2018-11-27	实用新型
498	201820282222.0	一种高炉水渣螺旋输送机升降装置	2018-11-27	实用新型
499	201820282978.5	一种金属耐磨堆焊衬板及料仓	2018-10-30	实用新型
500	201820284035.6	一种配重式皮带清扫器	2018-12-07	实用新型
501	201820284043.0	一种保护套筒辅助上卷装置	2018-10-30	实用新型
502	201820284044.5	一种三点板坯除鳞系统	2018-10-30	实用新型
503	201820284059.1	一种高炉风机调节装置	2018-11-27	实用新型
504	201820285453.7	一种插板阀	2018-11-27	实用新型
505	201820285558.2	一种电除尘装置	2018-09-07	实用新型
506	201820287256.9	一种卸灰阀传动轴密封	2018-10-30	实用新型
507	201820285452.2	一种高炉鼓风机送风装置	2018-11-27	实用新型
508	201820285374.6	一种冷凝水集水箱装置	2018-11-23	实用新型
509	201820287183.3	一种粗轧热检测装置	2018-10-30	实用新型
510	201820285371.2	一种带钢切尾的气吹装置	2018-11-27	实用新型
511	201820285406.2	一种蒸汽控制设备	2018-10-30	实用新型
512	201820285557.8	一种冷轧镀锌线穿带钢检测装置	2018-10-30	实用新型
513	201820287222.X	一种用于煤气管路密封测试的装置	2018-12-04	实用新型
514	201820285451.8	一种热连轧生产线	2018-10-30	实用新型
515	201820287237.6	一种平整机对中设备吹扫装置	2018-10-30	实用新型
516	201820285375.0	一种高炉炉喉补偿装置	2018-10-30	实用新型
517	201820287371.6	一种排渣机主轴	2018-11-23	实用新型
518	201820285455.6	用于检测车轮脱落的装置	2018-11-23	实用新型
519	201820287260.5	一种高压电机滑动轴承稀油供油装置	2018-11-27	实用新型
520	201820287384.3	一种水电联产系统	2018-10-30	实用新型

续表

序号	专利号	专利名称	公告日	专利类型
521	201820287273.2	一种石灰池投料除尘装置	2018-11-27	实用新型
522	201820285408.1	一种均压放散阀阀板的防松固定装置	2018-10-30	实用新型
523	201820420517.X	一种物料存储装置	2018-11-30	实用新型
524	201820421522.2	一种用于设备局部温度加热的系统	2018-11-30	实用新型
525	201820423780.4	一种防粘料堆取料机斗子	2018-11-30	实用新型
526	201820424119.5	一种纯钙线捋直装置	2018-11-30	实用新型
527	201820424310.X	一种烧结机台车限位装置	2018-11-30	实用新型
528	201820424356.1	一种恒温样品冷却装置	2018-10-19	实用新型
529	201820424359.5	锤体支撑结构和落锤试验机	2018-10-09	实用新型
530	201820424635.8	一种抗阻塞仓顶除尘装置	2018-11-30	实用新型
531	201820425824.7	一种红外测温仪的在线校验装置	2018-12-18	实用新型
532	201820295771.1	一种自动更换极头焊材的连续点焊装置	2018-11-27	实用新型
533	201820112921.0	皮带系统自动清料机	2018-09-11	实用新型
534	201820117410.8	一种建筑装修室内吊顶用可调吊杆组件	2018-09-11	实用新型
535	201820117472.9	一种建筑装修室内吊顶用可调张紧装置	2018-09-11	实用新型
536	201820117407.6	一种建筑装修室内吊顶用水平位置调整组件	2018-09-11	实用新型
537	201820454686.5	一种焊接 H 型钢工装夹具	2018-11-27	实用新型
538	201820475610.0	一种钢和铝合金的电阻点焊结构	2018-11-27	实用新型
539	201820549634.6	一种双夹头试样夹	2018-11-30	实用新型
540	201820549635.0	一种电能测量装置	2018-11-30	实用新型
541	201820548944.6	一种涡流制冷装置	2018-11-30	实用新型
542	201820549243.4	一种冷轧处理线从动辊动态监控装置	2018-11-30	实用新型
543	201820549672.1	一种物料空位检测装置	2018-11-30	实用新型
544	201820702717.4	一种用于扫描电镜夹杂物统计分析的样品座装置	2018-11-27	实用新型
545	201820663964.8	一种压力取样装置	2018-12-18	实用新型
546	201820630660.1	一种除铁装置	2018-11-27	实用新型
547	201820632121.1	水冷型高压电机冷却系统	2018-11-27	实用新型
548	201820636767.7	电缆中间接头纵向防水装置以及电缆	2018-11-27	实用新型
549	201820638022.4	一种机房冷却系统	2018-11-27	实用新型
550	201820781717.8	一种旋流井吊盘固定支架	2018-12-18	实用新型
551	201820788371.4	一种圆顶阀运行监控装置	2018-12-18	实用新型
552	201820840538.7	一种变频器电容组充电装置	2018-12-18	实用新型
553	201820918642.3	一种钢卷带头朝向检测装置	2018-12-18	实用新型
554	201721767846.3	一种建筑装修室内吊顶材料用悬挂组件	2018-09-11	实用新型
555	CN201510650382.7	一种高炉事故下的炉料置换方法	2018-03-06	实用新型

续表

序号	专利号	专利名称	公告日	专利类型
556	201720305332. X	一种带除尘装置的钢筋切割机	2018-06-05	实用新型
557	201720305375. 8	一种具有除尘和计数功能的钢筋切割机	2018-01-26	实用新型
558	201720304718. 9	一种可计数的钢筋切割机	2018-01-23	实用新型
559	CN201720448773. 5	一种火车皮内部积料清扫工具	2018-02-16	实用新型
560	CN201720536886. 0	冶炼废渣破碎装置及废渣混凝土生产装置	2018-02-16	实用新型
561	CN201720536890. 7	一种坑道转运机构	2018-01-12	实用新型
562	CN201720626449. 8	一种用于棒材钢坯的热送装置	2018-02-16	实用新型
563	CN201720628505. 1	一种高置槽换热系统以及改质沥青生产系统	2018-02-16	实用新型
564	CN201720714837. 1	一种高空检修平台	2018-04-20	实用新型
565	CN201720743829. X	一种取料机滚轮回转机构及门式取料机	2018-05-08	实用新型
566	CN201720743826. 6	一种牵引钢绳的张紧装置、牵引装置及取料机	2018-05-08	实用新型
567	CN201721198798. 0	一种用于 LF 炉电极的密封除尘装置	2018-04-20	实用新型
568	CN201720800697. X	一种圆筒混合机清料装置	2018-03-16	实用新型
569	CN201720800680. 4	气力输送料仓末端干状粉料分布装置	2018-03-16	实用新型
570	CN201720806881. 5	一种卧式轧辊车床支撑大重量工件的托辊装置	2018-04-13	实用新型
571	CN201720810054. 3	一种炼钢渣罐防粘结喷涂机	2018-03-16	实用新型
572	CN201720813499. 7	一种连铸中间包金属件	2018-01-19	实用新型
573	CN201720819280. 8	一种在线捅风口装置	2018-03-27	实用新型
574	CN201720824245. 5	一种连铸用中间包浸入式水口负压烘烤装置	2018-03-27	实用新型
575	CN201721075471. 4	一种可调节式补壕模具	2018-04-13	实用新型
576	CN201721029265. X	一种简易高效提盐装置	2018-05-04	实用新型
577	CN201721118578. 2	一种无动力搅拌的脱硫泡沫槽	2018-05-04	实用新型
578	201621420813. 7	一种护理用防褥疮垫	2018-06-15	实用新型
579	201820012936. X	一种用于炼钢连铸冷床的铸坯冷却装置	2018-09-07	实用新型
580	201820026999. 0	一种用于钢包精炼炉的钢水饼样多头取样器	2018-09-07	实用新型
581	201820275117. 4	一种防止结晶器管路漏水的连接装置	2018-10-02	实用新型
582	201820274706. 0	一种在高炉冶炼时通开风口工具	2018-09-18	实用新型
583	201820396402. 1	峰平谷时钟	2018-10-02	实用新型
584	201721644003. 4	一种轧钢生产线电控设备无触点转换开关	2018-09-14	实用新型
585	201730382762. 7	住宅楼	2018-06-22	外观设计
586	201730382739. 8	楼房	2018-01-16	外观设计
587	201730425311. 7	用于电脑的图形用户界面	2018-02-27	外观设计
588	201730442880. 2	用于手机的图形用户界面	2018-05-29	外观设计
589	201730485489. 0	露天长廊	2018-05-08	外观设计
590	201730485487. 1	观景平台	2018-05-08	外观设计

续表

序号	专利号	专利名称	公告日	专利类型
591	201730530011. 5	灯杆	2018-03-23	外观设计
592	201730529674. 5	井盖	2018-03-23	外观设计
593	201730591074. 1	通风井(1)	2018-05-08	外观设计
594	201730591075. 6	通风井(2)	2018-05-04	外观设计
595	201730591081. 1	通风井(3)	2018-05-08	外观设计
596	201830000627. 6	建筑管控平台移动端的图形用户界面	2018-07-20	外观设计
597	201830000726. 4	建筑管控平台移动端的专业监控图形用户界面	2018-07-20	外观设计
598	201830000630. 8	建筑管控平台电脑端的图形用户界面	2018-07-20	外观设计

2018年末首钢集团各单位职工分类构成情况

单位：人

	期末人数	女性	厂处级及以上	科级	班组长	行政管理	专业技术	生产	服务	不在岗职工
首钢集团	86527	18180	1684	3624	4596	10795	12898	44957	5345	12532
股份公司	9356	1274	152	376	833	1180	1058	5806	35	1277
北京首钢氧气厂	434	72	3	24		66	52	308	2	6
北京首钢钢贸投资管理有限公司	38	11	5	6		37		1		
北京首钢物资贸易有限公司	34	7	3	5	1	18		16		
北京首钢金属有限责任公司	10	2	1			5		0		5
京唐公司	9721	723	128	311	750	720	1900	7066		35
首钢凯西钢铁有限公司	359	81	3	11	21	14	25	97		223
唐山首钢京唐西山焦化有限责任公司	709	59	8	21	49	34	90	584		1
秦皇岛首秦金属材料有限公司	234	72	10	6		57	20	104		53
秦皇岛秦中板	91	22		2	3	2	5	11	9	64
秦皇岛首钢机械厂	195	53	2	18	18	37	15	112	14	17
矿业公司	8852	1639	80	314	411	684	971	5745	780	672
地勘院	204	33	3	16	8	51	115	24	6	8
北京首钢鲁家山石灰石矿有限公司	140	22	4	16	9	44	19	29	28	20
北京首钢耐材炉料有限公司	208	23	3	19	16	54	14	86	43	11
水钢公司	12560	3658	139	406	447	1047	861	6004	687	3961
长钢公司	8194	1997	98	258	294	478	189	4330	1191	2006

续表

	期末人数	女性	厂处级及以上	科级	班组长	行政管理	专业技术	生产	服务	不在岗职工
贵钢公司	2169	483	24	54		311	126	1050	287	395
通钢公司	11394	1819	120	179	678	387	1085	6982	98	2842
首钢伊犁钢铁有限公司	1000	203	43	23	107	81	39	841	39	
中首公司	320	95	54	30	1	233		0	8	79
首矿大昌						0		0		
股权管理公司	72	18	27	2		59		0	1	12
北京首钢国际工程技术有限公司	1030	279	54			65	947	0	9	9
首建公司	3925	702	74	668	247	792	1599	1391	112	31
北京首钢自动化信息技术有限公司	1467	404	52	108	86	405	580	409		73
机电公司	2039	421	40	114	196	435	188	1255	91	70
实业公司	2009	790	77	200	28	802	168	12	972	55
北京首钢新钢联科贸有限公司	100	40	2	7		98		0		2
北京首钢微电子有限公司	51	15	1			16	1	34		
北京首钢云翔工业科技有限责任公司	18		3	2		18		0		
城运公司	66	9	5			66		0		
北京首钢建设投资有限公司	171	73	31			169		0	1	1
特钢公司	563	81	24	35	20	246	3	166	33	115
园区综合服务公司	1443	304	12	70	108	172	105	962	161	43
园区管理部	1735	246	19	73	150	362	44	946	381	2
京冀曹妃甸协同发展示范区建设投资有限公司	42	8	10			42		0		
环境公司	489	84	32	47	18	90	169	214	12	4
北京首钢房地产开发有限公司	189	40	34			109	80	0		
首钢疗养院	82	33	2	5		12		0	70	

续表

	期末人数	女性	厂处级及以上	科级	班组长	行政管理	专业技术	生产	服务	不在岗职工
北京大学首钢医院	1853	1423	5	93	18	145	1581	0	126	1
北京京西重工有限公司	505	131	12	15	30	63	118	324		
首钢控股有限责任公司	35	12	4			35		0		
医疗公司	42	18	2			37		0	5	
北京首钢体育文化有限公司	182	73	4	13	4	50	92	0	39	1
北京首钢文化发展有限公司	20	8	2	3		20		0		
北京首钢矿业投资有限责任公司	97	7	12	17		28		0		69
集团公司直管单位	2080	613	261	57	45	919	639	48	105	369

2018年末首钢集团离退休人员及费用构成情况

单位	离退休人数（人）				离退休人员费用（元）				
	合计	其中:女性	离休	退休	合计	离休费（元）	其中企业负担（元）	退休费（元）	其中企业负担（元）
首钢集团	86716	38767	351	86365	4308878840	55792977	5941604	4507402415	258395567
股份公司	895	234		895	50201381			76205454	2972443
北京首钢氧气厂	132	68		132	6564997			6564997	265714
北京首钢钢贸投资管理有限公司									
北京首钢物资贸易有限公司									
北京首钢金属有限责任公司	3			3	281232			281232	4512
京唐公司	151	32		151	9126272			9126272	173916
首钢凯西钢铁有限公司									
唐山首钢京唐西山焦化有限责任公司	5	1		5	7032			7032	7032
秦皇岛首秦金属材料有限公司	62	8		62	4492486			4492486	121438
秦皇岛秦中板	477	277	1	476	18589753	85260	3792	18504493	521660
秦皇岛首钢机械厂	519	293	3	516	21778916	271114	17770	21507802	602036
矿业公司	11560	3895	12	11548	644447745	1969413	1150065	647874580	34498111
地勘院	470	130	3	467	25298011	573339	12320	24724672	1105847
北京首钢鲁家山石灰石矿有限公司	415	96		415	24347191	2804854	58665	21542337	681014
北京首钢耐材炉料有限公司	1349	643		1349	68555304			68555304	1063909

续表

单位	离退休人数（人）				离退休人员费用（元）				
	合计	其中：女性	离休	退休	合计	离休费（元）	其中企业负担（元）	退休费（元）	其中企业负担（元）
水钢公司	15662	7741	35	15627	644913703	4920784	2166615	640368425	106421933
长钢公司	9265	3897	45	9220	421050541	6024698	1575963	415025843	6824441
贵钢公司	5436	2422	28	5408	195972671	5233943	45209	191021836	1438537
通钢公司									
首钢伊犁钢铁有限公司									
中首公司	245	86	2	243	16529635	392753	91755	22823892	322836
首矿大昌									
股权管理公司									
北京首钢国际工程技术有限公司	720	379		720	43516627			47530145	1628807
首建公司	8756	3733		8756	474910125			474910125	31685492
北京首钢自动化信息技术有限公司									
机电公司	5285	3104		5285	297784517			297784517	10071704
实业公司									
北京首钢新钢联科贸有限公司									
北京首钢微电子有限公司									
北京首钢云翔工业科技有限责任公司									
城运公司									
北京首钢建设投资有限公司	1	1		1	55600			55600	
特钢公司	7779	3134	36	7743	421475485	5517711	46110	415957774	19385043
园区综合服务公司	821	530	8	813	39422943	463236	11580	38959707	1710074
园区管理部	1254	445	23	1231	68468180	2039244	42240	66428936	2867751

续表

单位	离退休人数（人）				离退休人员费用（元）				
	合计	其中:女性	离休	退休	合计	离休费（元）	其中企业负担（元）	退休费（元）	其中企业负担（元）
京冀曹妃甸协同发展示范区建设投资有限公司									
环境公司									
北京首钢房地产开发有限公司									
首钢疗养院	68	21		68	3221240			3221240	93408
北京大学首钢医院	1377	1113	15	1362	78690772	2293168	55600	76397604	2852890
北京京西重工有限公司									
首钢控股有限责任公司									
医疗公司									
北京首钢体育文化有限公司									
北京首钢文化发展有限公司	1			1					
北京首钢矿业投资有限责任公司	5	1		5	5616			5616	5616
集团公司直管单位	14003	6483	140	13863	729170865	23203460	663920	917524494	31069403

2018年末首钢集团职工年龄和政治面貌构成情况

单位：人

项目	合计	其中：							25岁及以下	26至30岁	31至35岁	36至40岁	41至45岁	46至50岁	51至55岁	56岁及以上
		在岗	女性	班组长	厂处级及以上	科级	管理技术	技能操作								
合　　计	86529	73997	16979	2637	1685	3599	18411	50302	3669	10558	13630	11757	15614	18676	10028	2597
中共党员	28819	25475	4571	1241	1571	3058	9258	11588	281	2344	4508	4185	4905	6856	4487	1253
中共预备党员	590	602	93	9	8	41	228	325	54	157	217	103	38	20	1	0
共青团员	5308	5302	1405	36	1	40	1992	3269	2325	2534	371	75	2	1	0	0
民革会员	9	8	1	0	0	2	6	0	0	0	0	2	1	2	2	2
民盟盟员	14	13	5	0	1	5	7	0	0	0	0	1	2	6	3	2
民建会员	7	6	2	0	2	1	3	0	0	0	1	2	2	1	1	0
民进会员	8	7	4	0	0	1	6	0	0	0	2	0	1	1	2	2
农工党党员	11	11	6	1	0	0	6	5	0	0	2	2	3	3	1	0
致公党党员	4	4	0	0	1	0	2	1	0	0	0	0	0	2	2	0
九三学社社员	19	19	8	0	0	2	17	0	0	0	0	4	1	6	6	2
台盟盟员	0	0	0	0	0	0	0	0	0	0	0	0	0	0	0	0
无党派民主人士	2	2	0	0	1	0	1	0	0	0	0	0	0	0	2	0
群众	51738	42548	10884	1350	100	449	6885	35114	1009	5523	8529	7383	10659	11778	5521	1336

制 度 目 录

◎责任编辑：郭　锋　关佳洁

2018年度首钢集团有限公司制度颁发文件目录

编号	制度名称	发文字号	发文日期	主责部门	制度层级				制度分类	备注
					基本管理制度	业务基础制度	具体操作规范	党群制度		
1	首钢集团有限公司法人授权管理制度（试行）	首董发〔2018〕1号	2018年1月8日	法律事务部	√				风险及合规管理	试行一年
2	首钢集团有限公司法律事务管理办法（试行）	首发〔2018〕15号	2018年1月12日	法律事务部		√			风险及合规管理	试行一年
3	首钢集团有限公司会计制度	首董发〔2018〕04号	2018年1月15日	经营财务部	√				财务管理	
4	首钢集团有限公司幼教服务业产品成本核算办法	首发〔2018〕16号	2018年1月16日	经营财务部		√			财务管理	
5	首钢集团有限公司建设施工业产品成本核算办法	首发〔2018〕17号	2018年1月16日	经营财务部		√			财务管理	
6	首钢集团有限公司酒店服务业产品成本核算办法	首发〔2018〕18号	2018年1月16日	经营财务部		√			财务管理	
7	首钢集团有限公司餐饮服务业产品成本核算办法	首发〔2018〕19号	2018年1月16日	经营财务部		√			财务管理	
8	首钢集团有限公司矿产资源业产品成本核算办法	首发〔2018〕20号	2018年1月16日	经营财务部		√			财务管理	
9	首钢集团有限公司房地产业产品成本核算办法	首发〔2018〕21号	2018年1月16日	经营财务部		√			财务管理	
10	首钢集团有限公司财务公司会计核算办法	首发〔2018〕22号	2018年1月16日	经营财务部		√			财务管理	
11	首钢集团有限公司物业服务业产品成本核算办法	首发〔2018〕23号	2018年1月16日	经营财务部		√			财务管理	
12	首钢集团有限公司钢铁业产品成本核算办法	首发〔2018〕24号	2018年1月16日	经营财务部		√			财务管理	
13	首钢集团有限公司厂务公开管理制度	首党发〔2018〕12号	2018年2月10日	工会				√	党群管理	

续表

编号	制度名称	发文字号	发文日期	主责部门	制度层级				制度分类	备注
					基本管理制度	业务基础制度	具体操作规范	党群制度		
14	首钢集团有限公司经济责任审计管理办法	首发〔2018〕58 号	2018 年 2 月 23 日	审计部		√			内部监督管理	
15	首钢集团有限公司票据管理办法（试行）	首发〔2018〕59 号	2018 年 2 月 27 日	经营财务部		√			财务管理	试行一年
16	首钢集团有限公司突发事件应急管理办法	首发〔2018〕63 号	2018 年 3 月 5 日	办公厅		√			社会责任管理	
17	首钢集团有限公司节能减碳管理办法	首发〔2018〕110 号	2018 年 4 月 18 日	安全环保部		√			社会责任管理	
18	首钢集团有限公司节环境保护管理办法	首发〔2018〕111 号	2018 年 4 月 18 日	安全环保部		√			社会责任管理	
19	首钢集团党风廉政建设责任制检查考核办法	首党发〔2018〕36 号	2018 年 5 月 7 日	监察部				√	党群管理	
20	首钢集团有限公司印章管理办法	首发〔2018〕128 号	2018 年 5 月 15 日	办公厅		√			行政管理	
21	首钢集团有限公司党组织工作经费和基层党组织党建活动经费管理制度	首党发〔2018〕46 号	2018 年 6 月 11 日	人力资源部				√	党群管理	
22	首钢职工思想动态工作管理办法	首党发〔2018〕53 号	2018 年 6 月 27 日	企业文化部				√	党群管理	
23	首钢对外新闻宣传管理办法	首党发〔2018〕54 号	2018 年 6 月 27 日	企业文化部				√	党群管理	
24	首钢集团党委理论学习中心组学习管理办法	首党发〔2018〕55 号	2018 年 6 月 27 日	企业文化部				√	党群管理	
25	中共首钢集团有限公司委员会贯彻落实《中共中央政治局贯彻落实中央八项规定实施细则》办法	首党发〔2018〕58 号	2018 年 6 月 29 日	办公厅				√	党群管理	
26	首钢集团有限公司建设工程招投标管理办法	首发〔2018〕167 号	2018 年 7 月 24 日	系统优化部		√			其他	
27	首钢集团有限公司预算编制管理办法	首发〔2018〕192 号	2018 年 9 月 4 日	经营财务部		√			计划预算管理	
28	首钢集团有限公司违规经营投资责任追究实施办法	首党发〔2018〕80 号	2018 年 9 月 17 日	系统优化部				√	党群管理	党政联合
29	首钢集团有限公司土地房屋管理办法	首发〔2018〕208 号	2018 年 9 月 21 日	资产管理中心		√			资产管理	
30	首钢集团有限公司北京地区土地房屋管理实施细则	首发〔2018〕219 号	2018 年 10 月 9 日	资产管理中心			√		资产管理	

续表

编号	制度名称	发文字号	发文日期	主责部门	制度层级				制度分类	备注
					基本管理制度	业务基础制度	具体操作规范	党群制度		
31	首钢集团改制企业职工内部流动有关规定	首发〔2018〕222 号	2018 年 10 月 12 日	系统优化部			√		人力资源管理	
32	首钢集团有限公司环保业成本核算办法	首发〔2018〕229 号	2018 年 10 月 26 日	经营财务部			√		财务管理	
33	首钢集团有限公司文化体育业成本核算办法	首发〔2018〕230 号	2018 年 10 月 26 日	经营财务部			√		财务管理	
34	首钢集团有限公司一般制造业产品成本核算办法	首发〔2018〕231 号	2018 年 10 月 26 日	经营财务部			√		财务管理	
35	首钢集团有限公司医疗健康业会计核算办法	首发〔2018〕232 号	2018 年 10 月 26 日	经营财务部			√		财务管理	
36	首钢集团有限公司钢铁贸易业成本核算办法	首发〔2018〕233 号	2018 年 10 月 26 日	经营财务部			√		财务管理	
37	首钢集团有限公司大气污染防治管理规范	首发〔2018〕236 号	2018 年 10 月 29 日	安全环保部			√		社会责任管理	
38	首钢集团有限公司水污染防治管理规范	首发〔2018〕237 号	2018 年 10 月 29 日	安全环保部			√		社会责任管理	
39	首钢集团廉政谈话制度	首党发〔2018〕90 号	2018 年 11 月 7 日	监察部			√		党群管理	
40	首钢集团公司党委巡察工作制度（试行）	首党发〔2018〕91 号	2018 年 11 月 7 日	监察部			√		党群管理	
41	首钢集团谈话函询工作规定	首党发〔2018〕96 号	2018 年 11 月 12 日	监察部				√	党群管理	
42	首钢集团有限公司公文管理办法	首发〔2018〕281 号	2018 年 11 月 23 日	办公厅		√			行政管理	
43	首钢集团有限公司档案管理办法	首发〔2018〕288 号	2018 年 11 月 27 日	行政管理中心		√			行政管理	
44	首钢集团有限公司统计管理办法	首发〔2018〕298 号	2018 年 12 月 6 日	财务共享中心		√			财务管理	
45	首钢集团有限公司专利管理办法	首发〔2018〕302 号	2018 年 12 月 13 日	技术研究院		√			资产管理	
46	首钢集团有限公司科学技术奖励办法	首发〔2018〕303 号	2018 年 12 月 13 日	技术研究院		√			科研创新管理	
47	首钢集团有限公司科技项目管理办法	首发〔2018〕304 号	2018 年 12 月 13 日	技术研究院		√			科研创新管理	
48	首钢集团有限公司产品标准化管理办法	首发〔2018〕308 号	2018 年 12 月 17 日	技术研究院		√			科研创新管理	
49	首钢集团有限公司党委意识形态工作责任制实施细则	首党发〔2018〕121 号	2018 年 12 月 28 日	企业文化部				√	党群管理	

2018 年度首钢集团有限公司废止制度文件目录

序号	废止制度文件名称	发文字号	发文日期	主责部门	制度层级				制度分类	备注
					基本管理制度	业务基础制度	具体操作规范	党群制度		
1	首钢集团有限公司党组织工作和活动经费管理制度（试行）	首党发〔2017〕166 号	2017 年 12 月 29 日	人力资源部				√	党群管理	
2	首钢总公司建设工程招投标管理办法	首发〔2017〕70 号	2017 年 4 月 10 日	系统优化部		√			其他	
3	首钢职工思想动态工作管理办法（试行）	首党发〔2017〕39 号	2017 年 3 月 24 日	企业文化部				√	党群管理	
4	首钢对外新闻宣传管理办法（试行）	首党发〔2017〕38 号	2017 年 3 月 23 日	企业文化部				√	党群管理	
5	首钢总公司土地房屋管理办法	首发〔2016〕185 号	2016 年 8 月 11 日	资产管理中心		√			资产管理	
6	首钢总公司北京地区土地房屋管理实施细则	首发〔2016〕187 号	2016 年 8 月 11 日	资产管理中心			√		资产管理	
7	首钢总公司党委中心组理论学习管理办法	首党发〔2015〕169 号	2015 年 9 月 10 日	企业文化部				√	党群管理	
8	首钢总公司档案管理制度	首发〔2015〕56 号	2015 年 3 月 2 日	行政管理中心		√			行政管理	
9	首钢总公司专利管理办法	首发〔2014〕232 号	2014 年 8 月 1 日	技术研究院		√			资产管理	
10	首钢总公司信访维稳工作目标管理考核办法（试行）	首党发〔2014〕116 号	2014 年 6 月 11 日	行政管理中心			√		党群管理	
11	首钢总公司钢铁科技项目管理办法	首发〔2014〕141 号	2014 年 5 月 13 日	技术研究院		√			科研创新管理	
12	首钢总公司科技成果管理办法	首发〔2014〕143 号	2014 年 5 月 13 日	技术研究院		√			科研创新管理	
13	首钢总公司公文管理制度和印章管理制度	首党发〔2013〕170 号	2013 年 12 月 25 日	办公厅				√	党群管理	
14	首钢法人授权管理制度	首发〔2013〕236 号	2013 年 9 月 3 日	法律事务部	√				风险及合规管理	
15	首钢总公司法律事务管理制度	首发〔2013〕235 号	2013 年 9 月 3 日	法律事务部		√			风险及合规管理	
16	首钢改进工作作风、密切联系群众实施办法	首党发〔2013〕89 号	2013 年 6 月 21 日	办公厅				√	党群管理	

续表

序号	废止制度文件名称	发文字号	发文日期	主责部门	制度层级				制度分类	备注
					基本管理制度	业务基础制度	具体操作规范	党群制度		
17	首钢总公司厂务公开制度	首党发〔2012〕138号	2012年11月28日	工会				√	党群管理	
18	首钢总公司关于加强厂区停产资产评估管理的通知	首发〔2012〕202号	2012年7月30日	经营财务部		√			财务管理	
19	首钢总公司能源数据统计与分析管理办法	首发〔2012〕146号	2012年5月17日	安全环保部		√			社会责任管理	
20	首钢总公司承压类设备安全附件管理办法	首发〔2012〕120号	2012年5月3日	安全环保部			√		社会责任管理	
21	首钢实行党风廉政建设责任制的办法	首党发〔2012〕12号	2012年2月28日	监察部				√	党群管理	
22	首钢总公司生产费用列支范围及管理暂行办法	首发〔2012〕31号	2012年1月29日	经营财务部		√			财务管理	
23	首钢委派重组企业高管人员薪酬管理暂行办法	首发〔2011〕389号	2011年12月21日	人力资源部		√			人力资源管理	
24	关于维护电信线路安全的规定	首发〔2011〕386号	2011年12月19日	行政管理中心			√		行政管理	
25	首钢总公司节能监测管理制度（试行）	首发〔2011〕363号	2011年11月29日	安全环保部		√			社会责任管理	
26	首钢总公司节能管理制度	首发〔2011〕361号	2011年11月25日	安全环保部		√			社会责任管理	
27	首钢总公司环保计划、指标、统计管理办法	首发〔2011〕352号	2011年11月17日	安全环保部		√			社会责任管理	
28	首钢总公司发电供电及用电管理制度	首发〔2011〕345号	2011年11月15日	安全环保部		√			社会责任管理	
29	首钢总公司能源环保宣传教育与培训制度	首发〔2011〕346号	2011年11月15日	安全环保部		√			社会责任管理	
30	首钢总公司环境保护监察奖惩管理办法	首发〔2011〕343号	2011年11月14日	安全环保部		√			社会责任管理	
31	首钢总公司排污费及环保专项资金管理办法	首发〔2011〕331号	2011年11月13日	安全环保部		√			社会责任管理	
32	首钢总公司环境监测管理制度	首发〔2011〕333号	2011年11月13日	安全环保部		√			社会责任管理	
33	首钢总公司清洁生产管理办法	首发〔2011〕336号	2011年11月13日	安全环保部		√			社会责任管理	
34	首钢总公司水污染防治管理办法	首发〔2011〕334号	2011年11月13日	安全环保部		√			社会责任管理	
35	首钢集团产品标准化管理制度	首发〔2011〕289号	2011年10月8日	技术研究院		√			科研创新管理	

续表

序号	废止制度文件名称	发文字号	发文日期	主责部门	制度层级				制度分类	备注
					基本管理制度	业务基础制度	具体操作规范	党群制度		
36	首钢总公司领导现场带班管理暂行办法	首发〔2010〕251 号	2010 年 9 月 3 日	安全环保部			√		社会责任管理	
37	首钢总公司职工安全生产守则	首发〔2010〕167 号	2010 年 6 月 28 日	安全环保部			√		社会责任管理	
38	首钢关于规范工作时间使用移动电话的有关规定（试行）	首发〔2009〕301 号	2009 年 11 月 22 日	安全环保部			√		社会责任管理	
39	首钢科学技术奖励办法	首发〔2009〕237 号	2009 年 9 月 1 日	技术研究院		√			科研创新管理	
40	首钢 2009 年调整内退职工基本退养费实施办法	首发〔2009〕26 号	2009 年 2 月 5 日	人力资源部		√			人力资源管理	
41	首钢总公司电梯安全管理补充办法	首发〔2008〕387 号	2008 年 11 月 17 日	安全环保部			√		社会责任管理	
42	首钢法律事务审核管理办法	首发〔2008〕256 号	2008 年 7 月 14 日	法律事务部		√			风险及合规管理	
43	首钢总公司辅业改制企业财务管理办法（试行）	首发〔2008〕204 号	2008 年 6 月 4 日	经营财务部			√		财务管理	
44	首钢总公司辅业改制企业专利管理办法	首发〔2008〕194 号	2008 年 5 月 30 日	技术研究院		√			资产管理	
45	首钢经济责任审计管理办法	首发〔2008〕166 号	2008 年 5 月 7 日	审计部		√			内部监督管理	
46	首钢改制企业内部审计管理办法	首发〔2008〕153 号	2008 年 4 月 30 日	审计部		√			内部监督管理	
47	首钢总公司统计管理办法和首钢总公司统计数据质量控制办法	首发〔2008〕87 号	2008 年 3 月 13 日	财务共享中心		√			财务管理	
48	首钢冷轧镀锌薄板厂财务核算管理办法（暂行）	首发〔2007〕374 号	2007 年 9 月 18 日	经营财务部			√		财务管理	
49	首钢在诉讼仲裁中出具担保函的管理办法	首发〔2007〕260 号	2007 年 7 月 2 日	经营财务部			√		风险及合规管理	
50	首钢集团清产核资工作实施细则（二）	首发〔2004〕387 号	2004 年 9 月 13 日	经营财务部		√			财务管理	
51	首钢集团清产核资工作制度	首发〔2004〕346 号	2004 年 8 月 20 日	经营财务部		√			财务管理	
52	首钢集团清产核资工作实施细则（一）	首发〔2004〕347 号	2004 年 8 月 20 日	经营财务部		√			财务管理	
53	首钢集团会计制度	首发〔2004〕117 号	2004 年 4 月 14 日	经营财务部	√				财务管理	
54	首钢总公司廉政谈话制度	首党发〔2003〕109 号	2003 年 10 月 13 日	监察部				√	党群管理	
55	首钢领导干部引咎辞职规定（试行）	首党发〔2003〕22 号	2003 年 7 月 7 日	人力资源部			√		党群管理	

续表

序号	废止制度文件名称	发文字号	发文日期	主责部门	制度层级				制度分类	备注
					基本管理制度	业务基础制度	具体操作规范	党群制度		
56	首钢（北京及迁安地区）深化医疗保险改革的实施方案	首发〔2002〕47号	2002年2月19日	人事服务中心		√			人力资源管理	
57	首钢总公司小型和常压热水锅炉安全管理规定	首发〔2001〕179号	2001年5月25日	安全环保部			√		社会责任管理	
58	首钢总公司气瓶安全管理规定	首发〔2001〕147号	2001年4月26日	安全环保部			√		社会责任管理	
59	首钢总公司班组安全管理标准	首发〔2001〕134号	2001年4月17日	安全环保部			√		社会责任管理	
60	首钢集团总图管理办法	首发〔1999〕202号	1999年6月14日	资产管理中心		√			资产管理	
61	首钢总公司动力能源管理制度（试行）	首发〔1999〕118号	1999年4月12日	安全环保部		√			社会责任管理	
62	首钢参加社会养老、失业保险实施方案	首发〔1998〕130号	1998年5月7日	人事服务中心		√			人力资源管理	
63	首钢总公司通信设施管理办法	首发〔1998〕52号	1998年3月3日	行政管理中心			√		行政管理	
64	首钢总公司财务审计规定	首发〔1995〕293号	1995年8月7日	审计部		√			内部监督管理	
65	首钢外经外贸总额统计管理办法	首发〔1993〕36号	1993年1月18日	国际业务部			√		财务管理	

《首钢年鉴 2019》编辑人员

◎责任编辑：郭　锋　关佳洁

《首钢年鉴2019》组稿编辑名单

序号	组稿人	单位名称	联系电话
1	闫　琳	人力资源部(党委组织部、党委统战部)	010-88292773
2	郑　昕	首钢企业文化部(党委宣传部)	010-88293095
3	陈东兴	总公司纪委(监察部)	010-88293699
4	金志先	工　会	010-88294317
5	陈　宏	战略发展部	010-88294150
6	张宝龙	经营财务部	010-88296311
7	哈铁柱	系统优化部	010-88296294
8	刘军利	安全环保部	010-88293286
9	郭　佳	国际业务部	010-88292605
10	桑娟喜	办公厅	010-88295449
11	李　晋	法律事务部	010-88293045
12	高　强	审计部	010-88297748
13	王素玲	监事会工作办公室	010-88291193
14	魏松民	总工程师室	010-88292689
15	班丽丽	技术研究院	010-88297640
16	郭　锋	发展研究院	010-88295766
17	赵司尧	人才开发院	010-88293696
18	袁　琳	财务共享中心	010-88294872
19	张英明	人事服务中心	010-88294347
20	杨明娟	资产管理中心	010-88293223
21	董晓明	行政管理中心	010-88293757
22	朱晓未	集团财务有限公司	010-88295663
23	魏　伟	北京首钢股份有限公司	0315-7703133
24	冯超凡	北京首钢冷轧薄板有限公司	010-81477645
25	韩广军	北京首钢氧气厂	010-52857877
26	王　萍	首钢京唐钢铁联合有限责任公司	0315-8872816
27	金品楠	秦皇岛首秦金属材料有限公司	0335-7127624
28	栗帅鹏	首钢集团有限公司矿业公司	0315-7713023
29	田　甜	首钢水城钢铁(集团)有限责任公司	0858-8922868

续表

序号	组稿人	单位名称	联系电话
30	张　玲	首钢长治钢铁有限公司	0355-5087581
31	袁昆喜	首钢贵阳特殊钢有限责任公司	0851-5595740
32	冯世勇	首钢通化钢铁集团股份有限公司	0431-88623566
33	黄紫云	首钢伊犁钢铁有限公司	0591-6852272
34	李　佳	中国首钢国际贸易工程公司	010-82291111-2257
35	李　佳	首钢秘鲁铁矿股份有限公司	010-82291111-2258
36	柳　岩	北京首钢鲁家山石灰石矿有限公司	010-61881058
37	陈昊阳	首钢股份营销中心	010-88294349
38	陈伟伟	北京首钢国际工程技术有限公司	010-88292244
39	刘晓东	北京首钢建设集团有限公司	010-88294086
40	李　琴	北京首钢自动化信息技术有限公司	010-88292121
41	郭鑫鑫	北京首钢机电有限公司	010-88294119
42	赵小璐	北京首钢实业集团有限公司	010-88291007
43	潘玉洁	北京首钢吉泰安新材料有限公司	010-80718153
44	冯尧刚	北京首钢建设投资有限公司	010-88291982
45	李　明	北京首钢园区综合服务有限公司	010-88292185
46	郝占起	北京首钢特殊钢有限公司	010-88915870
47	蔡　娟	园区管理部	010-68873174
48	廖家慧	首钢环境产业有限公司	010-88291353
49	时　彦	首钢控股有限责任公司	010-88698710
50	来秀海	首钢城运控股有限公司	010-88291218
51	王　璐	首钢体育文化有限公司	010-53965596
52	南志国	北京首钢房地产开发有限公司	010-88299497
53	吴妍彦	北京大学首钢医院	010-57830827
54	杜宝岐	首钢控股（香港）有限公司	010-88291111-2256
55	李　梦	北京京西重工有限公司	010-57537313
56	郑之敏	北京首钢基金有限公司	010-52393988
57	孙会东	北京首钢文化发展有限公司	010-88293797
58	车宏卿	首钢发展研究院史志年鉴办公室	010-88295770
59	关佳洁	首钢发展研究院史志年鉴办公室	010-88295771
60	刘冰清	首钢发展研究院史志年鉴办公室	010-88295771
61	郭　锋	首钢发展研究院史志年鉴办公室	010-88295713
62	王卫华	诚信监理公司	010-68874321
63	郭　欣	葫芦岛首钢东华机械有限公司	0429-3561062

索　引

A

B

C

D

F

G

T

W

X

Y

Z

6

策划编辑:宋军花
装帧设计:徐　晖

图书在版编目(CIP)数据

首钢年鉴·2019/首钢集团有限公司史志年鉴编委会 编. —北京:人民出版社,2019.12
ISBN 978-7-01-021437-5

Ⅰ.①首…　Ⅱ.①首…　Ⅲ.①首都钢铁公司-2019-年鉴　Ⅳ.①F426.316-54

中国版本图书馆 CIP 数据核字(2019)第 223779 号

首钢年鉴·2019
SHOUGANG NIANJIAN 2019

首钢集团有限公司史志年鉴编委会　编

人民出版社 出版发行
(100706　北京市东城区隆福寺街 99 号)

北京盛通印刷股份有限公司印刷　新华书店经销

2019 年 12 月第 1 版　2019 年 12 月北京第 1 次印刷
开本:889 毫米×1194 毫米 1/16　印张:30.75
字数:960 千字　插页:14

ISBN 978-7-01-021437-5　定价:378.00 元

邮购地址 100706　北京市东城区隆福寺街 99 号
人民东方图书销售中心　电话 (010)65250042　65289539